영문법 사전 (English Grammar Dictionary)

초판 1쇄 발행 | 2022. 06. 17.

저　　자　|　김정호 (Tommy Kim)
펴　낸　곳　|　(주)바른영어사
주　　소　|　경기도 성남시 분당구 느티로 16, 907호
등록번호　|　제2020-000136호
대표전화　|　(02)817-8088 | 팩　스 (031)718-0580
홈페이지　|　www.properenglish.co.kr
감　　수　|　N.Buchan
인　　쇄　|　필페이퍼

이 책의 무단 전재 또는 복제행위는 저작권법 제97조의5에 의거, 5년 이하의 징역 또는 5,000만 원의 벌금에 처하거나 이를 병과할 수 있습니다.

ISBN : 979-11-85719-03-0

정가 59,000원

· 이 책에 실린 모든 내용에 대한 저작권은 바른영어사에 있으므로 함부로 복사·복제할 경우 형사 처벌을 받습니다.
· 파본은 교환, 환불해 드립니다.

ENGLISH GRAMMAR DICTIONARY

영문법 사전

〈머리말〉

1. 영문법무용론과 원어민들의 영문법학습의 실체

시대가 어려우면 살아남기 위하여 교언과 잡설들이 난무하는 법입니다. 공격적 어조는 유감이지만, 영문법무용론은 거두절미하고 미신에 불과합니다. 세계의 어족을 크게 구분하거나 작게 나누거나 간에 상관없이, '영어'와 '한국어'는 북극과 남극만큼이나 차이가 있는 언어들입니다. '영어'는 한국어에 비해서 '저정황적언어(low contextual language)'입니다. 다시 말해, 언어의 표현방식과 그 결과로 얻어지는 의미가, 그것이 표현되는 상황에 덜 의존한다는 것입니다.

우리말에는 '개떡같이 말해도 찰떡같이 알아듣는다.'라는 표현이 있습니다. 그만큼 '눈치'나 '정황'이 의미의 결정에 개입을 한다는 것입니다. 이런 연유로 한국인들의 언어지능지수가 높은 것인지는 알 수 없으나, 분명한 것은 한국어가 그 의미의 파악에 정황을 좀 더 많이 사용하고 있다는 것 입니다. 이에 비해 영어는 법칙 위주의 언어입니다. 차라리 수학적 언어라고 말하는 편이 더 적절할지도 모르는데, 영어는 한국어에 비해 '단수·복수의 일치'나 '3인칭 단수의 구별' 등을 통해 정황의존성을 줄이려고 매우 애쓴 언어입니다.

한국에서는 정규교육의 첫 시기에 국어를 배울 때, 국어책을 '문법의 각 장(章)'으로 구성하지 않습니다. 대신, 다양한 장르의 작품으로 교과서를 구성하는 편입니다. 즉, 어휘의 수준을 적절히 맞춘 '동요, 동시, 수필, 산문' 등으로 교과서를 채우고, 각 학년 별로 '어휘의 수준, 문장의 길이, 장르의 수준' 등을 높여가는 방식을 택하며, 문법과 맞춤법은 거의 상위 학년이나 대학입시 때 본격적으로 하게 됩니다.

하지만, 본토의 '영어교과서'를 한 번이라도 제대로 본 사람들, 혹은 영·미권에서 초등학교를 실제로 다녀본 사람들은 그들의 국어교과서, 즉 '영어교재'가 '한국어 국어교과서'와는 완전히 다르다는 것을 알 것입니다. 물론, 그들도 장르별 작품이 등장하는 읽기교재(reading)를 따로 가지고 있습니다. 하지만, 초등학교 6년 내내 주로 영문법을 배운다는 점에서 '한국에서의 국어 교육'과는 매우 큰 차이가 있는데, 미국의 가장 대표적 교과서들 중 하나인 Houghton Mifflin 사의 English(국어) 진도표를 예시로 들어보겠습니다.

예시1 : 초등학교 1학년 국어(영어) 진도표

1단원	문장이란 무엇인가? (명사, 동사, 평서문, 의문문, 감탄문, 명령문)	The Sentence
2단원	응용영작(초고쓰기, 교정보기)	Writing a Class story
3단원	명사, 대명사, 고유명사	Nouns and Pronouns
4단원	응용영작	Writing a Personal Narrative
5단원	동사(인칭과 동사일치, be 동사, 축약형)	Verbs
6단원	응용영작	Writing a story
7단원	형용사 (비교급, 최상급)	Adjectives
8단원	응용영작	Writing a Description

저자 직강 동영상 해설 강의 (www.properenglish.co.kr)

9단원	구두점과 대문자 (마침표, 쉼표)	More Capitalization and Punctuation
10단원	응용영작	Writing Instructions

예시2 - 초등학교 6학년 국어(영어) 진도표

1단원	문장의 종류, **주**어부와 술어부, 핵심주어찾기, 명령**문**과 의문문, 복합주어구성, 복합 술어구성, 복문구성, 접속사, 중문, 복문	The Sentence
2단원	명사, 일반명사, 고유명사, 명사의 단수복수, 소유격	Nouns
3단원	동사, 본동사, 조동사, 직접목적어, 타동사, 자동사, 존재동사, 보어동사, 단순시제, 완료시제, 주어와 동사의 일치, 축약형	Verbs
4단원	수식어, 형용사, 관사, 지시형용사, 비교급, 고유형용사, 부사, 부사비교급, 부정문, 형용사와 부사의 구별	Modifiers
5단원	대문자, 구두점, 감탄사, 콤마, 생략, 인용, 제목달기	Capitalization and Punctuation
6단원	대명사, 선행사, 주어와 목적어대명사, 소유대명사, 보어동사다음의 대명사, 중문과 대명사, wh형 대명사, 부정대명사	Pronouns
7단원	전치사, 형용사구, 부사구, 전치사구, 전치사와 부사	Prepositional Phrases
8~13단원	응용영작	Writing

위의 예시에서 나타난 것처럼, 초등학교 1학년부터 6학년까지의 시기에 원어민들이 학습하는 영어교재는, 이러한 기본적 문법영역의 난이도별 구성으로 되어 있습니다. 즉, 한국에서 중·고교시절에 배우는 영문법 용어들의 원어가 그대로 기본목차에 반영되어 있고, 그것을 통해서 '단원 간' 혹은 '단원 후'에 응용학습으로 꾸준히 영작연습을 하도록 되어 있습니다. 이것이 바로 실제 본토(영·미권) 공교육 영어교육과정의 커리큘럼입니다.

물론, 한국의 영문법서들이 반드시 이와 같은 틀을 가져야 한다는 것은 아닙니다. 하지만, 적어도 영·미권 본토의 학습법에서 강조하는 문법영역을 무시한다는 것은 곤란합니다. 이 책(English Grammar Dictionary)은 초등학교 6년 부터 중등교육 과정 까지의 영문법 학습내용을 한꺼번에 반영하려고 노력하였습니다. 그러므로 제시된 예문들의 수준은, 어휘별로 내용별로 들쭉날쭉 할 것입니다. 실제로 그들은 그들의 나이에 맞게 해당 영역을 학습하지만, 우리는 성인되어서야 주로 이런 책을 공부하게 되므로, 어찌되었던 예문 수준은 어느 정도의 조정은 불가피합니다. 세월이 지나서 더욱 정교한 '한국어-영어'의 '비교언어적 영문법서'가 개정판으로 나올 때까지 또 다른 노력이 필요할 것 입니다.

요컨대, 영어의 '말'은 현지에서 배우거나 몰입환경을 조성해서 배우는 것이 옳으며, 영어로 된 '글'은 문법을 바탕으로 하여 모든 영문을 구조적으로 밝히고 그에 맞는 정보를 습득하고, 다시 영작을 통해 재창조하는 과정을 거쳐야 학습자는 비로소 확장성과 경쟁력을 갖게 될 것입니다.

'좋은 말'과 '좋은 글'은 그냥 탄생하는 것이 아니라 '명문의 구조'를 익히고 이를 '창의적으로 모방'하여야 하는 것 이며, 이때 재창조의 기제가 되는 것이 바로 체계화된 영문법일 것 입니다.

2. 한글로 설명된 영문법서의 궁극적 발전방향은?

　무엇이든 배운다는 것은, 그 노력과 시간에 대비한 효과가 좋으면 흥미가 배가 되고, 이를 동력삼아 더 매진한다면 해당분야의 전문가가 될 가능성이 더 커질 것입니다. 영어를 배운다는 것은, 지구상의 다른 많은 문화와 정보를 이해하는 능력을 키워, 학습자의 삶에 더 큰 풍요로움을 가져다 줄 수도 있습니다. 그런데 문제는 학습의 효율성을 확실히 담보하는 방법입니다.

　'어학' 즉, 말(語)로 하는 소통의 학습에서 가장 직접적이고 효율적인 학습방법은 바로 몰입환경의 확보입니다. 영어를 사용하는 사람들 틈바구니 속에 자신을 최대한 자주 노출하고, 동시에 최대한 많은 의사소통을 강요당하면, 말은 저절로 배워집니다. 간접적 몰입 상황 또한 차선책이 될 수 있는 바, 드라마나 영화의 대사를 통으로 암기하고 따라 하면서 말을 배우는 것은 큰 경제적 부담 없이 선택할 수 있는 또 하나의 학습법입니다.

　글(文)을 익히는 분야는 어떨까요? 글은 말의 소통에서 흔히 수반되는 다른 보조적 신호들, 예컨대 '몸짓, 표정, 분위기, 정황' 등이 배제된 단일적 소통수단입니다. 따라서 글은 말에 비해, 엄격한 법칙을 적용받게 되는데, 우리는 이것을 문법이라고 부릅니다. 문법은 분위기나 정황에 의해 제멋대로 달라질 수 없습니다. 그렇게 되면 소통 자체가 불가능해지기 때문 입니다.

　우리는 '영어로 된 글'을 제대로 읽고, 쓰기 위해 영문법을 공부합니다. 하지만 '한국어와 영어의 상관성'을 이상적으로 반영한 영문법서의 발견은 쉽지 않은 일이며, 이러한 이유로 이 졸서를 포함하여 '한국어-영어 문법서'는 그 궁극적 효율성을 위하여 끊임없이 개정되고 보수되어야 합니다.

　지난 반세기 동안 한국에서 대표적 영문법서로 자리매김했던 몇몇 책들을 이제는 베스트셀러에서 찾아볼 수 없게 되었습니다. 최근의 눈부신 편집 기술과 감성적 디자인이 반영된 신간서적들에 비해, 형식과 예문 내용이 보수적으로 비춰졌기 때문일 수 있습니다.

　그러나, 엄밀히 말해서 '예문의 최신화'라는 것은, 그 예문들이 더 이상 쓰지 않는 중세영어가 아닌 한, 그다지 중요한 성취는 아닙니다. 우리는 현대문만을 읽는 것이 아니라, 멀게는 쉐익스피어부터, 가깝다 해도 최근 백여 년간에 발간된 작품들을 읽기 때문입니다. 따라서 문법서의 예문들이 반드시 디지털시대의 트렌드에 맞춰져야 할 필요는 없습니다.

　기존의 문법서나 상대적으로 신간인 문법서가 외면되어지는 가장 큰 이유가 있다면, 그것은 어쩌면 독학용 목적에 만족스럽게 부합하지 못한 '서술방식'일 가능성이 높습니다. 물론, '문법 용어에 대한 간략한 설명' 내지 '암기사항과 참조 예문의 나열'로만 구성된 문법서의 효용을 완전히 부정할 수는 없지만, 학습자가 문법사항에 대한 궁금증을 스스로 해결하고, 단순암기를 넘어 이해를 통한 체득까지 이뤄내기에는 부족했을 것 입니다.

　필자도 그러한 과거의 문법서를 가지고 영어공부를 시작했으며, 늘 같은 어려움을 느끼고 있었습니다. 그런데, 이런 어려움의 실체를 깨닫고 그것에 대한 해결책을 고심할 수 있었던 계기는, 어느 정도 영어에 대한 이해력이 확보된 후 본토에서 사용되는 영문법서를 공부하게 되면서였습니다.

 원어민들이 공부하는 영문법서는 한국어로 제작된 대부분의 영문법서보다 훨씬 체계적이며, 그 응용부분에 상당한 노력을 기울이게 되도록 기획되어 있었습니다. 영문법원서는 문법의 이해를 돕기 위한 설명부분과 응용연습영작부분이 적당한 비율로 배분되어 있으며, 동시에 응용연습(worksheet)을 수행하도록 제작되었기 때문에 '설명-응용-체득'이 통합적으로 이루어집니다.

 '한국어-영어 문법서'는 이를 실현하기에는 상대적으로 불리한 입장에 있습니다. 본토에서는 문법공부가 매일 영어라는 언어의 몰입환경 속에서 이루어지므로, 자율과 타율의 복습시너지가 최대한 도출될 수밖에 없지만, 한국에서는 영문법을 공부하는 시간 외에는, 이를 바로 응용하고 확인할 모국어적 환경이 불허된다는 한계점이 존재하기 때문 입니다.

 그럼에도 불구하고, '한국어-영어 문법서'는 이런 핑계의 관성에서 벗어날 필요가 있습니다. 이것은 긍정적으로 보자면, 지금보다 훨씬 더 적합한 영문법서 내지 영문법공부방법이 드러날 여지가 많다는 것입니다.

 앞으로의 개량된 영문법서가 가져야 할 변화는, 우선적으로 영문법 영역의 세분화입니다. 학습자들에게 특정 문법분야에 대한 빠른 검색과 정확한 내용확인이 주어진다면, 이는 궁금증의 해결에 편의와 도움을 제공할 것입니다. 이를 위해서 문법에 대한 자세한 서술과 함께, 개선된 목차(contents)나 인덱스(index)작업이 선결되어야 하며, 이번 졸서는 이 부분을 실현하고자 노력하였습니다. 문법서의 예문들이 반드시 최신화될 필요는 없습니다. 중요한 것은, 문법에 대한 친절한 설명과 서술방식입니다. 요컨대, 한국인을 위한 독학용 영문법서는, 지금보다 훨씬 '서술지향'적 이어야 할 것 입니다.

3. 한국인을 위한 최적의 영어학습법

 의사전달이라는 '언어적 공통점'과, 영어와 한국어 두 언어 간의 '기능적 차이점' 사이에서 균형을 잡아, 한국인이 영어를 받아들일 수 있는 최적화된 설명법을 제시하고, 서술하려고 애썼습니다. 특히 다음에서 설명하는 '후치수식', '짝개념', '품사공용' 이라는 비교언어학적 세 가지 특성은 이 책의 모든 부분을 관통하는 원리입니다. 저자가 제시하는 3가지 원칙을 각 학습 파트에서 늘 적용하다보면, 좀 더 올바르게 영어를 이해할 수 있을 것 입니다.

1) 한국어는 토씨어, 영어는 위치어

 한국어는 한 낱말의 역할을 그 낱말 뒤에 붙는 '토씨'로 정합니다. '이순신은 조선을 구했다.' 라는 문장에서 '이순신' 이 주어인 것을 암시하는 말은 주격조사인 '은, 는, 이, 가' 중 '이' 가 붙어 있기 때문입니다. '조선'이 동사의 대상 즉, 목적어인 것은 목적격조사인 '을, 를, 에게, 랑, 와' 중 '을' 이 붙어 있기 때문입니다. '구했다'가 술어동사인 이유는 '구'라는 내용어(內容語)에 '하다'라는 동사 토씨가 붙어있기 때문입니다. 이 때, '이순신을 조선이 구했다'라고 하면 어순(語順)은 그대로이지만, 역할을 의미하는 토씨가 바뀌었기 때문에 내용이 달라집니다. (이순신은 조선을 구했다 ≠ 이순신을 조선이 구했다)

한국어는 '주어, 술어, 목적어, 보어'가 위치에 크게 지배받지 않는 언어이므로, 주어진 예문에서 낱말들의 위치를 바꾸어도 토씨가 바뀌지 않는 한 전달하는 의미는 같습니다. 그러므로, 한국어와 영어의 차이점으로 흔히 거론하는 주어와 술어의 위치에 의한 비교는 기실, 온당한 차이점이 아닙니다. 한국어에서는 각 단어의 위치가 말의 의미를 제대로 구현해 내는 결정적 요소가 아니기 때문입니다.

'이순신은 조선을 구했다. = 조선을 이순신은 구했다. = 구했다 이순신은 조선을. = 구했다 조선을 이순신은.'의 예문은, 한국어에서 토씨가 바뀌지 않은 채, 각 단어의 위치만 바꾸었을 때도, 그 의미는 여전히 같다는 것을 보여줍니다.

이에 비하여, 영어는 토씨에 의해서가 아니라 '위치'에 의해서, 각 낱말의 역할이 결정되는 언어입니다. 'Admiral Soon Shin Lee saved The Josun Dynasty.'의 예문에서, 어순은 술어동사 saved 를 가운데 두고 앞의 것이 주어, 뒤의 것이 목적어가 됩니다. 위의 문장을 'Saved Lee Soon Shin Josun' 혹은 'Saved Josun Soon Shin Lee' 이라고 적을 수는 없습니다(문학적 도치에서는 가능하기도 합니다만…). 만약 'Josun saved Soon Shin Lee.'라고 한다면 '조선이 이순신을 구했다'라는 의미가 됩니다.

이처럼, 영어는 특별한 도치가 적용되지 않는 한 술어동사 앞의 것이 주어이고, 술어동사 뒤의 것은 행위의 대상인 목적어 또는 주어에 대한 보충정보어인 보어가 됩니다. 따라서 항상 술어동사를 기준으로 그 앞과 뒤에서 행위의 주체인 주어와, 행위의 대상인 목적어를 찾는 연습을 많이 해야 하고 또 많은 문장을 실제로 만들어 보아야 합니다.

2) 한국어는 품사 개별어, 영어는 품사 공용어

한국어에서는 모든 낱말의 품사가 낱말의 뒤에 붙이는 품사토씨에 의해 결정됩니다. 예를 들어, '사랑'이라는 단어는 명사로만 사용되며 '사랑하다'가 동사, '사랑하는, 사랑스러운' 등은 형용사, '사랑스럽게'는 부사입니다. 영어에서도 품사를 결정하는 토씨가 있지만, 상당수의 낱말들은 문장 내에서의 위치에 의해 그 품사를 스스로 결정하여 기능할 수 있습니다. 예를 들어 영어에서는 'love'라는 단어가, 위치에 따라 명사와 동사로 둘 다 기능합니다.

'She is my love. (그녀는 나의 사랑이다)', 'Love makes everything possible. (사랑은 모든 것을 가능한 상태로 만든다)' 같은 문장에서는 'love' 가 각각 주격보어와 주어의 역할 을 하는 명사입니다. 그런데 'I love her. (나는 그녀를 사랑한다)', 'She loves me. (그녀는 나를 사랑한다)'라는 문장에서 'love, loves'는 각각 술어동사로 사용되었습니다.

다른 예로, 'The right to vote was not allowed to women. (투표할 권리는 여성들에 게 허용되지 않았다)'라는 문장에서 'right'는 '권리'라는 명사입니다. 그런데 'Raise your right hand. (오른손을 들어라)'라는 문장과 'You can right the wrong course of your life. (당신은 당신 삶의 빗나간 여정을 바로잡을 수

있다)'라는 문장에서 'right'라는 단어는 각각 '오른쪽의'라는 형용사와 '바로 잡다'라는 타동사로 사용 되었습니다.

한국어에서도 물론 다의어는 존재하지만 적어도 품사를 여러 개로 나누어 쓰는 경우는 극히 드문 일입니다. '이런 차이를 처음부터 제대로 인식하는 것'이 영어를 올바르게 이해하는 데 있어 매우 중요한 역할을 합니다.

3) 한국어는 전치수식어 Vs 영어는 전·후치수식어

한국어에서 명사를 꾸미는 말은 늘 명사의 앞에 놓이지만, 영어는 그 종류에 따라 명사의 앞과 뒤에 놓이는 언어입니다. 이것에 대한 이해와 응용은 실제로 영어를 쓰거나 읽는데 있어서 매우 결정적 요소이므로, 비록 머리말에서는 가볍게 다루지만 본문에서는 수학에서의 미분·적분만큼이나 중요한 영역이므로 제대로 반복해서 공부해야 합니다.

'그가 읽고 있는 그 책의 제목'이라는 한국말에서 '그가 읽고 있는'이 '그 책'을 앞에서 꾸미고, '그가 읽고 있는 그 책의'가 다시 앞에서 '제목'을 꾸밉니다. 하지만 이것을 영어 로 옮겨 보면 'the title of the book (which) he is reading'이 되는데 'the title of the book'에서는 'of the book'이 뒤에서 'the title'을 꾸미고, '(which) he is reading'이 다시 뒤에서 앞의 'the book'을 꾸미는 순서를 보게 됩니다. 이런 수식의 순서 규칙은 앞으로도 많이 공부해야 하는 영역입니다. 조금 더 많은 예를 살펴보겠습니다.

한국어에서 '당신이 찾고 있는 빨간 색 그 구두'라는 글에서 '구두'라는 명사 앞에 있는 모든 말들은 '구두'를 꾸미는 말입니다. 즉, 형용사의 역힐을 하는 부분입니다. 그것을 다시 세분화해보면 '딩신이 찾고 있는'과 '빨간 색'과 '그' 라는 세 부분이 수식어입니다. 이 3가지 꾸미는 말들을, 성질로 분류해보면, 맨 앞의 것은 '절(주어+술어)형식의 수식어'이고, 두 번 째 것은 '일반형용사'이며 세 번째 것은 '지시형용사'입니다. 그러나 이 3종류의 수식어가 모두 명사 '구두'의 앞에 옵니다. 그런데 이것이 영어에서는 'those(the) red shoes (that) you're looking for' 입니다. 즉, 'shoes' 를 가운데 두고, 앞에서 'those(the) red'가, 뒤에서는 'you're looking for'가 꾸밉니다. 이것을 다른 순서로 하는 방법은 거의 없다고 보시면 됩니다.

이렇게, 명사의 앞에서 꾸미는 말과 뒤에서 꾸미는 말을 구분하기 위해서는 이 부분에 대한 명쾌한 지식이 있어야 합니다. 우리는 이것을 전치(전위)수식과, 후치(후위)수식이라고 나누어서 다루게 될 것입니다. 이 부분에 대한 공부가 끝나고 나면, 영어에 엄청난 자신감이 생기게 됩니다. 짧은 토막말과 토막글을 만들던 단계를 벗어나서 제대로 꾸밈말을 만들고 이해할 수 있기 때문에 수준 높은 원서를 이해할 능력을 갖추게 됩니다.

4. 마치며

졸서의 이번 개정판이 학습자 여러분의 영어여정에 조금이라도 더 나은 길잡이가 되기를 바라며 머리말을 마무리합니다. 늘 건강하고 행복하시길 ...

〈 책의 구성 및 특징 〉

1. 한국인을 위한 최적의 영문법 학습

1) 한국인을 위한 최적의 영어 학습법

 의사전달이라는 "언어적 공통점" 과 두 언어 간의 "기능적 차이점" 사이에서 균형을 잡아, 한국인이 영어를 받아들일 수 있는 최적화된 설명법을 제시하고, 서술하려고 애썼습니다. 특히, "후치수식", "짝개념", "품사공용" 이라는 영어의 비교언어학적 세 가지 특성은 이 책의 모든 부분을 관통하는 원리입니다. 저자가 제시하는 3가지 원칙을 각 학습 파트에서 늘 적용해보면, 영어와 더 빨리 친숙해 질 수 있을 것입니다.

2) 영문법의 내용을 이해할 수 있게 하는 자세한 해설

 그동안의 많은 영문법서들이 암기하여야할 문법 지식을 정리하고 나열하는데 집중해 왔을지도 모릅니다. 그러나 궁금한 사항을 스스로 찾아보고 해결하려는 최근의 지식 습득 양상에 따라, 자세한 설명이 포함된 영문법서의 필요성이 대두되었습니다. 자세한 설명없이 단순하게 나열된 문법지식은 학습자에 의해, 저자의 의도와는 다른 방향으로 해석될 여지가 있으며, 이는 곧 큰 학습장애가 될 수 있습니다. 본 도서는 이러한 부분들을 고려하여, 부족하나마 영문법의 내용을 정확하게 이해할 수 있는 자세한 해설을 첨부하려 노력했습니다.

3) 영작식 예문 구성

 본 도서에서는 한글 예문을, 영어예문보다 먼저 제시하여, 영작연습 위주의 학습 환경을 구성하였습니다. 기존의 선 영어 예문, 후 한국어 해석식 연습은 추측식 영어학습이라는 결정적 장애를 유발합니다. 각 예문에는, 해당 학습파트들을 다른색으로 표시하여 준비태세를 긴장시켰습니다.

저자 직강 동영상 해설 강의 (www.properenglish.co.kr)

2. 학습 효율을 높여주는 구성

1) 7000여 개의 색인 구성으로 진정한 영문법 사전 구현

본 도서는 English Grammar Dictionary 라는 명칭에 걸맞게, 각 문법용어와 내용을 찾기 쉽게 색인(index)화 하였습니다. '영어 index, 한글 index, 영작 index'의 3가지로 분류된 7,000여 개가 넘는데 방대한 색인은 원하는 문법 사항을 찾기 쉽게 도와줄 것 입니다. 또한 모든 색인은 중복 색인이 되어, 여러 키워드가 섞인 문법 사항이라도, 단 하나의 키워드 만으로 원하는 내용을 쉽게 찾아보실 수 있습니다.

2) 241 개의 도표로 한눈에 쉽게 문법 정리

본문에서 설명한 문법사항을 일목요연하게 도표화 하였습니다. 각 도표속의 정보들은 학습자와 교수자가 핵심적으로 알아야할 내용들을 정리한 것이므로, 시안성과 활용성을 고려하여 제작되었습니다.

3. 수강할 수 있는 강좌 및 부가학습 자료

1) 400만명이 수강한, 영문법 사전학습 유트 특강(무료)

Youtube 검색 : 타미 김정호, 3시간만에 끝내는 영어 문법 총정리

2) 알파벳, 파닉스 특강(무료)

Youtube 검색 : 타미 김정호, 제대로 배우는 알파벳 파닉스

3) 바른영어훈련소 영문법사전 해설강의(유료)

바른영어훈련소(www.properenglish.co.kr)에서 제공하는
본 도서의 완벽한 해설강의

4) 영문법사전 전체 예문의 mp3 음원 파일 제공(무료)

본 도서의 2688개 모든 예문에 대한 음원 파일 제공

〈 머리말 목차 〉

★ 본 도서는 〈머리말 섹션〉과 〈본문 섹션〉으로 나뉘어져 있습니다. 〈본문 섹션〉의 페이지번호는 '001 ~ 678'로 표기되며, 〈머리말 섹션〉 의 페이지번호는 '(머리말 - 001) ~ (머리말 106)'로 표기됩니다.

▣ 머리말 .... (머리말 - 004)

▣ 책의 구성 및 특징 .... (머리말 - 010)

▣ 목차 .... (머리말 - 012)

▣ 색인(index) .... (머리말 - 032)

〈 본문 목차 〉

▣ PART 01 - 문장의미 완성별 동사분류 002

1. 일형식 동사(verbs intransitive) 003

2. 이형식 동사(link verbs) 011

    1) be(is, am, are, was, were, have been, has been, had been) 011
    2) become 류 012
    3) 상태나 존재의 유지를 의미하는 동사 015
    4) 완곡한 판단을 의미하는 동사 016
    5) 판단의 결과를 강조하는 동사 017
    6) 오감동사 019
    7) 측량동사 021
    8) 추가보어(유사보어, 의사보어, 준보어)에 의한 2형식 021

3. 삼형식 동사(verbs transitive) 023

    1) 목적어의 범위 024
    2) 목적어의 생략 024
    3) 목적어를 주어 자리로 내보내고 수동태로 전환 024

4) take 동사의 3형식 용례 024
   5) 전치사를 취할 것으로 착각하기 쉬운 완전타동사 028
   6) 의미를 조심해야 할 완전타동사 033
   7) '타동사 + A + 전치사 + B' 구조로 사용되는 주요 동사 036
   8) 재귀대명사를 목적어로 받는 타동사 039

 4. 수여(授與)동사(dative verbs) 040
   1) 구조적 특징 040
   2) 목적어의 어순 045
   3) 목적어의 생략 046

 5. 오형식 동사(verbs that can take object complement) 047
   1) 목적보어에 명사, 대명사를 쓸 수 있는 주요 5형식 동사 047
   2) 목적보어에 형용사, 분사를 쓸 수 있는 주요 5형식 동사 048
   3) 목적보어로 (to) V.R 를 받는 동사 050

 ◆ 기출문제 052

■ PART 02 - 명사(nouns) 066

 1. 가산 명사(countable nouns) 066
   1) 보통명사(ordinary nouns) 066
   2) 집합명사(collective nouns) 066
   3) 군집명사(mass nouns) 067

 2. 불가산 명사(uncountable nouns) 068
   1) 추상명사(abstract nouns) 068
   2) 물질명사(material nouns) 071
   3) 고유명사(proper nouns) 072
   4) 현상명사(nouns for phenomena) 073

 3. 불가산명사의 가산명사화(individuation) 074
   1) 추상명사의 가산명사화 074
   2) 물질명사의 가산명사화 075
   3) 고유명사의 가산명사화 076

4. 명사의 복수(plurals) 077
  1) 가산명사의 복수형을 만드는 규칙 077
  2) 불규칙 복수형 단어 079
  3) 단수·복수 동일형태의 명사 080
  4) 복수가 되어서 뜻이 달라질 수 있는 명사 080
  5) 복합명사의 복수 085
  6) 숫자, 문자, 기호의 복수 085
  7) 대칭형 복수명사 086
  8) -ics 로 끝나는 단어 088
  9) 형태는 복수지만 단수로 취급하는 명사 088
  10) 형태가 달라지며 의미가 달라지는 복수 089
  11) 상호복수 089

5. 명사의 소유격(possessive form) 090
  1) A's B 방식 (A 소유의 B) 090
  2) B of A 방식 093

6. 명사의 성(gender) 094
  1) 남성어(masculine nouns) 094
  2) 여성어(feminine nouns) 094

◆ 기출문제 096

▣ PART 03 - 대명사(pronouns) 106

1. 대명사 it 106
  1) 가주어(형식주어) 역할 106
  2) 가목적어(형식목적어) 역할 106
  3) 특정 상황에 대한 주어 107
  4) 앞에서 언급된 특정 단수 명사를 대신 받는 경우 108
  5) 성별이나 정체가 확인되지 않은 사람을 대신 받는 경우 108

2. 인칭대명사(personal pronouns) 109
  1) 주격 인칭대명사 109
  2) 목적격 인칭대명사 109
  3) 소유격 인칭형용사 110

    4) 재귀대명사(reflexive pronouns) 110

3. 부정대명사(indefinite pronouns) 113
    1) some, any 113
    2) another, other 115
    3) none, no 116
    4) neither, either 117
    5) one, all, every, each, both 117

4. 지시대명사(demonstrative pronouns) 120
    1) this 120
    2) that 120
    3) such 122
    4) so 122
    5) the same 123

◆ 기출문제 126

■ PART 04 - 전치사(prepositions) 136

1. '전치사 + 목적어'의 역할 137
    1) 명사 뒤에서 앞의 명사꾸미기 137
    2) 동사에 대한 '시간, 장소, 방법' 등의 부가정보 제공 137
    3) 특정동사와 함께 타동사구 형성 138

2. 전치사의 개별적 기본의미와 쓰임새 139
    1) 시간과 관련된 부가정보 139
    2) 장소, 방향과 관련된 전치사 147
    3) 원인, 이유와 관련된 전치사 153
    4) 목적, 획득의 목적, 대상, 추구, 겨냥 154
    5) 수단, 도구 155
    6) 비교, 비유 156
    7) 무상관, 양보 156
    8) 자격, 유사 157
    9) 차이에 대한 구체적 수량을 제시하는 전치사 by 157
    10) 결과, 한도, 정도 157

11) 예외 159

◆ 기출문제 160

■ PART 05 - 형용사(adjectives) 170

1. 주요 형용사형 어미 170

2. 형용사의 역할 171
   1) 명사를 꾸미는 역할(한정용법) 171
   2) 주어나 목적어를 보충 설명하는 보어 역할 173
   3) 서술 보어로만 사용하는 형용사 173
   4) worth 의 용법 175
   5) 전치 수식어로만 사용하는 형용사(한정적 용법으로만 사용) 175
   6) 전치 수식 용법과 보어 용법에서 의미가 달라지는 형용사 177

3. 뒤에 전치사나 부정사 또는 절을 유도하는 형용사 179
   1) 형용사 + 전치사 179
   2) 형용사 + to 부정사(adjective + to infinitive) 184
   3) 형용사 + that 절 185
   4) it is + 형용사 + that 절 186
   5) 'it is 형용사 to V.R(타동사, 타동사구) + 목적어' 구조의 변환 187

4. 형용사의 종류 188
   1) 소유, 지시, 부정, 의문, 관계 형용사 188
   2) 수량 형용사 188
   3) 성질·상태 형용사 192

5. 형용사의 어순 193

6. 기타 형용사의 용법 194
   1) the + 형용사 194
   2) 자주 혼동하는 어미를 가진 형용사 194
   3) 조수사(助數詞) 196

◆ 기출문제 198

■ PART 06 - 부사(adverbs) 208

1. 부사의 형태 209
  1) 형용사로부터 파생된 부사 209
  2) -ly 가 붙지 않는 형태의 주요 부사들 209
  3) 형용사와 부사의 형태가 같은 경우 209
  4) '부사 + ly'가 새로운 부사를 만드는 경우 214
  5) 같은 의미의 부사가 두 개 있는 경우 215

2. 부사의 쓰임 216
  1) 동사 수식 216
  2) 형용사 수식 216
  3) 부사 수식 216
  4) 문장 전체 수식 216
  5) 숫자 수식 217
  6) 동명사, 부정사, 분사 수식 217

3. 부사의 위치 218

4. 부사의 내용별 종류 218
  1) 양태부사 218
  2) 빈도부사 218
  3) 정도부사 219
  4) 시간부사 219
  5) 장소부사 219
  6) 의문부사 220
  7) 관계부사 220
  8) 지시부사 221
  9) 접속부사 221

5. 여러 개의 부사가 사용될 때 부사의 순서 222
  1) 대표적 부사 3인방의 순서 222
  2) 부사의 정보 확대 어순 222
  3) 근접수식의 법칙 222
  4) 양태부사의 수식위치 222

    5) 절 전체를 수식하는 부사는 문장의 앞에 위치 223
    6) 부사가 생략형 지문에서 사용될 때 223
    7) 부사 quite 의 위치 223
    8) 전치사에서 온 부사 224
    9) '부사 + 형용사 + 관사 + 명사'의 어순을 쓰는 경우 224

 6. 시간·장소·방법을 나타내는 명사와 부사 225

 ◆ **기출문제** 226

■ PART 07 - 수의 일치(subject-verb agreement) 236

 1. be동사의 수일치 236

 2. 일반동사의 수일치 237
    1) 형태 237
    2) 주요법칙 238

 ◆ **기출문제** 246

■ PART 08 - 등위 접속사(coordinate conjunctions) 258

 1. 등위접속사 258
    1) and 260
    2) but 262
    3) or 265
    4) nor 267

 2. 등위상관접속사 268
    1) not only A but also B 268
    2) both A and B 268

 3. 접속사 so 와 for 269
    1) so 269
    2) for 269

 ◆ **기출문제** 270

저자 직강 동영상 해설 강의 (www.properenglish.co.kr)

▣ PART 09 - 명사절(noun clauses) 278

1. 접속사 that 에 의한 명사절 278
  1) 'That + S + P ...' 구조가 문두에서 전체문장의 주어 278
  2) It + P_1 + that + S_2 + P_2 279
  3) be + that + S + P 279
  4) vt + that + S + P 280
  5) vt + I.O + that + S + P 283
  6) vt + it + O.C + that 절 284
  7) 내용명사 + that + S + P : 동격의 that 절 284
  8) 전치사 'in, except, save, but'의 목적어로 사용되는 'that 절' 285

2. 접속사 whether 에 의한 명사절 286
  1) Whether + S_2 + P_2 ... + P_1 286
  2) It + P_1 + ... + if(whether) + S_2 + P_2 286
  3) be + if(whether) + S + P 286
  4) vt + if(whether) + S + P 287
  5) vt + 명사 + if(whether) + S + P 287
  6) 전치사 + whether + S + P 288

3. wh- (S) + P : wh - 에 의해 유도되는 명사절 289
  1) wh- (S_2) + P_2 ... + P_1 289
  2) It + P_1 ... + wh- (S_2) + P_2 290
  3) vt + wh- (S) + P 290
  4) vt + 명사 + wh- (S) + P 290
  5) be + wh- (S) + P 291
  6) 전치사 + wh- (S) + P 291

◆ 기출문제 292

▣ PART 10 - 부사절(adverb clauses) 302

1. 부사절의 종류 302
  1) 시간의 부사절 302
  2) 양태, 방식의 부사절 310
  3) 비례의 부사절 311

    4) 목적의 부사절 312

    5) 결과의 부사절 313

    6) 장소의 부사절 : where $S_2 + P_2$, $S_1 + P_1$ 314

    7) 원인, 이유의 부사절 314

    8) 정도의 부사절 316

    9) 조건의 부사절 319

    10) 양보(무상관)의 부사절 320

2. 부사절 접속사 다음의 'S + be' 생략 325

◆ 기출문제 328

■ PART 11 - 관계사절(relative clauses) 340

1. 관계대명사(relative pronouns) 340

    1) 개념 340

    2) 관계대명사의 생성과정 341

    3) 관계대명사의 종류 342

    4) 관계대명사의 해석법 345

    5) 관계대명사 심화 348

    6) 관계대명사의 생략 349

    7) 유사 관계 대명사 352

    8) 관계대명사 what 353

2. 관계형용사 357

    1) what + 명사 357

    2) which + 명사 357

    3) whose + 명사 357

3. 관계부사 357

    1) 관계부사의 생성과정 357

    2) 계속적 용법과 수식적 용법 358

    3) 관계부사의 생략 358

    4) in, at, on 이외의 전치사와 관계대명사 조합 359

5) 선행사를 생략하고 관계부사절을 명사절로 전용할 경우 359

4. 복합관계사 361
1) 복합관계대명사 : whoever, whomever, whichever, whosever, whatever 361
2) 복합관계부사 : wherever, whenever, however 363
3) 복합관계형용사 : whatever + 명사, whichever + 명사, whosever + 명사 364

◆ 기출문제 366

■ PART 12 - 시제(tenses) 378

1. 시제의 형태 378
1) 동작동사 'do'를 통한 시제의 모양변화 378
2) 상태동사 'know'를 통한 시제의 모양변화 379

2. 각 시제별 해석법과 응용법 379
1) 단순현재시제(the simple present tense) 379
2) 단순과거시제(the simple past tense) 381
3) 단순미래시제(the simple future tense) 386
4) 현재진행시제(the present continuous tense) 388
5) 과거진행시제(the past continuous tense) 392
6) 미래진행시제(the future continuous tense) 393
7) 현재완료시제(the present perfect tense) 393
8) 현재완료진행시제(the present perfect continuous tense) 397
9) 과거완료시제(the past perfect tense) 399
10) 과거완료진행시제(the past perfect continuous tense) 400
11) 미래완료시제(the future perfect tense) 400
12) 미래완료진행시제(the future perfect continuous tense) 400

3. 주절과 종속절의 시제 관계 401
1) 주절이 현재시제와 과거시제일 때 401
2) 가정법의 시제 402
3) 당위성절에서의 시제 402

◆ 기출문제 404

■ PART 13 - 조동사(modals and auxiliaries) ... 414

1. 조동사의 특징 ... 414
1) 형태 : 조동사 + V.R, be + ing, be + p.p, have p.p, have been -ing, have been p.p ... 414
2) 조동사의 중복 ... 414
3) 조동사의 부정 ... 414
4) 조동사 의문문 ... 414

2. 조동사의 종류 ... 415

3. 의미담당 조동사(modal verbs) ... 415
1) can ... 415
2) may ... 416
3) must ... 417
4) will ... 417
5) shall ... 418
6) would ... 418
7) should ... 419
8) need, dare ... 421

4. 시제나 문장 표현 담당 조동사(auxiliary verbs) ... 422
1) be 조동사 ... 422
2) have, has, had 조동사 ... 422
3) do 조동사 ... 422

5. 조동사구 ... 423
1) may well ... 423
2) may as well = had better ... 423
3) may(might) as well A as B = would rather A than B ... 423

6. 부정사에 의한 조동사 대용 ... 424
1) be going to V.R : '~할 작정이다' ... 424
2) be able to V.R : '~할 수 있다' ... 424
3) have to V.R : '~해야 한다' ... 424
4) used to V.R : '~하곤 했다' ... 424
5) ought to V.R : '~하는게 당연하다' ... 424

7. 조동사 + have p.p 425

   1) may(might) have p.p : '~했을지도 모른다' 425

   2) must have p.p : '~했음에 틀림 없다' 425

   3) cannot have p.p : '~했을 리가 없다' 425

   4) should have p.p : '~했어야만 했다, 그런데 안해서 유감이다' ... 425

   5) ought to have p.p : '~했어야만 했다' 426

   6) need not have p.p : '~할 필요가 없었는데 했다' 426

◆ 기출문제 428

■ PART 14 - 수동태(passive form) 436

1. 수동태를 선호하는 경우 436

   1) 능동태의 주어를 찾는다는 것이 어려울 때 436

   2) 능동태의 주어에 대한 정보가 중요하지 않을 때 437

2. 수동태의 기본 형태 438

   1) 수동태의 동사모양 438

   2) be p.p와 get p.p의 해석상 차이점 438

3. 형식별 수동태 439

   1) 3형식의 수동태 439

   2) 4형식의 수동태 441

   3) 5형식의 수동태 : 'S + P + O + O.C' → 'O + be p.p + O.C' 442

   4) 타동사구의 수동태 443

   5) 'nobody, nothing, none, neither'가 주어인 능동태 445

   6) 수동태의 뒤의 전치사 445

   7) '타동사 + 목적어 + 전치사 + 목적어' 구조의 수동화 446

   8) 주의해야 할 수동태의 해석법 448

   9) 준동사의 수동태(부정사와 동명사의 수동태) 448

   10) 수동해석 해야 할 동명사 449

   11) 목적어를 받음에도 불구하고 수동태가 걸리는 않는 동사 449

   12) 후치수식으로의 전용 449

◆ 기출문제 450

PART 15 - 가정법(subjunctive mood) ... 460

1. 'if 절'에 의한 단순조건과 반대사실가정의 구별 ('conditional' Vs 'subjunctive mood') ... 461

2. 'if 절'에 의한 직설법(conditional) ... 462
    1) 현재를 기준으로 가능성이 있는 사실 ... 462
    2) 과거에 있었을 지도 모르는 사실 ... 462

3. 'if 절'에 의한 반대사실 가정법 ... 463
    1) '말하는 시점과 동일한 시점'의 반대사실 가정과, 반대사실 결과 ... 463
    2) '말하는 시점보다 과거의 사실'을 반대로 가정하고, 반대결과 예측 ... 463
    3) 과거사실 반대 가정 + 현재사실 반대 결과 ... 464
    4) 일어나지 않길 바라는 미래사실 가정 ... 464
    5) if 절의 도치 ... 465

4. 기타 가정법 사례 ... 466
    1) wish 동사에 의한 가정법 목적어절 ... 466
    2) as if(as though) 가정법(직설법 시제도 가능함) ... 467
    3) It's time + 가정법 과거시제 ... 468
    4) if it were not for A ... 468
    5) if it had not been for A ... 468
    6) what if + 주어 + 동사 + ? ... 469
    7) 당위성의 가정법 ... 469
    8) if의 축약표현 ... 470

5. 'if 절'이 없는 단문형태의 가정법 ... 471
    1) a, an, any, another + S + would + V.R, have p.p ... 471
    2) 전치사 + 목적어, S + would + V.R, have p.p ... 471
    3) 직설법 + otherwise(or) + S + would + V.R, have p.p ... 471
    4) 부정사나 동명사에 의한 'if 절'의 대용 ... 472
    5) 분사구문 + S + would + V.R, have p.p ... 472
    6) 문맥 + S + would + V.R, have p.p ... 472

◆ 기출문제 ... 474

■ PART 16 - to 부정사(to infinitive) 484

1. 부정사의 형태와 개념 484
   1) 형태 484
   2) 개념 485

2. 부정사의 위치별 해석법 485
   1) 주어로 사용될 때 : 문장의 앞부분에 위치 485
   2) 가주어·진주어 구조로 사용될 때(주어가 길기 때문에) : 문장의 뒷부분에 위치 485
   3) 주격보어로 사용될 때 : 일부 동사의 뒤에 위치 486
   4) 타동사의 목적보어로 사용될 때 : 타동사의 목적어(명사) 뒤에 위치 486
   5) 타동사의 목적어로 사용될 때 : 타동사 바로 뒤에 위치 490
   6) wh- + to 부정사 : 명사의 자리에 사용됨 492
   7) To V.R, S + P : '~하기 위하여'(목적적 용법) 494
   8) S + P .... to V.R : '~하기 위하여'(목적적 용법) 494
   9) S + P .... to V.R : '그 결과 ~하다'(결과적 용법) 495
   10) 감정변화동사 + to V.R : 감정변화의 원인 495
   11) 명사 + to V.R : '~ 할 명사'(후치수식 용법) 498
   12) vt + it + OC + to V.R : 5형식 진목적어 499
   13) 이유나 판단의 근거로 사용되는 부정사 499

3. 그 밖의 부정사 용법 500
   1) 술어적 부정사 500
   2) 부정사의 부정(否定) : not to V.R 501
   3) 분리부정사(split infinitive) : to + 부사 + V.R 501
   4) 독립부정사(absolute infinitive) 501
   5) 부정사의 가정법 역할 502
   6) 가주어·진주어 구조에서의 문장 전환 503
   7) 대부정사(pro-infinitive) 503
   8) 실현되지 않은 소망이나 예상의 표현 503
   9) be to V.R 의 다양한 의미 504
   10) 부정사의 의미상 주어 504
   11) 부정사의 시제 506

◆ 기출문제 508

■ PART 17 - 분사(participles) 516

1. 분사의 개념 516

2. 분사의 해석법 516
1) 자동사 + ing : '~하고 있는'(동작의 진행) 516
2) 자동사 + p.p : '~한'(동작의 완료) 517
3) 타동사 + ing : '(남들을) ~하게 하는'(능동 진행) 517
4) 타동사 + p.p : '~된(받은, 당한)'(수동 완료) 518

3. 분사의 역할 519
1) 동사의 활용에 쓰이는 분사 519
2) 명사의 수식에 사용되는 분사 519
3) 보어 역할을 하는 분사 520

4. 현재분사 VS 동명사 522
1) ing + 명사 522
2) be + ing 522

5. 감정을 유발하는 ing, 감정을 유발당한 p.p 523
1) 감정을 유발하는 ing 523
2) 감정을 유발당한 p.p 523

6. 유사분사, 의사분사(quasi-participles) 524

7. 복합분사 525
1) 부사-ing : '~하게 ~하는' 525
2) 형용사-ing : '~하게 ~하는'(형용사이므로 원래 보어) 525
3) 명사-ing : '~를 ~하는' 525
4) 부사-p.p : '~하게 ~된' 526
5) 형용사-p.p : '~하게 ~된'(형용사이므로 원래 보어) 526
6) 명사-p.p : '~에 의해 ~된' 526
7) p.p-전치사 : '~된' 527

8. the + 분사 527
1) 복수보통명사 : 사람들 527
2) 단수보통명사 : 특정인, 개념 527

9. 분사가 형용사를 수식할 때 528

10. '명사 + 술어동사' VS '명사 + 과거분사' 529

◆ 기출문제 530

▣ PART 18 - 분사구문(participial construction) 538

1. 분사구문의 생성과정 538

2. being 이나 having been 을 생략한 과거분사 구문 539

3. 분사구문과 접속사 539

4. 분사구문의 해석범위 540
   1) 이유 : as, since, because 540
   2) 양보 : though, although, even if 540
   3) 시간 : while, when, after 541
   4) 조건 : if 541
   5) 부대상황 : and, as, while 541

5. 분사구문의 위치 542

6. 'being + 보어' 분사구문 542

7. 유도부사 there 가 있는 분사구문 542

8. 일반인 주어(S_2)의 생략 543

9. 분사구문을 이용한 관용숙어 543

◆ 기출문제 544

▣ PART 19 - 동명사(gerund) 552

1. 동명사의 형태 552

2. 동명사의 역할
   1) 주어역할 553
   2) be 동사 뒤에서 주격보어 역할 553

3) 3형식 타동사의 목적어 ... 553

4) 전치사의 목적어 ... 557

3. 동명사 VS 현재분사 ... 558

4. 자주 사용되는 전치사와 동명사구조 ... 559

5. 타동사 뒤에서 능동의 형태로 수동해석 되는 동명사 ... 559

6. 동명사의 의미상 주어 ... 560

1) 의미상 주어를 따로 쓰지 않을 때 ... 560

2) 의미상의 주어를 동명사 앞에 쓸 때 ... 560

7. 동명사의 시제 ... 561

8. 수동형동명사 ... 562

9. 동명사를 사용하는 주요 관용표현 ... 563

10. 전치사 to + ing ... 566

◆ 기출문제 ... 568

▣ PART 20 - 비교구문(comparative phrases and clauses) ... 578

1. 원급 비교 ... 578

1) 원급 비교의 생성원리 ... 578

2) 부정 원급 비교의 구성 ... 580

3) 원급비교를 이용한 관용표현 ... 580

2. 비교급 비교 ... 586

1) 비교급비교의 생성원리 ... 586

2) 비교급 모양 만들기 ... 587

3) 비교급비교를 이용한 관용표현 ... 588

3. 최상급 비교 ... 594

1) 최상급형용사가 명사적으로 사용되는 구조 ... 594

2) 부사의 최상급 ... 595
   3) 동일물 내에서의 최상급 ... 595
   4) 최상급의 양보적 해석 ... 595
   5) 최상급을 수식하는 부사 ... 596
   6) 최상급의 순위배정 ... 596

◆ 기출문제 ... 598

■ PART 21 - 도치·강조·생략(inversion · emphasis · omission) ... 608

1. 도치 ... 608
   1) 문도치 ... 608
   2) 형식요소의 도치 ... 612

2. 강조 ... 617
   1) 일반동사의 강조 ... 617
   2) 명사의 강조 ... 617
   3) 형용사나 부사의깅조 ... 618
   4) 의문문의 강조 ... 618
   5) 부정문의 강조 ... 619
   6) it be + 강조어구 + that + 나머지 어구 ... 619

3. 생략 ... 620
   1) 부사절 접속사 다음의 'S + be'의 생략 ... 620
   2) 등위접속사에 의한 생략 ... 620
   3) 'the + 비교급, the + 비교급' 에 의한 생략 ... 620
   4) wh- + ever 양보절의 생략 ... 621
   5) 게시용어의 생략 ... 621
   6) 대부정사나 대동사에 의한 생략 ... 621
   7) 삽입절이 들어간 관계사 주격의 생략 ... 622
   8) 그 외의 관용적 생략 ... 622

◆ 기출문제 ... 624

▣ PART 22 - 관사(articles) 632

1. 부정관사(indefinite article) : a, an 632
  1) 용법 632
  2) 관용어구에 사용히는 부정관사 635

2. 정관사(definite article) : the 636
  1) 용법 636
  2) 관사의 생략 641
  4) 관사의 위치 645

◆ 기출문제 648

▣ PART 23 - 문장의 종류(sentence composition) 656

1. 평서문(declarative or assertive sentence) 656
  1) 단순형 656
  2) 완료형 656
  3) 진행형 656
  4) 수동형 656
  5) 조동사 첨가형 657
  6) 혼합형 657

2. 의문문(interrogative sentence) 658
  1) 'yes, no 응답'형 의문문 658
  2) 의문사 의문문 659
  3) 복문구조의 의문문 664
  4) 선택 의문문(alternative question) 665
  5) 수사 의문문(rhetorical question) 666
  6) 부가 의문문(tag question) 666
  7) Yes 와 No 의 결정 669

3. 감탄문(exclamatory sentence) 670
  1) How + 형용사 + (S + P) ! 670
  2) How + 형용사 + 관사 + 명사 + (S + P) ! 670
  3) How + 부사 + (S + P) ! 670

4) How + 부사 + 형용사 + (S) + P ... 671
   5) What + (a, an) + (형용사) + 명사 + (S + P) ! ... 671

4. 기원문(optative sentence) ... 672

5. 명령문(imperative sentence) ... 673
   1) 청자에게 행동을 직접 요구하는 명령문 ... 673
   2) 청자를 시켜 제 3자가 행위를 하도록 요구하는 명령문 ... 674

◈ 기출문제 ... 676

〈 index 소개 및 활용법 〉

☆ 본 도서는 English Grammar Dictionary 라는 명칭에 걸맞게, 각 문법용어와 내용을 찾기 쉽게 색인(index)화 하였습니다. 7,000여 개가 넘는데 방대한 색인은 원하는 문법 사항을 찾기 쉽게 도와줄 것 이며, 다음에서 설명하는 index 의 특징 및 활용법을 참고하시면 그 효율이 배가될 것 입니다.

1. 키워드 기준 오름차순 정렬 및 정확한 위치의 표시

☆ 색인할 때에는 찾고자하는 키워드(검정색 글씨)를 기준으로 오름차순으로 하여 찾아볼 수 있습니다. 색인 내용의 키워드가 '검정색 글씨'이며, 키워드를 제외한 나머지 내용은 '컬러 글씨' 입니다.

☆ 색인의 페이지와 위치표시는 '페이지 내 위치 - 페이지' 순으로 표시되어 있습니다. 색인 에서 ★ 표시는, 해당 페이지의 설명 부분을 의미합니다. 각 페이지의 맨 위를 기준으로 ★ 의 순번이 표시되어 있습니다. '표'라고 표시되것은 본문 내 도표를 의미합니다. 예를들어 '★2 p.313' 으로 표기된 경우 '313페이지의 2번째 ★ 표기의 설명'을, '표185 p.383' 의 경우 '383페이지의 도표185번'을 의미 합니다.

2. index 범주 분류

☆ 본 도서의 index 는 '영어 index', '한글 index', '영작 index' 의 3가지 기준의 index로 제작 되었습니다. 각 index의 중점 구성 요소와 예시는 다음과 같습니다.

영어 index	문법 용어	예시 1) participle	★1	p. 516
		예시 2) should	★1	p. 281
			★3	p. 285
	영단어		★1	p. 313
			표185	p. 383
			★1	p. 419
	숙어구조	예시 3) Had it not been for A	★4	p. 468
	문장구조	예시 4) $S_1 + P_1 +$ so that $+ S_2 + P_2$	★2	p. 313
한글 index	문법 용어	예시 5) 분사	★1	p. 516
영작 index	술어 동사	예시 6) B의 이유로 A를 비판하다	표17	p. 38
	숙어 등	예시 7) 소위, 말하자면	표204	p. 502

3. index 중복 구성

☆ 본 도서의 index는 찾고자 하는 내용을 여러 키워드로 중복하여 구성하고 있어 원하는 내용을 쉽게 찾을 수 있습니다. 예를들어 '타동사 + that + S + (should) + V.R' 를 찾는 경우 영어 index의 'that'과 'should'로 각각 찾아볼 수 있으며, 또한 한글 index 의 '타동사'로도 찾아 볼 수 있습니다. 대부분의 색인은 중복으로 index 되어 있어, 찾고자하는 내용 전체가 아닌, 찾고자하는 문법이나 구조의 일부 '키워드' 만으로도 충분히 검색이 가능합니다.

① 영어 index (A ~ Z & 어미)

A

a, an	★1	p. 632
a bit	★1	p. 619
a couple of	표136	p. 189
a couple of + 복수명사	★2	p. 243
a few	표136	p. 189
a few of	표156	p. 239
a good many	표136	p. 189
a great deal of	표137	p. 190
a group of + 복수명사	★2	p. 243
a host of + 복수명사	★2	p. 243
a little	표137	p. 190
a little of	표156	p. 239
a lot	★1	p. 591
a lot of	표136	p. 189
	표137	p. 190
	표156	p. 239
a lot of which	표178	p. 346
a number of	표136	p. 189
a number of + 복수 가산명사	★2	p. 243
a pair of	★2	p. 242
쌍으로 완성된 물건들과 a pair of	표52	p. 87
It is a pity + that + S + (should) + V.R	★1	p. 421
a variety of + 복수명사	★2	p. 243
abide	표185	p. 382
abided	표185	p. 382
of ability	표28	p. 69
be able + to V.R	표203	p. 500
able to V.R	표128	p. 184
abode	표185	p. 382
about	★2	p. 468
about to V.R	표128	p. 184
형용사 + about	표125	p. 182
above + 기준 장소	표90	p. 148
above + 장소	★2	p. 148
absolute	★3	p. 594
absolute infinitive	★3	p. 501
it is absurd that 절	표130	p. 186
by accident	표29	p. 69
accompany	표12	p. 31
according to -ing	표219	p. 566
accordingly	표150	p. 221
	★2	p. 313
$S_1 + P_1$ + and accordingly + $S_2 + P_2$	★2	p. 313
of account	표28	p. 69
accuse A of B	표106	p. 153
	표189	p. 447
accustom A to B	표189	p. 447
accustomed	★2	p. 520
ache	표3	p. 4
acknowledge	표212	p. 554
additionally	표150	p. 221
address	표11	p. 29
address to	★1	p. 30
adjectives	★1	p. 170
adjust A to B	표189	p. 448
admit	표164	p. 280
	표212	p. 554
adverb	★1	p. 208
adverb clause	★1	p. 302
it is advisable that 절	표130	p. 186
advise	표165	p. 281
	★3	p. 419
	★1	p. 470
	표193	p. 487
	표212	p. 554
affect	표11	p. 29
afford to V.R	표195	p. 491
afraid that 절	표129	p. 185
afraid to V.R	표128	p. 184
A + only after + B		p. 306
after	★1	p. 144
		p. 381
	★3	p. 385
		p. 541
after + S + P	★4	p. 303
after + 시점 명사	표80	p. 144
after all	표110	p. 156
after(뒤따라 다니며 추구)	표107	p. 154
chase after	표107	p. 154
go after	표107	p. 154
It be only after + B + that + A		p. 306
Only after + B, 의문구조도치 A		p. 306
run after	표107	p. 154
seek after	표107	p. 154
시간의 길이 + after	★4	p. 303
of age	표28	p. 69
be agitated + to V.R	표202	p. 497
ago	★1	p. 384
agree	표164	p. 280
	★1	p. 391
agree to V.R	표195	p. 490
It be agreed that	표188	p. 440
aim at	표107	p. 155
be alarmed + to V.R	표202	p. 496

alike A and B	★4	p. 268	another	★1	p. 115
alive	★3	p. 594	another + S + would + V.R, have p.p	★2	p. 471
after all	표110	p. 156	answer	표11	p. 29
all	★1	p. 118	answer to	★1	p. 30
	★1	p. 343	anticipate	표164	p. 280
	★1	p. 561		표212	p. 554
all + 명사	★6	p. 617	anxious to V.R	표128	p. 184
all + 복수보통명사	표31	p. 70	be anxious + to V.R	표203	μ. 500
all + 추상명사	표30	p. 70	A is not B any less than C is D	★1	p. 589
all but + 형용사, 부사	표163	p. 263	A is not B any more than C is D	★3	p. 588
all of	표156	p. 239	any	★3	p. 113
all of which	표178	p. 346		표136	p. 189
all the	★1	p. 591		표137	p. 190
all the + 명사	★1	p. 357		★1	p. 343
all the same	★1	p. 123		★1	p. 561
all the 비교급+because	★2	p. 589		★1	p. 591
all the 비교급+for	★2	p. 589	any + S + would + V.R, have p.p	★2	p. 471
all too	★3	p. 618	any + 명사 + (S) + P	★1	p. 364
all 과 every 의미 차이	★2	p. 118	any + 명사 + wh - + S + P	★1	p. 363
for all	표110	p. 156	any of	표156	p. 239
not + all	★1	p. 118	not + any 어순	★3	p. 113
with all	표110	p. 156	anybody 후치수식		p. 171
allow	표193	p. 486	anyone who + P	★2	p. 361
allow + I.O + D.O	표20	p. 40	anyone whom + S + P	★2	p. 361
almost	★2	p. 219	anyone 후치수식		p. 171
	표163	p. 263	anything but	표163	p. 263
already	★4	p. 394	anything that + (S) + P	★2	p. 361
also	표150	p. 221	anything 후치수식		p. 171
not only A but also B	표155	p. 238	it is apparent that 절	표130	p. 186
Alternative Question	★3	p. 665	appear	★3	p. 3
although	표172	p. 320		표7	p. 16
		p. 540		★3	p. 391
always	★3	p. 389		표192	p. 486
	★3	p. 392	it appears that	★1	p. 17
	★3	p. 396	appreciate	표212	p. 554
	★3	p. 594	approach	표11	p. 29
am	★2	p. 236	approach to	★1	p. 30
be amazed + to V.R	표202	p. 496	approach to -ing	표219	p. 566
among + 셋 이상의 장소		p. 151	apt	표118	p. 177
be amused + to V.R	표202	p. 496	be apt + to V.R	표203	p. 500
an	★1	p. 632	are	★2	p. 236
and	★1	p. 258	argue	표164	p. 280
	★1	p. 260		★1	p. 282
	★1	p. 541	arise	★3	p. 4
동사를 연결 할 때 and 가 생략되는 경우	표162	p. 261		표185	p. 382
and 가 생략될 수 있는 경우	★2	p. 261	arisen	표185	p. 382
명령문 + and + S + will + V	★1	p. 261	in the army	표230	p. 637
announce	표164	p. 280	arose	표185	p. 382
announce + A to B	표19	p. 39	be aroused + to V.R	표202	p. 497
be annoyed + to V.R	표202	p. 497	arrange to V.R	표195	p. 491

(머리말 - 034)   색인(index)

arrive		※3	p. 4	as 형용사 + 관사 + 명사 + as ever + 동사	★1	p. 581
		★2	p. 387	as 형용사 as 비유어	★2	p. 581
article			p. 632	C + as + S + P	★1	p. 321
(just, exactly) + as + S$_2$ + P$_2$, (so) + S$_1$ + P$_1$	★3	p. 310	S$_1$ + P$_1$ + and as a result + S$_2$ + P$_2$	★2	p. 313
A as well as B		※155	p. 238	부사 + as + S$_2$ + P$_2$	★2	p. 321
as		★3	p. 224	ascribe A to B	※189	p. 446
		★3	p. 310	ask	★2	p. 45
as		★1	p. 311		※165	p. 282
		★1	p. 312	ask	※168	p. 287
		★3	p. 314		★3	p. 289
		★1	p. 321		★2	p. 441
		※176	p. 325		★1	p. 470
		★1	p. 352		※193	p. 487
		★2	p. 540	ask + I.O + D.O	※20	p. 40
		★1	p. 541	ask A for B	※189	p. 446
		★1	p. 580	ask atfer	★2	p. 39
		★2	p. 612	ask for	★2	p. 39
		★4	p. 612		※107	p. 154
		★1	p. 613		★2	p. 443
		★2	p. 614	ask to V.R	※195	p. 491
		★1	p. 303	aspire to V.R	※195	p. 491
as + S + P		★1	p. 311	assert	※164	p. 280
as + S$_2$ + P$_2$ (비교급), S$_1$ + P$_1$ (비교급)	※111	p. 157		★1	p. 282
as + 자격, 신분		★1	p. 352	assertive sentence	★1	p. 656
as + 형용사		★1	p. 585	associate A with B	※189	p. 448
as + 형용사 + a, an + 명사 어순	★2	p. 313	assume	※164	p. 280
as a result		※228	p. 635	assure	※166	p. 283
as a result of		※228	p. 635	assure + A of B	※15	p. 37
as a rule		※228	p. 635	assure + A of B	※189	p. 447
as a whole		★1	p. 584	assure + 절	※21	p. 45
as far as			p. 582	be astonished + to V.R	※202	p. 496
as good as		★6	p. 467	be astounded + to V.R	※202	p. 496
as if + to V.R		★1	p. 467	aim at	※107	p. 155
as if 가정법		★1	p. 352	at	★1	p. 140
as is often the case		★1	p. 352		※107	p. 155
as is usual		★1	p. 584	at + 시간 관련 명사	※69	p. 140
as long as		★1	p. 309	at + 장소, 좁은 지역, 지점, 특정주소	★3	p. 147
as long as S + P			p. 592	at + 활동 장소	※86	p. 147
as many as		★3	p. 144	at a distance	※228	p. 635
as of		※82	p. 144	at all	★1	p. 619
as of + 시점 명사			p. 381	at least		p. 592
as soon as			p. 583	at most		p. 592
as soon as + S + P	★2	p. 307	at once A and B	★4	p. 268
as though 가정법		★1	p. 467	at that moment	※2	p. 388
as well(문미)		※150	p. 221	at that time	★1	p. 384
as 형, 부 as any + 명사			p. 580	at the back	※230	p. 637
as 형, 부 as can be			p. 581	at the bottom	※230	p. 637
as 형, 부 as ever + (S) + P	★1	p. 581	at the cinema	※230	p. 637
as 형, 부 as one can			p. 581	at the front	※230	p. 637
as 형, 부 as possible			p. 581	at the side	※230	p. 637

at the theater	표230	p. 637
at the top	표230	p. 637
bark at	표107	p. 155
be surprised at 등	표106	p. 153
laugh at	표107	p. 155
look at	표107	p. 155
smile at	표107	p. 155
감정변화동사 + at	표106	p. 153
전치사 in , at, on 의 생략	★2	p. 140
형용사 + at	표124	p. 182
ate	표185	p. 382
attach A to B	표189	p. 447
attempt to V.R	표195	p. 491
attend	표11	p. 29
attend on + 대상	★2	p. 30
attend to + 대상	★2	p. 30
attribute A to B	표189	p. 446
auxiliary	★1	p. 414
auxiliary verb		p. 422
to no avail	표112	p. 158
avoid	표212	p. 554
await	표13	p. 33
awake	표3	p. 4
	표185	p. 382
awaked	표185	p. 382
aware that 절	표129	p. 185
away	★1	p. 224
동사 + away	★3	p. 613
awfully	★2	p. 618
awoke	표185	p. 382
awoken	표185	p. 382

B

at the back	표230	p. 637
bade	표185	p. 382
badly	★2	p. 618
ban + A from B	표16	p. 37
bar + A from B	표16	p. 37
bark at	표107	p. 155
be	표3	p. 4
	★1	p. 173
	표185	p. 382
	★1	p. 414
	표192	p. 486
be + (to) V.R	표4	p. 11
be + if + S₂ + P₂	★4	p. 286
be + if, whether 절	표4	p. 11
be + ing	표186	p. 386
	★2	p. 387

be + ing		p. 414
		p. 519
		p. 522
be + ing (동명사)	표4	p. 11
be + ing (현재분사 진행시제)	표4	p. 11
be + ing (현재분사)	표4	p. 11
be + p.p	표4	p. 11
		p. 414
be + that + S + P	★2	p. 279
be + that 절	표4	p. 11
be + to V.R (조동사적 be to)	표4	p. 11
be + wh- (S₂) + P₂	★1	p. 291
be + where, when, why, how	표4	p. 11
be + whether + S₂ + P₂	★4	p. 286
be + who, what, whom, whose, which	표4	p. 11
be + 감정형용사 + to V.R	표201	p. 496
be + 동명사		p. 522
be + 명사, 대명사	표4	p. 11
be + 주어	★2	p. 608
be + 현재분사		p. 522
be + 형용사	표4	p. 11
be able to	★2	p. 414
be able to V.R	★1	p. 415
	★2	p. 424
be about to V.R	표186	p. 386
	★1	p. 388
be accustomed to -ing	표219	p. 566
be addicted to -ing	표219	p. 566
be allowed to V.R	★1	p. 416
be busy ~ ing	표210	p. 543
be busy in ~ing	표218	p. 563
be committed to -ing	표219	p. 566
be equal to -ing	표219	p. 566
be going to	★2	p. 414
be going to V.R	표186	p. 386
	★1	p. 387
	★1	p. 424
be heard	★1	p. 448
be on the brink of ~ing	표218	p. 563
be on the brink of + 동명사	표186	p. 386
be on the edge of ~ing	표218	p. 563
be on the edge of + 동명사	표186	p. 386
be on the point of ~ing	표218	p. 563
be on the point of + -ing	★1	p. 388
be on the point of + 동명사	표186	p. 386
be on the verge of ~ing	표218	p. 563
be on the verge of + 동명사	표186	p. 386
be opposed to -ing	표219	p. 566
be p.p	★1	p. 438
	★3	p. 438

be p.p		p. 519	befall	표185	p. 382	
be p.p 의 다양한 형태	표187	p. 438	befallen	표185	p. 382	
be sold by the 단위명사	★2	p. 638	befell	표185	p. 382	
be to V.R	표186	p. 386	before	★3	p. 143	
	★5	p. 387		★2	p. 308	
be to V.R 의 다양한 의미	★1	p. 504			p. 381	
be told	★1	p. 448		★3	p. 385	
be used to -ing	표219	p. 566		★2	p. 399	
be worth	★1	p. 449	before + S + P	★5	p. 303	
	★1	p. 559	before + 시점 명사	표79	p. 143	
be worth ~ing	표218	p. 563	before + 장소	★2	p. 150	
be 동사	★2	p. 11	before + 장소 명사	표98	p. 150	
	★1	p. 236	before long	★1	p. 386	
	★1	p. 311	before long + S + P		p. 304	
	★1	p. 322	before를 사용하는 주요 관용구문		p. 304	
	★1	p. 350	had not p.p 수량표현 + before + S + P		p. 304	
	★1	p. 463	it be not long before + S + P		p. 304	
		p. 620	it is 시간의 길이 before + S + P		p. 305	
	★1	p. 621	시간의 길이 + before	★5	p. 303	
be 동사 + 주어 의문문	★3	p. 658	beg	표193	p. 487	
be 동사(조동사)	★1	p. 422	beg to V.R	표195	p. 491	
be 동사의 수일치	★2	p. 236	began	표185	p. 382	
be 동사의 주격보어	★2	p. 350	beget	표185	p. 382	
bear	표185	p. 382	begin	표185	p. 382	
bear	표213	p. 555		표213	p. 555	
bear + I.O + D.O	표20	p. 41	begin to V.R	표195	p. 491	
bear to V.R	표195	p. 491	to begin with	표204	p. 501	
beat	표13	p. 33	begot	표185	p. 382	
	표185	p. 382	begotten	표185	p. 382	
	★1	p. 638	begun	표185	p. 382	
beaten	표185	p. 382	beheld	표185	p. 382	
became	표185	p. 382	behind + 장소	★5	p. 150	
because	★3	p. 314		표101	p. 151	
	★4	p. 495	behold	표185	p. 382	
	★2	p. 540	being + 보어 분사구문	★2	p. 542	
	★1	p. 663	being p.p	표211	p. 552	
because of	★3	p. 314			p. 449	
because of + 원인	표106	p. 153	being 생략	★2	p. 542	
because 절	★3	p. 279	being을 생략한 분사 구문	★1	p. 539	
not because A but because B	★3	p. 315	believe	★2	p. 173	
S_1 + not + P_1 , because + S_2 + P_2	★1	p. 315		표164	p. 280	
S_1 + not + P_1 + because + S_2 + P_2	★3	p. 315		★1	p. 391	
the reason is because 절	★3	p. 279		★2	p. 499	
become	표5	p. 12	believe + O + O.C(명사)	표22	p. 47	
	표12	p. 31	believe + O + O.C(형용사)	표23	p. 48	
	표185	p. 382	It be believed that	표188	p. 440	
	★2	p. 449	belong	★2	p. 391	
become p.p	★1	p. 438	belong to	★2	p. 449	
been	표185	p. 382	below + 기준 장소	표91	p. 148	
been able	표185	p. 382	below + 장소	★3	p. 148	

bend	표185	p. 382	boast	표164	p. 280
beneath + 기준 장소	표92	p. 149	bore	표185	p. 382
beneath + 장소	★4	p. 148	born	표185	p. 382
beneficent	표142	p. 195	borne	표185	p. 382
beneficial	표142	p. 195	both	★2	p. 119
bent	표185	p. 382	both A and B	★4	p. 268
bereave	표185	p. 382	both of	표160	p. 244
bereave + A of B	표14	p. 36	not + both	★1	p. 269
bereaved	표185	p. 382	be bothered + to V.R	표202	p. 497
bereft	표185	p. 382	at the bottom	표230	p. 637
beseech	표185	p. 382	bought	표185	p. 382
beseeched	표185	p. 382	bound	표185	p. 382
beside + 장소	★4	p. 149	box	★1	p. 638
beside + 장소 명사	표96	p. 149	break	표185	p. 382
besides	표113	p. 159	break out	표3	p. 4
	표150	p. 221	break through to	★3	p. 443
besought	표185	p. 382	take a breath	표228	p. 635
to the best of one's A	표112	p. 158	bred	표185	p. 382
bet	표185	p. 382	breed	표185	p. 382
bet + 명사 + (명사) + 절	표21	p. 45	brethren	표55	p. 89
betray + A to B	표19	p. 39	to be brief	표204	p. 502
betted	표185	p. 382	briefly speaking	표209	p. 543
better	표13	p. 33	bring	표185	p. 382
what is better	표180	p. 355	bring + I.O + D.O	표20	p. 41
between + A and B		p. 151	be on the brink of ~ing	표218	p. 563
between + 복수의 장소		p. 151	broadcast	표185	p. 382
between + 장소명사 복수	표102	p. 151	broadcasted	표185	p. 382
be bewildered + to V.R	표202	p. 497	broke	표142	p. 195
beyond	★1	p. 145		표185	p. 382
beyond + 기준 장소	표100	p. 150	broken	표142	p. 195
beyond + 시점 명사	표83	p. 145	broken	표185	p. 382
beyond + 장소	★4	p. 150	brought	표185	p. 382
bid	표185	p. 382	build	표185	p. 382
bid + 목적어 + (to) V.R	표193	p. 487	built	표185	p. 382
bid(=command)	표185	p. 382	burn	표185	p. 382
bid(=offer)	표185	p. 382	burned	표185	p. 382
bidden	표185	p. 382	burnt	표185	p. 382
bind	표185	p. 382	burst	표185	p. 382
bit	표185	p. 382	bursted	표185	p. 382
bite	표185	p. 382	on business	표107	p. 155
bitten	표185	p. 382	be busy in ~ing	표218	p. 563
blame + A for B	표17	p. 38	all but + 형용사, 부사	표163	p. 263
	표189	p. 447	anything but	표163	p. 263
bled	표185	p. 382	but	표113	p. 159
bleed	표185	p. 382		★1	p. 258
blew	표185	p. 382		★2	p. 262
blow	표3	p. 4		★1	p. 352
	표185	p. 382		★1	p. 353
blown	표185	p. 382	but for A	★3	p. 468
blush + to V.R	표200	p. 495	but to V.R	표196	p. 492

but V.R	표196	p. 492
but 과 to V.R 를 활용한 관용어	표196	p. 492
but(unless) + S₂ + P₂	표171	p. 319
can not but V.R	★2	p. 263
can not help but V.R	★2	p. 263
not A but B	★4	p. 262
not only A but also B	표155	p. 238
not only A but also B	★2	p. 268
nothing but	표163	p. 263
so + 형용사, 부사 + but(종속접속사)	★1	p. 264
관계대명사 but	★2	p. 264
부사 but	★1	p. 265
전치사 but	★1	p. 263
전치사 but 의 목적어로 사용되는 that 절	★4	p. 285
buy	★2	p. 45
buy	표185	p. 382
	★2	p. 441
buy + I.O + D.O	표20	p. 40
by	★2	p. 143
by + ing	표216	p. 559
by + 목적어	★1	p. 439
by + 수단, 도구	표108	p. 155
by + 시점 명사	표78	p. 143
by + 장소	★1	p. 150
by + 장소 명사	표97	p. 150
by any means	★1	p. 619
by dint of + 수단, 도구	표108	p. 155
by far	★1	p. 591
	★1	p. 596
by means of + 수단, 도구	표108	p. 155
by that time		p. 400
by the + 단위 명사	★2	p. 638
by the time	★4	p. 305
by the time + S + P	★1	p. 310
by then		p. 400
by virtue of + 수단, 도구	표108	p. 155
by way of + 수단, 도구	표108	p. 155
until 과 by의 비교	★4	p. 142
what by A and B	표180	p. 355
차이에 대한 구체적 수량을 제시하는 전치사 by		p. 157

C

call	★2	p. 441
call + I.O + D.O	표20	p. 41
call + O + O.C(명사)	표22	p. 47
what is called	표180	p. 355
what we call	표180	p. 355
what you call	표180	p. 355
came	표185	p. 382

(so, in order) + that + S + may, will, can	★4	p. 416
can	★1	p. 313
	표185	p. 382
	★1	p. 414
		p. 415
can + 부정어 + enough	★4	p. 415
can + 부정어 + over + 동사	★4	p. 415
can + 부정어 + too + 형용사, 부사	★4	p. 415
can not but V.R	★2	p. 263
can not help but V.R	★2	p. 263
cannot + (choose) + but + 원형	표196	p. 492
cannot have p.p	★4	p. 425
cannot help ~ing	표218	p. 563
cardinal number	★3	p. 188
care to V.R	표195	p. 491
with care	표29	p. 69
careful to V.R	표128	p. 184
caress	★1	p. 638
cast	표185	p. 382
catch	표185	p. 382
	★1	p. 638
catch sight of	★3	p. 444
caught	표185	p. 382
cause	표193	p. 487
with caution	표29	p. 69
cease	표213	p. 555
cease to V.R	표195	p. 491
certain	표118	p. 177
certain that 절	표129	p. 185
it is certain that 절	표130	p. 186
by chance	표29	p. 69
chance to V.R	★1	p. 499
change	표3	p. 3
change	표13	p. 33
change A into B	표189	p. 447
chase after	표107	p. 154
cheap	표147	p. 215
cheaply	표147	p. 215
chid	표185	p. 382
chidden	표185	p. 382
chide	표185	p. 382
chided	표185	p. 382
childish	표142	p. 195
childlike	표142	p. 195
choose	표185	p. 382
choose to V.R	표195	p. 490
chose	표185	p. 382
chosen	표185	p. 382
chuckle	표3	p. 4
at the cinema	표230	p. 637

항목	표/별	페이지
clad	표185	p. 382
claim	표164	p. 280
claim	★1	p. 282
claim to V.R	표195	p. 491
clear A of B	표14	p. 36
clear A of B	표189	p. 447
it is clear that 절	표130	p. 186
cleave	표185	p. 382
cleaved	표185	p. 382
cleft	표185	p. 382
cling	표185	p. 382
close	표145	p. 210
closely	표146	p. 214
clothe	표185	p. 382
clothed	표185	p. 382
cloths	표55	p. 89
clove	표185	p. 382
cloven	표185	p. 382
clung	표185	p. 382
clutch	★1	p. 638
collective nouns	★4	p. 66
combine A with B	표189	p. 447
come	표3	p. 4
	표5	p. 13
	표185	p. 382
	★2	p. 387
come + to V.R	표192	p. 486
come + 동사	표162	p. 261
come close to -ing	표219	p. 566
come for	표107	p. 154
come near ~ing	표218	p. 563
come p.p	★2	p. 438
come to a stop	표228	p. 635
come to an end	표228	p. 635
comma	★2	p. 266
	★2	p. 268
	★1	p. 302
	★1	p. 323
	★1	p. 345
	★1	p. 347
	★1	p. 358
	★1	p. 494
	★1	p. 542
command	표165	p. 281
	★3	p. 419
	★1	p. 470
committed	★2	p. 520
comparable	표142	p. 195
comparative	표142	p. 195
comparative phrases and clauses	★1	p. 578
compare A with B	표189	p. 447
compare to	표109	p. 156
compare with	표109	p. 156
compel	표193	p. 487
competent	표142	p. 195
competitive	표142	p. 195
complicated	★2	p. 520
compose A of B	표189	p. 446
comprehensible	표142	p. 195
comprehensive	표142	p. 195
concern	표12	p. 31
	★3	p. 391
conclude	표164	p. 280
conditional	★1	p. 460
	★1	p. 462
confess to -ing	표219	p. 566
confident that 절	표129	p. 185
confirm	표164	p. 280
connective		p. 346
conscious	표118	p. 177
conscious that 절	표129	p. 185
consequently	표150	p. 221
	★2	p. 313
$S_1 + P_1 +$ and consequently $+ S_2 + P_2$	★2	p. 313
consider	★2	p. 173
	표164	p. 280
	★2	p. 499
	표212	p. 554
consider + O + O.C(명사)	표22	p. 47
consider + O + O.C(형용사)	표23	p. 48
consider A as B	표189	p. 446
considerable	표142	p. 195
considerate	표142	p. 195
It be considered that	표188	p. 440
consist	★3	p. 391
constantly	★3	p. 389
contact	표11	p. 29
contact to(with)	★1	p. 30
contain	★3	p. 391
contemptible	표142	p. 194
contemptuous	표142	p. 194
contend	표164	p. 280
continue	표213	p. 555
continue to V.R	표195	p. 491
contribute to -ing	표219	p. 566
it be convenient to V.R + 명	표131	p. 187
it is + convenient + to V.R	★1	p. 505
it(가주어) + be + convenient + to V.R + 목적어	★1	p. 503
명 + convenient to V.R	표131	p. 187

(머리말 - 040) 색인(index)

conversely	표150	p. 221
convert A into B	표189	p. 448
convince	표166	p. 283
convince + A of B	표15	p. 37
	표189	p. 447
convince + 절	표21	p. 45
coordinate conjunction	★1	p. 258
cost	★2	p. 45
	표185	p. 382
	★1	p. 441
	★2	p. 449
cost + I.O + D.O	표20	p. 41
costed	표185	p. 382
could	표185	p. 382
	★2	p. 471
could + V.R	★1	p. 464
count	표3	p. 3
the country	표230	p. 637
a couple of		p. 189
a couple of + 복수명사	★2	p. 243
all courage	표30	p. 70
courage itself	표30	p. 70
have the courage to V.R	표32	p. 71
very courageous	표30	p. 70
with courage	표29	p. 69
credible	표142	p. 194
credulous	표142	p. 194
creep	표185	p. 382
crept	표185	p. 382
crew	표185	p. 382
criticize + A for B	표17	p. 38
crow	표185	p. 382
crowded	표185	p. 382
very cruel	표30	p. 70
all cruelty	표30	p. 70
cruelty itself	표30	p. 70
have the cruelty to V.R	표32	p. 71
cry	표3	p. 4
cry + to V.R	표200	p. 496
cure + A of B	표14	p. 36
cure + A of B	표189	p. 447
cut	표185	p. 382
to cut a long story short	표204	p. 502
cut off	표151	p. 224

D

D.O	★1	p. 40
D.O + be p.p + 전치사 + I.O	★2	p. 441
D.O 명사절	★1	p. 442
daily	표145	p. 210
	★1	p. 213
dare	표185	p. 382
	★2	p. 421
dare to V.R	표195	p. 491
dared	표185	p. 382
dative verbs		p. 40
dead	★3	p. 594
a great deal of	표137	p. 190
deal	표185	p. 382
dealt	표185	p. 382
dearly	표146	p. 214
decide	표164	p. 280
	표165	p. 281
	★1	p. 470
	★2	p. 470
decide to V.R	표195	p. 490
decimal	★1	p. 189
make a decision	표228	p. 635
declarative sentence	★1	p. 656
declare	표164	p. 280
declare + O + O.C(명사)	표22	p. 47
decline to V.R	표195	p. 491
decree	표165	p. 281
deep	표145	p. 209
deeply	표146	p. 214
defining clauses	★1	p. 347
definite article	★1	p. 636
to a degree	표112	p. 158
delay	표212	p. 554
be delighted + to V.R	표202	p. 496
demand	표165	p. 282
	★3	p. 419
	★1	p. 470
demand to V.R	표195	p. 491
demonstrative pronouns		p. 120
deny	표164	p. 280
	표212	p. 554
deny + I.O + D.O	표20	p. 40
depart	표3	p. 3
deprive + A of B	표14	p. 36
deprive + A of B	표189	p. 447
derive + A from B	표189	p. 447
describe + A to B	표19	p. 39
deserve to V.R	표195	p. 491
desirable	표142	p. 194
it is desirable that 절	표130	p. 186
desire	★3	p. 390
desire to V.R	표195	p. 491
desirous	표142	p. 194

표제어	표번호	페이지	표제어	표번호	페이지
despite (in spite of)	표110	p. 156	do + I.O + favor	표20	p. 40
deter + A from B	표16	p. 37	do + I.O + good	표20	p. 40
determine	표165	p. 281	do + I.O + harm	표20	p. 40
determine to V.R	표195	p. 490	do + I.O + justice	표20	p. 40
determined	★2	p. 520	do + S +V.R 의문문	★4	p. 658
detest	★3	p. 390	do + the + 일상행위	표232	p. 639
detest	표212	p. 554	do nothing but + 원형	표196	p. 492
develop	표3	p. 3	do 를 이용한 12 시제 표현	표181	p. 378
develop	표13	p. 33	do 조동사	★3	p. 422
devote oneself + to -ing	표219	p. 566	does	★2	p. 617
devoted	★2	p. 520	don't have to	★1	p. 417
devotion to ing	표219	p. 566	Don't V.R		p. 673
did	표185	p. 382	done	표185	p. 382
did	★2	p. 617	done or finished	★2	p. 520
didn't need to	★4	p. 421	doubt	표164	p. 280
die	표3	p. 4	doubt	표168	p. 287
die from	표106	p. 153	doubtful that 절	표129	p. 185
die of	표106	p. 153	it is doubtful that 절	표130	p. 186
differ	표3	p. 4	down	★1	p. 224
different	표142	p. 195	down	★2	p. 618
it be difficult to V.R +명	표131	p. 187	동사 + down	★3	p. 613
it is + difficult + to V.R	★1	p. 505	drank	표185	p. 382
it(가주어) + be + difficult + to V.R + 목적어	★1	p. 503	draw	표185	p. 382
명 + be difficult to V.R	표131	p. 187	drawn	표185	p. 382
have difficulty in ~ing	표218	p. 563	dread to V.R	표195	p. 491
dig	표185	p. 382	dream	표185	p. 382
by dint of + 수단, 도구	표108	p. 155	dreamed	표185	p. 382
direct object	★1	p. 40	dreamt	표185	p. 382
disappear	표3	p. 4	dress	표13	p. 33
be disappointed + to V.R	표202	p. 497	drew	표185	p. 382
discourage + A from B	표16	p. 37	drink	표185	p. 382
be discouraged + to V.R	표202	p. 497	drive	표12	p. 31
discover	표164	p. 280		★2	p. 173
discuss	표12	p. 31		표185	p. 382
dislike	★3	p. 390		표193	p. 487
dispute	표164	p. 280	driven	표185	p. 382
dissuade + A from B	표16	p. 37	drove	표185	p. 382
at a distance	표228	p. 635	drunk	표185	p. 382
from a distance	표228	p. 635	drunk	★2	p. 520
distinguish A from B	표189	p. 447	due to -ing	표219	p. 566
be distressed + to V.R	표202	p. 497	dug	표185	p. 382
divide A into B	표189	p. 447	during	★1	p. 141
divorce	표12	p. 31	during + 기간의 내용 명사	표71	p. 141
do	표3	p. 3	during 3 days	★1	p. 141
	표13	p. 33	durst	표185	p. 382
	표185	p. 382	on duty	표107	p. 155
	★1	p. 414	dwell	표185	p. 382
	★2	p. 617	dwelled	표185	p. 382
do + be	★3	p. 617	dwelt	표185	p. 382
do + I.O + damage	표20	p. 40	dynamic verb	★4	p. 389

E

each	★1	p. 119
	표136	p. 189
each other	★2	p. 115
eager to V.R	표128	p. 184
all ears	표31	p. 70
early	표145	p. 209
at ease	표29	p. 69
with ease	표29	p. 69
be eased + to V.R	표202	p. 497
easily	표147	p. 215
easy	표147	p. 215
it be easy to V.R + 명	표131	p. 187
it is + easy + to V.R	★1	p. 505
it(가주어) + be + easy + to V.R + 목적어	★1	p. 503
명 + be easy to V.R	표131	p. 187
eat	표185	p. 382
eat away at	★3	p. 443
eaten	표185	p. 382
economic	표142	p. 195
economical	표142	p. 195
be on the edge of ~ing	표218	p. 563
either	★1	p. 117
either A or B	표155	p. 238
Either A or B	★3	p. 265
either of	표160	p. 244
be embarrassed + to V.R	표202	p. 497
embrace	★1	p. 638
emerge	표3	p. 4
eminent	표142	p. 195
emphasis		p. 608
emphasize	표164	p. 280
empty	★3	p. 594
enable	표193	p. 487
encourage	표193	p. 487
come to an end	표228	p. 635
endeavor to V.R	표195	p. 491
endow A with B	표18	p. 38
	표189	p. 447
endure	표213	p. 555
endure to V.R	표195	p. 491
enjoy	★3	p. 23
	표212	p. 554
be enough to V.R	표203	p. 500
enough	표136	p. 189
	표137	p. 190
	표145	p. 209
enough to V.R	표128	p. 184

형용사, 부사 + enough + that 절	★2	p. 316
be enraged + to V.R	표202	p. 498
enter	표11	p. 29
enter into + business, details 등	★2	p. 30
be entertained + to V.R	표202	p. 497
entrust A with B	표18	p. 38
	표189	p. 447
envy	★2	p. 45
envy + I.O + D.O	표20	p. 41
equip + A with B	표18	p. 38
	표189	p. 447
escape	표212	p. 554
it is essential that 절	표130	p. 186
it is essential to V.R	★1	p. 505
even	★1	p. 591
even if	★2	p. 320
	표172	p. 320
		p. 540
even though	표172	p. 320
ever	★1	p. 323
	★4	p. 618
wh- ever + (S) + P	★1	p. 362
wh- ever + S + P	★1	p. 363
wh- ever + 명사 + (S) + P	★1	p. 364
관계대명사 + ever	★1	p. 361
all 과 every 의미 차이	★2	p. 118
every	★2	p. 118
	표136	p. 189
	★1	p. 343
	★1	p. 561
every + 단수가산명사 + 단수동사	★1	p. 241
every + 명사	★1	p. 219
not + every	★2	p. 118
everybody 후치수식		p. 171
everyone 후치수식		p. 171
everything 후치수식		p. 171
it is evident that 절	표130	p. 186
to be exact	표204	p. 502
exactly the same	★1	p. 123
be exasperated + to V.R	표202	p. 498
exceed	표13	p. 33
except	표113	p. 159
	★1	p. 263
except for	표113	p. 159
전치사 except 의 목적어로 사용되는 'that 절'	★4	p. 285
exchange A for B	표189	p. 448
be excited + to V.R	표202	p. 497
it(가주어) + be + exciting + to V.R + 목적어	★1	p. 503
exclamatory sentence	★1	p. 670
excuse	표212	p. 554

excuse A for B	표17	p. 38
exhausted	★2	p. 520
be exhilarated + to V.R	표202	p. 497
exist	★3	p. 391
expect	표164	p. 280
	표193	p. 486
expect A to B	표189	p. 447
expected + to have p.p	표205	p. 503
It be expected that	표188	p. 440
experienced	★2	p. 520
explain	표164	p. 280
explain + A to B	표19	p. 39
expose + A to B	표189	p. 448
to some extent	표112	p. 158
extreme	★3	p. 594
extremely	★2	p. 618
all eyes	표31	p. 70
have an eye for	표228	p. 635
keep an eye on	표228	p. 635

F

fail	표3	p. 4
fail to V.R	표195	p. 491
fair	표145	p. 210
fairly	표146	p. 214
	★2	p. 618
fall	표3	p. 4
	표5	p. 13
	표185	p. 382
fallen	표185	p. 382
far	표145	p. 209
	★1	p. 591
far and away	★1	p. 596
fast	표145	p. 209
favor	표212	p. 554
favorable	표142	p. 195
favorite	표142	p. 195
fax + I.O + D.O	표20	p. 41
fear	표164	p. 280
	★3	p. 390
fear to V.R	표195	p. 491
have the fear to V.R	표32	p. 71
it is feasible that 절	표130	p. 186
fed	표185	p. 382
feed	표185	p. 382
feel	표13	p. 33
	★1	p. 173
	★2	p. 173
	표164	p. 280

feel	표185	p. 382
	★5	p. 389
	★6	p. 389
	★1	p. 390
	★2	p. 499
feel + O + O.C(명사)	표22	p. 47
feel + O + O.C(형용사)	표23	p. 48
feel + 목적어 + V.R(ing)	표194	p. 490
feel + 목적어 + V.R	표193	p. 488
feel + 형용사, like + 명사, as if 절	표9	p. 19
feel from	표106	p. 153
feel like ~ing	표218	p. 563
fell	표185	p. 382
	표185	p. 382
feminine nouns	★2	p. 94
fertile	표142	p. 195
few	표136	p. 189
전치사 + few + 명사	★1	p. 610
few of	표156	p. 239
fight	표185	p. 382
fill A with B	표189	p. 446
final	★3	p. 594
find	★2	p. 45
find	★2	p. 173
	표164	p. 280
	표168	p. 287
	표185	p. 382
	★2	p. 441
	★2	p. 499
find + I.O + D.O	표20	p. 41
find + O + O.C(명사)	표22	p. 47
find + O + O.C(형용사)	표23	p. 48
finish	표212	p. 554
first	표147	p. 215
firstly	표147	p. 215
fit	표3	p. 3
fix	★2	p. 45
be flattered + to V.R	표202	p. 497
fled	표185	p. 382
flee	표185	p. 382
flew	표185	p. 382
fling	표185	p. 382
flow	표3	p. 4
flown	표185	p. 382
flung	표185	p. 382
fly	표185	p. 382
fond	표118	p. 177
ask for	표107	p. 154
come for	표107	p. 154
do something for one's sake	표107	p. 154

do something for pleasure	표107	p. 154	forgiven	표185	p. 383
for	★2	p. 141	forgot	표185	p. 383
	★1	p. 258	forgotten	표185	p. 383
	★4	p. 269	forsake	표185	p. 383
	★2	p. 397	forsaken	표185	p. 383
for + 기간명사	★1	p. 396	forsook	표185	p. 383
for + 목적 방향 장소	표105	p. 151	it is fortunate that 절	표130	p. 186
for + 목적어	★1	p. 505	fought	표185	p. 382
for + 시간의 길이 명사	표72	p. 141	found	표185	p. 382
for + 행선지 (행선지점)	★3	p. 151	It be found that	표188	p. 440
for all	표110	p. 156	to be frank with you	표204	p. 501
for fear	★1	p. 313	frankly speaking	표209	p. 543
for fear	★1	p. 420	free A of (from) B	표189	p. 447
for fear + S₂ + (should) + V2	★1	p. 313	freeze	표185	p. 383
for 를 사용한 기간부사구	★2	p. 385	be frightened + to V.R	표202	p. 496
for(획득의 목적물)	표107	p. 154	die from	표106	p. 153
go for	표107	p. 154	feel from	표106	p. 153
hope for	표107	p. 154	from	★2	p. 142
hunt for	표107	p. 154		★3	p. 142
listen for	표107	p. 154	from + 감정변화의 원인, 원인	표106	p. 153
look for	표107	p. 154	from + 시점 명사	표74	p. 142
pray for	표107	p. 154	from + 장소	★1	p. 151
run for	표107	p. 154	from + 출발 장소	표103	p. 151
search for	표107	p. 154	from a distance	표228	p. 635
seek for	표107	p. 154	from A till B	★4	p. 142
send for	표107	p. 154	from A to A	표112	p. 158
wish for	표107	p. 154	from A to B	표112	p. 158
감사, 상, 벌, 비난, 칭찬 + for + 원인	표106	p. 153	sick from	표106	p. 153
판단, 평가 + for 기준	표109	p. 156	suffer from	표106	p. 153
형용사 + for	표121	p. 180	형용사 + from	표127	p. 183
forbade	표185	p. 382	at the front	표230	p. 637
forbear	표185	p. 382	froze	표185	p. 383
forbid	표165	p. 282	frozen	표185	p. 383
	표185	p. 382	be frustrated + to V.R	표202	p. 497
	표193	p. 487	to the full	표112	p. 158
forbid + A from B	표16	p. 37	furnish A with B	표18	p. 38
forbidden	표185	p. 382		표189	p. 446
forbore	표185	p. 382	furthermore	표150	p. 221
forborne	표185	p. 382	futile	표142	p. 195
force	표193	p. 487			
forgave	표185	p. 383	**G**		
forget	표164	p. 280			
	표185	p. 383	gather	표3	p. 4
forget + -ing	표214	p. 555		표13	p. 33
forget + -ing	★1	p. 562	gave	표185	p. 383
forget + to V.R	표195	p. 491	gaze	표3	p. 4
forget + to V.R	표214	p. 555			p. 390
forgive	표185	p. 383		★1	p. 638
	표212	p. 554	gender	★1	p. 94
forgive + A for B	표17	p. 38	generally speaking	표209	p. 543

genii	표55	p. 89	good to V.R	표128	p. 184
gerund	★1	p. 552	It is no good ~ing	표218	p. 563
get	표5	p. 12	got	표185	p. 383
	★1	p. 173	gotten	표185	p. 383
	표185	p. 383	grab	★1	p. 638
	표192	p. 486	graduate	표3	p. 4
	표193	p. 487		표12	p. 31
get + I.O + D.O	표20	p. 41	grant + I.O + D.O	표20	μ. 40
get + O + O.C(형용사)	표23	p. 48	granting that 절	표209	p. 543
get p.p	★1	p. 438	grateful that 절	표129	p. 185
	★3	p. 438	greet	표11	p. 29
giggle	표3	p. 4	grew	표185	p. 383
gild	표185	p. 383	grin	표3	p. 4
gilded	표185	p. 383	grind	표185	p. 383
gilt	표185	p. 383	ground	표185	p. 383
gird	표185	p. 383	a group of + 복수명사	★2	p. 243
girded	표185	p. 383	grow	표3	p. 4
girt	표185	p. 383		표5	p. 12
give	표185	p. 383		표13	p. 33
give + I.O + a hand	표228	p. 635		표185	p. 383
give + I.O + D.O	표20	p. 40	grow p.p	★2	p. 438
give a party	표228	p. 635	grown	표185	p. 383
give a talk	표228	p. 635	of growth	표28	p. 69
give it a pull	표228	p. 635	guarantee	표164	p. 280
give it a push	표228	p. 635	guess	표164	p. 280
give it a try	표228	p. 635	guess + O + O.C(명사)	표22	p. 47
give up	표151	p. 224	guess + O + O.C(형용사)	표23	p. 48
	표212	p. 554	have the guts to V.R	표32	p. 71
given	표185	p. 383			
given that 절	표209	p. 543		H	
be glad + to V.R	표201	p. 496			
glad that 절	표129	p. 185	had	표185	p. 383
It is glad + that + S + (should) + V.R	★1	p. 421	had (조동사)	★2	p. 422
go	표3	p. 4	had + p.p		p. 399
	표5	p. 12	had + S + p.p	표227	p. 611
	표185	p. 383	had + 주어 + p.p	★1	p. 465
	★2	p. 387	had been + ing		p. 400
go ~ing	표210	p. 543	had been + p.p		p. 399
go + 동사	표162	p. 261	had best	★3	p. 423
go after	표107	p. 154	had better	★3	p. 423
go for	표107	p. 154	had better 부가의문문	★3	p. 667
go for a ride	표228	p. 635	Had it not been for A	★4	μ. 468
go on + -ing	표214	p. 555	had not p.p 수량표현 + before + S + P		p. 304
go on + to V.R	표214	p. 555	had to	표185	p. 383
go on a picnic	표228	p. 635	had to	★1	p. 417
go p.p	★2	p. 438	half	★4	p. 646
be going + to V.R	표203	p. 500	half of which	표178	p. 346
going to V.R	표128	p. 184	give + I.O + a hand	표228	p. 635
gone	표185	p. 383	hand + I.O + D.O	표20	p. 40
a good many		p. 189	hang	표185	p. 383

hanged	표185	p. 383	have no alternative but to 부정사	표196	p. 492
happen	표3	p. 4	have no choice but to 부정사	표196	p. 492
all happiness	표30	p. 70	have p.p		p. 414
happiness itself	표30	p. 70		★1	p. 414
be happy + to V.R	표201	p. 496	have to	★1	p. 281
very happy	표30	p. 70		★2	p. 414
hard	표145	p. 209		★1	p. 417
hard to say	표204	p. 501	have trouble ~ing	표210	p. 543
have a hard time in ~ing	표218	p. 563	have trouble in ~ing	표218	p. 563
it be hard to V.R + 명	표131	p. 187	have, has, had + p.p		p. 519
it is + hard + to V.R	★1	p. 505	조동사 + have p.p	★1	p. 425
it(가주어) + be + hard + to V.R + 목적어	★1	p. 503	having been p.p		p. 449
명 + be hard to V.R	표131	p. 187		표211	p. 552
hardly	표146	p. 214		표217	p. 561
	★2	p. 308	having been을 생략한 분사 구문	★1	p. 539
	★3	p. 414	having p.p	표211	p. 552
	표226	p. 609		표217	p. 561
has (조동사)	★2	p. 422	heal A of B	표189	p. 447
has + been + ing		p. 397	healthful	표142	p. 195
has + been + p.p	★1	p. 393	healthy	표142	p. 195
has + p.p	★1	p. 393	hear	표164	p. 280
hasten to V.R	표195	p. 491		표185	p. 383
hate	★3	p. 390		★5	p. 389
	표213	p. 555		★1	p. 448
hate to V.R	표195	p. 491	hear + 목적어 + V.R(ing)	표194	p. 490
don't have to	★1	p. 417	hear + 목적어 + V.R	표193	p. 488
have	표185	p. 383	be heard	★1	p. 448
	★2	p. 391	heard	표185	p. 383
	★1	p. 414	held	표185	p. 383
	★2	p. 449	can not help but V.R	★2	p. 263
	★1	p. 489	cannot help ~ing	표218	p. 563
have (조동사)	★2	p. 422	help	표3	p. 3
have + been + ing		p. 397		★2	p. 490
		p. 414	help + (to) V.R	표195	p. 491
have + been + p.p	★1	p. 393	help + -ing	표13	p. 33
		p. 414		표214	p. 555
have + p.p	★1	p. 393	help + to V.R	표214	p. 555
have + to V.R	표203	p. 500	help + 목적어 + (to) V.R	표193	p. 487
	★3	p. 424	help A with B	표189	p. 447
have + 목적어 + V.R	표193	p. 487	help it	표13	p. 33
have a good time ~ing	표210	p. 543	help 의 다양한 용례	표2	p. 2
have a hard time in ~ing	표218	p. 563	of help	표28	p. 69
have a liking for	표228	p. 635	hence	표150	p. 221
have a mind to V.R	표228	p. 635	hesitant to V.R	표128	p. 184
have a taste for	표228	p. 635	hesitate to V.R	표195	p. 491
have a word with	표228	p. 635	hew	표185	p. 383
have an eye for	표228	p. 635	hewed	표185	p. 383
have an itch to V.R	표228	p. 635	hewn	표185	p. 383
have difficulty ~ing	표210	p. 543	hid	표185	p. 383
have difficulty in ~ing	표218	p. 563	hidden	표185	p. 383

hide		표185	p. 383	however + 형용사 + a, an + 단수명사 ★2	p. 646
high		★1	p. 191	hug ★1	p. 638
		표145	p. 209	huh? ★2	p. 668
		★2	p. 468	human 표142	p. 195
highly		표146	p. 214	humane 표142	p. 195
hinder A from B		표16	p. 37	hung 표185	p. 383
hit		표185	p. 383	hunt for 표107	p. 154
		★1	p. 638	hurried ★2	p. 520
hold		표6	p. 15	hurry 표3	p. 3
		표164	p. 280	in a hurry 표228	p. 635
		★1	p. 282	hurt 표3	p. 4
		표185	p. 383	표13	p. 33
		★1	p. 638	표185	p. 383

I

to be honest with you		표204	p. 501		
honestly speaking		표209	p. 543		
have the honesty to V.R		표32	p. 71	I.O ★1	p. 40
hope		표164	p. 280	I.O + be p.p + D.O ★1	p. 441
		★1	p. 672	be + if + S₂ + P₂ ★4	p. 286
hope for		표107	p. 154	if ★1	p. 278
hope to V.R		표195	p. 491	★1	p. 286
hoped + to have p.p		표205	p. 503	★1	p. 319
It be hoped that		표188	p. 440	표172	p. 320
hopeful that 절		표129	p. 185	표176	p. 325
be horrified + to V.R		표202	p. 497		p. 381
a host of + 복수명사		★2	p. 243	★1	p. 460
hourly		★1	p. 213		p. 541
how		★3	p. 224	if + not, unless ★3	p. 263
		★1	p. 289	if + S₂ + P₂ 표171	p. 319
		★4	p. 357	if + should + V.R ★3	p. 464
		★1	p. 663	if + were to + V.R ★3	p. 464
		★1	p. 670	if any + (명사)	p. 470
how		★1	p. 670	if anything	p. 470
how + to V.R		표199	p. 493	if at all	p. 470
How + 부사 + (S + P) !			p. 670	if ever + 동사	p. 470
How + 부사 + 형용사 + (S) + P		★1	p. 671	if it had not been for A ★4	p. 468
how + 절		★2	p. 289	if it is necessary ★1	p. 326
How + 형용사 + (S + P)!		★2	p. 670	if it is needed ★1	p. 326
how + 형용사 + a, an + 단수명사		★5	p. 645	if it is possible ★1	p. 326
How + 형용사 + 관사 + 명사 + (S + P) !		★3	p. 670	if it were not for A ★1	p. 326
how + 형용사, 부사 + 절		★2	p. 289	if it were not for A ★3	p. 468
How come + 주어 + 동사 ?		★2	p. 665	if necessary ★1	p. 326
How did it + come + that 절		★2	p. 665	if needed ★1	p. 326
How does it + come + that 절		★2	p. 665	if not A	p. 470
how 형용사, 부사 + to V.R		표199	p. 493	if not for A ★1	p. 326
however		표150	p. 221	if not for A ★3	p. 468
		★3	p. 224	if only ★1	p. 466
		표175	p. 324	if possible ★1	p. 326
		★1	p. 363	if 절에 의한 반대사실 가정법 ★1	p. 463
however + S + P		★1	p. 363	if 절에 의한 직설법 ★1	p. 462
however + 형, 부		★2	p. 614		
however + 형, 부 + S + P		★1	p. 363		

항목	참조	페이지
if 절의 도치	★1	p. 465
if 절의 조건절과 가정법 시제 규칙	표190	p. 461
if 절이 없는 단문형태의 가정법		p. 471
if의 축약표현		p. 470
It + P$_1$ + ... + if + S$_2$ + P$_2$	★3	p. 286
vt + 명사 + if +S$_2$+ P$_2$	★2	p. 287
타동사 + if 절의 예시	표168	p. 287
ignorant that 절	표129	p. 185
ill	표118	p. 177
	표145	p. 209
	★1	p. 444
imaginable	표142	p. 195
imaginary	표142	p. 195
imaginative	표142	p. 195
imagine	표164	p. 280
	표212	p. 554
should imagine	★3	p. 420
immediately	★2	p. 308
imminent	표142	p. 195
it is imperative that 절	표130	p. 186
imperative sentence	★1	p. 673
imply	표164	p. 280
of importance	표28	p. 69
It is + important + that + S + (should) + V.R	★4	p. 420
it is + important + that 절	표130	p. 186
it is + important + to V.R	★1	p. 505
impose A on B	표189	p. 447
it be impossible to V.R + 명	표131	p. 187
it is + impossible + to V.R	★1	p. 505
명 + be impossible to V.R	표131	p. 187
despite(in spite of)	표110	p. 156
in	★2	p. 139
in	★1	p. 224
in + -ing	표216	p. 559
in + 과거년도, 세기	★1	p. 384
in + 미래년도, 세기	★1	p. 386
in + 시간 관련 명사	표67	p. 139
in + 장소 명사	표85	p. 147
in + 장소, 구역, 면적 전체, 도시, 국가, 주, 지방	★2	p. 147
in a hurry	표228	p. 635
in addition to -ing	표219	p. 566
in any way	★1	p. 619
in case + S$_2$ + P$_2$	표171	p. 319
in doing as	표218	p. 563
in front of + 장소	★3	p. 150
in front of + 장소 명사	표99	p. 150
in order that + S$_2$ + may, can + not	★1	p. 313
in order to	★1	p. 494
in so doing	표218	p. 563
in the army	표230	p. 637
in the future	★1	p. 386
in the least	★1	p. 619
in the middle	표230	p. 637
in the navy	표230	p. 637
in the way	★3	p. 310
in the world	★4	p. 618
in those days	★1	p. 384
in which	★4	p. 357
S$_1$ + P$_1$ + in order that + S$_2$ + may, can + P$_2$	★3	p. 312
동사 + in	★3	p. 613
전치사 in , at, on 의 생략	★2	p. 140
전치사 in 의 목적어로 사용되는 that 절	★4	p. 285
형용사 + in	표126	p. 183
include	★2	p. 391
	표212	p. 554
indefinite	★2	p. 189
indefinite article	★1	p. 632
indefinite pronouns	★1	p. 113
indicate	표164	p. 280
indifferent	표142	p. 195
indirect object	★1	p. 40
indirect question	★3	p. 289
induce	표193	p. 487
industrial	표142	p. 194
industrious	표142	p. 194
influence	표11	p. 29
influence on	★1	p. 30
inform	표166	p. 283
	★2	p. 283
inform + A of B	표15	p. 37
	표189	p. 446
inform + 절	표21	p. 45
informed	★2	p. 520
be infuriated + to V.R	표202	p. 498
ing	★1	p. 516
	★1	p. 552
	★2	p. 615
ing + 명사	★2	p. 522
inhabit	표12	p. 31
inhibit + A from B	표16	p. 37
insist	표164	p. 280
	★1	p. 282
	표165	p. 282
	★3	p. 419
	★1	p. 470
	★2	p. 470
inspire	표193	p. 487
intend	표164	p. 280
	표213	p. 555
intend to V.R	표195	p. 490

intended + to have p.p	표205	p. 503	kiss		★1	p. 638
of interest	표28	p. 69	kiss + I.O + D.O		표20	p. 41
Interrogative Adjective	★1	p. 662	kneel		표185	p. 383
Interrogative Adverb	★1	p. 663	kneeled		표185	p. 383
Interrogative Pronoun	★3	p. 659	knelt		표185	p. 383
interrogative sentence	★1	p. 658	knew		표185	p. 383
into + 이동 장소	표95	p. 149	knit		표185	p. 383
into + 장소	★3	p. 149	knitted		표185	p. 383
introduce A to B	표19	p. 39	know		★7	p. 23
	표189	p. 448			표164	p. 280
invaluable	★1	p. 175			표168	p. 287
inversion		p. 608			표182	p. 379
invite	표193	p. 487			표185	p. 383
involve	표12	p. 31			★1	p. 391
	표212	p. 554			★1	p. 664
be irritated + to V.R	표202	p. 497	know A from B		표189	p. 447
is	★2	p. 236	know better than to V.R			p. 593
it	★1	p. 106	It be known that		표188	p. 440
	★2	p. 667	known		표185	p. 383
형식 주어 it	★1	p. 279				
형식목적어 it	★1	p. 284		**L**		
형식주어 it	★3	p. 286				
have an itch to V.R	표228	p. 635	lack		표12	p. 31
					★2	p. 391
J					★2	p. 449
			laid		표185	p. 383
jealous	표142	p. 195	lain		표185	p. 383
join	표12	p. 31	large		★1	p. 191
judge	표164	p. 280	last		표3	p. 3
just	★1	p. 265			표147	p. 215
	★4	p. 394			★1	p. 384
not just A but also B	표155	p. 238			★3	p. 636
			last + 시점명사		★1	p. 642
K			the last		★1	p. 343
			lastly		표147	p. 215
keep	표6	p. 15	late		표118	p. 177
	★2	p. 173			표145	p. 209
keep	표185	p. 383	lately		표146	p. 214
keep + A from B	표16	p. 37	laugh		표3	p. 4
keep + O + O.C(명사)	표22	p. 47	laugh + to V.R		표200	p. 496
keep + O + O.C(형용사)	표23	p. 48	laugh at		표107	p. 155
keep an eye on	표228	p. 635	lay		표13	p. 33
keep track of	★3	p. 444			표185	p. 383
kept	표185	p. 383	lay off		★2	p. 224
key to -ing	표219	p. 566	lay off		표151	p. 224
kill	★3	p. 436	lead		표185	p. 383
all kindness	표30	p. 70			표193	p. 487
have the kindness to V.R	표32	p. 71	lead to -ing		표219	p. 566
kindness itself	표30	p. 70	lean		표185	p. 383
very kind	표30	p. 70	leaned		표185	p. 383

leant	표185	p. 383	like	★3	p. 390
leap	표185	p. 383		표193	p. 486
leaped	표185	p. 383		표213	p. 555
leapt	표185	p. 383	like + O + O.C(형용사)	표23	p. 49
learn	표164	p. 280	like to V.R	표195	p. 491
	표168	p. 287	be likely + to V.R	표203	p. 500
	표185	p. 383	it is likely that 절	표130	p. 186
learn to V.R	표195	p. 490	likely to V.R	표128	p. 184
learned	표185	p. 383	likewise	표150	p. 221
learnt	표185	p. 383	have a liking for	표228	p. 635
leave	★2	p. 173	link verb		p. 11
	표185	p. 383		★1	p. 173
	★2	p. 387		★1	p. 390
leave + O + O.C(형용사)	표23	p. 49	listen for	표107	p. 154
on leave	표107	p. 155	listen to	★2	p. 443
leaved	표185	p. 383	listen to + 목적어 + V.R(ing)	표194	p. 490
led	표185	p. 383	listen to + 목적어 + V.R	표193	p. 488
left	표185	p. 383	lit	표185	p. 383
on the left	표230	p. 637	literal	표142	p. 195
lend	표185	p. 383	literary	표142	p. 195
lend + I.O + D.O	표20	p. 40	literate	표142	p. 195
lent	표185	p. 383	little	표137	p. 190
less A than B	★2	p. 582		★1	p. 343
less of	표156	p. 239		표226	p. 609
less than + 수량		p. 592	little of	표156	p. 239
lest	★1	p. 313	전치사 + little + 명사	★1	p. 610
	★1	p. 420	live	표3	p. 4
lest + S₂ + (should) + V2	★1	p. 313	loathe	★3	p. 390
be let down + to V.R	표202	p. 497	long	표145	p. 209
let	표185	p. 383	long before	★1	p. 399
	★2	p. 449	long for	표193	p. 487
let + 목적어 + V.R	표193	p. 487	long to V.R	표195	p. 491
let + 목적어 + V.R	★1	p. 674	look	표3	p. 4
let fall	★1	p. 489		★1	p. 39
let go	★1	p. 489		★1	p. 173
let go	★1	p. 616		★1	p. 390
let go of	★1	p. 489		★1	p. 638
let go of	★1	p. 616	look + 형용사, like + 명사, as if 절, to V.R	표9	p. 19
be liable + to V.R	표203	p. 500	look after	★1	p. 39
lie	표3	p. 4	look at	★1	p. 39
	표185	p. 383	look at	표107	p. 155
	★3	p. 391	look at		p. 390
lie at	표3	p. 4	look at	★2	p. 443
lie in	표3	p. 4	look at + 목적어 + V.R(ing)	표194	p. 489
lie on	표3	p. 4	look at + 목적어 + V.R	표193	p. 488
lie to	표3	p. 4	look for	표107	p. 154
light	표185	p. 383		★2	p. 443
lighted	표185	p. 383	look forward to	★3	p. 443
like	표111	p. 157		표219	p. 566
	★3	p. 310	look into	★1	p. 39

표제어	표/별	페이지
look up	표151	p. 224
look up at	★3	p. 443
look up to	★3	p. 443
look upon A as B	표189	p. 446
take a look at	표228	p. 635
lose	표185	p. 383
lose sight of	★3	p. 444
lose track of	★3	p. 444
lost	표185	p. 383
lots of		p. 189
	표137	p. 190
	표156	p. 239
loud	표147	p. 215
loudly	표147	p. 215
love	★3	p. 390
	표193	p. 486
	표213	p. 555
love to V.R	표195	p. 491
low	★1	p. 191
	표145	p. 209
	표145	p. 209
lowly	표146	p. 214
lucky to say	표204	p. 501
luxuriant	표142	p. 195
luxurious	표142	p. 195

M

표제어	표/별	페이지
made	표185	p. 383
mail + I.O + D.O	표20	p. 41
maintain	표164	p. 280
	★1	p. 282
make	표5	p. 13
	★2	p. 45
	★2	p. 173
	표185	p. 383
	★2	p. 441
	★2	p. 442
	★1	p. 489
	★2	p. 499
make (up) A of B	표189	p. 446
make + A from B	표189	p. 447
make + I.O + D.O	표20	p. 40
make + O + O.C(명사)	표22	p. 47
make + O + O.C(형용사)	표23	p. 48
make + 목적어 + V.R(원형부정사)	표24	p. 50
	표193	p. 487
make a decision	표228	p. 635
make a noise	표228	p. 635
make a point of ~ing	표218	p. 563

표제어	표/별	페이지
make a run	표228	p. 635
make a speech	표228	p. 635
make a wish	표228	p. 635
make believe	표164	p. 281
	★1	p. 616
make sure	표164	p. 281
	★1	p. 284
	★1	p. 616
make 동사의 수동태	★1	p. 490
to make matters better	표204	p. 502
to make matters worse	표204	p. 502
to make(cut) a long story short	표204	p. 502
manage to V.R	표195	p. 490
many	표136	p. 189
many + a(an) + 단수명사	★4	p. 645
many + a(an) + 단수명사 + 단수동사		p. 243
many + 복수명사	★4	p. 645
many + 복수명사 + 복수동사		p. 243
many of	표156	p. 239
many of which	표178	p. 346
marry	표12	p. 31
masculine nouns	표59	p. 94
mass nouns	★1	p. 67
matter	표3	p. 3
	★3	p. 391
no matter wh - + 명사 + (S) + P	★1	p. 364
no matter wh- + S + P	★1	p. 363
(so, in order) + that + S + may, will, can	★4	p. 416
may	★1	p. 313
	표185	p. 383
	★1	p. 414
	★2	p. 415
	★1	p. 416
	★1	p. 672
May + S + 동사원형	★3	p. 416
may + 동사원형	★1	p. 323
may as well	★3	p. 423
may as well A as B	★4	p. 423
may have p.p	★2	p. 425
may well	★2	p. 423
mean	표164	p. 280
	표185	p. 383
mean + -ing	표214	p. 555
mean + to V.R	표195	p. 491
	표214	p. 555
by means of + 수단, 도구	표108	p. 155
meant	표185	p. 383
meant + to have p.p	표205	p. 503
measure + 측정치	표10	p. 21
meet	표185	p. 383

meet + need, standard, requirement	표13	p. 33	must	표185	p. 383
mention	표12	p. 31		★1	p. 414
	표164	p. 280			p. 417
not to mention A	표204	p. 501	must have p.p	★3	p. 425
not merely A but also B	표155	p. 238	must not	★1	p. 417
met	표185	p. 383	주어 + must(강한 판단) + V.R … + to V.R		p. 499
in the middle	표230	p. 637			
might	표185	p. 383	N		
	★2	p. 471			
might as well	★3	p. 423	name + O + O.C(명사)	표22	p. 47
might as well A as B	★4	p. 423	to name a few	표204	p. 502
might have p.p	★2	p. 425	It is natural + that + S + (should) + V.R	★4	p. 420
might well	★2	p. 423	it is natural that 절	표130	p. 186
have a mind to V.R	표228	p. 635	in the navy	표230	p. 637
mind	표212	p. 554	near	표145	p. 210
mingle A with B	표189	p. 448	nearly	표146	p. 214
miss	표212	p. 554	if it is necessary	★1	p. 326
mistake A for B	표189	p. 448	if necessary	★1	p. 326
mix A with B	표189	p. 448	It is necessary + that + S + (should) + V.R	★4	p. 420
modal	★1	p. 414	it is necessary that 절	표130	p. 186
modal and auxiliary		p. 414	didn't need to	★4	p. 421
modal verb		p. 415	need	★2	p. 421
momentary	표142	p. 195		★1	p. 449
momentous	표142	p. 195		표193	p. 487
monetary	표142	p. 195		★1	p. 559
monitory	표142	p. 195	need not have p.p	★2	p. 426
monthly	★1	p. 213	need to V.R	★1	p. 499
moral	표142	p. 195	if it is needed	★1	p. 326
more + 원급	표222	p. 587	if needed	★1	p. 326
more B than A	★2	p. 582	neglect to V.R	표195	p. 491
more of	표156	p. 239	negligent	표142	p. 195
more than + 수량		p. 592	negligible	표142	p. 195
moreover	표150	p. 221	neither	★1	p. 116
mortal	표142	p. 195		★1	p. 117
most	표136	p. 189		★1	p. 445
	표137	p. 190		표226	p. 609
mostly	★2	p. 219	neither A nor B	★1	p. 117
the mountains	표230	p. 637		표155	p. 238
be moved + to V.R	표202	p. 497		★1	p. 267
mow	표185	p. 383	neither of	표160	p. 244
mowed	표185	p. 383	have the nerve to V.R	표32	p. 71
mown	표185	p. 383	never	표163	p. 263
much	표137	p. 190		★3	p. 396
	★1	p. 343		★3	p. 414
	★1	p. 591		★3	p. 594
much less	★1	p. 590		표226	p. 609
much more	★1	p. 590		★1	p. 619
much of	표156	p. 239	never A nor B	★1	p. 267
much of which	표178	p. 346	never to	★1	p. 501
must	★1	p. 281	Never V.R		p. 673

nevertheless	표150	p. 221	not + either	★1	p. 116
next	★1	p. 386		★1	p. 117
next + 시점명사	★1	p. 642	not + without ~ing	표218	p. 563
A is no less B than C is D	★1	p. 589	not + 동사의 원형 + ing	표211	p. 552
A is no more B than C is D	★3	p. 588	not A but B	★4	p. 262
no	★1	p. 116	not A nor B	★1	p. 267
	표136	p. 189	not A so much as B	★2	p. 582
	표137	p. 190	not A until B	★5	p. 305
	★1	p. 343	not because A but because B	★3	p. 315
no + 명사	★1	p. 116	not just	표226	p. 609
no A so (as) B as C		p. 580	not less than + 수량		p. 592
no better than		p. 592	not merely, not simply	표226	p. 609
no later than + 시기		p. 592	not more than + 수량		p. 592
no less than + 수량		p. 592	not only	표226	p. 609
no longer, no more	표226	p. 609	not only A but also B	표155	p. 238
no matter wh-	★1	p. 323		★2	p. 268
no matter wh - + 명사 + (S) + P	★1	p. 364	not so much A as B	★2	p. 582
no matter wh- (S) + P	★1	p. 362	not so much as	★1	p. 583
no matter wh- + S + P	★1	p. 363	not that A but that B	★3	p. 315
no more than + 수량		p. 592	not to	★1	p. 501
no other than		p. 592	not to mention A	표204	p. 501
no sooner	표226	p. 609	not to speak of A	표204	p. 501
no sooner + S₂ + P₂(의문구조), than S₁ + P₁	★3	p. 307	not to V.R	★1	p. 501
of no use	표28	p. 69	not until	표226	p. 609
There is no ~ing	표218	p. 563	Not until + B, 의문구조도치 A		p. 306
전치사 + no + 명사	표226	p. 609	not 을 사용한 부정형 의문문	★1	p. 659
전치사 + no + 명사	★1	p. 610	not 의 축약형	표241	p. 659
nobody	★1	p. 445	nothing	★1	p. 445
nobody 후치수식		p. 171	nothing but	표163	p. 263
make a noise	표228	p. 635	nothing 후치수식		p. 171
non-defining		p. 346	notice	표164	p. 280
none	★1	p. 116		★5	p. 389
none	★1	p. 445	notice + 목적어 + V.R(ing)	표194	p. 490
none of	표156	p. 239	notice + 목적어 + V.R	표193	p. 487
none of the + 명사	★1	p. 116	notify + A of B	표15	p. 37
none of which	표178	p. 346	noun clause	★1	p. 278
none the better for	★3	p. 589	nouns for phenomena	★1	p. 73
none the less for	★3	p. 589	now	★2	p. 388
non-finite	★1	p. 516	now that	★3	p. 314
neither A nor B	표155	p. 238	a number of		p. 189
neither A nor B	★1	p. 267	a number of + 복수 가산명사	★2	p. 243
never A nor B	★1	p. 267			
nor	★1	p. 258	O		
	★1	p. 267			
	★2	p. 610	O + be p.p	★1	p. 439
nor (접속사)	표226	p. 609	O + be p.p + O.C	★2	p. 442
not A nor B	★1	p. 267	obey	표11	p. 29
not	★1	p. 619	object to -ing	표219	p. 566
not + A + until + B		p. 306	obligate	표193	p. 487
not + both	★2	p. 119	oblige	표193	p. 487

(머리말 - 054)　색인(index)

observe	표164	p. 281
	★5	p. 389
	★6	p. 389
		p. 390
observe + 목적어 + V.R(ing)	표194	p. 489
observe + 목적어 + V.R	표193	p. 487
it is obvious that 절	표130	p. 186
occur	표3	p. 4
It is odd + that + S + (should) + V.R	★1	p. 421
accuse A of B	표106	p. 153
die of	표106	p. 153
of	★1	p. 616
of + 목적어	★2	p. 505
of + 원인	표106	p. 153
of a sudden	표228	p. 635
of one's own ~ing	표218	p. 563
of which	표177	p. 345
of which the 명사	표177	p. 345
of 에 의한 소유격	★1	p. 93
형용사 + of	표119	p. 179
off	★1	p. 224
동사 + off	★3	p. 613
be offended + to V.R	표202	p. 497
offer + I.O + D.O	표20	p. 41
offer to V.R	표195	p. 491
okay?	★7	p. 668
omission		p. 608
omit to V.R	표195	p. 491
on	★3	p. 139
	★1	p. 224
on + 시간 관련 명사	표68	p. 139
on + 접촉 장소	표87	p. 147
on + 접촉면을 갖는 장소	★4	p. 147
on a trip	표107	p. 155
on business	표107	p. 155
on duty	표107	p. 155
on earth	★4	p. 618
on leave	표107	p. 155
on the condition that + S + P	표171	p. 319
on the left	표230	p. 637
on the radio	표230	p. 637
on the right	표230	p. 637
on(upon) + -ing	표216	p. 559
on(upon) + -ing	표218	p. 563
on(목적을 위해 행위중)	표107	p. 155
전치사 in , at, on 의 생략	★2	p. 140
형용사 + on	표122	p. 181
once	표176	p. 325
		p. 381
once + S + P	★2	p. 309

once upon a time	★3	p. 309
one	★2	p. 117
	★1	p. 633
	★2	p. 667
one after another	★2	p. 115
one after the other	★2	p. 115
one another	★2	p. 115
one of	표160	p. 244
what one can	표180	p. 355
what one does	표180	p. 355
what one has	표180	p. 355
what one is	표180	p. 355
not only A but also B	표155	p. 238
	★2	p. 268
only	★3	p. 175
	표163	p. 263
	★1	p. 265
		p. 592
	★3	p. 636
only + 부사	★5	p. 610
only + 부사구	★5	p. 610
only + 부사절	★5	p. 610
only after	★2	p. 306
Only after + B, 의문구조도치 A		p. 306
only when + B, 의문구조도치 A		p. 306
only 에 의한 도치	★5	p. 610
the only	★1	p. 343
operate	표3	p. 4
oppose	표11	p. 29
opposed	★2	p. 520
optative sentence	★1	p. 672
or	★1	p. 258
	★2	p. 265
order	표165	p. 282
	★3	p. 419
	★1	p. 470
	표193	p. 487
ordinal number	★3	p. 188
ordinary nouns	★3	p. 66
other	★1	p. 115
other A than B		p. 592
others	★1	p. 115
otherwise	표150	p. 221
	★3	p. 266
	★4	p. 471
ought	표185	p. 383
ought + to have p.p	★1	p. 426
ought + to V.R	★5	p. 424
	표203	p. 500
out	★1	p. 224

동사 + out	★3	p. 613	play + I.O + game	표20	p. 41
out of + 동기	표106	p. 153	play + I.O + joke	표20	p. 41
over	★1	p. 143	play + I.O + trick	표20	p. 41
		p. 592	play + I.O + 음악, 노래, 연주	표20	p. 40
over + 기간 명사	표77	p. 143	plead with	표193	p. 487
over + 기준 장소	표89	p. 148	it + be + pleasant + to V.R + 명사	표131	p. 187
over + 장소	★1	p. 148	it + be + pleasant + to V.R + 명사	★1	p. 503
owe	★2	p. 391	명 + be + pleasant+ to V.R	표131	p. 187
	★1	p. 441	be pleased + to V.R	표202	p. 497
	★2	p. 449	plenty of	표136	p. 189
owe + I.O + D.O	표20	p. 41		표137	p. 190
of one's own ~ing	표218	p. 563		표156	p. 239
own	★2	p. 391	plenty of which	표178	p. 346
			plurals	★1	p. 77
			be on the point of ~ing	표218	p. 563
			It is no point ~ing	표218	p. 563
P			point	★1	p. 189
p.p	★2	p. 615	popular	표142	p. 195
p.p-전치사 (복합분사)	★1	p. 527	populous	표142	p. 195
paid	표185	p. 383	portion of	표156	p. 239
a pair of	★2	p. 242	positive that 절	표129	p. 185
part	표3	p. 3	possess	★2	p. 391
participial construction	★1	p. 538		★2	p. 449
participle	★1	p. 516	possessive form		p. 90
give a party	표228	p. 635	if it is possible	★1	p. 326
pass + I.O + D.O	표20	p. 40	if possible	★1	p. 326
passive form	★1	p. 436	it be possible to V.R + 명	표131	p. 187
pay	표3	p. 3	it is + possible + to V.R	★1	p. 505
	표185	p. 383	it is possible that 절	표130	p. 186
pay + I.O + D.O	표20	p. 41	명 + be possible to V.R	표131	p. 187
pay attention to	★3	p. 444	postpone	표212	p. 554
peel	표3	p. 3	pound	★1	p. 638
	표13	p. 33	practicable	표142	p. 195
per 의 대용어	★1	p. 634	practical	표142	p. 195
perceive + 목적어 + V.R(ing)	표194	p. 490	practice	표212	p. 554
perceive + 목적어 + V.R	표193	p. 488	praise + A for B	표17	p. 38
percent of	표156	p. 239	pray for	표107	p. 154
perfect	★3	p. 594	pre-determiner	★1	p. 193
period	★1	p. 656	predict	표164	p. 280
permit	표193	p. 486		표168	p. 287
be perplexed + to V.R	표202	p. 497	prefer	★3	p. 390
personal pronouns		p. 109		★3	p. 391
persuade	표193	p. 487		표213	p. 555
phrasal verbs	★1	p. 138	prefer A to B	표189	p. 447
go on a picnic	표228	p. 635	prefer to V.R	표195	p. 491
to be plain with you	표204	p. 501	prepare A for B	표189	p. 447
plan	표213	p. 555	prepare to V.R	표195	p. 491
plan to V.R	표195	p. 491	prepositions	★1	p. 136
play	★2	p. 45	prescribe	표165	p. 282
	★2	p. 441	present	표118	p. 177
	★2	p. 637			

present + A with B	표18	p. 38	put	표185	p. 383
	표189	p. 446	put off	표212	p. 554
presume	표164	p. 281	put on	표151	p. 224
pretend	표164	p. 280			
pretend to V.R	표195	p. 491	**Q**		
prettily	표146	p. 214			
pretty	표145	p. 210	quasi-participle	★1	p. 524
	★2	p. 618	question mark	★1	p. 658
prevent + A from B	표16	p. 37	quick	표147	p. 215
prime	★3	p. 594	quickly	표147	p. 215
it is probable that 절	표130	p. 186	quit	표212	p. 554
proceed to V.R	표195	p. 491	quite	★2	p. 618
profess to V.R	표195	p. 491	quite + a, an + 형용사 + 명사	★5	p. 646
prohibit + A from B	표16	p. 37	quite 의 위치	★4	p. 223
pro-infinitive	★2	p. 503			
promise	표164	p. 280	**R**		
	표166	p. 283			
	★2	p. 283	on the radio	표230	p. 637
promise + I.O + D.O	표20	p. 41	ran	표185	p. 383
promise to V.R	표195	p. 491	rang	표185	p. 383
prone to V.R	표128	p. 184	rarely	표226	p. 609
pronouns		p. 106	rather	★2	p. 618
It is + proper + that + S + (should) + V.R	★4	p. 420	rather + a, an + 형용사 + 명사	★5	p. 646
it is + proper + that 절	표130	p. 186	rather A than B	★3	p. 591
it is + proper + to V.R	★1	p. 505	it is rational that 절	표130	p. 186
proper nouns	★3	p. 72	reach	표11	p. 29
propose	표165	p. 281	read	표3	p. 3
	★3	p. 419		표185	p. 383
	★1	p. 470	read + I.O + D.O	표20	p. 41
	표213	p. 555	read + 문자, 의미	표10	p. 21
propose + A to B	표19	p. 39	be ready + to V.R	표203	p. 500
propose + to V.R	표195	p. 491	ready	표118	p. 177
be proud + to V.R	표201	p. 496	ready to V.R	표128	p. 184
proud that 절	표129	p. 185	real	표147	p. 215
prove	표13	p. 33	realize	표164	p. 281
	표192	p. 486	really	표147	p. 215
prove + O + O.C(명사)	표22	p. 47	the reason is because 절	★3	p. 279
prove + O + O.C(형용사)	표23	p. 48	it is reasonable that 절	표130	p. 186
prove + that 절	표8	p. 17	be reassured + to V.R	표202	p. 497
prove + to V.R	표8	p. 17	recall	표164	p. 280
prove + 형용사	표8	p. 17		★1	p. 391
provide + A with B	표18	p. 38	recognize	표164	p. 281
	표189	p. 446	recollect	표164	p. 280
provided + (that) + S₂ + P₂	표171	p. 319	recollect to V.R	표195	p. 491
providing + (that) + S₂ + P₂	표171	p. 319	recommend	표165	p. 281
providing that 절	표209	p. 543		★1	p. 470
give it a pull	표228	p. 635	redundancy	★1	p. 620
on purpose	표29	p. 69	reflexive pronoun	★2	p. 110
to no purpose	표112	p. 158	refuse to V.R	표195	p. 491
give it a push	표228	p. 635	regard A as B	표189	p. 446

regret	표164	p. 281	resolve	표164	p. 281
regret + -ing	표214	p. 555		표165	p. 282
regret + -ing	★1	p. 562	respectable	표142	p. 195
regret + to V.R	표200	p. 495	respectful	표142	p. 195
regret + to V.R	표214	p. 555	respective	표142	p. 195
regretful that 절	표129	p. 185	rest of	표156	p. 239
It is regrettable + that + S + (should) + V.R	★1	p. 421	rest of which	표178	p. 346
rejoice + to V.R	표200	p. 495	as a result of	표228	p. 635
relate A with B	표189	p. 447	retire	표3	p. 4
relative clause		p. 340	return	표3	p. 3
relative pronoun		p. 340		표13	p. 33
release A from B	표189	p. 448	reveal	표164	p. 281
relieve + A of B	표14	p. 36	Rhetorical Question	★1	p. 666
relieve + A of B	표189	p. 447	rhyme	★2	p. 223
be relieved + to V.R	표202	p. 497		★3	p. 622
be reluctant + to V.R	표203	p. 500		★4	p. 645
reluctant to V.R	표128	p. 184	rid	표185	p. 383
remain	표3	p. 3	rid + A of B	표14	p. 36
	표6	p. 15	rid + A of B	표189	p. 447
remark	표164	p. 280	ridded	표185	p. 383
remember	표164	p. 280	ridden	표185	p. 383
remember + -ing	표214	p. 555	go for a ride	표228	p. 635
	★1	p. 562	ride	표185	p. 383
remember + to V.R	표195	p. 491	it is right + that 절	표130	p. 186
	표214	p. 555	on the right	표230	p. 637
remind	표166	p. 283	right?	★2	p. 668
	★2	p. 283	ring	표185	p. 383
remind + A of B	표15	p. 37	rise	표3	p. 4
	표189	p. 446		표185	p. 383
remind + 절	표21	p. 45	risen	표185	p. 383
rend	표185	p. 383	risk	표212	p. 554
rent	표185	p. 383	road to -ing	표219	p. 566
repent	표212	p. 554	roam	표3	p. 4
replace + A with B	표18	p. 38	rob + A of B	표14	p. 36
	표189	p. 448		표189	p. 447
reply	표164	p. 280	rode	표185	p. 383
report	표164	p. 280	Roman numerals	★1	p. 189
	표212	p. 554	rose	표185	p. 383
represent + A to B	표19	p. 39	as a rule	표228	p. 635
request	표165	p. 282	rule	표165	p. 282
	★1	p. 470		★1	p. 470
require	표165	p. 282	rule out	표151	p. 224
	★3	p. 419	make a run	표228	p. 635
	★1	p. 470	run	표3	p. 4
	★1	p. 559		표5	p. 13
resemble	표12	p. 31		표13	p. 33
	★2	p. 449		표185	p. 383
resent	표212	p. 554	run after	표107	p. 154
resign	표3	p. 4	run for	표107	p. 154
resist	표212	p. 554	rung	표185	p. 383

rush	표3	p. 4	see off	표151	p. 224
rush to V.R	표195	p. 491		★6	p. 389
			see out	★6	p. 389
S			see through	★6	p. 389
			seek	표185	p. 383
S₂ + be 를 생략하는 데 사용되는 주요 접속사	표176	p. 325	seek after	표107	p. 154
sad to say	표204	p. 502	seek for	표107	p. 154
It be said that	표188	p. 440	seek to V.R	표195	p. 491
said	표185	p. 383	it seems that	★1	p. 17
do something for one's sake	표107	p. 154	seem	표7	p. 16
for the sake of A	★3	p. 90		★1	p. 173
all the same	★1	p. 123		★3	p. 391
exactly the same	★1	p. 123		표192	p. 486
same	★3	p. 636	seen	표185	p. 383
the same	★1	p. 343	seldom	표226	p. 609
	표230	p. 637	sell	표3	p. 3
the same 이 선행사 수식	★1	p. 352		표185	p. 383
sang	표185	p. 383	send	표185	p. 383
sank	표185	p. 383	send + I.O + D.O	표20	p. 40
sat	표185	p. 383	send for	표107	p. 154
save	표13	p. 33	It is no sense ~ing	표218	p. 563
	★2	p. 45	sensible	표142	p. 194
	표113	p. 159	sensitive	표142	p. 194
save + I.O + D.O	표20	p. 41	sensory	표142	p. 194
전치사 save 의 목적어로 사용되는 that 절	★4	p. 285	sensual	표142	p. 194
saw	표185	p. 383	sent	표185	p. 383
sawed	표185	p. 383	of service	표28	p. 69
sawn	표185	p. 383	set	표3	p. 4
say	표164	p. 280		표185	p. 383
	표185	p. 383		표193	p. 487
say + A to B	표19	p. 39	set + O + O.C(형용사)	표23	p. 48
should say	★3	p. 420	several	표136	p. 189
to say nothing of A	표204	p. 501		표142	p. 195
scarcely	★2	p. 308	several of	표156	p. 239
	표226	p. 609	several of which	표178	p. 346
be scared + to V.R	표202	p. 497	severe	표142	p. 195
the sea	표230	p. 637	sew	표185	p. 383
search for	표107	p. 154	sewed	표185	p. 383
seat	표13	p. 33	sewn	표185	p. 383
second to none	★3	p. 596	shake	표185	p. 383
see	표164	p. 281	shaken	표185	p. 383
	표168	p. 287	shall	표185	p. 383
	표185	p. 383		★2	p. 386
	★5	p. 389		★1	p. 418
	★6	p. 389	shall + have been + ing		p. 400
	★1	p. 638	shall + have been + p.p		p. 400
see + 목적어 + V.R(ing)	표194	p. 489	shall + V.R	표186	p. 386
see + 목적어 + V.R	표193	p. 487	share + A with B	표189	p. 447
see + 목적어 + 원형부정사, ing 분사	표24	p. 50	shear	표185	p. 383
see A as B	표189	p. 446	sheared	표185	p. 383

shed		표185	p. 383	not simply A but also B	표155	p. 238
shine		표185	p. 383	it is(has been) + 기간명사 + since + 과거나 현재완료시제	★2	p. 396
shined		표185	p. 383			
be shocked + to V.R		표202	p. 497	S_1 + have, has, had + p.p(been + -ing) + since S_2 + P_2	★2	p. 305
shod		표185	p. 383			
shoe		표185	p. 383	since	★3	p. 140
shoed		표185	p. 383		★3	p. 314
shone		표185	p. 383		★2	p. 397
shook		표185	p. 383		★2	p. 540
shoot		표185	p. 383	since + S + P	★1	p. 305
shore		표185	p. 383	since + 시점 명사	표70	p. 141
shorn		표185	p. 383		★1	p. 396
shortly		표146	p. 214	since + 주어 + 동사	★1	p. 396
shot		표185	p. 383	sing	표185	p. 383
if + should + V.R		★3	p. 464	sing + I.O + D.O	표20	p. 41
should		★1	p. 281	sink	표185	p. 383
		★3	p. 285	sit	표185	p. 383
		★1	p. 313	slain	표185	p. 383
		표185	p. 383	slay	표185	p. 383
		★1	p. 419	slayed	표185	p. 383
should + S + V.R		★1	p. 465	sleep	표185	p. 383
		표227	p. 611	slept	표185	p. 383
should + V.R		★2	p. 402	slew	표185	p. 383
		★1	p. 468	slid	표185	p. 383
		★6	p. 469	slidden	표185	p. 383
should have p.p		★5	p. 425	slide	표185	p. 383
		★4	p. 426	sling	표185	p. 383
should imagine		★3	p. 420	slink	표185	p. 383
should say		★3	p. 420	slit	표185	p. 383
should think		★3	p. 420	slow	표147	p. 215
타동사 + that + S_2 + (should) + V.R		★1	p. 281	slowly	표147	p. 215
show		표164	p. 280	slung	표185	p. 383
		표166	p. 283	slunk	표185	p. 383
		★2	p. 283	small	★1	p. 191
		표168	p. 287	smash	★1	p. 638
		표185	p. 383	smell	표13	p. 33
show + I.O + D.O		표20	p. 40		★1	p. 173
show up		표3	p. 3		표185	p. 383
showed		표185	p. 383		★5	p. 389
take a shower		표228	p. 635		★6	p. 389
shown		표185	p. 383		★1	p. 390
shrank		표185	p. 383	smell + 형용사, like + 명사, of + 명사	표9	p. 19
shrink		표185	p. 383	smelled	표185	p. 383
shrunk		표185	p. 383	smelt	표185	p. 383
shrunken		표185	p. 383	all smiles	표31	p. 70
shut		표185	p. 383	smile	★3	p. 4
sick from		표106	p. 153	smile + to V.R	표200	p. 495
at the side		표230	p. 637	smile at	표107	p. 155
of significance		표28	p. 69	smit	표185	p. 384
similarly		표150	p. 221	smite	표185	p. 384

smitten	표185	p. 384
smote	표185	p. 384
(so) + that + S₂ + may, can + not	★1	p. 313
(so, in order) + that + S + may, will, can	★4	p. 416
S₁ + be + so + 형용사 + that + S₂ + P₂	★3	p. 318
S₁ + P₁ + (so) + that + S₂ + may, can + P₂	★3	p. 312
S₁ + P₁ + and so + S₂ + P₂	★2	p. 313
S₁ + P₁ + so + S₂ + P₂	★2	p. 313
S₁ + P₁ + so that + S₂ + P₂	★2	p. 313
so	★2	p. 17
	★3	p. 122
	★2	p. 219
	★3	p. 224
	★1	p. 258
	★3	p. 269
	★3	p. 310
	★1	p. 580
	★2	p. 618
so + 의문문 구조	★3	p. 122
so + 의문문 어순	★2	p. 611
so + 주어 + 동사	★3	p. 611
so + 평서문 어순	★3	p. 122
so + 형용사 + a(an) + 명사	★1	p. 318
so + 형용사 + a, an + 단수명사	★1	p. 646
so + 형용사, 부사 + be + S₁ + that S₂ + P₂	★3	p. 318
so + 형용사, 부사 + but(종속접속사)	★1	p. 264
so + 형용사, 부사 + that 절	★2	p. 316
so + 형용사, 부사 + 의문문어순	★1	p. 612
so as to	★1	p. 494
so far	★1	p. 396
so far	★2	p. 397
so far as	★1	p. 584
so long as	★1	p. 584
so much the	★1	p. 591
so that	★3	p. 269
so to speak	표204	p. 502
so 형, 부 as to V.R		p. 583
so 형용사, 부사 + that + not	★1	p. 264
sob	표3	p. 4
sob to V.R	표200	p. 496
sociable	표142	p. 195
social	표142	p. 195
be sold by the 단위명사	★2	p. 638
sold	표185	p. 383
solution to -ing	표219	p. 566
some	★2	p. 113
	표136	p. 189
	표137	p. 190
	★1	p. 561
some of	표156	p. 239
some of which	표185	p. 384
	표178	p. 346
somebody 후치수식		p. 171
someone 후치수식		p. 171
something 후치수식		p. 171
soon	★1	p. 386
Soon + S + P		p. 304
(just, exactly) + as + S₂ + P₂, (so) + S₁ + P₁	★3	p. 310
no sooner + S₂ + P₂(의문구조), than S₁ + P₁	★3	p. 307
be sorry + to V.R	표201	p. 496
sorry	표118	p. 177
sorry that 절	표129	p. 185
sorry to say	표204	p. 501
sought	표185	p. 383
sound	표13	p. 33
	★1	p. 173
	★1	p. 390
sound + 형용사, like + 명사, as if 절	표9	p. 19
sow	표185	p. 384
sowed	표185	p. 384
sown	표185	p. 384
so 의 주요 대명사 활용법	표64	p. 123
spare + I.O + D.O	표20	p. 41
spat	표185	p. 384
not to speak of A	표204	p. 501
so to speak	표204	p. 502
speak	표185	p. 384
speak well of	★3	p. 443
sped	표185	p. 384
make a speech	표228	p. 635
speed	표185	p. 384
speeded	표185	p. 384
spell	표185	p. 384
spelled	표185	p. 384
spelt	표185	p. 384
spend	표185	p. 384
spend + 시간 + ~ing	표210	p. 543
spend A on B	표189	p. 447
spent	표185	p. 384
spill	표185	p. 384
spilled	표185	p. 384
spilt	표185	p. 384
spin	★3	p. 4
	표185	p. 384
spit	표185	p. 384
split	표185	p. 384
split infinitive	★2	p. 501
spoke	표185	p. 384
spoken	표185	p. 384
sprang	표185	p. 384
spread	표185	p. 384

spring	표185	p. 384
sprung	표185	p. 384
spun	표185	p. 384
spur	표193	p. 487
it is + strange + to V.R	★1	p. 505
stand	표3	p. 3
	표13	p. 33
	표185	p. 384
	표212	p. 554
stand + 측정치	표10	p. 21
stank	표185	p. 384
stare	표3	p. 4
stare		p. 390
	★1	p. 638
start	★2	p. 387
	표213	p. 555
start to V.R	표195	p. 491
to start with	표204	p. 501
be startled + to V.R	표202	p. 497
state	표164	p. 280
state + A to B	표19	p. 39
static verb	★4	p. 389
stative verb	★4	p. 389
stay	표3	p. 3
	표6	p. 15
steal	표185	p. 384
stick	표185	p. 384
sticked	표185	p. 384
still	표150	p. 221
	★1	p. 591
still less	★1	p. 590
still more	★1	p. 590
still others(s)	★1	p. 115
be stimulated + to V.R	표202	p. 497
sting	표185	p. 384
stink	표185	p. 384
be stirred + to V.R	표202	p. 497
stole	표185	p. 384
stolen	표185	p. 384
stoned	★2	p. 520
stood	표185	p. 384
come to a stop	표228	p. 635
stop	표212	p. 554
stop + A from B	표16	p. 37
stop + -ing	표214	p. 555
stop + to V.R	표214	p. 555
stop + 동사	표162	p. 261
It is strange + that + S + (should) + V.R	★1	p. 421
it is strange + that 절	표130	p. 186
strange + to say	표204	p. 501
strew	표185	p. 384
strewed	표185	p. 384
strewn	표185	p. 384
strictly speaking	표209	p. 543
stridden	표185	p. 384
stride	표3	p. 4
	표185	p. 384
strike	표185	p. 384
	★1	p. 638
string	표185	p. 384
strip + A of B	표14	p. 36
strip + A of B	표189	p. 447
strive	표185	p. 384
strive + to V.R	표195	p. 491
striven	표185	p. 384
strode	표185	p. 384
stroll	표3	p. 4
strove	표185	p. 384
struck	표185	p. 384
struggle to V.R	표195	p. 491
strung	표185	p. 384
stuck	표185	p. 384
stuff A with B	표189	p. 446
stung	표185	p. 384
stunk	표185	p. 384
be stunned + to V.R	표202	p. 496
it is stupid that 절	표130	p. 186
subject-verb agreement	★1	p. 236
subjunctive mood	★1	p. 460
substitute + A for B	표189	p. 448
succeed	표3	p. 4
succeed to -ing	표219	p. 566
successful	표142	p. 195
successive	표142	p. 195
A such as B	★2	p. 122
S_1 소유격 + 명사 + be + such that + S_2 + P_2	★3	p. 318
such	★1	p. 122
	★5	p. 617
such + a(an) + 형용사 + 명사	★1	p. 318
such + a(an) + 형용사 + 명사	★2	p. 645
Such + be + S_1 소유격 + 명사 + that S_2 + P_2	★3	p. 318
such A as B	★2	p. 122
such 가 선행사 수식	★1	p. 352
of a sudden	표228	p. 635
suffer from	표106	p. 153
suggest	표164	p. 280
	표165	p. 281
	★1	p. 282
	★3	p. 419
	★5	p. 419

suggest	★1	p. 470			
	★2	p. 470	**T**		
	표212	p. 554			
suggest + A to B	표19	p. 39	tag question	★2	p. 666
suggestion	★3	p. 285	take	★2	p. 45
to sum up	표204	p. 502		표185	p. 384
sung	표185	p. 383		★1	p. 441
sunk	표185	p. 383		★2	p. 449
supply + A with B	표18	p. 38	take + A as B	표189	p. 446
supply + A with B	표189	p. 446	take + A for B	표189	p. 446
suppose	표164	p. 280	take + I.O + D.O	표20	p. 41
suppose + (that) + S₂ + P₂	표171	p. 319	take + 명사		p. 25
suppose + O + O.C(명사)	표22	p. 47			p. 26
suppose + O + O.C(형용사)	표23	p. 48			p. 27
It be supposed that	표188	p. 440	take + 시간명사		p. 27
supposing + (that) + S₂ + P₂	표171	p. 319	take a breath	표228	p. 635
supposing + that 절	표209	p. 543	take a look at	표228	p. 635
supreme	★3	p. 594	take a shower	표228	p. 635
be sure + to V.R	표203	p. 500	take a trip to	표228	p. 635
it is sure + that 절	표130	p. 186	take a walk	표228	p. 635
make sure	★1	p. 284	take advantage of + 명사		p. 28
sure	표147	p. 215	take after + 명사		p. 27
sure + that 절	표129	p. 185	take back + 명사		p. 27
sure + to V.R	표128	p. 184	take care of	★3	p. 444
to be sure	표204	p. 502	take hold of	★3	p. 444
surely	표147	p. 215	take hold of	★1	p. 489
be surprised at 등	표106	p. 153	take in + 명사		p. 27
surprise	★5	p. 23	take it out on + 명사		p. 27
	표13	p. 33	take notice of	★3	p. 444
be surprised + to V.R	표202	p. 496	take off + 명사		p. 28
It is surprising + that + S + (should) + V.R	★1	p. 421	take out + 명사		p. 28
survive	표12	p. 31	take 동사의 용례	★4	p. 24
suspect	표164	p. 280	taken	표185	p. 384
suspicious + that 절	표129	p. 185	taking all things into consideration	표209	p. 543
swam	표185	p. 384	give a talk	표228	p. 635
be swayed + to V.R	표202	p. 497	talking of	표209	p. 543
swear	표164	p. 280	have a taste for	표228	p. 635
	표185	p. 384	taste	★1	p. 173
swear + to V.R	표195	p. 491	taste	★1	p. 390
sweep	표185	p. 384	taste + 형용사, like + 명사, of + 명사	표9	p. 19
swell	표185	p. 384	taught	표185	p. 384
swelled	표185	p. 384	teach	표166	p. 283
swept	표185	p. 384		★2	p. 283
swim	표185	p. 384		표185	p. 384
swing	표185	p. 384	teach + I.O + D.O	표20	p. 40
swollen	표185	p. 384	tear	표185	p. 384
swore	표185	p. 384	all tears	표31	p. 70
sworn	표185	p. 384	tell	표166	p. 283
swum	표185	p. 384		★2	p. 283
swung	표185	p. 384		표168	p. 287

tell		표185	p. 384	the thing(s) that	★3 p. 353
		★1	p. 448	vt + that + S + P	★1 p. 280
		표193	p. 487	관계대명사 that	★1 p. 343
tell + A from B		표189	p. 447	관계대명사 that 사용 권고	★1 p. 343
tell + I.O + D.O		표20	p. 40	관계사 that 사용 안하는 경우	p. 346
to tell the truth		표204	p. 501	전치사 but 의 목적어로 사용되는 that 절	★4 p. 285
tempt		표193	p. 487	전치사 except 의 목적어로 사용되는 that 절	★4 p. 285
tend to V.R		표195	p. 490	전치사 in 의 목적어로 사용되는 that 절	★4 p. 285
tense		★1	p. 378	전치사 save 의 목적어로 사용되는 that 절	★4 p. 285
terrible		표142	p. 195	타동사 + that + S_2 + (Should) + V.R	★1 p. 281
terribly		★2	p. 618	형용사 + that절	표129 p. 185
terrific		표142	p. 195	S_1 + P_1 (~하다 - 정상어순), the + 비교급 + S_2 + P_2(~할 수록)	★2 p. 311
be terrified + to V.R		표202	p. 497		
text + I.O + D.O		표20	p. 41	the	★1 p. 591
no sooner + S_2 + P_2(의문구조), than S_1 + P_1		★3	p. 307		★1 p. 636
than		★1	p. 352	the + 고유형용사 + s	★2 p. 640
than		★2	p. 353	the + 단수보통명사	★3 p. 640
than		★2	p. 612	the + 명사 of which	표177 p. 345
than 이하의 생략		★4	p. 590	the + 명사 관용어구	표230 p. 637
thank		표12	p. 31	the + 분사	★2 p. 527
thank + A for B		표17	p. 38	the + 비교급 + of A and B	★2 p. 590
thankful + that 절		표129	p. 185	the + 비교급 + of the two	★2 p. 590
anything + that + (S) + P		★2	p. 361	The + 비교급 + S_2 + P_2 (~할 수록), S_1 + P_1(~하다 - 정상어순)	★2 p. 311
anything + that + (S) + P			p. 362		
be + that + S + P		★2	p. 279	The + 비교급 + S_2 + P_2 (~할 수록), the + 비교급 + S_1 + P_1(~하다)	★2 p. 311
It + P_1 + that + S_2 + P_2		★1	p. 279		
it be + 강조어구 + that + 나머지 어구		★3	p. 306	the + 비교급, the +비교급	★1 p. 311
it be + 강조어구 + that + 나머지 어구		★2	p. 619	the + 비교급, the + 비교급	★2 p. 311
so + 형용사, 부사 + that + not		★1	p. 264	the + 비교급, the + 비교급	p. 590
that		★3	p. 120	the + 비교급, the + 비교급에 의한 생략	p. 620
		★1	p. 221	the + 사람의 성 + s	★1 p. 640
		★1	p. 278	the + 형용사	★1 p. 194
		★2	p. 278	the + 형용사	표159 p. 243
		★1	p. 341	the + 형용사	★3 p. 640
		★1	p. 342	the country	표230 p. 637
		★1	p. 343	the devil	★4 p. 618
		★4	p. 357	the future continuous tense	p. 393
		★1	p. 358	the future perfect continuous tense	p. 400
that very		★4	p. 617	the future perfect tense	p. 400
that 절		★1	p. 179	the hell	★4 p. 618
		★1	p. 279	the last	★1 p. 343
		★1	p. 280	the moment	★2 p. 308
		★1	p. 281	the mountains	표230 p. 637
		★1	p. 282	the number of + 복수 가산명사	★2 p. 243
		★2	p. 283	the only	★1 p. 343
		★1	p. 284	the other	★1 p. 115
		★1	p. 440	the other night	★1 p. 384
that 절을 목적어로 취하는 주요 동사		표164	p. 280	the past continuous tense	p. 392
that 절을 직접목적어(D.O)로 취하는 주요 동사		표166	p. 283	the past perfect continuous tense	p. 400
that 에 의한 명사절		★2	p. 278	the past perfect tense	p. 399

the present continuous tense		p. 388	this	★2	p. 120
the present perfect continuous tense		p. 397		★1	p. 221
the present perfect tense		p. 393	this very	★4	p. 617
the previous day	★1	p. 399	those	★3	p. 120
the same	★1	p. 123	those very	★4	p. 617
	★1	p. 343	though	표172	p. 320
	★3	p. 634		표176	p. 325
	표230	p. 637		★1	p. 362
the same + A as B	★1	p. 123			p. 540
the same + that 절	★1	p. 123		★4	p. 612
the same 이 선행사 수식	★1	p. 352	though + S_2 + P_2 + C2	★1	p. 321
the sea	표230	p. 637	though + S_2 + P_2 + 부사	★2	p. 321
the simple future tense		p. 386	It be thought that	표188	p. 440
the simple past tense	★1	p. 381	thought	표185	p. 384
the simple present tense	★2	p. 379	threaten to V.R	표195	p. 491
the thing(s) that	★3	p. 353	threw	표185	p. 384
the time	★1	p. 310	thrive	표185	p. 384
the very	★1	p. 343	thrived	표185	p. 384
the very	★4	p. 617	thriven	표185	p. 384
the way	★3	p. 310	through	★1	p. 142
the(혹은 소유격) + 형용사의 최상급 + among 집단	★1	p. 594	through + 수단, 도구	표108	p. 155
the(혹은 소유격) + 형용사의 최상급 + in 집단(시기)	★1	p. 594	through + 특정 기간	표73	p. 142
the(혹은 소유격) + 형용사의 최상급 + of all	★1	p. 594	throve	표185	p. 384
the(혹은 소유격) + 형용사의 최상급 +of 복수	★1	p. 594	throw	표185	p. 384
at the theater	표230	p. 637	thrown	표185	p. 384
then	★1	p. 384	thrust	표185	p. 384
there	★1	p. 238	S_1 + P_1 + and thus + S_2 + P_2	★2	p. 313
	★2	p. 613	thus	표150	p. 221
		p. 668		★2	p. 313
there being + 주어	★3	p. 542	till	★3	p. 142
There is no ~ing	표218	p. 563		★4	p. 142
S_1 + P_1 + and therefore + S_2 + P_2	★2	p. 313	behind time	표29	p. 69
therefore	표150	p. 221	behind times	표29	p. 69
	★2	p. 313	in time	표29	p. 69
these	★2	p. 120	on time	표29	p. 69
these very	★4	p. 617	time	★2	p. 468
they	★2	p. 667	time bracket	★1	p. 395
the thing(s) that	★3	p. 353	time to V.R	★1	p. 499
should think	★3	p. 420	timely	★1	p. 213
think	★4	p. 23	tired	★2	p. 520
	★2	p. 173	come to one's rescue	표107	p. 154
	표164	p. 280	compare to	표109	p. 156
	표185	p. 384	due to + 원인	표106	p. 153
	★1	p. 391	from A to A	표112	p. 158
	★2	p. 499	from A to B	표112	p. 158
	★1	p. 664	go to one's aid	표107	p. 154
think + O + O.C(명사)	표22	p. 47	owing to + 원인	표106	p. 153
think + O + O.C(형용사)	표23	p. 48	thanks to + 원인	표106	p. 153
think highly of	★3	p. 443	to	★3	p. 142
think of A as B	표189	p. 446		★2	p. 484

항목	참조	페이지
to	★1	p. 489
to (목적이 되는 행위방향)	표107	p. 154
to + -ing	표219	p. 566
to + 간접목적어	★2	p. 441
to + 시점명사	표75	p. 142
to + 이동 장소	표94	p. 149
to + 장소	★2	p. 149
to a degree	표112	p. 158
to name a few	표204	p. 502
to no avail	표112	p. 158
to no purpose	표112	p. 158
to one's 감정명사	표112	p. 158
to some extent	표112	p. 158
to the best of one's A	표112	p. 158
to the full	표112	p. 158
형용사 + to	표120	p. 180
to be brief	표204	p. 502
to be exact	표204	p. 502
to be frank with you	표204	p. 501
to be honest with you	표204	p. 501
to be -ing	표191	p. 484
to be -ing	★2	p. 506
to be p.p		p. 448
to be p.p	표191	p. 484
to be plain with you	표204	p. 501
to be sure	표204	p. 502
to be 생략	★3	p. 17
to be 생략	★1	p. 18
to begin with	표204	p. 501
to do something(somebody) justice	표204	p. 502
to have been p.p		p. 448
	표191	p. 484
	★2	p. 506
to have p.p	표191	p. 484
	★1	p. 506
to infinitive		p. 484
혼동하지 말아야 할 주요 to -ing 구조	표219	p. 566
to make matters better	표204	p. 502
to make matters worse	표204	p. 502
to make(cut) a long story short	표204	p. 502
hard to say	표204	p. 501
lucky to say	표204	p. 501
sad to say	표204	p. 502
sorry to say	표204	p. 501
strange to say	표204	p. 501
to say nothing of A	표204	p. 501
to start with	표204	p. 501
to sum up	표204	p. 502
to tell the truth	표204	p. 501
to top it off	표204	p. 502
(to) V.R 를 목적보어로 취할 수 있는 주요 동사	표24	p. 50
it is 형용사 to V.R(타동사, 타동사구) + 목적어 구조의 변환	★1	p. 187
S_2 + be p.p + to V.R	★2	p. 440
to + 부사 + V.R	★2	p. 501
to not + V.R	★1	p. 501
to V.R	표191	p. 484
to V.R 를 목적어로 받는 주요 동사	표195	p. 490
To V.R, S + P	★1	p. 494
to 부정사	★1	p. 179
	★1	p. 440
to 부정사 수식		p. 217
to 부정사(不定詞)		p. 484
to 부정사의 개념	★1	p. 485
to 부정사의 형태	표191	p. 484
vt + it + OC + to V.R	★2	p. 499
wh- + to 부정사	★2	p. 492
동명사와 to V.R 를 공히 행위의 목적어로 취하는 3형식 동사	표213	p. 555
동명사와 to V.R 를 행위의 목적어로 취할 때 의미가 달라지는 3형식 동사	표214	p. 555
목적보어에 to V.R 및 V.R 을 받는 주요 동사	표193	p. 486
부정사의 목적어 + be + 형용사	표131	p. 187
주격보어로 to V.R 를 받는 주요 동사	표192	p. 486
주어 + must(강한 판단) + V.R ... + to V.R		p. 499
형용사 + to 부정사	표128	p. 184
today	표145	p. 209
be told	★1	p. 448
told	표185	p. 384
tolerable	표142	p. 195
tolerant	표142	p. 195
tolerate	표212	p. 554
tomorrow	★1	p. 386
too	★2	p. 219
	★3	p. 224
	★2	p. 618
	★3	p. 618
too - to	★1	p. 317
too (문미)	표150	p. 221
too + 형용사 + a, an + 단수명사	★5	p. 645
too + 형용사, 부사 + to V.R	표203	p. 500
took	표185	p. 384
at the top	표230	p. 637
to top it off	표204	p. 502
tore	표185	p. 384
torn	표185	p. 384
be touched + to V.R	표202	p. 497
toward	★2	p. 145
toward + 시점 명사	표84	p. 145
toward(s) + 목적지	표104	p. 151

toward(s) + 장소(목적지점)	★2	p. 151	until	★4	p. 142
tread	표3	p. 4		★2	p. 306
	표185	p. 384		표176	p. 325
on a trip	표107	p. 155			p. 381
take a trip to	표228	p. 635		★2	p. 399
trod	표185	p. 384	until + S + P	★4	p. 305
trodden	표185	p. 384	until + 시점 명사	표76	p. 143
have trouble in ~ing	표218	p. 563	until now	★1	p. 396
it is true that 절	표130	p. 186	until now	★2	p. 397
give it a try	표228	p. 635	until then	★1	p. 399
try + to V.R	표195	p. 491	until 과 by의 비교	★4	p. 142
try + 동사	표162	p. 261	be unwilling + to V.R	표203	p. 500
try(attempt) + -ing	표214	p. 555	up	★1	p. 224
try(attempt) + to V.R	표214	p. 555	up to now	★1	p. 396
in turn	표29	p. 69	up to now	★2	p. 397
turn	표3	p. 4	동사 + up	★3	p. 613
	표5	p. 12	upon 행위명사	표29	p. 69
turn + A into B	표189	p. 447	be upset + to V.R	표202	p. 498
turn + O + O.C(형용사)	표23	p. 48	urban	표142	p. 195
turn away	표151	p. 224	urbane	표142	p. 195
turn down	표151	p. 224	urge	★3	p. 419
turn off	표151	p. 224		★1	p. 470
turn out	표192	p. 486		표193	p. 487
turn out + to V.R, 형용사, that 절	표8	p. 17	it is urgent that 절	표130	p. 186
turn up	표3	p. 3	It is no use ~ing	표218	p. 563
be turned on + to V.R	표202	p. 497	of use	표28	p. 69
twice	★4	p. 646	used + to V.R	★4	p. 424
			used + to V.R	표203	p. 500
	U		used to (부가의문)	★3	p. 667
be unable + to V.R	표203	p. 500			
under	★4	p. 147		V	
		p. 592	Don't V.R		p. 673
under + 기준 장소	표88	p. 148	Never V.R		p. 673
under + 장소, 활동	★5	p. 147	V.R	★2	p. 402
underneath + 기준 장소	표93	p. 149			p. 673
underneath + 장소	★1	p. 149	V.R (동사원형) + wh- + (S₂) + may, will	★3	p. 323
understand	표164	p. 280	V.R + and + S + will + V	★1	p. 261
	표185	p. 384	목적보어에 to V.R 및 V.R 을 받는 주요 동사	표193	p. 486
	★1	p. 391	V.R -ing	★1	p. 522
understood	표185	p. 384		표211	p. 552
undertake	표185	p. 384	valuable	★1	p. 175
undertaken	표185	p. 384	of value	표28	p. 69
undertook	표185	p. 384	value	★3	p. 390
unless	표176	p. 325	variable	표142	p. 195
unless + S₂ + P₂	표171	p. 319	a variety of + 복수명사	★2	p. 243
unlike	표111	p. 157	various	표142	p. 195
It be not until + B + that + A		p. 306	vary	표3	p. 3
not + A + until + B		p. 306		표13	p. 33
Not until + B, 의문구조도치 A		p. 306	verb		p. 1

verb intransitive			p. 3	way to -ing	표219	p. 566
verb transitive			p. 23	way to V.R	★1	p. 499
verbid		★1	p. 516	way too	★3	p. 618
be on the verge of ~ing		표218	p. 563	wear	표185	p. 384
the very		★1	p. 343	weave	표185	p. 384
very		표145	p. 209	weekly	★1	p. 213
		★1	p. 596	weep	표3	p. 4
		★2	p. 618		표185	p. 384
		★3	p. 636	weep + to V.R	표200	p. 495
very + 형용사		표30	p. 70	weigh	표3	p. 3
very + 형용사		표31	p. 70		표13	p. 33
be vexed + to V.R		표202	p. 497	weigh + 무게	표10	p. 21
view A as B		표189	p. 446	well	표145	p. 209
by virtue of + 수단, 도구		표108	p. 155		★1	p. 444
visit		표11	p. 29		★1	p. 612
visit to		★1	p. 30	went	표185	p. 383
				wept	표185	p. 384
W				if + were to + V.R	★3	p. 464
				were	표190	p. 461
wait		표3	p. 4		★1	p. 463
wait for		표193	p. 487	were + S	표227	p. 611
wake		표3	p. 4	were + 주어	★1	p. 465
		표185	p. 384	were it not for A	★3	p. 468
waked		표185	p. 384	wet	표185	p. 384
take a walk		표228	p. 635	wetted	표185	p. 384
walk		표3	p. 4	any + 명사 + wh- + S + P	★1	p. 363
		표12	p. 31	be + wh- (S₂) + P₂	★1	p. 291
want		★3	p. 390	It + P₁ ... + wh- (S₂) + P₂	★1	p. 290
		★1	p. 449	no matter wh- (S) + P	★1	p. 362
		표193	p. 486	V.R (동사원형) + wh- + (S₂) + may, will	★3	p. 323
		★1	p. 559	vt + wh- (S₂) + P₂	★2	p. 290
want + O + O.C(형용사)		표23	p. 49	vt + 명사 + wh- (S₂) + V2	★3	p. 290
want + 목적어 + to 부정사		표24	p. 50	wh-	★1	p. 278
want to V.R		표195	p. 491	wh-	★1	p. 323
wanted + to have p.p		표205	p. 503	wh-	★5	p. 416
warn		표166	p. 283	wh- (S₂) + P₂ ... + P₁	★4	p. 289
		★2	p. 283	wh- + ever	★1	p. 614
		표15	p. 37	wh- + to 부정사	★2	p. 492
warn + A of B		표189	p. 446	wh- + 명사 + to V.R	표198	p. 493
warn + 절		표21	p. 45	wh- + ever + (S) + P	★1	p. 362
was		표185	p. 382	wh- + ever + S + P	★1	p. 363
was + to have p.p		표205	p. 503	wh- + ever + 명사 + (S) + P	★1	p. 364
waste + 시간 +~ing		표210	p. 543	wh- + ever + 명사 에 의한 양보절	표174	p. 323
watch			p. 390	wh- + ever 양보절의 생략	★1	p. 621
watch + 목적어 + V.R(ing)		표194	p. 489	wh 대명사 + ever	★1	p. 322
watch + 목적어 + V.R		표193	p. 487	wh 대명사 + ever 에 의한 양보절	표173	p. 322
by way of + 수단, 도구		표108	p. 155	wh 부사 + ever	표175	p. 324
way		★4	p. 357	wh- 에 의해 유도되는 명사절	★1	p. 289
		★2	p. 618	wh 의문사	★2	p. 289
		★3	p. 618	wh 절	★3	p. 289

항목	표/별	페이지
wh 절	★4	p. 289
wh 대명사 +to V.R	표197	p. 492
wh 부사 + to V.R	표199	p. 493
A does for B what C does for D	표180	p. 355
A is to B what C is to D	표180	p. 355
what	★1	p. 289
	★4	p. 289
	★1	p. 342
		p. 344
	★3	p. 659
	★1	p. 662
	★1	p. 670
what + would have happened	★1	p. 469
What + (a, an) + (형용사) + 명사 + (S + P)!	★2	p. 671
what + a, an + 형용사 + 명사	★3	p. 645
what + to V.R	표197	p. 492
what + will happen	★1	p. 469
what + would happen	★1	p. 469
what + 명사	★1	p. 357
what + 명사 + to V.R	표198	p. 493
what by A and B	표180	p. 355
what do you say to -ing	표219	p. 566
what is better	표180	p. 355
what is called	표180	p. 355
what is worse	표180	p. 355
what one can	표180	p. 355
what one does	표180	p. 355
what one has	표180	p. 355
what one is	표180	p. 355
what we call	표180	p. 355
what with A and B	표180	p. 355
what you call	표180	p. 355
whatever와 what의 비교	★1	p. 356
관계사 what 을 사용하는 관용어구	표180	p. 355
what if + 주어 + 동사 + ?	★1	p. 469
whatever	표173	p. 322
	★2	p. 361
	★4	p. 618
	★1	p. 619
whatever + (S) + P	★2	p. 361
whatever + 명사	표174	p. 323
	★1	p. 364
	★1	p. 356
whatever와 what의 비교	★1	p. 356
whatsoever	★1	p. 619
A + only when + B		p. 306
It be only when + B + that + A		p. 306
only when + B, 의문구조도치 A		p. 306
when	★1	p. 289
	표176	p. 325
	★4	p. 357
	★1	p. 358
		p. 381
		p. 541
	★1	p. 663
when + S + P	★3	p. 302
when + to V.R	표199	p. 493
when it comes to -ing	표219	p. 566
whenever	표175	p. 324
	★1	p. 363
whenever S + P(긍정문), S + P	★3	p. 263
where	★1	p. 289
	★4	p. 357
	★1	p. 358
	★1	p. 663
where + to V.R	표199	p. 493
where $S_2 + P_2$, $S_1 + P_1$	★1	p. 314
관계부사 where 의 생략	★1	p. 359
wherever	표175	p. 324
	★1	p. 363
4형식 동사의 직접목적어로 사용하는 whether 절	표169	p. 287
be + whether + $S_2 + P_2$	★4	p. 286
It + P_1 ... + whether + $S_2 + P_2$	★3	p. 286
vt + 명사 + whether + $S_2 + P_2$	★2	p. 287
whether	★2	p. 266
	★1	p. 278
whether	표172	p. 320
Whether + $S_2 + P_2$ ... + P_1	★2	p. 286
whether + to V.R	표199	p. 493
whether 에 의한 명사절	★1	p. 286
전치사 + whether + $S_2 + P_2$	★1	p. 288
타동사 + whether 절의 예시	표168	p. 287
a lot of which	표178	p. 346
all of which	표178	p. 346
half of which	표178	p. 346
many of which	표178	p. 346
much of which	표178	p. 346
none of which	표178	p. 346
of which	표177	p. 345
of which the + 명사	표177	p. 345
plenty of which	표178	p. 346
rest of which	표178	p. 346
several of which	표178	p. 346
some of which	표178	p. 346
the + 명사 of which	표177	p. 345
which	★1	p. 289
	★4	p. 289
	★1	p. 341
	★1	p. 342
	★2	p. 342
	★3	p. 659

항목	표/별	페이지
which	★1	p. 662
	★3	p. 665
which + not	★1	p. 353
which + to V.R	표197	p. 493
which + 명사	★2	p. 357
which + 명사	★3	p. 665
which + 명사 + to V.R	표198	p. 493
명사 of which	★1	p. 346
명사 of which 구조의 관계사	표178	p. 346
명사 + 전치사 + which + to V.R	★1	p. 498
반드시 which를 쓰는 경우	★2	p. 342
분수 of which	표178	p. 346
whichever	표173	p. 322
	★2	p. 361
whichever + (S) + P		p. 362
whichever + 명사	표174	p. 323
whichever + 명사	★1	p. 364
while	표176	p. 325
		p. 541
	★1	p. 541
while + S + P	★2	p. 303
anyone who + P	★2	p. 361
who	★1	p. 289
	★4	p. 289
	★1	p. 341
	★1	p. 342
		p. 344
who	★1	p. 344
	★3	p. 659
who + not	★1	p. 353
who(m) + to V.R	표197	p. 492
whoever	표173	p. 322
	★2	p. 361
whoever + P	★2	p. 361
as a whole	표228	p. 635
anyone whom + S + P	★2	p. 361
whom	★1	p. 289
	★1	p. 342
	★1	p. 344
	★3	p. 659
명사 + 전치사 + whom + to V.R	★1	p. 498
whomever	표173	p. 322
	★2	p. 361
whomever + S + P	★2	p. 361
whose	★1	p. 289
	★4	p. 289
	★1	p. 342
	★3	p. 659
	★1	p. 662
whose + to V.R	표197	p. 493

항목	표/별	페이지
whose + 명사	★1	p. 345
	표177	p. 345
whose + 명사 + to V.R	표198	p. 493
whosever	표173	p. 322
	★2	p. 361
whosever + (S) + P		p. 362
whosever + 명사	표174	p. 323
	★1	p. 364
why	★4	p. 269
	★1	p. 289
	★3	p. 314
	★4	p. 357
	★1	p. 358
	★1	p. 663
(so, in order) + that + S + may, will, can	★4	p. 416
will	표185	p. 384
	★1	p. 386
	★2	p. 401
	★1	p. 414
	★3	p. 417
will + have + p.p		p. 400
will + have been + ing		p. 400
will + have been + p.p		p. 400
will + V.R	표186	p. 386
will 의 과거형	★3	p. 418
be willing + to V.R	표203	p. 500
willing + to V.R	표128	p. 184
win	표13	p. 33
	표185	p. 384
wind	표185	p. 384
winded	표185	p. 384
winned	표185	p. 384
have the wisdom to V.R	표32	p. 71
it is wise + that 절	표130	p. 186
make a wish	표228	p. 635
wish	★3	p. 390
	★1	p. 460
	★1	p. 466
wish + I.O + D.O	표20	p. 41
wish + to V.R	표195	p. 491
wish for	표107	p. 154
wish(wished) + 주어 + 과거시제동사	★2	p. 466
wish(wished) + 주어 + 과거완료시제동사	★3	p. 466
wished + to have p.p	표205	p. 503
compare with	표109	p. 156
what + with A and B	표180	p. 355
with + 수단, 도구	표108	p. 155
with + 수단, 원인, 감정	표106	p. 153
with a view + to -ing	표219	p. 566
with all	표110	p. 156

형용사 + with	표123	p. 181	wrung		표185	p. 384
within	★2	p. 144				
within + 기간 명사	표81	p. 144		**Y**		
without + -ing	★3	p. 263				
without + -ing	표216	p. 559	yearly		★1	p. 213
without A	★3	p. 468	Yes 와 No 의 결정		★1	p. 669
without so much as + 명사, -ing		p. 583	yes, no 응답형 의문문		★2	p. 658
woke	표185	p. 384	yet		표150	p. 221
woken	표185	p. 384			★2	p. 262
won	표185	p. 384			★4	p. 394
wonder	표168	p. 287				
have a word with	표228	p. 635		**Z**		
wore	표185	p. 384				
work	표3	p. 3	zealous		표142	p. 195
	표13	p. 33				
				어미		
worn	표185	p. 384				
be worried + to V.R	표202	p. 497	-able		표114	p. 170
what is worse	표180	p. 355	-al		표114	p. 170
be worth	★1	p. 559	-ant		표114	p. 170
be worth ~ing	표218	p. 563	-ary		표114	p. 171
worth 의 용법	★1	p. 175	-ch		표153	p. 237
worthwhile	★1	p. 175	-ed		★1	p. 381
	★2	p. 175	-ed		★1	p. 516
would	표185	p. 384	-en		표114	p. 171
	★2	p. 418	-ent		표114	p. 170
	★2	p. 471	-ery		★2	p. 71
would + have p.p	★1	p. 471	-es		표153	p. 237
would + V.R	★1	p. 464	-ible		표114	p. 170
would + V.R	★1	p. 471	-ic		표114	p. 171
would like	표193	p. 486	-ics 로 끝나는 단어		표53	p. 88
would like to V.R	표195	p. 491	-ied		★1	p. 381
would love	표193	p. 486	-ies		표154	p. 237
would love to V.R	표195	p. 491	-ior		★1	p. 588
would rather	★3	p. 423	-ive		표114	p. 170
would rather (부가의문문)	★3	p. 667	-lar		표114	p. 171
would rather A than B	★4	p. 423	-ly		★1	p. 444
would sooner	★3	p. 423	-most		★2	p. 594
would that	★1	p. 466	-o		표153	p. 237
분사구문 + S + would + V.R	★2	p. 472	-or		★1	p. 588
wound	표185	p. 384	-ous		표114	p. 170
wove	표185	p. 384	-ry		★2	p. 71
woven	표185	p. 384	-s		★1	p. 236
wring	표185	p. 384	-s		표153	p. 237
write	표3	p. 3	-sh		표153	p. 237
	표185	p. 384	-some		표114	p. 170
write + I.O + D.O	표20	p. 41	-s로 끝나는 단어		표157	p. 241
written	표185	p. 384	-x		표153	p. 237
wrong	표147	p. 215	-y		표154	p. 237
wrongly	표147	p. 215				
wrote	표185	p. 384				

기타 문장 구조

A + only after + B		p. 306
A + only when + B		p. 306
A be accused of B	표189	p. 447
A be accustomed to B	표189	p. 447
A be adjusted to B	표189	p. 448
A be ascribed to B	표189	p. 446
A be asked for B	표189	p. 446
A be associated with B	표189	p. 448
A be assured of B	표189	p. 447
A be attached to B	표189	p. 447
A be attributed to B	표189	p. 446
A be blamed for B	표189	p. 447
A be changed into B	표189	p. 447
A be cleared of B	표189	p. 447
A be combined with B	표189	p. 447
A be compared with B	표189	p. 447
A be composed of B	표189	p. 446
A be considered as B	표189	p. 446
A be converted into B	표189	p. 448
A be convinced of B	표189	p. 447
A be cured of B	표189	p. 447
A be deprived of B	표189	p. 447
A be derived from B	표189	p. 447
A be distinguished from B	표189	p. 447
A be divided into B	표189	p. 447
A be endowed with B	표189	p. 447
A be entrusted with B	표189	p. 447
A be equipped with B	표189	p. 447
A be exchanged for B	표189	p. 448
A be expected to B	표189	p. 447
A be exposed to B	표189	p. 448
A be filled with B	표189	p. 446
A be freed of (from) B	표189	p. 447
A be furnished with B	표189	p. 446
A be healed of B	표189	p. 447
A be helped with B	표189	p. 447
A be imposed on B	표189	p. 447
A be informed of B	표189	p. 446
A be introduced to B	표189	p. 448
A be known from B	표189	p. 447
A be looked upon as B	표189	p. 446
A be made (up) of B	표189	p. 446
A be made from B	표189	p. 447
A be mingled with B	표189	p. 448
A be mistaken for B	표189	p. 448
A be mixed with B	표189	p. 448
A be preferred to B	표189	p. 447
A be prepared for B	표189	p. 447
A be presented with B	표189	p. 446
A be provided with B	표189	p. 446
A be regarded as B	표189	p. 446
A be related with B	표189	p. 447
A be released from B	표189	p. 448
A be relieved of B	표189	p. 447
A be reminded of B	표189	p. 446
A be replaced with B	표189	p. 448
A be ridded of B	표189	p. 447
A be robbed of B	표189	p. 447
A be seen as B	표189	p. 446
A be shared with B	표189	p. 447
A be spent on B	표189	p. 447
A be stripped of B	표189	p. 447
A be stuffed with B	표189	p. 446
A be substituted for B	표189	p. 448
A be supplied with B	표189	p. 446
A be taken as B	표189	p. 446
A be taken for B	표189	p. 446
A be thought of as B	표189	p. 446
A be told from B	표189	p. 447
A be turned into B	표189	p. 447
A be viewed as B	표189	p. 446
A be warned of B	표189	p. 446
A does for B what C does for D	표180	p. 355
A is no less B than C is D	★1	p. 589
A is no more B than C is D	★3	p. 588
A is not B any less than C is D	★1	p. 589
A is not B any more than C is D	★3	p. 588
A is to B what C is to D	표180	p. 355
A other than B		p. 592
A rather than B	★3	p. 591
a(an) + S + would + V.R, have p.p	★2	p. 471
B rather than A	★1	p. 582
C_2 + as + S_2 + P_2	★1	p. 321
It + P_1 +⋯ if + S_2 + P_2	★3	p. 286
It + P_1 +⋯ whether + S_2 + P_2	★3	p. 286
It + P_1 ⋯ + wh- (S_2) + P_2	★1	p. 290
it be + 강조어구 + that + 나머지 어구	★2	p. 619
it be + 강조어구 + that + 나머지어구	★2	p. 306
It be agreed that	표188	p. 440
It be believed that	표188	p. 440
It be considered that	표188	p. 440
It be expected that	표188	p. 440
It be found that	표188	p. 440
It be hoped that	표188	p. 440
It be known that	표188	p. 440
it be not long before + S + P		p. 304
It be not until + B + that + A		p. 306

It be only after + B + that + A		p. 306
It be only when + B + that + A		p. 306
It be p.p that 절의 주요 표현	표188	p. 440
It be said that	표188	p. 440
It be supposed that	표188	p. 440
It be thought that	표188	p. 440
It goes without saying that	표218	p. 563
it is + convenient + to V.R	★1	p. 505
it is + difficult + to V.R	★1	p. 505
it is + easy + to V.R	★1	p. 505
it is + essential + to V.R	★1	p. 505
it is + hard + to V.R	★1	p. 505
it is + important + to V.R	★1	p. 505
it is + impossible + to V.R	★1	p. 505
it is + possible + to V.R	★1	p. 505
it is + proper + to V.R	★1	p. 505
it is + strange + to V.R	★1	p. 505
it is + 성품형용사 + of + 사람 + to V.R	★2	p. 505
it is + 판단의 결과 명사 + to V.R	★1	p. 505
It is a pity + that + S + (should) + V.R	★1	p. 421
It is glad + that + S + (should) + V.R	★1	p. 421
It is important + that + S + (should) + V.R	★4	p. 420
It is natural + that + S + (should) + V.R	★4	p. 420
It is necessary + that + S + (should) + V.R	★4	p. 420
It is no good ~ing	표218	p. 563
It is no point ~ing	표218	p. 563
It is no sense ~ing	표218	p. 563
It is no use ~ing	표218	p. 563
It is odd + that + S + (should) + V.R	★1	p. 421
It is proper + that + S + (should) + V.R	★4	p. 420
It is regrettable + that + S + (should) + V.R	★1	p. 421
It is strange + that + S + (should) + V.R	★1	p. 421
It is surprising + that + S + (should) + V.R	★1	p. 421
it is 시간의 길이 before + S + P		p. 305
it(가주어) + be + convenient + to V.R + 목적어	★1	p. 503
it(가주어) + be + difficult + to V.R + 목적어	★1	p. 503
it(가주어) + be + easy + to V.R + 목적어	★1	p. 503
it(가주어) + be + exciting + to V.R + 목적어	★1	p. 503
it(가주어) + be + hard + to V.R + 목적어	★1	p. 503
it(가주어) + be + pleasant + to V.R + 목적어	★1	p. 503
It's time + 가정법 과거시제	★1	p. 468
it is(has been) + 기간명사 + since + 과거나 현재완료시제	★2	p. 396
S + P .... to V.R	★2	p. 494
S + P .... to V.R	★1	p. 495
S + would rather	★1	p. 466
S_1 + be + so 형용사 that S_2 + P_2	★3	p. 318
S_1 + have, has, had + p.p(been + -ing) + since S_2 + P_2	★2	p. 305
S_1 + not + P_1, because + S_2 + P_2	★1	p. 315
S_1 + not + P_1 + because + S_2 + P_2	★2	p. 315
S_1 + P_1 + (so) + that + S_2 + may, can + P_2	★3	p. 312
S_1 + P_1 + and accordingly + S_2 + P_2	★2	p. 313
S_1 + P_1 + and as a result + S_2 + P_2	★2	p. 313
S_1 + P_1 + and consequently + S_2 + P	★2	p. 313
S_1 + P_1 + and so + S_2 + P_2	★2	p. 313
S_1 + P_1 + and therefore + S_2 + P_2	★2	p. 313
S_1 + P_1 + and thus + S_2 + P_2	★2	p. 313
S_1 + P_1 + in order that + S_2 + may, can + P_2	★3	p. 312
S_1 + P_1 + so + S_2 + P_2	★2	p. 313
S_1 + P_1 + so that + S_2 + P_2	★2	p. 313
S_1 소유격 + 명사 + be + such that S_2 + P_2	★3	p. 318
S_2 + be p.p + to V.R	★2	p. 440
vt + I.O + that + S + P	★2	p. 283
vt + if + S_2 + P_2	★1	p. 287
vt + it + O.C + that 절	★1	p. 284
vt + it + OC + to V.R	★2	p. 499
vt + that + S + P	★1	p. 280
vt + wh- (S_2) + P_2	★2	p. 290
vt + whether + S_2 + P_2	★1	p. 287
vt + 명사 + whether + S_2 + P_2	★2	p. 287
vt + 명사 + if +S_2 + P_2	★2	p. 287
vt + 명사 + wh- (S_2) + V_2	★3	p. 290

② 한글 단어 index (ㄱ ~ ㅎ)

숫자

1형식 동사		p. 3
1형식 문두도치	★3	p. 614
2형식 동사		p. 11
	★1	p. 173
2형식 주격보어의 문두 도치	★1	p. 615
3인칭 단수	★1	p. 236
	★1	p. 282
	★1	p. 553
3형식 동사		p. 23
3형식 목적어 생략	★6	p. 23
	★2	p. 24
3형식 목적어의 문두 도치	★3	p. 615
3형식 복문수동태	★3	p. 439
3형식 타동사	★1	p. 280
	★1	p. 287
	★2	p. 290
3형식의 수동태	★1	p. 439
4형식	★2	p. 283
	★2	p. 287
	★3	p. 290
4형식 동사의 직접목적어로 사용하는 whether 절	표169	p. 287
4형식에서 전치사 + 간접목적어 도치	★4	p. 615
4형식의 수동태	★1	p. 441
5형식	★3	p. 106
	★1	p. 284
5형식 동사		p. 47
5형식 형용사 목적보어 도치	★1	p. 616
5형식의 수동태	★2	p. 442
목적보어에 명사, 대명사를 쓸 수 있는 주요 5형식 동사	표22	p. 47
목적보어에 형용사, 분사를 쓸 수 있는 주요 5형식 동사	표23	p. 48

ㄱ

가능	★1	p. 504
가능성	★3	p. 415
가능성이 있는 사실	표190	p. 461
	★1	p. 462
가목적어	★3	p. 106
가목적어 진목적어	★1	p. 284
	★2	p. 499
가산명사	★2	p. 66
	★2	p. 188
고유명사의 가산명사화	★2	p. 76
물질명사의 가산명사화	★2	p. 75
추상명사의 가산명사화	★2	p. 74
가정법	★1	p. 281
	★1	p. 326
		p. 381
	★2	p. 420
	★3	p. 426
	★1	p. 460
가정법	표190	p. 461
가정법 if 생략 도치	★1	p. 611
가정법도치 규칙	#227	μ. 611
가정법의 시제	★1	p. 402
가정적 의미	★1	p. 420
가주어 it	★2	p. 106
가주어 진주어	★1	p. 17
	★1	p. 175
	★1	p. 279
	★1	p. 290
	★3	p. 439
		p. 485
	★1	p. 503
	★2	p. 665
진주어 가주어	★1	p. 667
각각의	★1	p. 119
간접목적어	★1	p. 40
	★1	p. 441
간접의문문	★2	p. 289
	★3	p. 289
간헐적 진행	표3	p. 388
감기	★1	p. 643
감정	★1	p. 523
감정동사	★1	p. 378
감정변화동사 + to V.R	★4	p. 495
감정변화의 원인	★4	p. 495
감정을 유발당한 p.p	★1	p. 523
감정을 유발하는 ing	★1	p. 523
감정자동사 + to V.R	표200	p. 495
감정적판단	★1	p. 421
감정적표현	★1	p. 186
감정타동사 + to V.R	표202	p. 496
감정표현동사	★3	p. 390
감탄문	★3	p. 645
	★5	p. 645
	★1	p. 670
감탄문 + to V.R		p. 499
강제성	★1	p. 489
it be + 강조어구 + that + 나머지어구	★2	p. 306
it be + 강조어구 + that + 나머지어구	★2	p. 619
강조		p. 608
	★1	p. 617
	★1	p. 666

강조 어구	★1	p. 617	공손함의 표명	★3	p. 418
강한 긍정	★1	p. 353	공유정보 지형지물	★4	p. 636
강한 의지	★2	p. 418	공휴일	★6	p. 641
강한 추측	★2	p. 417	과거	★1	p. 378
같은 내용	★2	p. 611		★1	p. 381
개별소유	★2	p. 91			p. 392
개체단위 조수사	표143	p. 196	과거분사	★1	p. 381
거리(距離) 주어 it		p. 107		★1	p. 516
게시물 용어의 생략	★2	p. 621		★1	p. 529
게임	표240	p. 643	과거사실 반대 가정	표190	p. 461
at(겨냥)	표107	p. 155	과거사실 반대가정 + 과거사실 반대결과	★2	p. 463
목적, 획득의 목적, 대상, 추구, 겨냥 관련 전치사	표107	p. 154	과거사실 반대가정 + 현재사실 반대결과	★2	p. 464
격(格)	★1	p. 109	과거시점	★1	p. 384
격식적	★1	p. 286	과거시제	★1	p. 384
	표177	p. 345	과거에 있었을지도 모르는 일	★2	p. 462
		p. 380	과거에서 본 미래	★2	p. 392
	★5	p. 387	과거완료	★3	p. 385
	★1	p. 416	과거완료	★2	p. 463
격의(隔意)	★2	p. 415	과거완료시제		p. 399
결과	★2	p. 313	과거완료진행시제		p. 400
	★5	p. 394	과거의 반복적 행위	★3	p. 392
결과의 부사절	★2	p. 313	과거의 불규칙적 습관	★4	p. 418
결과절	★3	p. 269	과거의 습관성 행위	★1	p. 384
결과절	★4	p. 269	과거의 실현되지 않은 소망	표205	p. 503
경제성	★1	p. 538	과거진행시제		p. 392
경제적	★1	p. 620	과거진행시제	★2	p. 462
경향	★2	p. 379	과거특정기간	★1	p. 392
	★3	p. 401	과거특정시간	★1	p. 384
경험	★3	p. 395	관계대명사		p. 340
계량방법	★1	p. 72	관계대명사 + ever	★1	p. 361
계량의 크기를 의미하는 형용사	★1표139	p. 191	관계대명사 but	★2	p. 264
계속	★1	p. 396	관계대명사 that	★1	p. 343
계속적 용법 (관계부사)	★1	p. 358	관계대명사 that 사용 권고	★1	p. 343
계속적 해석법	★1	p. 345	관계대명사 what	★3	p. 353
계속적 해석법과 수식적 해석법에서 그 의미가 달라지는 경우	★2	p. 347	관계대명사 심화		p. 348
			관계대명사의 생략	★1	p. 349
계속적용법		p. 346	관계대명사의 생성과정	★1	p. 341
계절 주어 it		p. 107	관계대명사의 종류	★1	p. 342
계측에 사용되는 형용사	★1	p. 191	관계대명사의 해석법		p. 345
계획된 일	★1	p. 387	선행사가 포함된 관계대명사	★3	p. 353
고유명사	★3	p. 72	관계부사	★3	p. 220
	★2	p. 641			p. 357
	★4	p. 641	관계부사 where 의 생략	★1	p. 359
고유명사의 가산명사화	★2	p. 76	관계부사가 생략된 관계절	★1	p. 310
고유형용사	표140	p. 192	관계부사로 고치지 않는 전치사 조합	★2	p. 359
	★3	p. 641	관계부사의 생략	★2	p. 358
공공장소	표231	p. 637	관계부사의 생성과정	★4	p. 357
공동소유	★2	p. 91	관계부사절의 명사절 전용	★3	p. 359
공손한 추측	★3	p. 420	관계사 that 사용 안하는 경우		p. 346
공손함	★2	p. 415	관계사 what 을 사용하는 관용어구	표180	p. 355

English Grammar Dictionary (머리말 - 075)

관계사 주격	★2	p. 240
관계사 주격 + be 생략	★1	p. 350
관계사절	★2	p. 284
관계사절		p. 340
관계사절 속에서 전치사의 위치	★1	p. 348
관계사절과 부가의문문		p. 668
관계사주격 + be 동사 생략	★3	p. 173
목적격 관계사의 생략	★1	p. 351
목적격보어 관계사	★1	p. 344
삽입절이 들어간 관계사 주격의 생략	★1	p. 622
주격보어 관계사	★1	p. 344
관계형용사	표132	p. 188
	★1	p. 342
		p. 357
관사		p. 632
관사의 생략	★1	p. 641
관사의 어순	★1	p. 645
관사의 위치		p. 645
관계사 what 을 사용하는 관용어구	표180	p. 355
관용어구에 사용하는 부정관사	★2	p. 635
관용적 생략	★3	p. 622
관용표현		p. 325
관찰하다	★6	p. 389
교과목	표240	p. 643
by + 교통수단	표237	p. 642
구(句) 수식	★1	p. 208
구(句) 형태의 조동사		p. 415
구어체	★1	p. 359
it is 형용사 to V.R(타동사, 타동사구) + 목적어 구조 변환	★1	p. 187
군집명사	★1	p. 67
권유	★2	p. 386
권유문 부가의문문		p. 668
규칙동사	★1	p. 381
규칙동사의 과거형	표184	p. 382
그런 것(들)	★1	p. 122
금지	★1	p. 460
기수	★2	p. 188
기수사	★2	p. 347
기원문	★3	p. 416
	★1	p. 672
판단, 평가 + for 기준	표109	p. 156
기타 가정법 사례	★1	p. 466
기호(嗜好)의 표시	★3	p. 418
숫자, 문자, 기호(記號)의 복수	★2	p. 85
긴박감		p. 380
긴박감의 현재시제		p. 380
길이단위 조수사	표143	p. 197
끝자음	★1	p. 381

ㄴ

나이	표140	p. 192
날씨 주어 it		p. 107
남성을 뜻하는 명사	표59	p. 94
내용 관계(설명)	★1	p. 499
논리작용동사	★1	p. 391
늘 행해지는 일	★4	p. 387
능동분사	★1	p. 516
능동 진행	★2	p. 517
능동태	★2	p. 436
능력		p. 415

ㄷ

단모음과 단자음	★1	p. 381
if 절이 없는 단문가정법	★1	p. 471
3인칭 단수	★1	p. 236
단수		p. 66
	★1	p. 236
	★1	p. 260
	★2	p. 278
단수 취급하는 병렬 주어	★1	p. 242
단수보통명사	★2	p. 527
단수지만 's'로 끝나는 단어	표157	p. 241
불가산 명사를 가산화 한 의미의 단수형	★1	p. 632
셀 수 있는 명사의 단수형	★1	p. 632
형태는 복수지만 단수로 취급하는 명사	표54	p. 88
단순결과	★2	p. 495
단순과거	★1	p. 394
단순과거시제	★1	p. 381
단순미래		p. 381
단순미래시제		p. 386
단순시제	★1	p. 378
단순조건	표190	p. 461
단순조건과 반대사실가정의 구별	표190	p. 461
단순현재시제	★2	p. 379
단순형	★2	p. 656
단위	★2	p. 638
단위 수	★2	p. 190
하나의 단위		p. 243
단모음과 단자음	★1	p. 381
단절		p. 394
단지	★1	p. 265
당위성	★1	p. 281
	★1	p. 282
	★2	p. 419
	★3	p. 419
	★6	p. 469

당위성을 상상한 상황	★1	p. 460	동격의 명사절을 받는 명사의 예	표167	p. 285
당위성의 가정법	★6	p. 469	동명사	★2	p. 490
당위성절에서의 시제	★2	p. 402		★1	p. 552
당위적 용법과 일반 용법의 비교	★1	p. 282	동명사 + 명사	표1	p. 518
당위적 해석	★1	p. 281	동명사 VS 현재분사	★1	p. 558
당위절	★3	p. 285	동명사 수식		p. 217
대과거	★3	p. 385	동명사를 목적어로 받는 타동사	★3	p. 553
대동사적 성격	★2	p. 612	동명사를 사용하는 주요 관용표현	표218	p. 563
대부정사나 대동사에 의한 생략	★3	p. 621	동명사만을 행위 목적어로 취하는 3형식 동사	표212	p. 554
대명사	★1	p. 106	동명사와 to V.R 를 공히 행위의 목적어로 취하는 3형식 동사	표213	p. 555
대부정사	★2	p. 503			
대부정사나 대동사에 의한 생략	★3	p. 621	동명사와 to V.R 를 행위의 목적어로 취할 때 의미가 달라지는 3형식 동사	표214	p. 555
목적, 획득의 목적, 대상, 추구, 겨냥 관련 전치사	표107	p. 154			
대표적 성질	★3	p. 637	동명사의 수동태		p. 449
by + 수단, 도구	표108	p. 155	동명사의 시제	표217	p. 561
by dint of + 수단, 도구	표108	p. 155	동명사의 역할		p. 553
by means of + 수단, 도구	표108	p. 155	동명사의 의미상 주어	★1	p. 560
by virtue of + 수단, 도구	표108	p. 155	동명사의 형태	★2	p. 552
by way of + 수단, 도구	표108	p. 155	수동해석 해야 할 동명사	★1	p. 449
through + 수단, 도구	표108	p. 155	자주 사용되는 전치사와 동명사구조	표216	p. 559
with + 수단, 도구	표108	p. 155	현재분사 vs 동명사	★1	p. 522
수단이나 도구를 표현하는 전치사	표108	p. 155	현재분사와 동명사의 구별	표215	p. 558
1형식 문두도치	★3	p. 614	혼동하지 말아야 할 주요 'to + ing(동명사)' 구조	표219	p. 566
2형식 주격보어의 문두 도치	★1	p. 615	동사	★1	p. 414
3형식 목적어의 문두 도치	★3	p. 615	동사 + A + 전치사 + B 구조의 수동태	표189	p. 446
4형식에서 전치사 + 간접목적어 도치	★4	p. 615	동사 + away	★3	p. 613
5형식 형용사 목적보어 도치	★1	p. 616	동사 + down	★3	p. 613
only 에 의한 도치	★5	p. 610	동사 + in	★3	p. 613
가정법 if 생략 도치	★1	p. 611	동사 + off	★3	p. 613
도치	★2	p. 306	동사 + out	★3	p. 613
		p. 608	동사 + up	★3	p. 613
	★1	p. 608	동사 + 명사 + 전치사	★2	p. 444
동사구에서 부사의 문두도치	★3	p. 613	동사 + 목적어 + 목적격보어 분사		p. 521
목적보어 도치	★1	p. 284	동사 + 부사	★4	p. 444
부사 문두도치	★1	p. 613	동사 + 부사 + 전치사	★3	p. 443
부정어에 의한 도치	★3	p. 608	동사 + 전치사	★2	p. 443
분사구의 문두 도치	★2	p. 615	동사 + 주격보어 분사		p. 520
비교구문에서의 도치	★2	p. 612	동사 수식	★1	p. 208
양보절에서 동사원형의 문두도치	★1	p. 614	동사 수식	★1	p. 216
양보절의 도치	★1	p. 321	동사의 부정형	★1	p. 516
의문문 구조 도치	★3	p. 268	동사의 현재형	★1	p. 236
장소정보 문두도치	★3	p. 614	동사의 활용에 쓰이는 분사		p. 519
제한어에 의한 도치	★5	p. 610	동사구	★1	p. 138
주격보어 문두도치	★4	p. 612		★1	p. 224
독립부정사	★3	p. 501	동사구에서 부사의 문두도치	★3	p. 613
독립부정사구	표204	p. 501	동사원형	★1	p. 282
동격	★1	p. 266		★1	p. 281
동격의 that 절	★2	p. 284		★3	p. 419
동격의 명사절	★2	p. 279		★1	p. 460
동격의 명사절	★2	p. 284		★6	p. 469

항목	표식	페이지
동사원형	★2	p. 484
	표191	p. 484
동일물 내에서의 최상급	★2	p. 595
동일성질	★3	p. 634
동작의 완료	★2	p. 399
동작의 완료	표1	p. 517
동작의 진행		p. 516
동작적 의미	★1	p. 520
동작동사	★2	p. 379
	★1	p. 384
	★4	p. 389
	★1	p. 397
동작동사의 현재시제	★2	p. 379
동종 명사	★3	p. 634
동종의 것들 중 임의의 것 하나	★2	p. 117
두 개의 비교급	표224	p. 587
두 개의 최상급	표224	p. 587
뒤에서 꾸미기	★2	p. 171
듣다	★1	p. 448
등위상관접속사	★1	p. 268
등위접속사	★1	p. 258
등위접속사에 의한 생략		p. 620
등위접속사와 부가의문문		p. 667
등위접속사와 소유격	★2	p. 91
때(時) 주어 it		p. 107

ㄹ

라틴어적 특징	★2	p. 172
로마수	표135	p. 189

ㅁ

마침표	★1	p. 656
명령	★2	p. 386
	★3	p. 419
	★1	p. 460
	★1	p. 504
	★1	p. 614
명령문	★1	p. 673
명령문 + and + S + will + V	★1	p. 261
명령문 + or + 주어 + will + V.R	★3	p. 266
명령문 구조로의 전환	★3	p. 323
명령문 부가의문문		p. 668
명사		p. 65
명사 + to V.R		p. 498
명사 + 동명사	★1	p. 561
명사 + 분사(구)		p. 520
명사 + 재귀대명사	★1	p. 618
명사 + 전치사 + which + to V.R	★1	p. 498

항목	표식	페이지
명사 + 전치사 + whom + to V.R	★1	p. 498
명사 + 전치사 + 명사	★1	p. 137
명사 수식	★1	p. 170
명사 수식	★1	p. 516
명사-ing (복합분사)	★4	p. 525
명사-p.p (복합분사)	★3	p. 526
명사를 꾸미는 역할	★1	p. 171
명사의 강조	★4	p. 617
명사의 복수	★1	p. 77
명사의 성	★1	p. 94
명사의 소유격		p. 90
명사의 수식에 사용되는 분사		p. 519
명사의 정의	★1	p. 66
명사 + ful	표114	p. 170
명사 + less	표114	p. 170
명사 + ly	표114	p. 171
명사 + y	표114	p. 170
D.O 명사절	★1	p. 442
wh- 에 의해 유도되는 명사절	★1	p. 289
whether 에 의한 명사절	★1	p. 286
관계부사절의 명사절 전용	★3	p. 359
명사절	★1	p. 278
	★2	p. 289
	★3	p. 289
	★3	p. 439
	★2	p. 664
명사절을 유도	★1	p. 278
	★1	p. 363
	★1	p. 364
명암(明暗) 주어 it		p. 107
모든(각각의 것들을 지칭하여)	★2	p. 118
모르는 사실	★5	p. 469
모양	표140	p. 192
for (획득의 목적물)	표107	p. 154
on (목적을 위해 행위중)	표107	p. 155
to (목적이 되는 행위방향)	표107	p. 154
목적, 획득의 목적, 대상, 추구, 겨냥 관련 전치사	표107	p. 154
목적격 관계사의 생략	★1	p. 351
목적격 인칭대명사	★3	p. 109
목적격보어		p. 2
	★1	p. 47
	★1	p. 170
	★2	p. 173
	★2	p. 350
	표193	p. 486
	★1	p. 516
목적격보어 관계사	★1	p. 344
목적격보어에 to V.R 및 V.R 을 받는 주요 동사	표193	p. 486
that 절을 목적어로 취하는 주요 동사	표164	p. 280
to V.R 를 목적어로 받는 주요 동사	표195	p. 490

항목	참조	페이지
동명사를 목적어로 받는 타동사	표212	p. 554
동명사만을 행위 목적어로 취하는 3형식 동사	표212	p. 554
동명사와 to V.R 를 공히 행위의 목적어로 취하는 3형식 동사	표213	p. 555
동명사와 to V.R 를 행위의 목적어로 취할 때 의미가 달라지는 3형식 동사	표214	p. 555
목적어	표1	p. 2
	★2	p. 490
목적어가 2개	★1	p. 441
목적어의 생략	★1	p. 46
목적어의 어순	★2	p. 45
세 개의 목적어를 받는 동사	★1	p. 45
타동사의 목적어	★2	p. 616
목적의 부사절		p. 312
	★4	p. 416
무게 단위 조수사	표143	p. 197
무관사	★2	p. 113
	★1	p. 320
무관사의 부사절	★1	p. 320
무생물의 소유격(귀속)	★1	p. 93
무인칭 독립분사 구문	★1	p. 543
문도치	★2	p. 608
문두(文頭)	★1	p. 494
	★3	p. 608
문맥	★3	p. 472
	★1	p. 639
문맥 + S + would + V.R, have p.p	★3	p. 472
문미	★2	p. 494
문미 분사구문을 이용한 관용숙어	표210	p. 543
문어체	★1	p. 286
숫자, 문자, 기호의 복수	★2	p. 85
문장 전체 수식	★1	p. 216
문장 전환	★2	p. 318
문장의 종류		p. 656
문장전환	★2	p. 436
물리적 방향성	★1	p. 489
물음표	★1	p. 658
the + 물질명사	★2	p. 72
물질명사	★1	p. 71
물질명사의 가산명사화	★2	p. 75
미래	★1	p. 378
	★1	p. 393
미래 대용	★3	p. 387
미래시점을 나타내는 표현	표186	p. 386
미래에 대한 확실한 계획	★1	p. 389
미래에도 지속될 습관적 행위	★3	p. 396
미래에도 지속될 습관적 행위습관	★3	p. 396
미래시제 대용	★2	p. 387
미래시제를 대신하는 현재시제		p. 380
미래시제를 대신하는 현재시제		p. 381

항목	참조	페이지
미래완료시제		p. 400
미래완료진행시제		p. 400
미래진행시제		p. 393

ㅂ

항목	참조	페이지
반대결과	★3	p. 495
반대사실 가정	표190	p. 461
반대사실 가정, 반대사실 결과		p. 463
반드시 which를 쓰는 경우	★2	p. 342
반복	★1	p. 620
발열	★1	p. 643
방법	★4	p. 357
방법 부사구	★2	p. 348
방식의 부사절	★2	p. 310
방임	★3	p. 323
배수	표138	p. 190
배수사	★1	p. 193
배수사 + a, an + 명사	★3	p. 646
배수사와 비교급비교	★2	p. 591
배수사와 원급 비교	★3	p. 584
백분율	★2	p. 190
병명	표238	p. 642
보어	★1	p. 216
	★2	p. 616
보어 역할을 하는 분사		p. 520
보어 형용사의 예	표116	p. 174
보어격 관계대명사의 생략	★2	p. 350
보어를 받는 오감동사	★1	p. 390
전치 수식 용법과 보어 용법에서 의미가 달라지는 형용	★1	p. 177
보통명사	★3	p. 66
복문구조에서 주의할 부가의문문	★3	p. 666
복문구조의 의문문	★1	p. 664
가산명사의 복수형 만드는 규칙		p. 77
군집명사 (복수)	★1	p. 67
단수·복수형이 동일한단어	표47	p. 80
단수·복수형이 뜻이 다른 단어	표48	p. 80
대칭형 복수	★1	p. 86
상호 관계 복수명사	표56	p. 727
복수		p. 66
	★1	p. 236
	★1	p. 260
복수 가산 명사	표156	p. 239
복수보통명사	★1	p. 243
복수보통명사	★2	p. 527
복수형용사	★4	p. 645
복합명사의 복수		p. 85
불규칙 복수형 단어	표46	p. 79
상호복수	★2	p. 89
숫자, 문자, 기호의 복수	★2	p. 85

의미가 다른 두 가지 복수형이 있는 명사	표55	p. 89		부사의 최상급	★1	p. 595
형태는 복수지만 단수로 취급하는 명사	표54	p. 88		부사의 형태		p. 209
복합관계대명사	★1	p. 323		부사적 수식어 재귀대명사	★1	p. 111
복합관계대명사	★2	p. 361		빈도부사	★1	p. 218
복합관계부사에 의한 양보절	표175	p. 324		빈도부사	★4	p. 218
복합관계부사	★1	p. 363		시간부사	★3	p. 219
복합관계사		p. 361		양태부사	★3	p. 218
	★1	p. 361		의문부사	★2	p. 220
복합관계형용사	★1	p. 364		장소부사	★4	p. 219
복합명사	★2	p. 90		전치사의 목적어를 생략하고 탄생한 부사	표151	p. 224
복합명사의 복수		p. 85		전치사의 목적어를 생략하고 탄생한 부사	표151	p. 224
복합명사의 소유격	★2	p. 91		접속부사	★2	p. 221
복합명사의 소유격	★58	p. 91		정도부사	★2	p. 219
복합분사	★1	p. 525		지시부사	★1	p. 221
복합어	표1	p. 517		형용사로부터 파생된 부사	표144	p. 209
복합형용사구	★1	p. 171		형용사와 부사의 형태가 같은 경우	표145	p. 209
had better 부가의문	★3	p. 667		부사절	★1	p. 302
used to 부가의문	★3	p. 667		부사절 접속사 다음의 'S₂ + be' 생략	★1	p. 325
would rather 부가의문	★3	p. 667		부사절 접속사 다음의 'S₂ + be'의 생략		p. 620
관계사절과 부가의문		p. 668		부사절의 종류	★2	p. 302
권유문 부가의문	★1	p. 668		시간의 부사절	★2	p. 302
등위접속사와 부가의문		p. 667		부정	★1	p. 308
명령문 부가의문	★1	p. 668		부정 원급 비교의 구성	★1	p. 580
복문구조에서 주의할 부가의문	★3	p. 666		이중 부정	★3	p. 263
부가의문	★2	p. 666			★1	p. 264
		p. 668			★2	p. 264
유도부사와 부가의문						
주어가 달라지는 부가의문	★2	p. 667		관용어구에 사용하는 부정관사	★2	p. 635
청유문 부가의문	★1	p. 668		부정관사	★4	p. 612
축약된 복문구조에서 주의할 부가의문	★1	p. 667			★1	p. 632
부대상황	★1	p. 540		부정관사를 사용하는 주요 관용어구	표228	p. 635
	★1	p. 541		부정대명사	★1	p. 113
부분부정	★1	p. 269		부정문	★1	p. 353
-ly가 붙지 않는 형태의 주요 부사들	★2	p. 209			★1	p. 445
같은 의미의 부사가 두 개	표147	p. 215		부정문의 강조	★1	p. 619
관계부사	★3	p. 220		부정부사	★1	p. 308
부사	★1	p. 208			★3	p. 608
부사 + as + S₂ + P₂	★2	p. 321		부정부사 종류	표226	p. 609
부사 + ly	표146	p. 214		부정부사구	★3	p. 608
부사 but	★1	p. 265		부정부사구 종류	표226	p. 609
부사 -ing	★2	p. 525		부정부사절	★1	p. 307
부사 -p.p	★1	p. 526			★3	p. 608
부사 강조	★2	p. 618			★3	p. 610
부사 문두도치	★1	p. 613		부정부사절 종류	표226	p. 609
부사 수식	★1	p. 208		부정사	★1	p. 472
부사 수식	★1	p. 216		부정사나 동명사에 의한 if 절의 대용	★1	p. 472
부사로 착각하지 않아야 할 형용사	★1	p. 209		부정사를 유도하는 형용사	★1	p. 179
부사의 내용별 종류	★2	p. 218		부정사에 의한 조동사 대용		p. 424
부사의 쓰임	★1	p. 216		부정사의 가정법 역할	★1	p. 502
부사의 어순		p. 222		부정사의 부정(否定)	★1	p. 501
부사의 위치	★1	p. 218		부정사의 수동태		p. 448

(머리말 - 080)   색인(index)

부정사의 시제	★1	p. 506	불규칙적 빈도	★4	p. 418
부정사의 위치별 해석법		p. 485	불완전	★2	p. 492
부정사의 의미상 주어	★1	p. 504	불완전 구조	★3	p. 659
부정수	★2	p. 189	불완전 타동사	★1	p. 47
부정어	★2	p. 306	불완전구조	★1	p. 289
부정어에 의한 도치	★3	p. 608	불완전자동사	★1	p. 11
동사의 부정형	★1	p. 516	불특정 명사	★2	p. 634
부정형용사	★1	p. 113	불특정 일반인 지칭	★5	p. 109
	표132	p. 188	불필요성	★2	p. 426
부피 단위 조수사	표143	p. 197	불필요한 반복	★1	p. 620
분리부정사	★2	p. 501	비교	★1	p. 578
동사 + 목적어 + 목적격보어 분사		p. 521	비교나 비유에 사용되는 전치사	표109	p. 156
동사의 활용에 쓰이는 분사		p. 519	비교구문	★1	p. 578
명사의 수식에 사용되는 분사		p. 519		★5	p. 579
분사	★1	p. 243	비교구문에서의 도치	★2	p. 612
	★1	p. 516	as + S$_2$ + P$_2$ (비교급), S$_1$ + P$_1$ (비교급)	★1	p. 311
	★1	p. 616	두 개의 비교급	표224	p. 587
분사 + 명사		p. 519	불규칙 비교급	표223	p. 587
분사 수식		p. 217	비교급	★1	p. 308
분사가 형용사를 수식할 때	★1	p. 528		★1	p. 311
분사의 역할		p. 519		★2	p. 353
분사의 해석법	표207	p. 516	비교급 + than + anyone + else	★2	p. 588
타동사구 분사	표3	p. 518	비교급 + than + anything + else	★2	p. 588
분사구	★1	p. 350	비교급 + than all the other 복수명사	★2	p. 588
분사구의 문두 도치	★2	p. 615	비교급 + than any other + (단수명사)	★2	p. 588
being + 보어 분사구문	★2	p. 542	비교급 모양 만들기		p. 587
being을 생략한 분사구문	★1	p. 539	비교급과 최상급이 없는 형용사	★3	p. 594
having been을 생략한 분사구문	★1	p. 539	비교급을 수식하는 부사	★1	p. 591
분사구문	★2	p. 326	비교급의 부정	★3	p. 307
	★2	p. 472	배수사와 비교급비교	★2	p. 591
	★1	p. 538	비교급비교		p. 586
분사구문과 접속사	★2	p. 539	비교급비교를 이용한 관용표현	★2	p. 588
분사구문을 이용한 관용숙어	★2	p. 543	비례의 부사절	★1	p. 311
분사구문의 생성과정	★2	p. 538	비례절	★1	p. 312
분사구문의 위치	★1	p. 542	비교나 비유에 사용되는 전치사	표109	p. 156
분사구문의 주어가 달라도 생략	★1	p. 543	자격, 유사한 비유의 전치사	표111	p. 157
분사구문의 해석범위	★1	p. 540	비자발적 3형식 감각동사	★5	p. 389
유도부사 there가 있는 분사구문	★3	p. 542	비제한적용법		p. 346
분수	표138	p. 190	비현실적 상황	★1	p. 460
분수 of	표156	p. 239	불규칙적 빈도	★4	p. 418
분수 of which	표178	p. 346	빈도부사	★1	p. 218
불가산의 가산화	★1	p. 635		★4	p. 218
불가산명사	★1	p. 68		★1	p. 380
	★1	p. 121		★1	p. 384
	표156	p. 239		★3	p. 395
불가산명사 예시	표37	p. 73		★3	p. 396
불가산명사를 가산화 한 의미의 단수형	★1	p. 632	빈도부사의 위치	★5	p. 218
불가산명사의 가산명사화	★1	p. 74	빈도부사의 위치	★3	p. 223
불규칙 비교급	표223	p. 587			
불규칙동사	★1	p. 381			

English Grammar Dictionary (머리말 - 081)

ㅅ

사실 주어	★2	p. 278
사역동사	★2	p. 442
	★2	p. 449
	★1	p. 489
삽입절	★1	p. 344
삽입절이 들어간 관계사 주격의 생략	★1	p. 622
상대방의 동의	★2	p. 666
상태	★2	p. 449
상태 묘사	★1	p. 170
상태 형용사	★1	p. 188
상태적 의미	★1	p. 520
존재나 상태의 유지를 의미하는 동사	★1	p. 15
상태동사	★1	p. 378
	★1	p. 379
	★2	p. 379
	★2	p. 388
	★4	p. 389
상태동사에 대한 진행의 의미		p. 381
상태형용사	★1	p. 192
상호복수	★2	p. 89
색깔	표140	p. 192
3형식 목적어 생략	★6	p. 23
3형식 목적어 생략	★2	p. 24
and를 생략하는 동사 연결	표162	p. 261
and의 생략	★2	p. 261
being 생략	★2	p. 542
being을 생략한 분사 구문	★1	p. 539
having been을 생략한 분사 구문	★1	p. 539
S₂ + be 를 생략하는 데 사용되는 주요 접속사	표176	p. 325
S₂ + be 생략	★1	p. 326
the + 비교급, the + 비교급에 의한 생략		p. 620
wh- ever 양보절의 생략	★1	p. 621
가정법 if 생략 도치	★1	p. 611
게시 용어의 생략	★2	p. 621
관계부사 where 의 생략	★1	p. 359
관계부사가 생략된 관계사절	★1	p. 310
관계사주격 + be 동사 생략	★3	p. 173
관계사주격 + be 동사 생략	★1	p. 350
대부정사나 대동사에 의한 생략	★3	p. 621
등위접속사에 의한 생략		p. 620
목적격 관계사의 생략	★1	p. 351
부사절 접속사 다음의 S₂ + be 생략	★1	p. 325
부사절 접속사 다음의 S₂ + be 생략		p. 620
분사구문의 주어가 달라도 생략	★1	p. 543
삽입절이 들어간 관계사 주격의 생략	★1	p. 622
생략	★1	p. 322
	★2	p. 584
생략		p. 608
	★1	p. 620
전치사 in, at, on 의 생략	★2	p. 140
생생한 묘사		p. 380
a, an + 서수	★3	p. 188
the + 서수	★3	p. 188
서수	★3	p. 188
		p. 344
	★3	p. 636
서수사	★2	p. 347
	★2	p. 596
서술보어로만 사용하는 형용사	★3	p. 173
서술어	★1	p. 500
선택	★3	p. 265
선택 의문문	★3	p. 665
선택의 범주	★3	p. 665
선행사가 포함된 관계대명사	★3	p. 353
선행사와 관계대명사의 분리	★3	p. 348
설명	★1	p. 266
	★2	p. 284
성상 형용사	★1	p. 193
성질	★1	p. 170
	표140	p. 192
	★3	p. 633
성질형용사	★1	p. 188
	★1	p. 192
have + the + 성품명사 + to V.R	★2	p. 70
it is + 성품형용사 + of + 사람 + to V.R	★2	p. 505
셀 수 있는 명사의 단수형	★1	p. 632
소량 명사	★2	p. 634
소망	★3	p. 503
소수	★1	p. 189
소유	★2	p. 391
	★2	p. 449
S₁ 소유격 + 명사 + be + such that S₂ + P₂	★3	p. 318
Such + be + S₁ 소유격 + 명사 + that S₂ + P₂	★3	p. 318
명사의 소유격 표현	표57	p. 90
복수명사형의 소유격	★1	p. 91
소유격	★1	p. 110
소유격 + 동명사	★2	p. 560
소유격 인칭형용사	★1	p. 110
어퍼스토로피에 의한 소유격		p. 90
소유대명사	★1	p. 110
소유형용사	표132	p. 188
수	표140	p. 192
수를 세기 위한 형용사	표133	p. 188
by + 수단, 도구	표108	p. 155
by dint of + 수단, 도구	표108	p. 155
by means of + 수단, 도구	표108	p. 155
by virtue of + 수단, 도구	표108	p. 155

항목	표/별	페이지
by way of + 수단, 도구	표108	p. 155
through + 수단, 도구	표108	p. 155
with + 수단, 도구	표108	p. 155
수단 부사구	★2	p. 348
수단이나 도구를 표현하는 전치사	표108	p. 155
수동분사	★1	p. 516
수동완료		p. 518
수동의 결과	★3	p. 438
수동의 동작	★3	p. 438
수동의 상태	★3	p. 438
수동태	★1	p. 436
		p. 519
수동태 시제	★1	p. 378
수동태 전환	★3	p. 24
수동태가 걸리는 않는 동사	★2	p. 449
수동태로 전환하지 않는 경우	★2	p. 439
수동태를 선호하는 경우	★3	p. 436
수동태의 기본 형태	★1	p. 438
수동태의 뒤의 전치사	★2	p. 445
완료진행형 수동태	★2	p. 378
수동해석 해야 할 동명사	★1	p. 449
수동해석되는 동명사	★1	p. 559
수동해석되는 타동사	표2	p. 518
수동형	★5	p. 656
수동형동명사	★2	p. 562
수량형용사	★1	p. 188
수사의문문	★1	p. 666
to 부정사 수식		p. 217
동명사 수식		p. 217
동사 수식	★1	p. 216
문장 전체 수식	★1	p. 216
부사 수식	★1	p. 216
분사 수식		p. 217
수식		p. 340
숫자 수식		p. 217
양태부사 수식 위치	★3	p. 222
형용사 수식	★1	p. 216
부사적 수식어 재귀대명사	★1	p. 111
수식어-명사ed (복합분사)	★1	p. 524
계속적 해석법과 수식적 해석법에서 그 의미가 달라지는 경우	★2	p. 347
수식적 용법 (관계부사)	★1	p. 358
수식적 해석법	★1	p. 347
수여(授與)동사		p. 40
	★2	p. 441
be 동사의 수의 일치	★2	p. 236
수의 일치	★1	p. 236
	★3	p. 265
	★2	p. 267
	★2	p. 268

항목	표/별	페이지
쌍으로 된 물건의 수의 일치	표158	p. 242
일반 동사의 수의 일치		p. 237
접속사가 연결하는 주어와 술어의 수의 일치	표155	p. 238
순서를 셀 때 쓰는 형용사	표134	p. 189
순수소유동사	★2	p. 391
순수지각동사	★1	p. 378
술어동사	표1	p. 2
	★1	p. 529
술어동사의 형태	★1	p. 656
술어적 부정사	★1	p. 500
숫자 수식		p. 217
숫자, 문자, 기호의 복수	★2	p. 85
스포츠	표240	p. 643
습관	★2	p. 379
	★4	p. 387
	★3	p. 401
시간	★1	p. 309
	★4	p. 357
	★1	p. 540
		p. 541
시간 부사구	★2	p. 348
시간 주어 it		p. 107
시간과 관련된 부가정보	★1	p. 139
시간부사	★3	p. 219
시간의 경과	★3	p. 417
시간의 길이 + after	★4	p. 303
시간의 길이 + before	★5	p. 303
시간의 부사절	★2	p. 302
시간의 부사절		p. 381
시간의 흐름	★1	p. 386
시간적 미래성	★1	p. 489
시점	★1	p. 378
시점명사 + after	★1	p. 144
시점명사 + before	★3	p. 143
시제와 시점	★1	p. 460
시제	★1	p. 378
시제나 문장 표현 담당 조동사		p. 422
시제와 시점	★1	p. 460
시제의 형태		p. 378
식사	★5	p. 641
as + 자격, 신분	표111	p. 157
신빙성	★1	p. 282
	★4	p. 419
신체	★1	p. 638
실제와 반대되는 상황 가정	★1	p. 460
실체	★3	p. 632
쌍으로 된 물건		p. 242
쌍으로 완성된 물건들과 a pair of	표52	p. 87
쌍으로 이루어진 물건	★1	p. 86

ㅇ

항목	표시	페이지
악기 이름	★2	p. 637
암시하다	★1	p. 282
앞에 언급된 명사	★3	p. 638
앞에서 꾸미기	★1	p. 171
양(量)을 의미하는 형용사	★1	p. 190
	표137	p. 190
양보	★2	p. 266
	★1	p. 320
		p. 540
	★1	p. 540
	★3	p. 595
양보나 무상관의 전치사	표110	p. 156
양보적 의미	★2	p. 113
양보의 부사절	★1	p. 320
	★5	p. 416
양보의 부사절 유도	★1	p. 361
양보의 부사절을 유도	★1	p. 362
양보의 부사절을 유도	★1	p. 363
양보의 부사절을 유도	★1	p. 364
양보절	★1	p. 322
양보절에서 동사원형의 문두도치	★1	p. 614
양보절을 유도하는 기본 접속사	표172	p. 320
양보절의 도치	★1	p. 321
양자부정 접속사	★1	p. 267
양태부사	★3	p. 218
양태부사 수식 위치	★3	p. 222
양태의 부사절	★2	p. 310
양태적 해석	★1	p. 352
양태절	★2	p. 612
형용사형 어미	표114	p. 170
부사 + 형용사 + 관사 + 명사 어순	★3	p. 224
어순	★1	p. 318
어미에 따라 뜻을 달리하는 주요 형용사	표142	p. 194
어퍼스트로피		p. 90
어퍼스트로피만 사용하는 경우	★2	p. 91
언어	★3	p. 641
여격(與格)동사	★1	p. 40
여부(與否)에 의한 진술	★1	p. 286
여성을 뜻하는 명사	★2	p. 94
여성을 뜻하는 명사	표60	p. 95
연결	★1	p. 258
옆에서	★4	p. 149
예상	★3	p. 417
	★3	p. 503
예상되는 행동	★2	p. 387
예외를 나타내는 전치사		p. 159
예정	★1	p. 504

항목	표시	페이지
예정된 미래	★5	p. 387
예정된 일들에 대한 묘사		p. 380
예측	★5	p. 394
오감(五感)	★5	p. 389
오감(五感)동사	★1	p. 19
오늘	★1	p. 395
오로지	★1	p. 265
온도 주어 it		p. 107
완료	★4	p. 394
완료시제	★1	p. 378
	★2	p. 385
	★2	p. 422
		p. 519
완료진행시제	★1	p. 378
완료진행형 수동태	★2	p. 378
완료형	★3	p. 656
완전구조	★1	p. 289
완전자동사(1형식 동사)	★2	p. 3
전치사를 취할 것으로 착각하기 쉬운 완전타동사	★2	p. 28
왕래발착 동사	★2	p. 389
	★2	p. 389
요구	★3	p. 419
	★1	p. 460
요일	★6	p. 641
요청	★3	p. 418
용기단위 조수사	표143	p. 196
용도 관계(설명)	★1	p. 499
용도의 동명사	표1	p. 518
운명적 예정의 느낌	★5	p. 387
원급 + er	표221	p. 587
원급과 비교급의 혼용		p. 593
부정 원급비교의 구성	★1	p. 580
원급비교	★2	p. 307
	★1	p. 352
	★2	p. 578
원급비교를 이용한 관용적 비유어	표220	p. 581
원급비교를 이용한 관용표현		p. 580
because of + 원인	표106	p. 153
due to + 원인	표106	p. 153
of + 원인	표106	p. 153
owing to + 원인	표106	p. 153
thanks to + 원인	표106	p. 153
with + 수단, 원인, 감정	표106	p. 153
원인	★4	p. 357
원인, 이유와 관련된 전치사	표106	p. 153
원인의 부사절	★2	p. 314
원인절	★4	p. 269
	★3	p. 305
	★2	p. 313
	★2	p. 321

원형동사	★1	p. 414		의사분사	★1	p. 524
원형동사 + or + 주어 + will + V.R	★3	p. 266		의인화	★1	p. 344
목적보어에 to V.R 및 V.R(원형부정사)을 받는 주요동사	표193	p. 486		강한 의지	★2	p. 418
원형부정사	★2	p. 442		의지	★1	p. 386
	★1	p. 489			★3	p. 417
월	★6	p. 641			★2	p. 495
위치 변화	★1	p. 617		이름	★2	p. 641
유감	★5	p. 425		이성적 판단	★4	p. 420
	★1	p. 426		원인, 이유와 관련된 전치사	표106	p. 153
	★1	p. 466		이유	★4	p. 269
유도부사	★2	p. 613				p. 499
유도부사 there가 있는 분사구문	★3	p. 542			★1	p. 540
유도부사와 부가의문문		p. 668			★2	p. 540
유사관계대명사	★1	p. 342		이유의 부사절	★2	p. 314
	★1	p. 352		이중 부정	★3	p. 263
	★1	p. 581			★1	p. 264
유사보어	★2	p. 21			★2	p. 264
유사분사	★1	p. 524			★1	p. 353
의도	★1	p. 386		인명, 지명을 활용한 고유명사	표239	p. 643
	★1	p. 504		인지동사	★1	p. 378
의무	★1	p. 417		인칭대명사		p. 109
	★1	p. 504		인칭대명사의 어순	★4	p. 109
의문대명사 의문문	★3	p. 659		인칭형용사	★1	p. 110
be 동사 + 주어 의문문	★3	p. 658		일반동사의 강조	★2	p. 617
do + S +V.R 의문문	★4	p. 658		일반동사의 수일치		p. 237
not 을 사용한 부정형 의문문	★1	p. 659		일반인	★2	p. 117
so + 형용사, 부사 + 의문문어순	★1	p. 612		일어나지 않길 바라는 미래사실 가정	★3	p. 464
yes, no 응답형 의문문	★2	p. 658		일회성	★1	p. 384
복문구조의 의문문	★1	p. 664				
의문대명사 의문문	★3	p. 659		ㅈ		
의문문	★2	p. 220				
	★1	p. 658		as + 자격, 신분	표111	p. 157
	★1	p. 665		자격, 유사한 비유의 전치사	표111	p. 157
의문문 구조	★1	p. 308		자동사 + ing		p. 516
의문문 구조 도치	★3	p. 268		자동사 + ing	표207	p. 516
의문문의 강조	★4	p. 618		자동사 + p.p	표207	p. 516
의문문의 순서	★1	p. 608		자동사의 과거분사	표1	p. 517
의문문의 어순	★2	p. 608		자음 + e	★1	p. 381
의문형용사 의문문	★1	p. 662		자음 + y	★1	p. 381
조동사 + 주어 의문문	★4	p. 658		자주 반복되는 행위	★3	p. 389
의문부사	★2	p. 220		자주 사용되는 전치사와 동명사구조	표216	p. 559
의문부사 의문문	★1	p. 663		작정하고 있는 일	★1	p. 387
의문사 의문문	★2	p. 659		장소	★4	p. 357
의문형용사	표132	p. 188		장소의 부사절	★1	p. 314
의문형용사 의문문	★1	p. 662		동사 + 장소부사	표149	p. 220
의미담당 조동사		p. 415		장소부사	★4	p. 219
의미상의 목적어	★1	p. 224		주요 장소부사	표148	p. 220
동명사의 의미상 주어	★1	p. 560		장소부사구	★2	p. 348
부정사의 의미상 주어	★1	p. 504		장소정보 문두도치	★3	p. 614
의사보어	★2	p. 21		부사적 수식어 재귀대명사	★1	p. 111

재귀대명사	★2	p. 110		절을 유도하는 형용사	★1	p. 179
전치사 + 재귀대명사	★2	p. 111		절 수식	★1	p. 208
타동사 + 재귀대명사	★3	p. 111		절대비교급	표225	p. 588
재료	표140	p. 192		절대적 수식용도의 형용사	★1	p. 188
전문용어	★1	p. 266		점강법		p. 593
관계부사로 고치지 않는 전치사 조합	★2	p. 359		접속부사	★2	p. 221
관계사절 속에서 전치사의 위치	★1	p. 348		주요 접속부사	표150	p. 221
명사 + 전치사 + which + to V.R	★1	p. 498		등위상관 접속사	★1	p. 268
명사 + 전치사 + whom + to V.R	★1	p. 498		양자부정 접속사	★1	p. 267
목적, 획득의 목적, 대상, 추구, 겨냥 관련 전치사	표107	p. 154		접속사	★2	p. 221
비교나 비유에 사용되는 전치사	표109	p. 156			★1	p. 258
수단이나 도구를 표현하는 전치사	표108	p. 155			★1	p. 538
양보나 무상관의 전치사	표110	p. 156		접속사와 수의 일치	표155	p. 238
예외를 나타내는 전치사	표113	p. 159		정관사	★1	p. 189
원인, 이유와 관련된 전치사	표106	p. 153			★1	p. 636
자격, 유사한 비유의 전치사	표111	p. 157		정도(程度)	★1	p. 578
자주 사용되는 전치사와 동명사구조	표216	p. 559		한계, 정도(程度)를 나타내는 전치사	표112	p. 157
전치사	★1	p. 136		정도부사	★2	p. 219
	★1	p. 179		정도의 부사절	★1	p. 316
	★2	p. 291		정도절	★1	p. 264
	★2	p. 444		정보가 공유된 명사	★2	p. 636
	표214	p. 557		정신	★3	p. 640
전치사 + few + 명사	★1	p. 610		정신적 노동	★1	p. 391
전치사 + little + 명사	★1	p. 610		정황	★3	p. 393
전치사 + no + 명사	표226	p. 609		정황상 이미 지난간 일	★1	p. 385
전치사 + no + 명사	★1	p. 610		제3자	★1	p. 674
전치사 + that	★2	p. 343		제안	★2	p. 386
전치사 + wh- (S₂) + P₂	★2	p. 291			★3	p. 419
전치사 + whether + S₂ + P₂	★1	p. 288			★1	p. 460
전치사 + which	★2	p. 343		제안하다	★1	p. 282
전치사 + 목적어, S + would + V.R, have p.p	★3	p. 471		제한어에 의한 도치	★5	p. 610
전치사 + 장소명사	★2	p. 642		제한적 용법	★2	p. 341
전치사 + 장소명사 + P + S	★3	p. 614		조건	★1	p. 309
전치사 + 재귀대명사	★2	p. 111			★1	p. 540
전치사 but	★1	p. 263				p. 541
전치사 but 의 목적어로 사용되는 that 절	★4	p. 285		조건의 부사절	★1	p. 319
전치사 except 의 목적어로 사용되는 that 절	★4	p. 285		조건의 부사절을 유도하는 접속사의 종류	표171	p. 319
전치사 in 의 목적어로 사용되는 that 절	★4	p. 285		구 형태의 조동사		p. 415
전치사 save 의 목적어로 사용되는 that 절	★4	p. 285		부정사에 의한 조동사 대용		p. 424
전치사를 유도하는 형용사	★1	p. 179		시제나 문장 표현 담당 조동사		p. 422
전치사에서 온 부사	★1	p. 224		의미담당 조동사		p. 415
전치사의 목적어	표65	p. 136		조동사		p. 414
전치사의 목적어를 생략하고 탄생한 부사	표151	p. 224			★1	p. 504
한계, 정도를 나타내는 전치사	표112	p. 157		조동사 + have p.p	★1	p. 425
형용사 + 전치사	★2	p. 179		조동사 + 주어	★2	p. 608
전치수식	★1	p. 171		조동사 + 주어 의문문	★4	p. 658
전치수식 용법과 보어 용법에서 의미가 달라지는 형용	★1	p. 177		조동사 의문문	★4	p. 414
전치수식어로만 사용하는 형용사	★3	p. 175		조동사 첨가형	★1	p. 657
전치수식어로 사용되는 형용사와 그 의미	표117	p. 176		조동사구	★1	p. 423
전한정사	★1	p. 193		조동사의 과거형	★1	p. 463

항목	표/별	페이지
조동사의 과거형	★2	p. 463
조동사의 부정	★3	p. 414
조동사의 종류		p. 415
조동사의 중복	★2	p. 414
조동사의 특징		p. 414
개체 단위 조수사	표143	p. 196
길이 단위 조수사	표143	p. 197
무게 단위 조수사	표143	p. 197
부피 단위 조수사	표143	p. 197
용기 단위 조수사	표143	p. 196
조수사(助數詞)	★1	p. 196
조수사의 종류	표143	p. 196
조장	★1	p. 674
존재나 상태의 유지를 의미하는 동사	★1	p. 15
종속절	★1	p. 278
종속접속사 but	★3	p. 263
주격관계대명사의 생략	표179	p. 349
be 동사의 주격보어	★2	p. 350
주격보어	표1	p. 2
	★1	p. 170
	★1	p. 173
	★2	p. 279
	★4	p. 286
	★1	p. 291
	★1	p. 486
	★1	p. 516
	★1	p. 520
주격보어 관계사	★1	p. 344
주격보어 문두도치	★4	p. 612
주격보어로 to V.R 를 받는 주요 동사	표192	p. 486
주격인칭대명사	★2	p. 109
주어	표1	p. 2
	★4	p. 289
		p. 499
주어 + must(강한 판단) + V.R ... + to V.R		
주어가 달라지는 부가의문문	★2	p. 667
주의해야 할 수동태의 해석법	★1	p. 448
주장	★3	p. 419
주장	★1	p. 460
~하다고 주장하다	★1	p. 282
~해야 한다고 주장하다	★1	p. 282
주절과 종속절의 시제 관계	★1	p. 401
준동사	★1	p. 485
	★1	p. 516
준동사의 수동태		p. 448
준보어	★2	p. 21
중증질환	표238	p. 642
즉각적 의도	★1	p. 389
즉시성	★1	p. 489
증감	★1	p. 311
증감동사	★1	p. 312

항목	표/별	페이지
지각동사	★2	p. 442
	★1	p. 489
지각동사와 원형부정사 목적보어	표194	p. 489
지각동사의 수동태	★1	p. 490
지속	★1	p. 396
	★3	p. 400
지속성	★4	p. 305
지시	★2	p. 386
지시대명사		p. 120
지시부사	★1	p. 221
지시형용사	표132	p. 188
직설법	★1	p. 460
	★1	p. 462
직설법 + otherwise(or) + S + would + V.R, have p.p	★4	p. 471
직설법 현재	★1	p. 460
4형식 동사의 직접목적어로 사용하는 whether 절	표169	p. 287
직접목적어	★1	p. 40
	★2	p. 283
	★2	p. 287
	★1	p. 441
직접목적어 자리에 절을 받는 동사	★1	p. 45
진리	★2	p. 379
	★3	p. 401
가목적어 진목적어	★1	p. 284
	★2	p. 499
가주어 진주어	★2	p. 106
	★1	p. 175
	★1	p. 279
	★1	p. 290
	★3	p. 439
		p. 485
	★1	p. 503
	★2	p. 665
진주어 가주어	★1	p. 667
진행 중의 일	★2	p. 387
진행시제	★1	p. 378
진행시제		p. 519
진행시제	★2	p. 553
진행형	★4	p. 656
진행형 불가	★1	p. 390
진행형 불가 동사	★4	p. 389
단수 집합명사	★4	p. 66
복수 집합명사	★4	p. 66
집합명사	★4	p. 66
집합명사	표161	p. 245
집합적 물질명사	★1	p. 71

ㅊ

청유	★2	p. 386
청유문 부가의문문	★2	p. 386
청유문 부가의문문		p. 668
청자(聽者)의 의지	★2	p. 386
청자(聽者)의 의지	★1	p. 418
촉각으로 느끼다	★6	p. 389
the(혹은 소유격) + 형용사의 최상급 + among 집단	★1	p. 594
the(혹은 소유격) + 형용사의 최상급 + in 집단(시기)	★1	p. 594
the(혹은 소유격) + 형용사의 최상급 + of all	★1	p. 594
the(혹은 소유격) + 형용사의 최상급 +of 복수	★1	p. 594
동일물 내에서의 최상급	★2	p. 595
두 개의 최상급	표224	p. 587
부사의 최상급	★1	p. 595
최상급		p. 344
	★2	p. 347
	표223	p. 587
최상급 비교	★1	p. 594
최상급 형용사	★3	p. 636
최상급을 수식하는 부사	★1	p. 596
최상급의 순위배정	★2	p. 596
최상급의 양보적 해석	★3	p. 595
최초	★2	p. 633
추가보어	★2	p. 21
after(뒤따라 다니며 추구)	표107	p. 154
목적, 획득의 목적, 대상, 추구, 겨냥 관련 전치사	표107	p. 154
of + 추상명사 = 형용사	★2	p. 69
전치사 + 추상명사	★3	p. 69
추상명사	★2	p. 68
	★1	p. 194
추상명사 + itself	표30	p. 70
추상명사의 가산명사화	★2	p. 74
추측	★2	p. 416
	★3	p. 417
	★1	p. 419
축약	★6	p. 259
	★2	p. 666
축약된 복문구조에서 주의할 부가의문문	★1	p. 667
취미활동	표240	p. 643
측량동사	★1	p. 21
치환	★1	p. 312

ㅋ

콤마	★2	p. 266
	★2	p. 268
	★1	p. 302
	★1	p. 323
콤마	★2	p. 341
	★1	p. 345
	★1	p. 347
	★1	p. 358
	★1	p. 494
	★1	p. 542
콤마 + never to V.R	★3	p. 495
콤마 + only to V.R	★3	p. 495
크기	표140	p. 192

ㅌ

3형식 타동사	★1	p. 280
타동사 + A + 전치사 + B	★1	p. 36
타동사 + if, whether 절의 예시	표168	p. 287
타동사 + ing	표207	p. 516
타동사 + ing	표2	p. 517
타동사 + p.p	표207	p. 516
타동사 + that + S₂ + (should) + V.R	표165	p. 281
타동사 + 목적어 + 전치사 + 목적어	★1	p. 446
타동사 + 재귀대명사	★3	p. 111
타동사 + 전치사 + 전치사의 목적어 + 타동사의 목적어	★2	p. 616
타동사의 과거분사		p. 518
타동사의 목적어	★2	p. 616
타동사구 분사	표3	p. 518
타동사구의 수동태	★1	p. 443
타목전목	★1	p. 446
타전짝짝	★2	p. 616
by + 통신수단	표237	p. 642
통증	★1	p. 643
특정 상황에 대한 주어 it		p. 107
특정 주어	★1	p. 675
특정 행위를 하는 시간	★1	p. 140
특정시기	★2	p. 139
특정시기에 한 번 계획된 일	★3	p. 387
특정한 수식에 의한 구별		p. 639
특정한 의미의 명사		p. 643

ㅍ

판결	★1	p. 460
판결의	★3	p. 419
it is + 판단의 결과 명사 + to V.R	★1	p. 505
완곡한 판단을 의미하는 동사	★1	p. 16
판단, 평가 + for 기준	표109	p. 156
판단의 결과를 강조	★1	p. 17
판단의 근거		p. 499
판단, 평가 + for 기준	표109	p. 156
평서문	★1	p. 608
	★2	p. 608

평서문		★1	p. 656
포괄적 진행		표3	p. 388
품사		★2	p. 258
		★1	p. 485
품사공용어		★2	p. 170
품사의 전환		★2	p. 484
피동형		★1	p. 436
		★1	p. 438

ㅎ

하이픈		★1	p. 171
하자마자 구문 총정리		표170	p. 308
학문을 의미하는 말		표53	p. 88
한계, 정도를 나타내는 전치사		표112	p. 157
한국어의 시제개념		★1	p. 393
한정 용법		★1	p. 171
한정사		★2	p. 522
한정사 + very		★4	p. 617
한정성		★1	p. 636
		★1	p. 638
한정적 용법으로만 사용하는 형용사		★3	p. 175
해당 시점 이후로(이래로)		★3	p. 140
허락		★2	p. 415
		★1	p. 416
		★4	p. 416
		★1	p. 674
헤드라인		★3	p. 622
현 시점에서 벌어지고 있는 행위		표2	p. 388
현상명사		★1	p. 73
현재		★1	p. 378
		★3	p. 639
현재 기준 시간대에 포함된 과거		★1	p. 395
현재에 연관된 정보		★4	p. 393
동명사 VS 현재분사		★1	p. 558
현재분사		★1	p. 516
		★2	p. 553
현재분사 vs 동명사		★1	p. 522
현재분사와 동명사의 구별		표215	p. 558
현재사실 반대가정		표190	p. 461
현재사실 반대가정 + 과거사실 반대결과		★2	p. 464
현재사실 반대가정 + 현재사실 반대결과 예측		★1	p. 463
현재시점		★1	p. 463
미래시제를 대신하는 현재시제			p. 380
미래시제를 대신하는 현재시제			p. 381
현재시제		★2	p. 302
it is(has been) + 기간명사 + since + 과거사 현재완료시제		★2	p. 396
현재완료 축약		★2	p. 393
현재완료시제			p. 393
현재완료진행시제		★3	p. 394
현재완료진행시제			p. 397
현재진행시제			p. 388
동사의 현재형		★1	p. 236
형식동사		★1	p. 2
형식목적어		★3	p. 106
형식목적어 it		★1	p. 284
형식별 수동태			p. 439
형식요소		★1	p. 608
형식요소의 도치		★3	p. 612
형식주어		★2	p. 106
형식주어 it		★1	p. 279
		★3	p. 286
it is + 형용사 + that 절		★1	p. 186
it is 형용사 to V.R(타동사, 타동사구) + 목적어 구조의 변환		★1	p. 187
계량의 크기를 의미하는 형용사		★1표139	p. 191
계측에 사용되는 형용사		★1	p. 191
관계형용사		표132	p. 188
부사로 착각하지 않아야 할 형용사		★1	p. 209
부정(不定)형용사		표132	p. 188
부정사의 목적어 + be + 형용사		표131	p. 187
상태형용사		★1	p. 188
		★1	p. 192
서술보어로만 사용하는 형용사		★3	p. 173
성질형용사		★1	p. 188
		★1	p. 192
소유형용사		표132	p. 188
수량형용사		★1	p. 188
숫자를 특정하지 않는 형용사		표136	p. 189
의문형용사		표132	p. 188
전치수식 용법과 보어 용법에서 의미가 달라지는 형용사		★1	p. 177
전치수식어로만 사용하는 형용사		★3	p. 175
지시형용사		표132	p. 188
한정적 용법으로만 사용하는 형용사		★3	p. 175
형용사		★1	p. 170
형용사		★1	p. 616
형용사 + about		표125	p. 182
형용사 + at		표124	p. 182
형용사 + for		표121	p. 180
형용사 + from		표127	p. 183
형용사 + in		표126	p. 183
형용사 + of		표119	p. 179
형용사 + on		표122	p. 181
형용사 + that절		표129	p. 185
형용사 + to		표120	p. 180
형용사 + to 부정사		표128	p. 184
형용사 + with		표123	p. 181
형용사 + 전치사		★2	p. 179

형용사 강조	★2	p. 618
형용사 수식	★1	p. 208
	★1	p. 216
형용사, 부사 + enough + that 절	★2	p. 316
형용사-ing (복합분사)	★3	p. 525
형용사-p.p (복합분사)	★2	p. 526
형용사로부터 파생된 부사	표144	p. 209
형용사별 수식 순서	표141	p. 193
형용사와 부사의 형태가 같은 경우	표145	p. 209
형용사의 어미	★2	p. 194
형용사의 어순	★1	p. 193
형용사의 역할	★1	p. 171
형용사의 종류	★1	p. 188
화자의 감정을 표현하는 형용사	★2	p. 390
형용사구	★1	p. 171
	★1	p. 350
형용사구 후치수식	★1	p. 172
형용사절	★3	p. 359
형용사형 어미	★2	p. 170
	표114	p. 170
혼동하지 말아야 할 주요 to + ing 구조	표219	p. 566
혼합시제	★1	p. 464
혼합형	★2	p. 657
화자(話者)의 의지	★1	p. 418
화자의 감정을 표현하는 형용사	★2	p. 390
화자의 견해	★3	p. 501
화자의 의지	★2	p. 386
화자의 태도	★3	p. 501
습관적 후치수식	★2	p. 172
형용사구 후치수식	★1	p. 172
후치수식	★2	p. 171
	★1	p. 240
	★3	p. 449
		p. 498
훨씬	★1	p. 591
희박	★4	p. 469

③ 영작 index (ㄱ ~ ㅎ)

ㄱ

~에 가까운	표120	p. 180
어떤 사실이 가능성 있다	표130	p. 186
어떤 사실이 가능성이 높다	표130	p. 186
~할 가능성이 크다	표203	p. 500
~할 가능성이 큰	표128	p. 184
가능하다면		p. 470
가능한 한		p. 581
가다	표3	p. 4
가동되다	표3	p. 4
~로 가득한	표119	p. 179
~에게 ~를 가르쳐주다	표166	p. 283
~에게 ~을 가르쳐주다	표20	p. 40
~에게 인지 아닌지 가르쳐주다	표169	p. 287
~을 가리키다	표164	p. 280
A에게서 B를 가볍게 하다	표14	p. 36
~에 가입하다	표12	p. 31
~을 가장하다	표164	p. 280
가정한다손 치더라도 상관하지 않겠다	★2	p. 320
~라고 가정하다	표164	p. 281
~을 가정하다	표164	p. 280
~라고 가정한다면	표209	p. 543
~에게 ~을 가져다주다	표20	p. 41
가족들	★1	p. 640
~을 가지고서	표108	p. 155
A가 가진 것	표180	p. 355
가치 있다	표116	p. 174
(주어)가 가치가 있다	★1	p. 175
~할 가치가 있다	표218	p. 563
각각의	표136	p. 189
간단히 말해서	표209	p. 543
갈라지다	표3	p. 3
~를 갈망하는	표121	p. 180
~을 갈망하는	표119	p. 179
~하기를 갈망하는	표128	p. 184
~하는 것을 갈망하다	표195	p. 491
~하는 것을 갈망하다	표195	p. 491
~할 것을 갈망하다	표203	p. 500
S는 O가 ~하기를 갈망하다	표193	p. 487
~하는 것을 감당하다	표219	p. 566
~해서 감동받다	표202	p. 497
감동받아서 그 결과 눈물 나다	표112	p. 157
~에 감사하는	표121	p. 180
어떤 사실을 감사하는	표129	p. 185
~에게 감사하다	표12	p. 31
B에 대해 A에게 감사하다	표17	p. 38
~를 보고(원인) 감정변화하다	표106	p. 153
감히 ~하다	표195	p. 491
갑자기	표228	p. 635
S는 O가 ~하도록 강요하다	표193	p. 487
~를 강조하다	표164	p. 280
A에게서 B를 강탈하다	표14	p. 36
~에 강한	표126	p. 183
~를 갖지 않은	표119	p. 179
A에게 B를 갖추어주다	표18	p. 38
B와 같은 A	★1	p. 123
같은 시간에	표69	p. 140
개념	★2	p. 527
~를 개발하다	표13	p. 33
개선시키다	표13	p. 33
어떤 사실이 개연성 있다	표130	p. 186
거꾸로	표150	p. 221
~에게 ~을 건네주다	표20	p. 40
~와 거리가 먼	표127	p. 183
~하는 것을 거부하다	표195	p. 491
거의	표146	p. 214
거의 동시에	표226	p. 609
거의 아닌	표226	p. 609
거의 없는	표136	p. 189
거의 없는	표137	p. 190
~할 것을 거절하다	표195	p. 491
거절하다	표151	p. 224
~에서 거주하다	표12	p. 31
거짓말하다	표3	p. 4
~해서 걱정되다	표202	p. 497
걱정되어	표106	p. 153
~를 걱정시키다	표12	p. 31
~에 대해 걱정하는	표125	p. 182
~를 걷게히디	표12	p. 31
걷다	표3	p. 4
~해서 겁먹다	표202	p. 497
~하는 것이다	표192	p. 486
게다가	표150	p. 221
S는 O가 ~하도록 격려하다	표193	p. 487
하는 것을 견뎌내다	표212	p. 554
~하는 것을 견디다	표195	p. 491
~하는 것을 견디다	표213	p. 555
견디다	표13	p. 33
그래서, 그 결과 ~하다	★2	p. 313
~의 결과로	표228	p. 635
결과적으로 소용이 없다	표112	p. 158
~라고 결론짓다	표164	p. 280
에 결석하다	표63	p. 111
~을 결심하다	표164	p. 281
결정을 하다	표228	p. 635
~라고 결정하다	표164	p. 280
~하기로 결정하다	표195	p. 490
~해야 한다고 결정하다	표165	p. 281
A를 B와 결합시키다	표189	p. 447
결혼시키다	표12	p. 31
~와 결혼하다	표12	p. 31
~의 경계를 넘어	★4	p. 150
~에게 ~를 경고하다	표166	p. 283
~에게, ~을 경고하다	표21	p. 45
A에게 B를 경고하다	표189	p. 446

A에게 B에 대해 경고하다	표15	p. 37
S는 O가 ~하는 것을 경청하다	표193	p. 488
~하는 경향이 있는	표128	p. 184
~하는 경향이 있다	표118	p. 177
~하는 경향이 있다	표195	p. 490
경향이 있다	표116	p. 174
(같은 행위로) ~을 계속하다	표214	p. 555
~하는 것을 계속하다	표195	p. 491
~하는 것을 계승하다	표219	p. 566
계승하다	표3	p. 4
~할 계획을 하다	표195	p. 491
~하는 것을 계획하다	표213	p. 555
~하는 것을 고대하다	표219	p. 566
~을 고려하다	표164	p. 280
하는 것을 고려하다	표212	p. 554
-을 고려하면	표209	p. 543
하는 것을 고맙게여기다	표212	p. 554
A를 B혐의로 비난, 고발하다	표189	p. 447
고장 나다	표3	p. 4
고통받다	표106	p. 153
곧 ~하다		p. 304
공개적으로 청문하다		p. 390
A에게 B를 공급하다	표18	p. 38
~하다고 공언하다	표195	p. 491
A를 B와 공유하다	표189	p. 447
~에게 공정을 구현하다	표20	p. 40
~에 공정한	표123	p. 181
공평하게	표146	p. 214
과로하다	표63	p. 112
과식하다	표63	p. 112
과음하다	표63	p. 112
A와 B의 관계는 C와 D의 관계와 같다	표180	p. 355
~에 관련된	표120	p. 180
A를 B에 관련시키다	표189	p. 448
~가 ~하는 것을 관찰하다	표194	p. 489
~을 관찰하다	표164	p. 281
S는 O가 ~하는 것을 관찰하다	표193	p. 487
~해서 괴롭다	표202	p. 497
A를 B로 교체하다	표18	p. 38
A를 B로 교환하다	표189	p. 448
~와 구별되는	표127	p. 183
A를 B로부터 구별하다	표189	p. 447
A를 B로 구성하다	표189	p. 446
구타당해서 그 결과 사망하다	표112	p. 157
~를 구하다	표13	p. 33
구하러 오다	표107	p. 154
~에게 ~을 구해다 주다	표20	p. 41
국민들	★2	p. 640
~에 대해 궁금한	표125	p. 182
궁금해서	표106	p. 153
~인지 아닌지 궁금히 여기다	표168	p. 287
S는 O가 ~하도록 권고하다	표193	p. 487
~가 ~하는 것을 귀 기울여 듣다	표194	p. 490
~해야 한다고 규정하다	표165	p. 282
그 결과	표150	p. 221
그 결과 ~하다	★1	p. 495
그 기간 이내에	★2	p. 144
그 기간이 걸린 후에	★2	p. 139
그 동작이 있을 때에	★3	p. 139
그 때	표69	p. 140
	★3	p. 302
그 때 까지	★1	p. 399
그 무렵	★2	p. 143
~하는 그 순간 ~하다	★2	p. 308
그 시간대로 가면서	★2	p. 145
그 시기(그 기간에) 걸쳐서	★1	p. 143
그 시기의 처음부터 끝까지	★1	p. 142
그 시점 이전에	★3	p. 143
그 시점 이후	★1	p. 144
그 시점부로	★3	p. 144
그 시점을 넘겨서	★1	p. 145
그 오래 전	★1	p. 399
그 자체가	★1	p. 111
그 자체를	★1	p. 111
그 전 날	★1	p. 399
그들끼리만	표62	p. 111
그때까지	★2	p. 143
그래서, 그 결과 ~하다	★2	p. 313
그러나	표150	p. 221
	★2	p. 262
	★2	p. 345
그러라고 그래	★3	p. 323
그러면	★1	p. 261
그러하다	표64	p. 123
그런데	★1	p. 345
그럴 거라고 상정한다	표64	p. 123
그럴 거라고 추측한다	표64	p. 123
그럴 것 같아 유감이다	표64	p. 123
어떤 사실이 그럴듯하다	표130	p. 186
그럼에도 불구하고	표150	p. 221
그럼에도 불구하고 똑같이		p. 123
그렇게 생각한다	표64	p. 123
그렇기를 희망한다	표64	p. 123
그렇지 않을 경우	표150	p. 221
그리고	★1	p. 345
그리하여	표150	p. 221
하는 것을 그만두다	표212	p. 554
하던 일을 그만두다, 끝내다	표214	p. 555
그에 따라	표150	p. 221
그토록	★1	p. 221
~를 극복하고 살아남다	표12	p. 31
근무중	표107	p. 155
~ 하는 것 근처에까지 오다	표218	p. 563
금방	표146	p. 214
금상첨화로	표180	p. 355
금상첨화로	표204	p. 502
A를 B로부터 금지하다	표16	p. 37
S는 O가 ~하는 것을 금지하다	표193	p. 487
~하는 것을 금하다	표165	p. 282
~기꺼이 ~하다	표203	p. 500

기꺼이 ~할	표128	p. 184
~를 기다리다	표13	p. 33
S는 O가 ~하기를 기다리다	표193	p. 487
기다리다	표3	p. 4
~라고 기대되다	표188	p. 440
A를 B로부터 기대하다	표189	p. 447
S는 O가 ~하길 기대하다	표193	p. 486
하는 것을 기대하다	표212	p. 554
~를 기르다	표13	p. 33
~에 기민한	표124	p. 182
~에 기민한	표126	p. 183
어떤 사실을 기뻐하는	표129	p. 185
~해서 기쁘다	표200	p. 495
	표201	p. 496
기억하는 한	표112	p. 158
~ 할 것을 기억하다	표195	p. 491
~을 기억하다	표164	p. 280
~하는 것을 기억하다	표195	p. 491
앞으로 할 일을 기억하다 (미래표시어와 어울림)	표214	p. 555
했던 일을 기억하다 (과거표시어와 어울림)	표214	p. 555
~하는 데 기여하다	표219	p. 566
기절하지 않았다	표118	p. 177
어떤 사실이 긴급하다	표130	p. 186
~하는 일로의 길	표219	p. 566
깊게	표146	p. 214
~에 대해 까다로운	표125	p. 182
A에서 까지(한도, 범위 설정)	표112	p. 158
(잠에서) 깨다	표3	p. 4
~을 깨닫다	표161	p. 201
(잠에서) 깨어 있다	표116	p. 174
하는 것을 꺼려하다	표212	p. 554
A가 B를 못하게 꺾다	표16	p. 37
~의 껍질을 까다	표13	p. 33
꼭 들어맞다	표3	p. 3
~에 꼭 필요한	표120	p. 180
꽉	표146	p. 214
끄다, 끊다	표151	p. 224
끝나다	표228	p. 635
하는 것을 끝내다	표212	p. 554

ㄴ

A를 나누어 B로 만들다	표189	p. 447
나라면	★2	p. 471
~의 나머지 수 혹은 잔량	표156	p. 239
선행사의 나머지	표178	p. 346
나였다면	★2	p. 471
~보다 나을 것도 없는		p. 592
나타나다	표3	p. 3
	표3	p. 4
A를 B로부터 낙담시키다	표16	p. 37
남다	표3	p. 3
~에게 ~를 납득시키다	표166	p. 283
~에게, ~을 납득시키다	표21	p. 45
A에게 B를 납득시키다	표15	p. 37

~에게 ~을 낳아주다	표20	p. 41
~에게, ~을 내기로 걸다	표21	p. 45
~을 ~한 상태로 내버려두다	표23	p. 49
내부의	표225	p. 588
자발적으로 냄새를 맡다	★6	p. 389
~한 상태로 냄새나다	표9	p. 19
~를 냄새맡다	표13	p. 33
넌지시 알리다	★1	p. 282
넘어지다	표3	p. 4
A를 B에 노출시키다	표189	p. 448
~를 논의하다	표12	p. 31
~를 놀라게 하다	표13	p. 33
~에 놀라다	표106	p. 153
~해서 놀라다	표202	p. 496
~에게 농담 걸다	표20	p. 41
높게(정신적 의미로)	표146	p. 214
~에 놓여 있다	표3	p. 4
놓여있다	표3	p. 4
하는 것을 놓치다	표212	p. 554
누구(무엇) 못지않게 ~하다		p. 580
누구를 ~해야 할지	표197	p. 492
누구의 '명사'를 ~해야 할지	표198	p. 493
누구의 것을 ~해야 할지	표197	p. 493
B에게 A를 누설하다	표19	p. 39
~가 ~하는 것을 눈여겨보다	표194	p. 490
~을 눈여겨보다	표164	p. 280
S는 O가 ~하는 것을 눈여겨보다	표193	p. 487
눕다	표3	p. 4
	표63	p. 111
~를 눕히다	표13	p. 33
~한 상태로 느껴지다	표9	p. 19
~가 ~하는 것을 느끼다	표194	p. 490
~를 ~로 느끼다	표22	p. 47
~를 느끼다	표13	p. 33
~을 ~한 상태로 느끼다	표23	p. 48
~을 느끼다	표164	p. 280
S는 O가 ~하는 것을 느끼다	표193	p. 488
S는 O가 ~할 필요를 느끼다	표193	p. 487
~에 느린	표124	p. 182
S는 O가 ~하도록 능력을 주다	표193	p. 487
능력이 되는 한	표112	p. 158
~할 능력이 있는	표128	p. 184
~에 능한	표124	p. 182
늦다	표118	p. 177
늦잠자다	표63	p. 112

ㄷ

~에 다니다	표11	p. 29
~의 다량	표156	p. 239
다르다	표3	p. 4
~와는 다른	표127	p. 183
다른 방법으로	표150	p. 221
다름 아닌		p. 592
~와 다름없는(다름이), -만큼 훌륭한		p. 582

표제어	표/★	페이지
~와 다름없는(다름없이), -만큼 훌륭한		p. 582
~의 다수	표156	p. 239
~의 다수 혹은 다량	표156	p. 239
다수의	표225	p. 588
~를 다양하게 만들다	표13	p. 33
다음번	★1	p. 642
어떤 사실이 다행이다	표130	p. 186
닥쳐오다	표3	p. 4
단단히	표146	p. 214
단지 ~뿐만이 아닌	표226	p. 609
~에서 단호한	표126	p. 183
~와는 달리	표111	p. 157
달리	표150	p. 221
달리다	표3	p. 4
	표228	p. 635
~와 닮다	표12	p. 31
~와 담소하다	표228	p. 635
~라고 답하다	표164	p. 280
~에 답하다	표11	p. 29
~에게 답하다	표11	p. 29
~당	★1	p. 634
당겨보다	표228	p. 635
~에 당도하다	표11	p. 29
~하는 것이 당연하다	★2	p. 423
	★2	p. 423
~하는게 당연하다	★5	p. 424
당연히 ~해야 한다	★2	p. 419
당연히 그럴 것이다	★1	p. 419
당첨되다	표13	p. 33
~당하는 것	표211	p. 552
당하는 것	★2	p. 562
당하다	표4	p. 11
	★1	p. 436
~당했던 것	표211	p. 552
~해서 당황하다	표202	p. 497
대단하게	표146	p. 214
~에 대등한	표120	p. 180
~에서 대등한	표126	p. 183
대부분의	표137	p. 190
	표136	p. 189
A를 B에 대비, B를 위해 A를 마련	표189	p. 447
~하는 경우에 대비하여	표171	p. 319
대신에	★4	p. 262
~에 대처하다	표11	p. 29
대체로	표228	p. 635
A를 B로 대체하다	표189	p. 448
대화를 하다	표228	p. 635
~하는 것이 더 낫다	★3	p. 423
더 많은 수, 더 많은 양	표156	p. 239
더 빠르지 않게	표226	p. 609
더 적은 양	표156	p. 239
더욱이	★1	p. 590
더이상 ~ 아닌	표226	p. 609
덕분에	표106	p. 153
A에게서 B를 덜어내다	표14	p. 36

표제어	표/★	페이지
A를 B로부터 덜어주다	표189	p. 447
~하는 데 덧 붙여서	표219	p. 566
~하는 데 덧 붙여서	표219	p. 566
도와주러 가다	표107	p. 154
도움이 되다	표3	p. 3
도지다	표3	p. 3
도착하다	표3	p. 4
도착하다	표11	p. 29
~에서 독립한	표119	p. 179
돌다	표3	p. 4
돌려보내다	표151	p. 224
~를 돌려주다	표13	p. 33
돌아가다	표3	p. 3
돌아오다	표3	p. 3
돌진하다	표3	p. 4
~를 돕다	표228	p. 635
~하는 것을 돕다	표195	p. 491
A를 B의 일로 돕다	표189	p. 447
S는 O가 ~하도록 돕다	표193	p. 487
하는 것을 돕다	표214	p. 555
~해서 동요되다	표202	p. 497
~에 동의하다	표164	p. 280
~하기로 동의하다	표195	p. 490
~에 동정적인	표123	p. 181
동틀 때	표69	p. 140
~와 동행하다	표12	p. 31
~되는 것	★1	p. 552
~되는 것	★2	p. 562
~되다	표4	p. 11
~하게 되다	표192	p. 486
되다	표5	p. 12
	표5	p. 13
	★1	p. 436
~되었던 것	★1	p. 552
~된	★1	p. 527
~된 상태이다	표4	p. 11
~된 채 ~하다	★2	p. 21
~된(받은, 당한)		p. 518
두 개가 서로 별개	★2	p. 115
두 셋의	표136	p. 189
~할 정도의 두려움을 가지다	표32	p. 71
~할 정도의 두려움을 가지다	표32	p. 71
~할까봐 두려워서	★1	p. 420
두려워서	표106	p. 153
~을 두려워하는	표119	p. 179
~하는 것을 두려워하는	표128	p. 184
~하는 것을 두려워하는	표128	p. 184
어떤 사실을 두려워하는	표129	p. 185
~을 두려워하다	표164	p. 280
~하기를 두려워하다	표195	p. 491
~하는 것을 두려워하다	표195	p. 491
두려워하다	표116	p. 174
A 와 B 둘 다	★4	p. 268
둘 다 ~는 아니다	★2	p. 119
둘 다 ~하는 것은 아니다	★1	p. 269

둘 다 아니다	★1	p. 117	만나다	★6	p. 389	
둘 다(둘 중의 둘)	★2	p. 119	~가 ~하도록 만들다	표24	p. 50	
둘 중 어떤 것도 ~아니다	표160	p. 244	~를 ~로 만들다	표22	p. 47	
둘 중 하나	표160	p. 244	~을 ~한 상태로 만들다	표23	p. 48	
둘 중 하나만 ~	★1	p. 269	S는 O가 ~하도록 만들다	표193	p. 487	
둘 중 하나만 ~ 아니다	★2	p. 119	~를 만들어내다	표13	p. 33	
둘 중에서 더 ~하다	★3	p. 590	A를 B로부터 만들어내다	표189	p. 447	
뒤의 사실보다 앞의 사실이 더 먼저 일어난 것도 아니다	★2	p. 308	~에게 ~을 만들어주다	표20	p. 40	
드라이브 가다	표228	p. 635	만약 ~하다면	표171	p. 319	
~을 드러내 밝히다	표164	p. 281	만약 ~하다면 어떻게 되는가?	★2	p. 469	
드물게 하는	표226	p. 609	만약 ~한다면	★1	p. 319	
~에게 득이 되다	표20	p. 40	만약 ~했다면 어떻게 되는가?	★3	p. 469	
득이 되다	표3	p. 3	만에 하나	★2	p. 420	
~를 듣고(원인) 감정변화하다	표106	p. 153	만에 하나	★3	p. 464	
~가 ~하는 것을 듣다	표194	p. 490	만에 하나 ~하다면 어떻게 되는가?	★4	p. 469	
~을 듣다	표164	p. 280	만일 ~하다면, 했다면 어떻게 되는가?	★5	p. 469	
S는 O가 ~하는 것을 듣다	표193	p. 488	만일 ~한 주어라면 ~할 텐데.	★2	p. 471	
~에게 ~을(시간, 노력, 비용) 들게 하다	표20	p. 41	만일 A 가 없다면	★1	p. 326	
~에 들러붙는	표120	p. 180	만일 A 때문(덕분)이 아니라면	★3	p. 468	
~한 상태로 들리다	표9	p. 19	만일 A 때문(덕분)이 아니었다면	★4	p. 468	
~로 들어가다	표11	p. 29	만일 A가 없다면	★3	p. 468	
들어짐을 당하다	★1	p. 448	만일 A가 없었다면	★4	p. 468	
~에 등가적인	표120	p. 180	만일 있다면		p. 470	
~하는 데 따라서	표219	p. 566	만족하다	표116	p. 174	
땅거미질 녘에	표69	p. 140	~만큼 긴(길게)	★1	p. 584	
~때문에	표106	p. 153	~만큼 멀리	★1	p. 584	
	★1	p. 305	~와 다름없는(다름없이), ~만큼 훌륭한		p. 582	
	★2	p. 314	B 만큼 A의 성격이 많지는 않다	★2	p. 582	
A와 B 때문에 (원인)	표180	p. 355	C 만큼 B한 A는 없다		p. 580	
떠나다	표3	p. 3	많은	표136	p. 189	
떨어지다	표3	p. 4		표137	p. 190	
또한	표150	p. 221		표136	p. 189	
			말 걸다	표11	p. 29	
ㄹ			A가 B를 못하게 말리다	표16	p. 37	
			A를 B로부터 말리다	표16	p. 37	
~라면 얼마나 좋을까	★2	p. 466	말하기 다행스럽게도	표204	p. 501	
A에서 A로 (동종의 개별화)	표112	p. 158	말하기 슬프지만	표204	p. 502	
~로 유명한	표121	p. 180	말하기 유감이지만	표204	p. 501	
~로서	표111	p. 157	말하기 이상하지만	표204	p. 501	
~로서 ~하다	★2	p. 21	말하기 힘들지만	표204	p. 501	
~를 ~하는	★4	p. 525	~라고 말하다	표164	p. 280	
			B에게 A를 말하다	표19	p. 38	
ㅁ			~대해 말할 때	표209	p. 543	
			말할 필요 없이 당연하다	표218	p. 563	
마감시한		p. 592	~에게 ~를 말해주다	표166	p. 283	
~마다	★1	p. 634	~에게 ~을 말해주다	표20	p. 40	
마지못해 ~하다	표203	p. 500	~에게 인지 아닌지 말해주다	표169	p. 287	
마치 ~하듯이	★2	p. 467	~인지 아닌지 말해주다	표168	p. 287	
마치 ~하듯이	★4	p. 467	말해주다	★1	p. 448	
마치 ~하려는 듯이	★6	p. 467	~라고 말해지다	표188	p. 440	
마치 ~했듯이	★3	p. 467	말해지다	★1	p. 448	
마치 ~했듯이	★5	p. 467	말해짐을 당하다	★1	p. 448	
막 ~하려는	표128	p. 184	~한 상태로 맛이 나다	표9	p. 19	
막 ~하려하다	표218	p. 563	~을 망각하는	표119	p. 179	
A를 B로부터 막다	표16	p. 37	~에 대해 망설이는	표125	p. 182	

표현	번호	페이지	표현	번호	페이지
~하기를 망설이는	표128	p. 184	B에게 A를 묘사하다	표19	p. 38
~에 맞는	표123	p. 181	무게가 나가다	표3	p. 3
어떤 사실이 맞다	표130	p. 186	~의 무게를 달다	표13	p. 33
어떤 사실을 맞다고 의심하는	표129	p. 185	~의 무게이다	표10	p. 21
~와 맞서다	표11	p. 29	~에 무관심한	표120	p. 180
A에게 B를 맡기다	표18	p. 38	~에 무능한	표124	p. 182
A에게 B를 맡기다	표189	p. 447	무엇보다도	표204	p. 501
매 ~마다	★1	p. 634	~에 무지한	표125	p. 182
매우	표146	p. 214	~에게 ~을 문자(카피문서)로 보내다	표20	p. 41
	★1	p. 528	문제가 되다	표3	p. 3
	★2	p. 618	A는 물론이고	표204	p. 501
	★1	p. 670	~를 물리치다	표13	p. 33
매우 ~해서 ~할 정도이다	★1	p. 316	~에게 ~을 물어보다	표20	p. 40
매우 많은	표136	p. 189	~에게 인지 아닌지 물어보다	표169	p. 287
~을	표164	p. 280	~인지 아닌지 물어보다	표168	p. 287
~하기로 맹세하다	표195	p. 491	하는 것을 미루다	표212	p. 554
머물다	표3	p. 3	~해서 미소짓다	표200	p. 495
머지않아 ~한다		p. 304	~에 미친	표121	p. 180
먹다	표63	p. 111	~에 미친	표123	p. 181
멀리서	표228	p. 635	~에 민감한	표120	p. 180
~하는 것을 멈추다	표195	p. 491	민족 구성원들	★2	p. 640
~하는 것을 멈추다	표213	p. 555	믿는 한	표112	p. 158
하기 위해 하던 일을 멈추다 (부정사는 목적어 아님)	표214	p. 555	~를 ~로 믿다	표22	p. 47
면밀하게	표146	p. 214	~을 ~한 상태로 믿다	표23	p. 48
면밀한 관찰시에	표68	p. 140	~을 믿다	표164	p. 280
~에 면역된	표120	p. 180	~라고 믿어지다	표188	p. 440
~에서 면제된	표127	p. 183	밀어보다	표228	p. 635
~해야 한다고 명령하다	표165	p. 281			
~해야 한다고 명령하다	표165	p. 282	ㅂ		
S는 O가 ~하도록 명령하다	표193	p. 487			
어떤 사실이 명백하다	표130	p. 186	~를 바꾸다	표13	p. 33
몇 개만 예를 들면	표204	p. 502	~을 ~한 상태로 바꾸다	표23	p. 48
선행사 모두	표178	p. 346	A를 바꾸어 B로 만들다	표189	p. 447
모든	표136	p. 189	바뀌다	표3	p. 3
모든 ~중에서 가장 ~하다	★1	p. 594	~을 바라다	표164	p. 280
그 모든 것에도 불구하고	표110	p. 156	바라다	표107	p. 154
모든 점을 고려하면	표209	p. 543	아니길 바란다	표64	p. 123
어떤 사실을 모르고 있는	표129	p. 185	어떤 사실이 바람직하다	표130	p. 186
~를 모르는	표119	p. 179	바로 그	★4	p. 617
~을 모르는	표119	p. 179	~의 바로 뒤에	★5	p. 150
모르다	표116	p. 174	~ 하느라 바쁘다	표218	p. 563
모름지기	★4	p. 420	바싹	표146	p. 214
모면하다	표13	p. 33	~에 박식한	표125	p. 182
모아 두다	표13	p. 33	S는 O가 ~하도록 박차를 가하다	표193	p. 487
~를 모으다	표13	p. 33	A에게서 B를 박탈하다	표14	p. 36
모이다	표3	p. 4	반가워 하다	표116	p. 174
S는 O가 ~하도록 몰고가다	표193	p. 487	~해서 반갑다	표201	p. 496
몰고 가다	표12	p. 31	~에 반대되는	표120	p. 180
~를 몰다	표12	p. 31	~에게 반대하다	표11	p. 29
몰두하다	표63	p. 111	~하는 것에 반대하다	표219	p. 566
몰려들다	표3	p. 4	~하는 것에 반대하다	표219	p. 566
~에 몰입하다	표63	p. 111	~을 반박하다	표164	p. 280
~에 몰입하다	표63	p. 112	반환하다	표13	p. 33
~하는 누구, 무엇 못지 않게 ~하다	★1	p. 581	받는 것	★2	p. 562
~조차 못하다(않다)	★1	p. 583	받다	표4	p. 11

	★1	p. 436
~을 발견하다	표164	p. 280
발발하다	표3	p. 4
발생하다	표3	p. 4
~을 발표하다	표164	p. 280
B에게 A를 발표하다	표19	p. 39
~가 밝혀지다	표188	p. 440
밟다	표3	p. 4
밤에	표69	p. 140
~에 방문하다	표11	p. 29
A를 B로부터 방해하다	표16	p. 37
배웅하다	표151	p. 224
배제하다	표151	p. 224
배출하다	표12	p. 31
배회하다	표3	p. 4
A에게서 B를 벗겨내다	표189	p. 447
벗겨지다	표3	p. 3
~로부터 벗어난	표127	p. 183
변화되다	표3	p. 3
병나다	표106	p. 153
보고 짖다	표107	p. 155
~라고 보고, 보도하다	표164	p. 280
하는 것을 보고하다	표212	p. 554
~에게 ~을 보내주다	표20	p. 40
~를 보는 눈이 있다	표228	p. 635
~가 ~하는 것을 보다	표194	p. 489
~가 ~하는 것을 보다	표24	p. 50
~을 보다,이해하다	표164	p. 281
~인지 아닌시 보나	표168	p. 287
A를 B로 보다	표189	p. 446
S는 O가 ~하는 것을 보다	표193	p. 487
~에 보복하다	표63	p. 112
~에게 ~를 보여주다	표166	p. 283
~에게 ~을 보여주다	표20	p. 40
~에게 인지 아닌지 보여주다	표169	p. 287
~을 보여주다	표164	p. 280
~인지 아닌지 보여주다	표168	p. 287
B에게 A를 보여주다	표19	p. 38
~로 보이다	표7	p. 16
~하는 것처럼 보이다	표192	p. 486
~한 상태로 보이다	표9	p. 19
~을 보장하다	표164	p. 280
본질적으로	표62	p. 111
A를 B에 부과하다	표189	p. 447
~에 부드러운	표122	p. 181
~에게 ~을 부러워하다	표20	p. 41
~를 ~로 부르다	표22	p. 47
부르다	표11	p. 29
부르러 사람 보내다	표107	p. 154
부부	★1	p. 640
A에게 B를 부여하다	표18	p. 38
A에게 B를 부여하다	표189	p. 447
~에게 ~을 부인하다	표20	p. 40
~을 부인하다	표164	p. 280
하는 것을 부인하다	표212	p. 554
부재시에	표67	p. 139
~에 부정적인	표120	p. 180
~가 부족하다	표12	p. 31
~로부터	표106	p. 153
~로부터(동기)	표106	p. 153
~에서 분리된	표127	p. 183
선행사의 분수	표178	p. 346
~하는 건 불가능하다	표218	p. 563
~에도 불구하고	표110	p. 156
~에도 불구하고	★1	p. 320
~에도 불구하고 더 좋지 않다	★3	p. 589
~에도 불구하고 덜하지 않다	★3	p. 589
불다	표3	p. 4
~에게 ~을 불러다주다	표20	p. 41
~에게 ~을 불러주다	표20	p. 41
불쌍해서	표106	p. 153
불어나다	표3	p. 4
~해서 불쾌하다	표202	p. 497
불타고 있다	표116	p. 174
A를 B에 붙이다	표189	p. 447
~에 비교되다	표109	p. 156
A를 B와 비교하다	표189	p. 447
A를 B혐의로 비난하다, 고발하다	표189	p. 447
비록 ~라 해도	★1	p. 320
비록 가장 ~하다 해도	★3	p. 595
비슷하다	표116	p. 174
비싸게	표146	p. 214
~에 비유되다	표109	p. 156
비천하게	표146	p. 214
B의 이유로 A를 비판하다	표17	p. 38
~에 비하여 ~하다	표109	p. 156
~에게 ~을 빌려주다	표20	p. 40
~에게 ~을 빚지다	표20	p. 41
~하는 것을 빠뜨리다	표195	p. 491
A에게서 B를 빼앗다	표14	p. 36
A에게서 B를 빼앗다	표189	p. 447
피부까지, 뼈 속까지 젖다	표112	p. 157
단지 ~뿐만이 아닌	표226	p. 609

ㅅ

사냥하다	표107	p. 154
사라지다	표3	p. 4
~한 사람들	★1	p. 194
	★1	p. 243
	★3	p. 640
사람들	★2	p. 527
사망하다	표106	p. 153
~라는 사실이다	표4	p. 11
사업상	표107	p. 155
A를 B대신 사용하다	표189	p. 448
A와 B를 사용하여(수단)	표180	p. 355
~에게 ~을 사주다	표20	p. 40
사직하다	표3	p. 4
산책하다	표228	p. 635

표제어	표	페이지	표제어	표	페이지
살다	표3	p. 4	~에 성찰적인	표122	p. 181
살아있다	표116	p. 174	세우다	표13	p. 33
~에게 ~를 상기시키다	표166	p. 283	사람을 길거리에 세워놓다	표13	p. 33
~에게, ~을 상기시키다	표21	p. 45	A를 B에 소개시키다	표189	p. 448
A에게 B를 상기시키다	표15	p. 37	B에게 A를 소개하다	표19	p. 39
A에게 B를 상기시키다	표189	p. 446	소량	표156	p. 239
선행사의 상당량	표178	p. 346	~를 소리나게 하다	표13	p. 33
선행사의 상당수	표178	p. 346	소망을 빌다	표228	p. 635
선행사의 상당수, 상당량	표178	p. 346	~에게 ~을 소망해주다	표20	p. 41
~을 상상하다	표164	p. 280	A를 B에 소모하다	표189	p. 447
하는 것을 상상하다	표212	p. 554	소문 듣다		p. 390
그럴 거라고 상정한다	표64	p. 123	소수	표156	p. 239
아닐 기라고 상정한다	표64	p. 123	소수의	표225	p. 588
~에게 상처를 주다	표13	p. 33	소식 듣다		p. 390
~한 존재나 상태가 되다	★1	p. 12	소위	표180	p. 355
새벽녘에	표69	p. 140	소위, 말하자면	표204	p. 502
~라고 생각하다	표164	p. 280	~소유의		p. 90
~를 ~로 생각하다	표22	p. 47	소풍가다	표228	p. 635
~일거라고 생각하다	표164	p. 280	~ 속으로	★3	p. 149
그렇게 생각한다	표64	p. 123	~에게 속임수 쓰다	표20	p. 41
아닐 거라고 생각한다	표64	p. 123	~에게 손상을 가하다	표20	p. 40
생겨나다	표3	p. 3	손수	★1	p. 111
샤워하다	표228	p. 635	~가 손수 ~한	표218	p. 563
서다	표3	p. 3	솔직히 말해서	표204	p. 501
~하려고 서두르다	표195	p. 491		표209	p. 543
서둘러 가다	표3	p. 3	솟아오르다	표3	p. 4
서둘러 오다	표3	p. 3	쇄도하다	표3	p. 4
서둘러서	표228	p. 635	~를 수단으로 하여	표108	p. 155
서서 존재하다	표3	p. 3	수반하다	표12	p. 31
~에 서툰	표124	p. 182	수술하다	표3	p. 4
A를 B와 섞다	표189	p. 448	~에 숙고하는	표122	p. 181
~라고 선언하다	표164	p. 280	순서나 권리가 더 앞서는	표225	p. 588
~해야 한다고 선언하다	표165	p. 281	~에 순종적인	표120	p. 180
선의로	표106	p. 153	~에게 순종하다	표11	p. 29
~하기로 선택하다	표195	p. 490	숨을 쉬다	표228	p. 635
~하는 선택 외엔 없다	표196	p. 492	스스로	★1	p. 111
~를 ~로 선포하다	표22	p. 47	~ 하는 습관이 있다	표218	p. 563
~하는 것을 선호하다	표195	p. 491	시기적으로 더 늦은	표225	p. 588
~하는 것을 선호하다	표213	p. 555	시기적으로 더 이른	표225	p. 588
A를 B보다 선호하다	표189	p. 447	시끄럽게 하다	표228	p. 635
S는 O가 ~하도록 설득하다	표193	p. 487	시도를 해보다	표228	p. 635
설령 A는 아니라 해도		p. 470	~하는 것을 시인하다	표219	p. 566
설령 있다 해도		p. 470	~하기 시작하다	표195	p. 491
설령 한다 해도		p. 470	~하는 것을 시작하다	표213	p. 555
~라고 설명하다	표164	p. 280	시중들다	표3	p. 4
B에게 A를 설명하다	표19	p. 39	S는 O가 ~하도록 시키다	표193	p. 487
A에게 B를 설비하다	표189	p. 447	시험 삼아 한번 해보다	표214	p. 555
설상가상으로	표180	p. 355	~에 대해 신중한	표125	p. 182
	표204	p. 502	~해서 실망하다	표202	p. 497
~을 ~한 상태로 설정하다	표23	p. 48	~하는데 실패하다	표195	p. 491
~해서 성가시다	표202	p. 497	실패하다	표3	p. 4
~에 성공적인	표126	p. 183	~하기 싫다	표195	p. 491
성공하다	표3	p. 4	~하는 것을 싫어하다	표213	p. 555
성장하다	표3	p. 4	하는 것을 싫어하다	표212	p. 554
~할 정도의 성질을 갖다	★2	p. 70	~에 심하게 구는	표122	p. 181

표제어	표	페이지
~하고 싶어하다	표195	p. 491
~에게 ~을 써주다	표20	p. 41
써지다	표3	p. 3
쓸 만하다	표3	p. 3

ㅇ

아는 한	표112	p. 158
아니길 바란다	표64	p. 123
A가 아니라 B	★4	p. 262
A가 아니라 B의 이유로	★3	p. 315
어떤 사실이 아니라고 생각된다	표130	p. 186
~을 아니라고 생각하다	표164	p. 280
어떤 사실을 아니라고 의심하는	표129	p. 185
~아닌, ~아니게	표226	p. 609
아닐 거라고 상정한다	표64	p. 123
아닐 거라고 생각한다	표64	p. 123
아닐 거라고 추측한다	표64	p. 123
아닐 것 같아서 유감이다	표64	p. 123
아무리 ~하게 하더라도	★1	p. 363
아무리 ~해도 지나치지 않다	★4	p. 415
아무리 ~해도 충분치 않다	★4	p. 415
아예 없는	표136	p. 189
	표137	p. 190
아프게 하다	표13	p. 33
아프다	표3	p. 4
	표118	p. 177
~로 악명높은	표121	p. 180
악의로	표106	p. 153
~해서 안심이다	표202	p. 497
~을 알고 있는	표119	p. 179
어떤 사실을 알고 있는	표129	p. 185
알고 있다	표116	p. 174
~을 알다	표164	p. 280
~인지 아닌지 알다	표168	p. 287
~에게 ~를 알려주다	표166	p. 283
~에게 인지 아닌지 알려주다	표169	p. 287
~에게, ~을 알려주다	표21	p. 45
~라고 알려지다	표188	p. 440
A에게 B를 알리다	표15	p. 37
A에게 B를 알리다	표189	p. 446
~인지 아닌지 알아내다	표168	p. 287
~을 암시하다	표164	p. 280
암시하다	★5	p. 419
앞에	★2	p. 150
앞에서	★2	p. 150
~하는 데 애를 먹다	표218	p. 563
~하는 데 애를 먹다	표218	p. 563
~하려고 애쓰다	표195	p. 491
하려고 애쓰다	표214	p. 555
~할 것을 애원하다	표195	p. 491
S는 O가 ~하도록 애원하다	표193	p. 487
S는 O가 ~할 것을 애원하다	표193	p. 487
약간	★2	p. 634
약간 수의	표136	p. 189
약간 있는	표136	p. 189
	표137	p. 190
~을 약속하다	표164	p. 280
~에게 ~를 약속하다	표166	p. 283
~하기로 약속하다	표195	p. 491
~에게 ~을 약속해주다	표20	p. 41
~에 약한	표126	p. 183
약해지다	표3	p. 4
어느 정도 양의	표137	p. 190
어느 정도까지	표112	p. 158
어느 정도의 수	★2	p. 113
어느 정도의 양	★2	p. 113
어디서 ~해야 할지	표199	p. 493
어떤	★2	p. 113
어떤	★2	p. 634
어떤 '명사'를 ~해야 할지	표198	p. 493
어떤 감정에 이르게도	표112	p. 158
어떤 것을 ~해야 할지	표197	p. 493
어떤 것이라도	★1	p. 356
어떤 방향 쪽으로	★2	p. 149
어떤 이유 때문에 더(혹은 덜) ~하다	★2	p. 589
어떤 편인가 하면		p. 470
어떻게 하더라도	★1	p. 363
어떻게	★2	p. 289
어떻게 ~해야 할지	표199	p. 493
어떤 사실이 어리석다	표130	p. 186
~와 어울리다	표12	p. 31
A를 B로부터 억제하다	표16	p. 37
~라고 언급하다	표164	p. 280
~를 언급하다	표12	p. 31
언제 ~해야 할지	표199	p. 493
~를 얻다	표13	p. 33
A를 B에서 얻다	표189	p. 447
얻으러 가다	표107	p. 154
얻으러 쫓아 다니다	표107	p. 154
~해서 얼굴이 붉어지다	표200	p. 495
얼마나	★2	p. 289
얼마나 ~한(~하게) ~해야 할지	표199	p. 493
~로 보건대 얼마나 ~한가!		p. 499
(주어)가 얼마만큼의 가치가 있다	★1	p. 175
얼어서 그 결과 사망하다	표112	p. 157
엄밀히 말해서	표209	p. 543
엄중히	표146	p. 214
A에게서 B를 없애다	표189	p. 447
~조차 없이		p. 583
~라고 여겨지다	표188	p. 440
~를 ~로 여기다	표22	p. 47
~을 ~한 상태로 여기다	표23	p. 48
~의 여러 개	표156	p. 239
선행사의 여러 개	표178	p. 346
여럿의	표136	p. 189
~할 여유가 있다	표195	p. 491
여유롭게	표62	p. 111
~로 여행가다	표228	p. 635
여행상	표107	p. 155

표제어	표	페이지
~도 역시 ~아니다	★1	p. 267
~도 역시 그러하다	★3	p. 122
~도 역시 아니다	★1	p. 117
~도 역시 아닌	표226	p. 609
A를 B와 연관시키다	표189	p. 447
하는 것과 연관시키다	표212	p. 554
~와 연관짓다	표12	p. 31
~와 연루되다	표12	p. 31
연상의	표225	p. 588
~에게 연설하다	표11	p. 29
연설하다	표228	p. 635
~에 연속된	표120	p. 180
히는 것을 연습하다	표212	p. 554
~에게 ~을 연주해주다	표20	p. 40
연하의	표225	p. 588
열등한	표225	p. 588
~에 열린	표120	p. 180
열심히	표146	p. 214
~에 열정적인	표125	p. 182
~였다면 얼마나 좋을까	★3	p. 466
영업하다	표3	p. 4
~에 영향을 주는	표122	p. 181
~에게 영향을 주다	표11	p. 29
옆에	★1	p. 150
옆에서	★1	p. 150
A를 B로부터 예방하다	표16	p. 37
예쁘게	표146	p. 214
~을 예상하다	표164	p. 280
~을 예언하다	표164	p. 280
예전만큼	★1	p. 581
~인지 아닌지 예측하다	표168	p. 287
옛날에	★3	p. 309
오다	표3	p. 4
	표107	p. 154
~보다 오래 살다	표12	p. 31
어떤 사실이 옳다	표130	p. 186
옷 입다	표63	p. 112
~에게 옷을 입히다	표13	p. 33
~아니다, 왜냐하면 ~이니까	★1	p. 315
외면하다	표151	p. 224
외부의	표225	p. 588
어떤 사실이 요구된다	표130	p. 186
요구시에	표68	p. 140
~할 것을 요구하다	표195	p. 491
~해야 한다고 요구하다	표165	p. 282
A에게 B를 요구하다	표189	p. 446
S는 O가 ~할 것을 요구하다	표193	p. 487
요구하다	표107	p. 154
요약하면	표204	p. 502
~할 정도의 용기를 가지다	표32	p. 71
	표32	p. 71
B에 대해 A를 용서하다	표17	p. 38
하는 것을 용서하다	표212	p. 554
우리끼리만	표62	p. 111
우수한	표225	p. 588

표제어	표	페이지
~에게 ~을 우편으로 보내다	표20	p. 41
운영하다, 돌려서 운행시키다	표13	p. 33
운전하다	표12	p. 31
~해서 울다	표200	p. 495
	표200	p. 496
울다	표3	p. 4
~해서 웃다	표200	p. 496
웃다	표3	p. 4
	표107	p. 155
~하는 원인이 되다	표219	p. 566
~가 ~하기를 원하다	표24	p. 50
~을 ~한 상태로 원하다	표23	p. 49
S는 O가 ~하길 원하다	표193	p. 486
위하여 뛰다	표107	p. 154
위해 기도하다	표107	p. 154
하는 위험을 무릅쓰다	표212	p. 554
~한다고 위협하다	표195	p. 491
어떤 사실을 유감스러워하는	표129	p. 185
유감스러워하다	표116	p. 174
	표118	p. 177
~에 유감스런	표121	p. 180
~해서 유감이다	표200	p. 495
~해서 유감이다	표201	p. 496
~했어야만 했다, 그런데 안해서 유감이다	★5	p. 425
그럴 것 같아 유감이다	표64	p. 123
아닐 것 같아서 유감이다	표64	p. 123
하게 되어 유감이다 (부정사는 목적어 아님)	표214	p. 555
S는 O가 ~하도록 유도하다	표193	p. 487
그와 유사하게	표150	p. 221
유사하다	표116	p. 174
~에 유사한	표120	p. 180
~를 ~로 유지하다	표22	p. 47
~을 ~한 상태로 유지하다	표23	p. 48
유지하다	표6	p. 15
S는 O가 ~하도록 유혹하다	표193	p. 487
유효하다	표3	p. 3
은퇴하다	표3	p. 4
~의		p. 90
~해야 한다고 의결하다	표165	p. 282
의당	★4	p. 420
~을 의도하다	표164	p. 280
~할 것을 의도하다	표195	p. 491
~할 것을 의도하다	표213	p. 555
하는 것을 의도하다, 의미하다	표214	p. 555
~을 의미하다	표164	p. 280
~할 것을 의미하다	표195	p. 491
하는 것을 의미하다	표214	p. 555
~을 의심하는	표119	p. 179
~에 의존하는	표122	p. 181
~에 의해	표108	p. 155
~에 의해 ~된	★3	p. 526
~이다	표4	p. 11
이달 말에	표69	p. 140
~이듯이	★2	p. 310
이르다	표11	p. 29

~를 ~로 이름짓다	표22	p. 47	~하는 일에 대한 헌신	표219	p. 566
이름하여	표180	p. 355	일요일 마다	표68	p. 140
어떤 사실이 이상하다	표130	p. 186	~하는 일의 관건	표219	p. 566
어떤 사실이 이성적이다	표130	p. 186	~하는 일의 해결책	표219	p. 566
(다른 행위로) ~을 이어가다	표214	p. 555	~일지도 모른다	★2	p. 416
~이었던 것	★1	p. 552	일출 때	표69	p. 140
~를 이용하다	표63	p. 112	일하다	표3	p. 3
~의 이유로	★2	p. 314	~에게 ~을 읽어주다	표20	p. 41
~을 이유로 하여	표106	p. 153	~로 읽히다	표10	p. 21
B의 이유로 A를 비난하다	표106	p. 153	읽히다	표3	p. 3
B의 이유로 죽다	표106	p. 153	매우 임박한 일	★1	p. 388
이토록	★1	p. 221	~로 보아서 ~임에 틀림없다		p. 499
이토록(그토록) ~한(~하게)	★2	p. 121	입력하다	표11	p. 29
~을 보다, 이해하다	표164	p. 281	~에게 ~을(의미) 입맞추어 주다	표20	p. 41
~을 이해하다	표164	p. 280	~를 ~로 입증하다	표22	p. 47
~와 이혼하다	표12	p. 31	~을 ~한 상태로 입증하다	표23	p. 48
~이후로	★1	p. 305	있다	표3	p. 4
~이후로, 얼마 동안	★1	p. 396	~을 잊다	표164	p. 280
A를 B에 익숙하게 만들다	표189	p. 447	~할 것을 잊다	표195	p. 491
~하는 데 익숙하다	표219	p. 566	해야 할 일을 잊어버리다	표214	p. 555
~인 것	★1	p. 552	했던 일을 잊어버리다	표214	p. 555
	표211	p. 552			

ㅈ

~인 채로 ~하다	★2	p. 21	~할 자격이 있다	표195	p. 491
~인 체하다	표164	p. 281	~에 자격있는	표121	p. 180
~에게 인사하다	표11	p. 29	자라다	표3	p. 4
인색하게	표146	p. 214	~해서 자랑스럽다	표201	p. 496
~가 ~하는 것을 인식하다	표194	p. 490	~을 자랑하다	표164	p. 280
~을 인식하다	표164	p. 281	~를 자리에 앉게 하다	표13	p. 33
S는 O가 ~하는 것을 인식하다	표193	p. 488	자리에 앉다	표63	p. 112
어떤 사실을 인정하는	표129	p. 185	자립하다	표63	p. 111
~을 인정하다	표164	p. 280	자발적으로 냄새를 맡다	★6	p. 389
하는 것을 인정하다	표212	p. 554	~을 자부하는	표119	p. 179
~에게 인지 아닌지	표169	p. 287	어떤 사실을 자부하는	표129	p. 185
~에게 인지 아닌지 가르쳐주다	표169	p. 287	~를 자부하다	표63	p. 111
~에게 인지 아닌지 말해주다	표169	p. 287	자신도 모르게	표62	p. 111
~에게 인지 아닌지 물어보다	표169	p. 287	어떤 사실이 자연스럽다	표130	p. 186
~에게 인지 아닌지 보여주다	표169	p. 287	작동하다	표3	p. 3
~에게 인지 아닌지 알려주다	표169	p. 287	작업하다	표3	p. 4
~인지 아닌지	표4	p. 11	작전을 벌이다	표3	p. 4
~인지 아닌지	표168	p. 287	~할 작정이다	표203	p. 500
~인지 아닌지 궁금히 여기다	표168	p. 287	~할 작정인	표128	p. 184
~인지 아닌지 말해주다	표168	p. 287	~할 정도의 잔인성을 가지다	표32	p. 71
~인지 아닌지 물어보다	표168	p. 287	~할 정도의 잔인성을 가지다	표32	p. 71
~인지 아닌지 보다	표168	p. 287	~와 잘 맞다	표12	p. 31
~인지 아닌지 보여주다	표168	p. 287	잘라내다	표151	p. 224
~인지 아닌지 알다	표168	p. 287	A를 B로 잘못보다	표189	p. 448
~인지 아닌지 알아내다	표168	p. 287	잠들어 있다	표116	p. 174
~인지 아닌지 예측하다	표168	p. 287	~에게 장난 걸다	표20	p. 41
~ 로 인하여	표106	p. 153	~에 재주 있는	표124	p. 182
일단 ~하고 나면	★2	p. 309	저녁 8시에	표69	p. 140
일단 ~했을 때	★2	p. 309	저울질 하다	표13	p. 33
일반적으로 말해서	표209	p. 543	저절로	표62	p. 111
~의 일부	표156	p. 239	저축하다	표13	p. 33
선행사의 일부	표178	p. 346			
일어나다	표3	p. 4			

표제	위치	표제	위치
하는 것을 저항하다	표212 p. 554	~하는 것을 제외하고는 아무것도 할 수 없다	★2 p. 263
적어도 일단 한다면	p. 470	~하는 것을 제외하고는 아무것도 할 수 없다	★2 p. 263
A를 B에 적응시키다	표189 p. 448	B를 제외한 다른 A	p. 592
~에 적응하다	표63 p. 111	제정신이 아닌	표62 p. 111
적응하다	표63 p. 111	~하다는 조건하에	표171 p. 319
어떤 사실이 적절하다	표130 p. 186	~하는데 조심스런	표128 p. 184
~에 적합한	표121 p. 180	~에 조심하는	표123 p. 181
~하기에 적합한	표128 p. 184	조준하다	표107 p. 155
~하는 데 전념하다	표219 p. 566	~한 존재나 상태가 되다	★1 p. 12
~에게 ~을 전달해주다	표20 p. 40	A의 존재	표180 p. 355
~의 전량 또는 전체 수	표156 p. 239	존재, 참석하다	표118 p. 177
~의 전량 또는 전체 수가 다 아님	표156 p. 239	존재하다	표3 p. 4
~하려는 전망을 가지고	표219 p. 566	~를 졸업시키다	표12 p. 31
선행사 전부가 -아닌	표178 p. 346	졸업하다	표3 p. 4
~에게 ~을 전자카피문서로 보내다	표20 p. 41	좀처럼 아닌	표226 p. 609
전체적으로	표228 p. 635	좀처럼 하지 않는	표146 p. 214
전혀	★1 p. 619	좋다	표3 p. 3
전혀 아닌, 절대 아닌	표226 p. 609	~를 좋아하는	표119 p. 179
A를 B로 전환하다	표189 p. 448	~를 좋아하다	표228 p. 635
선행사의 절반	표178 p. 346	~하는 것을 좋아하다	표213 p. 555
~에게 ~을 절약하게 해주다	표20 p. 41	좋아하다	표116 p. 174
~하는 일로의 접근	표219 p. 566	좋아하다	표118 p. 177
~에 접근하다	표11 p. 29	좋은 시절에	표67 p. 139
접근하여	표146 p. 214	좋을대로 하다	표63 p. 112
~와 접촉하다	표11 p. 29	~에게 ~을 주다	★1 p. 40
정당히 평가하자면	표204 p. 502	~에게 ~을 주다	표20 p. 40
~는 정말 그러하다	★3 p. 122	~하도록 주선하다	표195 p. 491
정말로	★2 p. 617	~을 주장하다	표164 p. 280
정말로 그러하다	표64 p. 123	~하다고 주장하다	표164 p. 280
정면의 앞에서	★3 p. 150	~해야 한다고 주장하다	표165 p. 282
정오에	표69 p. 140	~해야 한다고 주장하다	표195 p. 491
~에게 정의를 구현하다	표20 p. 40	~하기를 주저하는	표128 p. 184
~할 정도의 정직성을 가지다	표32 p. 71	죽다	표3 p. 4
~에 정직한	표123 p. 181	A에게서 B를 죽음으로 빼앗다	표14 p. 36
정확하게 똑같이	★1 p. 123	~할 준비가 되어 있다	표203 p. 500
정확히 말하면	표204 p. 502	~할 준비가 된	표128 p. 184
A에게서 B를 제거하다	표14 p. 36	준비되다	표116 p. 174
A에게서 B를 제거하다	표189 p. 447	준비되어 있다	표118 p. 177
~에게 ~을 제공하다	표20 p. 41	~에 준비된	표121 p. 180
A에게 B를 제공하다	표18 p. 38	~하는 준비를 하다	표195 p. 491
A에게 B를 제공하다	표189 p. 446	줄다	표3 p. 4
B에게 A를 제기하다	표19 p. 39	줄여서 말하면	표204 p. 502
~에게 ~을 제안하다	표20 p. 41	~하는 일에 중독되다	표219 p. 566
~하는 것을 제안하다	표195 p. 491	어떤 사실이 중요하다	표130 p. 186
~할 것을 제안하다	표195 p. 491	중요하다	표3 p. 3
~할 것을 제안하다	표213 p. 555	~에 중요한	표120 p. 180
~해야 한다고 제안하다	표165 p. 281	~들 중의 하나	표160 p. 244
B에게 A를 제안하다	표19 p. 39	즐겁게 지내다	표63 p. 112
제안하다	★5 p. 419	~해서 즐겁다	표202 p. 496
하는 것을 제안하다	표212 p. 554	~해서 즐겁다	표202 p. 497
~를 제외하고	표113 p. 159	즐기기 위해 하다	표107 p. 154
~를 제외하고(격식적 표현)	표113 p. 159	하는 것을 즐기다	표212 p. 554
~을 제외하고(동종의 것들 중)	표113 p. 159	~를 증명하다	표13 p. 33
~을 제외하고(이종의 것으로서)	표113 p. 159	지금까지	★1 p. 396
~을 제외하고 덧붙여서	★4 p. 149	지나치게	★3 p. 618

(머리말 - 102)   색인(index)

지난번	★1	p. 642
~에게 ~을 지불하다	표20	p. 41
지속되다	표3	p. 3
~하는 것을 지속하다	표213	p. 555
S는 O가 ~하도록 지시하다	표193	p. 487
~가 ~하는 것을 지켜보다	표194	p. 489
~를 지켜보다	표228	p. 635
S는 O가 ~하는 것을 지켜보다	표193	p. 487
~를 ~로 지키다	표22	p. 47
A를 B로부터 지키다	표16	p. 37
~할 정도의 지혜를 가지다	표32	p. 71
~할 정도의 지혜를 가지다	표32	p. 71
~나 진배 없는		p. 592
B에게 A를 진술하다	표19	p. 39
진작 했어야 하는데 하지 않고 있다	★1	p. 468
진행되다	표3	p. 4
~을 진행하다	표195	p. 491
질투로	표106	p. 153
~을 질투하는	표119	p. 179
집어 넣다	표11	p. 29
찢어져서 그 결과 조각나다	표112	p. 157

ㅊ

착용하다	표151	p. 224
하는 일에 찬성하다	표212	p. 554
참석, 존재하다	표116	p. 174
에 참석하다	표63	p. 111
~에 참석하다	표11	p. 29
찾기 위해 듣다	표107	p. 154
찾아보다	표107	p. 154
	표151	p. 224
~에게 ~을 찾아주다	표20	p. 41
채 ~도 못해서 ~하다		p. 304
A를 B로 채우다	표189	p. 446
책임이 있다	표116	p. 174
~에 책임있는	표121	p. 180
~에 책임지는	표121	p. 180
~처럼	표111	p. 157
공개적으로 청문하다		p. 390
~가 ~하는 것을 쳐다보다	표194	p. 489
S는 O가 ~하는 것을 쳐다보다	표193	p. 488
쳐다보다	표3	p. 4
	표107	p. 155
~를 초과하다	표13	p. 33
S는 O가 ~하도록 초래하다	표193	p. 487
~에 대해 초조한	표125	p. 182
S는 O가 ~하도록 촉구하다	표193	p. 487
최근에	표146	p. 214
최대치까지	표112	p. 158
최선까지	표112	p. 158
추구하다	표107	p. 154
~을 추정하는	표119	p. 179
~라고 추측하다	표164	p. 280
~를 ~로 추측하다	표22	p. 47

~을 ~한 상태로 추측하다	표23	p. 48
그럴 거라고 추측한다	표64	p. 123
아닐 거라고 추측한다	표64	p. 123
출품하다	표11	p. 29
~해서 충격받다	표202	p. 497
~해야 한다고 충고하다	표165	p. 281
S는 O가 ~하도록 충고하다	표193	p. 487
하는 것을 충고하다	표212	p. 554
~하기에 충분하다	표203	p. 500
충분하다	표3	p. 3
~하기에 충분한	표128	p. 184
충분한	표137	p. 190
충분한 수의	표136	p. 189
~할 정도로 충분히 ~하다		p. 583
충족시키다	표13	p. 33
~에 취약한	표120	p. 180
취지나 목적을 위해 하다	표107	p. 154
~에 대한 취향이 있다	표228	p. 635
측정값이 ~이다	표10	p. 21
A에게서 B를 치료로 없애다	표14	p. 36
A에게서 B를 치료하다	표189	p. 447
A에게서 B를 치우다	표14	p. 36
친밀하게	표146	p. 214
~와 친숙한	표123	p. 181
~할 정도의 친절성을 가지다	표32	p. 71
	표32	p. 71
친히	★1	p. 111
B의 이유로 A를 칭찬하다	표17	p. 38

ㅋ

커지다	표3	p. 3
	표3	p. 4
키가 ~이다	표10	p. 21

ㅌ

~을 탐내는	표119	p. 179
A를 B의 탓으로 돌리다	표189	p. 446
B에 대해 A를 탓하다	표17	p. 38
~하는 것을 태만히 하다	표195	p. 491
어떤 사실이 터무니없다	표130	p. 186
터지다	표3	p. 4
A에게 B를 통고하다	표15	p. 37
A에게 B를 통지하다	표15	p. 37
~를 통해서	표108	p. 155
퉁명스럽게	표146	p. 214
특정인	★2	p. 527
특정한 사람들	★2	p. 121
~에게 ~을 틀어주다	표20	p. 40

ㅍ

~를 ~로 파악하다	표22	p. 47
~을 ~한 상태로 파악하다	표23	p. 48

파티를 열다	표228	p. 635		표218	p. 563
~해야 한다고 판결하다	표165	p. 282	~하느라 애를 먹다	표210	p. 543
~라고 판단하다	표164	p. 280	~하는 것	★1	p. 552
~로 판명되다	표8	p. 17		표211	p. 552
~하는 것으로 판명되다	표192	p. 486	~하는 것 때문에	표219	p. 566
팔리다	표3	p. 3	A가 B에게 하는 것을 C는 D에게 한다	표180	p. 355
편하게 있다	표63	p. 111	A가 하는 것	표180	p. 355
포기하다	표151	p. 224	~하는 것이다	표4	p. 11
하는 것을 포기하다	표212	p. 554			p. 522
~를 포함하다	표12	p. 31	~하는 게 어때?	표219	p. 566
하는 것을 포함하다	표212	p. 554	~하는 경우에 대비하여	표171	p. 319
표류하고 있다	표116	p. 174	~하는 경향이 있는	표128	p. 184
~에게 ~을 품다	표20	p. 41	~가 ~하는 곳에서, ~가 ~하다	★1	p. 314
~가 풍부한	표126	p. 183	~하는 데 있어서	표219	p. 566
피부까지, 뼈 속까지 젖다	표112	p. 157	~하는 동안	★2	p. 303
하는 것을 피하다	표212	p. 554	~하는 반면	★2	p. 303
하는 것을 피하다 (부정문, 가정법, 의문문에서)	표214	p. 555	~하는 방식으로	★2	p. 310
~하는 걸 피할 수 없다	표218	p. 563	~하는 법을 배우다	표195	p. 490
어떤 사실이 필수적이다	표130	p. 186	~하는 상태이다		p. 522
어떤 사실이 필요하다	표130	p. 186	~하는 원인이 되다	표219	p. 566
~에 필적하는	표123	p. 181	~하는 일 가까이에 까지 오다	표219	p. 566
			~하는 일로의 길	표219	p. 566
	ㅎ		~하는 일로의 접근	표219	p. 566
			~하는 일에 대한 헌신	표219	p. 566
~하게 ~된	★1	p. 526	~하는 일의 관건	표219	p. 566
~하게 ~된	★2	p. 526	~하는 일의 해결책	표219	p. 566
~하게 ~하는	★2	p. 525	~하는 중이다	표4	p. 11
~하게 ~하는	★3	p. 525			p. 522
~하게 되어 어떠한 감정변화를 겪다	★4	p. 495	~하는 즉시 ~하다	★2	p. 308
~하게 하는	★2	p. 517	~하는 체 하다	표195	p. 491
~하고 난 다음에야 비로소 ~하다	★1	p. 306	~하는 한	★1	p. 309
B 하고 난 후에서야 비로소 A 하다	★5	p. 305		★1	p. 584
~하고 싶다, ~하는 느낌이 들다	표218	p. 563		★1	p. 584
~하고 싶다	표228	p. 635	하는 행위를 하기보다는 더 현명하다		p. 593
~하고 싶어하다	표195	p. 491	~하는게 당연하다	★5	p. 424
~하고 있는		p. 516	~하는데 있어서	표216	p. 559
~하곤 했다	★4	p. 418	그렇게 하는데 있어서	표218	p. 563
	★4	p. 424	~하는데 조심스런	표128	p. 184
	표203	p. 500	~를 하다	표13	p. 33
~하기 얼마 전	★5	p. 303	~하다	★2	p. 11
~하기 위하여	★1	p. 494		표4	p. 11
	★2	p. 494		★2	p. 639
~하기 위해	★3	p. 312	~하다고 주장하다	★1	p. 282
~하기 전 시간은 오래 걸리지 않는다		p. 304	~가 ~하다는 사실	★2	p. 278
~하기 전에	★5	p. 303	~하다는 조건하에	표171	p. 319
~하기로 결정하다	표195	p. 490	~라고 하더라도	표209	p. 543
~하기를 갈망하는	표128	p. 184	누가 ~하더라도	표173	p. 322
~하기를 망설이는	표128	p. 184	누구를 ~하더라도	표173	p. 322
~하기를 주저하다	표195	p. 491	누구의 것을 ~하더라도	표173	p. 322
~하기만 하다	표196	p. 492	누구의 것이~하더라도	표173	p. 322
~하기에 적합한	표128	p. 184	누구의 명사가 ~하더라도	표174	p. 323
~하기에 충분한	표128	p. 184	누구의 명사를 ~하더라도	표174	p. 323
~하기에는 너무 ~하다	표203	p. 500	무엇을 ~하더라도	표173	p. 322
B 하느니 A하는 편이 낫다	★4	p. 423	무엇이 ~하더라도	표173	p. 322
~하느라 바쁘다	표210	p. 543	무엇이 ~하더라도	표173	p. 322

아무리 ~하더라도	표175	p. 324			표196	p. 492
어디서 ~하더라도	표175	p. 324	~할 수 없다		표203	p. 500
어떤 명사가 ~하더라도	표174	p. 323	A가 할 수 있는 것		표180	p. 355
어떤 명사를 ~하더라도	표174	p. 323	~할 수 있다		표203	p. 500
어떻게 ~하더라도	표175	p. 324			★1	p. 415
언제 ~하더라도	표175	p. 324			★2	p. 424
~하도록 시킨다	★1	p. 489	~할 수 있도록		★3	p. 312
~하듯이	★2	p. 310	~할 의도이다		표195	p. 490
~하러 가다	표210	p. 543	~할 작정이다		★1	p. 424
~하려고 애쓰다	표195	p. 491	~할 필요 없다		★1	p. 417
~하려는 전망을 가지고	표219	p. 566	~할 필요가 없었는데 했다		★2	p. 426
~하면 안된다	★1	p. 417	~할 필요가 없었다		★4	p. 421
~하면서	★1	p. 303	~할까봐 두려워서		★1	p. 420
~하면서 ~하다	★2	p. 21	~할수록 ~하다		★1	p. 311
~하면서 시간을 낭비하다	표210	p. 543	~할수록 ~하다			p. 590
~하면서 시간을 보내다	표210	p. 543	~에게 ~을 할애해 주다		표20	p. 41
~하면서 즐겁게 지내다	표210	p. 543	~할지도 모른다		★3	p. 415
~하면서(~한 채)	★1	p. 541	~할지도 모른다		★2	p. 423
~하자마자	표218	p. 563	함께 걸어주다		표12	p. 31
	★2	p. 307	~와 함께 하다		표12	p. 31
	★3	p. 307	~ 와 함께(원인이 되어)		표106	p. 153
		p. 583	함락하다		표3	p. 4
~하자마자, 할 때	표216	p. 559	~함에 따라 ~하다		★1	p. 311
~하지 않고는 ~ 하지 않는다	표218	p. 563	~함에 틀림없다		★2	p. 417
~조차 하지 않고서		p. 583	~함으로써		표216	p. 559
~하지 않고서	표216	p. 559	어떤 사실이 합리적이다		표130	p. 186
~하지 않는 ~는 없다	★1	p. 353	~가 합의되다		표188	p. 440
~하지 않는 선행사는 ~아니다	★2	p. 264	~에게 해가 되다		표20	p. 40
·하지 않는디먼	★3	p. 263	해고아나		표151	p. 224
	표171	p. 319	~해도 소용없다		표218	p. 563
~하지 않도록	★1	p. 313	~해도 좋다		★2	p. 415
~하지 않을 정도로 ~하지는 않는다	★1	p. 264			★1	p. 416
~한	★1	p. 517	~해라, 그러면 주어는 ~할 것이다		★1	p. 261
한 번	★3	p. 309	~해라, 그렇지 않으면 주어는 ~할 것이다		★3	p. 266
~를 한 번 보다	표228	p. 635	A를 B로부터 해방시키다		표189	p. 447
한 술 더 떠서	표204	p. 502			표189	p. 448
~의 한 종류	표160	p. 244	~해야 하다니		★1	p. 421
~한 후	★4	p. 303	~해야 한다		표4	p. 11
한계치를 벗어나서 더 이상 할 수 없는	★4	p. 150			★1	p. 281
한다 하더라도					★2	p. 402
~한지 얼마 후	★4	p. 303			★1	p. 417
~할 가능성이 큰	표128	p. 184			★3	p. 419
~할 가치가 있다	표218	p. 563			★3	p. 424
~할 것이 확실한	표128	p. 184			표203	p. 500
~할 것이다	표4	p. 11			표203	p. 500
~할 능력이 있는	표128	p. 184	~해야 한다고		표165	p. 281
~할 때	★3	p. 302	~해야 한다고 결정하다		표165	p. 281
	★1	p. 303	~해야 한다고 규정하다		표165	p. 282
~할 때 까지는 아닌, ~한 후에서야 비로소	표226	p. 609	~해야 한다고 명령하다		표165	p. 281
~할 때까지	★4	p. 305	~해야 한다고 명령하다		표165	p. 282
B할 때까지는 A하지 않는다	★5	p. 305	~해야 한다고 선언하다		표165	p. 281
할 만큼 어리석지 않다		p. 593	~해야 한다고 요구하다		표165	p. 282
~할 명사		p. 498	~해야 한다고 의결하다		표165	p. 282
~할 무렵	★1	p. 310	~해야 한다고 제안하다		표165	p. 281
~할 수 밖에 없다	★2	p. 263	~해야 한다고 주장하다		★1	p. 282

~해야 한다고 주장하다	표165	p. 282
~해야 한다고 충고하다	표165	p. 281
~해야 한다고 판결하다	표165	p. 282
무슨 '명사'를 ~해야 할지	표198	p. 493
무엇을 ~해야 할지	표197	p. 492
~해야 할지 말아야 할지	표199	p. 493
~했기를 기대했다	표205	p. 503
~했기를 바랐다	표205	p. 503
~했기를 예정했다	표205	p. 503
~했기를 의도했다	표205	p. 503
~했던 것	★1	p. 552
	표211	p. 552
~했어야만 했다	★1	p. 426
~했어야만 했다, 그런데 안해서 유감이다	★5	p. 425
~했을 것이다	★2	p. 400
~했을 리가 없다	★4	p. 425
~했을지도 모른다	★2	p. 425
~했음에 틀림 없다	★3	p. 425
~로 향한	표121	p. 180
~에게 ~을 허락해주다	표20	p. 40
S는 O가 ~하도록 허용하다	표193	p. 487
~에게 ~을 허용해주다	표20	p. 40
~에 헌신하다	표63	p. 111
~에 헌신하다	표63	p. 112
~하는 데 헌신하다	표219	p. 566
헤어지다	표3	p. 3
어떤 사실이 현명하다	표130	p. 186
~에 형편없는	표124	p. 182
~에게 호의를 베풀다	표20	p. 40
혹독하게	표146	p. 214
혼자 이다	표116	p. 174
혼자 힘으로	표62	p. 111
혼자에게만	표62	p. 111
혼잣말하다	표63	p. 111
홀로	표62	p. 111
~해서 화나다	표202	p. 498
에 대해 화나다	표212	p. 554
화나서	표106	p. 153
~에 화난	표124	p. 182
~에게 화난	표123	p. 181
~에 대해 확고한	표125	p. 182
~에게 ~를 확신시키다	표166	p. 283
A에게 B를 확신시키다	표15	p. 37
	표189	p. 447
~를 확신하는	표125	p. 182
~을 확신하는	표119	p. 179
어떤 사실을 확신하는	표129	p. 185
확신하다	표116	p. 174
	표118	p. 177
확실하게	표146	p. 214
~을 확실하게 하다	표164	p. 281
~할 것이 확실하다	표203	p. 500
~할 것이 확실한	표128	p. 184
확실히 하자면	표204	p. 502
~을 확인하다	표164	p. 280
~을 회상하다	표164	p. 280
회전하다	표3	p. 4
효과를 보다	표3	p. 3
~에 효과적인	표122	p. 181
~에 후한	표123	p. 181
~을 후회하다	표164	p. 281
하는 걸 후회하다	표214	p. 555
하는 것을 후회하다	표212	p. 554
휴가중	표107	p. 155
~해서 흐느껴 울다	표200	p. 496
흐르다	표3	p. 4
~해서 흥분하다	표202	p. 497
~가 희망되다	표188	p. 440
어떤 사실을 희망하는	표129	p. 185
~하는 것을 희망하다	표195	p. 491
~하는 것을 희망하다	표195	p. 491
그렇기를 희망한다	표64	p. 123
~에게 ~을 희생케하다	표20	p. 41
힘겨울 때	표67	p. 139
~힘겹게 해내다	표195	p. 490

PART 01
verbs

문장의미 완성별
동사분류

01 문장의미 완성별 동사분류

☆ **동사분류의 개념** : 글이나 말의 의미를 완성하기 위한 영어의 4대 주요소는 주어, 술어, 목적어, 보어입니다. 목적어나 보어를 취하는지의 여부, 혹은 몇 개를 취해서 그 의미를 완성하는지의 여부는 동사에 의해 결정되는데 한국인들은 그 동사들을 형식동사라고 지칭해왔습니다.

도표 001 : 영어에서의 주요소와 부가요소

주요소	주어	행위나 상태의 주체로 사람, 사물, 물질, 개념, 행위, 사실 등이 그 역할을 합니다.
	술어	주어의 상태나 행위를 서술하는 말
	타동사의 목적어	타동사의 대상이 되는 사람, 사물, 물질, 개념, 행위, 사실 입니다.
	주격보어	주어의 정체나 상태를 보충해 주는 말이며 명사, 형용사, 부정사, 동명사, 절이 옵니다.
	목적격보어	목적어의 정체나 상태를 보충해 주며, 명사, 형용사, 부정사, 동명사가 옵니다.
부가요소	형용사 상당어	수식어로서 명사를 수식하는 역할
	부사상당어	동사, 형용사, 부사, 절 전체를 수식하는 역할을 하며, 크게 '부사, 부사구, 부사절'이 있고 그 중 부사구는 주로 '전치사 + 목적어'로 구성되어 '시간, 장소, 방법, 목적, 결과, 수단, 도구, 원인, 정도, 조건, 양보' 등의 의미로 술어부를 보조합니다.

☆ 그러나, 형식동사라는 구분은 원어민 문법서에 존재하지 않는 개념입니다. [도표 002]의 예시처럼 하나의 동사가 하나의 형식에서만 사용되는 경우는 거의 없고, 동사 뒤에서 어떤 주요소를 더 붙이느냐에 따라 다양한 해석법이 존재합니다. 따라서 이것을 일일이 형식별로 분류하는 것은 의미가 없습니다. 하지만, 한국인이 영어를 외국어로 배울 때 이 분류법은 효과가 있습니다. 따라서, 기본적 형식개념과 분류법은 알아야 합니다. 이 단원은, 가장 기본적으로 사용되는 동사들의 형식적 구분을 통해 이런 동사들의 용법에 익숙해지는 것을 목표로 삼고 있습니다.

도표 002 : 다양한 해석법으로 사용되는 help의 용례

① Your advice helps.　　　　　　　　　　너의 충고는 도움이 된다.
② I help him (to) do the cleaning.　　　　나는 그가 청소하는 것을 돕는다.
③ He helps (to) raise money.　　　　　　그는 돈을 모으는 데 도움을 준다.
④ He helps me with my homework.　　　그는 나의 숙제를 돕는다.
⑤ I can't help looking at her.　　　　　　나는 그녀를 쳐다보는 것을 피할 수 없다.
⑥ She helps me.　　　　　　　　　　　그녀는 나를 돕는다.

1. 일형식 동사(verbs intransitive)

☆ 동사만 가지고 기초적 의미를 완성할 수 있습니다. 그 뒤에서 '시간, 장소, 방법, 원인, 수단, 결과' 등을 의미하는 부사구(전치사 + 목적어)를 받을 수 있습니다.

① I **go** to school.
② A book **is** on the table.
③ He **died** of cancer.
④ She **drives** with both her hands on the wheel.

☆ 위의 동사들은 완전자동사이므로 뒤에 목적어를 받지 않고 자체로 의미를 완성할 수 있습니다. 물론, 보기의 문장들에서는 장소, 원인, 수단 등의 부사구를 추가하여 의미의 완성도를 높였습니다.

도표 003 : 1형식으로 사용될 수 있는 주요 동사

주요 동사	주요 의미
① work	작동하다, 효과를 보다, 일하다
② do	좋다, 쓸 만하다, 충분하다
③ count	중요하다
④ depart	떠나다(주로 depart from : ~에서 떠나다)
⑤ return	돌아가다, 돌아오다(주로 return to : ~로 돌아가다, ~로 돌아오다)
⑥ matter	문제가 되다, 중요하다(주로 matter to : ~에게 문제가 되다)
⑦ fit	꼭 들어맞다
⑧ weigh	무게가 나가다
⑨ stand	서다, 서서 존재하다, 유효하다
⑩ pay	득이 되다
⑪ sell	팔리다(주어를 팔리는 물건으로 하여)
⑫ read	읽히다(주어를 내용으로 하여)
⑬ write	써지다(주어를 필기도구로 하여)
⑭ peel	벗겨지다(주어를 껍질이 있는 물건으로 하여)
⑮ part	헤어지다, 갈라지다(주로 part from : -와 헤어지다)
⑯ help	도움이 되다
⑰ last	지속되다
⑱ appear, show up	나타나다
⑲ turn up	나타나다
⑳ vary, change	바뀌다, 변화되다
㉑ remain, stay	남다, 머물다
㉒ develop	커지다, 도지다, 생겨나다
㉓ hurry	서둘러 가다, 오다(주로 hurry to, for, up : ~로, ~을 위해 서둘러 가다)

㉔ rush	쇄도하다(주로 rush in, into, to : ~로 돌진하다, 몰려들다)
㉕ hurt, ache	아프다
㉖ break out, occur	발발하다, 터지다(주로 동사+ to : ~에게 발생하다, 일어나다)
㉗ arise, happen	발발하다, 터지다(주로 동사+ to : ~에게 발생하다, 일어나다)
㉘ flow	흐르다(주로 flow to, into : ~로 흘러들다)
㉙ blow	불다(주어를 '바람'으로 하여)
㉚ awake, wake	(잠에서) 깨다
㉛ differ	다르다(주로 differ from : ~와 다르다)
㉜ disappear	사라지다
㉝ emerge	나타나다
㉞ gather	모이다
㉟ graduate	졸업하다(주로 graduate from : ~에서 졸업하다)
㊱ grow	성장하다, 커지다(주로 grow up, into : 다 자라다, ~로 자라다)
㊲ lie	놓여있다, 눕다, 거짓말하다
㊳ lie in, at, on / to	~에 놓여 있다 /거짓말하다
㊴ resign, retire	사직하다(주로 resign from : ~에서 은퇴하다)
㊵ be	존재하다, 있다
㊶ turn, spin	돌다, 회전하다
㊷ rise	솟아오르다, 불어나다, 일어나다
㊸ fall, set	떨어지다, 넘어지다, 줄다, 함락하다, 닥쳐오다
㊹ come	오다
㊺ go	가다, 진행되다
㊻ run	달리다, 흐르다, 진행되다
㊼ live	살다
㊽ die	죽다
㊾ stare, gaze, look	쳐다보다(주로 뒤에서 at 과 함께 : ~를 쳐다보다)
㊿ laugh, smile, grin	웃다(주로 뒤에서 at 과 함께 : ~보고 웃다)
(51) giggle, chuckle	웃다(주로 뒤에서 at 과 함께 : ~보고 웃다)
(52) weep, cry, sob	울다
(53) stride, walk, tread	걷다, 밟다, 배회하다
(54) stroll, roam	걷다, 밟다, 배회하다
(55) arrive	도착하다(주로 arrive in, at : ~에 당도하다)
(56) succeed	성공하다, 계승하다(주로 succeed in / to : 성공하다 / 계승하다)
(57) wait	기다리다(주로 wait for / on : ~를 기다리다 / ~을 시중들다)
(58) operate	수술하다(주로 + on), 가동되다, 영업하다, 작업하다, 작전을 벌이다
(59) fail	실패하다, 고장 나다, 약해지다(주로 fail in, at : ~에서 실패하다)

0001. 그는 열심히 일한다.
He works hard.

0002. 그 승강기는 제대로 작동하지 않고 있다.
The elevator isn't working properly.

0003. 이 약이 고혈압에 확실히 효과가 있을 것이다.
This medicine will surely work for hypertension.

0004. 나에게 그의 국적은 문제가 되지 않는다.
His nationality doesn't matter to me.

0005. 나는 필기도구가 필요한데 어떤 펜이라도 된다.
I need something to write with and any pen will do.

0006. 면접에서는 시간 엄수가 중요하다.
Punctuality counts in a job interview.

0007. 그는 곧 떠날 것이다.
He will soon depart.

0008. 그는 집으로 방금 귀환했다.
He has just returned home.

0009. 나의 학교는 작은 언덕위에 서 있다.
My school stands on a little hill.

0010. 이 상의는 꼭 맞는다.
This coat fits perfectly.

0011. 공기도 무게가 나간다.
Air weighs.

0012. 우리의 사랑은 죽어서도 지속될 것이다.
Our love will last even in the afterlife.

0013. 정직함이 결국 득이 된다.
Honesty pays in the end.

0014. 이 책은 꾸준히 팔린다.
This book steadily sells.

0015. 이 신문이 이 지역에서 주로 읽힌다.
This newspaper reads mostly in this community.

0016. 이 연필은 잘 안 써진다. 나는 더 부드러운 것이 필요하다.
This pencil hardly writes so I need a softer one.

0017. 이 orange는 껍질이 잘 안 벗겨진다.
This orange hardly peels.

0018. 그는 그녀와 곧 헤어질 것이다.
He will soon part from her.

0019. 그의 충고가 도움이 될 것이다.
His advice will help.

0020. 그들 모두가 가더라도 나는 뒤에 남을 것이다.
I will remain behind even after they are all gone.

0021. 그녀가 나에게 거짓말을 했다는 사실이 남아 있다.
The fact remains that she lied to me.

0022. 대통령의 정직성에 대한 의문은 남아 있다.
Questions remain about the president's honesty.

0023. 어젯밤에 왜 나오지 않았는가?
Why didn't you show up last night?

0024. 이 지역에서는 날씨가 시시각각으로 바뀐다.
The weather varies hourly in this region

0025. 너는 침대에 계속 머물러야 한다.
You have to stay in bed.

0026. 그 강은 지중해로 흘러든다.
The river flows into the Mediterranean Sea.

0027. 식물은 씨앗들에서 생겨난다.
Plants develop from seeds.

0028. 암의 증상들이 나타났다.
Symptoms of cancer developed.

0029. 당신이 빗속에서 계속 일하면 감기가 생길 것이다.
A cold will develop if you keep working in the rain.

0030. 나는 서둘러 역으로 갔다.
I hurried to the station.

0031. 그는 나에게 돌진했다.
He rushed toward me.

0032. 현자들이 발을 들여놓기 두려워하는 곳에 어리석은 자들이 뛰어든다.
Fools rush in where angels fear to tread.

0033. 허리가 가끔씩 아프다.
My back often aches.

0034. 그곳이 아픈가요?
Does it hurt?

0035. 경관이 없을 때 침입 사건들이 일어난다.
Security events occur when there is no police officer.

0036. 나는 교외 지역에서 성장했다.
I grew up in the suburbs.

0037. 바람이 세차게 불고 있다.
The wind is blowing hard.

0038. 그는 교회당의 종소리에 맞추어 잠이 깬다.
He awakes to the sound of the church bell.

0039. 그의 의견은 내 것과 다르다.
His opinion differs from mine.

0040. 안개가 사라지고 커다란 성이 자신을 드러냈다.
The fog disappeared and a great castle presented itself.

0041. 조심히 살펴보세요. 속도를 내는 자동차들이 나타납니다.
Watch out! Speeding cars emerge.

0042. 우리는 축제를 위해 모였습니다.
We have gathered for the feast.

0043. 그는 한국 외국어대에서 졸업했다.
He graduated from Hankook University of Foreign Studies.

0044. 지구는 매일 시속 1,660km로 돈다.
The earth turns every day at the speed of 1,660km per hour.

0045. 알프스 산은 주로 스위스 연방국에 놓여 있다.
The Alps lies mostly in Switzerland.

0046. 나는 55세까지는 나의 직책에서 은퇴하지 않을 것이다.
I will not resign from my position until the age of 55.

0047. 또 다른 기회가 있을 것이다.
There will be another chance.

0048. 그는 나쁜 기분 속에 있다.
He is in a bad mood.

0049. 그 도시는 바다 아래에 있다.
The city is under the sea.

0050. 내 목숨은 너의 손안에 있다.
My life is in your hands.

0051. 연기가 굴뚝에서 오르고 있었다.
Smoke was rising from the chimney.

0052. 몇 장의 종이가 바닥에 떨어졌다.
Several pieces of paper fell onto the floor.

0053. 나는 쓰러지며 무릎이 까졌다.
I fell over and cut my knee.

0054. 그 구릉은 냇물 쪽으로 급격히 경사진다.
The hill falls away sharply towards the stream.

0055. 그의 목소리는 속삭임으로 낮아졌다.
His voice fell to a whisper.

0056. 트로이는 마침내 그리스군 수중에 함락되었다.
Troy finally fell to the Greeks.

0057. 밤이 왔고 우리는 은신처를 찾아야 했다.
Night fell and we had to find a shelter.

0058. 올해 내 생일은 토요일이다.
My birthday falls on a Saturday this year.

0059. 우리는 앉아서 달이 지는 것을 보았다.
We sat and watched the moon set.

0060. 나의 몫을 찾으러 왔다.
I have come for my share.

0061. 그는 잠시 후 의식이 들었다.
He came to life after a while.

0062. 그 옷은 검은색과 흰색으로 생산된다.
The dress comes in black and white.

0063. 우리 드라이브 갈까?
Shall we go for a ride?

0064. 당신은 피아노가 어디로 가길 원하나요? (피아노는 어디에 놓을까요?)
Where do you want your piano to go?

0065. 어떻게 되어 갑니까?
How is it going?

0066. 이 낡은 소파도 처분해야 한다.
This old sofa has to go, too.

0067. 그는 정신이 오락가락한다.
His mind is going.

0068. 소문에 의하면 그는 바람둥이이다.
As the story goes, he is a player.

0069. 그는 출마를 할 것인가?
Will he run for office?

0070. 내 차는 디이젤 연료로 간다.
My car runs on diesel.

0071. 그 흉터는 그의 오른쪽 뺨으로 나 있다.
The scar runs across his right cheek.

0072. 그 영화는 두 시간 이상 상영된다.
The movie runs for more than 2 hours.

0073. 그 이야기는 이와 같다.
The story runs like this.

0074. 그 연기는 나의 콧물이 흐르게 한다.
The smoke makes my nose run.

0075. 이 순간은 우리의 기억에 살아 있을 것이다.
This moment will live in our memory.

0076. 그 오래된 풍습은 결코 사라지지 않는다.
The old customs never die.

0077. 엔진이 털털대다가 멎어 버렸다.
The engine spluttered and died.

0078. 나는 써먹을 것을 찾아 사방을 둘러보았다.
I looked everywhere for something to use.

0079. 지금 쳐다보지 마. 누군가가 너를 주시하고 있다.
Do not look now, there is someone staring at you.

0080. 그는 입이 귀에 걸렸다.
He was grinning from ear to ear.

0081. 그녀는 주체할 수 없이 흐느끼기 시작했다.
She started to sob uncontrollably.

0082. 그 웅덩이에 발을 딛지 않도록 조심해라.
Be careful not to tread in that puddle.

0083. 신상품이 올 해 초 매장에 당도할 것이다.
The new product will arrive on market shelves early this year.

0084. 그들은 새로운 지점에서 업무를 시작할 계획이다.
They plan to operate from a new branch.

0085. 그 의사는 암환자에게 수술을 했다.
The doctor operated on a cancer patient.

0086. 나는 너를 기다릴 것이다.
I will wait for you.

0087. 나는 너의 시중을 들 것이다.
I will wait on you.

0088. 새로운 직장을 구하는 일에 성공했는가?
Did you succeed in getting a new job?

0089. 그녀는 1558년 왕위를 승계했다. ('뒤를 잇다' 라는 타동사와 혼동하지 말 것)
She succeeded to the throne in 1558.

0090. 누가 대통령으로서 포드의 뒤를 이었나요?
Who succeeded Gerald Ford as President?

0091. 그녀는 명성을 얻기 위한 노력에서 실패했다.
She failed in her effort to gain fame.

2. 이형식 동사(link verbs)

☆ 동사 뒤에서 주어의 정체나, 상태를 보충하는 말이 와서 의미를 완성시킬 때 이 동사들을 불완전자동사라고 부릅니다. 영어에서는 link verbs 로 부릅니다. 보어 자리에는 주로 명사와 형용사가 오지만, 'be 동사'의 경우 뒤에 'to V.R, 동명사, 명사절'도 보어로 올 수 있습니다.

1) be(is, am, are, was, were, have been, has been, had been)

☆ 모든 2형식 동사의 으뜸으로, 나머지 동사들은 'be 동사'의 의미를 세분화한 것 입니다. 'be 동사'는 모든 보어를 다 받을 수 있습니다. 'be 동사'가 형용사나 분사를 받을 때에는 한국어로 '-하다' 라고 해석되지만 동작을 의미하는 것이 아니라 상태나 성질을 의미합니다. 따라서, 한국어에서 상태나 성질을 묘사하는 '정직하다, 성실하다, 잔인하다, 현명하다, 기쁘다, 슬프다, 반갑다, 크다, 작다, 둥글다, 빨갛다, 피곤하다, 생생하다…' 등은 한 단어의 동사로 만들지 않고 처음부터 'be + 해당 의미의 형용사(또는 분사)'로 만들어진다고 보면 됩니다.

도표 004 : 이형식동사 be 뒤에 올 수 있는 보어

보어의 종류	의미
① be + 명사, 대명사	'~이다' (존재, 신분, 정체를 밝힘)
② be + 형용사	'~하다' (상태 묘사)
③ be + (to) V.R	'~하는 것이다'
④ be + to V.R (조동사적 be to)	'~할 것이다, ~해야 한다 등'
⑤ be + ing (동명사)	'~하는 것이다'
⑥ be + ing (현재분사 진행시제)	'~하는 중이다'
⑦ be + ing (현재분사)	'~하다 (형용사적)' (상태 묘사)
⑧ be + p.p (과거분사)	'~되다, 받다, 당하다 (수동적)' (상태 묘사)
⑨ be + p.p (과거분사)	'~된 상태이다 (형용사적)'
⑩ be + that 절	'~라는 사실이다'
⑪ be + if, whether 절	'~인지 아닌지 이다'
⑫ be + who, what, whom, whose, which	* wh~ 의 내용으로 '~이다'
⑬ be + where, when, why, how	* wh~ 의 내용으로 '~이다'

0092. 이것은 랩탑 컴퓨터이고 매우 작고 가볍다.

　　This is a laptop computer, which is very small and light.

0093. 내 종교는 이것이다.

　　My religion is this.

0094. 나는 컴퓨터 프로그래머가 되고 싶다.

　　I want to be a computer programmer.

0095. 내 직업은 택시를 운전하는 것인데 지금 나는 트럭을 몰고 있는 중이다.
My job is driving a taxi but I am now driving a truck.

0096. 내 결론은 그들이 아직 살아있다는 것이다.
My conclusion is that they are still alive. (다른 명사절은 명사절 챕터에서)

0097. 나는 피곤하다.
I am tired.

0098. 그 경기는 흥미진진하다.
The game is exciting.

0099. 내 꿈은 그 심해에서 타이타닉호를 꺼내는 것이다.
My dream is to get the Titanic out of the abyss.

0100. 나의 소망은 경치가 아름다운 곳에서 사는 것이며 나는 그 섬으로 이주할 것이다.
My wish is to live in scenic beauty and I am to move into the island.

0101. 그녀는 사치스러우며 이것이 그녀가 사는 곳이며 사는 방식이다.
She is extravagant and this is where and how she lives.

2) become 류

☆ 추이나 변화를 거쳐 어떤 결과에 이르는 경우 사용하는 동사입니다. 보어로는 '명사, 대명사, 형용사, 분사'를 받습니다. 분사에는 동사에 -ing 를 붙인 '현재분사'와 -ed를 붙인 '과거분사' 두 가지가 있는데, 동사에서 파생된 형용사로 이해하면 됩니다. 앞으로 형용사가 들어가는 모든 자리에는 분사도 들어간다고 이해하면 됩니다. 추이의 결과를 의미하는 대표적인 동사는 become 인데, 다른 몇 개의 동사들도 become 과 같은 역할하거나 유사한 의미를 전달할 수 있습니다. 다만, 이 동사들은 뒤에 주로 받는 보어가 다를 수 있으므로, 각각 어떤 보어를 받는지 기억해야 합니다. 주된 의미는 '어떤 존재나 상태가 되다' 입니다. 각 동사별로 어울리는 보어 형용사들이 있으니 함께 기억하세요.

도표 005 : become 류 동사와 보어

동사	보어	의미
① become	명사, 형용사	되다
② go	bad, mad, crazy, sour, wrong, blind, bald, bankrupt, wild..	되다
③ get	rich, angry, upset, dark, hungry, fat, ready, pregnant, tired..	되다
④ grow	old, impatient, big, high, wise, heavy..	되다
⑤ turn	나이, pale, loose, mild, red(색깔), sour, cold(날씨)..	되다

⑥ run	cold, low, dry, short, late, scared	되다
⑦ fall	dead, asleep, silent, ill, sick, prey, victim..	되다
⑧ come	true, natural, loose, untied, undone, undressed, unbuttoned	되다
⑨ make	명사, 형용사	되다

0102. 그의 꿈은 진짜인 상태가 될 것이다. 즉, 실현될 것이다.
His dream will come true.

0103. 그와 같은 종류의 일은 나에게는 자연스럽다.
That kind of thing comes natural to me.

0104. 그 줄은 풀린 상태가 되었다.
The string came undone.

0105. 그는 그의 나라에서 위대한 인물들 중 한 사람이 되었다.
He has become one of the great figures in his country.

0106. 나는 좋은 아내가 되기를 원한다.
I want to become a nice wife.

0107. 그는 가난한 상태가 되었다.
He became poor.

0108. 그 진실은 우리 모두에게 알려지게 되었다.
The truth became known to us all.

0109. 그녀는 4세에 앞을 못 보는 상태가 되었다.
She went blind at the age of four.

0110. 이 우유는 몇 시간 이내에 상한 상태가 될 것이다.
This milk will go bad within a few hours.

0111. 그 남자는 나이를 먹어갈수록 더 비만해(뚱뚱해) 졌다.
The man got fatter as he became older.

0112. 제발 나에게 너무 심한 상태가 되지 말아 달라. - 까칠하게 굴지 말아 달라.
Please don't get so hard on me.

0113. 7월 이후에 낮이 점점 짧아지는 상태가 되고 있다.
The days are getting shorter after July.

0114. 그가 부자인 상태가 되었을 때 그는 일하는 것을 그만두고 트로이를 찾기로 결심했다.
When he grew rich, he decided to stop working and look for Troy.

English Grammar Dictionary   013

0115. 그녀는 이혼 후에 더욱 강한 상태가 될 것이다.
She will grow stronger after the divorce.

0116. 산에서는 빨리 어두워질 것이다.
It will soon grow dark in the mountains.

0117. 시월에는 나뭇잎들이 빨간색 노란색 주황색이 된다.
Leaves turn red, gold and orange in October.

0118. 그 족쇄는 느슨한 상태가 될 것이다.
The shackles will turn loose.

0119. 당신이 40세가 될 무렵, 당신은 가정을 꾸렸을 것이다.
By the time you turn 40, you will have built a home.

0120. 날씨가 추워졌다.
The weather has turned cold.

0121. 그는 프로로 전향하기로 결심했다.
He decided to turn professional.

0122. 우리가 도와주기를 거절하자 그는 고약하게 돌변했다.
He turned nasty when we refused to give him a helping hand.

0123. 이 우물은 마른 상태가 되지는 않을 것이다.
This well will not run dry.

0124. 음식이 부족한 상태가 되기 시작했다.
The food began to run short.

0125. 내가 그녀의 얼굴을 보았을 때 내 피가 오싹한 상태가 되었다.
My blood ran cold when I saw her face.

0126. 그가 쓰러져 죽었을 때 세상은 그의 죽음에 슬퍼 울었다.
When he fell dead, the world cried over his death.

0127. 그는 쉽게 잠든다.
He easily falls asleep.

0128. 그는 그 환자를 돌보며 일주일을 보낸 후 병이 들었다.
He fell sick after he had spent a week tending the patient.

0129. 그 사람 또한 너의 이기주의의 희생자가 될 것이다.
He will also fall victim to your egoism.

0130. 그는 마침내 그 팀이 되었고 모든 이들에게 환영받았다.
He finally made the team and was welcomed by everybody.

0131. 그는 좋은 남편이 될 것을 약속했다.
He promised to make a nice husband.

3) 상태나 존재의 유지를 의미하는 동사

☆ 처음의 상태가 바뀌지 않고 유지된다는 것을 의미하는 동사입니다.

도표 006 : 유지를 의미하는 동사와 보어

동사	보어	의미
① remain	the same, silent, unchanged, seated, standing, to be p.p	유지하다
② keep	cool, healthy, warm, safe, dry, seated, calm	유지하다
③ hold	good, true	유지하다
④ stay	married, awake, open, closed, intact, asleep	유지하다

0132. 나는 너의 진실한 친구들 중 하나로 남을 것이다.
I will remain one of your true friends.

0133. 그 마을은 예전의 그것이 그랬었던 것과 같은 존재로 남았다.
The village remained the same as it had been.

0134. 그 강은 이 폭우 후의 며칠 동안은 위험한 상태로 남을 것이다.
The river will remain dangerous for a few days after this heavy rainfall.

0135. 아직 할 일이 많다.
Much remains to be done.

0136. 더 이상 바랄 나위 없다.
Nothing remains to be desired.

0137. 그는 침착한 상태를 유지해야 한다.
He has to keep calm.

0138. 당신은 따뜻한 상태를 유지하지 않으면 감기에 걸릴 것이다.
You will catch a cold if you don't keep warm.

0139. 동일한 주장이 모든 경우에 다 유효한 것은 아니다.
The same argument does not hold good in every case.

0140. 당신을 다시 볼 때까지 부디 건강하고 멋진 상태를 유지해 주세요.
Please stay healthy and cool until I see you again.

0141. 그는 그 고대의 그림들과 서체들에 관심을 가진 상태를 유지했다.
He has stayed interested in those ancient paintings and calligraphy.

0142. 우리는 영원히 친구로 지내기로 약속했다.
We promised to stay friends forever.

4) 완곡한 판단을 의미하는 동사

☆ 주장의 수위를 낮추기 위해 사용됩니다. 불확실성이 기반 됩니다. look 동사도 비슷한 역할을 하지만, 주로 눈에 보이는 것에 의해 판단할 때 사용하므로 오감동사의 영역에서 다루게 됩니다.

도표 007 : 판단동사와 보어

동사	보어	의미
① seem	형용사, to V.R, like 명사, as if 절, as though 절, that 절	-로 보이다
② appear	형용사, to V.R, like 명사, as if 절, as though 절, that 절	-로 보이다

0143. 그 다리는 매우 낡은 상태로 보인다.
The bridge seems (to be) pretty old.

0144. 그들은 음주와 흡연을 할 정도로 충분히 나이 먹어 보이지 않는다.
They don't seem old enough to smoke or drink.

0145. 그것은 동심(아이)의 꿈처럼 보였다.
It seemed like a child's dream.

0146. 이 장소는 우리가 전에 방문했던 곳처럼 보이지 않는다.
This place doesn't seem like the one we visited before.

0147. 그는 그녀에 대해 아는 것처럼 보인다.
He seems to know about her.

0148. 그들은 장례식에 갔었던 것처럼 보이지는 않는다.
They don't seem to have been to the funeral.

0149. 당신이 거짓말을 하고 있었다고 생각된다.
It seems that you were lying.

0150. 그녀가 곧 회복될 것처럼 보였다.
It seemed as if she would soon recover.

0151. 그 사과는 충분히 익은 상태로 보인다.
The apple appears ripe enough.

0152. 북쪽 하늘의 별들이 북극성 주위를 도는 것처럼 보인다.
The stars in the northern sky appear to move around the North Star.

0153. 그들은 신혼이었지만 그는 그녀와 사랑에 빠져 있는 것처럼 보이지 않았다.
He didn't appear to be in love with her though they were newly married.

0154. 그는 착한 사람으로 보인다.
He seems (to be) a nice person.

0155. 그것은 그래 보여.
It seems so = So it seems.

0156. 그에게 남아 달라고 요청하는 것이 합당해 보인다.
It seems reasonable to ask him to stay behind.

0157. 그는 지극히 정상적인 사람으로 보인다.
He appears (to be) a perfectly normal person.

0158. 금리가 더 이상 떨어질 가능성이 없어 보인다.
It appears unlikely that interest rates will fall further.

☆ it seems that 절과 it appears that 절은 구조적으로는 '가주어·진주어 구조'에 의한 1형식이지만, 실제 진주어인 that 절을 가주어 자리인 문두에 쓰지 않습니다. 따라서 it 을 상황주어로 보고 that 절을 보어로 볼 수도 있습니다.

☆ 보어자리에 so 가 사용되면 이를 문두에 쓸 수 있습니다.

☆ to be 구조는 생략될 수 있습니다.

5) 판단의 결과를 강조하는 동사

☆ 중간 과정을 거쳐서 최종판단의 결과를 알리는 동사입니다.

도표 008 : 판명의 결과에 사용되는 보어

동사	보어	의미
① prove	to V.R, 형용사, that 절	-로 판명되다
② turn out	to V.R, 형용사, that 절	-로 판명되다

0159. 그들, 혹은 그것들은 위험한 것으로 판명되지 않았다.
They have not turned out dangerous.

0160. 그들의 결혼은 그 두 국가에 커다란 영향을 끼쳤던 것으로 판명되었다.
Their marriage turned out to have a great effect on both countries.

0161. 그는 너를 속일 마지막 인물 즉, 너를 속이지 않을 사람으로 판명될 것이다.
He will turn out to be the last one to deceive you.

0162. 그 소문은 거짓인 것으로 입증될 것이다.
The rumor will prove false.

0163. 그는 그것에 관해 아무것도 알지 못하는 것으로 입증되었다.
He proved to know nothing about it.

0164. 그 손상은 매우 심각한 것으로 입증되었다.
The damage proved to be very serious.

0165. 그 여자가 그의 아내였던 것으로 판명되었다.
It turned out that she was his wife.

0166. 그 산업에 대한 주식은 형편없는 투자인 것으로 판명되었다.
Shares in the industry proved a poor investment.

☆ to be 구조를 받는 경우 to be 가 생략되고 뒤의 명사를 바로 쓸 수 있는데, 이 때 '입증하다' 라는 3형식과 혼동할 수 있습니다. 혼동을 피하기 위해, prove 대신에 모든 2형식 동사의 근본이라 할 수 있는 'be 동사'를 넣어 의미가 통하는지 점검하기 바랍니다.

0167. 그는 자신의 정직함을 입증했다. (3형식 He is his honesty가 성립되지 않음)
He proved his honesty.

0168. 그는 죄 없는 사람으로 판명되었다. (2형식 = He is an innocent person 이 성립됨)
He proved an innocent person.

6) 오감동사

★ 인간의 다섯 가지 감각에 의해 판단되어지는 상태를 묘사하는 동사입니다.

도표 009 : 오감동사와 보어

	동사	보어	의미
①	look	형용사, like + 명사, as if 절, to V.R	~한 상태로 보이다
②	sound	형용사, like + 명사, as if 절	~한 상태로 들리다
③	smell	형용사, like + 명사, of + 명사	~한 상태로 냄새나다
④	taste	형용사, like + 명사, of + 명사	~한 상태로 맛이 나다
⑤	feel	형용사, like + 명사, as if 절	~한 상태로 느껴지다

0169. 그는 매우 피곤한 상태로 보인다.
He looks very tired.

0170. 제발 슬퍼 보이지 말아 달라.
Please don't look sad.

0171. 그는 오늘 좋아 보인다.
He is looking good today.

0172. 그는 때로는 여자처럼 보이다.
He sometimes looks like a woman.

0173. 오늘은 비올 것으로 보인다.
It looks like rain today.

0174. 그는 대략 7피트의 키로 보였다.
He looked to be about 7 feet tall.

0175. 그들은 마치 말다툼을 하고 있는 것처럼 보였다.
They looked as if they were arguing.

0176. 그는 어젯밤 이상한 상태로 들렸다. 무엇인가 일어났음에 틀림없다.
He sounded strange last night. Something must have happened.

0177. 그는 외국인처럼 들렸다.
He sounded like a foreigner.

0178. 내가 당신을 비판하는 것처럼 들리지 않기를 바랍니다.
I hope that I don't sound as if I'm criticizing you.

0179. 그는 고약한 냄새가 난다.
He smells bad.

0180. 그는 여자 같은 냄새가 난다. 나는 그의 취향을 알 것 같다.
He smells like a woman. I think I know his taste.

0181. 이 방은 담배연기의 냄새가 난다.
This room smells of cigarette smoke.

0182. 그의 입에서 마늘냄새가 났다.
His breath smelt of garlic.

0183. 이 찌개는 너무 맵고 짠 맛이 난다.
This broth tastes too salty and spicy.

0184. 그것은 고기 같은 맛이 났다. 나는 그것이 어떻게 만들어졌는지 알지 못했다.
It tasted like meat. I had no idea how it was made.

0185. 그 얼음은 박하 맛이 났다.
The ice tasted of mint.

0186. 그 헝겊은 매우 부드럽게 느껴진다. (촉감)
The cloth feels so soft.

0187. 그것은 일종의 가죽처럼 느껴졌다. (촉감)
It felt like a kind of leather.

0188. 나는 그의 귀환에 대해 행복한 느낌이 들었다. (감정)
I felt happy about his return.

0189. 내 입술이 바싹 마른 느낌이 들었다. (촉감)
My mouth felt completely dry.

0190. 그의 머리가 터질 것 같은 느낌이 들었다. (감정)
His head felt as if it would burst.

0191. 그는 마라톤을 뛰고 난 것 같았다. (감정)
It felt as though he had run a marathon.

0192. 비가 올 것 같은 느낌이 든다. (감정)
It feels like it is going to rain.

0193. 물이 따듯한 느낌이 든다. (촉감)
The water feels warm.

0194. 그를 다시 본다는 것은 이상한 느낌이었다. (감정)
It felt strange to see him again.

7) 측량동사

☆ 측정의 결과를 나타내는 동사이며 뒤에 오는 보어로 주로 '수량'이 옵니다.

도표 010 : 측량동사와 보어

동사	보어	의미
① weigh	무게	~의 무게이다
② measure	측정치	측정값이 ~이다
③ stand	측정치	키가 ~이다
④ read	문자, 의미	~로 읽히다

0195. 그 집은 한 동안 비어있는 상태이다.
The house stood empty for a while.

0196. 패자는 초라한 상태이다.
The loser is standing small.

0197. 그 탑은 50 미터 높이로 서있다.
The tower stands 50 meters high.

0198. 그는 150 파운드의 무게가 나간다.
He weighs 150 pounds.

0199. 그 연못은 폭이 약 3미터이다.
The pond measures about 3 meters across.

0200. 그 푯말은 '무단침입 금지' 라고 읽혀졌다.
The sign read 'No trespass'.

8) 추가보어(유사보어, 의사보어, 준보어)에 의한 2형식

☆ 원래 이 구조는 '2형식 절'과 '1형식 절'이 합쳐지면서 '2형식 절' 속에 있던 보어가 '1형식 동사'의 뒤에 붙어서 단문화된 것으로, when $S_2 + P_2$, $S_1 + P_1 + C_1$ 구조에서 앞의 when이 없어지고 뒤의 S_1과 V_1이 사라지면서 C_1이 V_2 뒤에 붙어서 축약된 형태입니다. 한국어의 '그가 죽었을 때 그는 병사였다' 가 '그는 병사로서 죽었다'로 축약되는 원리와 동일합니다.

① $S_2 + P_2 +$ 명사 : ~로서 ~하다.
② $S_2 + P_2 +$ 형용사 : ~인 채로 ~하다.
③ $S_2 + P_2 +$ ing : ~하면서 ~하다.
④ $S_2 + P_2 +$ p.p : ~된 채 ~하다.

0201. 그는 탈진된 채 잠자리에 들었다.
He went to bed exhausted. = When he went to bed, he was exhausted.

0202. 그는 군인으로 죽었다.
He died a soldier. = When he died, he was a soldier.

0203. 그는 죽은 채 돌아왔다.
He came back dead. = When he came back, he was dead.

0204. 그는 울면서 왔다.
He came crying. = When he came, he was crying.

0205. 그녀는 젊어서 결혼했다.
She got married young. = When she got married, she was young.

0206. 그는 억만장자로 돌아왔다.
He returned a billionaire. = When he returned, he was a billionaire.

0207. 우리는 벌거벗고 태어나 빈손으로 돌아간다.
We come naked and go back empty-handed.

0208. 그들은 한 선수 부족한 채로 경기를 계속해야 한다.
They have to keep playing one player short.

3. 삼형식 동사(verbs transitive)

☆ 3형식 동사는 목적어를 전치사 없이 바로 받을 수 있는 동사로서, 그 목적어 자리에는 '명사, 대명사, 동명사, to 부정사, 명사절' 이렇게 5가지가 올 수 있습니다. 그런데, 각 동사들의 성격에 따라 다섯 가지의 목적어를 받을 수 있는 범위는 다릅니다.

☆ 예를 들어, know 라는 동사는 목적어로 '명사, 대명사, 명사절'을 가질 수 있지만, '부정사'와 '동명사'는 거의 사용하지 않습니다. 즉, 'I know her. I know the real truth of the matter. I know that he was once a dancer. I know if he loves you. I know what happened to them. I know when he will be back.' 등은 모두 가능한 문장이지만, 'I know to do it. I know playing the guitar' 등은 문법적으로 어색한 비문입니다.

☆ 반면에, enjoy 라는 동사는 '명사, 대명사, 동명사'를 목적어로 가질 수 있지만, '부정사'와 'that 절'을 취하지 않습니다. 즉, 'I enjoyed the party. I enjoyed it. I enjoy swimming in the warm water.' 등은 모두 가능한 문장이지만, 'I enjoyed to see her. I enjoyed that I lived with him.' 등은 문법적으로 비문에 속합니다. 3형식 동사 학습의 어려운 점은, 바로 이렇게 '목적어로 무엇을 취할 수 있느냐'를 동사별로 기억해야 하는 데에 있습니다.

☆ 또 다른 예로, think 동사는 3형식에서 목적어 자리에 '생각하다, 논리작용하다' 라는 의미로는 '명사'를 취하지 않습니다. 즉, I think her 라는 문장은 '상상하다, 마음에 품다, 상정하다' 라는 의미이지 '생각하다'라는 의미가 아닙니다. Can you think the unlimited? (당신은 무한이라는 것을 상상할 수 있습니까?) I thought no harm in using your belongings, (나는 당신의 물건들을 이용하는데 있어서 해롭다는 점을 상정하지는 않았다) 와 같은 경우는 '명사'를 취할 수 있는 것 입니다. 동사 think 는 그 외에 목적어로 'I think that he is nice, I am thinking what to do' 등 명사절이나 'wh- to V.R' 은 취할 수 있지만, 'to부정사'나 '동명사'를 바로 받지는 않습니다.

☆ 마지막으로 surprise 라는 타동사는 목적어로 '명사, 대명사'만을 취하며 행위를 의미하는 '동명사, 부정사, 사실을 의미하는 명사절'은 취하지 않습니다. 즉, I surprised him 은 가능하지만 'I surprised to do it. I surprised that he stayed here.' 등은 모두 불가능한 문장입니다. 왜냐하면 '놀라게 하다' 라는 동사는 그 대상으로 감정이 있는 목적어만 받을 수 있기 때문입니다.

☆ 3형식으로 사용되는 동사는 뒤에서 목적어를 생략하는 경우가 있는데, 이는 동사가 대상에 중점을 두어서 의미를 완성하지 않고, 행위자체에 중점을 두기 때문입니다. I do not want to kill 의 경우는 kill 이 '살해하다'라는 타동사인데 반하여 목적어를 갖지 않아도 '살해' 라는 행위 자체를 중시한다고 보면 됩니다. 혹은 이미 목적어에 대한 정보가 노출되어서 다시 언급할 필요가 없을 경우에도 목적어를 생략할 수 있습니다.

☆ 3형식 동사는 목적어로 '명사, 대명사'를 받으면 이것을 주어 자리로 옮기고 동사를 수동화할 수 있는데 이것을 수동태 (passive form) 라고 부릅니다.

☆ 이상에서 간단히 살펴본 바와 같이 모든 타동사는 그 동사의 성격에 따라 뒤에서 가질 수 있는 목적어가 각각 다르다는 점을 명심해야 합니다. 이 부분은 그 동안의 문법 강의에서 고의적(?)으로 누락되었을지도 모르는데, 영어를 공부하는 학생들과 연구하는 학자 및 강사들은 이 방대하고 엄청나게 복잡한 진실을 직면하고 맞서 싸우기보다는 사전의 존재로 자위하며 외면하고 덮어두었다고 보아야 할 것입니다. 물론 이 모든 문제는 사전으로 해결될 수도 있습니다. 우리나라의 모든 사전은 거의 권위 있는 영영사전을 충실하게 번역해 놓은 것이니 학생들은 사전을 영어 학습의 가장 가까운 친구로 여기고 애용하는 것이 좋지만, 즉각적인 영문해석과 영작을 위해 궁극적으로는 이러한 기본 동사들의 목적어종류를 원어민 수준으로 암기해야 합니다.

1) 목적어의 범위

① 명사 : I have a book.
② 대명사 : I like her.
③ to 부정사 : I want to go there.
④ 동명사 : I enjoy swimming in a pool.
⑤ 접속사를 포함하는 명사절 : I hope that they will come back safe.
　　　　　　　　　　　　　　I asked if it was real.
　　　　　　　　　　　　　　I do not know where they first met each other.

2) 목적어의 생략

☆ 문장 내에서 의미가 명백할 때 또는 동사를 행위중심으로 볼 때

① He can't be a criminal. He can't kill. (kill people)
② I am not hungry. I don't want to eat. (eat food)

3) 목적어를 주어 자리로 내보내고 수동태로 전환

☆ '주어가 행위를 당한다' 고 표현할 때

① The house (destroyed, was destroyed).
② I don't want to (see, be seen), because I have a scar on my face.
③ Birds can fly without (teaching, being taught).
④ He (has respected, has been respected).

4) take 동사의 3형식 용례

☆ 형식 동사 중에서 가장 많은 수를 차지하는 3형식 동사를 문법서에서 일일이 소개할 수는 없습니다. 그것은 [최우선 영단어 - 핵심동사편]에서 다루게 됩니다. 여기서는 대표적인 동사로 take 를 소개합니다.

(1) take + 명사 : 수족을 이용하여 잡다, 쥐다, 안다

0209. 그 아이는 내 손을 잡았다.
The child took my hand.

0210. 아빠는 나를 땅에서 번쩍 들어 올리며 팔에 안으셨다.
Father took me in his arms, lifting me right off the ground.

0211. 그 소년은 공을 무릎 사이에 끼웠다.
The boy took the ball between his knees.

(2) take + 명사 : 점령하다, 포획하다, 사로잡다

0212. 그 도둑은 행위 중에 잡혔다. 즉, 현행범으로 잡혔다.
The thief was taken in the act.

0213. 그는 포로로 잡혔다.
He was taken prisoner.

0214. 그는 그물에 많은 물고기를 잡았다.
He took a lot of fish in the net.

(3) take + 명사 : 이용하기 위해서 얻나

0215. 나는 이 모자를 사겠다.
I'll take this hat.

0216. 당신은 어떤 신문을 구독하는가?
What paper do you take?

0217. 우리는 휴가를 위해 언덕 옆에 오두막을 얻었다.
We have taken a hut at the hillside for the holidays.

(4) take + 명사 : 받다, 받아들이다

0218. 이 선물을 받아주세요.
Please take this gift.

0219. 나는 한 푼도 덜 받지 않겠다. 즉, 깎아줄 수 없다.
I will not take a penny less.

0220. 사물들을 있는 그대로 받아들여라.
Take things as they are.

0221. 그것을 심각하게 받아들이지 말라.
Don't take it seriously.

(5) take + 명사 : 가져가다, 허락 없이 사용하다, 훔치다

0222. 누군가 내 모자를 가져갔다.
Someone took my hat.

0223. 내 자전거를 가져가지 마라.
Don't take my bike.

(6) take + 명사 : 얻다, 갖다, 먹다, 마시다, 취하다

0224. 우리는 다음 주에 휴일을 가질 것이다.
We will take a holiday next week.

0225. 나는 들판에서 걷는 것을 가지고 싶어 한다. 즉, 산책하고 싶다.
I like to take walks in the field.

0226. 이 사진에 눈길을 가져라. 즉, 한번 쳐다보아라.
Take a look at this picture.

0227. 깊은 숨을 가지고 편히 쉬어라. 즉, 심호흡을 하고 편하게 있어라.
Take a deep breath and relax.

0228. 오른쪽 회전을 가져라. 즉, 우회전하라. 그러면 당신은 좌측서 우체국을 볼 것이다.
Take a right turn and you'll see the post office on the left.

0229. 좌석을 하나 가지는 것이 어떠냐? 즉, 앉으라.
Why don't you take a seat?

0230. 나는 지난 여름 유럽으로 여행을 가졌다. 즉, 여행했다.
I took a trip to Europe last summer.

0231. 하루당 이 알약을 두 번 먹어라.
Take this pill twice a day.

0232. 택시를 잡아라. 그러면 그것은 당신을 15분 후 거기로 데려갈 것이다.
Take a taxi and it will take you there in 15 minutes.

0233. 그 시험에 대비하기 위해 이 강좌를 들어라.
Please take this course for preparing for the test.

(7) take + 명사 : ~로 데려가다, 가져가다.

0234. 나를 동물원으로 데려가 주겠는가 ?
Will you take me to the zoo?

0235. 나를 집으로 데려가 달라.
Please take me home.

(8) take + 시간명사 : 시간이 걸리다

0236. 그곳으로 걸어가는 것은 5분을 걸리게 할 것이다.
It will take 5 minutes to walk there.

0237. 학교에 가는 것은 당신에게 얼마의 시간을 걸리게 하는가?
How long does it take you to go to school?

☆ 이상은 'take' 가 가지고 있는 약 40여개의 세분화된 의미 중 일부에 한 합니다. 그 외 take 는 뒤에서 전치사나 부사를 받아서 다양한 동사구를 형성합니다.

(9) take after + 명사 : 닮다

0238. Bob은 성격에 있어서 그의 아버지를 닮았다.
Bob takes after his father in temper.

(10) take back + 명사 : 되찾다

0239. 나는 그녀에 대해 말했던 모든 것을 되찾고 싶다. 즉, 취소하고 싶다.
I want to take back all I have said about her.

(11) take in + 명사 : 안으로 받아들이다, 속이다

0240. 나를 며칠간 안으로 받아들여 줄 수 있는가? 즉, 묵게 해 달라.
Can you take me in for a few days?

0241. 그녀는 그 거짓말을 너무 능란하게 하여 나는 쉽게 속았다.
She told the lie so well that I was easily taken in.

(12) take it out on + 명사 : ~에게 분풀이 하다

0242. 그것을 내 위에 꺼내놓지 말라. 즉, 나에게 쏟아놓지 말라. 나도 기분이 안 좋다.
Please don't take it out on me. I'm not in the mood.

(13) **take off** + 명사 : ~을 벗다, 떼다, 데려가다

0243. 그는 콧수염을 제거했다.
He has taken off his moustache.

0244. 당신의 손을 손잡이에서 떼어라.
Take your hands off the handle.

0245. 나는 당신으로부터 나의 눈을 뗄 수가 없다.
I can't take my eyes off you.

(14) **take off** : 이륙하다.

0246. 두 대의 비행기가 동시에 이륙했다.
Two airplanes took off at the same time.

(15) **take out** + 명사 : 끄집어내다, 제거하다

0247. 그는 단검을 꺼냈다.
He took out a dagger.

0248. 그녀는 그녀의 블라우스로부터 잉크자국을 제거했다.
She took out the ink stains from her blouse.

(16) **take advantage of** + 명사 : ~을 이용하다

0249. 그는 나의 약점을 이용했다.
He took advantage of my weak point.

0250. 타인들이 당신을 이용하게 내버려 두지 마세요.
Don't let others take advantage of you.

☆ 가장 많은 의미를 가지고 있는 3형식 동사들 중 하나인 take 외에도, 'get, make, have, …'등의 동사들은 사전을 통해 그 다양한 의미와 용법을 반드시 정리해야 합니다. 제대로 공부한 하나의 동사는 명사 100개의 가치를 가집니다.

5) 전치사를 취할 것으로 착각하기 쉬운 완전타동사

☆ 동사의 의미를 한국어로 암기하게 되면 결국은 부작용이 생깁니다. 하지만 한국 학생들은 많은 영어문장에 노출되어 자연스레 그 의미와 쓰임새를 체득할 수 없는 입장이므로 결국은 어느 정도 한국어와 일대일 대응으로 동사의 의미를 기억할 수 밖에 없는데, 이러다 보니, 전치사를 취할

것으로 착각하기 쉬운 동사가 생깁니다. 유독 한국어와의 관계에서 이런 오류가 생기는 것은 바로 잘못된 일대일 번역 방식의 암기법에 기인하지만, 당분간은 주의를 기울이며 극복해야 합니다.

도표 011 : 목적어를 바로 받는 완전타동사 1

목적어를 바로 받는 완전타동사	의미
① reach	~에 당도하다, 이르다, 도착하다
② attend	~에 참석하다, ~에 다니다
③ obey	~에게 순종하다
④ enter	~로 들어가다, 입력하다, 출품하다, 집어 넣다
⑤ approach	~에 접근하다
⑥ contact	~와 접촉하다
⑦ answer	~에 답하다, ~에게 답하다
⑧ greet	~에게 인사하다
⑨ address	~에 대처하다, ~에게 연설하다, 말 걸다, 부르다
⑩ visit	~에 방문하다
⑪ oppose	~와 맞서다, ~에게 반대하다
⑫ influence	~에게 영향을 주다
⑬ affect	~에게 영향을 주다

0251. 그 갈등은 격렬한 수준에 이르렀다.
　　　The conflict has reached a new level of intensity.

0252. 얼마나 많은 사람들이 매주 일요일 교회에 다닐까?
　　　How many people attend church every Sunday?

0253. 운전자는 교통법규를 따르지 않았다.
　　　The driver did not obey the traffic laws.

0254. 총알이 몸 어디로 들어갔죠?
　　　Where did the bullet enter the body?

0255. 이 문제에 접근하는 가장 좋은 방법은 무엇입니까?
　　　What is the best way of approaching this problem?

0256. 문제가 있으시면 주저하지 마시고 저희에게 접촉해주세요.
　　　If you have any questions, please feel free to contact us.

0257. 당신은 나의 질문에 답하지 않았습니다.
　　　You haven't answered my question.

0258. 우리는 당신네 전통방식으로 당신의 부모님께 인사하고 싶다.
We want to greet your parents in your traditional way.

0259. 당신이 그들에게 강연할 때 전달하는 주요 메시지는 무엇입니까?
What is your main message to people when you address them?

0260. 나는 여기 말고 다른 곳들도 방문할 수 있게 되길 희망한다.
I hope I will be able to visit other places than this.

0261. 국민절대다수가 그 새 과세정책에 반대한다.
An absolute majority of the people oppose the new taxation policy.

0262. 국가들이 이민자들을 대우하는 방법에 영향을 끼치는 몇 가지 요소가 여기 있습니다.
Here are some factors that influence the way nations treat immigrants.

0263. 그 비가 당신들에게 어떻게든 영향을 주었나요?
Did the rain affect you in any way?

☆ 위의 동사들 중 일부는 명사로 사용될 수 있으며 이 때에는 전치사를 매개하여 목적어를 취합니다.

the approach to / the contact to(with) / the answer to / the address to / the visit to / the influence on

0264. 우리는 그들을 마지막으로 방문할 것이다.
We will <u>pay our last visit to them</u>.

0265. 물리학의 역사에 대한 그의 영향은 중요한 것이다.
<u>His influence on the history</u> of physics has been momentous.

☆ 위의 동사들은 주어진 것 이외의 의미일 경우 전치사를 수반할 수 있습니다.

· enter into + business, details, contracts, discussions, marriages, combinations 등 : 시작하다, 빠져들다

· attend to + 대상 : 주의하다, 신경 쓰다

· attend on + 대상 : 돌보다

0266. 그들은 좀 더 결정적인 대화를 <u>시작했다</u>.
They <u>entered into</u> a more decisive conversation.

0267. 면접을 갈 때는 옷차림에 <u>신경 써야한다</u>.
You <u>must attend to</u> your attire when going to a job interview.

도표 012 : 목적어를 바로 받는 완전타동사 2

목적어를 바로 받는 완전타동사	의미
① become	~와 어울리다, 잘 맞다
② mention	~를 언급하다
③ walk	~를 걷게하다, 함께 걸어주다
④ accompany	~와 동행하다, 수반하다
⑤ divorce	~와 이혼하다
⑥ join	~와 함께 하다, ~에 가입하다
⑦ inhabit	~에서 거주하다
⑧ drive	~를 몰다, 운전하다, 몰고 가다
⑨ lack	~가 부족하다
⑩ thank	~에게 감사하다
⑪ involve	~와 연루되다, ~를 포함하다
⑫ concern	~를 걱정시키다, ~와 연관짓다
⑬ discuss	~를 논의하다
⑭ graduate	~를 졸업시키다, 배출하다
⑮ resemble	~와 닮다
⑯ marry	~와 결혼하다, 결혼시키다
⑰ survive	~보다 오래 살다, ~를 극복하고 살아남다

0268. 이 모자는 너와 어울린다.
The hat becomes you.

0269. 그 지역 많은 주택들이 아직도 욕실 같은 기본시설을 충분히 갖지 못하고 있다.
Some houses in the region still lack basic amenities like bathrooms.

0270. 많은 범죄들이 마약을 수반했다.
Many of the crimes involved drugs.

0271. 그녀는 남편과 이혼중이다.
She is divorcing her husband.

0272. 나는 이 문제를 전화상에서 논의하고 싶지 않다.
I don't feel like discussing this matter on the phone.

0273. 그에게 감사할 필요는 없다 - 그는 단지 그 일을 하는 것을 즐겼을 뿐이다.
There is no need to thank him - He just enjoyed doing it.

0274. 그가 그의 이름을 언급했는가?
Did he mention his name?

0275. 나는 언젠가 그녀와 결혼할 작정이다.
I am going to marry her someday.

0276. 나는 매일 오후 내 개를 걷게 하는 것을 좋아한다.
I like to walk my dog every afternoon.

0277. 스무 명이 넘는 직원들이 그 파업에 합류했다.
More than 20 members of the staff joined the strike.

0278. 매우 많은 아파트들이 서로 비슷하다.
So many apartments resemble each other.

0279. 많은 수의 악어들이 이 강에서 산다.
A large number of crocodiles inhabit this river.

0280. 당신을 연관시키지 않는 일에 간섭하지 마세요.
Do not interfere in what does not concern you.

0281. 많은 섭금류가 혹독한 겨울을 극복하지 못한다.
Many wading birds don't survive the severe winter.

0282. 작년에 그 학교는 2백 명의 학생을 배출했다.
The school graduated about 200 students last year.

0283. 나는 힐튼양을 태우고 다녔었다.
I used to drive Miss Hilton.

0284. 그의 아내와 아들이 그 여행에 그를 동반했다.
His wife and son accompanied him on the trip.

0285. 그 지역 신부가 많은 젊은이들을 결혼시켰다.
The local priest has married many of the youngsters.

0286. 그는 아내와 두 아들을 유족으로 한다. (수동구문으로만 쓴다)
He is survived by his wife and two sons.

0287. 내가 집까지 함께 걸어주겠다.
I'll walk you home.

6) 의미를 조심해야 할 완전타동사

도표 013 : 의미를 조심해야 할 완전타동사

동사	의미
① better	개선시키다
② stand	세우다, 사람을 길거리에 세워놓다, 견디다
③ meet + need, standard, requirement	충족시키다
④ help it, help -ing	(부정문,의문문, 가정법에서) 모면하다
⑤ run	운영하다, 돌려서 운행시키다
⑥ win	~를 얻다, 당첨되다
⑦ beat	~를 물리치다
⑧ work	~를 만들어 내다
⑨ do	~를 하다
⑩ return	~를 돌려주다, 반환하다
⑪ weigh	~의 무게를 달다, 저울질 하다
⑫ peel	~의 껍질을 까다
⑬ change	~를 바꾸다
⑭ develop	~를 개발하다
⑮ hurt	~에게 상처를 주다, 아프게 하다
⑯ gather	~를 모으다
⑰ grow	~를 기르다
⑱ prove	~를 증명하다
⑲ vary	~를 다양하게 만들다
⑳ smell	~를 냄새맡다
㉑ sound	~를 소리나게 하다
㉒ feel	~를 느끼다
㉓ surprise	~를 놀라게 하다
㉔ save	~를 구하다, 모아 두다, 저축하다
㉕ dress	~에게 옷을 입히다
㉖ seat	~를 자리에 앉게 하다
㉗ lay	~를 눕히다
㉘ await	~를 기다리다
㉙ exceed	~를 초과하다

0288. 그는 작은 주점을 운영하고 있다.
He is running a small pub.

0289. 테잎을 돌려서 틀어보아라.
   Please run the tape.

0290. 그것은 우리의 생활 여건을 개선시킬 것이다.
   It will better our living conditions.

0291. 이 세탁기는 소비자들의 욕구를 충족시킬 것이다.
   This washing machine will meet the consumers' needs.

0292. 그의 이력이 자격요건을 충족시키는가?
   Does his credential meet the qualification standards?

0293. 나는 그것을 피할 수 없다. 즉, 어쩔 수 없는 상황이다.
   I just can't help it.

0294. 나는 당신이 꾸지람 받는 것을 피할 수 있다고 생각하지 않는다.
   I don't think you can help being scolded.

0295. 당신은 동전을 탁자에 세울 수 있는가?
   Can you stand a coin on the table?

0296. 나는 그 소음을 더 이상 견딜 수 없다.
   I can't stand the noise any more.

0297. 그의 생각들이 우리 생활 여건들을 개선시켰다.
   His ideas have bettered our living conditions.

0298. 나는 내 일을 했다.
   I have done my job.

0299. 그가 칠을 했다.
   He did the painting.

0300. 당신이 그를 한번만 더 때리면 당신은 죽은 고기 즉, 시체가 될 것이다.
   If you beat him once again, you'll be dead meat.

0301. 나는 테니스 게임에서는 그를 쉽게 이길 수가 없다.
   I can't beat him easily in the game of tennis.

0302. 기적을 만들어 보자.
   Let's work a miracle.

0303. 우리가 게임을 이겼으나 그들이 명예를 얻었다.
   We won the game but they won the honor.

0304. 나는 최근에 복권에 당첨되었다.
I've recently won a lottery.

0305. 그는 내 인생관을 바꾸었다.
He has changed my view of life.

0306. 그는 아내의 무게를 자주 달아본다.
He weighs his wife so often.

0307. 그는 내 공을 정말 잘 돌려주었다. 즉, 잘 받아쳤다.
He has returned my ball so well.

0308. 나는 이 셔츠를 반환하고 싶다.
I would like to return this shirt.

0309. 내가 양파의 껍질을 까겠다.
I will peel the onions.

0310. 그는 자신의 정직성을 입증했다.
He proved his honesty.

0311. 그는 그녀가 옳았다는 것을 입증했다.
He proved that she was right.

0312. 그는 전화기로 불리는 새로운 기계를 개발했다.
He developed a new machine called the telephone.

0313. 나는 누구도 상처 입히고 싶지 않다.
I don't want to hurt anybody.

0314. 그는 온 힘을 모았다.
He has gathered all his energy.

0315. 그는 많은 식물들을 키웠다.
He grew many plants.

0316. 할머니는 옛날 신문을 버리지 않고 모은다.
Grandmother saves old newspapers.

0317. 당신은 식단을 다양하게 해야 한다.
You have to vary your meals.

0318. 나는 무엇인가 타는 냄새를 맡을 수 있다.
I can smell something burning.

English Grammar Dictionary

0319. 선생님은 아이들을 불러 모으기 위해 종을 치신다.
The teacher sounds the bell to summon the kids.

0320. 나는 어디서나 그를 느낄 수 있다.
I can feel him everywhere.

0321. 바퀴벌레들의 잦은 출현은 나를 놀라게 한다.
The frequent appearance of the cockroaches surprises me.

0322. 그녀는 옷을 입고 문에 나가 보았다.
She dressed herself and answered the door.

0323. 내 딸 앞의 소년을 자리에 앉게 해 주세요.
Please seat the boy in front of my girl.

0324. 당신을 내 옆에 눕히게 해 주세요.
Let me lay you by my side.

0325. 우리는 이 역사적 순간을 오래 기다렸다.
We have long awaited this historical moment.

0326. 그의 업적은 나의 예상을 넘었다.
His achievements have exceeded my expectations.

7) '타동사 + A + 전치사 + B' 구조로 사용되는 주요 동사

☆ 타동사의 목적어 뒤에 전치사의 목적어를 함께 써서 의미를 완성하는 주요 동사들이 있습니다. 타동사의 목적어만으로는 의미전달이 불완전하다고 여겨서 그 뒤에 전치사의 목적어를 관용적으로 동반시키는 것입니다. 전치사는 타동사에 따라 달라지며, 기본구조가 '타동사 + A + 전치사 + B' 입니다.

도표 014 : '제거'의 의미를 갖는 동사와 전치사

동사 + A + of B		의미
① clear	+ A + of B	A에게서 B를 치우다, 제거하다
② rob	+ A + of B	A에게서 B를 빼앗다, 강탈하다
③ deprive	+ A + of B	A에게서 B를 빼앗다, 박탈하다
④ rid	+ A + of B	A에게서 B를 제거하다
⑤ strip	+ A + of B	A에게서 B를 빼앗다
⑥ relieve	+ A + of B	A에게서 B를 덜어내다, 가볍게 하다
⑦ cure	+ A + of B	A에게서 B를 치료로 없애다
⑧ bereave	+ A + of B	A에게서 B를 죽음으로 빼앗다

0327. 나는 식탁에서 모든 부엌세간들을 치웠다.
　　　I cleared my table of all the utensils.

0328. 가방을 좀 들어 드리겠습니다.
　　　Let me relieve you of some of your bags.

0329. 그녀는 어렸을 때 아버지를 여의었다.
　　　She was bereaved of her father when young.

도표 015 : '통지'의 의미를 갖는 동사와 전치사

동사 + A + of B	의미
① remind + A + of B	A에게 B를 상기시키다
② warn + A + of B	A에게 B에 대해 경고하다
③ inform + A + of B	A에게 B를 알리다
④ convince + A + of B	A에게 B를 확신시키다, 납득시키다
⑤ assure + A + of B	A에게 B를 확신시키다, 납득시키다
⑥ notify + A + of B	A에게 B를 통고하다, 통지하다

0330. 그들은 우리에게 그 지연을 통고했다.
　　　They notified us of the delay.

0331. 그 장면은 나의 좋았던 옛 시절을 상기시켰다.
　　　The scene reminded me of my good old days.

도표 016 : '금지, 방해'의 의미를 갖는 동사와 전치사

동사 + A + from B	의미
① discourage + A + from B	A를 B로부터 낙담시키다, A가 B를 못하게 꺾다
② dissuade + A + from B	A를 B로부터 말리다, A가 B를 못하게 말리다
③ ban + A + from B	A를 B로부터 금지하다
④ bar + A + from B	A를 B로부터 금지하다
⑤ hinder + A + from B	A를 B로부터 방해하다
⑥ stop + A + from B	A를 B로부터 막다
⑦ prevent + A + from B	A를 B로부터 예방하다, 막다
⑧ keep + A + from B	A를 B로부터 지키다
⑨ deter + A + from B	A를 B로부터 억제하다
⑩ prohibit + A + from B	A를 B로부터 금지하다
⑪ inhibit + A + from B	A를 B로부터 금지하다
⑫ forbid + A + from B(to V.R)	A를 B로부터 금지하다

0332. 그는 그들이 그 주제를 다시 언급하는 것을 금했다.
He forbade them from mentioning the subject again.

0333. 코치들은 선수들이 큰 시합 전에 술을 마시는 것을 금해야 한다.
Coaches should bar the players from drinking alcohol before a big match.

도표 017 : '원인에 대한, 칭찬, 비난, 감사, 사과'의 의미를 갖는 동사와 전치사

동사 + A + for B	의미
① praise + A + for B	B의 이유로 A를 칭찬하다
② criticize + A + for B	B의 이유로 A를 비판하다 (영국식 : criticise)
③ excuse + A + for B	B에 대해 A를 용서하다
④ blame + A + for B	B에 대해 A를 탓하다
⑤ forgive + A + for B	B에 대해 A를 용서하다
⑥ thank + A + for B	B에 대해 A에게 감사하다

0334. 경찰은 그 화재에 대해 버려진 담배꽁초를 탓했다.
The police blamed a dropped cigarette for the fire.

0335. 나는 그녀가 나에게 한 일에 대해 그녀를 용서할 수 없다.
I'll never forgive her for what she has done to me.

도표 018 : '수여, 공급'의 의미를 갖는 동사와 전치사

동사 + A + with B	의미
① provide + A + with B	A에게 B를 제공하다
② present + A + with B	A에게 B를 제공하다
③ furnish + A + with B	A에게 B를 갖추어주다
④ supply + A + with B	A에게 B를 공급하다
⑤ equip + A + with B	A에게 B를 갖추어주다
⑥ replace + A + with B	A를 B로 교체하다
⑦ entrust + A + with B	A에게 B를 맡기다
⑧ endow + A + with B	A에게 B를 부여하다

0336. 그는 자신이 묘사하는 인물들에게 살과 피를 부여하는 능력이 있다.
He has the ability to endow the people he writes of with flesh and blood.

0337. 그들은 그 건물의 모든 방에 가습기를 설치해야 한다.
They must equip all the rooms in that building with humidifiers.

도표 019 : '-에게'에 해당하는 목적어에 전치사 to 를 써야 하는 동사

동사 + A + to B	의미
① suggest + A + to B	B에게 A를 제안하다
② propose + A + to B	B에게 A를 제안하다
③ describe + A + to B	B에게 A를 묘사하다
④ say + A + to B	B에게 A를 말하다
⑤ state + A + to B	B에게 A를 진술하다
⑥ explain + A + to B	B에게 A를 설명하다
⑦ announce + A + to B	B에게 A를 발표하다
⑧ betray + A + to B	B에게 A를 누설하다
⑨ represent + A + to B	B에게 A를 보여주다, 제기하다
⑩ introduce + A + to B	B에게 A를 소개하다

0338. 우리는 우리의 우려를 시 당국에 제기해야 한다.
We must represent our concerns to the city council.

0339. 제 자신을 당신들에게 소개할까 합니다.
Let me introduce myself to you guys.

0340. 그녀는 중국에게 매우 중요한 정보를 누설했던 혐의를 받고 있다.
She is charged with having betrayed some very important information to China.

☆ 자동사는 자체로 목적어를 취할 수 없으므로, 타동사의 흉내를 내기 위해서 전치사를 매개로 합니다. 예를 들어, look 이라는 동사는 일반적으로 뒤에 목적어를 바로 받을 수가 없습니다. 이것은 행위 중심 동사이기 때문입니다. 그러나 전치사 at 을 매개로 하여 look at her (그녀를 쳐다보다), after 를 붙여서 look after her (그녀를 보살피다), into를 붙여서 look into her (그녀를 조사하다, 들여다 보다) 등으로 사용할 수 있습니다.

☆ 자동사뿐만 아니라 타동사도 새로운 의미를 부여하기 위해 전치사를 붙일 수 있습니다. 'ask for some money (돈을 요구하다), ask after him (그의 안부를 묻다)' 등이 그런 사례입니다. 동사와 전치사와의 관계는 매우 방대하므로, 불가분이라 생각하고 늘 동사와 전치사의 용법과 고유한 의미에 대해 신경을 써야 합니다. 어휘 학습 과정인, [최우선 영어단어 - 전치사 편]에서 동사와 전치사에 의한 조합과 의미들을 자세히 다루고 있습니다.

8) 재귀대명사를 목적어로 받는 타동사

☆ 재귀대명사단원에서 자세히 공부합니다.

4. 수여(授與)동사(dative verbs)

1) 구조적 특징

☆ 동사가 두 개의 목적어를 나란히 받아서 의미를 완성시키는 구조를 말합니다. 예를 들어 '주다'라는 농사인 'give'는 '~에게 ~을 주다'의 한국어에서처럼 두 개의 목적어를 가지는데 한국어에서는 각각의 토씨에 의해 목적어가 구분되지만 영어는 위치에 의해 목적어를 구분합니다. 즉, 앞의 목적어가 '—에게'의 역할을 담당하고 뒤의 목적어가 '~을, 를'의 역할을 담당합니다. 4형식 동사는 거의 '주다'라는 개념이 포함되어 있어서 이를 수여동사, 또는 여격동사라고 부릅니다. 4형식 동사의 '~에게'에 해당하는 목적어를 문법용어로는 간접목적어(indirect object = I.O.)라고 하는데, 이 자리에는 '명사와 대명사'가 들어갑니다. '~을, 를'에 해당하는 직접목적어(direct object = D.O)자리에는 '명사, 대명사' 그리고 특정 동사의 경우에는 '명사절'도 들어갈 수 있습니다.

도표 020 : 주요 수여동사

	동사 + 목적어 + 목적어	의미
① give	+ I.O + D.O	~에게 ~을,를 주다
② hand	+ I.O + D.O	~에게 ~을,를 건네주다
③ send	+ I.O + D.O	~에게 ~을,를 보내주다
④ lend	+ I.O + D.O	~에게 ~을,를 빌려주다
⑤ pass	+ I.O + D.O	~에게 ~을,를 전달해주다
⑥ buy	+ I.O + D.O	~에게 ~을,를 사주다
⑦ allow	+ I.O + D.O	~에게 ~을,를 허용해주다
⑧ deny	+ I.O + D.O	~에게 ~을,를 부인하다
⑨ tell	+ I.O + D.O	~에게 ~을,를 말해주다
⑩ ask	+ I.O + D.O	~에게 ~을,를 물어보다
⑪ show	+ I.O + D.O	~에게 ~을,를 보여주다
⑫ teach	+ I.O + D.O	~에게 ~을,를 가르쳐주다
⑬ play	+ I.O + D.O(음악, 노래, 연주)	~에게 ~을,를 틀어주다, 연주해주다
⑭ do	+ I.O + good	~에게 득이 되다
⑮ do	+ I.O + harm	~에게 해가 되다
⑯ do	+ I.O + favor	~에게 호의를 베풀다
⑰ do	+ I.O + damage	~에게 손상을 가하다
⑱ do	+ I.O + justice	~에게 공정, 정의를 구현하다
⑲ grant	+ I.O + D.O	~에게 ~을,를 허락해주다
⑳ make	+ I.O + D.O	~에게 ~을,를 만들어주다

㉑ find	+ I.O + D.O	~에게 ~을,를 찾아주다
㉒ call	+ I.O + D.O	~에게 ~을,를 불러다주다
㉓ bring	+ I.O + D.O	~에게 ~을,를 가져다주다
㉔ get	+ I.O + D.O	~에게 ~을,를 구해다주다
㉕ offer	+ I.O + D.O	~에게 ~을,를 제공, 제안하다
㉖ promise	+ I.O + D.O	~에게 ~을,를 약속해주다
㉗ pay	+ I.O + D.O	~에게 ~을,를 지불하다
㉘ owe	+ I.O + D.O	~에게 ~을,를 빚지다
㉙ wish	+ I.O + D.O	~에게 ~을,를 소망해주다
㉚ cost	+ I.O + D.O	~에게 ~을,를 희생케하다
㉛ read	+ I.O + D.O	~에게 ~을,를 읽어주다
㉜ sing	+ I.O + D.O	~에게 ~을,를 불러주다
㉝ write	+ I.O + D.O	~에게 ~을,를 써주다
㉞ save	+ I.O + D.O	~에게 ~을,를 절약하게 해주다
㉟ kiss	+ I.O + D.O	~에게 ~을,를(의미) 입맞추어 주다
㊱ take	+ I.O + D.O	~에게 ~을,를(시간, 노력, 비용) 들게 하다
㊲ play	+ I.O + joke	~에게 농담 걸다
㊳ play	+ I.O + trick	~에게 속임수 쓰다
㊴ play	+ I.O + game	~에게 장난 걸다
㊵ envy	+ I.O + D.O	~에게 ~을,를 부러워하다
㊶ spare	+ I.O + D.O	~에게 ~을,를 할애해 주다
㊷ bear	+ I.O + D.O	~에게 ~을,를 품다, 낳아주다
㊸ mail	+ I.O + D.O	~에게 ~을,를 우편으로 보내다
㊹ fax	+ I.O + D.O	~에게 ~을,를 전자카피문서로 보내다
㊺ text	+ I.O + D.O	~에게 ~을,를 문자카피문서로 보내다

0341. 나에게 그 소금을 건네주실래요?

Would you pass me the salt, please?

0342. 그는 나에게 희망을 준다.

He gives me hope.

0343. 그는 나에게 종이 한 장을 건네주었다.

He handed me a piece of paper.

0344. 당신은 나에게 당신의 사진들 중 하나를 보내주실래요?
Will you send me one of your photos?

0345. 그는 타인들에게 물건들을 빌려준다.
He lends others things.

0346. 그는 니에게 중고차 한 대를 구해 주었다.
He got me a used car.

0347. 어머니는 나에게 온갖 종류의 파이를 만들어주고 싶어 하신다.
Mom likes to make me every kind of pie.

0348. 그는 나에게 좋은 호텔 하나를 찾아주었다.
He found me a nice hotel.

0349. 나에게 택시를 한 대 불러주세요.
Call me a taxi.

0350. 그는 나에게 물 한잔을 가져다 주었다.
He brought me a glass of water.

0351. 나에게 개인적인 질문들을 묻지 마세요.
Do not ask me personal questions.

0352. 그는 나에게 내가 배가 고픈지의 여부를 물었다.
He asked me whether I was hungry.

0353. 그는 나에게 내가 어디서 사는지 물었다.
He asked me where I lived.

0354. 그는 나에게 악세사리들과 기타 작은 물건들을 사준다.
He buys me accessaries and miscellaneous things.

0355. 그는 나에게 일주일에 50달러를 허용한다.
He allows me 50 dollars a week.

0356. 그는 나에게 그의 파일에 대한 접근을 불허한다.
He denies me any access to his file.

0357. 그는 나에게 그의 성공 이야기를 말해주었다.
He told me his success story.

0358. 우리는 당신에게 당신의 마지막 소원을 들어줄 것이다.
We shall grant you your final wish.

0359. 나에게 당신의 운전면허증을 보여줄래요?
Will you show me your driver's license?

0360. 그는 우리에게 영어를 가르친다.
He teaches us English.

0361. 그들은 우리에게 재즈를 연주해주었다.
They played us jazz.

0362. 그것은 당신에게 아무 해가 되지 않을 것이다.
It will do you no harm.

0363. 일찍 자고 일어나는 것은 당신에게 득이 될 것이다.
Keeping early hours will do you good.

0364. 당신은 나에게 부탁을 들어주겠는가?
Will you do me a favor?

0365. 그 화재는 그 시장에 큰 손상을 가했다.
The fire did the market great damage.

0366. 이 사진은 그를 공정하게 평가하지 않는다. (실물과 다르다)
This photo doesn't do him justice.

0367. 나는 당신에게 행운을 빈다.
I wish you luck.

0368. 그는 나에게 의자 하나를 권했다.
He offered me a chair.

0369. 그는 나에게 많은 것들을 약속했다.
He promised me many things.

0370. 그는 우리에게 그 일이 낮 12시까지는 끝날 것이라고 약속했다.
He promised us that the work should be done by noon.

0371. 그는 나에게 돌아올 것을 약속했다.
He promised me to come back.

0372. 나는 그에게 5달러를 지불했다.
I paid him 5 dollars.

0373. 나는 당신에게 나의 성공을 빚지고 있다. 즉, 당신 덕에 성공했다.
I owe you my success.

0374. 그 새로운 난방 시스템은 우리에게 많은 에너지를 덜어준다.
The new heating system saves us a lot of energy.

0375. 그 가방은 나에게 100 달러를 지불케했다. 즉, 100불 주고 샀다.
The bag cost me 100 dollars.

0376. 할아버지는 나에게 매일 밤 동화를 읽어주신다.
Grandfather reads me fairy tales every night.

0377. 선생님은 우리에게 슬픈 노래를 한 곡 불러주셨다.
The teacher sang us a sad song.

0378. 저에게 당신의 이름과 전화번호를 써 주세요.
Please write me your name and phone number.

0379. 그녀는 나에게 밤 인사로 입을 맞추고 불을 껐다.
She kissed me good night and turned off the light.

0380. 그 임무는 나에게 3개월을 소요시켰다.
The mission took me 3 months.

0381. 그는 나에게 유쾌한 농담을 했다.
He played me a pleasant joke.

0382. 그는 너에게 술수를 부리고 있는 중이다.
He is playing you a trick.

0383. 당신은 나에게 장난을 걸고 싶은가?
Do you want to play me a game?

0384. 나에게 시간을 할애해 줄 수 있는가?
Can you spare me some time?

0385. 그녀는 그에게 다섯 아들을 낳아주었다.
She bore him five sons.

0386. 나는 너에게 원한을 품고 있지 않다.
I bear you no grudge.

0387. 나는 한 때 그에게 그의 멋진 외모를 부러워했다.
I once envied him his good looks.

★ 직접목적어 자리에 절을 받을 수 있는 동사는 'show, teach, ask, tell, promise' 외에 'inform, convince, assure, remind, warn' 등의 동사가 있는데, 명사를 받을 경우는 'of' 로 매개해야 한다는 것이 특징입니다. 'bet' 은 세 개의 목적어를 가질 수 있는 특이한 형식의 동사입니다.

도표 021 : 직접목적어 자리에 명사절을 받는 동사

①	inform	+ 절	~에게, ~을,를 알려주다
②	warn	+ 절	~에게, ~을,를 경고하다
③	remind	+ 절	~에게, ~을,를 상기시키다
④	convince	+ 절	~에게, ~을,를 납득시키다
⑤	assure	+ 절	~에게, ~을,를 납득시키다
⑥	* bet	+ 명사 + (명사) + 절	~에게, ~을,를 내기로 걸다

0388. 선장은 승객들에게 위험이 없다고 확신시켰다.
   The captain assured(convinced) the passengers that there was no danger.

0389. 그는 나에게 그 게임이 취소될 것임을 알려주었다.
   He informed me that the game would be called off.

0390. 그는 나에게 그것이 폐암을 유발할 것임을 경고했다.
   He warned me that it would cause lung cancer.

0391. 그녀는 나에게 내 먹을거리를 가지고 와야 한다는 것을 상기시켰다.
   She reminded me that I had to bring my own food.

0392. 그는 나에게 그 여행이 나를 한결 기분이 좋아지도록 만들 거라고 10 달러를 내기로 걸었다.
   He bet me 10 dollars that the trip would make me feel better.

2) 목적어의 어순

★ 4형식 동사는 목적어의 어순을 고쳐서 직접목적어를 앞으로 데려올 수 있는데, 그럴 경우 간접목적어 앞에는 원칙적으로 전치사가 붙습니다. 대부분의 경우 전치사 'to' 를 쓰지만 'buy, make, find, fix' 등의 경우 'for' 를 주로 쓰고, 'ask' 의 경우 'of' 를 쓰며, 'play' 동사가 'trick, joke, game' 과 함께 어울릴 때 'on' 을 씁니다. 'cost, take, envy, save', 등의 동사는 어순을 바꾸지 않고 '간접목적어 + 전치사 + 직접목적어' 순서대로 사용합니다.

0393. 나에게 속임수 쓰지 마세요.
   Don't play me a trick(a trick on me).

0394. 나를 위해 점심을 차려줄래?
   Will you fix me lunch(lunch for me)?

0395. 너에게 부탁 하나 해도 될까?

    May I ask <u>you a favor</u>(a favor of you)?

0396. 그것을 나에게 달라.

    Give <u>me it</u>(it to me).

3) 목적어의 생략

☆ 4형식 동사가 목적어 중에서 하나를 생략할 경우 사라진 목적이가 간접목적어인지 직접목적어인지를 문맥을 통해 파악할 수 있습니다.

0397. 나에게 달라.

    Please give me. (직접목적어의 생략)

0398. 그 책을 달라.

    Please give the book. (간접목적어의 생략)

0399. 당신이 부럽다.

    I envy you. (직접목적어의 생략)

0400. 당신의 건강이 부럽다.

    I envy your health. (간접목적어의 생략)

5. 오형식 동사(verbs that can take object complement)

☆ 목적어만을 가지고 의미를 완성시키지 않고 목적어를 보충 설명하는 말인 목적보어까지 받아서 절의 의미를 완성하는 타동사를 구분하는 말입니다. 불완전 타동사라고 부르기도 합니다. 목적보어 자리에는 목적어와 동격관계인 '명사와 대명사', '목적어의 상태를 설명하는 형용사, 분사' 그리고 '목적어의 행위와 관련된 부정사' 이렇게 3가지 군이 올 수 있습니다. 목적어 뒤에서 'as + 명사, 형용사' 구조가 와서도 비슷한 의미를 전달할 수 있지만, 목적어 뒤에서 바로 명사와 형용사를 받느냐 아니냐를 기준으로 유형이 구분되기도 합니다.

1) 목적보어에 명사, 대명사를 쓸 수 있는 주요 5형식 동사

도표 022 : 명사, 대명사를 목적보어로 취할 수 있는 주요 동사

	동사 + 목적어 + 명사보어		의미
①	call	+ O + O.C	~를 ~로 부르다
②	name	+ O + O.C	~를 ~로 이름 짓다
③	make	+ O + O.C	~를 ~로 만들다
④	find	+ O + O.C	~를 ~로 파악하다
⑤	declare	+ O + O.C	~를 ~로 선포하다
⑥	consider	+ O + O.C	~를 ~로 여기다
⑦	feel	+ O + O.C	~를 ~로 느끼다
⑧	believe	+ O + O.C	~를 ~로 믿다
⑨	think	+ O + O.C	~를 ~로 생각하다
⑩	guess	+ O + O.C	~를 ~로 추측하다
⑪	suppose	+ O + O.C	~를 ~로 추측하다
⑫	prove	+ O + O.C	~를 ~로 입증하다
⑬	keep	+ O + O.C	~를 ~로 지키다, 유지하다

0401. 그는 자신을 왕으로 선언했다.
He declared himself king.

0402. 그는 나를 보스로 부른다. (call A by B 구조는 직함이나, 명칭의 내용이 온다)
He calls me boss.

0403. 그는 자기 아들을 Jesus로 이름지었다.
He named his son Jesus.

0404. 그는 나를 군인으로 만들었다.
He made me a soldier.

0405. 나는 그를 천재로 파악한다.
I find him a genius.

0406. 우리는 쉐익스피어를 위대한 시인으로 여긴다.
We consider Shakespeare a great poet.

0407. 나는 당신에게 솔직하게 말하는 것을 내 의무로 느낀다.
I feel it my duty to speak frankly to you.

0408. 나는 그를 매력적인 사람으로 여긴다. (to be가 보어 앞에서 생략된 것)
I think him (to be) a charming person.

0409. 그는 자신을 능력 있는 사람으로 입증했다. (재귀대명사를 목적어로 받고 보어 앞에서 to be 생략)
He proved himself (to be) a capable man.

0410. 대부분의 사람들은 그를 순진한 사람으로 생각한다. (to be가 보어 앞에서 생략된 것)
Most people believe him (to be) an innocent man.

0411. 그것을 비밀로 해두자.
Let's keep it a secret.

2) 목적보어에 형용사, 분사를 쓸 수 있는 주요 5형식 동사

도표 023 : 형용사, 분사를 목적보어로 취할 수 있는 주요 동사

타동사 + 목적어 + 형용사보어		의미
① make	+ O + O.C	~을, 를 ~한 상태로 만들다
② set	+ O + O.C	~을, 를 ~한 상태로 설정하다
③ get	+ O + O.C	~을, 를 ~한 상태로 파악하다, 만들다
④ find	+ O + O.C	~을, 를 ~한 상태로 파악하다
⑤ keep	+ O + O.C	~을, 를 ~한 상태로 유지하다
⑥ turn	+ O + O.C	~을, 를 ~한 상태로 바꾸다
⑦ think	+ O + O.C	~을, 를 ~한 상태로 여기다
⑧ believe	+ O + O.C	~을, 를 ~한 상태로 믿다
⑨ guess	+ O + O.C	~을, 를 ~한 상태로 추측하다
⑩ consider	+ O + O.C	~을, 를 ~한 상태로 여기다
⑪ suppose	+ O + O.C	~을, 를 ~한 상태로 여기다
⑫ prove	+ O + O.C	~을, 를 ~한 상태로 입증하다
⑬ feel	+ O + O.C	~을, 를 ~한 상태로 느끼다

⑭ like	+ O + O.C	~을, 를 ~한 상태로 원하다
⑮ want	+ O + O.C	~을, 를 ~한 상태로 원하다
⑯ leave	+ O + O.C	~을, 를 ~한 상태로 내버려두다

0412. 어떤 사람들은 개를 식당 안으로 가지고 들어오는 것을 참을 수 있다고 여긴다.
Some people consider bringing a dog into a restaurant tolerable.

0413. 그는 나를 슬픈 상태로 만들었다.
He made me sad.

0414. 그는 나를 지적인 상태로 파악했다.
He found me intelligent.

0415. 나는 그를 나쁘다고 생각한다.
I think him bad.

0416. 우리는 그를 화나게 만드는 것을 어리석다고 믿는다.
We believe it stupid to make him angry.

0417. 나는 나의 커피를 진한 상태로 좋아한다.
I like my coffee strong.

0418. 그녀는 스테이크를 중간 정도로 구워진 상태로 좋아한다.
She likes her steak medium-well done.

0419. 나는 매우 빨리 걸음으로써 내 자신을 따듯하게 유지했다.
I kept myself warm by walking very fast.

0420. 나는 극장 안에서 크게 말하는 것을 매우 짜증난다고 생각한다.
I suppose it to be very annoying to speak loudly in the cinema.

0421. 그는 나를 잘못된 것으로 입증했다.
He proved me wrong.

0422. 나는 애완동물 없이 산다는 것을 매우 슬프다고 느꼈다.
I felt it very sad living without any pets.

0423. 나는 그를 죽은 상태로 원한다.
I want him dead.

0424. 나는 타인들을 간섭하는 상태로는 원치 않는다.
I don't want others interfering.

0425. 나는 나의 바지가 다림질되어진 상태로 원한다.
I want my trousers ironed out.

0426. 납치범들은 인질들을 자유롭게 해 주었다.
The hijackers set the hostages free.

0427. 그녀의 말들은 나를 생각하게 만들었다.
Her remarks set me thinking.

0428. 나를 혼자인 상태로 내버려두라.
Leave me alone.

0429. 나는 당신이 그 문을 잠궈지지 않은 상태로 두길 바란다.
I want you to leave the door unlocked.

3) 목적보어로 (to) V.R 를 받는 동사

★ 목적어의 행위나 동작과 관련된 보어는 to V.R 형태로 받습니다. 이 부분은 to V.R (to infinitive) 부분에서 자세히 다루게 됩니다.

도표 024 : (to) V.R 를 목적보어로 취할 수 있는 주요 동사

① want	+ 목적어 + to 부정사		주어는 목적어가 ~하기를 원하다
② make	+ 목적어 + 원형부정사		주어는 목적어가 ~하도록 만들다
③ see	+ 목적어 + 원형부정사, ing 분사		주어는 목적어가 ~하는 것을 보다

★ 5형식 동사 학습의 핵심은 목적어와 목적보어의 상관성을 알아보느냐에 있고 목적보어에 부사를 사용하지 않는 것에 있습니다.

01 기출문제

01. 다음 문장의 내용상 _____ 부분에 가장 적절한 말은?

> The candidate vowed to ____ public schools with new textbooks and cutbacks in taxes but failed to act on either promise once he was elected.

① purchase
② sell
③ address
④ provide

해석 그 후보자는 공립학교들에게 새 교재와 세금 감면을 제공하겠다고 약속했지만, 일단 선출되고 나자 어느 약속도 이행하지 못했다.

해설 '제공하다'에서 동사 A with B 구조로 사용하는 핵심동사, provide, supply, present, furnish

답 ④

02. 다음 문장의 내용상 _____ 부분에 가장 적절한 말은?

> The quantum theory states _____ such as light, is given off and absorbed in tiny definite units called quanta or photons.

① energy that
② that it is energy
③ it is energy
④ that energy
⑤ what energy

해석 양자이론은 빛과 같은 에너지는 양자 혹은 전자라고 불리는 작은 입자들의 형태로 방출 및 흡수된다고 말한다.

해설 state는 절을 목적어로 받을 수 있는 3형식 동사이고 is given off 가 술어동사로 있으므로 주어가 필요함. 주어의 앞에는 접속사 that 이 올 수 있음.

답 ④

03. 다음 문장의 내용상 _____ 부분에 가장 적절한 말은?

> The doctor explained _____ that we should have a complete physical examination once a year.

① us
② at us
③ to us
④ for us

해석 의사 선생님은 우리가 1년에 한 번씩 종합 검진을 받아야 한다고 우리에게 설명했다.

해설 explain 동사는 3형식이므로 '-에게' 에 해당하는 목적어는 전치사 to로 받아야 한다.

답 ③

04. 다음 문장의 내용상 _____ 부분에 가장 적절한 말은?

> When all the students _____, the professor cleared his throat a few times.

① seated
② sit
③ were seated
④ seat

해석 모든 학생들이 자리에 앉았을 때 교수님은 헛기침을 몇 번 했다.

해설 seat 동사는 타동사로 '앉히다'이므로 수동을 써야 '앉다'가 된다.

답 ③

05. 다음 문장의 내용상 _____ 부분에 가장 적절한 말은?

> It is expected that this new heating device will _____ us a lot of energy.

① end
② save
③ help
④ stop

해석 이 새로운 난방장치는 우리에게 많은 에너지를 덜어줄 것으로 기대된다.

해설 save + I.O + D.O = '-에게 -을 덜어주다'

답 ②

06. 다음 문장의 내용상 _____ 부분에 가장 적절한 말은?

The medicine will _____ you good.

① make　　　　　　　　　　② do
③ feel　　　　　　　　　　　④ harm

해석 그 약은 너에게 득을 줄 것이다.
해설 do + I.O + good / harm / damage / favor / justice
답 ②

07. 다음 문장의 내용상 _____ 부분에 가장 적절한 말은?

She got her son _____ the door.

① fix　　　　　　　　　　　② to fix
③ fixed　　　　　　　　　　④ to be fixed

해석 그녀는 자신의 아들에게 문을 고치라고 시켰다.
해설 get + 목적어 + to 부정사 : '목적어에게 -하도록 시키다.'
답 ②

08. 다음 문장의 내용상 _____ 부분에 가장 적절한 말은?

I could not make him _____ the reason why I had done such a thing.

① understand　　　　　　　② understood
③ understanding　　　　　　④ to understand
⑤ understands

해석 나는 내가 왜 그러한 일을 했는지 그 이유를 그에게 이해시킬 수 없었다.
해설 make + 목적어 + 동사원형 : '목적어가 -하도록 만들다.'
답 ①

09. 다음 문장의 내용상 _____ 부분에 가장 적절한 말은?

> The flexibility of film allows the artist _____ unbridled imagination to the animation of cartoon characters.

① brought ② to bring
③ whose ④ to bringing

해석 영화의 유연성은 예술가가 무한한 상상을 만화등장인물들의 동작에 부여하도록 허락한다.

해설 allow, permit은 to 부정사를 목적보어로 받는다. allow + 목적어 + to V.R

답 ②

10. 다음 문장의 내용상 _____ 부분에 가장 적절한 말은?

> If you ask nicely, mother will probably _____ a piece of cake.

① make you have ② let you to have
③ allow you have ④ let you have
⑤ allow that you have

해석 네가 공손하게 요구를 한다면 어머니가 아마도 케이크 한 조각을 먹도록 허락해주실 것이다.

해설 '허용하다'라는 의미의 let + 목적어 + V.R

답 ④

11. 다음 문장의 내용상 _____ 부분에 가장 적절한 말은?

> The teacher saw, out of the corner of his eyes, someone _____ pass a note to someone else.

① trying to ② who is trying to
③ tries to ④ who try to
⑤ to try to

해석 선생님은 곁눈질로 누군가가 쪽지를 다른 이에게 건네려 하는 것을 보았다.

해설 see + 목적어 + 동사원형 혹은 현재분사 : 목적어가 -하는 것을 보다 / 만일 목적보어가 수동관계가 되면 p.p분사가 와야 하고 해석은 '목적어가 -되는 것을 보다'. 2번과 4번은 관계사절의 시제가 주절 동사 saw 와 불일치.

답 ①

12. 다음 문장의 내용상 _____ 부분에 가장 적절한 말은?

> Lobbyists who represent special interest groups get _____ that benefits their groups.

① Congress to pass the legislation ② Congress passed the legislation
③ Congress passing the legislation ④ Congress passing the legislation
⑤ the legislation to pass by Congress

[해석] 특정 이익 집단을 대변하는 로비스트들은 자신의 집단에 득이 되는 법안을 국회가 통과시키도록 한다.

[해설] get + 목적어 + to 부정사 : '목적어가 -하도록 시키다'

[답] ①

13. 다음 문장의 내용상 _____ 부분에 가장 적절한 말은?

> They had the thrill of seeing the world record ____ by their own athletes.

① break ② to break
③ be broken ④ to be broken
⑤ broken

[해석] 그들은 바로 자신들의 선수들에 의해 세계기록이 깨어지는 것을 보는 짜릿함을 맛보았다.

[해설] see + 목적어 + p.p : '목적어가 -되는 것을 보다'

[답] ⑤

14. 다음 문장의 내용상 _____ 부분에 가장 적절한 말은?

> The scientist ____ his experimental rat on the table.

① lies ② laid
③ is laid ④ lay

[해석] 그 과학자는 테이블 위에 자신의 실험용 쥐를 올려놓았다.

[해설] 타동사 lay - laid - laid의 변형

[답] ②

15. 다음 문장의 내용상 _____ 부분에 가장 적절한 말은?

> A : Don't speak too loud. The ceremony has just started.
> B : Look, the flag is ____ now.

① rose
② raising
③ risen
④ being raised
⑤ being risen

해석 A : 너무 크게 말하지 마세요, 의식이 방금 시작 되었어요.
B : 보세요, 깃발이 지금 게양되고 있어요.

해설 raise - raised - raised 타동사의 진행수동형 / rise는 자동사

답 ④

16. 다음 문장의 내용상 _____ 부분에 가장 적절한 말은?

> The visitor ____ his briefcase on the table and _____ down in a chair opposite his host who was seated on the armchair.

① set - seated
② setted - sit
③ set - sat
④ set - set

해석 그 방문객은 탁자 위에 자신의 서류가방을 올려놓고 팔걸이의자에 앉아 있는 주인의 맞은편 의자에 앉았다.

해설 set - set - set 타동사 (두다, 놓다) / sit - sat - sat 자동사(앉다) / seat 타동사(앉히다).
관계사절의 시제로 보아 과거시제를 써야 함.

답 ③

17. 다음 문장의 내용상 _____ 부분에 가장 적절한 말은?

> More than half of the population of that region ____ both Korean and Spanish.

① says
② says to
③ speaks
④ speaks to
⑤ tell

해석 그 지역 인구의 절반이상이 한국어와 스페인어를 모두 구사한다.

해설 언어를 목적어로 받는 '말하다' 동사는 speak

답 ③

18. 다음 문장의 내용상 _____ 부분에 가장 적절한 말은?

> Some experts ____ the economy is headed for a recession.

① say
② tell
③ speak
④ talk

해석 몇몇 전문가들은 경제가 불경기로 향하고 있다고 말한다.

해설 절을 목적어로 바로 받는 3형식 '말하다' 동사는 say. the economy 앞에 접속사 that 이 생략됨.

답 ①

19. 다음 빈칸에 들어갈 수 있는 말로 짝지은 것은?

> - He can ____ French well.
> - We may ____ about the matter this afternoon.
> - Science does not ____ us everything about the moon.

① speak - say - talk
② speak - talk - tell
③ talk - speak - talk
④ tell - tell - say

해석 그는 불어를 잘 구사할 수 있다. / 우리는 오늘 오후에 그 문제에 대해 토의할 지도 모른다. / 과학이 우리에게 달에 대한 모든 것을 말해주지는 않는다.

해설 '언어를 말하다'는 speak / '-에 관하여 말하다'라는 자동사는 talk about / 4형식 '-에게 -을 말해주다'는 tell

답 ②

20. 다음 밑줄 친 부분 중 틀린 것은?

> The processes ① <u>involved in</u> the creation ② <u>of the universe</u> ③ <u>remain</u> ④ <u>mysteriously</u> to ⑤ <u>astronomers</u>.

해석 우주의 생성에 관련한 과정들은 천문학자들에게 여전히 신비로 남아있다.

해설 remain 동사는 2형식으로 형용사 보어를 받으면 '-한 상태로 남아있다' 1형식과 혼동하지 않기 위해서는 모든 2형식 동사자리에 be 동사를 대체시켜서 문맥이 맞는가 점검한다.

답 ④ → mysterious

21. 다음 밑줄 친 부분 중 틀린 것은?

We sat down and ① waited for the professor. The classroom ② grew quiet. We all felt a little nervous. After a while, the professor entered and he introduced himself. While he was ③ talking to us in an easy manner, we began to smile and ④ feel comfortably.

해석 우리는 앉아서 교수님을 기다렸다. 교실은 조용해졌다. 우리는 모두 약간 불안했다. 잠시 후 교수님께서 들어와 자신을 소개하셨다. 교수님께서 우리에게 편하게 대화를 하는 동안에 우리는 웃기 시작했고 편안한 상태라고 느끼기 시작했다.

해설 feel 동사는 2형식에서 보어자리에 감정형용사를 받아서 '어떤 감정을 느끼다', 촉감형용사를 받아서 '어떤 촉감을 느끼다'로 사용 합니다. 따라서 부사를 형용사 comfortable로 고칠 것. 부사는 보어가 될 수 없음.

답 ④

22. 다음 밑줄 친 부분 중 틀린 것은?

① Having spent his last penny ② for the cheese, he ③ was determined to eat it all, even if it ④ tasted bitterly to him.

해석 마지막 돈을 치즈를 사는 데 쓰고 난 후 그는 설령 치즈가 자신에게는 쓴맛이 나도 다 먹어치우기로 결심했다.

해설 taste 동사 + 형용사 : 2형식으로 사용되면 '-한 맛이 나다'.

답 ④ → tasted bitter

23. 다음 밑줄 친 부분 중 틀린 것은?

Death sentences have not ① mitigated the crises of ② teeming prisons and a society of victims. Even the phrases death by ③ electrocution and death by ④ injection sound ⑤ absurdly and incongruous with modern society.

해석 사형은 범죄자로 가득한 감옥의 위기와 희생자 사회를 완화시켜 주지 못했다. 심지어 전기 감전에 의한 사형과 독극물 주입에 의한 사형과 같은 말들조차도 불합리하게 들리며 현대사회와는 어울리지 않게 들린다.

해설 sound + 형용사 : '-한 상태로 들리다' / 보어자리에는 부사가 올 수 없음.

답 ⑤ → absurd

24. 다음 밑줄 친 부분 중 틀린 것은?

① <u>Written</u> in a terse, lucid style, the book ② <u>describes about</u> the author's ③ <u>childhood experiences</u> in Louisiana ④ <u>just before</u> the ⑤ <u>outbreak</u> of the Civil War.

해석 간명한 문체로 쓰여진 그 책은 남북 전쟁 발발 직전 Louisiana에서의 작가의 유년 시절 경험을 묘사한다.

해설 describe는 완전 타동사로 전치사 없이 바로 목적어를 받는다. 전치사 about을 뺄 것.

답 ② → describes

25. 다음 밑줄 친 부분 중 틀린 것은?

We only have ourselves ① <u>to blame</u>; ② <u>for all</u> the good things we have given our children and the sacrifices we have made, we are unable to ③ <u>win</u> their hearts and minds because we ④ <u>lack of</u> tolerance.

해석 우리는 우리 자신을 탓할 수 밖에 없다. 우리가 자녀들에게 준 좋은 것들과 우리가 자아낸 희생들에도 불구하고, 우리는 인내가 부족하여 그들의 가슴과 마음을 얻어내지 못한다.

해설 because가 접속사이고 뒤에 주어 we가 온 것으로 보아 lack을 명사로 쓰지 않고 동사로 쓴 것이며 이것은 3형식 완전타동사이므로 바로 목적어를 취한다. 따라서 of 를 뺄 것.

답 ④ → lack

26. 다음 밑줄 친 부분 중 틀린 것은?

The family environment is ① <u>apt</u> to ② <u>influence upon</u> what ③ <u>kind of</u> person a child eventually ④ <u>matures into</u>.

해석 가정환경은 아이가 결국 어떠한 종류의 사람으로 성장하는가에 영향을 주기 쉽다.

해설 influence가 동사로 사용되었을 경우 3형식 완전타동사로 바로 목적어를 취한다. 전치사를 없애거나 아예 명사로 쓰는 숙어구조를 택할 것. 여기서는 전치사 upon 을 빼거나 have influence upon 구조를 취할 것.

답 ② → influence, have influence upon

27. 다음 밑줄 친 부분 중 틀린 것은?

In Rome, Italy, a store burglary suspect, when ① caught in a store after closing hours, ② explained the police that he suffered from a desire to sleep constantly and had fallen asleep inside the store. ③ To prove his point, he ④ kept falling asleep during police questioning

해석 이탈리아 로마에서 한 상점 강도 용의자가 폐점 시간 이후에 매장에서 체포되었을 때 자신은 아무 때나 졸음이 쏟아지는 기면증이 있어 매장 내에서 잠이 들었다고 경찰에게 설명을 했다.

해설 explain 동사는 3형식으로 '-에게'에 해당하는 목적어는 전치사 to를 통해서 받는다.

답 ② → explained to the police.

28. 다음 문장의 내용상 _____ 부분에 가장 적절한 말은?

Low-cost, professional-quality graphics software makes _____ our artwork in house cost-effective.

① producing
② produce
③ production
④ to produce

해석 저렴하고 프로급의 그래픽 소프트웨어가 집안에서 우리의 예술작품을 만들어내는 것을 비용 대비 효과적으로 만든다.

해설 make 동사가 5형식이므로 목적어에 동명사를 받았다. 부정사는 반드시 it / to V.R 구조의 가목적어 진목적어 구조로 받아야 함.

답 ①

29. 다음 밑줄 친 부분 중 틀린 것은?

He ① has made it ② possibly to finish the work ③ according to the ④ original plan.

해석 그는 애초의 계획대로 일을 끝내는 것을 가능하게 했다.

해설 make 동사는 5형식에서 목적보어에 형용사를 쓸 수 있음. 보어자리에 부사는 쓸 수 없음.

답 ② → possible

30. 다음 밑줄 친 부분 중 틀린 것은?

> As artists, ① <u>what</u> drives us is desire to make our lives ② <u>to run</u> more ③ <u>smoothly</u>, with less angst, ④ <u>fewer</u> voids and a minimum of bother.

해석 예술가로서 우리를 추진시키는 것은 더 적은 불안, 더 적은 공허감 그리고 최소한의 수고로 우리의 삶을 더 부드럽게 진행되도록 만들고자 하는 욕구이다.

해설 make 동사는 5형식 목적보어로 원형부정사를 쓴다.

답 ② → run

31. 다음 밑줄 친 부분 중 틀린 것은?

> Imagine ① <u>my surprise</u> ② <u>when</u> I saw one man in the car ③ <u>pulled out</u> a gun and ④ <u>begin</u> ⑤ <u>to load it</u>.

해석 차 안에 있는 한 남자가 총을 꺼내서 장전하기 시작한 것을 봤을 때 내가 얼마나 놀랐을지 상상해 보라.

해설 see 동사는 5형식 지각동사로 목적보어가 목적어와 능동관계일 경우 원형부정사나 현재분사를 쓴다.

답 ③ → pulling out

32. 다음 밑줄 친 부분 중 틀린 것은?

> ① <u>Occasionally</u> whales need to ② <u>raise</u> to the ③ <u>surface</u> of the water to ④ <u>take in</u> oxygen.

해석 이따금씩 고래는 산소를 마시기 위해 수면 위로 올라가야한다.

해설 rise가 자동사 / raise는 타동사 / 전치사가 있으므로 자동사를 써야 한다.

답 ② → rise

33. 다음 문장의 내용상 _____ 부분에 가장 적절한 말은?

> Did you notice the young man _____ away?

① took the jewel and ran
② having taken the jewel and run
③ taking the jewel and ran
④ take the jewel and run

> 해석 당신은 그 젊은이가 보석을 훔쳐 달아난 것을 보았는가?
> 해설 notice가 5형식으로 사용될 때 지각동사이므로 목적보어에 원형부정사나 현재분사를 쓴다.
> 답 ④

34. 다음 문장의 내용상 _____ 부분에 가장 적절한 말은?

> I remember _____ the visitors around the museum last year.

① to see him conducting
② to see him to conduct
③ seeing him to conduct
④ seeing him conducting

> 해석 나는 그가 작년에 방문객들을 박물관에 안내했던 것을 봤던 기억이 난다.
> 해설 remember가 과거의 사실을 받을 경우 동명사를 써야 함. see 동사는 지각동사이므로 목적보어에 원형이나 ing 현재분사를 받는다. 물론 목적어와 수동관계면 p.p분사.
> 답 ④

35. 다음 문장 중에서 옳지 <u>않은</u> 것을 고르시오.

① I had my watch repaired.
② Your problem appeared impossibly.
③ Little did she realize what I was trying.
④ She was listening to music with her eyes closed.
⑤ This leaflet tells you how to avoid getting ill while traveling.

> 해석 ① 나는 내 시계를 수리했다.
> ② 당신의 문제는 불가능하게 보였다.
> ③ 그녀는 내가 말하고자 하는 바를 거의 깨닫지 못했다.
> ④ 그녀는 눈을 감은 채로 음악을 듣고 있는 중이었다.
> ⑤ 이 전단지는 여행하는 동안 병이 나는 것을 피하는 법을 알려준다.
> 해설 appear 동사가 2형식으로 형용사 보어를 받으면 '-한 상태로 보인다'. 보어자리에는 부사가 올 수 없음.
> 답 ② impossibly → impossible

36. 다음 중 어법 상 <u>틀린</u> 것을 고르시오.

① I believe for him to be kind. ② I believe him to be kind.
③ It seems that he is ill. ④ He seems to be ill.

해석 ① 나는 그가 친절하다고 생각한다. ② 나는 그가 친절하다고 생각한다.
③ 그는 아픈 것 같다. ④ 그는 아픈 것 같다.

해설 believe는 3형식이나 5형식으로 사용함. : I believe that he is kind. 혹은 I believe him (to be) kind.

답 ①

37. 다음의 이어진 내용 중 문법적으로 틀린 부분이 있는 것은?

① I began making fun of one of the players who always sat on the bench.
② He was a nice guy and had always been good to me, but a lot of other people made fun of him so I thought I would, too.
③ It made Eric laugh, too.
④ After several minutes, I happened to turn around and, to my horror, saw this kid's younger brother to sit right behind me.

해석 ① 나는 항상 벤치에만 앉아 있는 선수들 중 한 선수를 놀리기 시작했다.
② 그는 좋은 아이였고 항상 나에게 잘 대해줬었지만, 많은 다른 사람들이 그를 놀려댔고 따라서 나도 그래야 하겠다고 생각했다.
③ 그것은 Eric 역시 웃게 만들었다.
④ 몇 분 뒤, 나는 우연히 뒤를 돌아보게 되었는데, 매우 놀랍게도, 이 아이의 남자형제가 바로 내 뒤에 앉아 있는 것을 보았다.

해설 see 동사가 5형식 보어로 원형동사나 현재분사

답 ④ brother <u>to sit</u> right → brother <u>sitting</u> right / brother <u>sit</u> right

PART 02
nouns

명사

02 명사 (nouns)

☆ 명사란 '사물, 사람, 물질, 현상, 개념'에 붙인 이름으로 문장 내에서 '주어, 목적어, 보어, 동격'의 역할을 합니다. 영어에서 명사는 한국어와 달리 셀 수 있는 개념인가 아니면 셀 수 없는 개념인가를 매우 중시하며 이에 따라 수식어를 비롯한 많은 용법이 달라질 수 있으니 처음부터 명사란 곧 '수'와 직결된 것이라고 생각해야 합니다. 가산성과 불가산성은 절대적으로 주어지는 것이 아니라 전달하고자 하는 의미에 따라 바뀌며 이는 고급과정인 TEG(The English Grammar - advanced)에서 자세히 다룹니다.

1. 가산 명사(countable nouns)

☆ 가산명사는 일반적으로 개체화된 상태로 존재하는 명사를 말합니다. 따라서 단수와 복수로 구별될 수 있으며, 문장에서 사용될 때, 낱개를 의미하는 수식어인 'a, an, one, two, many, few, every, each, these, those' 등을 앞에 붙여서 사용할 수 있습니다.

1) 보통명사(ordinary nouns)

☆ 개체화될 수 있는 사람, 사물, 개념 등이며 수로 셀 수 있으므로 'a, an, several, many' 등을 붙일 수 있습니다.

도표 025 : 보통명사의 용례

a man	one child	every father	each doctor
two desks	few cars	many days	one night
three hours	a few weeks	several kinds	

2) 집합명사(collective nouns)

☆ 보통명사가 무리를 이루어 만든 명사로 집합체 자체는 단수로, 구성원들을 이야기 할 때는 군집화되어 복수로 취급합니다. 물론 집합체 자체가 여러 개가 되면 집합명사를 복수로 써야 합니다.

도표 026 : 집합명사의 용례

one family	two families	a class	several committees
two groups	a jury(배심원단)	many teams	every orchestra
each audience	a band	a union	two peoples(두 민족들)

3) 군집명사(mass nouns)

☆ 집합명사와 달리 늘 군집상태의 개체들을 말하므로 항상 복수 취급 합니다. 그러므로 단수형 수식어인 a, an, every, one 등을 사용하지 않습니다.

① the police (경찰들), the jury (배심원들), the clergy (성직자들), the peasantry (소작 농민들), the gentry (향신들, 지역의 상류층 신사들), the nobility (귀족들),

② people (사람들), cattle (소들), vermin (해충들), poultry (집에서 키우는 날짐승들)

③ valuables (귀중품들), movables(동산들), necessaries (필수품들), eatables (먹을거리들), accessaries (장식품들), belongings (소지품들)

☆ people 이 '사람들'이라는 의미일 때는 군집명사지만 '민족'이라는 의미일 때는 집합명사가 되어 단수·복수의 구별이 가능합니다. 즉, a people 은 '하나의 민족'이며 two peoples 가 되면 '두 개의 민족들'이 됩니다. 경찰들은 a police man, a police woman, a police officer 등으로 단수를 표현합니다. 배심원의 경우 a juror, two jurors 와 같이 단·복수를 표현합니다.

0430. 내 가족은 대가족이고, 우리는 모두, 내 가족을 포함한 3가족들 이상이 모이는 예배당의 아침예배에 가는 일찍 일어나는 사람들이다.

My family is a large one and we are all early risers who go to morning service in the chapel where more than 3 families gather including mine.

0431. 그 축구게임의 군중은 대규모였고 팀원들은 그들의 새로운 상의를 입고 있었다.

The crowd in the soccer game was huge and the team were wearing their new jerseys.

2. 불가산 명사(uncountable nouns)

☆ 기본적으로 셀 수 없는 명사이므로 'a, an, many, several, few(a few)' 등의 수식을 받지 않으며, 복수형도 쓸 수 없습니다. 양으로 수식하는 'a little, little, much' 등이 꾸밉니다. 하지만 불가산명사도 다양한 방식으로 가산명사처럼 사용할 수 있습니다.

1) 추상명사(abstract nouns)

☆ 인간의 관념세계를 규정하는 명사로서 '성질, 상태, 감정, 행위, 개념'에 붙인 이름들입니다. 예를 들어 '소식, 정보, 충고, 평화, 정직, 지식, 운, 희망, 자비, 의혹, 공포, 사랑, 증오, 아름다움, 용기, 분노, 중요성, 편리, 가치, 능력, 시간, 공간' 등의 말들은 모두 물건이 아니라 인간의 머릿속에서 만들어낸 개념들입니다. 따라서 개념자체를 말할 때 이것은 하나의 개체를 말하는 것이 아니므로 불가산명사가 됩니다. 물론 불가산명사는 그 자체로는 단수취급합니다. 예를 들어 Love is all she needs 라고 할 때, love 다음에 술어동사를 is 로 받게 됩니다. 그런데 이런 추상명사도 가산명사처럼 사용할 수 있습니다. 즉, 개념을 말하는 것이 아니라 하나의 구체적 사례를 말할 때는 가산명사인 보통명사의 규칙을 따르게 됩니다. 만약 Once there was a love in this island 라고 하면 '한 때 이 섬에 하나의 사랑(이야기, 사건)이 있었다'가 됩니다. 이렇게 사용되면 two loves 라는 표현도 가능합니다.

도표 027 : 추상명사의 용례

news	information	advice	peace
knowledge	luck	death	hope
mercy	suspicion	horror	honesty
love	hatred	beauty	truth
patience	courage	anger	importance
convenience	value	ability	significance
room (공간, 여지)	company (일행, 친교, 합석)	time (시간)	art
homework	soccer	basket ball	economics
mathematics	sociology (사회학)	history (역사)	terminology (용어학)

0432. 시간은 위대한 사상들에게는 중요하지 않다. 왜냐하면 그 사상들은 오래 전에 사상가들의 마음에 처음 번뜩일 때만큼 오늘날에도 신선하기 때문이다.

<u>Time</u> is of no account with great thoughts, for they are as fresh today as when they first passed through their author's mind, ages ago.

0433. 후대까지 지속되는 명성은 오랜 시간에 걸쳐 이루어지는 것이다.

<u>The fame</u> which lasts to <u>posterity</u> is of very slow <u>growth</u>.

0434. 그의 의견은 매우 도움이 되었다.
His opinion has been of <u>great help</u>.

0435. 학생들에게 재미없는 주제들은 사라질 것이다.
The subjects which are of <u>no interest</u> to students will fade away.

☆ 추상명사는 다음과 같은 중요한 특징이 몇 개 있습니다.

(1) 개채형수식어 불가

☆ 추상명사의 개념 자체는 셀 수 없기 때문에 'a, an, one, two, every' 등의 수식어를 붙일 수 없습니다. 물론 'any, some' 등은 낱개를 의미하지 않는 수식어이므로 사용할 수 있습니다.

(2) of + 추상명사 = 형용사

☆ 여러 가지 이유로 한 단어 형용사를 쓰지 않고 전치사 of 와 그에 해당하는 추상명사를 사용합니다. 이것은 be 동사 뒤에 바로 올 때 상당히 낯설게 느껴지므로 친숙해지는 것이 좋습니다.

도표 028 : of + 추상명사의 의미

of + 추상명사	형용사	of + 추상명사	형용사
① of value	valuable	② of service	serviceable
③ of interest	interesting	④ of help	helpful
⑤ of importance	important	⑥ of age	old
⑦ of significance	significant	⑧ of account	important
⑨ of growth	growing	⑩ of use	useful
⑪ of ability	able	⑫ of no use	useless

(3) 다른 전치사 + 추상명사 = 부사

☆ 다른 전치사와 추상명사를 합쳐서 동사를 직접 수식하는 부사구로 활용되는 경우가 많습니다.

도표 029 : 전치사 + 추상명사의 의미

전치사 + 추상명사	부사적 의미	전치사 + 추상명사	부사적 의미
① with ease	easily	② in turn	accordingly again
③ at ease	comfortably	④ by chance	accidentally
⑤ with caution	cautiously	⑥ by accident	accidentally
⑦ with care	carefully	⑧ in time	not late
⑨ on purpose	purposely	⑩ on time	punctually
⑪ upon 행위명사	when 행위동사 p.p	⑫ behind time	late
⑬ with courage	courageously	⑭ behind times	not catching up

0436. 헬렌은 순전히 우연히 배우가 되었다.
　　　Helen got into acting purely <u>by accident</u>. (accidentally)

0437. 후식은 요구 시에 제공됩니다.
　　　The dessert is served <u>on request</u>. (when requested)

0438. 그들은 대열 속에서 편히게 서 있었다.
　　　They stood <u>at ease</u> in the formation. (comfortably)

(4) all + 추상명사 = 추상명사 + itself = very + 형용사

도표 030 : all + 추상명사 = 추상명사 + itself = very + 형용사

	all + 추상명사	추상명사 + itself	very + 형용사
①	all kindness	kindness itself	very kind
②	all cruelty	cruelty itself	very cruel
③	all happiness	happiness itself	very happy
④	all courage	courage itself	very courageous

0439. 당신의 아버지는 친절 그 자체이다. 즉, 매우 친절하다.
　　　Your father is all kindness.
　　　= Your father is kindness itself.
　　　= Your father is very kind.

☆ 'all + 보통명사복수형'도 해당 분위기를 강조하는 표현으로 사용됩니다.

도표 031 : all + 복수보통명사 = very + 형용사

all + 복수보통명사	형용사적 의미	all + 복수보통명사	형용사적 의미
all eyes	very attentive	all ears	very attentive
all smiles	very happy	all tears	very sad

(5) have + the + 성품명사 + to V.R : '-할 정도의 성질을 갖다'

☆ to V.R 가 앞의 성품명사를 꾸며서 '~할 정도의 어떤 성질을 갖다' 라는 의미를 만들어 냅니다. 예를 들어 'The old man had the kindness to let me in and give some food' 라고 하면 to V.R 부분이 앞의 kindness 를 수식하게 되는데 이것이 어떤 구체적 '친절성'이므로 kindness 앞에 정관사 'the' 를 붙이게 됩니다. 'have the cruelty to V.R, have the nerve (guts, courage) to V.R, have the wisdom to V.R' 등 다양한 표현이 가능합니다.

도표 032 : have + the + 성품명사 + to V.R = 형용사 + enough to V.R

have the + 성품명사 + to V.R	의미
① have the courage(guts, nerve) to V.R	~할 정도의 배짱, 용기를 가지다
② have the wisdom to V.R	~할 정도의 지혜를 가지다
③ have the kindness to V.R	~할 정도의 친절성을 가지다
④ have the honesty to V.R	~할 정도의 정직성을 가지다
⑤ have the cruelty to V.R	~할 정도의 잔인성을 가지다
⑥ have the fear to V.R	~할 정도의 두려움을 가지다

2) 물질명사(material nouns)

☆ 자연계의 기본 구성 물질인 '기체, 액체, 고체'에 붙인 이름입니다. 인간이 만든 '물질'과 '곡식'도 포함됩니다. 개체화 하지 않고 '양'으로 계산합니다.

도표 033 : 기본적 물질명사

기체	액체	고체	곡식, 음식
① air	② water	③ gold	④ rice
⑤ oxygen	⑥ alcohol	⑦ wood	⑧ wheat
⑨ nitrogen	⑩ wine	⑪ stone	⑫ cheese
⑬ helium	⑭ beer	⑮ steel	⑯ ham
⑰ ozone	⑱ coffee	⑲ cloth	⑳ bacon
㉑ hydrogen	㉒ tea	㉓ chocolate	㉔ meat
㉕ carbon dioxide	㉖ oil	㉗ wool	㉘ bread
㉙ sulfur dioxide	㉚ blood	㉛ paper	㉜ butter

(1) 집합적 물질명사

☆ 특정한 물건들을 한꺼번에 모아서 물질의 개념으로 취급하는 명사를 말합니다. 어미로 '-ery, -ry' 등을 사용하는 명사들도 있습니다. 참고로 이 어미는 특정행위를 하는 장소 혹은 특정한 종류의 물질을 싸잡아 표현할 때 사용합니다. '양'으로 취급합니다.

도표 034 : 집합적 물질명사

집합적 물질명사	의미	집합적 물질명사	의미
① furniture	가구	② cutlery	날붙이
③ cash	현찰	④ pastry	제빵류
⑤ money	돈	⑥ scenery	경치

⑦ traffic	교통	⑧ crockery	도자기류
⑨ equipment	장비	⑩ stationery	문구류
⑪ luggage	짐	⑫ pottery	도자기류
⑬ baggage	짐	⑭ machinery	기계류
⑮ game	사냥감	⑯ weaponry	무기류
⑰ produce	농산물	⑱ poetry	시
⑲ hair	머리칼	⑳ jewelry	보석류
㉑ mail	우편물	㉒ machinery	기계류

(2) 계량 방법

☆ 'a, an, one, every, many' 등으로 직접 수식할 수 없고 양을 의미하는 'much, little' 등으로 수식합니다. 조수사를 사용하여 구체적으로 계량합니다.

(3) the + 물질명사

☆ 특정한 물질을 지칭합니다.

0440. 땅 속에서 발견된 그 무기류는 오래된 것이었다.
The weaponry found in the ground was out of date.

0441. 하나의 핵무기가 수천의 병사와 <u>전통무기류</u>의 효과를 낼 수 있다.
One nuclear weapon can do the work of thousands of soldiers and <u>conventional weaponry</u>.

0442. 지금의 시간 즉 현재시를 가지고 있는가? 다시 말해 지금 몇 시냐?
(정관사 the가 가진 '현재'용법 Do you have time? - 시간이 있는가? 와 비교하여 기억할 것)
Do you have the time?

3) 고유명사(proper nouns)

☆ 세상에 하나 뿐인 '고유한 사람, 사물'에게 붙여진 이름으로, 첫 철자는 대문자를 사용합니다. 고유명사자체를 의미할 경우 불가산명사의 규칙을 따릅니다.

도표 035 : 고유명사의 예

사람이름	지역, 국가이름	도시 이름	기타 고유한 이름
Ronald Reagan	Asia	Incheon	Sunday
Soon Shin Lee	Africa	Sydney	Jupiter
Mozart	Korea	New Orleans	April
Monet	Europe	Paris	Eiffel Tower

4) 현상명사(nouns for phenomena)

★ 인간의 오감(五感)으로 감지하는 자연계의 현상을 말합니다. 현상자체의 개념을 말하는 경우 불가산이지만, 하나 하나의 사례를 말할 경우, 가산명사의 규칙을 따릅니다.

도표 036 : 자연현상 명사

현상명사	의미	현상명사	의미
① rain	비	② sleet	진눈깨비
③ snow	눈	④ thunder	천둥
⑤ hail	우박	⑥ lightning	번개
⑦ frost	서리	⑧ wind	바람
⑨ death	죽음	⑩ darkness	어둠
⑪ dehydration	탈수	⑫ photosynthesis	광합성
⑬ weather	날씨	⑭ fog	안개

도표 037 : 대표적 불가산 명사의 분류 도표

불가산 명사	의미	불가산 명사	의미	불가산 명사	의미
① rice	쌀	② flour	밀가루	③ salt	소금
④ sugar	설탕	⑤ honey	꿀	⑥ furniture	가구
⑦ money	돈	⑧ cash	현금	⑨ mail	우편
⑩ traffic	교통	⑪ water	물	⑫ coffee	커피
⑬ milk	우유	⑭ oil	기름	⑮ blood	피
⑯ ice	얼음	⑰ bread	빵	⑱ butter	버터
⑲ cheese	치즈	⑳ wood	나무	㉑ weather	날씨
㉒ rain	비	㉓ snow	눈(雪)	㉔ fog	안개
㉕ hail	우박	㉖ beauty	아름다움	㉗ happiness	행복
㉘ education	교육	㉙ health	건강	㉚ honesty	정직
㉛ intelligence	지능	㉜ patience	인내	㉝ peace	평화
㉞ truth	진실	㉟ wealth	부(富)	㊱ advice	충고
㊲ information	정보	㊳ evidence	증거	㊴ energy	힘, 동력
㊵ homework	숙제	㊶ history	역사	㊷ chemistry	화학
㊸ psychology	심리(학)	㊹ economy	경제	㊺ gymnastics	체육
㊻ chess	체스	㊼ poker	포커	㊽ baseball	야구
㊾ soccer	축구	㊿ tennis	테니스	51 basketball	농구

3. 불가산명사의 가산명사화(individuation)

☆ 명사의 가산성과 불가산성은 절대적인 것이 아닙니다. 예를 들어 '비'라는 자연 현상 자체를 말할 때 rain 은 불가산명사입니다. '나는 비가 싫다' 라고 말할 때 'I don't like rain' 입니다. 그러나 한 차례의 비를 말할 때는 사건이므로 가산명사가 되는 것입니다. 따라서 'We had a hard rain last night' 의 경우 '어젯밤 한차례의 세찬 비가 있었다' 가 됩니다. '물' 이라는 물질 자체를 말할 때는 불가산명사 water 이지만, 상품으로서 용기에 담긴 물을 의미할 때는 '물 한 개와 커피 두 개가 필요하다' 라는 표현에서 'I need a water and two coffees' 가 결국 'I need a bottle of water and two cans(cups) of coffee' 를 대용하는 것입니다.

1) 추상명사의 가산명사화

☆ 추상적 개념을, 그것을 구현시킨 '물건'이나 '사례' 또는 '사람'에 비유하는 의미로 사용하면 가산명사로 쓸 수 있습니다.

0443. 그녀는 한때 진짜 미인이었고, 그것은 내가 아름다움이 진실보다 낫다라는 것을 이해시켜주었다.
She was once a real beauty, which made me understand that beauty is better than truth.

0444. 나의 딸은 성공작이지만 아들은 실패작이다.
My daughter is a success but my son is a failure.

0445. 나는 가족을 부양하면서 힘든 시기를 겪었다.
I had a hard time supporting my family.

0446. 이 섬에는 한 때 사랑의 사건이 있었다.
Once there was a love in this island.

0447. 우리가 작은 방을 예약해서 친구들을 위한 공간은 없었다.
We booked a small room so there was no room for my friends.

0448. 나는 일을 찾고 있는데 어머니는 내가 그 공장에서 일하길 원한다.
I am looking for work and my mother wants me to work for the works.

0449. 이것은 예술작품이다.
This is a work of art.

0450. 좋은 지도가 하나 있으면 한 가지 도움이 될 텐데.
A good map would be a help.

0451. 경험은 최고의 선생이다. (개념)
Experience is the best teacher.

0452. 나는 지난 주에 아주 멋진 경험을 했다. (구체적 사례)
   I had an exciting experience last week.

도표 038 : 추상명사의 가산명사화

추상명사의 가산화	의미	추상명사의 가산화	의미
① a beauty	미인	② a convenience	편의품
③ a necessity	필수품	④ an invention	발명품
⑤ a favor	선의의 행위	⑥ a work	작품
⑦ a need	구체적 요구, 필요성	⑧ works	공장, 작업장

☆ 추상명사는 다음과 같은 구조에서도 가산화됩니다. 모두 구체적 사례를 말하기 때문입니다.

도표 039 : 추상명사의 구체화

추상명사에 a, an 을 붙여서 구체적 사례로 표현하는 법	의미
① a knowledge of	-에 대한 구체적 지식
② a dislike, dread, hatred, horror, love of	구체적 혐오, 애정등
③ it is a mercy, pity, shame, wonder + that 절	구체적 한가지 사례
④ it is a pity, shame to V.R	구체적 한가지 감정
⑤ there is a fear, hope, suspicion that 절	구체적 한가지 감정
⑥ have a fear, hope, suspicion that 절	구체적 한가지 감정
⑦ arouse a fear, hope, suspicion	구체적 한가지 감정

2) 물질명사의 가산명사화

☆ 물질 자체를 말하는 것이 아니라, 그 물질에 의해 구현된 하나의 사례나 물질이 만들어 낸 '물건, 개체, 낱개, 종류' 등을 말합니다.

0453. 나는 커피보다 차를 선호하므로 커피 둘에 차 하나를 시키겠다.
   I prefer tea to coffee so I will order one tea and two coffees.

0454. 그 다리는 석재로 만들어진 것처럼 보이며 나는 그것에 돌멩이 하나를 던져보겠다.
   The bridge seems to be made of stone and I am going to throw a stone at it.

0455. 어젯밤 과수원에서 화재사건이 있었다. (사례)
   There was a fire in the orchard last night.

0456. 그녀의 머리칼은 검정이지만 흰 머리털 하나를 발견하면 뽑아낸다. (머리칼과 털)
   Her hair is black but whenever she finds a grey hair she pulls it out.

0457. 우리는 그 식당에서 좋은 종류의 와인을 즐겼다. (종류)

We enjoyed a good wine in the restaurant.

☆ a rain (한 차례의 비) / a snow (한 차례의 눈) / a stone (돌멩이) / a beer (맥주 하나 즉 한 병이나 캔 혹은 잔) / an iron (다리미 하나) / a glass (유리잔) / a coffee (커피 한 잔, 한 병)

3) 고유명사의 가산명사화

☆ 특정한 인물 자체를 거론하는 것이 아니라 그 인물에 의해 비유된 '직업, 작품, 제품' 등을 말하거나 같은 이름의 불특정인을 의미합니다. 이 경우 사용되는 고유명사는 보통 '문화, 예술, 정치, 경제, 스포츠' 분야에서 유명인이거나 유명상표 등입니다.

0458. 나는 베토벤과 같은 음악가가 되고 싶다.

I want to be a Beethoven.

0459. 그의 거실에는 모네 작품이 두 점 있다.

He has two Monets in his living room.

0460. 나는 포드라는 한 사람에게 소개되었다. (내가 알지 못했던)

I was introduced to a Mr. Ford.

4. 명사의 복수(plurals)

★ 명사가 가산화되었을 때 원칙적으로 두 개 이상이 되면 복수로 표시해야 합니다. 한국어에서는 명사 끝에 '들'이라는 말을 붙이면 복수가 됩니다. 영어는 단어의 끝에 기본적으로 s를 붙이는데 다양한 맞춤법 규칙이 존재합니다.

1) 가산명사의 복수형을 만드는 규칙

(1) 무성음으로 끝나는 명사 + s [발음은 s]

도표 040 : 명사의 복수형 -s ①

단수	복수	단수	복수
① a cup	two cups	② a cat	a few cats
③ a book	many books	④ one cook	several cooks
⑤ a month	two months	⑥ a week	two weeks

(2) 유성음, 혹은 모음으로 끝나는 명사 + s [발음은 z]

도표 041 : 명사의 복수형 -s ②

단수	복수	단수	복수
① a cab	two cabs	② this bed	these beds
③ a dog	three dogs	④ a lamb	two lambs
⑤ a pen	many pens	⑥ a king	two kings
⑦ a girl	few girls	⑧ a dove	a few doves
⑨ this table	these tables	⑩ a bee	many bees
⑪ that lion	those lions	⑫ an eagle	two eagles

(3) 치음으로 끝나는 명사 (-s / -ss / -sh / -ch / -x) + es [발음은 iz]

도표 042 : 명사의 복수형 -es

단수	복수	단수	복수
① a class	two classes	② a dish	two dishes
③ a bench	many benches	④ a box	two boxes
⑤ a coach	many coaches	⑥ a fox	two foxes
⑦ a glass	two glasses	⑧ a peach	many peaches

(4) 자음 + y로 끝나는 명사는 y를 i로 고치고 + es [발음은 z]

☆ 모음 + y 인 경우는 s 만 붙임.

도표 043 : 명사의 복수형 -ies / -ys

단수	복수	단수	복수
① a city	many cities	② a lady	two ladies
③ a country	many countries	④ a duty	many duties
⑤ a body	two bodies	⑥ a battery	two batteries
⑦ a toy*	two toys*	⑧ a boy*	two boys*
⑨ a monkey*	two monkeys*	⑩ a key*	two keys*
⑪ a day*	two days*	⑫ a valley*	many valleys*

(5) 자음 + o로 끝나는 명사 + es

☆ 특정 라틴어, 단축어, 모음 + o 의 경우 그냥 s 만 붙임.

도표 044 : 명사의 복수형 -oes / -os

단수	복수	단수	복수
① a potato	many potatoes	② a tomato	two tomatoes
③ a hero	many heroes	④ a torpedo	several torpedoes
⑤ a solo*	two solos*	⑥ a kilo*	two kilos*
⑦ a soprano*	two sopranos*	⑧ a dynamo*	two dynamos*
⑨ a piano(forte)*	two pianos*	⑩ a photo(graph)*	two photos*
⑪ an automobile*	two autos*	⑫ a radio*	two radios*
⑬ a bamboo*	many bamboos*	⑭ a zoo*	many zoos*
⑮ a kangaroo*	many kangaroos*	⑯ a curio*	many curios*

(6) -f (fe) 로 끝나는 명사는 끝을 V 로 바꾸고 + es

☆ 예외적으로 그냥 s 만 붙이는 단어들도 있음에 유의

도표 045 : 명사의 복수형 -ves / -fs

단수	복수	단수	복수
① oneself	ourselves	② a leaf	many leaves
③ a life	many lives	④ a wife	many wives
⑤ a knife	two knives	⑥ a wolf	several wolves
⑦ a half	two halves	⑧ a thief	many thieves

⑨ a loaf	two loaves	⑩ a calf	many calves
⑪ a roof*	two roofs*	⑫ a cliff*	two cliffs*
⑬ a safe*	two safes*	⑭ a proof*	two proofs*
⑮ a belief*	two beliefs*	⑯ a dwarf*	seven dwarfs*
⑰ a gulf*	many gulfs*	⑱ a cuff*	two cuffs*
⑲ a chief*	many chiefs*	⑳ a smurf*	many smurfs*

2) 불규칙 복수형 단어

☆ 다음의 단어들은 어미에 s를 붙이는 형태가 아닌 방식으로 복수형을 만듭니다.

도표 046 : 명사의 복수형이 다른 철자로 존재하는 단어

단수	복수	단수	복수
① child	children	② mouse	mice
③ foot	feet	④ ox(황소)	oxen
⑤ tooth	teeth	⑥ pupa(번데기)	pupae
⑦ goose	geese	⑧ woman	women
⑨ man	men	⑩ louse(기생충)	lice
⑪ larva(애벌레)	larvae	⑫ antenna(더듬이)	antennae
⑬ fungus(진균류)	fungi	⑭ cactus(선인장)	cacti
⑮ focus(촛점)	foci	⑯ alumnus(대학동창)	alumni
⑰ medium(매체)	media	⑱ memorandum(비망록)	memoranda
⑲ curriculum(교과)	curricula	⑳ phenomenon(현상)	phenomena
㉑ datum(자료)	data	㉒ stimulus(자극제)	stimuli
㉓ criterion(기준)	criteria	㉔ crisis (위기)	crises
㉕ thesis(논제)	theses	㉖ oasis (샘물)	oases
㉗ index(색인)	indices / indexes	㉘ bureau(부서)	bureaux
㉙ bacterium	bacteria	㉚ millennium(천년)	millennia
㉛ radius(반경)	radii	㉜ synopsis(줄거리)	synopses
㉝ synthesis (합성물)	syntheses	㉞ parenthesis(괄호)	parentheses
㉟ hypothesis(가설)	hypotheses	㊱ emphasis(강조)	emphases
㊲ basis(기초)	bases	㊳ appendix(부록, 맹장)	appendices
㊴ formula(제조식)	formulae (-las)	㊵ genius(천재, 수호신)	genii(수호신들)
㊶ erratum(출판오자)	errata	㊷ terminus(종착지)	termini
㊸ tempo(빠르기)	tempi(tempos)	㊹ libretto(오페라 대본)	libretti(librettos)

3) 단수·복수 동일형태의 명사

☆ 일부 명사들은 단수와 복수의 형태가 동일합니다.

도표 047 : 명사의 단·복수형이 동일한 단어

단수	복수	단수	복수
① a fish	two fish	② a deer	two deer
③ a species	two species	④ a carp (생선 잉어)	two carp
⑤ a salmon (생선 연어)	two salmon	⑥ a trout (생선 송어)	two trout
⑦ a cod (생선 대구)	two cod	⑧ a pike (생선 강꼬치)	two pike
⑨ a squid	two squid	⑩ a turbot (생선 가자미)	two turbot
⑪ a series	two series	⑫ a corps (군단, 부대)	two corps
⑬ a sheep	two sheep	⑭ a means (수단)	two means

0461. 우리는 민방위대를 세울 필요가 있다.
We need to build a civil defense corps.

0462. 해병대원들은 위험한 상황들을 극복하기 위해 열심히 훈련받았다.
The marine corps(-ps는 묵음) were trained hard to survive the dangerous waters.

4) 복수가 되어서 뜻이 달라질 수 있는 명사

☆ 일부 명사는 복수형이 되면서 다른 의미가 추가되기도 합니다. 이를 분화복수라고 부르기도 하는데 자체의 복수의미를 무시하고 무조건 다른 의미로만 기억해서는 안 됩니다. 예컨대 arms 라는 단어는 무조건 '무기'가 아니라 '팔' 이라는 신체의 복수로 '팔들' 이기도 합니다.

도표 048 : 복수의 의미가 달라질 수 있는 명사

단수	복수
① air / an air 공기, 미풍, 분위기 / 외견, 모양, 풍채	airs 점잖은 태도
② an arm 팔	arms 팔들, 무기
③ glass / a glass 유리 / 유리잔	glasses 유리잔들, 안경
④ a spirit 혼령, 정신, 기운	spirits 증류주, 좋은 기분

⑤ good　　　　　　　　　　　　　　(customer, durable, household) goods
　선, 이익, 장점　　　　　　　　　　재화, 상품들
⑥ custom / a custom　　　　　　　　customs
　관습, 단골고객 / 관례, 관습　　　　관습들, 세관, 관세
⑦ a manner　　　　　　　　　　　　manners
　방법, 태도　　　　　　　　　　　　방법들, 예의범절
⑧ force / a force　　　　　　　　　　forces
　힘, 효력 / 영향력　　　　　　　　　무력을 쓸 수 있는 단체, 군대, 병력
⑨ a color　　　　　　　　　　　　　colors
　색, 색깔, 색채, 특질　　　　　　　색깔들, (군대의)깃발, 인품, 염료, 도료
⑩ a letter　　　　　　　　　　　　　letters
　편지, 문자　　　　　　　　　　　　문자들, 편지들, 문학, 문서
⑪ pain　　　　　　　　　　　　　　pains
　고통, 고뇌　　　　　　　　　　　　진통, 수고, 고생
⑫ spectacle　　　　　　　　　　　　spectacles
　놀라운 볼거리　　　　　　　　　　놀라운 볼거리들, 안경
⑬ water / a water　　　　　　　　　waters
　물 / 상품으로서 한 병의 물　　　　상품으로서의 물들, 수역, 해역, 광천수
⑭ damage　　　　　　　　　　　　damages
　손상　　　　　　　　　　　　　　손해배상금
⑮ ash　　　　　　　　　　　　　　ashes
　재　　　　　　　　　　　　　　　잿더미, 유골
⑯ regard　　　　　　　　　　　　　regards
　존경, 관심　　　　　　　　　　　　안부인사
⑰ authority　　　　　　　　　　　　authorities
　권위, 권한, 증거, 확신, 기량　　　　당국, 주무관청
⑱ quarter　　　　　　　　　　　　　quarters
　4분의 1, 25센트 주화　　　　　　　특정용도의 숙소, 막사, 병영숙소, 특정지역
⑲ saving　　　　　　　　　　　　　savings
　절약　　　　　　　　　　　　　　저축한 돈
⑳ green　　　　　　　　　　　　　greens
　녹색, 환경보존, 청춘, 초원　　　　　푸른 이파리, 녹색채소, 수술복
㉑ surrounding　　　　　　　　　　　surroundings
　둘러싸고 있는 것, 포위　　　　　　환경, 상황
㉒ particular*　　　　　　　　　　　particulars
　형용사로 '특정한'　　　　　　　　　명세, 상세, 세부설명서

0463. 그의 앞에서는 잘난 체를 하지 않도록 확실히 해라.
Be sure not to put on airs before him.

0464. 이 방송국은 한국에 주둔해 있는 미국 군대를 위한 것입니다.
This station is for the American Forces stationed in Korea.

0465. 그늘은 서로 껴안고 잠들었다.
They fell asleep in each other's arms.

0466. 영국경찰들은 보통 무기를 휴대하지 않는다.
Police officers in the U.K do not usually carry arms.

0467. 그 결정이 발표된 방식들은 매우 유감스러웠다.
The manners in which the decision was announced were very regrettable.

0468. 입에 음식을 가득 넣은 채 말하는 것은 바른 예의가 아니다.
It is bad manners to talk with your mouth full.

0469. 그의 태도는 친절했으나 차가웠다.
His manner was polite but cool.

0470. 그림 하나를 위해 얼마나 많은 색깔들을 사용하시나요?
How many colors do you usually use for a painting?

0471. 그 사람들은 북과 깃발을 휘날리며 그들의 팀을 응원했다.
The people cheered their team with drums and colors flying.

0472. 이 물품들은 필요량의 여분들입니다.
These goods are surplus to requirements.

0473. 이사 갈 것이라면 당신의 집을 다시 단장 하는 게 무슨 소용이 있나요?
What good is it redecorating your house if you are thinking of moving?

0474. 선과 악의 차이를 구별할 수 있나요?
Can you distinguish the difference between good and evil?

0475. 사람들은 악령에 씌일 수도 있다고 믿어졌다.
It was once believed that we could be possessed by evil spirits.

0476. 나는 증류주는 마시지 않는다.
I don't drink any spirits.

0477. 그것을 다시 한다는 생각에 내 기분이 우울해졌다.
My spirits sank at the thought of doing it all over again.

0478. 고인을 매장하는 여러 개의 지역풍습이 있다.
There are several local customs of burying the deceased.

0479. 세관에서 다량의 밀수된 LSD를 압수했다.
The customs have seized large quantities of smuggled LSD.

0480. 그 관광동안 두 개의 놀라운 광경들이 있었다.
There were two stunning spectacles during the sightseeing.

0481. 나는 새로운 안경을 하나 갖고 싶다.
I would like to have a new pair of spectacles.

0482. 당신의 이름을 대문자로 쓰시오.
Write your name in capital letters.

0483. 그는 문학가이다.
He is a man of letters.

0484. 나이가 들수록 아픈 데가 많아진다.
You get more aches and pains as you get older.

0485. 관리자는 회사의 재정비 이후에는 아무도 직업을 잃지 않을 것이란 사실을 지적하기 위해 큰 노력을 하고 있었다.
The manager was at great pains to point out that no one would lose their job after reorganization.

0486. 나는 일주일간 그 가게에서 그들을 도왔는데 내가 나의 수고로 받은 것은 쵸콜릿 한 상자뿐이었다.
I helped them in the shop for a week and all I got for my pains was a box of chocolate.

0487. 나는 손해배상을 청구할 것이다.
I'll put in a claim for damages.

0488. 그 전투로 그 마을은 잿더미로 전락했다.
The town was reduced to ashes in the fighting.

0489. 그녀는 자신의 유해를 좋아하던 호수에 뿌려달라고 했다.
She wanted her ashes to be scattered at the lake she liked.

0490. 우리는 유엔의 인가 하에 활동했다.
We acted under the authority of the UN.

0491. 관련당국이 그 문제를 조사하고 있다.
　　　The authorities concerned are investigating the problem.

0492. 나는 그녀를 높게 평가했다.
　　　I held her in high regard.

0493. 그는 제한 속도를 고려하지 않고 운전했다.
　　　He was driving without regard to speed limits.

0494. 나는 이것에 관련하여 더 이상 할 말이 없다.
　　　I have nothing further to say in this regard.

0495. 그에게 나의 안부를 전해 달라.
　　　Give him my best regards.

0496. 이 근해에는 어류가 풍부하다.
　　　Fish teem in these waters.

0497. 식수에 음식을 씻지 마시오.
　　　Don't wash food in drinking waters.

0498. 우리는 탄산수를 좀 살 필요가 있다.
　　　We need to buy some fizzy waters.

0499. 정부는 힘든 상황이 앞에 있다고 경고했다.
　　　The government has warned of stormy waters ahead.

0500. 나는 상황을 복잡하게 하고 싶지 않다.
　　　I don't want to muddy the waters.

0501. 우리는 아직 한국 영해에 있다.
　　　We are still in Korean waters.

0502. 우리들의 겨울 숙소들은 완벽하다.
　　　Our winter quarters are perfectly built.

0503. 나는 채소들을 좀 사야겠다.
　　　I need to buy some greens.

0504. 지원서와 상세정보들은 인사과에서 구할 수 있습니다.
　　　Application forms and further particulars are available from the Personnel.

5) 복합명사의 복수

(1) 하이픈 기호의 사용여부와 관계없이 핵심명사를 복수화함

도표 049 : 복합 명사의 복수 ①

단수	복수	단수	복수
① fashion designer	fashion designers	② runner-up(차점자)	runners-up
③ customs officer	customs officers	④ looker-on(방관자)	lookers-on
⑤ duty free shop	duty free shops	⑥ step-son(양자)	step sons
⑦ pain killer	pain killers	⑧ cure-all(만병통치약)	cure-alls
⑨ brother in law	brothers in law	⑩ passer-by(행인)	passers-by
⑪ tooth brush	tooth brushes	⑫ hanger-on(잡상인)	hangers-on
⑬ officer in chief	officers in chief	⑭ travel agent	travel agents

(2) 전체를 하나의 의미로 보고 마지막 단어에 s 첨가

☆ 이 복합명사들은 동사구로부터 파생된 것이 대부분이며 전체가 하나의 완성된 뜻을 이루기 때문에 핵심어가 따로 없습니다. 따라서 전체를 하나로 보아 마지막에 복수표시를 합니다. 'merry-go-round'는 회전목마, 'good-for-nothing'은 쓸모없는 사람이나 물건, 'forget-me not'은 물망초, 'stay-at-home wife'는 외출을 잘 하지 않고 집에만 있는 아내를 말합니다.

도표 050 : 복합 명사의 복수 ②

단수	복수	단수	복수
① break-in(침입)	break-ins	② merry-go-round	merry-go-rounds
③ go-between(중개인)	go-betweens	④ good-for-nothing	good-for-nothings
⑤ have-not(못가진자)	have-nots	⑥ forget-me-not	forget-me-nots
⑦ have(가진자)	haves	⑧ stay-at-home wife	stay-at-home wives

6) 숫자, 문자, 기호의 복수

☆ 이 경우에는 그냥 s를 붙이면 단어의 철자에 혼동이 생길 수 있기 때문에 어포스트러피를 첨가하고 s를 붙입니다. 다만 문어체에서도 어퍼스트러피를 생략하는 경우가 점차 늘고 있습니다. 약어로 사용되는 대문자들은 여러개의 의미를 가질 수 있습니다. 예를 들어 M.P.는 헌병의 의미도 있지만 members of parliament의 약자로 영국국회의원을 의미할 수도 있습니다.

도표 051 : 숫자, 문자, 기호의 복수

숫자, 문자, 기호의 복수	의미
① three 9's in 1999	1999에 있는 세 개의 9들
② M.P.'s	헌병들(military police), 영국국회의원들
③ VIP's	중요한 사람들(very important person)
④ OAP's	연금수령자들(old age pensioner)
⑤ UFO's	미확인 비행물체들(unidentified flying object)
⑥ do's and don't's	'알 것들' 과 '하지 말 것들'
⑦ many and's and but's	많은 '그리고들' 과 '그러나들'
⑧ in one's 50's	한 사람의 50대에 있는
⑨ in the 2020's	2020년대에 있는

7) 대칭형 복수명사

☆ 쌍으로 이루어진 물건들을 말합니다. 전체의 물건은 하나지만 두 개의 대칭형 물품으로 이루어진 형태이므로 늘 복수로 사용해서 끝에 s 를 붙입니다. 이것은 'one, two' 등의 수사를 바로 붙이지 않고 조수사를 써서 'a pair of scissors, two pairs of scissors' 처럼 사용합니다. 이 물건들은 양말이나 신발처럼 짝으로 나누어질 경우 'a sock, a shoe' 처럼 단수화가 가능하지만, 안경이나 바지처럼 붙어서 기능하는 경우 'a glass, a trouser' 처럼 쓰지 않습니다. 조수사 a pair of 를 붙이면 단수로 취급하지만 조수사 없이 사용하여 'the shoes, these pants' 처럼 쓰면 복수로 취급하므로, 만약 이 단어가 주어의 자리에 오면 복수동사를 받아야 합니다.

0505. 나의 아래 속옷이 어디 있는가? 그것들을 찾을 수가 없다.

Where are my panties? I can't find them.

0506. 그 야채를 잘게 써는데 이용될 수 있는 가위가 하나 있다.

There is a pair of scissors that can be used to chop up the vegetable.

0507. 나의 왼쪽 양말이 어디에 있는가?

Where is my left sock?

0508. 너의 엉덩이는 매우 도발적이다.

Your hips are very sexy.

도표 052 : 쌍으로 완성된 물건들과 'a pair of'

단수	복수
① a pair of compasses (나침반)	two pairs of compasses
② a pair of scissors (가위)	two pairs of scissors
③ a pair of binoculars (쌍안경)	two pairs of binoculars
④ a pair of pants (바지)	two pairs of pants
⑤ a pair of panties (아래 속옷)	two pairs of panties
⑥ a pair of jeans (청바지)	two pairs of jeans
⑦ a pair of stockings (스타킹)	two pairs of stockings
⑧ a pair of breeches (옛 유럽남성들의 반바지)	two pairs of breeches
⑨ a pair of shorts (짧은 바지)	two pairs of shorts
⑩ a pair of trunks (헐렁한 남성용 아래 속옷)	two pairs of trunks
⑪ a pair of leggings (레깅즈)	two pairs of leggings
⑫ a pair of shoes (신발)	two pairs of shoes
⑬ a pair of boots (장화)	two pairs of boots
⑭ a pair of tights (꽉 끼는 바지, 스키니즈)	two pairs of tights
⑮ a pair of slacks (헐렁한 바지)	two pairs of slacks
⑯ a pair of drawers (헐렁한 남성용 아래 속옷)	two pairs of drawers
⑰ a pair of tongs (집게)	two pairs of tongs
⑱ a pair of wings (날개)	two pairs of wings
⑲ a pair of twins (쌍둥이)	two pairs of twins
⑳ a pair of spectacles (안경)	two pairs of spectacles
㉑ a pair of glasses (안경)	two pairs of glasses
㉒ a pair of lips (입술)	two pairs of lips
㉓ a pair of hips (엉덩이)	two pairs of hips
㉔ a pair of gloves (장갑)	two pairs of gloves
㉕ a pair of earrings (귀걸이)	two pairs of earrings
㉖ a pair of trousers (바지)	two pairs of trousers
㉗ a pair of pyjamas (잠옷)	two pairs of pyjamas
㉘ a pair of shears (전지가위)	two pairs of shears
㉙ a pair of pliers (펜치)	two pairs of pliers
㉚ a pair of scales (양팔저울)	two pairs of scales
㉛ a pair of pantaloons (중세남성의 쫄바지)	two pairs of pantaloons

8) -ics 로 끝나는 단어

☆ 이 어미는 학문을 의미하는 말 이므로 비록 끝이 's' 로 되어 있지만 복수가 아닙니다. 다만, 드물게 학문이 아닌 구체적 행위들이나 사례들을 의미할 때는 복수로 취급될 수도 있습니다.

도표 053 : '-ics' 형태의 불가산명사

-ics 어미 명사	의미
① acoustics	음향시설들, 음향학
② athletics	육상경기들, 체육학
③ ethics	도덕원리들, 윤리학
④ hysterics	발작, 발작환자
⑤ physics	물리학
⑥ politics	정치학
⑦ mathematics	계산법, 수학
⑧ atomics	원자(물리)학
⑨ economics	경제학
⑩ statistics	통계수치, 통계학
⑪ dynamics	원동력, 역학
⑫ psychics	심령술사, 심령연구, 심령학

9) 형태는 복수지만 단수로 취급하는 명사

☆ 복수형 어미 s 를 붙여서 하나의 개념이나 활동으로 만든 단어들이 있습니다. 이것은 하나의 활동이나 개념으로 취급되며 불가산명사이므로 단수입니다.

도표 054 : 's'로 끝나는 불가산 명사

단어	의미	단어	의미
① news	소식	② billiards	당구놀이
③ darts	다트(표창놀이)	④ bowls	보울링놀이
⑤ dominoes	도미노(연쇄붕괴)놀이	⑥ draughts	체커놀이
⑦ checkers	체커놀이	⑧ mumps	유행성 이하선염
⑨ rickets	구루병(뼈굽어짐)	⑩ diabetes	당뇨병
⑪ rabies	광견병	⑫ shingles	대상포진

10) 형태가 달라지며 의미가 달라지는 복수

☆ 두 개의 복수형태로 서로 뜻을 달리하는 명사가 있습니다.

도표 055 : 두 가지 복수형이 있는 명사

단어	의미	단어	의미
① brothers	친형제들	② brethren	종교적 형제들
③ clothes	옷들, 세탁물	④ cloths	옷감들, 직물들
⑤ geniuses	천재들	⑥ genii	수호천사들

11) 상호복수

☆ 특정 행위를 하기 위해 명사가 두 개 이상 필요한 경우 복수형태로 사용합니다. 예를 들어, 악수를 할 때 두 개 이상의 손이 필요하므로 'shake hands with' 가 '~와 악수하다' 가 됩니다.

도표 056 : 상호 관계 복수명사

① change seats	자리를 바꾸다
② shake hands	악수를 하다
③ make friends	친구를 사귀다
④ be on good terms	좋은 사이이다
⑤ take turns -ing	번갈아 -하다
⑥ exchange letters, greetings	서신, 인사 등을 교환하다

0509. 우리는 번갈아 운전을 할 수 있다.
We can take turns driving the car.

0510. 그는 그녀와 좋은(나쁜, 인사하는) 사이이다.
He is on good(bad, greeting) terms with her.

5. 명사의 소유격(possessive form)

☆ 한국어에서는 소유의 의미로 '~의, ~소유의' 이런 말을 사용합니다. 영어에서는 크게 두 가지 방식이 있습니다. 하나는 명사에 어퍼스트러피와 s 를 붙이는 것이고 다른 하나는 전치사 of 를 사용하는 것입니다. 물론 전치사 with 도 소유의 의미로 많이 사용합니다. 예를 들어 'a girl with brown eyes' 라고 하면 '갈색 눈을 가진 소녀' 가 되는데 '그 소녀의 갈색 눈' 이라고 바로 소유격을 걸면 'the girl's brown eyes' 가 됩니다. 차이는 최종적으로 소유자를 중시하느냐 아니면 소유물을 중시하느냐에 따라 A's B 와 A with B 형태가 갈립니다.

1) A's B 방식 (A 소유의 B)

도표 057 : 명사의 소유격 표현

① a man's job	② the people's choice	③ the crew's quarters
④ men's work	⑤ the horse's mouth	⑥ the butcher's shop
⑦ the bull's horns	⑧ women's clothes	⑨ Korea's exports
⑩ a stone's throw	⑪ journey's end	⑫ the water's edge
⑬ a winter's day	⑭ a summer's day	⑮ God's will
⑯ for mercy's sake	⑰ for convenience's sake	⑱ for old time's sake
⑲ for god's sake	⑳ for pity's sake	㉑ for heaven's sake
㉒ for goodness's sake	㉓ for form's sake	㉔ for conscience's sake
㉕ a week's holiday	㉖ today's paper	㉗ tomorrow's weather
㉘ three years' time	㉙ ten minutes' break	㉚ ten dollars' worth

☆ 일부 명사의 소유격은 복합명사로 유사한 의미를 만들기 때문에 굳이 소유격을 쓰지 않고 '명사 + 명사' 형태로도 사용합니다. 예를 들어 'a winter's day나 a summer's day' 는 그냥 a winter day 나 a summer day 로 사용하기도 합니다. 다만 언어습관상 a spring day 와 an autumn day 는 소유격을 사용하지 않고 복합명사로 만들어서 씁니다. 물론 'I am happy for autumn's return' 과 같이 'day' 가 아닌 다른 단어들은 소유격으로 사용할 수 있습니다.

☆ 'for A's sake' 혹은 'for the sake of A' 는 'sake'가 '목적, 취지, 존재이유'라는 의미를 가지므로 직역으로는 'A의 존재이유를 위하여'가 됩니다. 그런데 A 에 'god, pity, mercy, goodness, heaven' 등이 들어가면 모두, 절박하거나, 혼동스럽거나, 다행스런 상황에서 사용하는 감탄사가 됩니다. 이것은 원어민들이 이 표현을 사용하는 상황들을 여러 번 겪어보아야 제대로 사용하는 법을 터득하게 되는 다소 난해한 용법입니다. 그 밖의 표현이 'for old time's sake'는 '옛 정을 위하여', 'for form's sake' 는 '형식상', 'for conscience's sake' 는 '양심상' 등의 표현이 됩니다.

★ 복수명사형 어미 s 가 붙어있는 경우 어퍼스트러피만 사용합니다. 즉 '십 분의 휴식' 은 'ten minutes' break' 가 됩니다. 이것을 하이픈 형용사로 써서 'a ten-minute break' 도 사용합니다.

0511. 탐의 아내는 내 고양이와 눈을 맞추는 것을 좋아한다.
Tom's wife likes to meet my cat's eyes.

0512. 중국의 미래가 지구의 기온상승과 관련이 있습니까?
Does China's future have to do with the earth's temperature rising?

0513. 오늘의 주제는 신의 섭리입니다.
Today's topic is God's providence.

0514. 당신은 5분의 휴식을 갖게 될 것이다.
You shall have a five-minutes' break.

0515. 우리는 그 광산에서 십만 달러어치의 금을 얻었다.
We got 100,000 dollars' worth of gold from the mine.

0516. 그 항공기의 14시간의 연착은 승객들에게 많은 불편을 초래했다.
The flight's fourteen hours' delay caused the passengers much inconvenience.

0517. 여자화장실이 어디지요? (부정관시 a는 최종명사인 room을 수식하기 위해 나옴)
Where can I find a ladies' room?

0518. 이것은 가진 자들의 권리이다.
This is the haves' right.

★ 복합명사나 여러 단어로 구성된 명사들은 전체 덩어리의 뒤에 어퍼스트러피를 붙입니다. 그러나 등위접속사 and 로 연결된 두 명사는, 개별 소유의 경우 A's and B's 가 되고, 공동소유의 경우 전체 덩어리의 뒤에서 한 번만 사용하여 A and B's 가 됩니다. 이미 언급했듯이 복수형어미 s 가 붙은 명사의 경우 어퍼스트러피만 사용하지만 고유명사자체가 s 로 끝나는 경우 어퍼스트러피만 사용하거나 끝에 s 까지 붙이는 것이 모두 가능 합니다. 소유격 다음에 거처나, 특정 행위를 하는 장소 등이 올 경우 그에 해당하는 명사를 생략하고 사용할 수 있습니다. 예를 들어 '숙부네'라고 하면 'my uncle's (house)' 가 되고 '정육사네' 즉 '정육점' 은 'the butcher's (shop)' 처럼 사용합니다. 기 언급된 명사 또한 소유격 뒤에서 생략될 수 있습니다.

도표 058 : 복합 명사의 소유격

복합명사	의미
① my son - in - law's car	내 사위의 자동차
② my sons - in - law's cars	내 사위들의 자동차들

③ my sons - in - law's car   내 사위들의 자동차(공동소유한대)
④ Henry the 8th's wives   헨리8세의 아내들
⑤ the Prince of Wales's cat   웨일즈공의 고양이
⑥ me and my wife's car   나와 아내의 공동소유 자동차
⑦ my and my wife's cars   나의 그리고 아내의 자동차들(개별소유)
⑧ Mr. Jones's(Jones') house   존즈씨의 주택
⑨ Yeats's(Yeats') poems   예이츠의 시들
⑩ a dentist's (house, office, residence)   치과병원
⑪ the doctor's (house, office, residence)   특정 의원
⑫ the chemist's (house, office, residence)   특정 약국
⑬ Ann's (house, shop, restaurant)   Ann의 거처, 가게, 식당 등

0519. 그것들은 내 사위의 책들이다.
They are <u>my son-in-law's</u> books.

0520. 그것들은 내 사위들의 책들이다.
They are <u>my sons-in-law's</u> books.

0521. 그것은 나가놀기 좋아하는 아내들의 변명이다.
That's just an <u>out-for-fun wives'</u> excuse.

0522. 탐과 빌의 공동제안은 합당하게 들린다.
<u>Tom and Bill's suggestion</u> sounds very reasonable.

0523. 탐의 집과 빌의 집은 서로 가깝다. (개별 소유이므로 집은 복수이어야 함)
<u>Tom's and Bill's houses</u> are close to each other.

0524. 제인과 탐 소유의 새 집은 꽤 으스스하다.
<u>Jane and Tom's new house</u> is rather spooky.

0525. 당시 많은 사람들이 소크라테스의 생각들을 좋아하지 않았다.
At that time many people did not like <u>Socrates's ideas</u>.

0526. 유에스 뉴스의 2013년도 최고의 대학원 순위발표는 미래의 대학원생들이 대학원 상황을 더 잘 이해하도록 도움을 주는 도구이다.
<u>US News's 2013 rankings</u> of Best Graduate Schools, released today, are a tool to help prospective graduate students better understand the graduate school landscape.

0527. 나의 자동차를 쓰겠는가? 아니, 베티의 것을 쓰겠다. 나는 그녀의 것에 친숙하다.

Will you use my car? No, I will drive Betty's. I am familiar with hers.

0528. 우리는 포키네서 저녁을 먹을 것이다.

We are having dinner at Porky's.

0529. 나는 당분간 조부모님네서 머물고 있다.

I am staying at my grandparents' for the time being.

2) B of A 방식

☆ 주로 무생물의 소유격을 표현할 때 사용합니다. 엄밀히 말하면 무생물은 소유라는 개념을 적용시킬 수 없으므로 소유보다는 귀속의 의미가 적합하지만, 반드시 귀속의 의미로만 해석되지 않는 경우도 있는데 이는 전치사 of 의 용법에서 자세히 다룹니다. 이 형태는 B(명사) 앞에 정관사 the 등을 써서 한정시키는 형태를 취하는 편입니다. 다른 한정사인 'this, that, these, those, some, a, an, any, no, such, each, every' 등을 소유격과 함께 쓸 때는 '위의 한정사 + 명사 + of + 소유대명사' 형태로 써야 하므로 A 를 인칭소유대명사나 '일반명사 + 's'의 형태로 만들어야 합니다. 즉 this car of Tommy's 혹은 this car of yours 와 같은 형태가 됩니다. '어포스트러피 + s' 소유격은 위의 한정사와 함께 앞에서 동시에 명사를 수식할 수 없기 때문입니다. 따라서 'a my friend, my a friend, my this friend, this my friend, some my friend, my some friend, any my friend, my any friend, no my friend, my no friend' 등은 모두 비문입니다.

0530. 이 나무의 열매는 먹을 수 있다.

The fruit of this tree is edible.

0531. 그녀는 그 콘서트에 나의 한 친구와 동행했다.

She accompanied a friend of mine to the concert.

0532. 당신의 눈 색깔은 당신의 어머니의 것과는 약간 다르다. (Your eye color 라고 쓸 수도 있다. 이 경우 복합명사로 귀속시키는 것인데 앞의 명사는 반드시 단수형으로 쓴다.)

The color of your eyes is a little bit different from your mother's.

0533. 그 소녀들은 호루라기를 든 한 여자의 지시에 순종하며 뛰어 다녔다.

(이 경우 with a whistle이 앞의 woman을 수식하므로 B of A 형태가 바람직하다)

The girls ran about, obeying the directions of a woman with a whistle.

0534. 나는 오랫동안 존경했던 한 커플의 충고를 따랐다.

(이 경우 관계사절이 선행사 a couple를 수식하므로 B of A 형태가 바람직하다)

I took the advice of a couple I had respected for long.

6. 명사의 성(gender)

☆ 명사는 처음부터 여성과 남성을 지칭하는 표현이 있습니다. 성별이 없는 무생물은 남성이나 여성으로 의인화될 수 있습니다. 이 때 단수형 대명사는 각각 'she, he, her, him' 이 됩니다. 중성적으로 받을 때는 it 을 사용하며, 복수에는 공히 'these, those, they, them, ones' 등으로 받을 수 있습니다.

1) 남성어(masculine nouns)

도표 059 : 남성을 뜻하는 명사

단어	의미	단어	의미
① king	왕	② lad	남자꼬마아이
③ prince	왕자	④ boy	소년
⑤ duke	공작	⑥ man	남자
⑦ earl	백작	⑧ landlord	남자토지주, 집주인
⑨ count	백작	⑩ steward	남자관리인, 승무원
⑪ bridegroom	신랑	⑫ son	아들
⑬ hero	남자영웅	⑭ waiter	남자종업원
⑮ heir	남자상속인	⑯ mayor	남자시장
⑰ conductor	남자차장	⑱ actor	남자배우
⑲ nephew	남자조카	⑳ host	남성주관자
㉑ god	남자신	㉒ bachelor	총각, 학사
㉓ uncle	삼촌뻘 남자	㉔ widower	홀아비
㉕ lion	수사자	㉖ father	아버지
㉗ bull	수소	㉘ stallion	수말
㉙ buck	수사슴	㉚ tiger	수호랑이
㉛ fox	수여우	㉜ gander	수거위
㉝ ram	숫양	㉞ drake	수오리
㉟ stag	수사슴	㊱ cock	수탉
㊲ he-wolf	수늑대	㊳ husband	남편

2) 여성어(feminine nouns)

☆ 상당수의 여성어들은 남성어에서 어미변화를 통해 표현합니다. 대표적인 여성형 어미는 ess 입니다. '모음 + r'로 끝나는 단어의 경우 r 앞의 모음을 빼고 ess 를 붙여서 여성형을 만듭니다. 따라서 tiger 는 tigress 가 됩니다. 요즈음은 굳이 여성형을 쓰지 않고 앞에 female 을 붙여서 표현하기도 합니다.

☆ 정해진 법칙은 없으나 'power, sun, battle, thunder, lightning, ocean, death, winter, grave' 등 '힘, 투쟁, 죽음, 절망'의 명사는 남성으로 의인화되는 경우가 많습니다. 이에 반하여 'aircraft, America, Boston, the Titanic, peace, fortune, fate' 등 '국가, 도시, 평화, 비행기, 배, 자동차, 탈 것'의 명사는 여성으로 의인화되는 경우가 많습니다. 국가는 지리적 관점으로만 보면 중성명사 it 으로 쓰는 경우가 많습니다.

도표 060 : 여성을 뜻하는 명사

단어	의미	단어	의미
① queen	여왕	② girl	소녀
③ princess	공주	④ woman	여성
⑤ duchess	공작부인	⑥ wife	아내
⑦ countess	백작부인	⑧ landlady	여성토지주
⑨ lass	여자꼬마아이	⑩ widow	과부
⑪ aunt	여성삼촌뻘,숙모,고모,이모	⑫ mother	어머니
⑬ daughter	딸	⑭ spinster	(노)처녀
⑮ goddess	여신	⑯ mayoress	여성시장
⑰ heroine	여성영웅	⑱ waitress	여성종업원
⑲ niece	여자조카	⑳ stewardess	여성관리인
㉑ actress	여배우	㉒ hostess	여성주관자
㉓ conductress	여성차장	㉔ heiress	여성상속인
㉕ hen	암탉	㉖ bride	신부
㉗ tigress	암호랑이	㉘ goose	암커위
㉙ lioness	암사자	㉚ bitch	암캐
㉛ mare	암말	㉜ vixen	암여우
㉝ cow	암소	㉞ doe	암사슴
㉟ duck	암오리	㊱ ewe	암양

☆ 복합명사는 더 상위과정인 TEG(The English Grammar - advanced) 과정에서 다룹니다.

02 기출문제

01. 다음 문장의 내용상 _____ 부분에 가장 적절한 말은?

> A : I don't think the symphony performance was a great success.
> B : That may be true, but there _____.

① were a lot of audience
② were many audience
③ was a large audience
④ was much audience

해석 A : 나는 그 교향악단 공연이 크게 성공한 행사는 아니었다고 생각해.
B : 그럴지도 모르지, 하지만 관객들은 많이 왔어.

해설 청중의 규모를 말하고 있으므로 집합체 전체는 단수취급의 부정관사가 있어야 하고 집합체의 규모는 small, big, large 등으로 수식함

답 ③

---

02. 다음 문장의 내용상 _____ 부분에 가장 적절한 말은?

> Finally, the police _____ the thief.

① arresting
② arrests
③ has arrested
④ have arrested

해석 마침내 경찰에서는 그 도둑을 체포했다.

해설 the police 는 '경찰들' 이라는 의미의 복수

답 ④

03. 다음 문장의 내용상 _____ 부분에 가장 적절한 말은?

> The committee _____ not able to agree on all the points.

① was   ② were
③ do   ④ has

해석 그 위원회는 모든 논점들에 대해 합의에 이르지는 못했다.

해설 합의에 이르는 행위는 구성원 개개인의 행위이므로 복수취급한다.

답 ②

04. 다음 문장의 내용상 _____ 부분에 가장 적절한 말은?

> A : May I help you?
> B : Yes, I'd like to buy some _____.

① new furniture   ② new furnitures
③ several furniture   ④ small furnitures

해석 A : 무엇을 도와 드릴까요?
B : 예. 저는 새 가구를 좀 구입하고 싶습니다.

해설 가구는 불가산 물질적집합명사이므로 복수화할 수 없다. several은 가산 형용사이므로 가구수식이 불가

답 ①

05. 다음 문장의 내용상 _____ 부분에 가장 적절한 말은?

> A : Did you hear about the fire last night?
> B : Sure, _____.

① many fireman had to be there to put out the fire
② many tons of water was used to put it out
③ all the furnitures in the house were burned
④ only one furniture was burned

해석 A : 지난밤 화재 사건에 대한 소식을 들었니? / B : 물론이지. 수 톤의 물이 진압하는데 사용되었어.

해설 many는 복수 firemen 과 호응하며 가구는 가산명사가 아니므로 복수가 없고 수사를 붙일 수 없다. many tons of는 일종의 조수사로 'many, much'를 모두 대용한다.

답 ②

06. 다음 문장의 내용상 _____ 부분에 가장 적절한 말은?

> We cannot equip our works with _____.

① such an expensive machinery
② such expensive machineries
③ such expensive machinery
④ so expensive a machinery

해석 우리는 그렇게 고가의 기계류를 우리 공장에 설치할 수가 없다.

해설 machinery는 불가산 명사의 규칙을 따른다, 가산수식어 a, an 을 붙일 수 없다.

답 ③

07. 다음 문장의 내용상 _____ 부분에 가장 적절한 말은?

> We inform you that we don't have _____ of the equipment you requested in stock at the moment.

① any
② another
③ one
④ many

해석 현재로선 귀하가 요청하신 장비에 대한 재고가 하나도 남아 있지 않다는 점을 알려드립니다.

해설 장비는 불가산 명사이므로 세는 것과 관련된 수식어나 대명사를 받을 수 없다.

답 ①

08. 다음 문장의 내용상 _____ 부분에 가장 적절한 말은?

> A : Could you find an answer to your problem in the book I gave you?
> B : I looked at it, but it wasn't really _____.

① of no use
② much used
③ using much
④ of much use

해석 A : 내가 준 책에서 당신문제에 대한 해결책을 찾을 수 있었나요?
B : 그 책을 보았지만 큰 도움이 되지는 못했어요.

해설 of + 추상명사 = 형용사 규칙에 따른다. 부정어가 이미 나왔으므로 의미상 중복 부정할 수 없다.

답 ④

09. 다음 밑줄 친 부분 중 틀린 것은?

① Before the automobile, ② horses ③ were the basic and primary ④ mean of transportation.

해석 자동차가 등장하기 전에 말들이 기본적이고도 주된 운송수단이었다.

해설 수단 = means, 단 복수 동일함

답 ④ → means

10. 다음 밑줄 친 부분 중 틀린 것은?

① The good news ② is that scientists ③ are eagerly beginning the enormous task of ④ making sense of the flood ⑤ of new genetic informations.

해석 좋은 소식은 과학자들이 새로운 유전 정보의 홍수를 이해하려는 엄청난 작업을 열렬히 시작하고 있다는 것이다.

해설 정보는 불가산 명사이므로 복수로 쓸 수 없다.

답 ⑤ → information

11. 다음 밑줄 친 부분 중 틀린 것은?

① Cliff's and Al's car ② broke down again, but ③ luckily they knew ④ how to fix it.

해석 Cliff와 Al이 공동으로 소유하고 있는 차가 다시 고장 났지만, 그들은 운 좋게도 수리방법을 알고 있었다.

해설 각각 소유격을 걸면 개별 소유가 되고 이 경우 차가 두 대 이상이 되어서 복수가 되어야 하는데 car는 단수로 주어졌으므로 공동소유가 되어야 하며 and에 의해 연결된 전체 덩어리에 소유격을 한 번 만 걸면 된다.

답 ① → Cliff and Al's

12. 틀린 문장을 고르시오.

① My family is all early risers.
② My family consists of seven members.
③ All the audience were deeply moved.
④ There are thirty families in our village.
⑤ Five years is a long period to a prisoner.

해석
① 우리 가족들은 모두가 일찍 일어난다.
② 우리 가족은 7명으로 구성되어 있다.
③ 관중들은 모두가 깊이 감동을 받았다.
④ 우리 마을에는 서른 가구가 산다.
⑤ 5년이란 세월은 죄수에게 긴 기간이다.

해설 가족 구성원의 행동에 관련된 것이므로 집합명사의 복수 취급

답 ① is → are

13. 다음 중 어법에 맞는 것은?

① Asia is the home of many people.
② She usually buy many clothing.
③ The family were eating dinner.
④ There are a hundred of cattles in his farm.

해석
① 아시아는 많은 민족들의 본거지이다.
② 그녀는 보통 많은 옷들을 구입한다.
③ 그 가족들은 저녁 식사를 하고 있는 중이었다.
④ 그의 농장에는 소가 백 마리 있다.

해설 people의 단수형은 '민족, 종족', 따라서 '민족들' people → peoples/ clothing은 불가산 명사, 따라서 much clothing 혹은, many clothes / cattle은 people처럼 복수로 만들어진 명사, 따라서 s —가 붙을 수 없음. (가족들 개개인의 행위이므로 군집명사로 사용되었음).

답 ③

14. 다음 문장 중에서 어법상 옳은 것은?

① Without plants to eat, animals must leave from their habitat.
② He arrived with Owen, who was weak and exhaust.
③ This team usually work late on Fridays.
④ Beside literature, we have to study history and philosophy.

해석
① 먹을 식물이 없다면 동물들은 자신의 서식지를 떠나야 한다.
② 그는 Owen과 함께 도착했는데, Owen은 힘이 없고 지쳐있었다.
③ 이 팀원들은 보통 금요일에는 늦게까지 일을 한다.
④ 문학뿐만 아니라 우리는 역사와 철학도 공부해야 한다.

해설 leave는 완전타동사이므로 목적어를 바로 받는다. leave from → leave / be 동사의 보어가 되어야 하므로 동사가 아닌 수동분사가 되어야 함 exhaust → exhausted (문학에 덧붙여 라는 의미이므로 전치사에 주의) beside는 물리적 근접, besides는 추가, 첨가개념 → Besides . 팀원 하나 하나의 행동이므로 군집명사.

답 ③

15. 어법 상 가장 어색한 것을 고르시오.

① Almost milk contains much fat.
② Few live to the age of 60 in this country.
③ Pictures are a feature of this dictionary.
④ The baby was fast asleep.
⑤ My family have all got brown hair.

해석 ① 대부분의 우유는 많은 지방을 함유하고 있다.
② 이 나라에서 60살까지 사는 사람은 거의 없다.
③ 그림들이 사전의 한 특성이다.
④ 그 아기는 깊이 잠들어 있었다.
⑤ 내 가족들은 모두 갈색 머리칼을 가지고 있다.

해설 almost는 부사이므로 명사를 직접 꾸밀 수 없고 수, 량으로 '대부분의' 라는 의미를 가진 형용사는 most / few는 자체가 대명사 주어이고 복수 / be fast asleep : 깊이 잠들다 / 가족 구성원의 소유에 관련되어 있으므로 복수 취급, 머리칼은 불가산 명사 취급

답 ① Almost → Most

16. 다음 중 어법상 옳지 않은 것은?

① I want to have a beer.
② Are all the cattle in?
③ I need an advice for my business.
④ I really need some money.

해석 ① 나는 맥주를 한잔하고 싶다.
③ 나는 사업을 위한 조언이 필요하다.
② 모든 소들이 안에 있니?
④ 나는 정말로 돈이 좀 필요하다.

해설 advice, information, news는 불가산 명사. 만약 수량을 표시하고 싶으면 조수사 a piece of 사용

답 ③ an advice → advice

17. 다음 중 어법 상 틀린 것을 고르시오.

① He was a success as a businessman but a failure as a father.
② Five days is too short a time to adjust to the conventions and traditions of the country.
③ A great number of people came to enjoy the festival.
④ She must have been a real beauty in her day.
⑤ We will have hard time getting there in time.

해석 ① 그는 사업가로서 성공한 사람이지만 아버지로는 실패한 사람이었다.
② 5일은 그 나라의 풍습들에 적응하기에는 너무나 짧은 시간이다.
③ 매우 많은 수의 사람들이 그 축제를 즐기기 위해 왔다.
④ 그녀는 한창 때에 상당한 미인이었음이 틀림없다.
⑤ 우리는 그곳에 시간 내에 도착하느라 애를 먹을 것이다.

해설 have a hard time + ing : '-하느라 애를 먹다', 부정관사 첨가. 여기서 time 은 개념상의 시간이 아니라 특정한 경험을 의미하는 시간대를 말하므로 가산명사화 되었음.

답 ⑤

18. 다음 중 어법 상 올바른 것을 고르시오.

① Pat bought several furnitures for his younger brother.
② Pat bought expensive book for his younger brother.
③ Pat had important evidence supporting his hypothesis.
④ Pat could not go there because he had many homeworks.
⑤ Pat believe that Chineses are thrifty.

해석 ① Pat은 자신의 남동생을 위해 가구를 몇 점 구입했다.
② Pat은 자신의 남동생을 위해 비싼 책 한권을 구입했다.
③ Pat은 자신의 가설을 뒷받침해주는 중요한 증거를 가지고 있었다.
④ Pat은 숙제가 많이 있었기 때문에 그곳에 갈 수가 없었다.
⑤ Pat은 중국인들은 검소하다고 생각한다.

해설 가구는 불가산명사, 세려면 조수사 a piece of를 쓸 것, several furnitures → several pieces of furniture / 책은 가산명사이므로 부정관사 필요 expensive book → an expensive book / homework은 불가산명사 many homeworks → much homework / 고유형용사 중 ese로 끝나는 단어는 국민전체를 말할 때 복수화 s를 쓰지 않음 Chineses → the Chinese

답 ③

19. 다음 중 문법 상 올바른 것을 고르시오.
① Tommy sends her best regard.
② Water in this bottle has pink color.
③ He is putting on airs to everybody.
④ She never goes out without wearing sunglass and earring.
⑤ I had to fight with bare fists and without any arm.

해석 ① Tommy가 안부를 전하더라.
② 이 병의 물은 분홍색이다.
③ 그는 모든 이에게 뻐긴다.
④ 그녀는 외출할 때마다 선글라스와 귀걸이를 낀다.
⑤ 나는 무기 없이 맨 주먹으로 싸워야 했다.

해설 안부라는 의미는 복수형으로 regard → regards / in this bottle이 한정하므로 the water / airs 에는 '잘난 체'라는 의미가 있음 /안경은 항상 복수형 sunglass → sunglasses, 귀걸이도 쌍으로 되었으므로 earrings / 무기라는 의미는 arms

답 ③

20. 무법적으로 올바른 문장을 고르시오.
① He is still in his teen.
② I have three hundreds dollars.
③ He has two dozen pencils.
④ I hope you will make friend with me.
⑤ She returned home after five year's absence.

해석 ① 그는 아직 10대이다.
② 나는 3백 달러를 가지고 있다.
③ 그는 24개(a dozen = 12)의 연필들을 가지고 있다.
④ 나는 너와 친구가 되길 희망한다.
⑤ 그녀는 5년 만에 집에 돌아왔다.

해설 be in one's teens, twenties : 사람의 나이가 몇 대에 있다 / 수사 + 단위명사단수형 + 명사 / make friends with : -와 사귀다 / five years' absence : 5년의 부재. 복수형 s 뒤에서 어퍼스트러피를 붙임

답 ③

PART 03
pronouns

대명사

03 대명사 (pronouns)

☆ 대명사의 개념 : 명사를 대신 받아서 쓰는 말로 명사의 역할과 같습니다. 사람이나 의인화된 명사를 대신 받는 인칭대명사만 격구별이 있고 나머지는 각각의 역할에 따른 형태상의 차이가 없습니다. 예를 들어 남성 단수 인칭대명사가 주어의 자리에서는 he 이지만 목적어의 자리에서는 him입니다.

1. 대명사 it

1) 가주어(형식주어) 역할

☆ 주어 자리에 'to V.R, 동명사, 명사절'이 올 때, 이렇게 길어진 주어를 문장의 뒤로 보내고 가주어 It 을 주어의 자리에 대신 사용합니다. 이것을 가주어 혹은 형식주어라고 합니다. 실제의 주어인 '부정사, 동명사, 명사절'은 진주어 혹은 내용주어라고 하여 문장의 뒤 쪽에 오게 됩니다. 가주어는 언제나 it 만을 사용하므로 단수입니다.

0535. 프랑스어를 공부하는 것은 쉽지 않다.
　　　It is not easy to study French.

0536. 그녀가 정직하다는 것은 사실이다.
　　　It is true that she is honest.

2) 가목적어(형식목적어) 역할

☆ 보통 목적보어를 갖는 5형식 구조에서 목적어가 부정사 또는 명사절일 경우, 목적어 자리에 반드시 가목적어 it 을 사용합니다. 그 다음에 목적보어를 쓴 후, 진목적어가 마지막에 옵니다. 동명사는 가목적어를 사용할 수도 있고 그냥 동명사를 바로 5형식 목적어 자리에 사용할 수도 있습니다. 이 경우, 자주 사용되는 5형식 동사는 'make, find, think, feel, believe, consider' 등 입니다.

0537. 아홉시 이후에 아무것도 먹지 않는 것을 규칙으로 삼고 있다.
I make it a rule not to eat anything after nine.

0538. 그를 화나게 하는 것을 멍청하다고 생각한다.
I found it stupid to make him angry.

0539. 나는 그 고아를 돌보는 것이 나의 의무라고 느낀다.
I felt it my duty to take care of the orphan.

0540. 먹을 때 씹는 소리를 내는 것은 좋지 않다고 생각한다.
I think it bad to make a chewing sound when eating something.

0541. 예절은 타인들과의 삶을 더 편하게 만든다.
Etiquette makes living with other people more comfortable.

3) 특정 상황에 대한 주어

(1) '시간, 계절, 때(時)'를 주어로 할 경우

0542. 지금 몇 시죠?
What time is it?

0543. 지금 아침 7시 반입니다.
It's seven thirty in the morning.

0544. 그가 사망한 지 지금 7년입니다.
It is five years since he died.

0545. 오늘은 내 생일입니다.
It is my birthday today.

0546. 오늘은 금요일입니다.
It is Friday.

0547. 지금은 봄입니다.
It is spring now.

(2) '명암(明暗), 날씨, 온도, 거리(距離)'를 주어로 할 경우

0548. 어두워지고 있습니다.
It is getting dark.

0549. 이방은 매우 밝습니다.
　　　It is so bright in this room.

0550. 섭씨 37도입니다.
　　　It's thirty seven degrees Celsius.

0551. 매우 덥습니다.
　　　It's very hot.

0552. 구름 낀 날씨입니다.
　　　It is cloudy.

0553. 비가 올 것입니다.
　　　It will rain.

0554. 여기서 그 역까지는 얼마나 멉니까?
　　　How far is it from here to the station?

4) 앞에서 언급된 특정 단수 명사를 대신 받는 경우

0555. 나는 나의 시계를 잃어버렸고 <u>그것</u>을 찾아야 한다.
　　　I have lost my watch. And I think I have to find <u>it</u>.

　　　*비교 : I have lost my watch. And I think I need to buy one.
　　　나는 나의 시계를 잃어버려서 시계를 하나 사야 한다.

0556. 나는 그를 즐겁게 하려 했으나 그것이 불가능하다고 파악했다.
　　　I tried <u>to please him</u>, but I found <u>it</u> impossible.

5) 성별이나 정체가 확인되지 않은 사람을 대신 받는 경우

0557. 누구세요? (보이지 않는 상황) / 저요 타미입니다.
　　　A : Who is it? B : It's me Tommy.

0558. 이 아기의 나이가 얼마나 되었나요? / 그녀는 3개월 되었습니다.
　　　A : How old is it? / B : She is 3 months old.

2. 인칭대명사(personal pronouns)

☆ 같은 명사의 반복된 사용을 꺼리는 영어에서는, 앞에 이미 언급한 명사를 대명사로 거의 다시 받습니다. 특히 사람을 대신 지칭하는 것이 인칭대명사입니다. 역할에 따른 격(格) 구별이 있습니다.

도표 061 : 인칭대명사

인칭	수/성	주요위치		재귀대명사	주요위치	
		주격	목적격		소유격(형용사)	소유대명사
1인칭	단수	I	me	myself	my	mine
	복수	we	us	ourselves	our	ours
2인칭	단수	you	you	yourself	your	yours
	복수	you	you	yourselves	your	yours
3인칭	단수남성	he	him	himself	his	his
	단수여성	she	her	herself	her	hers
	단수비인간	it	it	itself	its*	
	복수	they	them	themselves	their	theirs

1) 주격 인칭대명사

☆ 주어 자리에 사용하는 인칭대명사로서 'I'(일인칭 단수)는 늘 대문자로 써야 합니다. 조심할 것은 they 인데, 비록 이것이 인칭대명사로 분류되지만 실제로는 사람 이외에 다양한 사물이나 동물에도 사용하므로 'they'를 무조건 사람으로 파악하면 안 됩니다. 주격보어에도 원칙적으로 주격인칭대명사를 쓰지만 구어체에서는 목적격을 쓰는 경우도 많습니다.

2) 목적격 인칭대명사

☆ 타동사나 전치사의 목적어 자리에 사용되는 인칭대명사입니다. them 은 무조건 사람들만을 의미하는 것이 아니고 사람, 사물, 동물의 복수목적격에 다 사용하니 조심해야 합니다. 목적보어에는 원칙적으로 목적격 인칭대명사를 사용합니다.

☆ 인칭대명사가 등위접속사 and 등에 의해 연결될 때 순서는 보통 'you and I, you and your sister, she and I, you and she' 등의 어순으로 사용하며 일인칭 'I'는 마지막에 쓰지만 일인칭 복수 'we'는 먼저 써서 'we and you, we and she' 등의 어순이 됩니다.

☆ 인칭대명사는 반드시 특정인을 지칭하는 것이 아니라 불특정 일반인을 지칭하기도 합니다. 이 때의 의미는 그냥 '사람은' 혹은 '사람들은' 정도인데, 단수는 'he, you' 등으로 쓰고, 복수의 경우, 화자를 포함하면 we, 화자를 배제하면 'they, you' 등으로 사용합니다.

3) 소유격 인칭형용사

★ 소유격은 'my, your, her' 등인데 이것은 대명사가 아니라 형용사입니다. 따라서 반드시 뒤에 명사를 받아야 합니다. 소유대명사는 'mine, yours, hers' 등으로 '나의 것, 너의 것, 그녀의 것'입니다. 특히 it 의 소유격은 its 이고 'it is, it has' 의 준형은 it's 이므로 혼동하지 않아야 합니다.

0559. 그녀와 그녀의 여자형제가 당신과 나 사이에 앉는 것을 좋아한다.
She and her sister like to sit between you and me.

0560. 그는 우리 즉, 탐과 나를 그 저녁파티에 초대했다.
He invited us, Tom and me, to the dinner party.

0561. 지난 여름 비가 많이 왔다. (화자가 포함된 경험)
We had much rain last summer.

0562. 캐나다에서는 어떤 말을 사용합니까? (화자는 캐나다인이 아님)
What language do they speak in Canada?

0563. 운명에 만족하는 자는 행복하다.
He who is satisfied with his lot is happy.

4) 재귀대명사(reflexive pronouns)

(1) 주어가 자신을 목적어로 받을 때

★ 영어에서는 주어가 자신을 목적어로 받을 때 목적격을 쓰지 않고 재귀대명사를 사용합니다. 따라서 He killed him 과 He killed himself 는 다른 의미입니다. 앞의 문장에서는 He 와 him 이 서로 다른 인물이지만 두 번째 문장에서는 동일인이므로 himself 를 사용합니다.

0564. 나는 거울속의 나 자신을 쳐다보았다.
I looked at (me / myself) in the mirror.

0565. 그는 엄마가 집에 없을 때 스스로에게 점심을 만들어 준다. ─ 혼자 차려먹는다.
He makes himself lunch when his mother is not home.

0566. 그녀는 30세에 자신을 죽였다. - 자살했다.
She killed herself at the age of 30.

(2) 부사적으로 수식할 때

☆ 이 경우는 문장내에서 특정 명사에 연계시켜서 '손수, 스스로, 친히, 그 자체가, 그 자체를' 이라는 의미의 추가어로 사용합니다. 이것은 부사적 수식어이므로 이 때 재귀대명사는 쓰지 않아도 문장의 구성에는 오류가 없습니다.

0567. 왕이 몸소 나를 보러 여기에 왔었다.
　　　The king himself came here to see me.

0568. 그가 손수 그 울타리를 칠했다.
　　　He himself painted the fence.

0569. 나는 그 사진 자체를 보고 싶다.
　　　I want to look at the photo itself.

(3) 전치사 + 재귀대명사

☆ 주요 전치사와 짝을 이루어 하나의 숙어처럼 사용됩니다.

도표 062 : 전치사 + oneself

단어	의미	단어	의미
① by oneself	홀로	② in spite of oneself	자신도 모르게
③ for oneself	혼자 힘으로	④ between ourselves	우리끼리만
⑤ of oneself	저절로	⑥ between themselves	그들끼리만
⑦ in oneself	본질적으로	⑧ beside oneself	제정신이 아닌
⑨ to oneself	혼자에게만	⑩ within oneself	여유롭게

(4) 동사 + 재귀대명사

☆ 타동사가 주어자신을 목적어로 취하면서 만들어진 관용어입니다.

도표 063 : 타동사 + oneself

단어	의미	단어	의미
① lose oneself in	~에 몰입하다	② dedicate oneself to	~에 헌신하다
③ say to oneself	혼잣말하다	④ pride oneself on	~를 자부하다
⑤ apply oneself to	적응, 몰두하다	⑥ adapt oneself to	~에 적응하다
⑦ help oneself (to)	자립하다, 먹다	⑧ make oneself at home	편하게 있다
⑨ absent oneself from	에 결석하다	⑩ accustom oneself to	~에 적응하다
⑪ present oneself at	에 참석하다	⑫ lay oneself down	눕다

⑬ avail oneself of	~를 이용하다	⑭ enjoy oneself	즐겁게 지내다
⑮ give oneself to	~에 몰입하다	⑯ devote oneself to	~에 헌신하다
⑰ dress oneself	옷 입다	⑱ overdrink oneself	과음하다
⑲ seat oneself	자리에 앉다	⑳ overeat oneself	과식하다
㉑ suit oneself	좋을대로 하다	㉒ oversleep oneself	늦잠자다
㉓ revenge oneself on	~에 보복하다	㉔ overwork oneself	과로하다

3. 부정대명사(indefinite pronouns)

☆ 불특정 사람이나 사물을 지칭하는데 사용합니다. 따라서 수나 양에 있어서도 불특정합니다. 이 단어들은 철자의 변화없이 형용사와 대명사로 공히 사용할 수 있습니다.

1) some, any

(1) some

☆ 불가산명사와 가산명사를 수식하거나 대명사로 사용되어 한정된 수나 양을 의미합니다. 어느 정도의 '양'이나 '수' 혹은 불특정한 '어떤'이라는 의미를 갖습니다. 긍정문에서는 주로 some 을, 부정문과 의문문에서 주로 any 를 사용하되, 권유를 의미하는 의문문에서 some 을 사용할 수 있고, 양보적 의미의 긍정문에서는 any 를 사용합니다. 양보적 의미란 'Anybody can do this' 라는 문장에서 '누구라도 이것을 할 수 있다' 즉, 사람에 '관계없이' 라는 무상관의 의미가 들어가는 문장을 말합니다. some 은 형용사로 '대단한'이라는 의미도 갖습니다. 부사로 사용되기도 합니다.

(2) any

☆ 불가산 명사와 가산명사를 수식하거나 대명사로 사용되어 무상관이나 무한계의 의미를 갖습니다. 주로 부정문과 의문문에서 사용되며, 부정문에서 사용될 때 'any + not' 의 어순이 아니라 'not + any' 의 어순으로 사용하던가 any 를 no 로 고치고 not 을 쓰지 않아야 합니다.

0570. 돈 좀 있습니까? / 네, 좀 있습니다. (불가산 명사 수식)
Do you have any money? / Yes, I have some.

0571. 커피 좀 더 드실거죠? (권유문)
Will you have some more of the coffee?

0572. 물 좀 주세요.
I'd like some water.

0573. 여기 당신을 위한 꽃들이 좀 있습니다. (가산 명사 복수 수식)
Here are some flowers for you.

0574. 나는 돈이 없습니다.
I haven't got any money.

0575. 오늘은 기차가 없습니다. (가산 명사 복수 수식)
There aren't any trains today.

0576. 설탕 좀 있습니까?
Have you got any sugar?

0577. 다른 어떤 언어를 구사하십니까?

Do you speak any other language? (가산 명사 단수 수식)

0578. 그들은 나에게 전혀 도움을 주지 않습니다.

They never give me any help.

(never, without, hardly 등 부정의 의미가 있는 말과 함께 주로 any를 사용한다.)

0579. 나는 어려움 없이 그곳에 도착했습니다.

I got there without any difficulty.

0580. 당신은 실수를 거의 저지르지 않았습니다.

You made hardly any mistakes.

(not과 any가 함께 사용될 때 그 부정의 의미를 강조하기 위해 not을 없애고 any를 no로 할 수 있다.)

0581. 미안합니다. 시간이 없습니다.

Sorry, I haven't got any time. (Sorry, I have no time.)

0582. 나를 도와줄 수 있습니까? - 미안합니다. 시간이 없습니다.

Can you help me? – Sorry, no time.

0583. 나에게 온 편지들은? - 네 있습니다.

Any letters for me? – Yes.

(의미가 명확할 때는 부정 대명사로 사용해서 뒤에 명사를 따로 수식받지 않아도 된다.)

0584. 돈 좀 빌려줄 수 있나요? 미안합니다. 없어요.

Can you lend me some money? Sorry, I haven't got any.

0585. 나는 봉투가 좀 더 필요합니다. 내가 좀 가져갈게요.

I need some more envelopes. I'll bring you some.

0586. 어젯밤 파티는 정말 대단했어. (가산 명사 단수 수식)

It was some party last night.

(some에는 : '중요한, 대단한, 멋진'이라는 의미가 있다.)

0587. 당신이 대단한 사람인 줄 아나본데 하나도 인상적이지 않다.

Do you think you are somebody? You don't impress me at all.

(같은 절 내에서 부정문을 만들기 위한 어순은 any + not 이 아니라 not + any 혹은 no + 명사, none of 명사)

0588. 어떤 꽃도 향기롭지 않다.

Not any flower is fragrant. (Any flower is not fragrant는 비문)

0589. 그가 조금이라도 더 나아지고 있나요?

Is he getting <u>any</u> better? (부사로 비교급 수식 - any는 비교급을 수식하는 부사로 사용 가능하다.)

2) another, other

☆ another 는 'an + other' 의 준말입니다. other 는 분할 상태에서 2번째 것이나 2번째 부분을 말합니다. 분할이므로 어차피 두 개 혹은 두 부분밖에 없습니다. 그런데 'an + other' 가 될 경우, 여러 개가 있다는 것을 전제하고 두 번째 것을 말합니다. 따라서 another 는 여러 개의 것을 나열할 때 순서 없는 두 번째를 말하고 the other 혹은 others 는 두 부분으로 분할되어 있는 상태에서 두 번째 부분을 말합니다. 'other' 앞에는 다른 한정사, 즉 'the, some, your, any, all, every, each' 등이 올 수 있습니다. some 과 other 는 불특정 범주로 2 분할 할 때 자주 사용되며, 2 분할 후에 다시 3 분할을 시도하면 'still other(s)' 를 사용합니다.

0590. 당신은 전자가 좋으세요? 저는 후자입니다.
(전자, 후자의 개념으로 순서가 정해진 두 개를 분할한 후 순서를 정함.)
Do you like the one? I like the other.

0591. 어떤 사람들은 권투를 좋아하지만 다른 사람들은 그렇지 않다.
(복수의 두 편으로 분할한 후 처음과 나중을 언급하는 방법.)
Some people like boxing. But others don't.

0592. 그는 쌍둥이 아들을 가지고 있다. 하나는 키가 크고 건장한 반면 다른 하나는 작고 약하다.
(분할을 했는데, 순서를 정하지 않음.)
He has twin sons. One is tall and strong, while the other is short and weak.

0593. 어떤 이들은 춤추는 것을 좋아하고 다른 이들은 노래하고 술 마시기를 좋아한다. 그리고 또 다른 이들은 앉아서 듣는 것을 선호한다. (둘로 분할한 후 세 번째를 첨가시키고 싶을 때.)
Some like dancing. And others like singing and drinking. And still others prefer sitting and listening.

☆ 'one thing, another' 는 하나의 문장에서 사용되면 '두 개가 서로 별개'라는 의미로 사용되며, one another 는 '셋 이상의 관계에서 서로 서로' 라는 의미입니다, each other 는 '둘 간의 관계에서 서로 서로' 이며, one after another 는 '하나씩 차례로' 라는 의미입니다. one after the other 는 '둘이 번갈아서' 입니다.

0594. 안다는 것과 가르친다는 것은 별개이다.
To know is one thing, and to teach is another.

0595. 우리는 서로 용서해야 한다.
We should forgive one another.

0596. 나는 새들이 하나씩 날아가는 것을 보았다.
I watched the birds fly away one after another.

3) none, no

☆ 수와 양을 모두 다 부정으로 받는 단어로서 no 는 형용사이므로 뒤에서 명사를 받아야 합니다. 'no + 명사' = 'none of the + 명사' 로 이해하면 됩니다. 즉, none 은 대명사이므로 뒤에서 다시 명사를 받지 않습니다. none 은 보통 3 이상의 수를 모두 부정할 때 사용되며, 'not + either' 나 neither 는 2개를 모두 부정할 때 사용합니다.

0597. 그 돈은 한 푼도 내 것이 아니다.
None of the money is mine.
= No money is mine.

0598. 그 자동차들은 한 대도 싸지 않다.
None of the cars are cheap.

0599. 여자가 없으면 울 일도 없다.
No woman, no cry.

0600. 지갑에 돈이 조금도 남아있지 않다.
There is no money left in the wallet.

0601. 어떤 유형의 오염을 만들어내지 않는 자동차들이란 없다.
There are no cars which do not produce any kind of pollution.

0602. 그는 나에게 모든 것이지만 너는 나에게 하찮은 것이다.
(nothing, nobody 에는 '보잘 것 없는 것' 이라는 의미가 있다.)
He means everything to me but you mean nothing to me.

4) neither, either

☆ 'neither' 는 'not + either' 로 보면 됩니다. either 는 '둘 중 하나'를 의미하는 '형용사, 부사 및 대명사'로 언제나 단수 취급합니다. 만약 'not + either' 의 어순이 되면 두 단어를 합쳐서 neither 로 쓸 수 있습니다. 다만 neither 가 부사적으로 사용되어 문두에 오면 그 뒤는 반드시 의문문의 어순으로 써야 합니다. neither 는 대명사로 사용되었을 때, 의미상으로는 '둘 다 아니다' 이지만 문법적으로는 단수 취급합니다. 'neither A nor B' 구조로 자주 사용되며 'A, B' 둘 다를 부정하게 됩니다. either 는 부정문에서 '~도 역시 아니다' 라는 의미로 사용되며, 부정문의 문미에서 사용됩니다.

0603. 그의 부모님 중 어떤 분도 살아있지 않다.
Neither of his parents is alive. (대명사 neither)

0604. 그의 어머니도 그의 아버지도 살아있지 않다.
Neither his mother nor his father is alive. (부사 neither)

0605. 나는 그를 알지 못한다. 내 아내도 그렇다.
I don't know him. Neither does my wife. (부사 neither)

0606. 그 쌍둥이들 중 하나는 총명하다.
Either of the twins is smart. (대명사 either)

0607. 당신 혹은 당신의 여자형제는 총명하다.
Either you or your sister is smart. (부사 either)

0608. 나는 그를 알지 못한다. 내 아내 역시 그를 알지 못한다.
I don't know him. My wife does not know him, either. (부정문 부사 either)

5) one, all, every, each, both

(1) one

☆ '일반인'을 지칭하거나 '동종의 것들 중 임의의 것 하나'를 지칭합니다. 복수는 ones 이며 ten ones 나 your one 처럼 기수나 소유격 뒤에서는 쓰이지 않습니다. '복수 중 하나'를 받으므로 불가산 명사를 대신할 수는 없습니다. I prefer blue shirts to red ones 처럼 사용되거나 if one gets old, he or she submits to gravity 에서 처럼 사용됩니다.

0609. 사람은 약속을 지켜야 한다. (일반인 단수 대명사)
One should keep one's promise.

0610. 여자 친구 있니?
응 하나 있어.

'하나'라니 무슨 의미야?
한 명이면 충분하잖아.
내 말은 여자 친구가 있다고.
Do you have a girlfriend?
Yes, I have one.
What do you mean by one?
One is enough.
What I mean is I have a girlfriend.

0611. 이것은 어떠세요? / 녹색 것들 좀 보여주세요.
What about this? / Show me the green ones.

(2) all

★ 수와 양에 모두 사용하고 전량이나 전수를 의미하는 형용사 혹은 대명사 입니다. 주어로 사용될 경우 그에 맞추어서 동사의 수를 일치시켜야 하며 수식어로 사용될 때는 'all my heart, all this time, all these years, all the money' 등의 모습처럼 all 뒤에 '관사, 지시형용사, 소유격'을 받아서 명사를 꾸밀 수 있습니다. 'not + all'의 어순이 되면 부분 부정이므로 조심해야 합니다.

0612. 온누리가 고요하다. (불가산대명사)
All is calm.

0613. 모두들 침착하다. (복수가산대명사)
All are calm.

0614. 그 모든 사람들이 그 노래를 좋아한다.
All the people like the song.

0615. 이 물은 전량 관개용이다. (대명사)
All of this water is used for irrigation.

(3) every

★ 셀 수 있는 명사의 단수 앞에서 형용사로만 사용하며 대명사로는 사용할 수 없습니다. 의미는 '모든' 이지만 all 과 다른 점은 '각각의 것들을 지칭하여 모든' 입니다. 따라서 가산명사의 단수형만 꾸밀 수 있습니다. 'not + every' 어순이 되면 부분 부정이므로 조심해야 합니다.

0616. 모든 학생들은 자신의 소지품들을 잘 감시해야 한다.
Every student is to keep an eye on his or her belongings.

(4) each

☆ 셀 수 있는 명사의 단수 앞에서 형용사로 사용하며, 대명사로도 사용할 수 있습니다. 의미는 '각각의' 이므로 여러 개들을 개별적으로 하나씩 지칭합니다. 부사로도 사용할 수 있습니다.

0617. 매 순간이 중요하다.
Each minute is so important.

0618. 우리들 각각은 같은 것을 했다.
Each of us has done the same.

0619. 오렌지들은 각각 1불이다.
Oranges are 1 dollar each.

0620. 나는 남편이 돌아오기를 기다리면서 매일 밤을 깨어 있곤 했다.
I used to stay awake each and every night waiting for my husband.

0621. 우리는 서로의 옷을 입을 수 있다.
We can wear each other's clothes.

0622. 우리는 서로를 위해 존재한다.
We are meant for each other.

(5) both

☆ '둘 중의 둘' 즉, 둘 다를 의미합니다. 형용사, 부사, 대명사로 사용할 수 있습니다. 조심할 것은 'not + both' 의 어순이 되면 부분부정이라 하여 절반을 부정합니다. 즉, '둘 다 ~는 아니다' 혹은 '둘 중 하나만 ~아니다' 입니다.

0623. 내 부모님 둘 다 80대 이시다. (수식어)
Both my parents are in their's 80's.

0624. 우리 둘 다 육류보다 어류를 좋아한다. (대명사)
Both of us prefer fish to meat.

0625. 그 모든 차들이 다 자동변속은 아니다. (부분 부정)
Not all the cars are automatic.

0626. 나는 그들을 둘 다 좋아하는 것은 아니다. (부분 부정)
I don't like both of them.

0627. 우리는 매 토요일 근무하는 것은 아니다. (부분 부정)
We do not work every Saturday.

4. 지시대명사(demonstrative pronouns)

☆ 언급된 내용을 대신 받을 때 쓰는 말로서 'this, that, these, those, such, so, the same' 등이 있습니다.

1) this

☆ 여기에 있거나 가까이에 있는 사람이나 물건을 대신 지칭할 때 'this, these'를 사용합니다. '물리적 거리, 심리적 거리, 시간적 거리'에 모두 적용되므로 근자(近者)를 언급한다고 볼 수 있습니다. 뒤에 나올 말을 미리 언급할 때도 사용합니다. 특히 서로 만나는 상황에서 사람을 소개할 때 'this, these'를 씁니다. 전자, 후자를 말할 때 후자에 this 를 쓰는 이유는 후자가 다음에 나올 말과 거리가 더 가깝기 때문입니다.

0628. 이 사진을 보아라. 그것은 오늘 아침 찍힌 것이다.
Look at this photo. It was taken this morning.

0629. 내가 이것을 말해 주겠다. '너에게 먹이를 주는 손을 물지 마라, 즉 은혜를 원수로 갚지마라.'
I'll tell you this. 'Do not ever bite the hand that feeds you.'

2) that

☆ 심리적, 물리적, 시간적 거리가 먼 곳에 있는 사람이나 물건을 대신 지칭할 때 'that, those'를 사용합니다. 특히 those 는 특정한 사람들을 언급할 때도 the people 의 대용어로 자주 사용합니다. 전자, 후자를 말할 때 전자에 that 을 사용하는 이유는 전자가 다음에 나올 말과 거리가 더 멀기 때문입니다.

0630. 저기 있는 저 산을 보아라. 그 당시에는 그것이 눈과 얼음으로 덮혀 있었다.
Look at that mountain over there. It was covered with snow and ice those days.

0631. 내가 한국에서 보았던 그 영화가 좋았다. 거기서 연기했던 사람들은 인상적이었다.
I liked that movie I saw in Korea. Those who acted in it were impressive.

☆ 만나는 사람을 소개하거나 전화상에서 자신을 소개할 때 'this' 를 사용하고 눈에 보이지 않는 사람을 멀리서 확인할 때는 'that' 을 사용합니다.

0632. 이쪽은 내 남편 브루스이고 이쪽은 나의 영어교수인 도일 선생님입니다.
This is my husband, Bruce and this is Mr. Doyle, my English professor.

0633. 여보세요, 저는 타미인데요. 탐과 통화되나요?
Hello, this is Tommy speaking. Can I talk to Tom?

0634. 엄마예요? (눈으로 보지 않고 확인하려 할 때)
　　　Mom, is that you?

☆ 'these, those' 는 복수형 명사를 받으므로 불가산명사에는 사용하지 않습니다.

0635. 이 사람들은 당신이 게임을 하도록 도울 것이다.
　　　These people will help you play the game.

0636. 이 달러들이 우리에게 매우 유용할 것이다.
　　　These dollars can be very useful to us.

☆ those 는 '특정한 사람들' 이라는 일반인의 의미로 사용될 수 있습니다. 물론 사물도 지칭할 수 있습니다.

0637. 두 개 이상의 언어를 구사할 수 있는 사람들이 이 프로젝트에 매우 도움이 됩니다.
　　　Those who can speak more than two languages are very helpful to this project.

☆ this 와 that 은 지시 부사로 so 의 의미가 있습니다. 즉, 'this, that + 형용사, 부사' = '이토록, 그토록 ~한, ~하게'

0638. 내가 잊기가 그토록 쉬운 겁니까?
　　　Am I that easy to forget?

0639. 우리는 이토록 멀리 오지 말았어야 했다.
　　　We should not have come this far.

☆ 비교구문에서 앞의 명사를 다시 받을 때 that 과 those 만 사용합니다. 단·복수의 일치에 주의해야 합니다.

0640. 여우의 꼬리는 족제비의 그것과 대개 비슷한 길이이다.
　　　The tail of a fox is usually as long as that of a weasel.

0641. 당신의 입술들은 안젤리나 졸리의 그것들과 비슷합니다.
　　　Your lips are similar to those of Angelina Jolie.

☆ 전자 = that, the first, the one, the former

후자 = this, the second, the other, the latter

0642. 그들은 그 산에서 금과 은을 캐고 있는데 후자가 훨씬 더 풍부하다라는 점에서 전자보다 더 득이 된다.
　　　They are mining gold and silver in the mountain but this is more beneficial than that in that the second is a lot more abundant.

3) such

★ such 는 '그런 것, 그런 것들' 이라는 의미로 단수·복수를 다 받을 수 있습니다. 언급된 것이나 정보가 노출된 명사에 대해 사용합니다. '정관사 the + 특정 성질 형용사'의 의미가 축약된 것입니다.

0643. 그런 것이 내 의도가 아니다.
Such is not my intention.

0644. 그런 것들이 우리에게 매우 유용하다.
Such are very useful to us.

0645. 그는 시인이고 그들에게도 그것으로 알려져 있다.
He is a poet and is known as such to them.

★ 'such A as B = A such as B'의 구조는 B 에 구체적인 종류를 놓고 A 에는 전체를 대표하는 명사를 씁니다.

0646. 나는 백합이나 라일락 같은 꽃들을 좋아한다.
I like such flowers as lilies and lilacs.

0647. 왜가리나 황새같은 새들은 섭금류라고 한다.
Birds such as herons and storks are wading ones.

4) so

★ 언급된 내용을 축약시켜서 받을 때 'think, suppose, hope, guess, say, be afraid' 뒤에서 주로 사용합니다. 내용을 부정할 때는 so 대신 not 을 씁니다. 특히, 다른 주어에 같은 내용을 적용할 때 '~도 역시 그러하다' 라는 의미로 'so + 의문문 구조'를 씁니다. 'So am I, So can I, So is he, So does she' 등이 이런 구조에서 자주 사용하는 형태입니다. 하지만 같은 주어의 내용을 강조해서 '~는 정말 그러하다' 라는 의미로 쓸 때는 'So + 평서문 어순' 이므로 'So I am, So I can, So he is, So she does' 등이 됩니다. 혼동하지 않도록 아래의 예문을 보면서 주의하시기 바랍니다. 'so' 는 부사로 'very' 의 의미를 가지는데 그것은 부사절 단원에서 다루기로 하겠습니다.

0648. 돈 좀 빌려 줄 수 있습니까? / 그렇게 되길 희망합니다.
Can you lend me money? / I hope so.

0649. 비가 당분간 계속 올까요? / 아닌 것으로 생각합니다.
Will it keep raining for a while? / I think not.

0650. 그가 나를 진실로 사랑하나요? / 그는 그렇게 말하지만 나는 아닌 것 같아 유감입니다.
Does he love me truly? / He says so but I am afraid not.

0651. 그는 매우 정직하고 그의 아내도 그러하다. (주어가 서로 다름)
He is very honest and so is his wife.

0652. 그는 매우 정직하다. / 그래 정말 그렇다. (주어가 동일인)
He is very honest. So he is.

도표 064 : so 와 not 의 대명사적 활용

so의 주요 대명사 활용법	의미
① I think so	나는 그렇게 생각한다
② I hope so	나는 그렇기를 희망한다
③ I guess so	나는 그럴 거라고 추측한다
④ I suppose so	나는 그럴 거라고 상정한다
⑤ I'm afraid so	나는 그럴 것 같아 유감이다
⑥ I think not = I don't think so	나는 아닐 거라고 생각한다
⑦ I guess not = I don't guess so	나는 아닐 거라고 추측한다
⑧ I suppose not = I don't suppose so	나는 아닐 거라고 상정한다
⑨ I hope not = I don't hope so	나는 아니길 바란다
⑩ I'm afraid not	나는 아닐 것 같아서 유감이다
⑪ So + 의문문어순	다른 주어도 그러하다
⑫ So + 평서문어순	그 주어가 정말로 그러하다

5) the same

☆ '기존에 언급된 것과 같은 것'을 지칭하는 말이며 뒤에 명사를 붙여서 형용사로 사용할 수도 있습니다. 'the same A as B' 구조로 사용할 경우 'B와 같은 A' 라는 의미가 되어 동종 또는 동일물을 의미합니다. 'the same + that 절' 로도 사용되는데 이 경우는 'that 절' 이 관계사절이 되어 동일물을 지칭하는 표현입니다. the same 앞에 exactly 나 all 을 붙여서 부사구를 만들 수 있습니다. 이 경우 'exactly the same' 은 '정확하게 똑같이' 이고 'all the same' 은 '그럼에도 불구하고 똑같이' 라는 의미가 됩니다.

0653. 같은 것으로 먹고 싶습니다. (동종)
I would like to have the same.

0654. 하와이의 노을은 정말 아름답다. 그리고 당신은 여기서도 같은 것을 볼 수 있다. (동종)
The sunset in Hawaii is so beautiful. And you can see the same here.

0655. 우리 아이들은 그들 아이들과 같은 학교에 다닌다. (동일물)
Our children go to the same school as theirs.

0656. 나는 당신의 아내가 몰고 다니는것과 같은 차가 그의 뒤뜰에 주차된 것을 보았다. (동일물)
I saw the same car parked in his back yard that your wife is driving.

0657. 니는 이것에 대해 당신과 같은 상상을 한다. (동종)
I think the same as you do about this.

0658. 나는 지난 금요일에 사직하고 같은 날 떠났다. (동일물)
I resigned last Friday and left that same day.

0659. 우리는 남자 아이들을 여자 아이들과 똑같이 다룬다.
We treat boys exactly the same as girls.

0660. 그는 많은 돈을 벌어오지는 못하지만 나는 남편을 똑같이 사랑한다.
He does not earn much bread but I love my husband all the same.

03 기출문제

01. 다음 문장의 내용상 _____ 부분에 가장 적절한 말은?

_____ present at the party were surprised at the President's appearance.

① This ② That
③ These ④ Those

해석 파티에 참석한 사람들은 회장이 참석한 것을 보고 놀랐다.

해설 '-한 사람들' = those who / 관계사 주격 + be 동사의 생략에서 those who are present = those present

답 ④

02. 다음 문장의 내용상 _____ 부분에 가장 적절한 말은?

For _____ wishing to take a closer look at the museum, a guided tour is provided.

① ones ② those
③ them ④ who

해석 그 박물관을 더 자세히 둘러보길 원하는 이들을 위해 안내인이 있는 투어가 제공됩니다.

해설 '-한 사람들' = those who / those who are wishing … 구조에서 축약 those wishing

답 ②

03. 다음 문장의 내용상 _____ 부분에 가장 적절한 말은?

> A : Will he be able to lend you money?
> B : _____.

① I hope it
② I hope him to lend me money
③ I'm afraid so
④ I'm afraid not
⑤ I hope to

해석 A : 그가 너에게 돈을 빌려줄 수 있을까? / B : 그러지 못할 것 같아서 걱정이야.

해설 앞의 내용의 반대를 걱정하는 표현 be afraid not / be afraid so = 그럴 것 같아서 걱정이다.
hope는 5형식으로 사용하지 않음.

답 ④

04. 다음 문장의 내용상 _____ 부분에 가장 적절한 말은?

> A : Does your father really have to have the operation?
> B : _____ The doctor says he'll die without it.

① I hope so.
② I'm afraid so.
③ No way.
④ That isn't true.

해석 A : 당신 아버지가 정말 수술을 받으셔야 하나요?
B : 그렇게 될 것 같아 걱정인데요. 수술 없이는 돌아가실 것이라고 의사선생님이 말합니다.

해설 그럴 것 같아서 걱정이다 =be afraid so / hope so = 그렇게 되길 희망한다 / no way = 절대 아니다

답 ②

05. 다음 문장의 내용상 _____ 부분에 가장 적절한 말은?

> Peace and development are not so different as we may think them to be. They are two sides of the same coin: one cannot progress without _____.

① another   ② other   ③ others   ④ the other   ⑤ the others

해석 평화와 발전은 우리가 그럴 것이라고 생각하는 것과 그렇게 다르지 않다. 그 둘은 동전의 양면과도 같다. 즉, 어느 하나도 나머지 하나 없이는 더 나아질 수 없는 것이다.

해설 두 개 중에서 각각을 하나와 나머지 하나로 표현할 때 one, the other

답 ④

06. 다음 문장의 내용상 _____ 부분에 가장 적절한 말은?

> To take pride in what deserves boasting is one thing, and to take good care of it is quite _____.

① others
② thing
③ another
④ the other

해석 자랑할 만한 가치가 있는 것을 자랑스러워하는 것과 그것을 잘 관리하는 것은 별개의 문제이다.

해설 one thing + another = A와 B는 별개의 것이다.

답 ③

07. 다음 문장의 내용상 _____ 부분에 가장 적절한 말은?

> Delmoor Corporation is not responsible for damage caused by misuse, improper care, or _____ consumer negligence.

① another
② the other
③ others
④ other
⑤ the others

해석 Delmoor Corporation에서는 오용이나 부적절한 취급 또는 기타 소비자 부주의에 의해 야기된 손상에 대해서는 책임지지 않습니다.

해설 앞 쪽에서 거론한 것을 제외한 나머지 모두를 말할 때 other + 명사, 특정한 것이 아니라 일반적 소비자 부주의이므로 정관사 the를 쓰지 않는다.

답 ④

08. 다음 빈칸에 공통으로 들어가기에 가장 알맞은 것은?

> - This hat is too small. Please show me a large _____
> - She has three rooms; one large _____ and two small ones.

① it
② one
③ that
④ other

해석 이 모자는 너무 작네요. 큰 것을 보여주세요. 그녀에게는 세 개의 방이 있다. 하나의 큰방과 두 개의 작은 방들이다.

해설 모자라는 것들 중 하나 / 세 개의 방들 중 불특정 하나이므로 다수의 동종 물건 중 불특정 하나 = one

답 ②

09. 다음 문장의 내용상 _____ 부분에 가장 적절한 말은?

| _____ but fools would believe such a weird story. |

① All　　　　　② None　　　　　③ Any　　　　　④ Everyone

해석 바보 말고는 그 누구도 그런 괴상한 이야기를 믿지 않을 것이다.

해설 의미상 주어가 부정어가 되어야 하므로 '-를 제외한 그 무엇도 -하지 않는다' = none but + 명사 + 술어동사

답 ②

10. 다음 밑줄 친 부분 중 틀린 것은?

| ① <u>There</u> will be ② <u>no meaningful change</u> in policy if the person in charge of the matter ③ <u>is</u> ④ <u>him</u>. |

해석 만일 그 문제를 담당하고 있는 책임자가 그 사람이면 방침에 의미있는 어떤 변화도 없을 것이다.

해설 주격보어에 인칭대명사는 주격을 사용한다.

답 ④ → he

11. 다음 밑줄 친 부분 중 틀린 것은?

> I feel ① sorry for an ② only child because ③ they have no chance to ④ share experiences with brothers and sisters.

해석 독자는 형제자매와 경험을 나누는 기회가 없기 때문에 불쌍하다는 생각이 든다.
해설 독자는 단수이므로 they로 받을 수 없다. he, she, it 등으로 받고 동사는 단수 has 를 쓴다.
답 ③ → it has, he or she has

12. 다음 문장의 내용상 _____ 부분에 가장 적절한 말은?

> The activities of the international marketing researcher are frequently much broader than _____.

① the domestic marketer has
② the domestic marketer does
③ those of the domestic marketer
④ that which has the domestic marketer

해석 국제시장조사자의 활동들이 대개 국내시장 연구자의 그것들보다 범위가 더 넓다.
해설 비교대상이 the activities 이므로 복수지시대명사 those로 받아야 한다.
답 ③

13. 다음 밑줄 친 부분 중 틀린 것은?

> He ① appears ② friendly and peaceful, but he is ③ deeply suspicious of ④ another classmates.

해석 그는 우호적이고 평화적인 것처럼 보이지만 다른 반 친구들을 아주 의심한다.
해설 반의 나머지 친구들이므로 other + 복수명사가 와야 한다.
답 ④ → other

14. 다음 문장 중 문법적으로 옳은 것은?

① Although the main point is agreed upon, anybody is not satisfied with the situation.
② The newly installed machine will make possible to increase the daily output.
③ No one know where the real happiness lies.
④ Neither of the two applicants is eligible for the job.

해석 ① 비록 주요 논점에는 합의가 이루어졌지만 누구도 현 상황에 만족하지 않는다.
② 새로 설치된 기계는 일일 생산량을 증가시키는 것을 가능하게 해줄 것이다.
③ 아무도 진정한 행복이 어디에 있는지 모른다.
④ 두 지원자들 누구도 그 일자리에 적임자가 아니다.

해설 ① any + not의 어순이 어색하므로 nobody is satisfied...
② make가 부정사를 목적어로 5형식을 받지 않으므로, 가목적어 it을 사용할 것
③ no one은 단수이므로 knows를 쓸 것
④ neither가 대명사일 때 단수취급

답 ④

15. 다음 중 어법상 올바른 것을 고르시오.

① It was tough to get through the winter.
② It was too boring a task to assume it.
③ The watch was from my father, so I had to regain one.
④ I am looking for a larger one, so will you please show me others?
⑤ Honest enough a student to admit what is done deserves to be forgiven.

해석 ① 그 겨울을 나기는 어려웠다.
② 그것은 떠맡기에는 너무도 지루한 작업이었다.
③ 그 시계는 아버지로부터 받은 것이어서 나는 그것을 되찾아야 했다.
④ 나는 더 큰 것을 찾는다. 그러므로 다른 것을 좀 보여 달라.
⑤ 행해진 것을 인정할 정도로 충분히 용기 있는 학생은 용서받을 자격이 있다.

해설 가주어 진주어 / 문두의 it은 가주어가 아니라 assume의 의미상 목적어이므로 assume 다음에 it을 뺄 것 / regain it이 되어야 함 / show me another가 되어야 함 / A student honest enough to의 어순이 되어야 함

답 ①

16. 다음 중 어법상 올바른 것을 고르시오.

① She is the one I want.
② Every fourth years, we hold the soccer games.
③ I went up Eiffel tower, which is famous in Paris.
④ She decided to start own her business.
⑤ An increase in taxes means fewer money to spend.

> **해석** ① 그녀는 내가 원하는 바로 그 사람이다.
> ② 4년마다 한 번씩 우리는 그 축구경기를 연다.
> ③ 나는 에펠탑에 올라갔는데, 그 탑은 파리에서 유명하다.
> ④ 그녀는 자신의 사업을 시작하기로 결심했다.
> ⑤ 세금 인상은 우리가 쓸 수 있는 돈이 줄어든다는 것을 의미한다.

> **해설** the one은 임의의 하나이지만 한정된 것/ 매 4년에서 서수사 다음은 단수형 year / 에펠탑은 관사 the를 붙일 것 / her own으로 어순이 바뀔 것 / money는 불가산이므로 fewer를 less로 고칠 것.

> **답** ①

17. 다음 중 어법상 올바른 것을 고르시오.

① Each of us have to do our duty.
② His both assistants are all from Chicago.
③ Hardly did any of my students solve that puzzle.
④ No one volunteered for the mission except Tommy and I.
⑤ The editor and publisher of this magazine are both well-known journalists.

> **해석** ① 우리들 각자는 자신의 임무를 다해야한다.
> ② 그의 두 조수들은 모두 시카고 출신이다.
> ③ 내 학생들 중 누구도 이 문제를 쉽게 풀지 못했다.
> ④ Tommy와 나를 빼놓고는 누구도 그 임무에 자원하지 않았다.
> ⑤ 이 잡지의 편집자와 발행인은 둘 모두 저명한 언론인들이다.

> **해설** each는 단수이므로 has to, our는 his or her로 고친다. / both는 소유격보다 먼저 수식한다. / 부정어가 문두에 오면 의문문의 구조로 도치된다. any + 부정어 어순은 어색하다. / except는 전치사이므로 목적격 인칭대명사 me / 의미상 두 명이 되어야 are와 both와 journalists를 충족시키므로 관사를 두 번 다 붙여서 the editor and the publisher가 되어야 한다.

> **답** ③

18. 다음 중 우리말의 영작이 옳지 않은 것은?

① 나는 그 스팸 메일을 보내는 사람들이 누구인지를 알 필요가 있다.
→ I need to know who the spam e-mail senders are.
② 그는 이제 그가 해 온 모든 것을 하는 것이 매우 힘들다고 파악한다.
→ He now finds that very hard to do everything he has done.
③ 그녀는 노예처럼 취급받는 것을 신경 쓰지 않는다.
→ She doesn't mind being treated like a slave.
④ 사람은 자기의 약속을 지켜야 한다.
→ One should keep his or her promise.

해설 가목적어는 it을 사용한다 → it very hard to do everything.

답 ②

19. 다음 우리말을 영작한 것 중 맞는 것은?

① 그는 자신이 대단한 사람인 줄 안다.
→ He thinks that he is somebody.
② 무엇인가 마실 차가운 것을 그에게 갖다 주어라.
→ Bring him cold something to drink.
③ 다음과 같은 속담을 들어본 적이 있는가? '모든 구름은 은빛 안감이 있다.'
→ Have you ever heard a saying like that, 'Every cloud has a silver lining.'
④ 안녕하세요, 저는 타미인데 앤젤리나 좀 바꿔 주세요.
→ Hello, I am Tommy speaking. Can you get Angelina on the phone?

해설 somebody는 대단한 사람이라는 의미가 있다 / something은 수식어가 뒤에 온다 / 뒤에 올 말을 미리 받을 때는 that이 아니라 this / 전화상의 최초 소개는 this is Tommy (speaking)

답 ①

PART 04
prepositions

전치사
(前置詞)

04 전치사 (prepositions)

☆ 전치사의 개념 : 전치사는 '명사의 앞에 놓인 토씨' 라는 용어입니다. 앞 '前' 자에 놓을 '置', 말씀 '詞' 이렇게 구성된 표현입니다. 영어에서도 'pre-' 가 '앞' 이고 'position' 이 '위치시킨다' 라는 의미입니다. 한국어에서는 사실 전치사가 아니라 후치사입니다. 우리말에는 토씨가 뒤에 붙기 때문입니다. 즉 '너에게'에서 '에게'가 '너'의 뒤에 붙는 토씨인데 영어에서는 'to you' 가 되어 '에게'에 해당하는 to 가 명사의 앞에 놓이게 됩니다. 그래서 영어의 용어가 prepositions 이 된것입니다. 전치사는 따라서 그 뒤에 목적어(the object of the preposition) 를 받게 되는데 이 자리에는 '명사, 대명사, 동명사, wh-가 이끄는 구나 절 구조'가 올 수 있습니다. 전치사와 그 짝인 목적어가 어떤 역할을 하고 어떤 구조에서 사용되며 또 각각의 전치사는 어떤 핵심적 의미를 가지고 있는지 가볍게 살펴보겠습니다. 덧붙여, '영어는 동사에서 시작해 전치사로 끝난다'라고 말할 수 있을 정도로, 전치사의 중요성은 대단합니다. 따라서 전치사만을 집중적으로 파헤치는 과정이 필요하고 이를 위해 바른영어사의 출판부에서는 최우선 영단어 시리즈의 일환으로 '최우선 영단어 전치사 편'을 펴낸 바 있습니다. 이와 연계된 강의와 교재를 충실히 공부한다면 국제어인 영어의 활용능력이 매우 높아질 것입니다.

도표 065 : 전치사의 목적어

① 전치사 + 명사	without money
② 전치사 + 대명사	without him
③ 전치사 + 동명사(V.R ing)	without saying good bye
④ 전치사 + wh- 구	about what to do
⑤ 전치사 + wh- 절	about where he was born

☆ 전치사는 방대한 영역으로 여기서는 가장 기본적 개념과 쓰임새만을 다룹니다. 특히 동사와 전치사가 합쳐진 동사구는 핵심적인 어휘군에 속하므로 따로 공부하길 권고합니다. (최우선 영단어 전치사 편 참조)

1. '전치사 + 목적어'의 역할

1) 명사 뒤에서 앞의 명사꾸미기

0661. 빨간 커버를 가지고 있는 그 책은 참고서이다.
The book with the red cover is a reference book.

0662. 그 언덕 꼭대기 위에 있는 그 남자가 당신은 보이는가?
Can you see the man on top of the hill?

☆ '명사 + 전치사 + 명사' 구조는 뒤의 전치사구가 앞의 명사를 꾸미지만 한국어로 이해하는 과정에서는 순서대로 수식하는 것이 더 편리한 경우도 있습니다. 영어인들의 머릿속에서는 an angel of a wife 가 '아내 중의 천사' 에 비슷한 말이지만 한국어에서는 사실 비유적 취지가 가장 가까운 개념이므로 '천사 같은 아내' 라고 이해하는 것이 더 좋습니다. 전치사 'of' 는 이런 예를 상당수 가지고 있습니다.

도표 066 : a, an + 명사 + of + a, an + 명사

① a mountain of a wave — 산 같은 파도 (파도의 산)
② an evil of a man — 악마 같은 남자 (남자 중 악마)
③ an ocean of an audience — 대양 같은 청중 (청중의 바다)
④ a feather of a suit — 깃털 같은 정장 (정장 중 가벼운 것)

0663. 그는 천사 같은 아내를 가지고 있다.
He has an angel of a wife.

2) 동사에 대한 '시간, 장소, 방법' 등의 부가정보 제공

☆ 전치사와 그 목적어는 동사와 연동되어서 동사에 대한 '시간, 장소, 방법' 등의 부가적 정보를 제공합니다. 동사를 수식하므로 품사적으로는 부사의 역할을 합니다.

0664. 그녀는 나에게 그 반지를 주었다.
She gave the ring to me.

0665. 새벽에 나는 나의 여행을 시작했다.
At dawn, I began my trip.

0666. 그녀는 자신이 오르곤 했던 나무 옆에 묻혀있다.
She is buried by the tree she used to climb.

3) 특정동사와 함께 타동사구 형성

☆ 전치사와 목적어는 특정동사의 뒤에 붙어서 하나의 확정적 의미를 창출해 냅니다. 이것을 동사구라고 부릅니다. 영어로는 'phrasal verbs' 라고 합니다. 이 부분은 반드시 '최우선 영단어 전치사 편' 을 참고하여 어휘력을 늘리기 바랍니다.

0667. 나는 매우 주의 깊게 그의 말을 경청했다.
    I <u>listened to him</u> very carefully.

0668. 나는 머물 장소를 찾고 있었다.
    I was <u>looking for</u> a place to stay.

2. 전치사의 개별적 기본의미와 쓰임새

1) 시간과 관련된 부가정보

☆ 아래의 전치사들은 뒤에서 목적어로 시간과 관련된 표현들을 자주 취합니다. 이 때의 의미들을 살펴 보겠습니다.

(1) in

☆ in 은 뒤에서 특정시기를 받아서 사용하는데, 주로 '년도, 계절, 월, the morning, the 년대 s, the 세기, 특정 시기, 특정 나이 대' 등의 명사를 받습니다. 조심할 것은 in 이 특정시기가 아니라 어떤 기간을 목적어로 받으면 '그 기간이 걸린 후에' 라는 의미입니다. 따라서 '3일 후에' 를 'after 3 days' 라고 하지 않고 'in 3 days' 라고 한다는 점을 기억하세요.

도표 067 : in + 시간 관련 명사

①	in 2015	2015년도에
②	in (the) spring, summer...	봄에, 여름에
③	in January, September...	일월에, 구월에
④	in the 1920s	1920년대에
⑤	in the 19th century	19세기에
⑥	in the morning, afternoon, evening, night	아침, 오후, 저녁, 밤에
⑦	in one's 50s, 40s	50대, 40대에
⑧	in one's absence	부재시에
⑨	in good days, a hard time..	좋은 시절에, 힘겨울 때
⑩	in 3days, ages, years, the last 2 weeks..	3일 후에, 오랜 후에, 지난 2주 동안

(2) on

☆ 이 전치사는 뒤에서 '날짜, 특정일, 요일, 특정날짜로 수식되는 하루의 때' 등을 목적어로 받습니다. 또한 특정한 동작을 의미하는 명사를 받아서 '그 동작이 있을 때에'라는 의미로도 사용합니다.

도표 068 : on + 시간 관련 명사

①	on mom's birthday	어머니의 생일날에
②	on the 15th of October	시월 15일에
③	on October 15	시월 15일에
④	on the morning of May 15	오월 15일의 아침에
⑤	on Sunday	일요일에

⑥ on Sunday evening   일요일 저녁에
⑦ on Sundays   일요일 마다
⑧ on a Sunday morning   어떤 일요일 아침에
⑨ on Christmas day   성탄일에
⑩ on request   요구시에
⑪ on a closer examination   면밀한 관찰시에

(3) at

☆ 이 전치사는 뒤에서 특정한 시각이나 때(時), 또는 나이를 받습니다. 또한 '특정한 행위를 하는 시간'이라는 의미로 그 행위가 행해지는 장소나 상징성을 의미하는 명사를 받습니다.

도표 069 : at + 시간 관련 명사

① at 8 in the evening   저녁 8시에
② at dusk   땅거미질 녘에
③ at dawn   새벽녘에
④ at sunrise   일출 때
⑤ at night   밤에
⑥ at noon   정오에
⑦ at daybreak   동틀 때
⑧ at the time   그 때
⑨ at the end of this month   이달 말에
⑩ at 40   40세에
⑪ at the same time   같은 시간에

☆ 전치사 in, at, on 의 생략 : 보통 '전치사 in, at, on + 시간명사' 구조에서 시간명사 앞에 특정 지시어인 'this, that, last, next, every' 등이 명사를 수식하면 위의 전치사를 생략하고 사용합니다. 따라서 in this year 가 아니라 this year 가 한국어의 '올해에' 에 해당됩니다. 비슷한 예로 '지난 주에'는 last week, '다음 화요일에'는 next Tuesday, '지난달에'는 last month, '매일매일' 은 everyday, '매년' 은 every year 입니다.

(4) since

☆ 이 전치사는 뒤에서 '특정시점, 특정시점을 알 수 있는 사건'을 의미하는 목적어를 받습니다. 의미는 '해당 시점 이후로, 이래로' 가 되며 이것과 어울리기 위해 주절의 시제를 완료나 완료진행으로 받습니다.

도표 070 : since + 시점 명사

①	since noon	정오 이후로
②	since yesterday	어제 이후로
③	since his death	그의 사망 이후로
④	since 1999	1999년 이후로
⑤	since 3 days ago	3일 전 이후로
⑥	since 4 p.m.	오후 4시 이후로

(5) during

☆ 이 전치사는 뒤에서 '특정기간, 특정기간의 내용을 알 수 있는 사건'을 목적어로 받습니다. 중요한 것은 '이 기간의 내용을 의미하는 명사'를 써야 한다는 것이며 '단순한 기간의 길이를 의미하는 명사'와는 어울리지 않으므로 during 3 days 와 같은 표현은 비문입니다.

도표 071 : during + 기간의 내용 명사

①	during Christmas holidays	성탄절 휴일들 동안
②	during the class	그 수업동안
③	during his stay at the city	그 도시에서 그의 체류동안
④	during my visit to the island	그 섬에 대한 나의 방문기간 동안
⑤	during my summer vacation	나의 여름방학동안
⑥	during his absence	그의 부재동안
⑦	during the 1997's economic recess	1997년의 경기 후퇴 동안
⑧	during the weekdays	주중동안
⑨	during the 19th century	19세기 동안

(6) for

☆ 이 전치사는 뒤에서 '기간의 길이, 길이를 알 수 있는 사건'을 목적어로 받습니다.

도표 072 : for + 시간의 길이 명사

①	for 3 days	3일 동안
②	for the rest of my life	내 인생의 나머지 기간 동안
③	for a few days	며칠 동안
④	for long(for a long time)	오랫동안
⑤	for ever(for good)	영원 동안(영원히)
⑥	for a while	한 동안
⑦	for ages	오랫동안
⑧	for the last 3 months	지난 3개월 동안

(7) through

★ 이 전치사는 뒤에서 '특정시기, 혹은 특정 기간을 갖는 활동을 의미하는 명사'를 목적어로 받습니다. 이 때의 의미는 '그 시기의 처음부터 끝까지' 혹은 '내내' 입니다.

도표 073 : through + 특정 기간

①	through the night	밤새도록
②	through the concert	그 연주회 내내
③	through his school days	그의 학창시절 내내
④	through his entire life	그의 일생을 통해서

(8) from

★ 이 전치사는 뒤에서 '출발시점을 의미하는 명사'를 목적어로 받습니다.

도표 074 : from + 시점 명사

①	from that time	그 때부터
②	from then on	그 때부터 계속
③	from morning till night	아침부터 밤까지
④	from early morning	이른 아침부터
⑤	from his birth	그의 탄생부터

(9) to

★ 이 전치사는 주로 from 과 연동하여 '도착시점을 의미하는 명사'를 받습니다. 이 경우 to 보다는 till 을 조금 더 자주 사용합니다.

도표 075 : to + 시점 명사

①	to the end of this week	이번 주 말까지
②	to 7 p.m.	오후 7시까지
③	to his death	그가 죽을 때 까지

(10) until (till)

★ 이 전치사는 뒤에서 '도착시점, 혹은 완료시점을 의미하는 명사'를 받습니다. 'from A till B' 구조로 자주 사용되며 완료시제와 잘 어울립니다. 이 때 동사 자리에는 일회성 혹은 완료성의 의미를 갖는 동사를 써서는 안 되고 지속성의 의미를 갖는 동사를 써야 합니다. 한국인들이 많이 혼동하는 부분이므로 조심해야 합니다. 예를 들어 '내일 까지 숙제를 제출한다' 라고 하면 '내일까지' 라는 말 때문에 'until' 을 떠올리기 쉽지만 '제출하다 (submit, hand in)' 라는 동사는 지속성 동사가 아니라 완료성 동사이므로 'until tomorrow' 를 쓸 수 없고 'by tomorrow' 를 써야 합니다.

도표 076 : until + 시점 명사

①	till the end	끝까지
②	until his return	그의 귀환까지
③	until 3 a.m.	오전 3시까지
④	until morning	아침까지
⑤	until the beginning of new year	새해의 시작까지

(11) over

☆ 이 전치사는 뒤에서 '특정시기 혹은 특정기간을 의미하는 명사'를 목적어로 받습니다. 의미는 '그 시기 혹은 그 기간에 걸쳐서' 입니다. 따라서 어떤 활동을 할 때 그 시기나 그 기간이 소요된다는 의미입니다.

도표 077 : over + 기간 명사

①	over the weekend	주말에 걸쳐서
②	over the 2 hundred years	그 2백년에 걸쳐서
③	over several hours	여러 시간에 걸쳐서

(12) by

☆ 이 전치사는 뒤에서 '특정시점'을 목적어로 받아서 '그 무렵, 그때까지' 라는 의미가 되는데 중요한 것은 이와 연동된 동사는 반드시 완료성 동사이어야 한다는 것입니다.

도표 078 : by + 시점 명사

①	by his 33rd birthday	그의 33번째 생일까지
②	by the end of this year	올해의 말까지
③	by 2020	2020년까지
④	by tomorrow	내일까지

(13) before

☆ 이 전치사는 뒤에서 '특정시점 혹은 시점을 의미하는 명사'를 목적어로 받아서 '그 시점 이전에' 라는 의미가 됩니다. '시점명사 + before'와는 구별해야 합니다.

도표 079 : before + 시점 명사

①	before the end of the week	이번 주가 끝나기 전에
②	before dark	어두워지기 전에
③	before the day	그 날 전에
④	before his birth	그의 탄생 전에
⑤	before the arrival of computers	컴퓨터의 등장 전에

⑥ before 4 days ago	4일 전 전에
⑦ 3 days before*	그 3일 전에(혼동조심)
⑧ the night before*	그 전날 밤에(혼동조심)

(14) after

☆ 이 전치사는 뒤에서 '특정시점'을 받아서 '그 시점 이후' 라는 의미가 됩니다. before 와 반대의 의미로 보면 됩니다. 조심할 것은 시점명사를 앞에 두고 전치사 after 를 쓴 후 그 목적어를 생략할 때의 의미를 혼동하지 않아야 합니다.

도표 080 : after + 시점 명사

① after this month	이 달 후에
② after sunrise	일출 후에
③ after school, after work	방과 후에, 근무 후에
④ 3 days after*	그 3일 후
⑤ the year after*	그 다음 해에

(15) within

☆ 이 전치사는 뒤에서 '특정시점 명사'를 목적어로 받아서 '그 기간 이내에'라는 의미를 갖습니다. 이것은 '그 기간이 소요된 후에'라는 의미와 혼동할 수 있는데 '3일 후에' 는 'in 3 days' 이고 '3일 이내에' 는 'within 3 days' 입니다. '3일 이라는 기간'이 소요된다는 의미는 비슷하지만 within 은 '최대치가 3일'이 소요된다는 의미이므로 더 짧은 시간이 소요될 수도 있다는 점이 다릅니다.

도표 081 : within + 기간 명사

① within a few days	며칠 이내에
② within this month	이달 이내에
③ within 72 hours	72시간 이내에

(16) as of

☆ 이 전치사는 뒤에서 '특정시점 명사'를 목적어로 받아서 '그 시점부로' 라는 의미를 만듭니다. 어떤 효력 등이 발생하는 시점을 거론할 때 주로 사용합니다.

도표 082 : as of + 시점 명사

① as of now	지금부터
② as of today	오늘부로
③ as of early July	7월초부터
④ as of 19, September	9월 19일부로

(17) beyond

☆ 이 전치사는 뒤에서 '특정시점 명사'를 받아서 '그 시점을 넘겨서' 라는 의미를 만듭니다.

도표 083 : beyond + 시점 명사

① beyond midnight — 자정을 넘겨서
② beyond the end of the day — 오늘을 넘겨서
③ beyond the 21st century — 21세기를 넘겨서
④ beyond your legal stay — 당신의 합법적 체류(기간)를 넘겨서

(18) toward

☆ 이 전치사는 뒤에서 '특정시점'을 목적어로 받아서 '그 시간대로 가면서' 라는 의미를 갖습니다. 따라서 '그 시간대에 가까우면 가까울수록 더 유효하다' 라는 의미가 됩니다.

도표 084 : toward + 시점 명사

① toward the end of the week — 이번 주말로 가면서
② toward 4 o'clock — 4시에 가까워지면서
③ toward the middle of April — 4월 중순으로 가면서
④ toward the beginning of 22nd century — 22세기의 시작 무렵으로 가면서

0669. 10일부로 당신의 내선번호는 1324번입니다.
As of the 10th, your new extension is 1324.

0670. 나는 며칠 내에 돌아올 것입니다.
I will be back within a few days.

0671. 해가 지고 나면 엄청 추워집니다.
It gets very cold after the sunset.

0672. 그는 그 3일 후 정신이 돌아왔다.
He came back to life 3 days after.

0673. 더운 날씨는 일출 전에 우리를 출발하게 만들었다.
The hot weather made us start before sunrise.

0674. 그는 사망할 때까지 그의 오페라를 완성했다. (완료 개념)
He had completed his opera by the end of his life.

0675. 주말에 걸쳐 무엇을 했습니까?
What did you do over the weekend?

0676. 우리는 끝까지 싸울 것이다. (지속 개념)
We'll be fighting until the end.

0677. 나는 <u>죽을 때까지</u> 그날을 잊지 못할 것이다. (till 개념)
I shall never forget that day <u>to the end of my life</u>.

0678. 나는 <u>아침부터 밤까지</u> 일해야 했다.
I had to work <u>from morning till night</u>.

0679. 이곳으로 오는 대부분의 관광객은 <u>봄에</u> 온다.
Most tourists to here come <u>in springtime</u>.

0680. 그는 <u>며칠 후에</u> 돌아올 것이다. (며칠 걸려서)
He will be back <u>in a few days</u>.

0681. <u>일요일 아침들에는</u> 무엇을 하나요?
What do you usually do <u>on Sunday mornings</u>?

0682. 나는 <u>오랫동안</u> 당신을 못 보았다.
I haven't seen you <u>in ages</u>.

0683. 나는 <u>오랫동안</u> 당신을 기다렸다.
I have been waiting for you <u>for ages</u>.

0684. 그 아이들은 <u>콘서트 내내</u> 앉아있기에는 너무 어리다.
The children are too young to sit <u>through the entire concert</u>.

0685. 우리는 <u>3일전 이후</u> 아무것도 먹지 못했다.
We haven't had anything <u>since 3 days ago</u>.

0686. <u>그 때</u> 당신은 무엇을 했나요?
What did you do <u>at that time</u>?

0687. 우리는 <u>어머니의 생일날</u> 모인다.
We get together <u>on mom's birthday</u>.

0688. 그것은 내가 <u>3 달 만에</u> 받은 첫 편지이다.
It's the first letter I've had <u>in 3 months</u>.

0689. 나는 <u>늦은 저녁에</u> 식사를 한다.
I have supper <u>in the late evening</u>.

0690. 그 소음은 <u>자정을 넘겨서까지</u> 지속되지는 않을 것이다.
The noise won't last <u>beyond midnight</u>.

0691. 우리는 <u>연말을 향해</u> 가면 시장이 반응할 것으로 기대한다.
We expect the market to rebound <u>toward the end of the year</u>.

2) 장소, 방향과 관련된 전치사

☆ 전치사는 그 목적어로 장소와 관련된 명사를 받아서 자주 사용됩니다. 물리적 장소는 아니어도 '정신적, 활동적, 개념적 장소를 의미하는 명사'를 목적어로 받아서 비유적 의미를 만들어 냅니다.

(1) in + 장소, 구역, 면적 전체, 도시, 국가, 대륙, 주, 지방

☆ 넓은 면적을 가진 구역 내, 혹은 해당 장소의 속을 중시하는 표현

도표 085 : in + 장소 명사	
① in Africa, Egypt, New York, Seoul	아프리카, 이집트, 뉴욕, 서울 에서
② in the country, the universe	시골, 그 나라, 온 세상 에서
③ in the house, the building	그 집, 그 건물 에서
④ in space, the park, town	우주공간, 그 공원, 시내 에서
⑤ in my mind, your dream	내 마음, 너의 꿈 속에서

(2) at + 장소, 좁은 지역, 지점, 특정주소, 활동을 하는 공간으로서의 좁은 장소

☆ 장소 자체를 말하기보다 그 상황내지, 그 장소가 요구하는 작업을 중시할 때

도표 086 : at + 활동 장소	
① at the shop, the convention, the spot	그 가게, 그 회의, 그 지점 에서
② at the exit, the door, the station	출구, 문, 역 에서
③ at 3562 South 1st St. Adelaide, LA	어떤 주소 에서
④ at work, table, sea	작업 중에, 식사 중에, 선원생활 중에

(3) on + 접촉면을 갖는 장소

☆ 접촉을 중시하므로 위치상 아래가 되어도 접촉면에 붙어있으면 under 를 쓰지 않고 on을 사용함

도표 087 : on + 접촉 장소	
① on the hill, the table, your face	언덕, 탁자, 당신의 얼굴 위에서
② on the wall, the door, the blackboard	벽, 문, 칠판 위에서
③ on the lake, earth, the ground	호수, 지상, 땅 위에서
④ on the ceiling	천장 + 위에서(붙어 있는 아래면 기준)

(4) under + 장소, 활동

☆ 수평, 수직 상의 분할 면을 기준으로 위치나 공간이 아래인 경우

도표 088 : under + 기준 장소

①	under the sea, the table	해저에서, 탁자 아래서(입체상의 아래)
②	under the tree, line	그 나무의 아래서, 그 선의 아래서(위치)
③	under fire, siege, attack, influence	공격, 포위 아래서, (알콜,약) 기운 아래서

(5) over + 장소

☆ 공간적 면적이나 길이가 위로 떨어진 장소, 전체를 덮거나, 걸쳐서

도표 089 : over + 기준 장소

①	over the river, your head	강위로 걸쳐서, 당신의 머리 위쪽으로
②	over the dead body, her mouth	시체를 넘어서, 그녀의 입을 가려서
③	over the phone	전화에 대고서(전화를 통해)
④	over lunch, a cup of coffee	점심식사, 커피 한 잔을 앞에 두고(하면서)

(6) above + 장소

☆ 면이나 수직 상의 위쪽에, 영향력이나 한계를 벗어난

도표 090 : above + 기준 장소

①	above the clouds, the surface	구름들 위로, 그 표면 위에서
②	above the knees, the line	무릎 위쪽으로, 그 선 위로
③	above your ability, my understanding	당신의 능력, 나의 이해력을 벗어나서

(7) below + 장소

☆ 전체적으로 아래쪽에, 가치나 기준에 못 미치는

도표 091 : below + 기준 장소

①	below the tower, the roof	그 탑 아래서, 지붕 아래서
②	below the horizon, standard	수평선(지평선)아래로, 기준 이하로
③	below zero, average	영하에서, 표준 이하로
④	below the poverty line	빈곤선 이하로

(8) beneath + 장소

☆ 바로 붙어서 아래

도표 092 : beneath + 기준 장소	
① beneath the floor, the stars	바닥의 바로 붙어 있는 아래서, 별들 아래서
② beneath the cover, the surface	덮개 아래서, 표면 아래서

(9) underneath + 장소

☆ 보이지 않게 붙어서 아래

도표 093 : underneath + 기준 장소	
① underneath the rug, your shirt	카펫 아래서, 당신의 셔츠 안쪽에서
② underneath the floor, the table	바닥 아래서, 테이블 아래서

(10) to + 장소

☆ 이동성을 갖는 동사와 어울려서 '어떤 방향 쪽으로'

도표 094 : to + 이동 장소	
① to school, London, the North	학교로, 런던으로, 북쪽으로
② come to, go to	-로 오다, -로 가다
③ return to, hurry to	-로 귀환하다, -로 서두르다
④ walk to, run to	-로 걸어가다, -로 뛰어가다

(11) into + 장소

☆ 운동성을 갖는 동사와 어울려서 사용되며 '~ 속으로'

도표 095 : into + 이동 장소	
① into the fire, my living room	불 속으로, 나의 거실로
② into the hole, my taste	구멍 속으로, 나의 입맛 쪽으로
③ into the night	밤 시간에 진입하여

(12) beside + 장소

☆ 옆에, 옆에서 (**besides** = ~을 제외하고 덧붙여서)

도표 096 : beside + 장소 명사	
① beside my house, the window	나의 집 옆에, 나의 창 옆에
② beside oneself	제정신이 아닌
③ beside the point	요점을 벗어난
④ besides English*	영어에 덧붙여

(13) by + 장소

☆ 옆에, 옆에서

도표 097 : by + 장소 명사

① by the lake, your side, the door	호숫가에서, 당신 옆에서, 그 문 옆에서
② by the arm, sleeve	팔을 잡고서, 소매를 잡고서
③ go by, pass by, stand by	지나가다, 스쳐가다, 곁에 서있다
④ abide by	옆에서 살다, -를 준수하다, 지키며 살다

(14) before + 장소

☆ 앞에서, 앞에

도표 098 : before + 장소 명사

| ① before the mirror, the line | 거울 앞에서, 그 선 앞에서 |
| ② before you, God | 당신 앞에서, 신 앞에서 |

(15) in front of + 장소

☆ 정면의 앞에서

도표 099 : in front of + 장소 명사

| ① in front of the door, the house | 그 문 정면에서, 그 집 정면에서 |
| ② in front of the fate | 운명을 맞아서 |

(16) beyond + 장소

☆ ~의 경계를 넘어, 한계치를 벗어나서 더 이상 할 수 없는

도표 100 : beyond + 기준 장소

① beyond the door, border, death	그 문 너머, 그 경계 너머, 죽음 너머
② beyond one's power, knowledge	힘을 벗어난, 지식을 벗어난
③ beyond one's income, means	수입을 벗어난, 재산(수단)을 벗어난
④ beyond description	묘사를 벗어난

(17) behind + 장소

☆ ~의 바로 뒤에

도표 101 : behind + 장소

①	behind the door, the pillar	문 뒤에서, 기둥 뒤에서
②	behind one's back	등 뒤에서
③	behind bars	쇠창살 뒤에서(투옥되어)
④	behind one's words	말의 뒤에서(말에 숨어 있는)

(18) between + 복수의 장소, between + A and B(두 공간 사이), among + 셋 이상의 장소

도표 102 : between + 장소명사 복수

①	between your knees	무릎 사이에
②	between the door and the window	문과 창문 사이에
③	between jobs	일과 일 사이에(임시로 쉬고 있는)
④	between us, them	우리끼리, 그들끼리
⑤	among us, them	셋 이상의 우리, 그들 가운데서
⑥	among the animals	셋 이상의 동물들 가운데서

(19) from + 장소

☆ 출발지점

도표 103 : from + 출발 장소

①	from here, the city	여기서부터, 그 도시에서부터
②	from my school, from behind the tree	나의 학교에서부터, 나무의 뒤에서부터
③	from scratch	출발선부터
④	from nowhere, heaven	난데없이, 하늘로부터

(20) toward(s) + 장소(목적지점)

도표 104 : toward(s) + 목적지

①	toward the front door	정문쪽으로 향해
②	towards the sound	그 소리 쪽으로 향해
③	towards the north	북쪽으로 향하여
④	toward his step mother	그의 계모쪽을 향한

(21) for + 행선지 (행선지점)

도표 105 : for + 목적 방향 장소

①	A train for Busan	부산행 기차
②	be bound for Paris	파리행이다

③ leave for the city — 그 도시를 향해 떠나다
④ make for the door — 그 문쪽으로 가다
⑤ head for the west — 서쪽으로 향하다

0692. 이 기차는 <u>모스크바</u> 행입니까?
Is this train bound <u>for Moscow</u>?

0693. 그는 <u>버스 앞쪽으로</u> 조금씩 나아갔다.
He inched his way <u>toward the front of the bus</u>.

0694. 이제 당신은 <u>지상에서 영원으로의</u> 여행을 떠나게 된다.
Now you are travelling <u>from here to eternity</u>.

0695. 그것을 벽 위의 <u>두 창문들 사이에</u> 걸어라.
Hang it on the wall <u>between the two windows</u>.

0696. 그는 <u>커튼 뒤에</u> 숨어있다.
He is hiding <u>behind the curtain</u>.

0697. 그 도로는 <u>마을을 넘어서</u> 그 위쪽 숲속으로 이어진다.
The road continues <u>beyond the village</u> up into the woods.

0698. <u>그 집 앞에서</u> 9시에 만나자.
Meet me at 9 <u>in front of the house</u>.

0699. 그녀는 누가 가장 아름다운지를 물으면서 <u>거울 앞에</u> 서는 것을 좋아한다.
She likes to stand <u>before the mirror</u> asking who is the most beautiful.

0700. 그들은 <u>그 호수 옆에서</u> 살고 싶어한다.
They hope to live <u>by the lake</u>.

0701. <u>우리 집 옆에</u> 키 큰 나무들이 많이 서 있다.
There stand many tall trees <u>beside my house</u>.

0702. 요 전날 새 한 마리가 <u>내 거실로</u> 날아들었다.
A bird flew <u>into my living room</u> the other day.

0703. 그들은 노스웨스트 항공으로 북쪽으로 갔다.
They went <u>to the North</u> by Northwest.

0704. 이 장치는 <u>당신의 셔츠 아래쪽에</u> 두어야 한다.
This gadget should go <u>underneath your shirt</u>.

0705. 그 시신은 <u>낙엽더미 아래에</u> 묻혀져 있다.
The dead body is buried <u>beneath a pile of leaves</u>.

0706. <u>이 행 아래로는</u> 적지 마세요.
Please do not write <u>below this line</u>.

0707. <u>내집 윗층 아파트</u> 사람들이 끊임없는 소음을 만들어 낸다.
The people living in the apartment <u>above mine</u> are making endless noise.

0708. <u>그 강 위로는</u> 20 개 이상의 다리가 있다.
There are more than 20 bridges <u>over the river</u>.

0709. 그는 <u>창 아래에</u> 사다리를 대었다.
He placed the ladder <u>under the window</u>.

0710. 나는 그것을 <u>신문에서</u> 읽었다.
I read it <u>in the paper</u>.

0711. <u>4번째 로터리에서</u> 진출로로 나가세요.
Take the exit <u>at the 4th roundabout</u>.

0712. <u>당신의 정장 셔츠 위에</u> 얼룩이 있다.
There is a mark <u>on your dress shirt</u>.

3) 원인, 이유와 관련된 전치사

도표 106 : 원인, 이유와 관련된 전치사

① because of + 원인	~ 때문에
② of + 원인	~ 로 인하여, ~을 이유로 하여
accuse A of B, die of	B의 이유로 A를 비난하다, 죽다
③ 감사, 상, 벌, 비난, 칭찬 + for + 원인	~ 때문에
thank, blame, punish, praise, criticize + for	
④ due to, owing to, thanks to + 원인	~ 때문에, 덕분에
⑤ from + 감정변화의 원인, 원인	~로부터
suffer, die, feel, sick + from	고통받다, 사망하다, 병나다
⑥ 감정변화동사 + at	~를 보고, 듣고(원인) 감정변화하다
be surprised at 등	~에 놀라다
⑦ out of + 동기	~ 로부터(동기)
out of + curiosity, fear, jealousy, good-will, anger, anxiety, charity, pity, ill-will	궁금해서, 화나서, 질투로, 선의로, 두려워서, 걱정되어, 불쌍해서, 악의로
⑧ with + 수단, 원인, 감정	~ 와 함께(원인이 되어)
with + guilty, a flu, overwork, shame, pride	죄책감, 독감, 과로, 수치, 자만으로

0713. 내가 그만두려는 것은 너 때문이 아니다.
It is not because of you that I want to quit.

0714. 그는 그녀가 늦게 왔기 때문에 벌주었다.
He punished her for being late.

0715. 자격 있는 사람들의 부족으로 마감기한이 연장되었다.
The deadline for application was extended due to the lack of qualified people.

0716. 그는 살림을 꾸려나가는 데서 오는 너무 많은 스트레스로 사망했다.
He died of too much stress from making both ends meet.

0717. 그들은 어쩌다 버터팝콘을 먹는 것으로 죽지는 않을 거라고 생각한다.
They don't think they will die from eating buttery popcorn from time to time.

0718. 나는 그의 외모에 놀랐다.
I was surprised at his appearance.

0719. 나는 그것이 선의에서 비롯된 것이라 생각한다.
I think it was out of goodwill.

0720. 그는 독감으로 몸져 누웠다.
He came down with a flu.

4) 목적, 획득의 목적, 대상, 추구, 겨냥

도표 107 : 추구나 획득의 목적을 나타내는 전치사

① for(획득의 목적물)

go for, come for, run for	얻으러 가다, 오다, 위하여 뛰다
ask for, look for, seek for	요구하다, 찾아보다, 추구하다
search for, hunt for	추구하다, 사냥하다
listen for, wish for, hope for	찾기 위해 듣다, 바라다
send for, pray for	부르러 사람 보내다, 위해 기도하다
do something for pleasure	즐기기 위해 하다
do something for one's sake	취지나 목적을 위해 하다

② to(목적이 되는 행위방향)

come to one's rescue, go to one's aid	구하러 오다, 도와주러 가다

③ after(뒤따라 다니며 추구)

go after, seek after, run after, chase after	추구하다, 얻으러 쫓아 다니다

④ on(목적을 위해 행위중)
　　on leave, on duty, on business, on a trip　　휴가중, 근무중, 사업상, 여행상
⑤ at(겨냥)
　　look at, bark at, smile at, laugh at, aim at　　쳐다보다, 보고 짖다, 웃다, 조준하다

0721. 그 개는 주인을 제외하고 모두에게 짖는다.
　　The dog barks at every person except his master.

0722. 그는 지금 휴가 중이다.
　　He is on leave now.

0723. 우리 둘 다 같은 자리를 얻으려 하고 있다.
　　We're both going after the same position.

0724. 구하러 갈 테니 잠시만 견뎌라.
　　I'll come to your rescue so please hold on a second.

0725. 간식 먹으러 가자.
　　Let's go for another bite.

0726. 그는 출마하지 않을 것이다.
　　He will not run for the presidency.

0727. 내가 건초더미에 방금 떨어뜨린 시계를 좀 들어서 찾아주세요.
　　Please listen for my watch that I've just dropped into the haystack.

0728. 누군가 의사 좀 불러주세요.
　　Somebody, please send for the doctor.

0729. 이 방문은 관광용입니까 사업상입니까?
　　Are you visiting for pleasure or on business?

5) 수단, 도구

도표 108 : 수단이나 도구를 표현하는 전치사
① with + 수단, 도구　　　　　　　　　　　　~을 가지고서
② by + 수단, 도구　　　　　　　　　　　　　~에 의해
③ through + 수단, 도구　　　　　　　　　　~를 통해서
④ by way(means, dint, virtue) of + 수단, 도구　~를 수단으로 하여

0730. 그는 숟가락으로 그것을 열었다.
　　He opened it with a spoon.

0731. 우리 집은 개스로 난방 된다.
My house is heated by gas.

0732. 당신은 평생에 걸친 근면으로 성공한 것 같다.
You seem to have succeeded through life-long hard work.

0733. 나는 한 때 시험 삼아 녹색 오렌지를 먹어보았다.
I once ate a green orange by way of trial.

0734. 그 짐은 기중기로 들어 올려졌다.
The load was lifted by means of a crane.

6) 비교, 비유

도표 109 : 비교나 비유에 사용되는 전치사

① compare with — ~에 비교되다
② compare to — ~에 비유되다
③ 판단, 평가 + for 기준 — ~에 비하여 ~하다

0735. 그는 나이에 비해 어려 보인다.
He looks young for his age.

0736. 그는 자기의 외모를 나의 외모와 견주는 것을 좋아한다.
He likes to compare his appearance with mine.

0737. 그 무엇도 당신에게 견줄 수 없다.
Nothing compares to you.

7) 무상관, 양보

도표 110 : 양보나 무상관의 전치사

① despite(in spite of) — ~에도 불구하고
② for all, with all, after all — 그 모든 것에도 불구하고

0738. 그의 나이에도 불구하고 그는 여전히 정력적인 삶을 산다.
In spite of his age, he still leads a vigorous life.

0739. 그녀의 모든 결함에도 불구하고 나는 그녀를 사랑한다.
With all her faults I still love her.

0740. 그녀의 목소리는 통제하려는 모든 노력에도 불구하고 떨리고 있었다.
Her voice was shaking despite all her efforts to control it.

0741. 몇 개의 중대한 재정문제에도 불구하고 회사는 성공적 한 해를 보냈다.
Notwithstanding some major financial problems, the firm has had a successful year.

8) 자격, 유사

도표 111 : 자격, 유사한 비유의 전치사
① as + 자격, 신분 ~로서
② like ~처럼
③ unlike ~와는 달리

0742. 대부분의 시스템들과는 달리 이것은 설치하기 쉽다.
Unlike most systems, this one is easy to install.

0743. 나를 고객이 아닌 친구로서 대해주세요.
Treat me as a friend, not a customer.

0744. 그녀는 그녀의 엄마와는 전혀 같지 않다.
She looks nothing like her mother.

9) 차이에 대한 구체적 수량을 제시하는 전치사 by

0745. 총알은 2인치 차이로 그의 심장을 비켜갔다.
The bullet missed his heart by two inches.

0746. 집값이 13% 차이로(만큼) 올랐다.
House prices went up by 13 %.

0747. 간발의 차이로 그 기차를 잡았다.
I made the train by a hair's breadth.

10) 결과, 한도, 정도

도표 112 : 한계, 정도를 나타내는 전치사
① be frozen to death 얼어서 그 결과 사망하다
② be beaten to death 구타당해서 그 결과 사망하다
③ be moved to tears 감동받아서 그 결과 눈물 나다
④ be torn to pieces 찢어져서 그 결과 조각나다
⑤ be wet to the skin, the bone 피부까지, 뼈 속까지 젖다

⑥ to no avail, no purpose	결과적으로 소용이 없다
⑦ to some extent	어느 정도까지
⑧ to a degree	어느 정도까지
⑨ to the best of one's knowledge	아는 한
⑩ to the best of one's belief	믿는 한
⑪ to the best of one's memory	기억하는 한
⑫ to the best of one's ability	능력이 되는 한
⑬ to one's best, one's utmost	최선까지
⑭ to the full	최대치까지
⑮ to one's 감정명사	어떤 감정에 이르게도
⑯ from A to B	A에서 까지(한도, 범위 설정)
⑰ from A to A	A에서 A로 (동종의 개별화)

0748. 그 노숙자가 어젯밤 얼어서 죽었다.
   The homeless man was frozen to death last night.

0749. 그는 충격을 받아서 그 죄를 자백했다.
   He was shocked into a confession of guilt.

0750. 그의 협박은 그녀를 뼛속까지 얼게 했다.
   His threats chilled her to the bone.

0751. 그는 손이 닳도록 일한다.
   He is working his fingers to the bone.

0752. 그녀는 내가 아는 바로는 아들 둘이 있는 미혼모이다.
   She is a single mother with two sons to the best of my knowledge.

0753. 나는 어떤 정부도 산업에 헛되이 보조금을 주고 있다고 생각하지 않는다.
   I do not think any government is subsidizing an industry to no purpose.

0754. 놀랍게도 그는 얼음 속에서 살아있었다.
   To my surprise, he was alive in the ice.

0755. 그는 하루 벌어 하루 먹고 산다.
   He lives from hand to mouth.

0756. 그는 영업을 위해 가가호호 다녔다.
   He went from door to door to make sales.

11) 예외

도표 113 : 예외를 나타내는 전치사

① except	동종의 것들 중 ~을 제외하고
② except for	이종의 것으로서 ~을 제외하고
③ save	~를 제외하고(격식적 표현)
④ but, besides	~를 제외하고

0757. 우리는 일요일을 제외하고 매일 일한다.
We work every day except Sunday.

0758. 우리의 드레스는 내 것이 흰색이라는 것을 제외하고는 같았다.
Our dresses were the same except (that) mine was white.

0759. 연방준비은행의 휴일일정을 따라야하는 은행들을 제외한, 사업주들은 국경일을 준수하도록 요구받지 않는다.
Employers are not required to observe national holidays, except for banks, which have to follow the closing schedule of the Federal Reserve.

0760. 그들은 그의 전화번호 외에 그에 대해 아는 것이 없다.
They know nothing about him save his phone number.

0761. 두 번째 교차로에서 우회전해라. (한번을 빼고 두 번째에서)
Take the first right turn but one.

04 기출문제

01. 다음 문장의 내용상 _____ 부분에 가장 적절한 말은?

> They went to London _____ the vacation and stayed there _____ three weeks.

① for - for
② during - during
③ for - during
④ during - for

해석 그들은 방학 동안에 런던에 가서 그곳에서 3주 동안 머물렀다.

해설 기간의 내용 앞에는 during, 기간의 길이 앞에는 for

답 ④

02. 다음 문장의 내용상 _____ 부분에 가장 적절한 말은?

> Tom has been the manager of the sales department _____ ever since he moved to the city.

① since sixteen years ago
② for sixteen years
③ for sixteen years ago
④ since sixteen years

해석 Tom은 그 도시로 이사 온 이래로 16년 동안 영업부의 책임자로 일해오고 있다.

해설 앞에 완료시제를 주었고 기간의 길이가 나왔으므로 for를 쓴다.

답 ②

03. 다음 문장의 내용상 _____ 부분에 가장 적절한 말은?

> A : When will he come back?
> B : He'll be back _____.

① on next Sunday　　　　　② in next Sunday

③ at next Sunday　　　　　④ next Sunday

해석 A : 그가 언제 돌아올까?
　　　 B : 그는 다음 주 일요일에 돌아올 거야.

해설 next 다음에 시점이 오면 전치사 on을 쓰지 않은 채로 부사구.

답 ④

04. 다음 빈곳에 들어갈 알맞은 것으로 짝지어진 것은?

> Mr. Kim was born ____ Seoul ____ August 21, 1960 ____ 3:40 in the afternoon.

① at - by - on　　② in - in - in　　③ at - at - on　　④ in - on - at

해석 Mr. Kim은 1960년 8월 21일, 오후 3시 40분에, 서울에서 태어났다.

해설 큰 지역은 in / 날짜는 on / 시각은 at을 쓴다.

답 ④

05. 다음 문장의 내용상 _____ 부분에 가장 적절한 말은?

> _____ all his faults, he is loved by all.

① At　　　　② By　　　　③ In　　　　④ With

해석 그의 모든 결점에도 불구하고, 그는 모든 이들의 사랑을 받고 있다.

해설 '-에도 불구하고' = with all …

답 ④

06. 다음 문장의 내용상 _____ 부분에 가장 적절한 말은?

> His latest novel leaves no room for criticism.
> = His latest novel is _____ criticism.

① for   ② below   ③ about   ④ against   ⑤ beyond

해석 그의 최신 소설은 비난할 여지가 전혀 없다.
해설 무엇을 벗어났는데 그것이 상위개념이면 beyond
답 ⑤

07. 다음 문장의 내용상 _____ 부분에 가장 적절한 말은?

> What other interests do you have, _____ listening to music?

① besides   ② beside   ③ except   ④ within

해석 음악 듣는 것 이외에 또 어떤 다른 취미들을 가지고 있니?
해설 '-를 제외한, 첨가한, 덧붙인' = besides
답 ①

08. 다음 문장의 내용상 _____ 부분에 가장 적절한 말은?

> You can move more freely _____ jeans.

① in   ② on   ③ by   ④ with

해석 너는 청바지를 입으면 보다 자유롭게 움직일 수 있다.
해설 사람이 옷 속에 들어간다는 개념이므로 전치사 in 을 사용한다. with jeans on 도 가능
답 ①

09. 다음 문장의 내용상 _____ 부분에 가장 적절한 말은?

| This food is not _____ my taste. |

① of　　　　　② by　　　　　③ to　　　　　④ from

해석 이 음식은 내 입맛에 맞지 않는다.
해설 be to one's taste = '누구의 취향, 기호에 맞다'
답 ③

10. 다음 문장의 내용상 _____ 부분에 가장 적절한 말은?

| We entered a tea-room, and discussed the matter _____ tea and cakes. |

① with　　　　② at　　　　　③ over　　　　④ by

해석 우리는 다과점에 들러서 차와 케이크를 먹으면서 그 문제에 대해 토의했다.
해설 무엇을 앞에 두고(그 물건에 어울리는 행위를 하면서) 라는 개념에는 over
답 ③

11. 밑줄 친 곳에 공통으로 들어갈 단어를 고르시오.

- He is suffering _____ the heat.
- The doctor advised me to refrain _____ smoking.
- He must not be able to tell the right _____ the wrong.

① of　　　　　② without　　　③ with　　　　④ from

해석
- 그는 더위로 고생하고 있다.
- 의사는 내게 담배를 피우지 말라고 조언했다.
- 그는 옳은 것과 그릇된 것을 분간할 수 없음이 틀림없다.

해설 suffer from : '-로 고생하다.' / refrain from : '-하는 것을 삼가다' / tell A from B : 'A와 B를 구별하다'
답 ④

12. 다음 문장의 내용상 _____ 부분에 가장 적절한 말은?

> A : Who won the soccer game?
> B : No one. It rained last night. They had to call _____ the game as the ground was too wet to play on.

① on ② in ③ out ④ off ⑤ for

해석 A : 누가 축구 경기에서 이겼니?
B : 아무도 이기지 않았어. 어젯밤에 비가 왔었어. 그래서 운동장이 경기를 하기에 너무 젖어서 취소해야 했어.

해설 call off = '취소하다' / call on = '방문하다, 요청하다' / call out = '외쳐 부르다' / call for ='요구하다'

답 ④

13. 다음 문장의 내용상 _____ 부분에 가장 적절한 말은?

> A : What do you want me to do?
> B : The radio is too loud, please turn it _____.

① down ② out ③ up ④ on ⑤ over

해석 A : 당신은 내가 어떻게 해줬으면 좋겠습니까? / B : 라디오 소리가 너무 큰데 좀 줄여 주세요.

해설 turn down : '줄이다' / turn out : '판명되다, 내보내다, 끄다, 뒤집다' / turn up : '나타나다, 올리다' / turn on : '켜다' / turn over : '뒤집다'

답 ①

14. 다음 문장의 내용상 _____ 부분에 가장 적절한 말은?

> She dwells too much _____ her past.

① in ② at ③ over ④ on ⑤ into

해석 그녀는 자신의 과거에 대해 너무도 많은 생각을 한다.

해설 dwell on = '-에 대해 곰곰이 생각하다.'

답 ④

15. 다음 문장의 내용상 _____ 부분에 가장 적절한 말은?

> The story touches _____ the eternal theme of life and death.

① by   ② upon   ③ after   ④ with

해석 그 이야기는 삶과 죽음이라는 영원한 주제에 관해 다루고 있다.
해설 touch on(upon) = '-에 대해 건드리다, -을 다루다'
답 ②

16. 가장 적합한 전치사는?

> The bus was crowded _____ many passengers.

① of   ② with   ③ for   ④ among

해석 버스는 많은 승객들로 붐볐다.
해설 be crowded with = '-로 붐비다'
답 ②

17. 가장 적합한 전치사는?

> In spite of the deep-seated craving _____ love, almost everything else is considered to be more important than love.

① for   ② in   ③ of   ④ toward

해석 사랑에 대한 뿌리 깊은 갈망에도 불구하고, 거의 모든 다른 것들이 사랑보다 더 중요한 것으로 여겨지고 있다.
해설 crave for = '-를 갈망하다, -에 대한 갈망'
답 ①

18. 가장 적합한 전치사는?

| Please leave a word _____ my secretary. |

① with　　　　② to　　　　③ in　　　　④ for

해석 나의 비서에게 전할 말을 남겨주세요.

해설 leave a word with + 사람 = '누구에게 메시지를 남기다'

답 ①

19. 가장 적합한 전치사는?

| We danced _____ the music of the BTS. |

① with　　　　② to　　　　③ for　　　　④ on

해석 우리는 BTS 음악에 맞추어 춤을 추었다.

해설 '-에 맞추어서 춤추다' = dance to -

답 ②

20. 아래 문장들의 빈곳에 공통으로 들어갈 수 있는 것은?

- This building exactly corresponds _____ my needs.
- He has gone steady _____ Mary since he was twenty.
- She hated having to share the room _____ a stranger.

① to　　　　② for　　　　③ of　　　　④ with

해석
- 이 건물은 정확히 나의 필요와 일치한다.
- 그는 20살이 된 이래로 Mary와 사귀고 있다.
- 그녀는 낯선 사람과 방을 같이 써야 하는 것을 싫어했다.

해설 correspond with = '-에 부합하다' / go steady with = '-와 꾸준히 사귀다'
share A with B = 'A를 B와 공유하다'

답 ④

21. 다음 밑줄 친 부분 중 틀린 것은?

We know ① <u>very little</u> about Shakespeare, because, in his day, historical stories ② <u>were devoted to</u> the lives of kings. It is ③ <u>beyond imagine</u> that a common actor would be ④ <u>of interest</u> in the future.

해석 쉐익스피어의 시대에는 역사적 이야기들이 왕들의 삶에 치중되었기 때문에 쉐익스피어에 대해서 우리가 아는 바가 거의 없다. 평범한 배우가 미래에 흥미롭게 되리라는 것은 상상을 벗어난 일이다.

해설 beyond는 전치사이므로 명사나 동명사를 받아야 한다.

답 ③ → beyond imagination

22. 다음 밑줄 친 부분 중 틀린 것은?

① <u>The</u> new system ② <u>responds</u> ③ <u>at</u> seconds ④ <u>to any</u> emergency.

해석 새로운 시스템은 어떠한 비상상황에 대해서도 수 초 만에 반응을 한다.

해설 시간을 경과한다는 의미가 있을 때에는 in + 시간의 길이

답 ③ → in

23. 다음 밑줄 친 부분 중 틀린 것은?

While the world's eyes are focused ① <u>to</u> the deficiencies of the U.S. electoral system, ② <u>bigger</u> constitutional problems are ③ <u>confronting</u> ④ <u>a few</u> of Asia's fledgling democracies.

해석 세계의 시선이 미국 선거제도의 결점들에 초점이 맞춰져 있는 반면에, 큰 헌법상의 문제점들이 몇몇 아시아 신생 민주주의 국가들을 직면하고 있다.

해설 focus A on B에서 수동태가 걸렸으므로 전치사는 on

답 ① → on

24. 다음 밑줄 친 부분 중에 잘못 쓰인 것은?

① This book is **above** me.
② It is five **below** zero today.
③ His accusations are **beneath** notice.
④ The girl is endowed **by** very great gifts.
⑤ You have to put quality **before** quantity.

해석　① 이 책은 내가 이해하기 어렵다.
　　　② 오늘은 영하 5도이다.
　　　③ 그의 비난은 주목할 만한 가치가 없다.
　　　④ 그 소녀는 매우 대단한 재능을 타고났다.
　　　⑤ 너는 양보다 질을 중요시해야 한다.

해설　be endowed with = '-을 부여받다'

답　④

PART 05
adjectives

형용사

05 형용사 (adjectives)

☆ 형용사의 개념 : 형용사는 사람 또는 사물의 성질과 상태를 묘사할 때 사용하는 품사입니다. 형용사는 크게 '명사 상당어를 꾸미는 수식의 역할'과 더불어 '2형식 동사 뒤에서 주격보어' 혹은 '5형식 목적어 뒤에서 목적격 보어'의 역할을 합니다.

1. 주요 형용사형 어미

☆ 처음부터 형용사로 태어난 단어들도 있지만, 어근에 형용사형 어미를 붙여서 만드는 경우가 많습니다. 영어는 품사공용어이므로 형용사는 명사나 부사와 같은 철자로 쓰는 것들도 상당히 많습니다. 하지만 아래의 형용사형 어미가 붙은 경우 대부분 형용사로만 사용합니다. 이것은 문법서이므로 각 품사의 어휘에 대해서 방대한 양을 다루지는 않습니다. 형용사는 '마지막 기초영문법' 이라는 과정에서 매우 방대하게 다루어 놓았으므로 참고하시기 바랍니다. 기본적인 형용사형 어미는 다음과 같습니다.

도표 114 : 형용사형 어미

어미	예시어
① 어미 없음	happy, sad, big, small, honest, bad, little
② 명사 + y	windy, cloudy, sunny, moony, starry, foggy, rainy, snowy
③ 명사 + ful	wonderful, beautiful, careful, merciful, joyful, helpful, hopeful
④ - ous	spacious, conscious, courageous, gorgeous, momentous
⑤ 명사 + less	careless, faultless, wonderless, worthless, priceless
⑥ - some	wholesome, awesome, bothersome, lonesome, threesome
⑦ - ive	attentive, active, compulsive, repulsive, comprehensive
⑧ - al	fatal, lethal, national, cultural, usual, visual, mental, mutual
⑨ - able	reliable, notable, capable, eatable, respectable, adorable
⑩ - ible	edible, visible, accessible, audible, flexible, invincible, horrible
⑪ - ant, ent	prominent, convenient, competent, current, abundant, adamant
⑫ - ary	stationary, imaginary, complementary, arbitrary, evolutionary

⑬ - lar	particular, regular, popular, similar, polar, tubular, singular
⑭ - ic	romantic, public, economic, optimistic, chronic, static, civic
⑮ - en	golden, silken, wooden, earthen, woolen, leaden
⑯ 명사 + ly	daily, monthly, yearly, manly, womanly, motherly, friendly

2. 형용사의 역할

1) 명사를 꾸미는 역할(한정용법)

(1) 앞에서 꾸미기(명사전치수식)

☆ 한 단어 형용사들은 보통 명사의 앞에서 명사를 꾸미지만, 특정한 습관의 경우 뒤에서도 수식합니다. 두 개 이상의 단어가 하이픈(-)으로 연결되어 형용사구의 역할을 할 경우는 길어도 명사의 앞에서 수식합니다. 일반적으로 수(number)와 단위(year 등)를 나타내는 표현이 하이픈으로 연결되며 복합형용사구가 되었을 때, 수사가 복수여도 단위명사는 항상 단수형으로 사용합니다.

0762. 어두운 밤이었다.
It was a dark night.

0763. 주 도로를 보아라.
Look at the main road.

0764. 그는 세 살짜리 소년이다.
He is a three-year-old boy.

0765. 그녀는 집에 주로 머무는 아내이다-외출하지 않는다.
She is a stay-at-home wife.

(2) 뒤에서 꾸미기(명사후치수식)

① something, anything, everything, nothing, someone, anyone, everyone, somebody, everybody, anybody, nobody 를 꾸밀 때

0766. 나는 마실 차가운 것이 필요하다.
I need <u>something cold</u> to drink.

0767. 나는 오늘 특별히 할 것이 없다.
I have <u>nothing special</u> to do today.

② 형용사구를 이룰 때

☆ 형용사 뒤에 '부정사, 전치사, 절' 등을 받아서 형용사구가 되면 명사의 뒤에서 꾸밉니다.

0768. 희망으로 가득 찬 그 사람들은 서쪽으로 항해를 시작했다.
The men <u>full of hope</u> started sailing to the West.

0769. 비타민 C가 풍부한 음식이 권장됩니다.
The food <u>rich in vitamin C</u> is recommended.

0770. 우리는 스페인어를 구사할 수 있는 사람이 필요합니다.
We need a person <u>able to speak Spanish</u>.

0771. 우리가 가능성이 있다고 확신하는 유일한 사람은 너이다.
The only man <u>sure that we can stand a chance is you</u>.

③ 습관적 후치수식

☆ 일부 표현들은 후치수식으로 굳어졌기 때문에 한 단어 형용사여도 명사의 뒤에 놓입니다. 이것은 라틴어적 전통을 계승한 것들입니다.

도표 115 : 라틴어 영향으로 굳어진 후치수식

명사 + 형용사	의미	명사 + 형용사	의미
① court martial	군사법정	② people present	참석자들
③ secretary general	사무총장	④ people concerned	관계자들
⑤ attorney general	검찰총장	⑥ heir apparent	법정상속자
⑦ sum total	총계	⑧ president elect	대통령당선인
⑨ China proper	중국본토	⑩ person opposite	반대편 사람
⑪ Asia minor	소아시아	⑫ devil incarnate	악마의 화신
⑬ poet laureate	계관시인	⑭ queen regnant	통치하는 여왕
⑮ notary public	공증인	⑯ God almighty	전능한 신
⑰ time immemorial	태고적	⑱ ambassador designate	지명대사

2) 주어나 목적어를 보충 설명하는 보어 역할

(1) 주격보어 역할

☆ 주격보어란 2형식 동사(link verbs) 뒤에서 주어의 상태를 설명하는 말입니다. 대표적 2형식 동사는 'be, become, feel, get, look, seem, smell, sound, taste' 등이 있습니다. 'be 동사'를 제외한 나머지 동사들은 인지의 방식을 이야기 하는 것이므로 궁극적으로 'be 동사'로 대체해도 문장구조상 이상은 없지만, 명사를 바로 보어로 받지 않고 형용사를 보어로 받아야 하는 동사들이 있으므로 형식동사 부분을 참고하기 바랍니다.

0772. 그의 아들은 방탕하다.
His son is prodigal.

0773. 그의 인생목표는 숭고하게 들린다.
His goal of life sounds sublime.

0774. 그는 맨 정신으로 보인다.
He seems sober.

(2) 목적보어 역할

☆ 목적어의 상태를 설명하기 위해 사용되며 위치는 목적어 뒤에 놓입니다. 이 때 주로 사용되는 동사는 'find, keep, make, think, believe, feel, consider, leave, drive' 등입니다.

0775. 그는 나를 항상 겸손하게 만든다.
He always makes me humble.

0776. 당신은 정원을 볼 만하게 유지한다.
You keep your garden spectacular.

0777. 우리는 그 영화가 교훈적이라고 파악했다.
We found the movie didactic.

3) 서술 보어로만 사용하는 형용사

☆ 이 형용사들은 명사의 앞에서 명사를 꾸밀 수 없고 주격보어나 목적격보어로만 사용됩니다. 다만, 이것들은 관계사절에서 사용될 때 관계사 주격과 be 동사 뒤에 있으면 관계사 주격과 be 동사가 생략될 수 있으므로 이 경우 명사 뒤에서 후치수식으로 명사를 꾸밀 수 있습니다. 예를 들어 '쥐를 무서워하는 소년' 이라는 의미를 만들 때 a boy (who is) afraid of rats 구조가 되어 결국 명사를 뒤에서 꾸미게 됩니다. 대부분의 형용사는 보어일 때와 전치수식어일 때 의미가 동일하지만 몇몇은 다른 의미가 되므로 조심해야 합니다.

도표 116 : 보어 형용사의 종류와 의미

보어형용사의 예	의미	보어형용사의 예	의미
① be afraid	두려워하다	② be liable	책임이 있다
③ be alive	살아있다	④ be worth	가치 있다
⑤ be alone	혼자이다	⑥ be ignorant	모르다
⑦ be alike	유사하다	⑧ be conscious	알고 있다
⑨ be akin	비슷하다	⑩ be present	참석, 존재하다
⑪ be asleep	잠들어 있다	⑫ be sorry	유감스러워하다
⑬ be awake	(잠에서) 깨어 있다	⑭ be apt	경향이 있다
⑮ be aware	알고 있다	⑯ be fond	좋아하다
⑰ be glad	반가워 하다	⑱ be certain	확신하다
⑲ be ready	준비되다	⑳ be afire	불타고 있다
㉑ be content	만족하다	㉒ be afloat	표류하고 있다

0778. 나는 두렵다. (전치수식어로는 scared, frightened, timid + 명사 구조)
I am afraid.

0779. 그는 살아있다. (전치수식어로는 living 혹은 animated + 명사 구조)
He is alive.

0780. 그들은 서로 닮아 보인다. (전치수식어로 similar + 명사 구조)
They look alike.

0781. 나는 홀로이다. (전치수식어로는 lonely, lone + 명사 구조)
I am alone.

0782. 너를 만나서 반갑다. (전치수식어로는 happy, joyful + 명사 구조)
I am glad to meet you.

0783. 나는 갈 준비가 되어 있다. (전치수식어로는 prepared + 명사 구조)
I am ready to go.

0784. 당신은 초래된 손상에 대해 책임을 지게 됩니다. (전치수식어로는 responsible + 명사 구조)
You will be liable for any damage caused.

0785. 그 집은 언제라도 붕괴될 가능성이 크다. (전치수식어로는 possible + 명사 구조)
The house is liable to collapse at any moment.

4) worth 의 용법

☆ 이 단어는 보어로서 사용될 때 뒤에 그 가치에 대한 평가나 기준에 해당하는 명사나 동명사를 써서 의미를 완성시킵니다. 단순히 '주어가 가치가 있다' 라는 서술을 할 때는 valuable 이나 invaluable 또는 worthwhile 을 사용하지만 '주어가 얼마만큼의 가치가 있다'라는 평가를 내릴 때는 worth 뒤에 그 가치에 해당하는 명사를 써 줍니다. worth 뒤에 동명사를 쓸 때 주어가 그 동명사의 의미상 목적어가 되므로 동명사는 타동사에서 온 것이지만 뒤에 목적어를 쓰면 안 됩니다. 즉, '이 책은 읽을 가치가 있다' 이면 This book is worth reading 이 되고 이것을 가주어 진주어로 사용하면 it is worthwhile reading this book 의 구조가 됩니다. 그러므로 동명사의 의미상 목적어가 주어가 될 경우 동명사에는 자동사를 쓸 수가 없습니다. 물론 it is worthwhile living here for a month 처럼 가주어 진주어를 쓰면 가주어가 동명사의 의미상 목적어가 아니므로 동명사에는 '자동사, 타동사'를 모두 쓸 수 있습니다.

0786. 그 차는 제값을 한다.
The car is worth the money.

0787. 그것은 노력의 가치가 있다.
It is worth the effort.

0788. 그 다이아몬드는 2만 불 이상의 가치가 있다.
The diamond is worth more than twenty thousand dollars.

0789. 그 장소는 방문할 가치가 있다.
The place is worth visiting. (= It is worthwhile visiting the place.)

0790. 그 박물관은 볼 가치가 있다.
It is worthwhile seeing the museum. = The museum is worth seeing.

☆ It is worth seeing the museum 은 비문이므로 조심해야 합니다. 'It is worth your while to see the museum' 처럼 worth 뒤에 소유격과 while을 쓰면 진주어를 부정사로 쓰고, worth 와 while 을 붙여서 쓰면(worthwhile) 진주어로 동명사를 씁니다.

5) 전치 수식어로만 사용하는 형용사(한정적 용법으로만 사용)

☆ 이 형용사들은 명사를 앞에서 꾸미는 수식어로만 사용하고 보어로는 쓰지 않습니다. 다만 일부 형용사들은 보어로 쓸 때와 전치 수식어로 쓸 때 의미가 달라지므로 조심해야 합니다. 한국어에서 '유일한' 이란 형용사는 '유일한 자식' 의 경우에서처럼 한정적 용법으로도 가능하고 '그 사람이 유일하다' 라는 '-하다' 체로 서술보어로도 쓸 수 있습니다. 하지만 영어의 only 는 only child 처럼 사용할 수 있지만 He is only 와 같은 용법으로는 쓸 수 없습니다. 이것은 한정적 용법으로 바꾸어서 He is the only one 이런 식으로 표현해야 합니다. 아래의 표는 그런 한정 용법으로만 사용하는 형용사들의 예입니다.

도표 117 : 전치 수식어로 사용되는 형용사와 그 의미

수식어 + 명사	의미	수식어 + 명사	의미
① main theme	주제	② inner pocket	안주머니
③ only child	외동 아이	④ outer space	외계
⑤ indoor garden	실내 정원	⑥ former president	전대통령
⑦ outdoor activity	실외 활동	⑧ latter part	후반부
⑨ extreme sports	익스트림(극한) 스포츠	⑩ upper jaw	윗턱
⑪ sole wish	유일한 소망	⑫ utter jealousy	전적인 질투
⑬ mere mistake	단순한 실수	⑭ sheer luck	순전한 운
⑮ total eclipse	개기 일식	⑯ supreme artist	최고의 예술가
⑰ major income	주된 수입	⑱ national flag	국기
⑲ minor cut	사소한 베인 상처	⑳ apt student	자질있는 학생
㉑ utmost ruler	최고의 통치자	㉒ sorry result	비참한 결과
㉓ golden watch	금으로 된 시계	㉔ present boss	현재의 상사
㉕ fond parents	애지중지하는 부모	㉖ conscious man	깨어 있는 남자
㉗ chief producer	최고 감독	㉘ medical aid	의료적 도움
㉙ spare tire	여분의 타이어	㉚ economic crisis	경제적 위기
㉛ sunken ship	가라 앉은 배	㉜ international fund	세계적 기금
㉝ drunken tiger	술취한 호랑이	㉞ criminal act	범죄적 행위

0791. 저의 주된 관심은 가격입니다.
My main concern is the price.

0792. 일부 부자들은 실내 수영장을 가지고 있다.
Some rich people have indoor swimming pools.

0793. 그 마을의 전 시장이 주최자이다.
Its host is the town's former mayor.

0794. 그 캠페인은 그 쟁점들에 대한 대중들의 인식을 증진시키기 위해서 계획된 것이다.
The campaign is designed to increase public awareness of the issues.

0795. 이것은 내 차의 여분 열쇠이다.
This is a spare key to my car.

0796. 나는 순전한 절망감으로부터 동의했다.
I only agreed out of sheer desperation.

6) 전치 수식 용법과 보어 용법에서 의미가 달라지는 형용사

☆ 명사를 꾸미거나 주격보어, 목적격보어로 사용되는 형용사가 그 역할마다 의미가 달라지는 경우가 있습니다. 그 대표적인 것들을 소개합니다. 형용사는 대략의 뜻만 기억하는 것보다 그것이 한정적 용법, 즉 명사를 앞에서 꾸미는 역할을 할 수 있는지의 여부, 더불어 그것이 서술보어의 역할을 할 수 있는지의 여부를 알아야 하므로 반드시 사전을 참조해서 확인해야 합니다. 우리가 원어민 환경 속에 있다면 자연스레 그 용법을 자주 접하면서 체득할 수 있겠지만 그렇지 않기 때문에 사전을 잘 활용해야 합니다.

도표 118 : 전치수식과 보어에서 의미가 달라지는 형용사

전치 수식	의미	보어	의미
① a certain man	어떤 남자	be certain	확신하다
② present tense	현재 시제	be present	존재, 참석하다
③ the late poet	고인이 된 시인	be late	늦다
④ an apt actor	재능있는 배우	be apt to V.R	~하는 경향이 있다
⑤ ill news	나쁜 소식	be ill	아프다
⑥ a conscious man	비판의식있는 남자	be conscious	기절하지 않았다
⑦ a fond follower	맹목적인 추종자	be fond of	좋아하다
⑧ a sorry story	비참한 이야기	be sorry	유감스러워하다
⑨ a ready man	재빠른 남자	be ready	준비되어 있다

0797. 그녀는 그 경험의 후유증을 겪지 않았다.
She suffered no ill effects from the experience.

0798. 그녀는 한 달 동안 아팠다.
She fell ill for a month.

0799. 그는 현재의 직장에 안주하고 있다.
He is content with his present job.

0800. 그녀는 회의에 참석하지 않았다.
She was not present at the meeting.

0801. 그들이 마침내 보트에서 내렸을 때 우리는 딱한 장면을 보았다.
We saw a sorry sight when they finally got off the boat.

0802. 그에게 일어난 일에 대해 나보다 더 유감스러워 하는 사람은 없다.
No one is sorrier than I am about what happened to him.

0803. 그것은 작년 말에 일어났다.
It happened late last year.

0804. 우리는 이미 사망한 (그룹 퀸의 보칼) 프레디 머큐리가 보고 싶다.

We miss <u>the late Freddie Mercury</u>.

0805. 너무 늦었다.

It <u>was late</u> more than half.

0806. 그는 재능 있는 학생이다.

He is an <u>apt student</u>.

0807. 부자들은 가난한 사람들을 멸시하는 경향이 있다.

The rich <u>are apt to</u> despise the poor.

0808. 어떤 동물들은 대나무 잎사귀 먹는 것을 좋아한다.

<u>Certain animals</u> like to feed on bamboo leaves.

0809. 나는 그의 재등장을 확신한다.

I <u>am</u> quite <u>certain</u> of his reappearing.

0810. 아이들은 맹목적인 정에 이끌린 부모에 의해 망가지기 쉽다.

Children <u>are apt to</u> be spoiled by fond parents.

0811. 나는 비판의식이 있는 젊은이들을 좋아한다.

I <u>am fond of</u> conscious young men.

3. 뒤에 전치사나 부정사 또는 절을 유도하는 형용사

☆ 형용사는 의미의 완성을 위해 그 뒤에서 추가어를 필요로 하는 경우가 많습니다. 그러나 형용사는 목적어를 가질 수 없기 때문에 만약 목적어로 명사나 동명사를 받으려면 전치사를 매개로 해야 합니다. 그리고, 뒤에서 to V.R 구조나 that 절을 바로 받아서 의미를 완성하는 형용사들이 따로 존재합니다. 결론적으로 일부 형용사는 의미의 완성을 위해 뒤에서 '전치사 + 목적어', 'to V.R' 또는 'that 절' 을 받아야 합니다.

1) 형용사 + 전치사

☆ 형용사 뒤에 오는 모든 전치사를 다루는 것은 [최우선 영단어 전치사 편]에서 소개합니다. 여기서는 주요한 형용사와 몇 개의 전치사를 연동하는 표현을 살펴보겠습니다.

(1) 형용사 + of

☆ 이런 종류의 형용사는 뒤에 목적어를 받아서 의미가 완성되고 그 목적어를 매개하는 전치사는 주로 of 가 됩니다.

도표 119 : 형용사 + of

형용사 + of	의미	형용사 + of	의미
① afraid of	~을 두려워하는	② proud of	~을 자부하는
③ aware of	~을 알고 있는	④ sure of	~을 확신하는
⑤ conscious of	~을 알고 있는	⑥ suspicious of	~을 추정하는
⑦ confident of	~을 확신하는	⑧ doubtful of	~을 의심하는
⑨ certain of	~을 확신하는	⑩ unaware of	~을 모르는
⑪ full of	~로 가득한	⑫ unconscious of	~을 모르는
⑬ fond of	~를 좋아하는	⑭ desirous of	~을 갈망하는
⑮ free of	~를 갖지 않은	⑯ covetous of	~을 탐내는
⑰ independent of	~에서 독립한	⑱ jealous of	~을 질투하는
⑲ ignorant of	~를 모르는	⑳ oblivious of	~을 망각하는

0812. 나는 그들이 싸우는 이유를 모르겠다.
　　　I am <u>ignorant of</u> the reason for their quarrel.

0813. 그는 등산을 좋아한다.
　　　He is <u>fond of</u> mountain climbing.

0814. 그는 부모로부터 독립했다.
　　　He was <u>independent of</u> his parents.

(2) 형용사 + to

★ 이런 종류의 형용사는 뒤에서 '비교나 대항, 방향' 등의 의미를 갖는 목적어를 갖습니다.

도표 120 : 형용사 + to

형용사 + to	의미	형용사 + to	의미
① averse to	~에 부정적인	② vital to	~에 꼭 필요한
③ adhesive to	~에 들러붙는	④ sensitive to	~에 민감한
⑤ contrary to	~에 반대되는	⑥ susceptible to	~에 취약한
⑦ close to	~에 가까운	⑧ vulnerable to	~에 취약한
⑨ immune to	~에 면역된	⑩ open to	~에 열린
⑪ indifferent to	~에 무관심한	⑫ similar to	~에 유사한
⑬ equal to	~에 대등한	⑭ equivalent to	~에 등가적인
⑮ relevant to	~에 관련된	⑯ important to	~에 중요한
⑰ successive to	~에 연속된	⑱ obedient to	~에 순종적인

0815. 그녀는 아침에 일찍 일어나는 것을 매우 싫어했다.
She was averse to getting up early in the morning.

0816. 그녀는 세균성 질환에 취약하다.
She is very vulnerable to viral diseases.

0817. 그 토론은 방청객들에게 개방될 것이다.
The debate will be open to the audience.

(3) 형용사 + for

★ 이런 형용사는 뒤에서 '원인, 획득의 목적물, 적용되는 행위' 등을 목적어로 받습니다.

도표 121 : 형용사 + for

형용사 + for	의미	형용사 + for	의미
① famous for	~로 유명한	② responsible for	~에 책임있는
③ notorious for	~로 악명높은	④ liable for	~에 책임지는
⑤ anxious for	~를 갈망하는	⑥ bound for	~로 향한
⑦ eager for	~를 갈망하는	⑧ grateful for	~에 감사하는
⑨ ready for	~에 준비된	⑩ thankful for	~에 감사하는
⑪ suitable for	~에 적합한	⑫ sorry for	~에 유감스런
⑬ mad for	~에 미친	⑭ eligible for	~에 자격있는

0818. 뉴욕 행 열차가 곧 도착합니다.
This train <u>bound for</u> New York City will shortly arrive.

0819. 그녀는 부모님의 승낙을 간절히 바라고 있다.
She is <u>eager for</u> her parents' approval.

0820. 그의 빚은 내가 책임집니다.
I am <u>liable for</u> his debts.

(4) 형용사 + on

☆ 이런 형용사는 주로 '접촉이나 영향을 끼치는 대상'을 목적어로 받습니다.

도표 122 : 형용사 + on

형용사 + on	의미	형용사 + on	의미
① dependent on	~에 의존하는	② effective on	~에 효과적인
③ reliant on	~에 의존하는	④ influential on	~에 영향을 주는
⑤ hard on	~에 심하게 구는	⑥ reflective on	~에 성찰적인
⑦ easy on	~에 부드러운	⑧ meditative on	~에 숙고하는

0821. 추론은 사실에 근거해야 한다.
Inferences must be <u>based on</u> facts.

0822. 평생 부모님께 의지하며 살 수는 없다.
You can't be <u>dependent on</u> your parents all your life.

0823. 당신의 아이에게 너무 가혹하게 굴지 마세요.
Don't get so <u>hard on</u> your child.

(5) 형용사 + with

☆ 이런 형용사는 주로 '비교, 협업, 동조의 대상'을 목적어를 받습니다.

도표 123 : 형용사 + with

형용사 + with	의미	형용사 + with	의미
① familiar with	~와 친숙한	② careful with	~에 조심하는
③ angry with	~에게 화난	④ comparable with	~에 필적하는
⑤ agreeable with	~에 맞는	⑥ generous with	~에 후한
⑦ crazy with	~에 미친	⑧ sympathetic with	~에 동정적인
⑨ fair with	~에 공정한	⑩ honest with	~에 정직한

0824. 그는 캐나다로 이민가려는 생각에 사로잡혀 있다.
He is obsessed with the idea of emigrating to Canada.

0825. 만약 그 제안에 동의한다면 6시 까지 문자주세요.
If the proposal is agreeable with you, text me by 6.

0826. 그는 각 방면에 아는 사람이 많다.
He is acquainted with all classes.

(6) 형용사 + at

★ 이런 형용사는 주로 '감정변화의 원인이나, 겨냥의 대상, 혹은 행위'를 의미하는 목적어를 받습니다.

도표 124 : 형용사 + at

형용사 + at	의미	형용사 + at	의미
① good at	~에 능한	② quick at	~에 기민한
③ poor at	~에 형편없는	④ mad at	~에 화난
⑤ bad at	~에 무능한	⑥ awkward at	~에 서툰
⑦ slow at	~에 느린	⑧ skillful at	~에 재주 있는

0827. 그는 영어가 서툴다.
He is poor at English.

0828. 저한테 화내지 않을 거죠?
You won't be mad at me?

0829. 그의 아들은 학문 익히기가 더뎠다.
His son was slow at his letters.

(7) 형용사 + about

★ 이런 형용사는 뒤에서 '행위의 대상에 대한 집약적 범주'를 주요 목적어로 받습니다.

도표 125 : 형용사 + about

형용사 + about	의미	형용사 + about	의미
① anxious about	~에 대해 걱정하는	② knowledgeable about	~에 박식한
③ curious about	~에 대해 궁금한	④ ignorant about	~에 무지한
⑤ choosy about	~에 대해 까다로운	⑥ sure about	~를 확신하는
⑦ picky about	~에 대해 까다로운	⑧ enthusiastic about	~에 열정적인
⑨ hesitant about	~에 대해 망설이는	⑩ decisive about	~에 대해 확고한
⑪ nervous about	~에 대해 초조한	⑫ judicious about	~에 대해 신중한

0830. 고민할 것 없다.
There's nothing to be concerned about.

0831. 비디오 게임에 열광적인 아이들은 어디에나 있다.
Children crazy about video games are everywhere.

(8) 형용사 + in

☆ 이런 형용사는 '어떤 성질이 속하는 구체적 범주를 설정'하는 목적어를 받습니다.

도표 126 : 형용사 + in

형용사 + in	의미	형용사 + in	의미
① strong in(at)	~에 강한	② successful in	~에 성공적인
③ abundant in	~가 풍부한	④ agile in	~에 기민한
⑤ rich in	~가 풍부한	⑥ decisive in	~에서 단호한
⑦ weak in(at)	~에 약한	⑧ equal in	~에서 대등한

0832. 그는 대수학이 강한 것으로 알려져 있다.
He is known to be strong in algebra.

0833. 그 음식은 비타민 C가 풍부하다.
The food is rich in vitamin C.

(9) 형용사 + from

☆ 이런 형용사는 주로 '출처나, 예방, 분류' 등을 의미하는 목적어를 받습니다.

도표 127 : 형용사 + from

형용사 + from	의미	형용사 + from	의미
① different from	~와는 다른	② exempt from	~에서 면제된
③ far from	~와 거리가 먼	④ distinguishable from	~와 구별되는
⑤ free from	~로부터 벗어난	⑥ separate from	~에서 분리된

0834. 이것은 진실과 거리가 멀다.
This is far from the truth.

0835. 나는 당분간 집에서 떠나 있었다.
I was away from my home for the time being.

0836. 한국산 전자제품들은 관세가 면제된다고 말해진다.
Electronic goods from Korea are said to be exempt from the tariff.

0837. 메가씨티는 일반도시와는 차이가 있다.
Megacities are different from normal cities.

☆ 목적어를 받아서 의미를 완성하는 주요 전치사 중 상당수는 서로 유사한 의미를 가질 수 있습니다. 특히 of 나 about 의 경우는 상당한 경우에 서로 바꾸어 쓸 수 있습니다. 또한 전치사가 달라짐에 따라 의미가 조금씩 바뀌는 경우도 있으니 결국은 전치사의 핵심성질과 의미를 잘 알아야 다른 품사와의 연계성을 극대화할 수 있습니다.

2) 형용사 + to 부정사(adjective + to infinitive)

☆ 상당수의 형용사가 그 뒤에서 'to 부정사'를 받아, 그 의미를 완성합니다. 부정사는 어차피 동사에서 온 말이므로 형용사의 의미를 동사와 연계시켜 말을 만들어내는 방법입니다.

도표 128 : 형용사 + to V.R

	형용사 + to V.R		의미
①	ready	+ to V.R	~할 준비가 된
②	willing	+ to V.R	기꺼이 ~할
③	sure	+ to V.R	~할 것이 확실한
④	able	+ to V.R	~할 능력이 있는
⑤	good	+ to V.R	~하기에 적합한
⑥	careful	+ to V.R	~하는데 조심스런
⑦	prone	+ to V.R	~하는 경향이 있는
⑧	afraid	+ to V.R	~하는 것을 두려워하는
⑨	likely	+ to V.R	~할 가능성이 큰
⑩	about	+ to V.R	막 ~하려는
⑪	reluctant	+ to V.R	~하기를 주저하는
⑫	going	+ to V.R	~할 작정인
⑬	enough	+ to V.R	~하기에 충분한
⑭	hesitant	+ to V.R	~하기를 망설이는
⑮	anxious	+ to V.R	~하기를 갈망하는
⑯	eager	+ to V.R	~하기를 갈망하는

0838. 이 문제는 시험에 나올 만한 문제다.
This question seems likely to be asked on the exam.

0839. 우유가 막 변하려 한다.
The milk is about to be on the turn.

0840. 지친 운전자들은 경고신호를 무시하기 쉽다.
Tired drivers are prone to ignore warning signs.

0841. 그녀는 자신의 신분을 밝히기를 꺼렸다.
She was reluctant to reveal her identification.

3) 형용사 + that 절

☆ 일부 형용사가 타동사적 의미를 가지고 있어서 바로 뒤에 that 절을 목적어로 취할 수 있는 것들입니다.

도표 129 : 형용사 + that 절

	형용사	+ that 절	의미
①	sure	+ that 절	어떤 사실을 확신하는
②	certain	+ that 절	어떤 사실을 확신하는
③	afraid	+ that 절	어떤 사실을 두려워하는
④	sorry	+ that 절	어떤 사실을 유감스러워하는
⑤	aware	+ that 절	어떤 사실을 알고 있는
⑥	conscious	+ that 절	어떤 사실을 알고 있는
⑦	ignorant	+ that 절	어떤 사실을 모르고 있는
⑧	confident	+ that 절	어떤 사실을 확신하는
⑨	regretful	+ that 절	어떤 사실을 유감스러워하는
⑩	hopeful	+ that 절	어떤 사실을 희망하는
⑪	doubtful	+ that 절	어떤 사실을 아니라고 의심하는
⑫	suspicious	+ that 절	어떤 사실을 맞다고 의심하는
⑬	proud	+ that 절	어떤 사실을 자부하는
⑭	grateful	+ that 절	어떤 사실을 감사하는
⑮	positive	+ that 절	어떤 사실을 인정하는
⑯	thankful	+ that 절	어떤 사실을 감사하는
⑰	glad	+ that 절	어떤 사실을 기뻐하는

0842. 그들이 살아있다고 확신하는 유일한 사람은 그 형사이다.
The only man confident that they are alive is the detective.

0843. 와 주어서 반갑다.
I am glad that you've come.

0844. 그는 앞에 분명히 매복이 있을 것이라고 의심하고 있다.
He is suspicious that there must be an ambush ahead.

4) it is + 형용사 + that 절

☆ 일부형용사는 사람이나 사물을 주어로 하기보다, 어떤 사실을 주어로 하여 그것에 대한 이성적 판단이나 감정적 표현을 하는데 자주 사용됩니다. 이 때 가주어·진주어절 구조를 사용합니다. 이런 구조에서 일부 형용사들은 'that 절'을 'S+ (should) + V.R' 구조로 받기도 하는데 이 부분은 가정법이나 조동사 should 에서 부가적으로 설명합니다.

도표 130 : 절을 주어로 하는 이성적 판단 형용사

it is 판단형용사 that 절		의미
① it is clear	+ that 절	어떤 사실이 명백히다
② it is apparent	+ that 절	어떤 사실이 명백하다
③ it is obvious	+ that 절	어떤 사실이 명백하다
④ it is sure	+ that 절	어떤 사실이 명백하다
⑤ it is evident	+ that 절	어떤 사실이 명백하다
⑥ it is certain	+ that 절	어떤 사실이 명백하다
⑦ it is true	+ that 절	어떤 사실이 맞다
⑧ it is likely	+ that 절	어떤 사실이 가능성이 높다
⑨ it is possible	+ that 절	어떤 사실이 가능성 있다
⑩ it is probable	+ that 절	어떤 사실이 개연성 있다
⑪ it is fortunate	+ that 절	어떤 사실이 다행이다
⑫ it is doubtful	+ that 절	어떤 사실이 아니라고 생각된다
⑬ it is feasible	+ that 절	어떤 사실이 그럴듯하다
⑭ it is absurd	+ that 절	어떤 사실이 터무니없다
⑮ it is reasonable	+ that 절	어떤 사실이 합리적이다
⑯ it is wise	+ that 절	어떤 사실이 현명하다
⑰ it is stupid	+ that 절	어떤 사실이 어리석다
⑱ it is necessary	+ that 절	어떤 사실이 필요하다
⑲ it is urgent	+ that 절	어떤 사실이 긴급하다
⑳ it is imperative	+ that 절	어떤 사실이 긴급하다
㉑ it is important	+ that 절	어떤 사실이 중요하다
㉒ it is essential	+ that 절	어떤 사실이 필수적이다
㉓ it is strange	+ that 절	어떤 사실이 이상하다
㉔ it is natural	+ that 절	어떤 사실이 자연스럽다
㉕ it is proper	+ that 절	어떤 사실이 적절하다
㉖ it is rational	+ that 절	어떤 사실이 이성적이다
㉗ it is right	+ that 절	어떤 사실이 옳다
㉘ it is advisable	+ that 절	어떤 사실이 요구된다
㉙ it is desirable	+ that 절	어떤 사실이 바람직하다

0845. 당신이 다음번에는 더 잘할 것이 확실하다.

　　　It is obvious that you will do better next time.

0846. 그녀가 그렇게 말하다니 참 이상하다.

　　　It is strange that she (should) say so.

0847. 그가 그 모든 핏자국을 없애야 했던 것은 필수적이다.

　　　It is essential that he should have obliterated all the blood stains.

0848. 그가 선거에서 질 가능성이 크다.

　　　It is likely that he will lose the election.

5) 'it is 형용사 to V.R(타동사, 타동사구) + 목적어' 구조의 변환

☆ 이런 구조에서 특정형용사가 사용되면 부정사의 목적어가 가주어 it 자리로 옮겨질 수 있습니다.

도표 131 : 가주어가 대체되는 형용사

가주어 + be + 형용사	부정사의 목적어 + be + 형용사
① it be + easy + to V.R + 명	명 + be easy + to V.R
② it be + hard + to V.R + 명	명 + be hard + to V.R
③ it be + possible + to V.R + 명	명 + be possible + to V.R
④ it be impossible + to V.R + 명	명 + be impossible + to V.R
⑤ it be convenient + to V.R + 명	명 + be convenient + to V.R
⑥ it be difficult + to V.R + 명	명 + be difficult + to V.R
⑦ it be pleasant + to V.R + 명	명 + be pleasant + to V.R

0849. 그는 즐겁게 하기에 쉽다.

　　　It is easy to please him = He is easy to please.

0850. 그녀는 설득하기에 불가능하다.

　　　It is impossible to persuade her = She is impossible to persuade.

0851. 그들은 대화하기에 즐겁다.

　　　It is pleasant to talk to them = They are pleasant to talk to.

4. 형용사의 종류

☆ 형용사는 크게 3가지 종류(절대적 수식용도의 형용사, 수량 형용사, 성질·상태 형용사)로 나누고 다시 각각 세분화할 수 있습니다.

1) 소유, 지시, 부정, 의문, 관계 형용사

도표 132 : 명사의 의미를 한정하는 형용사

① 소유형용사   my, your, his, her, their, its + 명사
② 지시형용사   this, that, these, those + 명사
③ 부정형용사   all, both, every, some, each, any, no, either, neither, half, double +명사
④ 의문형용사   whose, what, which + 명사
⑤ 관계형용사   whose, what, which + 명사

2) 수량 형용사

(1) 기수(cardinal number)

☆ 구체적 개수를 말할 때 명사 앞에 붙입니다. two 이상의 기수를 쓰면 뒤에는 복수명사가 오는 것이 원칙입니다. 가산명사만 수식할 수 있습니다. 100 이상의 기수가 사용되어 100단위, 1000단위 등이 명사를 꾸밀 때 단위에는 복수를 붙이지 않습니다. 즉 '2백명의 사람들'은 '2 hundred people' 이지 '2 hundreds people'이 아닙니다. 왜냐하면 형용사는 복수형으로 쓰지 않기 때문입니다. 막연한 단위는 수사 없이 단위기수사의 끝에 s 를 붙여서 복수를 만들고 뒤에서 'of + 복수명사'의 구조를 붙입니다. 즉 '수백명의 사람들'이면 'hundreds of people', '수천명의 사람들'이면 'thousands of people', '수만명의 사람들'이면 'tens of thousands of people'이 됩니다.

도표 133 : 명사의 수를 셀 때 쓰는 형용사

기수사	의미	기수사	의미
① one, two,	한, 둘	② scores of	수십의
③ one hundred	일백의	④ dozens of	수십의
⑤ one thousand	일천의	⑥ millions of	수백만의
⑦ one million	일백만의	⑧ billions of	수십억의

(2) 서수(ordinal number)

☆ 순서를 셀 때 쓰는 말로 'the + 서수'는 실제로 구분되는 순서, 'a, an + 서수'는 추가적 의미로 사용합니다. 예를 들어 the second one 은 두 번째 것이지만 a second one 은 추가적인 것의 의미로 순서는 없습니다. 아라비아 숫자 다음에는 영어철자의 서수 마지막 두 철자를 붙입니다. 예를 들어 1st, 2nd, 3rd, 4th…입니다.

도표 134 : 명사의 순서를 셀 때 쓰는 형용사

서수사	의미	서수사	의미
① first, second	첫 번째의, 두 번째의	② twentieth	스무 번째의
③ tenth, twenty first	열 번째의, 스물한 번째의	④ fortieth	마흔 번째의
⑤ one hundredth	백 번째의	⑥ ninth	아홉 번째의
⑦ one thousandth	천 번째의	⑧ eightieth	팔십 번째의

(3) 로마수(Roman numerals), 소수(decimal)

☆ Ⅰ, Ⅱ, Ⅲ, Ⅳ, Ⅴ, Ⅵ, Ⅶ, Ⅷ, Ⅸ, Ⅹ, Ⅺ 등은 기수, 서수로 다 사용하되 사건 뒤에서 쓰면 정관사를 써서 먼저 서수사로 읽거나 정관사 없이 기수사로 뒤에서 읽으며, 사람 뒤에서 쓰면 뒤에서 정관사를 붙여서 서수로 읽습니다. 소수는 point 로 읽습니다.

도표 135 : 로마수

로마수, 소수	읽는 법	읽는 법
① World War Ⅱ	World War Two	the Second World War
② Elizabeth Ⅱ	Elizabeth the Second	
③ 1.5	one point five	
④ Chapter Ⅱ	Chapter Two	the second chapter

(4) 부정수(indefinite)

☆ 이것은 정확하지 않은 숫자를 나타낼 때 사용합니다.

도표 136 : 숫자를 특정하지 않는 형용사

부정수	의미	부정수	의미
① many	많은	② few	거의 없는
③ a few	약간 있는	④ a lot of, lots of	많은
⑤ plenty of	많은	⑥ several	여럿의
⑦ a couple of	두 셋의	⑧ enough	충분한 수의
⑨ every	모든	⑩ each	각각의
⑪ some	약간 수의	⑫ any	약간 수의
⑬ a number of	많은	⑭ most	대부분의
⑮ a good many	매우 많은	⑯ no	아예 없는

0852. 2백 명 이상의 직원들이 해고되었다.

More than <u>two hundred employees</u> were laid off.

0853. 수 백 권의 책이 우리 도서관에 기증되었다.

<u>Hundreds of books</u> have been donated to our library.

0854. 나는 그들에게 백 달러짜리 지폐를 지불했다.
　　　I paid a one hundred-dollar bill to them.

0855. 그것은 백 달러였다.
　　　It was one hundred dollars.

0856. 그 줄에서 세 번째 사람을 발탁하라.
　　　Pick up the third man in the line.

0857. 이것은 그와 나와의 일이다. 너는 제 삼자이다.
　　　This is between him and me. You are just a third party.

(5) 양(量) 형용사

☆ 수를 셀 수 없는 불가산 명사를 '면적, 체적, 부피, 중량' 등으로 계측할 때 사용합니다.

도표 137 : 명사의 양(量)을 의미하는 형용사

양 형용사	의미	양 형용사	의미
① much	많은	② some, any	어느 정도 양의
③ little	거의 없는	④ most	대부분의
⑤ a little	약간 있는	⑥ enough	충분한
⑦ a lot of, lots of	많은	⑧ plenty of	많은
⑨ a great deal of	많은	⑩ no	아예 없는

0858. 그는 용기가 거의 없다.
　　　He has little courage.

0859. 나는 많은 고통을 겪었다.
　　　I have had much pain.

(6) 수와 양에 공히 적용되는 분수, 단위 수, 백분율

☆ 이들은 가산명사와 불가산명사에 공히 적용해서 사용합니다.

도표 138 : 분수와 배수

분수	의미	배수	의미
① half	2분의 1	① twice	두배
② a quarter	4분의 1	② two fold	두배, 이중의
③ one third	3분의 1	③ three times	세배
④ two thirds	3분의 2	④ three fold	세배, 삼중의
⑤ two and two thirds	2와 3분의 2	⑤ double	이중의

⑥ one in five	5분의 1	⑥ triple	삼중의
⑦ one out of ten	10분의 1	⑦ quadruple	사중의
⑧ eleven over thirteen	13분의 11	⑧ quintuple	오중의

0860. 그는 내 수입의 두 배를 번다.
He earns <u>twice my income</u>.

0861. 그 물의 3분의 2는 관개용으로 사용된다.
<u>Two-thirds of the water</u> is used for irrigation.

0862. 그는 나보다 몇 배나 더 부유하다.
He is <u>many times richer</u> than I.

(7) 계측에 사용되는 형용사

☆ 숫자가 직접 반영되는 명사는 'high, low' 로 수식합니다. 집합적 규모의 의미가 있는 경우는 'small, large' 를 사용합니다.

도표 139 : 계량의 크기를 의미하는 형용사

숫자반영	의미	규모반영	의미
① high, low income	높은, 낮은 수입	① small, large team	작은, 큰 팀
② high, low price	높은, 낮은 가격	② small, large number	작은, 큰 숫자
③ high, low cost	높은, 낮은 비용	③ small, large population	작은, 큰 인구
④ high, low demand	높은, 낮은 수요	④ small, large audience	작은, 큰 청중
⑤ high, low supply	높은, 낮은 공급	⑤ small, large quantity	작은, 큰 양
⑥ high, low level	높은, 낮은 수준	⑥ small, large amount	작은, 큰 양
⑦ high, low speed	높은, 낮은 속도	⑦ small, large family	작은, 큰 가족
⑧ high, low rate	높은, 낮은 비율	⑧ small, large jury	작은, 큰 배심단

0863. 비용은 꽤 높다.
<u>The cost</u> is very high.

0864. 기차는 매우 고속으로 달린다.
The train runs at a very <u>high speed</u>.

0865. 나라의 인구는 매우 적다.
<u>The population</u> of the country is very <u>small</u>.

0866. 티켓들의 숫자는 상당히 적다.
<u>The number of</u> the tickets is rather <u>small</u>.

3) 성질·상태 형용사

☆ 사물의 성질과 상태를 묘사하는데 사용하는 형용사입니다. 여기서 다시 세분하여 크기(big, large, small, high, low), 모양과 수(square, round, rectangular, cylindrical, cubic, poly-, omni-, mono-, di-, tri-, tetra-, penta-, hexa-, hepta-, octa-, nona-, deca-, uni-, bi-), 색깔, 성질, 나이(old, new), 재료(metallic, wooden, leaden), 고유형용사(Thai, Dutch, Swedish, Irish, Iraqi, Israeli, Vietnamese, Polish, Scottish, European, Asian, Turkish, Ukrainian, Slovenian,..) 등이 나옵니다. 이 부분에 대한 방대한 어휘는 마지막 기초영문법의 형용사 단원에 있습니다.

도표 140 : 성질·상태 형용사

분류	종류
① 크기	big, large, small, high, low
② 모양과 수	quare, round, rectangular, cylindrical, cubic, poly-, omni-, mono-, di-, tri-, tetra-, penta-, hexa-, hepta-, octa-, nona-, deca-, uni-, bi-...
③ 색깔	red, orange, yellow, green, blue, purple, black
④ 성질	honest, faithful, brave
⑤ 나이	old, new
⑥ 재료	metallic, wooden, leaden
⑦ 고유형용사	Thai, Dutch, Swedish, Irish, Iraqi, Israeli, Vietnamese, Polish, Scottish, European, Asian, Turkish, Ukrainian, Slovenian...

5. 형용사의 어순

☆ 여러 종류의 형용사가 동시에 명사를 수식할 때 한국어와는 달리 정해진 어순이 있습니다. 이 어순을 지키기 위해서는 일단 종류를 구분할 수 있어야 합니다. '관사와 소유격(인칭형용사), 지시형용사, 부정형용사'는 가장 앞에서 수식하고, 그 다음 '수사'가 오며, 다음에 '성질·상태 형용사'가 옵니다. '관사, 소유격, 지시형용사, 부정형용사'는 전한정사(pre-determiner)라고 하여 중복이 불가하지만 'all, both, half, double(배수사)' 등은 다른 한정사인 '관사, 소유격, 지시형용사'보다 앞에 올 수 있습니다. 성상 형용사도 '크기, 성상, 모양, 색깔, 나이, 재료, 고유' 등의 나름대로 정해진 순서대로 쓰는 것을 좋아합니다.

도표 141 : 형용사별 수식 순서

형용사의 순서 규칙	종류
① 전 한정사	all, both, half, double
② 관사, 지시형용사, 소유격	a, an, the, this, that, these, those, my
③ 서수, 기수	first, one
④ 성상형용사	valuable, big, nice, old, blue, German

0867. 이 모든 멋진 새 흰색 유럽풍 식당들은 지중해 해안선들을 따라 쉽게 발견된다.
　　　All these nice new white European restaurants are easily found along the Mediterranean coasts.

0868. 나는 나의 귀중한 적은 급여의 절반을 책에 쓴다.
　　　I spend half my valuable small income on books.

0869. 저 3개의 건물들이 첫 두 해에 개조될 것이다.
　　　Those three buildings will be remodeled in the first two years.

0870. 늙으신 부모님 두 분 모두 살아계셔.
　　　Both my old parents are alive.

0871. 위에서 말한 것이 모두 포함된다.
　　　All of the above are to be included.

0872. 우리는 맞벌이 부부입니다.
　　　Both of us bring home the bacon[groceries].

6. 기타 형용사의 용법

1) the + 형용사

☆ 형용사 앞에 정관사 the를 붙이면 해당 형용사의 성격을 가지는 집단을 나타내며 복수 명사로 취급합니다. 주로 어떤 사람들을 의미할 때 사용합니다. 또한 이 구조는 추상명사를 대신하기도 합니다.

0873. 우리는 가난한 사람들을 보살펴야 합니다.
We have to take care of the poor (poor people)

0874. 우리는 아픈 사람들을 보살펴야 한다.
We should care for the sick (sick people).

0875. 젊은이들은 대개 여행하는 것을 좋아한다.
The young usually like traveling.

0876. 이곳은 장애자들을 위한 주차공간들이다.
These are parking spaces for the disabled.

0877. 예상치 못한 일이 종종 터지기 마련이다.
The unexpected will happen every now and then.

0878. 나는 불가능해 보이는 것을 하겠다.
I will take the seemingly impossible.

2) 자주 혼동하는 어미를 가진 형용사

☆ 형용사를 만드는 어미는 최초 살펴본 바와 같이 다양합니다. 의미의 다양화를 반영하기 위해서입니다. 그런데 일부 형용사들은 그 의미가 자주 혼동을 유발하므로 꼭 기억해 두어야 할 것들이 있습니다.

도표 142 : 어미에 따라 뜻을 달리하는 주요 형용사

① industrial	산업의	industrious	근면한
② desirous	갈망하는	desirable	바람직한, 갈망될만한
③ credulous	남을 잘 믿는	credible	믿어질 수 있는
④ sensitive	민감한	sensible	분별력 있는
sensual	관능적인	sensory	감각의
⑤ contemptible	멸시될만한	contemptuous	남을 멸시하는

⑥	imaginable	상상될 수 있는	imaginative	상상력이 풍부한
	imaginary	상상의		
⑦	literal	문자의	literary	문학적인
	literate	읽고 쓸 수 있는		
⑧	successful	성공적인	successive	연속적인
⑨	economic	경제학적인	economical	절약적인
⑩	healthful	건강에 좋은	healthy	건강한, 상하지 않은
⑪	considerate	사려 깊은	considerable	상당한
⑫	respectable	존경받을만한	respectful	남을 존경하는
	respective	상대적인		
⑬	beneficent	인정 많은	beneficial	유익한, 이득이 되는
⑭	populous	인구가 많은	popular	인기 있는, 대중적인
⑮	practical	실용적인	practicable	실행 될 수 있는
⑯	urbane	세련된	urban	도시의
⑰	humane	인도적인, 자비로운	human	인간적인, 인간과 관련된
⑱	negligible	무시될만한	negligent	소홀히 하는
⑲	tolerant	관대한	tolerable	참아질 수 있는, 상당한
⑳	childlike	동심의	childish	유치한
㉑	indifferent	무관심한	different	다른
㉒	favorite	좋아하는	favorable	우호적인, 유리한
㉓	competitive	경쟁적인	competent	유능한
㉔	comparative	비교적인	comparable	필적할 만한
㉕	imminent	임박한	eminent	저명한
㉖	zealous	열성적인	jealous	시샘하는
㉗	momentary	순간적인	momentous	중대한
㉘	terrific	무시무시한, 훌륭한	terrible	끔찍한
㉙	sociable	사교적인	social	사회적인
㉚	severe	가혹한	several	여러 개의
㉛	mortal	죽어야 할 운명의	moral	도덕적인
㉜	monitory	경고하는	monetary	화폐의
㉝	futile	쓸데없는	fertile	비옥한
㉞	comprehensive	포괄적인	comprehensible	이해될 수 있는
㉟	luxuriant	풍부한	luxurious	사치스러운
㊱	various	다양한	variable	변할 수 있는
㊲	broken	고장난, 상심한	broke	파산한

3) 조수사(助數詞)

☆ 수사의 역할을 보조하는 개념으로서 단위를 부여할 때 우리는 이것을 조수사라고 부릅니다. 가산·불가산 명사 모두에 적용할 수 있습니다.

도표 143 : 조수사의 종류

(1) 개세 단위 조수사
① a piece of chalk, meat, land — 분필, 고기, 땅 한 조각
② a piece of furniture, news — 가구, 소식 하나
③ a piece of advice, information — 충고, 정보 하나
④ a drop of water, oil, rain — 물, 기름, 비 한방울
⑤ a slice of meat, cheese, ham — 고기, 치즈, 햄 얇은 한 장
⑥ a loaf of bread — 빵 한덩어리
⑦ a lump of sugar — 설탕 한 덩어리
⑧ a school of fish — 물고기 한 무리
⑨ a bolt of thunder — 천둥 한 번
⑩ a flash of lightning — 번개 한 번
⑪ a pair of blue jeans, scissors — 청바지, 가위 한 쌍
⑫ a pad, bunch of paper — 종이 한 다발
⑬ a cluster of grapes — 포도 한 송이
⑭ a hand of bananas — 바나나 한 송이
⑮ a sheet of paper — 종이 한 장
⑯ a cloud of people — 사람들 한 무리
⑰ a roll of film, cake — 필름, 케익 한 롤
⑱ a flock of sheep — 양떼 한 무리
⑲ a series of lectures — 강연들 한 셋트
⑳ a set of rules — 한 셋트의 규칙들
㉑ an item of furniture — 한 점의 가구

(2) 용기 단위 조수사
① a cup of coffee — 한 컵의 커피
② a bottle of wine — 한 병의 포도주
③ a glass of water — 한 잔의 물
④ a flask of petroleum — 한 병의 석유
⑤ a bowl of soup — 한 사발의 스프
⑥ a can of beer — 한 캔의 맥주
⑦ a barrel of oil — 일 배럴의 기름
⑧ a spoonful of syrup — 시럽 한 숟가락
⑨ a handful of sand — 한 움큼의 모래
⑩ a mouthful of rice — 밥 한 입

⑪	a lick of ice cream	아이스 크림 한번 핥는 양
⑫	a carton of milk	우유 한 통
⑬	a bite of candy bar	막대 사탕 한 번 깨물어 먹는 양
⑭	a box of pencils	연필 한 통
⑮	a pack of cigarettes	담배 한 갑

(3) 길이 단위 조수사

①	a foot of metal	금속 삼십 센티 길이
②	a yard of cloth	일 야드의 옷감
③	a meter of pipe	일 미터의 파이프
④	an inch of wire	일 인치의 철사

(4) 무게, 부피 단위 조수사

①	an ounce of gold	일 온스의 금
②	a pint of beer	일 파인트(약 0.5리터)의 맥주
③	a liter of water	일 리터의 물
④	a pound of meat	일 파운드의 살코기
⑤	a ton of steel	일 톤의 철

05 기출문제

01. 다음 문장의 내용상 _____ 부분에 가장 적절한 말은?

> The walls of this building are _____ thick.

① ninth inch
② nine inch
③ ninth inches
④ nine inches

- **해석** 이 건물의 벽들은 9인치의 두께이다.
- **해설** 기수 + 단위가 최종적으로 형용사나 부사를 수식하면 단위는 기수의 수에 의거해서 복수
- **답** ④

02. 다음 문장의 내용상 _____ 부분에 가장 적절한 말은?

> A : Which handbags belong to her mother?
> B : The _____.

① five large blue handbags
② blue large five handbags
③ five blue large handbags
④ large five blue handbags
⑤ blue five large handbags

- **해석** A : 어느 핸드백들이 그녀의 엄마 것이니?
  B : 저 다섯 개의 커다란 파란 핸드백들이야.
- **해설** 수사 + 크기 + 색깔
- **답** ①

03. 다음 문장의 내용상 _____ 부분에 가장 적절한 말은?

> The price of the book was _____.

① dear   ② cheap   ③ high   ④ expensive   ⑤ highly

해석 그 책의 가격은 높았다.
해설 price는 high와 low / 물건이나 서비스는 cheap, expensive, costly
답 ③

04. 다음 문장의 내용상 _____ 부분에 가장 적절한 말은?

> _____ students want to have a longer vacation.

① Almost all the   ② The almost
③ Almost of all the   ④ Almost the

해석 거의 모든 학생들은 더 긴 방학을 가지고 싶어 한다.
해설 almost는 '거의' 라는 부사로 수, 량, 상태, 정도 등의 의미를 갖는 형용사, 부사를 수식함 / almost + all, every, half, 30, dead / all the의 어순에 주의할 것
답 ①

05. 다음 문장의 내용상 _____ 부분에 가장 적절한 말은?

> A : what is your opinion?
> B : It is natural that an employee _____ his own work on time.

① finish   ② finishes   ③ can finish   ④ will finish

해석 A : 네 의견은 어때?
B : 직원이 자신의 일을 정시에 끝내는 것이 당연하지.
해설 It is + 당위형용사 + that S +(should) + 동사원형
답 ①

06. 다음 문장의 내용상 _____ 부분에 가장 적절한 말은?

It was very _____ of you to give a welcoming speech to the delegates.

① considerate   ② considering   ③ considered   ④ considerable

> 해석 당신이 대표자들에게 환영사를 하다니 사려 깊기도 해라.

> 해설 it is 성품형용사 + of + 사람 + to 부정사 / 사람의 성품과 관련된 표현을 써야한다. considerable은 '상당한', considerate은 '사려깊은'

> 답 ①

07. 다음 문장의 내용상 _____ 부분에 가장 적절한 말은?

A person who is rich in imagination is an _____ man.

① imaginary   ② imaginable   ③ imaginative   ④ imagined

> 해석 상상에 있어서 풍요로운 사람은 상상력이 풍부한 사람이다.

> 해설 문맥상 '상상력이 풍부한' 인 imaginative / imaginary는 '상상 속의' / imaginable은 '상상이 가능한'

> 답 ③

08. 다음 문장의 내용상 _____ 부분에 가장 적절한 말은?

It was _____ of you to get his offer in writing.

① sensory   ② sensible   ③ sensitive   ④ sensuous

> 해석 당신이 그의 제안을 서면으로 받다니 현명하기도 했다.

> 해설 it is 성품형용사 + of 사람 + to 부정사 / sensory '감각의' / sensible '현명한' / sensitive '민감한' / sensuous '오감을 만족시키는', '감각적인'

> 답 ②

09. 다음 밑줄 친 부분 중 틀린 것은?

> The hospital, ① alike many others ② across the country, turned to ③ its ④ antiquated loudspeaker system.

해석 그 병원은 전국의 다른 많은 병원들과 마찬가지로 구식 스피커 시스템에 의존했다.

해설 alike는 '서로 닮은' 이란 형용사 / like는 뒤에서 명사 목적어를 받는 전치사 '-와 같은' 서로 비교할 때 사용함

답 ①

10. 다음 밑줄 친 부분 중 틀린 것은?

> The salesman ① told me ② that a good set of tires ③ was supposed to last ④ fifty thousands kilometers.

해석 그 판매원은 좋은 타이어 세트는 5만 킬로미터를 지속하도록 되어 있다고 나에게 말했다.

해설 수사 + 단위명사가 최종적으로 명사를 꾸미면 단위는 복수형을 쓰지 않음 / thousand가 되어야 함

답 ④

11. 다음 밑줄 친 부분 중 틀린 것은?

> The film studio is ① like a large factory, and the indoor stages are ② very big indeed. ③ Scenery of all kinds is made in the studio: churches, houses, castles, and the forests are ④ all built of wood and cardboard. ⑤ Several hundreds people work together to make one film.

해석 영화 촬영장은 하나의 커다란 공장과 같고, 실내 무대들은 정말로 크다. 온갖 종류의 배경이 영화 촬영장 안에서 만들어진다. 즉, 교회들, 집들, 성들, 그리고 숲들이 목재와 골판지로 만들어진다. 수백 명의 사람들이 한 편의 영화를 만들기 위해 협력한다.

해설 수사 + 수의 단위 + 명사 구조에서 단위명사는 늘 단수로 쓴다. hundred로 고칠 것

답 ⑤

12. 다음 밑줄 친 부분 중 틀린 것은?

Some of the notebooks George Washington kept ① <u>as</u> a young man are still ② <u>in existence</u>, and they show that he learned ③ <u>a few</u> Latin and that he ④ <u>acquired</u> some of the basic elements of good conduct.

해석 조지 워싱턴이 청년이었을 때 간직했던 공책들 중 일부는 아직도 존재하며, 그것들은 그가 라틴어를 약간 배웠다는 사실과 그가 올바른 행동의 기본 요소들을 어느 정도 습득했었다는 사실을 보여준다.

해설 Latin 어는 수 개념이 아니라 양 개념이므로 a little로 고칠 것

답 ③

13. 다음 밑줄 친 부분 중 틀린 것은?

Most students who ① <u>auditioned</u> for the special program were ② <u>accompanied</u> by their parents, but ③ <u>a few</u> who lived nearby ④ <u>was</u> able to travel by themselves.

해석 특별 프로그램에 오디션을 본 대부분의 학생들은 그들의 부모와 동행했지만, 근처에 몇몇은 혼자 올 수 있다.

해설 a few는 복수주어이므로 동사는 were로 고칠 것

답 ④

14. 다음 중 어법상 옳은 것을 고르시오.

① He graduated Harvard University with honor.
② He has been to Incheon, so he isn't here now.
③ Feeling tired, I'm going to stay at home.
④ You should go to the dentist yesterday.
⑤ We are difficult to master English in a year or two.

해석
① 그는 하버드 대학을 우등으로 졸업했다.
② 그는 인천에 다녀왔다. 그래서 지금 이곳에 없다.
③ 피곤하기 때문에 나는 집에 있을 작정이다.
④ 너는 어제 치과에 가야만 했었다.
⑤ 우리가 1~2년 안에 영어를 마스터하는 것은 힘들다.

해설 graduated from + 학교 : '-에서 졸업하다.' / 뒤에서 지금 여기 없다 라는 의미가 있으므로 '다녀왔다' 보다는 '가버렸다' 인 has gone to 고 고쳐야 함 / '어제 갔어야만 했다' 라는 뉘앙스면 should have gone을 써야 한다. 단순히 어제의 의무에만 국한시켜 이야기 할 때는 had to go to를 사용한다. / 주어는 우리가 아니라 우리가 영어를 마스터 하는 것이므로 행위주어인 부정사를 가주, 진주 구조로 쓰고 부정사의 의미상 주어로 for us 를 사용해야 한다. it is difficult for us to master… 구조로 고쳐야 함

답 ③

15. 다음 중 어법 상 올바르지 않은 것을 고르시오.

① He was frozen to death.
② I am difficult to speak Chinese.
③ His health enabled him to work hard.
④ During the war, we had very little to eat.

해석 ① 그는 얼어서 죽었다.
② 내가 중국어를 말하는 것은 어렵다.
③ 그의 건강은 그가 열심히 일하도록 해주었다.
④ 전쟁 중에 우리는 먹을 것이 거의 없었다.

해설 술어의 주체를 사람이 아닌 행위로 잡아야 하므로 it is difficult for me to speak Chinese로 고쳐야 함

답 ②

16. 다음 중 어법 상 올바른 것을 고르시오.

① I will be convenient next Sunday.
② I am pleasant at the news.
③ He is hard to please.
④ She is impossible to solve the problem.
⑤ your both hand are dirty.

해석 ① 다음 일요일이면 시간이 나에게 편할 것이다.
② 나는 그 소식에 기쁘다.
③ 그는 비위맞추기가 어렵다.
④ 그녀가 그 문제를 푸는 것은 불가능하다.
⑤ 당신의 양손이 지저분하다.

해설 시간이 사람에게 편한 것이므로 시간의 상황주어인 it을 사용할 것. it will be convenient for me ⋯ / 사람의 기분을 설명하는 분사는 pleased / it is hard to please him의 문장전환으로 이상 없음 / 행위가 주어이므로 it is impossible for her to solve ⋯ / Both는 소유격보다 먼저 옴

답 ③

17. 다음 중 어법 상 잘못된 것을 고르시오.

① He is impossible for us to persuade.
② English is difficult for us to master in a year or two.
③ Mary was good to leave the place immediately.
④ He is anxious to see you.
⑤ It is easy that we convince him.

해석
① 그는 우리가 설득시키기 불가능하다.　② 영어는 우리가 1~2년 만에 마스터하기 어렵다.
③ Mary가 그 자리를 즉시 떠난 것은 잘 한 것이었다.　④ 그는 너를 매우 보고 싶어한다.
⑤ 우리가 그를 확신시키기는 쉬운 일이다.

해설 it is impossible to persuade him의 문장전환 형태 / it is difficult for us to master English의 문장전환 형태/ it was good for Marry to leave the place로 써야 함/ be anxious to 부정사 / it is easy for us to convince him으로 써야 함

답 ③, ⑤

---

18. 우리말을 영어로 잘못 옮긴 것을 고르시오.

① 그들은 그의 정직하지 못함을 비난했다.
→ They charged him with dishonesty.
② 그 사건은 심각한 양상을 띠기 시작했다.
→ The incident began to assume a serious aspect.
③ 언제 당신이 그녀의 어머니를 방문하는 것이 편하시겠습니까?
→ When will you be convenient to visit her mother?
④ 당신의 도움 덕분에 우리는 그 문제를 쉽게 해결할 수 있었습니다.
→ Thanks to your help, we were able to fix the problem with ease.

해설 ③번은 주어선정을 잘못하였다. 시간이나 상황이 당신에게 편한 것이지 당신이 시간이나 상황에게 편한 것이 아니다. 따라서 when will it be convenient for you to visit her mother?

답 ③

19. 다음을 영어로 가장 적절히 옮긴 것은?

> 한국의 인구는 얼마나 됩니까?

① How many is the population of Korea?
② what is the population of Korea?
③ How many are the population of Korea?
④ How much is the population of Korea?
⑤ How much people are there in Korea?

해설 인구는 규모를 따지는 형용사 large, small로 표현하거나 what 자체를 사용한다. How large is the population of Korea? = What is the population of Korea? = How many people are there in Korea = How many people live in Korea?

답 ②

20. 다음을 가장 잘 영작한 것을 고르시오.

> 나는 백만장자가 될 때 까지는 만족하지 않겠다.

① I won't be satisfied until I become a millionaire.
② I will be unsatisfactory by I become a millionaire.
③ I won't be satisfactory until I become a millionaire.
④ I will be satisfactory when I become a millionaire.

해설 사람이 만족을 당하는 것이므로 수동분사를 써야 한다. satisfactory는 능동분사인 satisfying 과 유사한 의미이다. by는 전치사이므로 접속사로 쓸 수 없고 의미상 '-할 때까지'는 접속사 until이 맞습니다.

답 ①

21. 영작을 잘못한 것을 고르시오.

① 그는 결코 당신을 속일 사람이 아니다.
→ He is the last person to deceive you.
② 그는 주먹다짐을 할 바에야 타협하는 것이 낫다고 생각한다.
→ He would much rather make a compromise than fight with his fists.
③ 프레스코는 이태리 교회의 익숙한 요소이기 때문에 이것을 당연하게 생각하기 쉽다.
→ Frescoes are so familiar a feature of Italian churches that they are easy to take it for granted.
④ 그는 대학에 다니지 않았지만 아는 것이 아주 많은 사람이다.
→ Even though he didn't go to college, he is a very knowledgeable man.

해설 the last 명사 + to 부정사 : -할 마지막 명사 즉 결코 -하지 않은 명사 / would rather 동원A than 동원B : B하느니 차라리 A한다. / it is easy to take them for granted에서 them이 가주어 it 자리로 옮겨갔으므로 take 뒤에는 목적어가 나오면 비문

답 ③

PART 06
adverbs

부사

06 부사 (adverbs)

☆ 부사는 오직 수식의 역할만 하며, 기본적으로 동사를 수식하고 그 외에 '형용사, 부사, 구, 절'을 수식합니다. 부사는 그 내용상 '장소, 시간, 방법, 원인, 부정, 빈도' 등을 표현합니다.

0879. 내 형제는 젊었을 때 빨리 달릴 수 있었다.
My brother could run swiftly when he was young.

0880. 조심해, 그 물은 엄청 뜨겁다.
Watch out! The water is extremely hot.

0881. 그는 요리를 매우 잘 한다.
He does the cooking quite well.

0882. 불행히도 해리와 샐리는 서로 만나지 못했다.
Unfortunately, Harry and Sally did not see each other.

1. 부사의 형태

1) 형용사로부터 파생된 부사

도표 144 : 형용사로부터 파생된 부사

① 형용사 + ly	really, carefully, kindly, beautifully, sadly, surprisingly, excitedly
② y로 끝나는 형용사 : y를 i로 바꾸고 + ly	happily, easily, luckily, busily
③ le로 끝나는 형용사 : e를 빼고 +y	simply, gently, possibly, terribly
④ ic로 끝나는 형용사 : +ally	automatically, dramatically, systematically (예외) publicly

☆ 부사로 착각하지 않아야 할 형용사 : likely (가능성이 큰), deadly (치명적인), silly (어리석은), lonely (외로운), elderly (나이 든) 등은 어미가 '-ly' 이지만 형용사 입니다.

2) -ly 가 붙지 않는 형태의 주요 부사들

☆ very, so, such, still, yet, fast, soon, early, already, somewhere, today

3) 형용사와 부사의 형태가 같은 경우

도표 145 : 형용사와 부사의 형태가 같은 경우

	형용사	부사
① fast	빠른, 교정된	빠르게, 단단하게
② hard	딱딱한, 어려운, 거센	거세게, 열심히
③ early	이른	일찍
④ late	늦은, 말기의, 고인의	늦게
⑤ enough	충분한	충분히, 매우
⑥ very	다름아닌, 바로 그	매우
⑦ today	오늘날의(후치수식)	오늘, 오늘날
⑧ long	긴, 오랜	길게, 오래
⑨ far	먼	멀리
⑩ well	건강한	제대로, 잘
⑪ ill	아픈, 나쁜	심하게, 잘못하여
⑫ lowly	초라한, 하찮은	초라하게
⑬ high	높은	높게(물리적)
⑭ deep	깊은	깊게(물리적)
⑮ low	낮은	낮게(물리적)

⑯	fair	타당한, 상당한, 밝은, 맑은, 예쁜	공정하게
⑰	close	시간, 공간적으로 가까운, 거의 할 것 같은, 친밀한, 막상막하의, 아슬아슬한, 바싹 자른	가까이, 바싹
⑱	near	시간, 거리상으로 가까운, 유사한	가까이, 거의
⑲	pretty	예쁜	매우
⑳	daily	매일의	매일

0883. 그는 빠른 주자이다.
He is a fast runner.

0884. 당신의 배를 말뚝에 고정시켜 두어라.
Keep your boat fast at a stake.

0885. 그는 매우 빠르게 걷는다.
He walks very fast.

0886. 그 물체의 표면은 매우 딱딱하다.
The surface of the object is pretty hard.

0887. 그 시험은 어려웠다고 말해진다.
The test is said to have been hard.

0888. 어제 거센 비가 왔다.
We had a hard rain yesterday.

0889. 나는 그를 세게 때렸다.
I hit him so hard.

0890. 일찍 일어나는 새가 벌레를 잡는다.
An early bird catches the worm.

0891. 나는 그 날 아침 꽤 일찍 일어났다.
I got up rather early that morning.

0892. 그 전쟁은 15세기 말에 일어났다.
The conflict arose in the late 15th century.

0893. 우리는 고인이 된 Edwin를 기리기 위해 모였다.
We gathered in honor of the late Mr. Edwin.

0894. 그는 논문을 너무 늦게 제출했다.
He submitted his paper too late.

0895. 나는 충분한 용기가 부족하다.
I lack enough courage.

0896. 그는 충분히 용기 있다. (부사일 경우 반드시 후치수식)
He is courageous enough.

0897. 이 사람이 바로 내 아들입니다.
This is my very son.

0898. 매우 많은 고객들이 줄어든 서비스로 단골기분이 사라졌다.
Very many customers have lost their loyalty due to the shrunken service.

0899. 오늘날의 아이들은 비디오 게임을 좋아한다. (형용사 today)
Children today like to play video games.

0900. 나는 오늘 비디오 게임을 했다. (부사 today)
I played a video game today.

0901. 오늘 왜 인상 쓰는 표정인가?
Why do you wear a long face today?

0902. 나는 오래 머물 것이다.
I will stay long.

0903. 나는 내일 장거리를 여행해야 한다.
I will have to cover a far distance tomorrow.

0904. 당신은 멀리 볼 수 있는가?
Can you see far?

0905. 그는 매우 건강합니다. 감사합니다.
He is very well, thank you.

0906. 그는 그 시험에 잘 대비되어있다.
He is well prepared for the exam.

0907. 아버지는 말기 암으로 아프시다.
My father is terminally ill with cancer.

0908. 나는 평판 나쁜 사람으로 불리고 싶지 않다.
I don't want to be called a man of ill repute.

0909. 그 아이들은 학대받았다.
The children have been ill-treated.

0910. 나는 미천한 신분을 가지고 있는데 나는 초라한 청소부라는 의미이다.
I have a lowly status, which means I am a lowly cleaner.

0911. 그는 자기의 파트너를 초라하게 여긴다.
He thinks lowly of his partner.

0912. 그는 높은 봉급을 받는다.
He earns a high salary.

0913. 그 새는 높게 날 수 있다.
The bird can fly high.

0914. 그들은 깊은 바다로 낚시하러 갔다.
They went fishing to a deep sea.

0915. 그는 매우 깊게 잠수할 수 있다.
He can dive very deep.

0916. 당신은 저고도에서 쉽게 숨을 쉴 수 있다.
You can breathe easily at a low altitude.

0917. 그 양초들은 낮게 타고 있었다. (심지가 짧아진 채)
The candles were burning low.

0918. 그는 어여쁜 숙녀이다.
She is a fair lady.

0919. 우리는 맑은 하늘을 보았다.
We saw a fair sky.

0920. 그녀는 밝은 피부를 가지고 있다.
She has a fair skin.

0921. 상당수의 학생들이 역사과목을 낙제했다.
A fair number of students failed history.

0922. 나는 모든 학생에게 늘 공정했다는 확신이 서지 않는다.
I am not sure I have always been fair to each and every student.

0923. 나는 그 처벌이 타당하다고 생각하지 않는다.
I don't think the punishment is fair.

0924. 나는 당신이 공정하게 싸우려고 늘 애쓰기 때문에 존경한다.
I respect you because you always try to fight fair.

0925. 그는 친한 친구이다.
He is a close friend.

0926. 그는 곧 눈물을 흘릴 것 같았다.
He was close to tears.

0927. 이것은 막상막하의 경기가 될 것이다.
This is going to be a close match.

0928. 그것은 아슬아슬 했다.
That was a close call.

0929. 순찰차 한 대가 바싹 따라왔다.
A squad car followed close behind.

0930. 그는 가까운 미래에 너를 떠날 것이다.
He is going to leave you in the near future.

0931. 그는 한 걸음 더 가까이 다가섰다.
He took one step nearer.

0932. 그는 거의 완벽한 공연을 보여주었다.
He showed a near-perfect performance.

0933. 기말고사가 가까워지고 있었다.
The final term exam was drawing near.

0934. 이 옷을 입으니 매우 이뻐 보인다.
You look so pretty in this dress.

0935. 그는 덩치가 매우 컸다.
He was pretty big.

0936. 나는 주간잡지를 구독하고 싶다.
I would rather subscribe to a weekly magazine.

0937. 의사들은 하루당 두 번 회진한다.
Doctors make their rounds twice daily.

☆ '시간 단위 명사 + ly'는 '형용사, 부사'로 공히 사용될 수 있습니다.

ex) daily, hourly, weekly, monthly, yearly, timely

4) '부사 + ly'가 새로운 부사를 만드는 경우

도표 146 : '부사 + ly'가 새로운 부사를 만드는 경우

		의미	종류
①	hardly	좀처럼 하지 않는	빈도부사
②	lately	최근에	시간부사
③	highly	높게(정신적 의미로)	양태부사
④	nearly	거의	정도부사
⑤	lowly	비천하게	양태부사
⑥	dearly	대단하게, 혹독하게, 비싸게	양태부사
⑦	deeply	깊게	양태부사
⑧	fairly	매우, 공평하게	정도부사, 양태부사
⑨	closely	접근하여, 꽉, 단단히, 엄중히, 면밀하게, 친밀하게, 인색하게, 바싹, 열심히	양태부사
⑩	shortly	금방, 퉁명스럽게	시간부사, 양태부사
⑪	prettily	예쁘게, 확실하게	양태부사

0938. 그녀는 너를 <u>대단히</u> 사랑한다.
She loves you <u>dearly</u>.

0939. 성공은 그에게 <u>혹독하게</u> 대가를 치르게 했다.
Success has cost him <u>dearly</u>.

0940. 그는 외딴 섬에서 <u>비천하게</u> 살았다.
He lived <u>lowly</u> on a lone island.

0941. 나는 그의 얼굴과 이름을 <u>거의</u> 잊었다.
I <u>nearly</u> forgot his name and face.

0942. 그는 너를 <u>칭송한다</u>.
He <u>speaks highly</u> of you.

0943. 그는 <u>최근에</u> 이곳에 온 적이 없다.
He hasn't been here <u>lately</u>.

0944. 그는 <u>좀처럼</u> 철자 실수를 하지 <u>않는다</u>.
He <u>hardly</u> makes a spelling mistake.

0945. 그녀는 예쁘게 웃었다.
She laughed prettily.

0946. 우리는 금방 보스톤에 도착할 것이다.

We will arrive in Boston shortly.

0947. 이것은 사랑하는 사람의 죽음에 대한 매우 전형적인 반응이다.

This is a fairly typical reaction to the death of a beloved one.

0948. 그는 늘 나에게 공평하게 대해주었다.

He has always treated me fairly.

0949. 우리는 깊게 뿌리박힌 미신들을 제거해야 한다.

We have to remove deeply rooted myths.

0950. 그는 빈틈없이 잘 짜여진 주장을 내놓았다.

He produced a closely-knit argument.

0951. 그는 소설들을 충실하게 번역하는 것으로 유명하다.

He is famous for translating novels closely.

0952. 그는 나의 설명을 매우 자세히 들었다.

He listened very closely to my description.

5) 같은 의미의 부사가 두 개 있는 경우

도표 147 : 같은 의미의 부사가 두 개 있는 경우

① real	= really	② wrong	= wrongly
③ first	= firstly	④ last	= lastly
⑤ quick	= quickly	⑥ loud	= loudly
⑦ cheap	= cheaply	⑧ easy	= easily
⑨ sure	= surely	⑩ slow	= slowly

0953. 그는 나에게 틀리게 답했다.

He answered me wrong

= He answered me wrongly.

0954. 그것은 정말 맛이 좋다.

That tastes real good.

= That tastes really good.

2. 부사의 쓰임

☆ 부사는 '동사, 형용사, 부사, 절 전체'를 수식하는 말로서, 명사를 수식하거나 주격보어 혹은 목적보어 역할을 할 수 없습니다. 한국인들이 가장 혼동하는 부분 중 하나가 바로, 부사를 보어 자리에 넣고 동사를 해석하는 경우입니다. 보어라는 개념은 주어의 성질이나 상태, 혹은 목적어의 성질이나 상태를 설명하는 것이므로 보어와 부사를 혼동하지 않도록 해야 합니다. 이는 결국 동사의 용법에서 결정이 나는 것이므로 가급적 많은 기본동사의 usage를 알아두는 것이 절대적으로 필요합니다.

1) 동사 수식

0955. 크리스는 조심스레 운전한다.
Chris drives carefully.

0956. 당신은 공공장소에서 크게 말해서는 안 된다.
You must not speak loudly in public places.

2) 형용사 수식

0957. 그것은 너무 나쁘다.
That's too bad.

0958. 이 피자는 정말로 맛이 좋다.
This pizza tastes really good.

3) 부사 수식

0959. 신디는 영어를 매우 잘한다.
Cindy speaks English quite well.

0960. 그는 정말로 열심히 일했다.
He has worked really hard.

4) 문장 전체 수식

0961. 다행스럽게도 우리는 돈이 약간 있었다.
Luckily, we had some money.

0962. 놀랍게도 데이빗은 떠나지 않았다.
Surprisingly, David didn't leave.

5) 숫자 수식
(some, about, around, roughly, approximately + 숫자 = 숫자 + or so)

0963. 대략 3백명의 사람들이 있다.
There are some 3 hundred people.

0964. 대략 3천여명의 사람들이 그 로켓이 발사되는 것을 지켜보기 위해 모였다.
Three thousand or so people gathered to watch the rocket launch.

6) 동명사, 부정사, 분사 수식

0965. 안전하게 운전하는 것이 겨울철에는 가장 중요한 일이다.
Driving safely is the most important thing in winter.

0966. 그는 당신을 몰래 돕고 싶어한다.
He wants to secretly help you.

0967. 형편없이 번역되어서 그 시는 어떤 아름다운 의미도 전달하지 못한다.
Poorly translated, the poem does not carry any beautiful meanings.

3. 부사의 위치

☆ 부사의 위치는 비교적 자유로우나 일반적으로 동사와 목적어 사이에는 오지 않고, 특히 빈도부사의 경우는 'be동사 뒤, 일반 동사 앞, 조동사와 본동사' 사이에 옵니다.

① 문장 앞에 쓰인 부사 : Tomorrow, I'm going to meet her.
② 문장 뒤에 쓰인 부사 : Rover, a hunting dog, find his prey quickly.
③ 문장 중간에 쓰인 부사 : The trainer is very smart.

4. 부사의 내용별 종류

☆ 부사는 문장 내에서의 수식의미와 역할에 따라 다음의 종류가 있습니다.

1) 양태부사

☆ '동사의 방법'을 알려주는 부사로 대부분 '형용사 + ly' 형으로 구성됩니다.

    ex) carefully, slowly, quickly, elegantly, beautifully

2) 빈도부사

☆ 어떤 일이 '얼마나 자주 일어나는지', 즉 빈도를 표현하는 부사입니다.

☆ 빈도부사의 위치는 'be동사, 조동사의 뒤', '일반 동사의 앞', '조동사와 본동사 사이'에 옵니다.

0968. 그는 대개 저녁식사 후에 산책을 한다.
He usually takes a walk after dinner.

0969. 나는 그녀가 늘 유쾌해서 좋아한다.
I like her because she is always cheerful.

0970. 그는 빈번하게 늦는다.
He is frequently late.

☆ 빈도부사는 'daily, yearly, monthly, annually' 처럼 명사 뒤에 '-ly'를 붙여서 만들기도 합니다.

☆ 빈도부사는 'every day, every year, every two years, every three months' 처럼 every 를 이용하여 만들기도 합니다. 이 경우 기수 대신 서수를 사용하면 'every two years = every second year = every other year' 처럼 뒤의 명사는 단수가 되며 second 대신 other를 사용할 수 있습니다.

3) 정도부사

☆ 한국말에 '매우, 꽤, 굉장히, 엄청나게, 거의, 완벽하게, 주로' 등에 해당하는 말로서, 주로 형용사나 부사의 '강도, 정도, 수준'을 강조하는 의미로 수식합니다.

ex) very, so, pretty, quite, fairly, rather, terribly, awfully, badly, extremely, too, almost, nearly, greatly, mostly

0971. 그는 <u>심하게</u> 부상 입었고 나는 매우 충격 받았다.
He was <u>badly</u> hurt and I was pretty shocked.

0972. 그녀는 <u>상당히</u> 빨리 돌아올 것이다.
She will come back <u>so</u> soon.

4) 시간부사

☆ 한국어에서 '오늘, 내일, 금방, 당장, 벌써, 아직, 곧' 등에 해당하는 말로서, 동사의 동작이 언제인지에 대한 정보를 제공합니다. 이에 주로 사용하는 시간부사는 아래와 같습니다.

ex) today, tomorrow, now, then, lately, recently, already, yet, early, late, currently, previously, shortly, immediately

0973. 당신은 <u>이미</u> 그 영화를 보았는가?
Have you <u>already</u> seen the movie?

0974. 그 새 모델은 <u>지금</u> 재고가 떨어졌다.
The new model is out of stock <u>currently</u>.

5) 장소부사

☆ 한국어에서 '집에서, 집으로, 거기에서, 거기로, 여기에서, 여기로, 안에서, 밖에서, 위에서, 위로, 아래에서, 아래로, 실내에서, 아래층에서, 위층에서, 시내에서, 해외에서' 등에 해당하는 말로서, 명사로 활용되기도 하기 때문에 각별히 주의를 요구합니다. 이 부사들은 '움직임이나 존재를 의미하는 동사(come, go, arrive, live 등)'들과 함께 사용될 때 이미 전치사 to 나 at을 포괄하므로 따로 전치사를 쓰지 않습니다. 다만 아래의 단어들에 한정사가 붙어서 명사적으

로 사용되었을 경우에는 전치사 to 나 at을 달아서 써야하고, 그 외의 전치사적 의미로 사용할 때는 해당전치사를 모두 붙여서 명사적으로 사용해야 합니다.

(1) 주요 장소부사

도표 148 : 주요 장소 부사

① here	② there	③ home	④ inside
⑤ outside	⑥ indoors	⑦ outdoors	⑧ inward
⑨ outward	⑩ upward	⑪ downward	⑫ forward
⑬ backward	⑭ upstairs	⑮ downstairs	⑯ uptown
⑰ downtown	⑱ abroad	⑲ overseas	⑳ behind

(2) 동사와 함께 사용하는 주요 예

도표 149 : '동사 + 장소부사'의 관용표현

come+here	여기 오다	go+there	거기 가다	live+here/there	여기서(거기서)살다
come+home	집에 오다	go+home	집에 가다	live+home	집에서 살다
come+inside	들어오다	go+inside	들어가다	live+inside	안에서 살다
come+outside	나오다	go+outside	나가다	live+outside	밖에서 살다
come+upward	올라오다	go+abroad	외국으로 가다	live+abroad	외국에서 살다
come+upstairs	윗 층으로 오다	go+downward	내려가다	live+downtown	시내에서 살다
come+forward	앞으로 나오다	go+forward	앞으로 가다	live+uptown	부자동네에서 살다

☆ 단, go to your home 이나 come from there 처럼 수식어를 붙여 명사로 사용하거나 다른 의미의 전치사를 사용할 경우는 부사로 사용하지 않고 명사화하여 사용합니다.

6) 의문부사

☆ 의문문을 만들 때 사용하는 '시간, 장소, 방법, 원인, 정도' 부사로서 'when, where, how, why, how + 형용사, 부사'이며 의문문편에서 자세히 배웁니다.

7) 관계부사

☆ 선행명사를 둔 상태에서 접속사와 부사의 역할을 동시에 하는 말로 'when, where, how, why' 와 대용어인 'that' 등이 있습니다.

8) 지시부사

☆ 'this, that' 이 형용사나 부사를 수식하게 하는 용법으로, 의미상 so 이며 해석은 '이토록, 그토록'에 해당합니다.

0975. 그 연극이 <u>그토록 흥미진진했는가</u>?
Was the play <u>that exciting</u>?

0976. <u>그렇게 곧</u> 그것을 끝낼 수 있는가?
Can you finish it <u>that soon</u>?

9) 접속부사

☆ 주로 두 개의 절을 연결시켜 줄 때 사용하는 부사로 위치에 제한을 받지 않고 사용하며, 문장이 마침표로 끊어지고 나서 다시 연결할 때나, 세미콜론(서마이콜론 ;) 에 의해 연결될 때, 혹은 콤마 다음에 접속사와 함께 사용합니다. 문맥의 흐름을 결정짓는데 매우 도움이 됩니다. 접속부사는 접속사가 아니므로 하나의 문장 안에서 접속사나 세미콜론 부호 없이 사용하여 절과 절을 연결할 수 없습니다.

도표 150 : 주요 접속부사

그리하여, 그 결과, 그에 따라	therefore, thus, accordingly, consequently, hence
그러니, 그럼에도 불구하고, 거꾸로	however, yet, still, nevertheless, conversely
게다가, 또한	moreover, furthermore, additionally, besides, also, too (문미), as well (문미)
그와 유사하게	likewise, similarly
그렇지 않을 경우, 다른 방법으로, 달리	otherwise

0977. 그는 매우 부유하지만 불행하다.
He is very rich and yet he is unhappy.
= He is very rich. He is unhappy yet.
= He is very rich, yet he is unhappy.

5. 여러 개의 부사가 사용될 때 부사의 순서

1) 대표적 부사 3인방의 순서

☆ '방법(양태) + 장소 + 시간' 어순이 가장 일반적이지만, 여기에 다시 부사의 길이를 고려하여 짧은 순서부터 긴 순서대로 배열하는 것을 선호하며, 동사와 가장 밀접한 관계를 갖는 부사부터 먼저 배열하면 위의 순서는 다시 바뀔 수 있습니다.

0978. 당신은 하루 종일 그 빙판에서 매우 조심스레 운전해야 할 것이다.
You will have to drive very carefully on that icy road all day long.

0979. 그는 어제 기쁘게 그곳에 도착했다.
He arrived there happily yesterday.

2) 부사의 정보 확대 어순

☆ 부사와 부사구는 여러 가지를 나열할 때 보통 길이가 짧거나 의미상 작은 것부터 긴 것과 넓고 큰 범주로 확대해갑니다. 이 점은 한국어와 역순적 개념이니 특히 주의해야 합니다.

0980. 그 수상식은 다음 토요일인 5월 15일 오후 3시 반에 거행될 예정이다.
The award ceremony is going to take place at 3:30 p.m. next Saturday, May 15.

0981. 그 수상식은 네바다 주의 라스베가스 엠지엠 호텔에서 거행되었다.
The award ceremony took place at MGM Hotel, Las Vegas, Nevada.

3) 근접수식의 법칙

☆ 정도부사의 경우 자신이 수식하는 '형용사, 부사 상당어'의 바로 앞에 오는 것이 일반적입니다.

0982. 나는 매우 무더웠던 날에 꽤 나이 먹은 남자를 보살피고 있었다.
I was taking care of a very old man on an extremely hot day.

4) 양태부사의 수식위치

☆ 양태부사의 경우 자신이 수식하는 동사의 앞이나 문장의 뒤에 오는데, 타동사와 명사 목적어 사이에는 넣지 않지만, 동사와 전치사 사이에는 들어갈 수 있습니다.

0983. 그는 내가 말하는 것을 면밀하게 경청했다.
He closely listened to what I said.
= He listened closely to what I said.
= He listened to what I said closely.

0984. 그는 그 벽을 완벽하게 칠했다.
> He completely painted the wall.
> = He painted the wall completely.

☆ [0984 예문]에서 타동사 painted와 목적어인 the wall 사이에 부사를 넣지는 않습니다. 또한, 부사를 문미에 둘 경우 목적어 부분이 절이 되면 해당 목적어절 속의 동사에 다시 수식이 걸린다는 오해가 생길 수 있으므로, 가급적 수식하려고 하는 동사의 앞에 두어서 명백히 근접수식을 하는 것이 좋습니다.

5) 절 전체를 수식하는 부사는 문장의 앞에 위치

☆ 문두에 올 수 있는 절 전체 수식부사는 위치가 자유로우며 '주어 다음, 동사 다음, 목적어 다음, 보어 다음, 문장의 마지막'에 모두 올 수 있습니다. 롸임(rhyme)을 고려하여 선호하는 위치에 둡니다.

0985. 운 좋게도 그는 단속을 피했다.
> Fortunately, he escaped the crackdown

6) 부사가 생략형 지문에서 사용될 때

☆ 생략형 지문에서는 빈도부사나 그 밖의 부사가 주어 바로 다음에 오는 것을 선호합니다.

0986. A : 그는 화나 있나요?
> A : Is he upset?

B : 네 확실히 그래요. / 그는 늘 그래요.
> B : He surely is / He always is.

7) 부사 quite 의 위치

☆ 부정관사와 함께 명사를 꾸미는 경우 부정관사 앞에 둡니다.

0987. 그것은 꽤 큰 집이었다.
> It's quite a big house. (quite a little, quite a few...)

0988. 그는 꽤 잘 한다.
> He plays quite well.

0989. 나는 오페라를 꽤 좋아한다.
> I quite like operas.

8) 전치사에서 온 부사

☆ 'off, out, in, on, up, down, away' 등이 그 뒤에서 의미상의 목적어를 생략하고 부사구에서 부사화 되었을 때, 동사와 이 부사화된 전치사들이 하나의 타동사구를 만들면 '타동사의 목적어인 명사'는 '타동사 뒤'와 '부사화된 전치사 뒤'에 모두 올 수 있지만, '대명사가 타동사의 목적어'가 될 경우는 반드시 '타동사 다음'에 붙여서, 해당 명사의 정체가 알려지지 않는 대명사라 할지라도 자신이 타동사의 목적어임을 웅변해야 합니다. 이에 대하여 많은 영어학습자들은 위에서 언급한 'off, out, in, on, up, down' 등을 '부사'라고 그 생성원리에 대한 설명 없이 기술한 많은 문법서와 강사들에 대하여 의구심을 품고 있습니다. 자세한 이야기를 여기서 할 수 없음이 유감이나 반드시 해당 강의 내용을 들어보시기 바랍니다.

0990. A : 그는 늘 안경을 착용합니까?
B : 네, 그는 눈을 뜬 직후 안경을 씁니다. 하지만 젓가락으로 뜨거운 국수류들을 먹는 동안에는 그는 안경을 착용하지 않습니다.
A : Does he wear his glasses all the time?
B : Yes, he <u>puts</u> on <u>his glasses</u> right after he awakes, but he does not <u>put them</u> on while he is having hot noodles with chopsticks.

도표 151 : 전치사의 목적어를 생략하고 탄생한 부사

① see off	배웅하다	② cut off	잘라내다
③ turn off	끄다, 끊다	④ look up	찾아보다
⑤ give up	포기하다	⑥ turn down	거절하다
⑦ turn away	돌려보내다, 외면하다	⑧ lay off	해고하다
⑨ rule out	배제하다	⑩ put on	착용하다

☆ 하지만 이런 동사들처럼 보이는 동사들에 유의해야 합니다. 예를 들어 같은 lay off 라 해도 '해고하다'의 의미가 아니라 '내버려두다'의 의미일 경우 목적어는 전치사 off 의 것이므로 명사이건 대명사이건 off 뒤에 옵니다. 더 깊이 공부할 기회가 있을 것입니다.

9) '부사 + 형용사 + 관사 + 명사'의 어순을 쓰는 경우

☆ 'so, as, too, how, however'는 부정관사(a, an)와 함께 형용사로 수식되는 명사를 취할 때 위의 '부사 + 형용사 + a(an) + 명사'의 어순을 따릅니다.

0991. 이것은 너에게 매우 특별한 기회이다.
This is <u>so special a chance</u> for you.

0992. 그는 지금까지 살았던 누구 못지않게 위대한 예술가이다.
He is <u>as great an artist</u> as ever lived.

0993. 그는 나에게 거절하기에는 너무도 좋은 제안을 했다.
He offered me too good an offer to turn down.

0994. 나는 그것이 얼마나 유용한 도구인지 몰랐다.
I had no idea how useful a tool it was.

0995. 당신이 아무리 자질 있는 사람을 고용한다 해도 최종결정은 당신이 내려야 한다.
However apt a man you may hire, it is you that must make a final decision.

6. 시간·장소·방법을 나타내는 명사와 부사

도표 152 : 시간·장소·방법의 명사와 부사

①	시간	today, yesterday, this, that +morning, afternoon, time, hour...
②	장소	here, there, home ...
③	방법	this way, that way ...

0996. 그 평가는 오늘 신문에 나와 있다.
The review is in today's paper. (명사 today)

0997. 오늘날의 젊은이들은 직장에서의 매우 어려운 미래에 직면해 있다.
Young people today face a very difficult future at work. (형용사 today)

0998. 그는 오늘 아침 일찍 사망한 채 발견되었다.
He has been found dead early this morning. (부사 this morning)

0999. 이번에는 나는 너를 용서할 수 없다.
This time, I won't let you go. (부사 this time)

1000. 그 당시에 그들은 수송수단을 갖지 못했다.
They had no transportation those days. (부사 those days)

1001. 이 안에서 수납공간을 좀 봐라.
Just look at the closet space in here. (명사 here)

1002. 크리스마스로의 카운트다운이 여기서 시작된다.
The countdown to Christmas starts here. (부사 here)

06 기출문제

01. 다음 문장의 내용상 _____ 부분에 가장 적절한 말은?

> She _____ goes swimming, though she lives near the beach.

① seldom　　　② always　　　③ often　　　④ sometimes

해석　그녀는 비록 해변가에 살지만 거의 수영을 가지 않는다.

해설　though 는 양보절 즉, 역접이나 무상관의 의미를 가지므로 주절이 부정문이 되어야 하고 부정빈도부사 seldom 이 적합하다.

답　①

02. 다음 문장의 내용상 _____ 부분에 가장 적절한 말은?

> Since he was promoted last month, he has had a good deal to do and ____ ever spent an hour to enjoy himself.

① quite　　　② nearly　　　③ hardly　　　④ just

해석　지난 달에 그가 승진했기 때문에 그는 할 일이 많았고, 즐기는 데는 거의 한 시간도 보내지 못했다.

해설　앞의 문맥으로 보아 역시 부정부사가 오는 것이 적절하므로 hardly 가 적합하다.

답　③

03. 다음 문장의 내용상 _____ 부분에 가장 적절한 조합은?

> The number of commuters who come _____ to office has ____ increased.

① late - lately   ② lately - late   ③ latter - lately   ④ latter - late

해석 회사에 늦게 오는 통근자의 수가 최근에 증가했다.

해설 '늦게' 라는 부사는 late 이고 lately 는 '최근에' 이다.

답 ①

04. 다음 문장의 내용상 _____ 부분에 가장 적절한 말은?

> He drove very _____ to New York, but arrived at the meeting too late.

① fastly   ② fast   ③ faster   ④ fastest

해석 그는 뉴욕까지 매우 빠르게 운전했지만 회의에 너무 늦게 도착했다.

해설 fast 는 형용사, 부사로 모두 사용한다.

답 ②

05. 다음 문장의 내용상 _____ 부분에 가장 적절한 말은?

> A: Do you think that labor bill will be passed?
> B: Oh, yes. It's _____ that it will.

① almost surely   ② very likely   ③ near positive   ④ quite certainly

해석 노동법이 통과할 것이라고 생각하는가? / 물론이다. 그렇게 될 가능성이 매우 크다.

해설 it is likely that 절 이라는 구조가 사용되어야 적합하며 likely 는 '가능성이 매우 큰' 이라는 형용사이다. 보어 자리에 부사 surely , certainly 가 들어갈 수 없으며 near 가 positive 를 수식할 수 없다.

답 ②

English Grammar Dictionary

06. 다음 문장의 내용상 _____ 부분에 가장 적절한 말은?

> Dinner is ready. Let's go _____.

① downstair ② downstairs
③ to downstair ④ to downstairs
⑤ at downstairs

해석 저녁식사가 준비되었다. 아래층으로 내려가자.

해설 downstairs 는 부사로 '아래층에서, 아래층으로' 라는 방향이나 장소의 의미까지 포함하고 있기 때문에 따로 전치사를 사용하지 않는다. 이 부사는 끝에 s 를 붙여서 복수형태로 사용한다.

답 ②

07. 다음 문장의 내용상 _____ 부분에 가장 적절한 말은?

> She speaks as _____ as you.

① clear ② very clear ③ clearly ④ clearness

해석 그녀는 너 만큼 분명하게 말한다.

해설 부사가 되어야 동사 speak 을 수식하므로 품사에서 부사는 clearly 이다.

답 ③

08. 다음 문장의 내용상 _____ 부분에 가장 적절한 말은?

> A: Has Michael lived in Peru for ten years?
> B: Yes. But he _____ doesn't understand Spanish.

① already ② yet ③ anymore ④ still

해석 Michael 은 Peru에서 10년간을 살았는가? / 그렇다. 하지만 그는 스페인어를 여전히 이해하지 못한다.

해설 yet 과 still 은 유사한 의미를 가지고 있지만 위치상 still 이 옳다. yet 은 문미나 문두에 온다.

답 ④

09. 다음 중 가장 적절한 것은?

> A: Can you hear me?
> B: _____.

① No, I can hardly hear you.
② No, I can't barely hear you.
③ Yes, I can barely hear you.
④ Yes, I can't hardly hear you.

해석 내 말 들려? / 아니 거의 안 들려.

해설 no 는 부정어와, yes 는 긍정어와 호응하는데 barely, hardly 는 이미 부정어이므로 다시 not 과 어울릴 수 없다.

답 ①

10. 다음 문장의 내용상 _____ 부분에 가장 적절한 말은?

> Without any previous knowledge of environmental law, Mr. Kim _____ answer a technical question like yours.

① can hardly expect
② cannot hardly be expected to
③ can hardly be expected to
④ cannot hardly expect
⑤ can expect hard

해석 환경법에 대하여 사전지식이 없어서 Mr. 김은 당신의 것과 같은 기술적인 질문에 답할 것으로 예상되지 않는다.

해설 '예상되다' 라는 의미는 수동이고 앞부분에 부정문이 와야 하는데 not 과 hardly 는 둘 다 부정어 이므로 중첩되어서는 안된다.

답 ③

11. 다음 문장의 내용상 _____ 부분에 가장 적절한 말은?

_____ how much suffering he has caused.

① Little he knows
② Little knows he
③ Little do he know
④ Little does he know

해석 그가 얼마나 많은 고통을 초래했는지 그는 거의 알지 못한다.

해설 부정부사 little 이 문두에 오면 의문문 어순으로 도치된다.

답 ④

12. 다음 문장의 내용상 _____ 부분에 가장 적절한 말은?

I haven't read your book, and _____ have my students.

① so   ② neither   ③ nor   ④ either   ⑤ too

해석 당신의 책을 아직 읽지 못했으며 내 학생들도 그러하다.

해설 부정문에서 다른 주어가 동일한 내용을 했을 경우 neither 나 nor 를 사용하고 그 뒤는 의문문의 어순으로 도치시키는데 접속사 and 를 이미 사용했으므로 neither 가 적합하다.

답 ②

13. 다음 문장의 내용상 _____ 부분에 가장 적절한 말은?

She knew there was an opening _____ her ship through.

① enough large to get
② to get large enough
③ large enough to get
④ large to get enough
⑤ large enough as

해석 그녀는 자신의 배를 통과시킬 정도로 충분히 커다란 구멍이 있다는 것을 알았다.

해설 형용사, 부사 + enough to 부정사 구조를 채택해야 한다.

답 ③

14. 다음 문장의 내용상 _____ 부분에 가장 적절한 말은?

> She loves her husband, no matter how_____ .

① is he crazy   ② he is crazy   ③ crazy he is   ④ crazy is he

해석 그녀는 남편이 아무리 미쳐있어도 그를 사랑한다.

해설 no matter how 다음에는 형용사나 부사를 받아야 '아무리 ~한, ~해도' 라는 의미가 된다. 뒤에는 의문문이 아니므로 정상어순이다.

답 ③

15. 다음 문장의 내용상 _____ 부분에 가장 적절한 말은?

> A biologist prepares his experiments carefully before trying to carry_____in his laboratory.

① it out   ② out it   ③ them out   ④ out them

해석 생물학자는 자신의 실험실에서 실험들을 수행하기 전에 주의 깊게 실험들을 준비한다.

해설 carry out에서 목적어를 대명사로 받을 때 그 대명사가 타동사의 목적어이면 타동사 바로 뒤에 붙이는 것이 정상이고 experiments 는 복수이므로 them 으로 받아야 한다.

답 ③

16. 밑줄 친 부분 중 어법상 옳지 않은 것은?

> This is the best book on ① physical fitness I have ② ever read. It will ③ enable me to find out ④ what my physical condition is ⑤ rightly now.

해석 이것은 신체건강에 관해 내가 지금껏 읽은 가장 좋은 책이다. 이것은 내가 지금 나의 신체상태가 어떤지를 알게 해줄 것이다.

해설 right 는 부사로서 '바로' 라는 의미이고 '바로 지금' 은 영어로 right now이다. rightly 는 '올바르게' 라는 부사

답 ⑤

17. 밑줄 친 부분 중 어법상 옳지 않은 것은?

> The population ① of the world has increased ② more significant in modern times than ③ in all other ages of ④ history combined.

해석 세계의 인구는 통합된 역사의 모든 시대에서 보다 현대시대에 더욱 크게 증가했다.

해설 increased 라는 동사를 수식해야 하므로 significantly 라는 부사가 필요하다.

답 ②

18. 밑줄 친 부분 중 어법상 옳지 않은 것은?

> John took ① carefully notes ② of all presentations throughout the conference, ③ to be able to refer to ④ them later.

해석 John 은 나중에 그것들을 참조하기 위해 회의 내내 모든 발표들을 주의깊게 적었다.

해설 take notes에서 명사 notes 를 꾸며서 take careful notes of 가 되어야 한다. 부사를 쓰려면 타동사의 목적어 사이에 두지 않고 동사의 앞에서 수식해야 한다.

답 ①

19. 밑줄 친 부분 중 어법상 옳지 않은 것은?

> Recent ① attempts to add a multi-cultural ② perspective to clinical training almost ③ complete ignore the role ④ of religion and ⑤ spirituality as core elements of many racial, ethnic, and national identities.

해석 임상훈련에 대해 다문화적 시각을 더하려는 최근의 시도들은 많은 인종적, 국가적 정체성의 핵심요소로서 종교와 정신의 역할을 완전히 무시하는 것이다.

해설 동사 ignore 를 꾸미기 위해 부사 completely 가 필요하다.

답 ③

20. 밑줄 친 부분 중 어법상 옳지 않은 것은?

> When the war began ① <u>over</u> twenty years ② <u>before</u>, we found ③ <u>ourselves</u> quite ④ <u>unprepared</u> for it.

해석 약 20년 전에 전쟁이 시작되었을 때 우리는 그것에 우리 자신이 준비되어 있지 않음을 깨달았다.

해설 현재에서 거슬러 올라가는 과거는 시점+ ago 를 사용한다. 과거에서 다시 과거로 거슬러 올라갈 때 before 를 사용한다.

답 ②

21. 밑줄 친 부분 중 어법상 옳지 않은 것은?

> ① <u>The</u> mayor ② <u>has</u> not decided ③ <u>how to deal with</u> the waste disposal problems ④ <u>already</u>.

해석 시장은 쓰레기 처리문제를 어떻게 다룰지 아직 결정하지 못했다.

해설 부정문에서는 yet 을 사용한다.

답 ④

22. 밑줄 친 부분 중 어법상 옳지 않은 것은?

> She ① <u>was shocked</u> when James ② <u>raised</u> his voice; no one had ③ <u>never</u> ④ <u>spoken to</u> her in that tone of voice.

해석 그녀는 James 가 목소리를 높였을 때 충격을 받았다. 그 누구도 그녀에게 그런 어조로 말하지 않았었다.

해설 앞에 no one에서 이미 부정어가 있으므로 never 가 아니라 ever 가 되어야 한다.

답 ③

23. 밑줄 친 부분 중 어법상 옳지 않은 것은?

> There has been ① hardly no sign of agreement ② as yet ③ between the management and the union in their ④ dispute over wages and ⑤ working conditions.

해석 임금과 근로조건에 대한 그들의 분쟁에서 노사간에 아직은 합의의 징조가 없었다.

해설 no 라는 부정어가 이미 사용되었으므로 hardly 와 중첩되면 안 된다. no 를 any 로 고치면 합당.

답 ①

24. 밑줄 친 부분 중 어법상 옳지 않은 것은?

> ① Having spent his childhood ② in Italy, Owen ③ is able to speak Italian ④ rather good.

해석 이탤리에서 어린 시절을 보냈기 때문에 오웬은 이탤리어를 꽤 잘 구사한다.

해설 부사 well 이 동사를 꾸민다

답 ④

PART 07

subject-verb agreement

수의 일치

07 수의 일치 (subject-verb agreement)

☆ 주어가 3인칭 단수이고 동사가 현재형인 경우에 그 현재형 동사는 특정한 형태로 써 주어야 하는데 'be 동사'는 is (과거형에서는 was), have 동사는 has, 일반동사는 끝에 s 를 붙여야 합니다. 따라서, 어떤 명사 및 명사 상당어구가 주어이며 단수로 취급되는지에 대한 파악이 중요합니다. 영어는 한국어에 비해 단수·복수의 구분이 엄격하기 때문에 입시나 각종 고시 및 영어능력시험에서 자주 문제로 다루는 영역입니다. 수의 일치는 명사와 대명사관계에서도 엄격히 적용되므로 모든 영문에서 대명사를 사용할 때 명사의 수에 따라 단수형 대명사인 'he, him, she, her, it, this, that, one' 을 쓸 것인지 복수형 대명사인 'they, them, these, those, ones' 를 쓸 것인지를 결정해야 합니다(2인칭은 단수·복수 동사가 같습니다). 이것을 수의 일치라고 하는데 시제의 일치는 시제영역에서 따로 다루기로 하겠습니다.

1. be동사의 수일치

☆ 'be 동사'의 현재형에는 'am, are, is' 가 있습니다. 주어가 'I' 이면 'am' 을 'she, he, it' 등 3인칭 단수이면 'is' 를, 'you' 나 '복수'이면 'are' 를 씁니다. 대명사의 수 일치에도 주의하기 바랍니다.

1003. 나는 Sam이다.
I am Sam.

1004. 나의 가장 친한 친구는 Amanda이다.
My best friend is Amanda.

1005. 당신은 녹색신발들이 좋은가요 아니면 파란것들이 좋은가요?
Do you prefer the green shoes or the blue ones?

1006. 상어의 이빨들은 다른 어떤 동물들의 그것들보다 더 날카롭다.
The teeth of a shark are sharper than those of any other animal.

1007. 그들은 내 나이이다.
They are my age.

2. 일반동사의 수일치

1) 형태

(1) 동사 + s, es

☆ 일반동사의 현재형은 주어가 I, you, we, they 등인 경우 동사원형을 그대로 쓰며, 주어가 he, she, it 등 3인칭 단수인 경우 동사 끝에 '-s, -es' 를 붙입니다.

도표 153 : 동사 끝에 붙이는 '-s'와 '-es'

동사	주어 (I, you, we, they)	3인칭 단수 주어 (he, she, it)
대부분의 동사들	clean, speak, visit, love	cleans, speaks, visits, loves
'자음 + o', '-x', '-s'로 끝나는 동사들	do, mix, kiss	does, mixes, kisses
'-sh', '-ch' 로 끝나는 동사들	wash, watch	washes, watches

1008. 그는 영어를 매우 잘한다.
He <u>speaks</u> English very well.

1009. 그는 다양한 색깔들을 섞어서 독특한 염료를 만들어 낸다.
He <u>mixes</u> different colors to form a peculiar dye.

(2) '자음 + y', '모음 + y' 의 경우

도표 154 : 동사가 y에서 ies로 바뀌는 경우

동사	주어(I, you, we, they)	3인칭 단수 주어(he, she, it)
'자음 + y'로 끝나는 동사	study, fly, try, copy	studies, flies, tries, copies
'모음 + y'로 끝나는 동사	say, pay, buy, enjoy	says, pays, buys, enjoys
불규칙 동사	have	has

1010. 나는 컴퓨터 공학을 공부한다.
I study computer science.

1011. 그녀는 현대 미술을 공부한다.
She studies modern art.

1012. 우리는 영어 문법책을 산다.
We buy English grammar books.

1013. 수지는 만화책을 산다.
Susie buys comic books.

1014. 너와 나는 자전거를 가지고 있다.
You and I have bikes.

1015. Andy는 차를 가지고 있다.
Andy has a car.

2) 주요법칙

(1) 접속사의 해석 어순에 따라

도표 155 : 접속사가 연결하는 주어와 술어의 일치	
① A as well as B	→ A에 동사일치
② either A or B	→ B에 동사일치
③ neither A nor B	→ B에 동사일치
④ not only (just, merely, simply) A but also B	→ B에 동사일치

1016. 그가 혹은 그의 부모님들이 그의 동생에 대한 방치에 책임이 있다.
Either he or his parents are responsible for the neglect of his younger brother.

1017. 그들의 학교도 내 학교도 그 휴일 날 문을 열지 않는다.
Neither those schools nor mine is open on the holiday.

1018. 내 가족 뿐 아니라 내 자신도 나의 결혼에 관심이 없다.
Not only my family but also I myself am not interested in my marriage.

(2) 유도부사 there + 술어 + 주어

☆ 완전자동사에 의한 구조에서 주로 'be 동사'나 이에 준하는 동사 뒤에 주어가 옵니다. there 는 비록 동사 앞에 있지만 위치와 형식상 주어일 뿐 수의 일치에는 관계 없습니다.

1019. 아주 뚜렷한 차이가 있습니다.
There is a very distinct difference.

1020. 이 도시에는 규모가 큰 미술관이 없다.
There are no major art galleries in this city.

1021. 올해에는 주변에 보이는 관광객이 더 적어진 것 같다.
There seem to be fewer tourists around this year.

(3) 'all of 명사' 형 주어의 수

도표 156 : '수량대명사 + of + 명사'의 단·복수

① all of		[~의 전량 또는 전체 수]
② none of		[~의 전량 또는 전체 수가 다 아님]
③ some of		[~의 일부]
④ any of		[~의 일부]
⑤ percent of	+ 복수 가산 명사	[~의 일부]
⑥ portion of	or	[~의 일부]
⑦ plenty of	+ 불가산 명사	[~의 다수 혹은 다량]
⑧ a lot of		[~의 다수 혹은 다량]
⑨ lots of		[~의 다수 혹은 다량]
⑩ rest of		[~의 나머지 수 혹은 잔량]
⑪ 분수 of		[~의 일부]
⑫ more of		[더 많은 수, 더 많은 양]
⑬ several of		[~의 여러 개]
⑭ many of	+ 복수 가산 명사	[~의 다수]
⑮ (a) few of		[소수]
⑯ less of		[더 적은 양]
⑰ much of	+ 불가산 명사	[~의 다량]
⑱ (a) little of		[소량]

☆ 위의 경우, 형식상 앞의 대명사가 주어이긴 하지만 뒤에서 수식하는 명사가 복수가산 명사이면 복수, 불가산이면 단수로 동사의 수를 일치시킵니다.

1022. 그 모든 소음은 고학년의 수업을 방해합니다.
　　　All of that noise bothers the senior classes.

1023. 그녀의 반 친구들 모두가 아주 슬펐어요.
　　　All of her classmates were very sad.

1024. 그 땅의 나머지는 버려져 있다.
　　　The rest of the land is deserted.

1025. 당신이 좀 더 자주 오면 좋겠다.
　　　More of you are welcome.

1026. 그가 충고가 약간 필요하다.
　　　A little of his advice is needed.

1027. 숙련된 조종사가 몇 명이 필요하다.
   A few of skilled pilots are needed.

1028. 나머지 승무원들은 억류되었다.
   The rest of the crew were interned.

(4) 후치수식에 의해 주어와 술어동사가 멀어질 때

☆ '전치사 + 명사' 외에 'to 부정사, 분사구, 형용사구'에 의해 주어인 명사가 후치 수식되어 주어와 술어동사 사이가 벌어질 경우, 우선적으로 맨 앞의 주어와 동사부터 일치시켜보는 것이 중요합니다.

1029. 그 아이들이 학교를 갖도록 도움을 줄 남자는 한국출신이다.
   The man to help those children have a school is from Korea.

1030. 그 사이트에 게재된 기사들은 너무 신랄하다.
   The articles posted in the site are too sour.

1031. 금방이라도 떨어질 정도로 잘 익은 과일들이 수확되어야 할 우선적인 것들이다.
   The fruits so well ripe that they are about to fall at any moment are the first to be picked up.

1032. 그 탁자 위의 책들은 매우 낡아 보인다.
   The books on the table look very old.

1033. 그녀의 부모와 함께 Cathy는 뉴욕으로 이사할 것이다.
   Cathy with her parents is moving to New York.

(5) 명사 + who, which, that(관계사주격) + P

☆ 관계사 주격 자체는 단·복수 구별이 없으므로 앞의 명사(선행사)에 관계사절의 동사를 일치시킵니다.

1034. 가난한 자는 복이 있나니.
   Those who are poor shall be blessed.

1035. 이 섬은, 제주도라고 불리는데, 독특한 지형으로 유명하다.
   This island, which is called Jejudo, is famous for its unique terrain.

☆ 명사$_1$ + 전치사 + 명사$_2$ + who, which, that(관계사 주격) + P 의 경우는 관계사절이 무엇을 수식하는지 문맥을 보고 선행사를 결정해야 합니다.

1036. 점프에 완벽한 긴 뒷다리를 가지고 있는 그 동물은 캥거루로 불린다.
The animal with <u>long hind legs</u> which <u>are</u> perfect for jumping is called Kangaroo.

1037. 그는 나를 위해 기꺼이 죽을 남자들 중 하나이다.
He is one of the <u>men</u> who <u>are</u> willing to die for me.

1038. Tommy는 그들 중 그 영화에 의해 감동을 받은 유일한 한 명이었다.
Tommy was <u>the only one</u> of those who <u>was</u> moved by the movie.

(6) every + 단수가산명사 + 단수동사

☆ '모든' 이라고 해석되지만 반드시 단수가산명사를 받습니다.

1039. 사랑을 하는 사람은 누구나 상대방의 좋은 점을 많이 발견한다.
<u>Every lover</u> <u>finds</u> many graces in the beloved.

1040. 모든 종류의 돈이 여기서 다 이용가능하다.
<u>Every money</u> <u>is</u> available here.

(7) 어미에 원래 's'가 있는 단수취급 명사

☆ 이것은 복수를 의미하는 s 가 아니라는 점에 유의해야 합니다.

도표 157 : 's'로 끝나는 단수 취급 명사

질병·게임			
blues (우울증)	measles (홍역)	diabetes (당뇨병)	rabies (광견병)
appendicitis (맹장염)	arthritis (관절염)	billiards (당구)	bowls (볼링)
학과명 명칭			
mathematics	physics	economics	ethics
politics	linguistics	atomics	statistics
국가명, 단체명			
the United Nations	the United States	the Netherlands	the Philippines

1041. 당뇨병은 전염성으로 간주되는 질병이 아니다.
<u>Diabetes</u> <u>is</u> not a disease that is considered contagious.

1042. 통계학은 내 전공이지만 통계수치는 그것이 매력을 잃고 있다고 보여준다.
<u>Statistics</u> <u>is</u> my major but the statistics show that it is losing its appeal.

1043. 정치에는 별로 관심이 없어요.
　　　Politics is not my cup of tea.

1044. 국제연합은 교전국들에게 새로운 휴전계획을 제안한다.
　　　The United Nations offers a new ceasefire plan to the belligerents.

(8) 주어 and 주어

★ 원래 복수지만 두 개가 하나로 합쳐져서 단일한 물건이나 개념을 만들 때는 단수취급합니다.

1045. 그와 나는 파트너 관계이다.
　　　He and I are partners.

1046. 느리고 꾸준하면 경주를 이긴다.
　　　Slow and steady wins the race.

1047. 버터 바른 빵을 당신의 아침식사로 권고하지 않습니다.
　　　Bread and butter is not recommended for your breakfast.

(9) 쌍으로 된 물건

★ 물건 자체는 하나지만 그 구성이 대칭 또는 쌍으로 되어 있을 경우 이는 복수로 취급합니다. 다만, 각각이 짝으로 떨어져서 존재할 경우 한 짝은 단수취급합니다. 대명사로 받을 때도 조심하시기 바랍니다. 단, 셀 때는 a pair of, two pairs of 를 써야합니다.

도표 158 : 쌍으로 된 물건

①	scissors	가위	②	glasses	안경	③	pants	바지
④	panties	팬티 (속옷)	⑤	wings	날개	⑥	binoculars	(쌍)안경
⑦	jeans	청바지	⑧	shoes	신발	⑨	tongs	집게
⑩	socks	양말	⑪	boots	부츠	⑫	slacks	느슨한 바지
⑬	tights	꽉 끼는 바지	⑭	twins	쌍둥이	⑮	breeches	승마용 반바지
⑯	trunks	운동 팬츠	⑰	leggings	레깅스	⑱	earrings	귀걸이
⑲	gloves	장갑	⑳	chopsticks	젓가락	㉑	goggles	보안경

1048. 내 아래 속옷이 어디 있는가?
　　　Where are my panties? I can't find them.

1049. 가위가 돈과 열쇠 뭉치 사이에 있다.
　　　The scissors are between the money and the keys.

(10) many + 복수명사 + 복수동사 = many + a(an) + 단수명사 + 단수동사

1050. 많은 노인이 요즘 치매로 고통받고 있다.
Many a senior has been afflicted with dementia these days.

1051. 많은 노인들이 요즘 치매로 고통받고 있다.
Many seniors have been afflicted with dementia these days.

(11) the + 형용사(분사) = 복수보통명사(~한 사람들)

☆ 단수보통명사로 사용되는 경우도 있으니 조심하시기 바랍니다.

도표 159 : the + 형용사

① the poor	가난한 사람들	② the young	젊은 사람들	③ the high	신분이 높은 사람들
④ the rich	부유한 사람들	⑤ the old	나이든 사람들	⑥ the low	신분이 낮은 사람들
⑦ the sick	아픈 사람들	⑧ the needy	궁핍한 사람들	⑨ the ugly	추한 사람들
⑩ the handicapped	장애가 있는 사람들			⑪ the injured	부상자들

1052. 부자가 반드시 행복한 것은 아니다.
The rich are not necessarily happy.

1053. 살해된 사람은 내 친구이다. (단수)
The murdered is my friend.

1054. 가난한 사람들은 이 마을 자선 단체의 도움을 받고 있다.
The needy are helped by the charities in this village.

(12) a(good, great, large, small) number of + 복수 가산명사 : '여러 개의, 다수의' (복수)
the number of + 복수 가산명사 : '~의 숫자' (단수)

1055. 여러 대의 자전거들이 자전거 보관대에 체인으로 묶여 있다.
A number of bicycles are chained to the rack.

1056. 인터넷 사용자 수가 엄청나게 증가하고 있습니다.
The number of Internet users is really growing.

☆ 그 외에도 'a group of, a couple of, a variety of, a host of + 복수명사'가 오면 복수 취급합니다.

(13) '시간, 거리, 가격, 무게' 등이 '하나의 단위'로 사용될 때는 단수 취급 합니다.

1057. 십년은 기다리기에 긴 시간이지만, 벌써 5년이 흘러 갔다.
Ten years is a long time to wait, but 5 years have already passed.

1058. 20마일은 걷기에는 긴 거리이다.
　　　Twenty miles is a long distance to walk.

1059. 140파운드가 나의 정확한 체중이다.
　　　Yes, 140 pounds is my exact weight.

(14) neither of, both of, one of, either of + 복수 명사

☆ 이 패턴이 주어가 되면 'both of'만 복수이고, 나머지는 모두 단수 취급 합니다.

도표 160 : '대명사 + of + 명사'의 단·복수

① neither of　+ 두 개를 의미하는 복수명사 + 단수 동사 (둘 중 어떤 것도 -아니다)
② both of　　+ 두 개를 의미하는 복수명사 + 복수 동사
③ one of　　 + 복수명사 + 단수 동사 (~들 중의 하나)
④ one of　　 + 불가산명사 + 단수 동사 (~의 한 종류)
⑤ either of　 + 두 개를 의미하는 복수명사 + 단수 동사 (둘 중 하나)

1060. 둘 중 어느 이야기도 재미가 없다.
　　　Neither of the stories is interesting.

1061. 이 작품들은 모두 고대 전설을 바탕으로 한다.
　　　Both of these works were based on ancient legends.

1062. 너희 둘 중 하나는 이것을 감시해야 한다.
　　　Either of you has to watch this.

1063. 중국에서 가장 급부상하고 있는 스포츠 중의 하나가 농구입니다.
　　　One of the fastest-growing sports in China is basketball.

(15) 집합명사의 단수·복수 활용

☆ 단수명사들이 특정한 성격으로 모였을 경우 집합명사가 되는데, 집합체 자체를 의미할 경우는 단수, 구성원들의 행위나 상태를 의미할 경우 복수 취급합니다.

도표 161 : 집합 명사의 단수·복수 활용

① 단수·복수 모두 사용 (family형 집합명사)

committee(위원회)	class	audience	team
crew(기술팀)	people(민족)	jury	platoon(소대)

② 복수형이 없으며, 그대로 복수취급 (cattle 형 집합명사)

people (사람들 - 민족이라는 의미일 때는 단수가산명사)	국민전체 (the English, the French)

③ 복수형이 없으며, the와 함께 쓰여 복수취급 (police 형 집합명사)

the police	the clergy	the aristocracy	the nobility

1064. 경찰은 건물 뒤에서 숨어 있었다.
   The police were lying in wait at the back of the building.

☆ the police는 '경찰들'로서 복수명사 입니다. 경찰관 개인을 말할 때는 a policeman 또는 a policewoman 또는 a police officer 를 사용합니다.

1065. 성직자측은 그 법안에 반대하고 있다.
   The clergy are opposed to the bill.

1066. 내 가족은 대가족이지만 다른 가족들은 핵 가족들 이다.
   My family is an extended one but the other families are nuclear ones.

1067. 내 가족들은 각자 따로 산다.
   My family are leading very separate lives.

1068. 그 소떼가 그 나무 아래에 서 있다.
   The cattle are standing under the tree.

07 기출문제

01. 다음 밑줄 친 부분 중 틀린 것은?

The ① stated mission of the group ② are to protect consumers from false advertisement by ③ promoting legislation ④ requiring detailed labels on all food products.

해석 그 그룹의 명시된 임무는 모든 식품에 상세한 표식을 요구하는 제도를 촉진함으로써 허위광고로부터 소비자들을 보호하는 것이다.

해설 주어가 mission이므로 동사는 단수형 is

답 ② are → is

02. 다음 밑줄 친 부분 중 틀린 것은?

The government ① has recently learned of serious human rights abuses on the island of Xanadu. ② Given the existing situation, we ③ have no choice but to invade the island. If we don't invade, we suggest to the world that the suffering of citizens outside our own borders ④ have no meaning.

해석 정부는 재너두 섬에서 심각한 인권유린사례들을 최근에 알게 되었다. 현존하는 상황을 고려할 때 우리는 그 섬을 침략하는 것 외에 다른 선택의 여지가 없다. 만약 우리가 침략하지 않으면 우리는 세상에다가 우리의 국경밖에서 벌어지는 시민들의 고통은 의미 없는 일이라고 암시하는 것이다.

해설 suggest가 '제안하다.' 라면 그 목적어 절에서 '주어 + (should) + 동사원형'이지만이 문맥에서는 '시사하다, 암시하다, 의미하다.' 라는 뜻이므로 직설법규칙에 따라 the suffering 이라는 단수주어에 일치하는 동사 has를 써야 한다.

답 ④ has no meaning 가 되어야 함.

03. 다음 밑줄 친 부분 중 틀린 것은?

> Suspicions that global warming ① is already affecting the seasons and wildlife ② has been backed by new research which also ③ suggests that, ④ a century or so from now, spring will begin ⑤ almost a month earlier.

해석 지구온난화가 이미 계절들과 야생동식물에게 영향을 끼치고 있다는 의혹들이 지금으로부터 약 1세기 후면 봄이 거의 한 달 먼저 시작할 것이라는 사실을 시사하는 새로운 연구에 의해 뒷받침되었다.

해설 주어가 suspicions 라는 복수이므로 동사는 have

답 ② has → have

04. 다음 밑줄 친 부분 중 틀린 것은?

> Scanning the newspaper for ① job openings and then filing an application with the company's ② human resources department ③ are one way of looking for a job but ④ often not the most effective.

해석 신문의 구인란을 살펴보고 난 후 그 회사의 인사부서에 지원서를 제출하는 것은 직업을 구하는 하나의 방법이지만 종종 가장 효과적인 것은 아니다.

해설 두 개의 동명사는 별개가 아니라 하나의 시퀀스 상에서 벌어지는 일이므로 단일개념으로 본다.

답 ③ are → is

05. 다음 밑줄 친 부분 중 틀린 것은?

> Bananas contain resistant starch which research ① shows ② block conversion of some carbohydrates into fuel, ③ boosting fat burning by ④ forcing you body to rely on fat stores instead - a sure aid to sustainable weight loss.

해석 바나나들은 연구가 보여주는 바 탄수화물이 에너지로 전환되는 것을 막는 저항전분을 함유하고 있는데 이것은 당신의 몸이 지속가능한 체중감량의 확실한 도움이 되는 저장지방에 의존함으로써 지방연소를 가속시킨다.

해설 which의 선행사는 저항전분이고 동사는 단수형 blocks를 써야 한다. 그 사이에 research shows는 삽입구조

답 ② block → blocks

English Grammar Dictionary

06. 다음 밑줄 친 부분 중 틀린 것은?

> What you will probably not be able to do is ① to arrive at a single, unified, objective, literal ② understanding of that subject matter that ③ do full justice to all aspects of the concept. The study of time, even within the limits of the metaphorical concepts we have, is ④ an enormously useful enterprise.

해석 당신이 아마 할 수 없는 것은 그 개념의 모든 측면에 공정하게 적용되는 그 주제에 대한 단 하나의 통일되고 객관적이며 문자적 이해에 당도하는 것이다. 시간에 대한 연구는 심지어 우리가 가지고 있는 비유적 개념의 한계에서조차 엄청나게 유용한 기획인 것이다.

해설 that은 관계사 주격이고 선행사는 문맥상 앞의 understanding 인데 단수이므로 동사가 does가 되어야 한다. 여기서 understanding은 명사화된 동명사이므로 an understanding of 구조를 사용하였다. 만약 동사적 성격으로 사용하려면 understanding 다음에 of를 빼고 목적어를 바로 받아야 한다.

답 ③ do → does

07. 다음 밑줄 친 부분 중 틀린 것은?

> ① Even though computers operate ② without human prejudice, some people fear that ③ its logical solutions ④ can be harmful to man.

해석 비록 컴퓨터가 인간의 편견없이 작업을 하지만 어떤 사람들은 그 논리해결방식들이 인간에게 해로울 수 있다는 점을 두려워한다.

해설 대명사는 명사와 수에서 일치해야 한다. computers가 복수이므로 its 대신 their.

답 ③ its → their

08. 다음 밑줄 친 부분 중 틀린 것은?

> The ideals ① upon which American society ② is based ③ is primarily those of Europe and not ones ④ derived from the native Indian culture

해석 미국 사회가 기반을 둔 이상들은 주로 유럽의 것들이지 원주 인디언 문화에서 유래된 것들이 아니다.

해설 the ideals가 복수주어이므로 동사는 are .

답 ③ is → are

09. 다음 밑줄 친 부분 중 틀린 것은?

① In the mid 1990s, ② it was estimated that 9 million Americans ③ were planning a summer vacation alone. Since then, the number of solo travelers ④ have increased.

해석 1990년대 중반에 9백만 미국인들이 혼자 여름휴가를 계획하고 있었다고 추정된다. 그 이후, 단독 여행자들의 숫자는 증가했다.

해설 the number가 주어이므로 단수동사 has

답 ④ have → has

10. 다음 밑줄 친 부분 중 틀린 것은?

It seems to me that I can ① hardly pick up a magazine nowadays ② without encountering someone's views on our colleges. ③ Most of the writer are critical; they contend that the colleges are not doing a good job, and they question the value of a college education. ④ Less often, a champion arises to argue that a college degree is worthwhile.

해석 대학들에 대한 누군가의 논평에 마주하지 않고 오늘날의 잡지를 집어 들기란 힘들어 보인다. 저자들의 대부분은 비판적이다. 즉, 그들은 대학들이 제대로 일하지 못하고 있다고 주장하고 대학교육의 가치를 의심한다. 대학학위가 가치가 있는 것이라고 주장하기 위해 일어서는 옹호자는 드물다.

해설 most of가 뒤에서 가산명사를 받을 때는 동사와 수가 일치해야 한다. 복수 동사 are와 어울리기 위해서는 복수인 writers가 되어야 한다.

답 ③ Most of the writers

11. 다음 밑줄 친 부분 중 틀린 것은?

The number of people ① taking cruises ② continue to rise and ③ so does the number of complaints about cruise lines. Sufficient ④ information is still missing.

해석 크루즈 여행을 하는 사람들의 숫자는 계속 증가하고 있고 크루즈 여객선들에 대한 불평도 그러하다. 충분한 정보가 여전히 부족하다.

해설 the number가 주어이므로 단수취급. 동사는 continues

답 ② continue → continues

12. 다음 밑줄 친 부분 중 틀린 것은?

As artists, ① <u>what</u> drives us is the desire to make our lives ② <u>to run</u> more ③ <u>smoothly</u>, with less angst, ④ <u>fewer</u> voids and a minimum of bother.

[해석] 예술가들로서 우리를 움직이게 하는 것은 우리의 삶들을 더 적은 불안과 더 적은 공허함들 그리고 최소한의 성가심으로 더욱 부드럽게 굴러가도록 만들려는 욕구이다.

[해설] make 동사가 5형식 사역동사이므로 목적어 다음에 원형동사 run

[답] ② to run → run

13. 다음 밑줄 친 부분 중 틀린 것은?

Neither the research assistant's consortium ① <u>nor</u> the biotech laboratory ② <u>are</u> poised ③ <u>to strike</u> a decisive blow in the debate over salaries that ④ <u>has been</u> raging ⑤ <u>for over</u> a year.

[해석] 연구조수들의 컨소시엄도 생명공학연구소도 일 년 넘게 타오른 임금에 대한 논쟁에서 결정적인 한 방을 먹일 태세는 아니다.

[해설] neither A nor B 구조에서는 동사가 B에 일치한다.

[답] ② are → is

14. 다음 밑줄 친 부분 중 틀린 것은?

Many famous people did not enjoy immediate success in their early ① <u>lives</u>. Abraham Lincoln, who was one of the truly great ② <u>president</u> of the united ③ <u>States</u>, ran for public ④ <u>office</u> 26 times and lost 23 of ⑤ <u>the elections</u>.

[해석] 많은 명사들이 초기 삶에서 즉각적인 성공을 누렸던 것이 아니었다. 링컨은 미국의 진정으로 위대한 대통령 중 하나였는데 26번 공직에 출마했고 그 선거들에서 23번 졌다.

[해설] ne of 다음에는 복수명사가 와서 '-들 중 하나'의 의미를 만든다.

[답] ② president → presidents

15. 다음 밑줄 친 부분 중 틀린 것은?

A ① huge ② amount of immigrants ③ passed ④ through the Great Hall ⑤ on Ellis Island between 1892 and 1954.

해석 엄청난 양의 이민자들이 1892년과 1954년 사이에 Ellis 섬에 있는 Great Hall을 통과해갔다.

해설 이민자들이 복수로 되어 있으므로 양보다는 수가 적절한 표현. a number of

답 ② amount → number

16. 다음 밑줄 친 부분 중 틀린 것은?

① As decision making reached higher levels, half the harvests of the world ② was bought and sold in political and financial ③ deals which ignored the fact ④ that food ⑤ was grown to be eaten.

해석 결정을 내리는 것이 상위수준에 이르자 세계의 수확들 절반이 음식이란 먹으려고 재배되었다라는 사실을 무시해버린 정치적 재정적 거래들 속에서 구매와 판매가 이루어졌다.

해설 half the 복수명사가 주어이므로 동사도 복수로 일치 / half는 수와 양에 공히 사용됨

답 ② → were

17. 다음 밑줄 친 부분 중 틀린 것은?

Dentists ① agree that ② brushing your teeth three times a day ③ promote good dental health and ④ a more attractive smile.

해석 치과의사들은 하루에 이를 세 번 닦는 것이 치아건강과 좀 더 매력적인 미소를 촉진한다는 사실에 동의한다.

해설 동명사가 주어가 되어 있으므로 동사는 단수형을 쓴다.

답 ③ promote → promotes

18. 다음 밑줄 친 부분 중 틀린 것은?

① <u>In the United States, people of different faiths live side by side.</u> ② <u>At the same time, people may live in communities where many share the same faith.</u> ③ <u>For example, two-thirds of the Jewish population live in the East.</u> ④ <u>Most Mormons, on the other hand, live in Utah near Salt Lake city.</u>

해석 미국에서는 종교가 다른 사람들이 붙어서 산다. 동시에, 같은 종교를 공유하는 사람이 많은 동네에서 사람들이 살 수도 있다. 예를 들어 유대인 인구의 3분의 2가 동부에서 산다. 대부분의 모르몬교도들은 반면에 솔트레이크시티 근방의 유타주에서 산다.

해설 분수가 주어가 되었을 경우 수의 일치 문제이다. 하지만 이 문제는 성립되지 않는다. 인구는 단수로도 취급하고 복수로도 취급하기 때문이다. 영미권의 이와 관련된 지문 중 상당수가 단수와 복수를 혼용해서 쓰고 있다.

답 (잘못 낸 문제) ③ population <u>live</u> in the East → population <u>lives / live</u> in the East

19. 문법적으로 옳지 <u>않은</u> 것을 고르시오.

① I want to have a beer.
② Are all the cattle in?
③ I need an advice for my business.
④ I really need some money.

해석 나는 맥주 한 개 (캔, 병) 마시고 싶다. / 모든 소들이 다 들어와 있는가? / 나의 사업에 충고가 필요하다. / 정말로 돈이 필요하다.

해설 advice는 가산화되지 않는 명사이다. 굳이 수식어를 붙이려면 some advice 나 a piece of advice로 되어야 한다.

답 ③ need an advice → need <u>some / a piece of</u> advice

20. 문법적으로 옳지 <u>않은</u> 것을 고르시오.

① Two thirds of the surface of the earth are water.
② Ten years have passed since his mother died.
③ Too much drinking does a lot of harm to anyone.
④ Most of the refugees were forced to go back to their country.
⑤ Each of the college students has his or her own locker.

해석 지구 표면의 3분의 2가 물이다. / 십 년이 그의 어머니 사후 지나갔다. / 과음은 누구에게나 해를 끼친다. / 난민 대부분들은 귀국을 강요당했다. / 대학교 학생들 각각이 자신의 사물함을 가지고 있다.

해설 분수가 면적, 체적, 등 불가산명사와 어울리면 단수취급한다.

답 ① are → is

21. 다음 중 문법적으로 옳지 않은 것은?

① Had the computer parts been delivered earlier, we could have been able to complete the project on time.
② In spite of the fact that he is generally sincere and honest, the head is not likely to forgive his fault this time.
③ The maintenance team has completely upgraded our system's software, but whether it protects us from these new computer viruses is another matter.
④ His forecasts of the economy are much more positive than that of many analysts, who fear the country is going into a recession.

해석 컴퓨터 부품들이 좀 더 일찍 배달되었더라면 우리는 시간에 맞게 그 작업을 완수했을 텐데./ 그가 일반적으로 성실하고 정직하다라는 사실에도 불구하고 상부에서는 그의 결함을 이번에는 용서할 가능성이 없다./ 정비팀이 우리의 시스템 소프트웨어를 완벽히 고급화했지만 그것이 우리를 이 새로운 컴퓨터 바이러스들로부터 보호해 줄지의 여부는 또 다른 문제이다. / 그의 경제예측들은 많은 분석가들의 그것들 보다 훨씬 더 긍정적인데 그들은 국가의 경기가 후퇴하고 있음을 두려워한다.

해설 비교구문에서도 대상끼리의 병렬이 이루어져야 하고 forecasts가 복수이므로 those로 받아야 한다

답 ④ that of many analysts → those of many analysts

22. 다음 중 어법 상 올바른 것을 고르시오.

① Nobody but john was there.
② The greatest part of his life have been spent in retirement.
③ My colleague and friend are coming to see us.
④ Early to bed and early to rise make a man healthy.

해석 존을 제외한 누구도 없었다. / 그의 인생 가장 큰 부분은 은퇴 속에서 보내어졌다. / 나의 동료이자 친구는 우리를 보러 온다. / 일찍 자고 일찍 일어나는 것은 사람을 건강하게 만든다.

해설 nobody가 주어이므로 단수. 인생의 부분은 셀 수 없는 길이 개념이므로 단수동사 has. 동일인이므로 단수동사 is. 단일개념이므로 단수동사 makes.

답 ①

23. 다음 중 어법 상 올바른 것을 고르시오.

① During he was ill, he was on a diet.
② Not only you but your friend are in danger.
③ Either he or I is responsible for the result.
④ When alone, I spend most of my time reading.
⑤ Every boy and girl are to be praised in the social service.

해석 그가 아픈 동안 그는 식이요법을 했다. / 당신뿐 아니라 당신의 친구도 위험에 처해있다. / 그 혹은 내가 그 결과에 책임이 있다. / 혼자있을 때 나는 시간의 대부분을 독서하면서 보낸다. / 모든 소년과 소녀가 사회 봉사를 하면 칭찬받아야 한다.

해설 during은 전치사이므로 절을 받는 접속사로 고쳐야 한다 while, when으로 / not only A but also B는 동사가 B에 일치 is / either A or B는 동사가 B에 일치 am / every는 and에 의해 겹쳐 나와도 늘 단수취급 is

답 ④

24. 다음 중 어법 상 올바른 것을 고르시오.

① Bread and butter are my favorite breakfast.
② All the crew was saved.
③ Twelve years are a long time.
④ Two-thirds of my books is novels.
⑤ The students as well as the teacher are earnest.

해석 버터빵이 내가 좋아하는 아침식사이다. / 모든 대원들이 구조되었다. / 12년은 긴 시간이다. / 내 책들의 3분의 2는 소설들이다. / 선생뿐 아니라 학생들도 열심이다.

해설 버터빵은 하나의 개념이므로 단수. 다만 개별개념으로도 볼 수 있으므로 적절치 못한 문제이다. / 집합명사를 복수화해야 한다. / 길이는 전체를 하나로 보아서 나오는 것이다. / 책들의 분수는 복수이다. / 주어는 학생들이다. 복수

답 ⑤ ① are → is / ② was → were / ③ are → is / ④ is → are

25. 다음 중 어법 상 올바른 것을 고르시오.

① I know the person who are notorious for his rudeness.
② There seem to have been a mistake; my name isn't on the list.
③ Trial and error are the source of our knowledge.
④ Raising animals requires lots of love and hard work.

> **해석** 나는 무례함으로 악명높은 그 사람을 안다. / 실수가 있어 보인다 내 이름이 명단에 없다. /시행착오는 우리 지식의 근원이다. / 동물들을 기르는 것은 많은 사랑과 근면을 요구한다.
>
> **해설** person이 선행사이므로 단수 동사 who is / a mistake가 진정한 주어이므로 단수동사 seems / 하나의 개념이므로 is / 동명사는 단수취급
> ① who <u>are</u> notorious → who <u>is</u> notorious
> ② There <u>seem</u> to → There <u>seems</u> to
> ③ error <u>are</u> the source → error <u>is</u> the source
>
> **답** ④

26. 다음 중 어법 상 틀린 것을 고르시오.

① He had been ill for a week when he was sent to the hospital.
② If you had failed, then what would you be doing now?
③ Physics are a very complicated branch of science.
④ No sooner had he bought a new car than he found an engine trouble.

> **해석** 병원에 보내졌을 때 그는 일주일간 앓고 있었다. / 만약 실패했더라면 지금쯤 당신은 무엇을 하고있을까? / 물리학은 과학의 매우 복잡한 분야이다. / 그가 새 차를 사자마자 엔진결함을 발견했다.
>
> **해설** -ics로 끝나는 단어들이 과학의 분야로 취급되면 단수취급을 한다.
>
> **답** ③ Physics <u>are</u> a very → Physics <u>is</u> a very

PART 08

coordinate conjunctions

등위 접속사

08 등위 접속사 (coordinate conjunctions)

☆ 등위접속사는 두 개의 요소를 서로 연결시켜 주는 일종의 접착제 같은 것입니다. 예를 들어 He I are friends 라는 문장이 성립되지 않는 이유는 주어 자리에 두 개의 요소가 왔는데 이것을 연결하는 말이 없기 때문입니다. '그와 나는 친구이다'라는 의미의 문장으로 만들기 위해서는 He and I are friends 가 되어야 합니다. 또 I like him he does not like me 역시 틀린 문장입니다. 두 개의 절을 연결시켜주는 접속사가 없기 때문입니다. 올바른 문장이 되기 위해서는 I like him but(또는 and) he does not like me 가 되어야 합니다. 등위접속사에는 'and, but, or, nor' 4종이 있으며 이 접속사들은 단어와 구 그리고 절까지 모두 연결합니다. 일부 학자들에 의해 등위접속사로 분류되는 'so, for' 는 절과 절만 연결합니다. 등위접속사는 절과 절을 연결할 경우 앞 절에서 문장마감부호를 쓰고 'And, But' 처럼 대문자로 접속사를 쓸 수도 있습니다.

1. 등위접속사

※ 학습 전에 주의할 사항 1

☆ 보통 가르치는 사람들의 오도로 인해 학생들이 등위접속사를 같은 단어 또는 같은 품사를 연결하는 접속사로 알고 있기 마련이지만 여기에는 대단히 큰 잘못이 있고, 이것 때문에 독해에 있어서 정확히 연결되는 고리를 찾지 못하는 경우가 있습니다. 우선 몇 개의 문장을 예시해보겠습니다.

ex) To praise and (being praised / to be praised) is a key to cheering up the members.

☆ 주어 자리에 두 개의 준동사가 왔고 등위접속사 and 로 연결하고 있습니다. 정답은 to be praised 입니다. 이유는 앞에 이미 부정사가 주어로 나와 있으므로 대등한 역할을 하는 부정사로 통일해야 합니다. 만약 앞이 Praising 이라는 동명사로 나왔다면 뒤도 동명사로 통일하는 것이 마땅합니다. 그러나 동명사와 부정사는 병렬 관계로 사용될 수도 있습니다. 이 부분은 심화과정에서 자세히 배우기로 하겠습니다.

ex) I want you to go there and (to help him / helping him).

✯ 목적보어 자리에 두 개의 준동사가 왔고 등위접속사 and 가 있으므로 정답은 to help him 입니다. 하지만 이 경우는 앞의 to go there 가 going there 가 되고 뒤가 helping him 이 되지는 않습니다. 왜냐하면 want 라는 동사가 목적어에게 행위를 원할 때 부정사로 목적보어를 받을 수는 있어도 동명사로는 받을 수 없기 때문입니다.

ex) He sat between you and (I / me).

✯ 정답은 me 입니다. 왜냐하면 앞에 between 이라는 전치사가 있고 바로 이 전치사의 목적어 자리에 인칭대명사가 올 때는 목적격을 써야 하기 때문입니다.

ex) He dances beautifully and (elegant / elegantly).

✯ 정답은 elegantly 입니다. 왜냐하면 앞에 부사 beautifully 가 동사 dances 를 꾸미기 때문에 부사가 와야 하고 뒤에도 부사가 되어야 동사를 꾸밀 수 있기 때문입니다.

✯ 이쯤 되면 학생들이 등위접속사에 대한 오해를 갖게 됩니다. 즉, 역할상의 대등관계가 아니라 아주 편하게 같은 모양이나 같은 품사를 연결해야 하는 것으로 착각을 일으킬지도 모릅니다. 등위접속사는 같은 역할을 할 수 있는 것끼리 연결하기 때문에 반드시 같은 품사나 같은 구조를 연결하지 않을 수도 있습니다.

✯ 예를 들어 He is handsome and in good physical condition 과 같은 문장의 경우에 등위접속사 and 가 handsome 과 in good physical condition 을 연결하고 있는데, 두 개는 각각 형용사와 전치사로 시작하고 있습니다. 이것은 원래 He is handsome and he is in good physical condition 에서 '주어 + 동사' 가 he is 로 공통이기 때문에, 뒷 절의 he is 가 생략되고 등위접속사 뒤에 바로 전치사 in이 붙어서 형성된 문장입니다. 그러므로 무조건 등위접속사는 같은 품사만을 연결시킨다는 생각은 버려야 할 것입니다. 극단적으로는 He looks sad and sadly 라는 문장도 등장할 수 있습니다. 즉, '그는 슬퍼 보이고 슬프게 쳐다본다'인데, 여기서 sadly 와 sad 는 품사가 완전히 다르지만 look 동사는 1형식과 2형식에 모두 사용하므로 '부사'와 '보어인 형용사' 모두를 가질 수 있는 것 입니다. 물론 대부분의 경우 품사적 통일을 이루는 문장에서 주로 사용되긴 하지만, he said 'yes' not because he agreed but out of fear (그는 동의해서가 아니라 공포심에서 '네' 라고 말했다) 와 같은 구조를 곰곰이 살펴 보시기 바랍니다.

※ 학습 전 주의 사항 2

✯ 등위 접속사에 의한 축약 즉, 등위접속사에는 수학의 인수분해 공식이 적용될 수 있습니다. 이것은 수학의 곱셈공식과 동일한 개념으로 이해하면 됩니다.

① $Xa + Xb = X(a+b)$
② $aY + bY = (a+b)Y$
③ $XaY + XbY = X(a+b)Y$

① My wife and my children are healthy. = My wife and children are healthy.
② I need money and will earn money. = I need and will earn money.
③ I have loved you and I will always love you. = I have loved and will always love you.

☆ 즉, 위와 같은 경제적 축약구조를 사용하는데, 어려운 구조에 들어가면 문맥을 잘 보아가며 등위접속사가 연결하는 부위를 살펴야 합니다. 등위접속사가 종속절을 연결할 때는 종속 접속사가 같다 하여도 생략하지 않는 것을 원칙으로 합니다. 왜냐하면 같은 접속사를 생략할 경우 그것이 새로운 등위절의 연결로 착각할 수 있기 때문입니다. 예컨대 I was glad that he came back to me and that my father welcomed him 의 경우 and 다음에 접속사 that 을 생략하면 I was glad that he came back to me and my father welcomed him 이 되면서 처음 문장과 등위절이 달라지기 때문입니다. '나는 그가 나에게 돌아왔고 내 아버지가 그를 환영해서 기뻤다' 와 '나는 그가 돌아와서 기뻤다 그리고 내 아버지는 그를 환영했다' 는 엄밀히 다른 의미이기 때문입니다.

1) and

(1) '주어 and 주어'의 단수·복수 구별

☆ and 는 플러스 개념이므로 주어가 and 로 연결되면 복수 취급하지만, 그렇지 않은 경우도 있습니다. 따라서 동사의 수에 주의하시기 바랍니다.

① 복수 취급 = 개별개념

1069. 그와 나는 사촌이다.
   He and I are cousins.

1070. 빵과 버터가 이 나라에서는 매우 싸다.
   Bread and butter are very cheap in this country.

② 단수 취급 = 단일 개념

1071. 햄치즈 샌드위치가 나의 일상적 점심식사이다.
   Ham and cheese is my usual lunch.

1072. 느리고 꾸준하면 경주를 이긴다.
   Slow and steady wins the race.

1073. 실을 꿴 바늘 하나가 바닥에서 발견되었다.
   A needle and thread was found on the floor.

☆ 주어가 and 에 의해 두 개가 되더라도, 그것이 합쳐져서 하나의 단일한 개념이나 완성된 물건이 되면 단수로 취급할 수 있습니다. 모자간을 의미하는 a mother and child, 한 셋(set)

의 잔과 받침 접시인 a cup and saucer, 하나의 무기로 취급하는 an arrow and bow, 짐마차 개념의 a horse and wagon, 일찍 자고 일찍 일어나기 개념인 early to rise and early to bed, 놀지 않고 일만 하는 것을 의미하는 all work and no play 등은 단수로 취급될 수 있는 사례들입니다.

(2) 명령문 (원형동사) + and + S + will + V

☆ '~해라, 그러면 주어는 ~할 것이다.' 이와 같은 경우 and 는 '그리고' 로 해석하지 않고 '그러면' 이 적합한 해석법입니다.

1074. 곧장 가라, 그러면 당신은 좌측에서 교회 하나를 보게 될 것이다.
Go straight on, and you will see a church on the left.

1075. 내 이름을 부르기만 해라, 그러면 내가 그곳에 갈 것이다.
Just call my name, and I'll be there.

1076. 구하라, 그러면 너에게 주어질 것이다.
Ask, and you will be given.

1077. 찾아라, 그러면 너는 발견하게 될 것이다.
Seek, and you will find.

1078. 두드려라, 그러면 문은 열릴 것이나.
Knock, and the door will open.

(3) and 가 생략될 수 있는 경우

☆ 뒤의 동사를 '(실행)하기 위해' 앞의 동사를 예비동작으로 하는 경우, 뒤의 동사에 무게가 더 실리므로 대등관계를 허물고 쓰는 경향이 있습니다. 한국어의 '가서 자라 = 가 자', '와서 밥 먹어 = 와 밥 먹어' 와 같은 이치로 보면 됩니다.

도표 162 : 동사를 연결할 때 and 가 생략되는 경우	
① go and 동사	= go + 동사
② come and 동사	= come + 동사
③ try and 동사	= try + 동사
④ stop and 동사	= stop + 동사

1079. 가서 신문을 가져와라.
<u>Go get</u> the newspaper.

1080. 와서 나와 함께 차를 마시자.
<u>Come have</u> tea with me.

✮ 유사한 의미의 '형용사, 동사, 부사'를 나열할 때도 등위접속사는 생략할 수 있습니다.

1081. 그는 덩치가 큰 소년이다.
He is a big, large boy.

1082. 그들은 존경 받을 만한 한국전 참전 용사들 입니다.
They are admirable, respectable Korean War veterans.

2) but

(1) 등위접속사

✮ '그러나' 라고 해석합니다. 상반된 내용을 연결합니다. '그러나'의 의미로 yet 을 쓰는 경우도 있으나 원칙적으로 yet 은 부사이므로 and yet 이 더 맞는 표현입니다.

1083. 그는 늙었지만 정력적이다.
He is old but(yet, and yet) energetic.

1084. 그녀는 기꺼이 그러나 그녀의 남편은 마지못해 교회를 간다.
She is willing to but her husband is reluctant to go to church.

1085. 나는 그에게 믿음을 가졌지만 그는 나를 이용했다.
I have had faith in him but he has used me.

✮ 등위접속사로서의 용법은 연결하는 두 부분에 각각 상반된 내용이 있어야 합니다. 곱셈공식처럼 축약되는 것은 물론 and 와 동일하게 적용할 수 있습니다. 예컨대 [예문 1084]에서 마지막의 go to church 가 공통분모 Y 에 해당합니다. 원래 예문은 She is willing to go to church but her husband is reluctant to go to church 입니다.

(2) not A but B 구조

✮ 'A가 아니라 B' 라고 해석합니다. 이 용법에서 but은 '대신에' 라는 느낌으로 해석합니다.

1086. 그는 미국인이 아니라 독일인이다.
He is <u>not</u> an American <u>but</u> a German.

1087. 모두 다가 아니라 대신 우리들 중 한 명만이 더 오래 머물기를 원한다.
<u>Not</u> all <u>but</u> one of us wants to stay longer.

1088. 당신은 사장님을 사무실이 아니라 골프장에서 만날 수 있다.
You can meet the boss <u>not</u> in his office <u>but</u> on the golf course.

(3) 전치사 but = except

☆ but은 전치사로서 '~을 제외하고'라는 의미 인데 except 와 같습니다. 보통의 전치사들이 '명사, 대명사, 동명사' 그리고 '(일부) 명사절'을 받을 수 있는데 반하여 전치사 but 은 '부정사, 동명사, 형용사, 부사, 전치사'까지도 받을 수 있습니다. 예를 들어 There is no way for the regime to survive but through battle (전쟁을 통해서를 제외하고 그 정권이 살아남을 방법이 없다)에서는 but 뒤에서 전치사 through 가 옵니다. 인칭대명사를 연결할 때는 목적격을 써야 합니다.

1089. <u>당신과 나를 제외한</u> 모든 이들이 만족했다.
All <u>but</u> <u>you and me</u> were satisfied.

1090. <u>기다려서 지켜보는 것을 제외하고</u> 선택의 여지가 없다.
I have no choice <u>but</u> <u>to wait and see</u>.

1091. 그들은 <u>바위 위에 있는 한 쌍의 구두를 제외하고는</u> 아무것도 못 보았다.
They saw nothing <u>but</u> <u>a pair of shoes on the rock</u>.

1092. <u>용감한 사람들을 제외한</u> 그 누구도 미인들을 가질 자격이 없다.
None <u>but</u> <u>the brave</u> deserve the fair.

☆ can not but V.R (= can not help but V.R) 등의 관용어에서 but 은 전치사적으로 해석합니다. '~하는 것을 제외하고는 아무것도 할 수 없다' 즉, '~할 수 밖에 없다'

도표 163 : but 을 사용하는 관용어구	
① nothing but	= only
② anything but	= never
③ all but + 형용사, 부사	= almost

(4) 종속접속사 but = if + not, unless

$S_1 + P_1$ (부정문) + but + $S_2 + P_2$: : ~안하고는 ~안 한다
= $S_1 + P_1$ (부정문) + without + P_2-ing : -없이는 -하지 않는다
= whenever $S_1 + P_1$ (긍정문), $S_2 + P_2$: ~할 때마다 ~한다

☆ '~하지 않는다면' 이라고 해석합니다. 이 경우 주절이 반드시 부정문이어야 합니다. 부정 조건의 의미를 가지고 있기 때문에 종속접속사의 영역으로 보는 것입니다. 이것은 반드시 앞에 부정문을 써야하며 두 번을 부정하여 긍정을 강조하는 효과를 나타내고자 할 때 사용됩니다.

1093. 퍼붓지 않는다면 비가 오지 않는다. 즉, 오면 매번 퍼붓듯이 온다.
   It never rains but it pours. = It never rains without pouring.
   = Whenever it rains, it pours. (※ whenever = each time, every time)

1094. 그는 선물을 가져오지 않고는 나의 집에 안 온다. 즉, 오면 매번 선물을 가져온다.
   He doesn't come to my house but he brings presents.
   = He doesn't come to my house (without) bringing presents.
   = Whenever he comes to my house, he brings presents.

(5) so + 형용사, 부사 + but(종속접속사) = so 형용사, 부사 + that + not

   S_1 + P_1(부정문) + so + 형, 부 + but + S_2 + P_2 : '~하지 않을 정도로 ~하지는 않는다'
 = S_1 + P_1(부정문) + so + 형, 부 + that + S_2 + P_2(부정문)

☆ '~하지 않을 정도로 ~하지는 않는다' 라고 해석합니다. 이 용법은 부사절 중 '정도절'을 두 번 부정하는 용법으로, 자체에 부정의 의미가 내포되어 있으면서 역시 앞에도 부정절을 받아, 긍정을 강조하는 형태인데 반드시 앞 절에서 'so + 형용사, 부사' 구조를 함께 호응해야 합니다. but 뒤에 나오는 주어는 제 3의 인물이 아니라 앞 절의 주어를 대신 받은 대명사입니다.

1095. 배울 수 없을 정도로 나이 먹는 사람은 없다.
   No one gets so old but he can learn.
   = No one gets so old that he can not learn.

1096. 무엇이 말해지고 있는지를 알지 못할 정도로 어리석은 사람은 없다.
   Nobody is so stupid but he knows what is being said.
   = Nobody is so stupid that he doesn't know what is being said.

(6) 관계대명사 but = who + not / which + not

   S_1 + P_1(부정문) + but + P_2 : ~하지 않는 ~는 없다
 = S_1 + P_1(부정문) + who, which, that + P_2(부정문)

☆ '~하지 않는 선행사는 ~아니다' 라고 해석합니다. 이 용법은 but을 관계사로 활용하되 역시 자체에 부정의 뜻이 있고 앞 절에도 부정어를 받아서 이중부정으로 긍정을 강조합니다.

1097. 그 사람의 이름을 알지 못하는 어떠한 사람도 발견할 수가 없다.
   I can not find anyone but knows his name.
   = I can not find anyone who doesn't know his name.

1098. 자신의 조국을 사랑하지 않는 사람은 없다.
There is no one but loves his own country.
= There is no one who doesn't love his own country.

1099. 나에게 낯선 얼굴은 없었다.
There were no faces but I was familiar with.
= There were no faces which I was not familiar with.

1100. 자신의 어머니를 통해서 태어나지 않은 자 누가 있으리오?
Who is there but is born through his or her mother?
= Who is there that is not born through his or her mother?

(7) 부사 but = only, just

☆ '단지, 오로지' 라고 해석합니다. 이 용법은 but 이 수식어이므로 but 을 빼도 문장자체의 문법적 오류는 생기지 않는다는 특징이 있습니다.

1101. 인생은 <u>단지</u> 꿈일 뿐이다.
Life is (but) a dream.

1102. 그녀는 <u>단지</u> 한 시간 전에 떠났다.
She left (but) an hour ago.

1103. 그는 (단지) 어린아이이고 그것으로서 (즉, 아이로서) 다루어져야 한다.
He is (but) a child and should be treated as such.

1104. 당신은 그 동물들을 (단지) 이 나라에서 발견할 수 있다.
You can find those animals (but) in this country.

1105. 내가 필요로 하는 모든 것은 (단지) 약간의 돈이다.
All I need is (but) a little money.

3) or

☆ 'A or B' 구조로 사용하며 기본적으로 선택의 의미를 가지지만 다양한 용법이 있습니다.

(1) 선택

☆ 이 용법은 다른 두 개 중에서 하나를 골라 그것만을 사용한다는 의미입니다. 주어끼리 연결되었을 때에는 해석상 나중에 오는 주어에 술어를 일치(수의 일치)시킵니다. 이 경우는 보통 A 앞에 either 를 써주어서 A 의 위치를 빨리 파악하도록 'Either A or B' 패턴으로 씁니다.

1106. 탐 혹은 그의 부모들이 오게 되어 있다.
Either Tom or <u>his parents</u> <u>are</u> supposed to come.

1107. 그는 당신 혹은 나와 갈 것이다.
He is going with you or me.

(2) 동격

☆ 이 용법에서는 A or B 가 각기 다른 단어이지만 결국 내용상 같습니다. 보통 A에는 전문용어가 나오고 B에는 풀이하는 말을 달거나, 비슷한 말로 다시 설명을 합니다.

1108. 피부과 전문의 혹은 껍질을 다루는 의사가 올 것이다.
<u>Dermatologists</u> or <u>skin doctors</u> will come.

1109. 이것이 끝 혹은 마지막 부분이다.
This is <u>the end</u> or <u>the last part</u>.

(3) 양보

☆ 이 용법은 양쪽 어느 쪽이든 상관없음을 전제로 하는 표현법입니다. A 앞에 whether를 첨가하기도 하며, 반드시 콤마로 분리해서 사용합니다.

1110. 크든 작든 (크기와 상관없이) 그 문제는 해결되어야 한다.
(Whether) Big or small, the problem must be settled.

1111. 맑거나, 흐리거나 (날씨와 상관없이) 그는 교회에 간다.
(Whether) Rain or shine, he goes to church.

1112. 자나 깨나 (때와 상관없이) 나는 너를 생각한다.
(Whether) Awake or asleep, I always think of you.

1113. 남자든 여자든 (성별과 상관없이) 모두가 이 제복을 입어야 한다.
(Whether) Male or female, everybody should wear this uniform.

(4) 명령문 (원형동사) + or + 주어 + will + V.R

☆ '~해라, 그렇지 않으면 주어는 ~할 것이다.' 로 해석하며, 이 용법에서 or 는 otherwise 즉, 앞의 내용을 반대로 가정합니다.

1114. 즉시 출발하라, 그렇지 않으면 버스를 놓칠 것이다.
Start at once, or(otherwise) you will miss the bus.

1115. 그녀를 가도록 해라. 그렇지 않으면 너는 죽은 고기 즉 시체가 될 것이다.
Let her go, or(otherwise) you will be dead meat.

4) nor

☆ '~도 역시 ~아니다' 라고 해석합니다. 이것은 A nor B 구조로 쓸 때 반드시 A 부분에도 부정어가 포함되어 있어야 하므로, 실제로는 'not A nor B, never A nor B, neither A nor B' 등으로 보여집니다.

1116. 너도 너의 여자형제도 옳지 않다.
<u>Not</u> you <u>nor</u> your sister is right.

1117. 너도 너의 아버지도 행복해 보이지 않는다.
<u>Not</u> you <u>nor</u> your father looks happy.

1118. 그는 담배도 술도 안한다.
He <u>neither</u> smokes <u>nor</u> drinks.

☆ nor 는 주어와 주어를 연결할 때 해석상 나중에 오는 주어에 술어를 일치(수의 일치)시킵니다. 다음과 같은 세 가지 전제하에 사용됩니다.

① A nor B 구조에서 A part 에도 반드시 부정어가 있어야 한다.
② B 뒤쪽에는 부정어가 없어야 한다. (이미 nor 가 부정어 임)
③ '절 nor 절' 구조에서는 nor 뒷 절이 반드시 의문문 구조로 도치된다.

1119. 나는 그 음식을 좋아하지 않을뿐더러 나의 아내도 그것을 요리하지 않는다.
I don't like the food nor does my wife cook it.
= I don't like the food and my wife does not cook it either.
= I don't like the food and neither does my wife cook it.

1120. 그녀는 예쁘지 않을뿐더러 그렇게 되길 원하지도 않는다.
She is not pretty nor does she want to be.
= She is not pretty and she does not want to be, either.
= She is not pretty and neither does she want to be.

1121. 거북한(황당한) 것은 남자가 결혼하면 아내를 얻는 전체 비용이 얼마나 될 것인가에 대한 최종적인 분명한 계산서를 대개 받을 수 없으며 또한 그는 처가에게 내게 되는 불입금의 규모나 그것의 지불 기일에 대해 아무것도 확실하게 알 수 없다는 것이다.
The awkward thing is that when a man marries, he usually cannot get a final definite statement of what the whole price of his wife is to be, nor can he learn anything definite about the size of the installments and the dates on which they are due.

2. 등위상관접속사

☆ 등위 접속사가 연결하는 A 의 앞쪽에 부사를 달아서 그 상관성이 시작되는 부분을 보여주기 위한 구조입니다.

1) not only A but also B

☆ 'A 뿐만 아니라 B 도' 라고 해석합니다. also 는 생략되거나 B 의 뒤쪽에 올 수 있으며 but 이 생략되면 반드시 comma 를 사용해야 하고 also 대용으로 문장의 맨 끝에서 as well 을 쓸 수도 있습니다. 주어끼리 연결할 때 나중에 오는 주어에 술어를 일치(수의 일치)시킵니다.

(1) not only A but also B
 = not merely A but also B
 = not just A but also B
 = not simply A but also B

1122. 탐뿐만 아니라, 그의 부모님들도 그녀를 좋아한다.
Not only Tom but also his parents like her.

1123. 탐뿐만 아니라, 그의 형제들도 그녀를 좋아한다.
Not just Tom but his brothers (like / likes) her as well.

☆ 절과 절을 연결할 때 not only 다음 절은 반드시 의문문 구조로 도치합니다.

1124. 그는 길을 잃었을 뿐만 아니라 비까지 내리기 시작했다.
Not only did he get lost but it started raining as well.

1125. 그는 존경 받을 뿐만 아니라 그의 가족은 그들에게 보호도 받고 있다.
Not simply is he respected, his family is also protected by them.

2) both A and B

☆ 'A 와 B 둘 다' 라고 해석합니다. 이 구조에서 앞의 'both, alike, at once' 는 전부 B 의 뒤쪽에 올 수도 있습니다. 기본적으로 '둘 다' 를 의미하므로 주어자리에 오면 반드시 복수동사를 써야 합니다.

(1) both A and B = alike A and B = at once A and B
 = A and B both = A and B alike = A and B at once

1126. 너와 너의 형제 둘 다 고용되었다.
Both you and your brother are hired.

(2) not + both(부분부정)

☆ 'not + both' 순서일 때 부분부정으로 해석해서 '둘 다 ~하는 것은 아니다.' 즉, '둘 중 하나만 ~하다' 입니다.

1127. 나는 그와 그의 형제를 둘 다 좋아하는 것은 아니다.
I don't like both him and his brother.

cf. '나는 그와 그의 형제를 둘 다 좋아하지 않는다' 라고 해석할 때도 있습니다. 하지만 '둘 다 좋아하지 않는다' 일 경우 'I like neither him nor his brother.'가 권장됩니다.

1128. 그들이 두 개의 문을 다 여는 것은 아니다.
They don't open both the doors.

cf. '그들이 문을 둘 다 열지 않는다.' 라고 해석할 때도 있습니다. 하지만, '둘 다 열지 않는다' 일 경우 'They open neither of the doors.'가 권장됩니다.

3. 접속사 so 와 for

☆ 문법적으로 절과 절만을 연결하는 등위접속사로 보아도 되지만 어차피 부사절의 용법과 해석은 비슷합니다. 다만 몇 가지 점에 주의해야 합니다.

1) so

☆ 앞 절의 결과나 시간상 나중에 벌어진 일을 기술합니다. so that 이라고 접속사를 하나 더 달아도 됩니다. 결과절일 경우 반드시 so 절은 뒤에 써야 합니다.

1129. 오늘 아침 알람이 울리지 않았고 그 결과 나는 수업에 늦었다.
The alarm did not go off this morning so (that) I was late for class.

2) for

☆ 앞 절에 대한 이유를 설명합니다. because 와 같이 해석되지만 why 로 물어보았을 경우에 이 접속사로 답하지 못하며 반드시 순서는 '결과절 + for + 원인절' 이어야 합니다. 대문자로 시작해도 그 결과절은 앞의 문장입니다.

1130. 그는 바닥에서 넘어졌다. 왜냐하면 매우 미끄러웠기 때문이다.
He fell down on the floor. For it was very slippery.

08 기출문제

01. 다음 밑줄 친 부분 중 어색한 부분은?

① According to cognitive theories of emotion, anger occurs when individuals believe that they ② have been harmed and ③ that the harm was ④ either avoidable and undeserved.

[해석] 감정인지이론들에 따르면 개인들이 자신들이 해를 입었고 그 해가 피해질수도 있었고 부당한 것이었다고 믿을 때 분노가 생겨난다.

[해설] 마지막 접속사가 and이므로 either가 아니라 both

[답] ④

02. 다음 밑줄 친 부분 중 어색한 부분은?

Helen Traubel, ① a person of ② diverse talents, both ③ sing in operas and wrote ④ mystery novels.

[해석] 헬렌 트라우벨은 다양한 재능들의 소유자로 오페라에서 노래도 불렀고 추리소설들도 썼다.

[해설] 등위접속사 and 다음에 동사의 과거형 wrote가 오므로 시제의 일치로 병렬시켜야 한다. sang로 고칠 것

[답] ③

03. 다음 밑줄 친 부분 중 어색한 부분은?

① Throughout history, shoes ② have been worn not ③ only for protection ④ and also for decoration.

해석 역사를 통해 신발이란 발의 보호 뿐만 아니라 장식을 위해서도 착용되었다.

해설 not only는 but also와 호응하므로 and를 but으로 고칠 것

답 ④

04. 다음 문장의 내용상 _____ 부분에 가장 적절한 말은?

The photoperiodic response of algae actually depends on the duration of darkness, _____.

① the light is not on
② and not on light
③ but is not on light
④ is not on light

해석 바닷말의 광주기적 반응은 실제로 암존기간에 달려있지 햇빛에 달려있지 않다.

해설 not A but B = B, (and) not A / 등위접속사는 두 번째 절의 상당부분을 생략할 수 있다.

답 ②

05. 다음 밑줄 친 부분 중 어색한 부분은?

The culinary expert Fannie Farmer ① taught dietetics, ② kitchen management, and ③ to cook ④ at her famous Boston school.

해석 요리전문가인 Fannie Farmer는 유명한 보스톤 학교 재직시에 영양학, 주방관리, 그리고 요리법을 가르쳤다.

해설 and로 보아 taught의 3 개의 목적어를 병렬시켜야 하므로 부정사가 아니라 how to cook 혹은 cooking이 되어야 한다.

답 ③

06. 다음 밑줄 친 부분 중 어색한 부분은?

> A ① jewel is an ornament ② fashioned from precious ③ metals or stones, either alone ④ as well as in combination.

해석 보석은 귀한 금속이나 돌로부터 하나 혹은 조합으로 만들어지는 하나의 장식품이다.

해설 either A or B 구조이어야 한다.

답 ④

07. 다음 문장의 내용상 _____ 부분에 가장 적절한 말은?

> An aromatic alcohol, phenol exhibits week acidic properties and _____.

① is corrosive and poisonous
② corrodes and poisonous
③ corrosive and poisonous
④ is corrosion and poisonous

해석 향기 나는 알콜성분인 페놀은 약산성을 보여주고 부식성과 독성이 있다.

해설 exhibits 라는 타동사의 목적어가 and 뒤에 없으므로 결국 술어동사병렬을 이루어야 하므로 be 동사 + 형용사 구조가 두 개의 등위접속사 and에 모두 적합하다.

답 ①

08. 다음 문장의 내용상 _____ 부분에 가장 적절한 말은?

> Mango trees, which are densely covered with glossy leaves and bear small fragrant flowers, grow rapidly and _____.

① it can attain heights of up to 90 feet
② can attain heights of up to 90 feet
③ attained heights of up to 90 feet
④ which can attain heights of up to 90 feet

해석 망고나무는 윤기 나는 잎사귀로 빽빽이 덮혀 있고 작은 향기로운 꽃들을 지니고 있는데 급속히 자라고 높이는 90 피트에 달할 수 있다.

해설 본동사 grow 뒤에 병렬구조를 다시 동사로 해야 하고 시제가 일치해야 하므로 can 이하가 적합하다. 절로 병렬시키려면 수가 일치해야 하는데 it이 아니라 they can으로 고치면 가능하다.

답 ②

09. 다음 문장의 내용상 _____ 부분에 가장 적절한 말은?

| When changing jobs, it is important to consider _____ salary and benefits. |

① both   ② either   ③ yet   ④ or

[해석] 직업을 바꿀 때는 임금과 혜택 둘 다를 고려하는 것이 중요하다.

[해설] and와 어울리는 상관부사는 both

[답] ①

10. 다음 밑줄 친 부분 중 어색한 부분은?

| Lillian Gilbreth was one of the leading ① <u>engineers</u> of twentieth century ② <u>as well as</u> a ③ <u>pioneering</u> in the field of scientific ④ <u>management</u>. |

[해석] Lillian Gilbreth 는 20세기의 선도적인 기술자중 하나였고 과학경영분야에서 선구자 중 하나였다.

[해설] one of the leading engineers 와 병렬시킬 것은 pioneer 가 되어야 한다.

[답] ③

11. 다음 문장의 내용상 _____ 부분에 가장 적절한 말은?

| Idaho's natural resources include fertile soil, rich mineral deposits, thick forests, and _____. |

① abundant water supplies   ② water supplies and abundant
③ supplies of water are abundant   ④ supplies abundant water
⑤ abundant supplies and water

[해석] Idaho 주의 천연자원은 비옥한 토양, 풍부한 광물매장량, 빽빽한 삼림 그리고 풍부한 수자원공급을 포함한다.

[해설] include의 목적어로 a, b, c, and d 구조가 나왔으며 명사적으로 귀결되어야 한다.

[답] ①

12. 다음 문장의 내용상 _____ 부분에 가장 적절한 말은?

As there will be an agent at the airport to meet you as soon as you arrive in London, you needn't worry about changing dollars to pounds or _____ a hotel.

① reserve
② reserving
③ being reserved
④ reserved
⑤ to reserve

해석 당신이 런던에 도착하자마자 당신을 마중할 직원이 공항에 가게 될 것이므로 당신은 달러를 파운드로 바꾸거나 호텔을 예약하는 것에 대해 걱정할 필요 없다.

해설 전치사 about의 목적어로 두 개의 행위를 받았으므로 동명사 병렬이어야 한다.

답 ②

13. 다음 문장의 내용상 _____ 부분에 가장 적절한 말은?

This job is offered to those who are able and _____.

① have it carry out to the will
② have the will to carry it out
③ the will have to carry it out
④ the will to carry it out it have

해석 이 직업은 능력있고 일을 수행할 의지를 가진 사람들에게 제공된다.

해설 내용상 who 다음에 술어 동사에 걸린 것이므로 have 목적어가 오고 부정사는 앞의 명사 will을 수식해야 한다.

답 ②

14. 다음 문장의 내용상 _____ 부분에 가장 적절한 말은?

An area of low pressure will reorganize east of the Rockies on Thursday and _____ northeastward into the Ohio Valley by early Friday.

① heading
② to head
③ to be headed
④ heads
⑤ head

해석 저기압대가 목요일 로키산맥 동쪽에서 다시 생겨나서 금요일 오전이면 오하이오 계곡 쪽으로 북동진하게 될 것입니다.

해설 and가 연결하는 부분은 조동사 will 다음이므로 동사원형

답 ⑤

15. 다음 문장의 내용상 _____ 부분에 가장 적절한 말은?

> Research shows that married people live longer, are happier, and _____ fewer bouts with physical and mental ailments.

① suffers   ② suffer   ③ suffering   ④ are suffered

해석 연구들은 기혼자들이 더 오래 살고 더 행복하며 신체 혹은 정신적 질환의 발병을 더 적게 겪는다는 사실을 보여준다.

해설 술어동사부 3개를 연결한다고 보아야 하고 주어는 복수이므로 suffer가 정답

답 ②

PART 09

noun clauses

명사절

09 명사절 (noun clauses)

☆ 명사절이란 '절 구조'가 명사가 하는 역할인 '주어, 타목, 전목, 주보, 동격'의 자리에 오는 경우를 말합니다. 따라서 명사절은 전체 문장이 두 개 이상의 절로 구성되었을 때 그 중 종속절에 해당합니다. 명사절을 유도하는 접속사는 'that, if(whether)' 그리고 'wh-' 이렇게 총 3가지가 있습니다.

1. 접속사 that 에 의한 명사절

☆ that 은 명사절을 유도하는 접속사 이외에 '부사절접속사, 관계대명사, 관계부사, 지시대명사, 지시형용사, 지시부사' 등 다양한 역할을 하므로, 따로 that 에 대해 심도 있게 공부할 필요가 있습니다. 명사절을 유도하는 접속사로 사용하는 경우 뒤에서 완성된 절을 받으며 '~가 ~하다는 사실' 정도로 해석합니다.

1) 'That + S + P ...' 구조가 문두에서 전체문장의 주어

☆ 이 경우는 특정 사실을 주어로 하는 문장이며, 전체 명사절을 단수취급하고 접속사는 생략할 수 없습니다.

1131. 그가 아직 살아있다는 것은 명백하다.
   <u>That he is still alive</u> is clear.

1132. 그가 제대로 된 교육을 받지 못한 것은 유감스런 일이다.
   <u>That he did not receive a proper education</u> is a pity.

1133. 그가 너에게 전화를 거의 하지 않는다는 것은 그가 새로운 사람을 찾았다는 것을 의미한다.
   <u>That he seldom phones you</u> means he has found another.

2) It + P₁ + that + S₂ + P₂

★ 이 경우는 주어부인 'that 절'이 길어지므로, 아예 'that 절'을 뒤로 보내고 그 자리에 주어가 있었다는 형식상의 주어인 it 을 쓰는 방식입니다. 술어가 'be 동사'인 경우에는 '1)번 용법'보다 자주 사용되고, 술어가 3형식의 동사이면 '1)번의 구조'를 선호합니다. '가주어·진주어' 구조에서 접속사는 생략될 수 있습니다.

1134. 그가 아직 살아있는 것이 명백하다.
   It is clear (that) he is still alive.

1135. 그가 정규교육을 받지 못한 것은 유감이다.
   It is a pity (that) he did not receive a proper education.

1136. 그들이 그 죄수에게 말을 걸어서는 안 된다는 것이 규칙이었다.
   It was a rule (that) they should not talk to the prisoner.

3) be + that + S + P

★ be 동사 다음에서 'that 절'이 주격보어로 사용되어 주어인 명사의 내용을 설명합니다. 관계상으로는 주어와 동격이므로 중간에 술어동사인 be 동사를 제외하면 바로 동격명사절로 전환됩니다. 주어인 명사는 '내용을 가질 수 있는 명사'이어야 하고 '사물이나 물건을 지칭하는 명사'는 이 구조에서 주어로 쓸 수 없습니다. 접속사는 생략될 수 있습니다.

1137. 뉴스는 어제 영국에서 비행기 추락사고가 있었다는 것입니다.
   <u>The news</u> <u>is</u> <u>that</u> there was a plane crash in Britain yesterday.

1138. 사실은 그들이 서로를 미워하지 않는다는 것입니다.
   <u>The fact</u> <u>is</u> <u>that</u> they don't hate each other.

1139. 내 결론은 그가 아직 살아있다는 것입니다.
   <u>My conclusion</u> <u>is</u> <u>that</u> he is still alive.

1140. 그 이유는 그와 함께 있는 것이 나를 흥분되도록 만든다는 것입니다.
   <u>The reason</u> <u>is</u> <u>that</u> being with him makes me excited.

1141. 그 발표는 또 다른 분쟁이 발발했다는 것이다.
   <u>The announcement</u> <u>is</u> <u>that</u> another skirmish has just broken out.

★ 간혹 'the reason is because 절' 구조를 사용하는데 원칙적으로 'because 절'은 명사절이 아니므로 문어적으로는 비문입니다.

4) vt + that + S + P

☆ 타동사 다음에서 목적어로 사용되는 경우입니다. 주의할 것은 모든 타동사가 다 뒤에서 that 절을 가지는 것이 아니므로, 'that 절'을 목적어로 받는 주요한 3형식 타동사를 반드시 기억해 두시기 바랍니다. 또, 이 경우 접속사 that은 생략할 수 있습니다.

도표 164 : that 절을 목적어로 취하는 주요 동사 (수동구조에서는 it be p.p that 절)

① think	+ that 절 : ~라고 생각하다	② swear	+ that 절 : ~을 맹세하다
③ guess	+ that 절 : ~라고 추측하다	④ dispute	+ that 절 : ~을 반박하다
⑤ suppose	+ that 절 : ~라고 생각하다	⑥ decide	+ that 절 : ~라고 결정하다
⑦ agree	+ that 절 : ~에 동의하다	⑧ admit	+ that 절 : ~을 인정하다
⑨ promise	+ that 절 : ~을 약속하다	⑩ anticipate	+ that 절 : ~을 예상하다
⑪ pretend	+ that 절 : ~을 가장하다	⑫ consider	+ that 절 : ~을 고려하다
⑬ predict	+ that 절 : ~을 예언하다	⑭ deny	+ that 절 : ~을 부인하다
⑮ expect	+ that 절 : ~을 예상하다	⑯ confirm	+ that 절 : ~을 확인하다
⑰ hope	+ that 절 : ~을 바라다	⑱ imagine	+ that 절 : ~을 상상하다
⑲ know	+ that 절 : ~을 알다	⑳ understand	+ that 절 : ~을 이해하다
㉑ say	+ that 절 : ~라고 말하다	㉒ claim	+ that 절 : ~을 주장하다
㉓ state	+ that 절 : ~라고 말하다	㉔ assert	+ that 절 : ~을 주장하다
㉕ mention	+ that 절 : ~라고 말하다	㉖ hold	+ that 절 : ~을 주장하다
㉗ forget	+ that 절 : ~을 잊다	㉘ maintain	+ that 절 : ~을 주장하다
㉙ remember	+ that 절 : ~을 기억하다	㉚ argue	+ that 절 : ~을 주장하다
㉛ mean	+ that 절 : ~을 의미하다	㉜ contend	+ that 절 : ~을 주장하다
㉝ imply	+ that 절 : ~을 의미하다	㉞ insist	+ that 절 : ~하다고 주장하다
㉟ indicate	+ that 절 : ~을 가리키다	㊱ boast	+ that 절 : ~을 자랑하다
㊲ suggest	+ that 절 : ~을 암시하다	㊳ declare	+ that 절 : ~라고 선언하다
㊴ reply	+ that 절 : ~라고 답하다	㊵ explain	+ that 절 : ~라고 설명하다
㊶ recall	+ that 절 : ~을 회상하다	㊷ remark	+ that 절 : ~라고 언급하다
㊸ recollect	+ that 절 : ~을 회상하다	㊹ report	+ that 절 : ~라고 보고, 보도하다
㊺ guarantee	+ that 절 : ~을 보장하다	㊻ conclude	+ that 절 : ~라고 결론짓다
㊼ discover	+ that 절 : ~을 발견하다	㊽ assume	+ that 절 : ~을 가정하다
㊾ find	+ that 절 : ~을 발견하다	㊿ judge	+ that 절 : ~라고 판단하다
(51) fear	+ that 절 : ~을 두려워하다	(52) show	+ that 절 : ~을 보여주다
(53) feel	+ that 절 : ~을 느끼다	(54) believe	+ that 절 : ~을 믿다
(55) hear	+ that 절 : ~을 듣다	(56) doubt	+ that 절 : ~을 아니라고 생각하다
(57) intend	+ that 절 : ~을 의도하다	(58) suspect	+ that 절 : ~일거라고 생각하다
(59) learn	+ that 절 : ~을 알다	(60) announce	+ that 절 : ~을 발표하다
(61) notice	+ that 절 : ~을 눈여겨보다	(62) emphasize	+ that 절 : ~를 강조하다

⑥³ observe	+ that 절 : ~을 관찰하다	⑥⁴ presume	+ that 절 : ~라고 가정하다
⑥⁵ realize	+ that 절 : ~을 깨닫다	⑥⁶ make sure	+ that 절 : ~을 확실하게 하다
⑥⁷ recognize	+ that 절 : ~을 인식하다	⑥⁸ make believe	+ that 절 : ~인 체하다
⑥⁹ see	+ that 절 : ~을 보다, 이해하다	⑦⁰ reveal	+ that 절 : ~을 드러내 밝히다
⑦¹ resolve	+ that 절 : ~을 결심하다	⑦² regret	+ that 절 : ~을 후회하다

1142. 그는 그 편지에서 기꺼이 협력할 것을 우리에게 내비쳤다.
He indicated to us in the letter that he was willing to cooperate.

1143. 그가 받을 권리가 있는 것을 거부당했다고 주장된다.
It is claimed that he has been denied what he deserves.

1144. 그녀는 다시는 남자를 만나지 않겠다고 결심했다.
She resolved that she would never meet a man again.

1145. 우리가 부부인 체 해 주세요.
Please make believe that we are a couple.

(1) 타동사 + that + S + (should) + V.R

☆ 'that 절' 이하가 '~해야 한다'고 가정적 내지는 당위적으로 해석될 경우에는 'that 절' 속에 조동사 should를 사용하는 것이 원칙이며, 미국영어에서는 그 조동사를 생략하고 동사의 원형을 쓰기도 합니다. 가장 많이 혼동되고 테스트에 출제 되는 부분이므로, 확실히 알아 두어야 합니다. 여기에 사용되는 3형식 동사들은 'that절'을 목적어로 받을 때, 일어나지 않은 사실에 대하여 일어나야 한다는 당위성을 부여하면서 해석합니다. 이것은 원래 가정법의 영역이지만 학문적 구분은 무시하고 that절의 동사모양만 주의하면 됩니다. 즉, 주어의 인칭과 수에 상관없이 술어동사는 항상 '원형' 혹은 'should + 원형'을 사용한다는 것입니다. 같은 동사라 해도 '당위성'의 의미를 갖느냐 아니냐에 따라, 아래의 규칙을 적용하느냐의 여부가 갈리며 'should + 동사 원형' 대신 must 나 have to 등을 사용하기도 합니다.

도표 165 : 타동사 + that + S + (should) + V.R 구조

① advise	+ that + S + (should) + V.R :	~해야 한다고 충고하다
② recommend	+ that + S + (should) + V.R :	~해야 한다고 충고하다
③ suggest	+ that + S + (should) + V.R :	~해야 한다고 제안하다
④ propose	+ that + S + (should) + V.R :	~해야 한다고 제안하다
⑤ determine	+ that + S + (should) + V.R :	~해야 한다고 결정하다
⑥ decide	+ that + S + (should) + V.R :	~해야 한다고 결정하다
⑦ decree	+ that + S + (should) + V.R :	~해야 한다고 선언하다
⑧ command	+ that + S + (should) + V.R :	~해야 한다고 명령하다

⑨ order	+ that + S + (should) + V.R	:	~해야 한다고 명령하다
⑩ demand	+ that + S + (should) + V.R	:	~해야 한다고 요구하다
⑪ ask	+ that + S + (should) + V.R	:	~해야 한다고 요구하다
⑫ require	+ that + S + (should) + V.R	:	~해야 한다고 요구하다
⑬ request	+ that + S + (should) + V.R	:	~해야 한다고 요구하다
⑭ insist	+ that + S + (should) + V.R	:	~해야 한다고 주장하다
⑮ resolve	+ that + S + (should) + V.R	:	~해야 한다고 의결하다
⑯ rule	+ that + S + (should) + V.R	:	~해야 한다고 판결하다
⑰ prescribe	+ that + S + (should) + V.R	:	~해야 한다고 규정하다
⑱ forbid	+ that + S + (should) + V.R	:	~하는 것을 금하다

1146. Gessler는 Tell이 화살들 중 하나로 아들의 머리 위에 있는 사과를 쏘아야 한다고 명했다.
Gessler <u>ordered</u> that <u>Tell (should) shoot</u> the apple on his boy's head with one of his arrows.

1147. 나는 내 변호사가 나와 함께 있어야 한다고 요구한다.
I <u>demand</u> that <u>my lawyer (should)</u> stay with me.

1148. 그 위원회는 과세정책이 재고되어져야 한다고 권고했다.
The committee <u>recommended</u> that <u>the taxation policy (should) be</u> reconsidered.

(2) 'insist, suggest 동사'의 일반용법과 당위적용법의 비교

☆ 이상에서 보아서 알 수 있듯이 '당위적 용법'에서는, 'that 절' 내의 주어가 '3인칭 단수' 임에도 불구하고 그 동사는 전부 '원형'을 사용하였습니다. 이 부분은 각종 시험에서 자주 점검되는 곳입니다. 여기서는 특히 자주 문제가 되는, insist 동사와 suggest 동사를 추가적으로 다루어 보겠습니다. 우선 insist 는 '주장하다'라는 의미가 있는데, '~해야 한다고 주장하다'라는 '당위성에 대한 주장'과 '~하다고 주장하다'라는 '신빙성에 대한 주장'에 모두 사용합니다(신빙성에 대한 주장에는 'maintain, hold, argue, assert, claim' 등이 주로 사용됩니다). 따라서 문맥의 의미를 잘 파악하여, insist 동사의 '원형'을 쓸 것인가 아니면 실제 일어나는 사건의 시제와 인칭에 맞추어 쓸 것인가가 매우 중요합니다. 또한, suggest 동사는 '제안하다' 와 '넌지시 알리다, 암시하다' 라는 두 가지의 다른 의미를 가지고 있는데, '제안하다' 의 문맥일 경우에만 'that 절'에 '동사원형'을 사용한다는 사실을 꼭 기억하시기 바랍니다. 아래의 예문들을 보며 확실히 이해해보도록 하겠습니다.

1149. 목에 있는 깊은 주름살은 그가 적어도 70세가 넘었다는 것을 <u>암시한다</u>.
The deep wrinkles on his neck <u>suggest</u> that <u>he is</u> at least over 70.

1150. 나는 그녀가 화학을 전공해야 한다고 제안한다.

　　　I <u>suggest</u> that <u>she (should) major</u> in chemistry.

1151. 그 범죄의 목격자는 그가 현장에서 백인남자를 보았다고 주장했다.

　　　The witness of the crime <u>insisted</u> that <u>he had seen</u> a white man on the scene.

1152. 그 범죄의 목격자는 그가 잠재적 위협으로부터 보호되어져야 한다고 주장했다.

　　　The witness of the crime <u>insisted</u> that <u>he (should) be</u> protected from potential threats.

1153. 그 문제는 상위 기관으로 이관되어야 한다고 의결되었다.

　　　It <u>was resolved</u> that <u>the matter (should) be</u> referred to a higher authority.

(3) be + 형용사 + that + S + P

☆ 'be 동사 + 형용사'가 타동사의 성격을 가질 때 뒤에 목적어절을 받을 수 있습니다. 형용사 챕터에서 자세하게 설명 합니다.

5) vt + I.O + that + S + P

☆ 4형식 타동사의 직접목적어 자리에 'that 절'을 쓸 수 있으며, 접속사는 생략가능 합니다.

도표 166 : that 절을 직접목적어(D.O)로 취하는 주요 동사	
① tell	+ I.O + that 절 : ~에게 ~를 말해주다
② show	+ I.O + that 절 : ~에게 ~를 보여주다
③ teach	+ I.O + that 절 : ~에게 ~를 가르쳐주다
④ inform	+ I.O + that 절 : ~에게 ~를 알려주다
⑤ warn	+ I.O + that 절 : ~에게 ~를 경고하다
⑥ convince	+ I.O + that 절 : ~에게 ~를 확신시키다
⑦ assure	+ I.O + that 절 : ~에게 ~를 납득시키다
⑧ promise	+ I.O + that 절 : ~에게 ~를 약속하다
⑨ remind	+ I.O + that 절 : ~에게 ~를 상기시키다

1154. 나는 그에게 내가 그를 내 주변에서 원치 않는다고 말했다.

　　　I <u>told</u> him <u>that I didn't want him around</u>.

1155. 나는 그녀에게 그녀가 올 필요가 없다고 상기시켰다.

　　　I <u>reminded</u> her <u>that she didn't have to come</u>.

1156. 나에게 내가 그 가방을 주시해야 한다는 사실이 말 되어졌다. 즉, 나는 들었다.
I was told that I had to keep an eye on the bag.

1157. 그는 나에게 내가 휴가를 위해 그것을 사야한다고 납득시켰다.
He convinced me that I should buy it for my vacation.

1158. 그들은 나에게 정전사태가 있을 예정이라고 알려주었다.
They informed me that there was going to be a blackout.

1159. 그 이론이 옳다는 사실이 그들에게 보여 졌다.
It was shown to them that the theory was right.

1160. 아빠는 나에게 우리가 항상 정직하고 겸손해야 한다고 가르쳐왔다.
Father has taught us that we should always be honest and humble.

6) vt + it + O.C + that 절

☆ 5형식 동사는 목적어 자리에 'that 절'을 직접 받지 않습니다. 이 경우 it 을 형식목적어로 두고 that 절은 문미로 옮기는 것이 원칙입니다. 간혹 형식 목적어를 쓰지 않고 목적보어와 순서를 도치시키기도 합니다. make sure 는 이렇게 해서 탄생한 숙어입니다.

1161. 그가 일등상을 탔다는 사실을 나는 놀랍다고 생각했다.
I thought it incredible that he should have won the first prize.

1162. 그들이 이중첩자들이라는 것을 우리는 명백하다고 파악한다.
We find it evident that they are double spies.

7) 내용명사 + that + S + P : 동격의 that 절

☆ '동격의 명사절'로 앞 명사의 내용을 뒷 절에서 설명합니다. 이 때 관계사절과 혼동하지 않도록 주의해야 하는데, 관계대명사절일 경우는 'that 절'이 미완성 구조이고, 관계부사 'when, where, why, how' 의 대용어로 that 을 사용했을 시에는 앞의 선행사가 각각 '시간, 장소 명사' 혹은 the reason 이나 the way 가 된다는 사실에 유념해야 합니다. 동격의 명사절은 앞의 명사가 내용을 받을 수 있는 명사이어야 하고 'that 절'이 그 명사의 내용이어야 하며 구조적으로는 완전합니다. 아래의 예를 살펴보겠습니다.

1163. 당신은 우리사회에 일부 테러주의자들이 있다는 소문에 대해 들었는가?
(여기서 rumor 뒤의 절은 앞 단어의 내용을 설명하고 있습니다. 이 경우 동격의 명사절이 됩니다.)
Did you hear about the rumor that we have some terrorists in our community?

1164. 그녀가 우리를 염탐하고 있었다는 정보는 매우 충격적이다.

The information that she has been spying on us is very shocking.

1165. 그녀가 우리에게 제공한 정보는 매우 충격적이다.
(정보의 내용이 나와 있지 않고 give의 목적어가 빠져 있으므로 that은 접속사가 아니라 관계대명사 목적격입니다.)

The information that (which) she has given to us is very shocking.

☆ [예문 1164]과 [예문 1165]에서 명사 information 뒤에 동일한 모양처럼 보이는 'that 절'이 나왔지만, 전자는 동격의 명사절이고 후자는 관계사절입니다. 전자에서는 정보의 내용이 나왔지만, 후자에서는 정보의 내용은 나오지 않았고 단순히 수식어만 나왔습니다. 따라서 전자는 '접속사 that'이고, 후자는 '관계대명사 that'이므로 후자는 which 로 대용될 수 있습니다. 여기서 주의할 것은, 모든 명사 뒤에 동격절이 올 수 있는 것은 아니라는 점입니다. 'book, car, sky, water, Mr. Baker...' 등과 같은 '물건, 물질, 고유명사'들은 동격절을 가질 수 없습니다.

☆ 동격명사절을 받을 수 있는 명사 중 일부는 다음과 같습니다.

도표 167 : 동격절을 받는 명사의 예

① the fact	② the news	③ the information	④ the suggestion
⑤ the idea	⑥ the thought	⑦ the myth	⑧ the conception
⑨ the insistence	⑩ the rumor	⑪ the theory	⑫ the doctrine
⑬ the difference	⑭ the request	⑮ the verdict	⑯ the announcement
⑰ the report	⑱ the conclusion	⑲ the summary	⑳ the synopsis
㉑ the problem	㉒ the hope	㉓ the suspicion	㉔ the conviction
㉕ the belief	㉖ the proof	㉗ the evidence	㉘ the possibility

☆ suggestion 처럼 당위절을 요구하는 명사는 동격절 내에서도 should 를 사용하는 규칙을 지켜야 합니다.

8) 전치사 'in, except, save, but'의 목적어로 사용되는 'that 절'

☆ 전치사의 목적어로 'that 절'은 사용되지 않지만, 위의 전치사는 예외적으로 'that 절'을 받습니다. 이것은 전치사와 that 이 합성되어서 하나의 접속사 역할을 하는 것이므로 that 을 생략하지 않는 것이 원칙입니다.

1166. 그녀는 도와줄 친구가 없다는 점에서 운이 없었다.

She was unfortunate in that she had no friends to help her.

1167. 너무 무겁다는 점만 제외하면 그것 정도면 될 것 같다.

That will do except that it is too heavy.

2. 접속사 whether 에 의한 명사절

☆ 'whether + S + P (or not)'은 '~인지 아닌지'라고 해석하며, 내용이 확정된 것이 아니라 '두 개의 가능성' 혹은 '여부(與否)에 의한 진술'을 명사절화 할 때 사용합니다. 주어 자리에 직접 오는 경우를 제외하고 'if 절'도 가능하며 'or 구조'를 달았을 때는 주로 whether 를 사용합니다. whether 가 더 격식적이고 문어체에 더 적합하며, 여하(如何)한 경우에도 생략하지 않습니다.

1) Whether + S_2 + P_2 ... + P_1

☆ 전체 문장의 주어 자리에 올 때 if는 사용하지 않습니다.

1168. 그가 우리와 합류할 것인지는 아직 결정되지 않았다.
<u>Whether he will join us or not is</u> not decided yet.

1169. 그가 이 집에서 태어났는지 아닌지는 알려진 바 없다.
<u>Whether or not he was born in this house is</u> not known.

2) It + P_1 + ... + if(whether) + S_2 + P_2

☆ 주어부가 길어서 형식주어 it과 함께 사용합니다.

1170. 그가 우리와 합류할 것인지도 아직 결정되지 않았다.
<u>It</u> is not decided yet <u>whether he will join us</u>.

1171. 그가 이 집에서 태어났는지의 여부는 알려지지 않고 있다.
<u>It</u> is not known <u>whether or not he was born in this house</u>.

1172. 그 생각이 실행될 수 있을지는 두고 봐야 한다.
<u>It</u> remains to be seen <u>whether or not the idea can be put into practice</u>.

3) be + if(whether) + S + P

☆ be 동사의 주격보어로 사용합니다.

1173. 문제는 그가 운전하는 법을 아는지의 여부이다.
The problem <u>is</u> <u>whether he knows how to drive</u>.

1174. 오늘의 주제는 우리가 3차 대전을 가질 지의 여부이다.
Today's topic <u>is</u> <u>whether we will have another world war</u>.

4) vt + if(whether) + S + P

☆ 3형식 타동사의 목적어로 사용됩니다.

도표 168 : 타동사 + if, whether 절의 예시
① know   + if(whether) 절 : ~인지 아닌지 알다
② ask   + if(whether) 절 : ~인지 아닌지 물어보다
③ show   + if(whether) 절 : ~인지 아닌지 보여주다
④ tell   + if(whether) 절 : ~인지 아닌지 말해주다
⑤ wonder + if(whether) 절 : ~인지 아닌지 궁금히 여기다
⑥ doubt   + if(whether) 절 : ~인지 아닌지 궁금히 여기다
⑦ find   + if(whether) 절 : ~인지 아닌지 알아내다
⑧ see   + if(whether) 절 : ~인지 아닌지 보다
⑨ predict + if(whether) 절 : ~인지 아닌지 예측하다
⑩ learn   + if(whether) 절 : ~인지 아닌지 알아내다

1175. 나는 그것이 나에게 정말 득이 될 수 있을지를 알고 싶다.
I want to <u>learn</u> <u>if it can really do me good</u>.

1176. 그는 비가 올지 안 올지를 예측할 수 있다.
He can <u>predict</u> <u>if it will rain</u>.

1177. 나는 그녀가 참석할 지가 의심스럽다.
I <u>doubt</u> <u>if she will be present</u>.

1178. 서류는 화물이 도착했는지의 여부를 명시하지 않았다.
The document did not <u>indicate</u> <u>whether the shipment had arrived</u>.

5) vt + 명사 + if(whether) + S + P

☆ 4형식 동사 뒤에서 직접 목적어 자리에 사용합니다.

도표 169 : 4형식 동사의 직접목적어로 사용하는 whether 절
① tell   + I.O + if(whether) 절 : ~에게 인지 아닌지 말해주다
② show   + I.O + if(whether) 절 : ~에게 인지 아닌지 보여주다
③ ask   + I.O + if(whether) 절 : ~에게 인지 아닌지 물어보다
④ inform + I.O + if(whether) 절 : ~에게 인지 아닌지 알려주다
⑤ teach + I.O + if(whether) 절 : ~에게 인지 아닌지 가르쳐주다

1179. 그가 말한 것이 사실인지 아닌지를 나에게 보여주세요.
Please show me if what he said is true.

1180. 그는 나에게 비행기가 연착될 것인지를 물었다.
He asked me if the plane would be delayed.

6) 전치사 + whether + S + P

☆ 전치사의 목적어 자리에는 if 절은 오지 않고 whether 절만 사용합니다.

1181. 그것은 당신이 나를 진실로 사랑하느냐에 달려있다.
It depends on whether you truly love me.

1182. 나는 당신이 혹시 식물학을 전공했느냐가 궁금하다.
I am curious (about) whether you have majored in botany.

1183. 나는 그가 자살했는지의 여부를 잘 알고 있다.
(be 동사 + 형용사 뒤에 목적어로 절을 받기 위해 사용되는 of 나 about은 생략될 수 있습니다.)
I am well aware (of) whether he committed suicide.

3. wh─ (S) + P : wh - 에 의해 유도되는 명사절

☆ 'wh- 접속사'는 'where, when, why, how, who, what, whom, whose, which'가 있습니다. 'where, when, why, how'는 부사에서 유래된 접속사이므로 완전구조의 절을 받고, 'who, what, whom, whose, which'는 대명사에서 유래된 접속사이므로 불완전 구조의 절을 받습니다.

☆ where 와 when 은 대명사적 전용이 가능하고, how 는 뒤에서 '형용사, 부사'를 다시 받아서 절을 만들 수 있습니다. 'how + 절'은 '어떻게', 'how + 형용사, 부사 + 절'은 '얼마나' 로 해석합니다. 'wh-'가 의문사로 사용될 수도 있다는 사실에 착안해서, 이 구조를 간접의문문이라고 명명하는 사람들도 있지만, 종속절의 관점에서는 '명사절'이 올바른 표현 입니다.

☆ 간접의문문(indirect question)은 실제로 물어보는 상황에서, 즉, 동사 'ask 류'와 함께 사용했을 때 내용상으로 구분되는 이름이므로 'wh- 절'을 무조건 간접의문문이라고 부르면 안됩니다. I asked him why he got angry 에서는 실제로 물어보는 내용이니 이것이 원래 I said to him, "why are you angry?" 의 합성화라 볼 수 있지만 I know where he lives 와 같은 지문은 물어보는 것과 전혀 관계가 없으므로, 앞으로 간접의문문이라는 표현은 배제하고 그냥 'wh-'에 의한 명사절이라고 부릅니다.

1) wh─ (S₂) + P₂ ... + P₁

☆ 'wh- 명사절'이 전체문장의 주어로 사용된 경우입니다. 'who, what, which, whose' 는 명사절 속에서 S_2 의 역할을 할 수 있습니다. 그럴 경우 'wh-' 뒤에서 다른 주어가 나오지 않고 바로 P_2 동사를 사용합니다.

1184. 누가 그렇게 말했는지는 알려져 있지 않다.
<u>Who said so</u> is not known.

1185. 그가 어디에서 태어났는지는 수수께끼이다.
<u>Where he was born</u> is a mystery.

1186. 왜 그가 화가 났는지는 명백하다.
<u>Why he got angry</u> is clear.

1187. 당신에게 가장 편할 때가 나에게도 가장 편하다.
<u>When is most convenient for you</u> is also most convenient for me.

1188. 그들이 어떻게 여기 왔는지가 밝혀질 것이다.
<u>How they got here</u> shall be revealed.

1189. 당신의 아들이 나이가 얼마냐는 나에게 문제되지 않는다.
<u>How old your son is</u> doesn't matter to me.

1190. 중요한 것은 당신이 안전하다는 것이다.
　　　<u>What is important</u> is that you are safe.

2) It + P₁ ... + wh─ (S₂) + P₂

☆ 주어부가 길어서 '가주·진주' 구조로 사용됩니다. what 절은 선행사인 명사와 관계사가 합쳐진 것으로 보아 '가주·진주' 구조로 사용하는데 제약이 따릅니다.

1191. 그가 그렇게 말했는지는 알려지지 않았다.
　　　<u>It</u> is not known <u>who said so</u>.

1192. 그가 어디서 태어났는지는 수수께끼이다.
　　　<u>It</u> is a mystery <u>where he was born</u>.

1193. 왜 그가 화났는지는 분명하다.
　　　<u>It</u> is clear <u>why he got angry</u>.

3) vt + wh─ (S) + P

☆ 3형식 타동사의 목적어로 사용됩니다.

1194. 나는 그가 어떻게 그 전쟁에서 살아남았는지 알고 싶다.
　　　I want to <u>know</u> <u>how he survived the war</u>.

1195. 나는 그가 언제 내가 거짓말을 하고 있었다는 것을 알았는지 궁금하다.
　　　I <u>wonder</u> <u>when he realized I was telling a lie</u>.

4) vt + 명사 + wh─ (S) + P

☆ 4형식 동사의 직접목적어로 사용됩니다.

1196. 나에게 당신이 왜 나타나지 않았는지를 말해 달라.
　　　<u>Tell</u> me <u>why you didn't show up</u>.

1197. 나는 그 점원에게 그들이 가전제품을 어디에 가지고 있는지를 물어보았다.
　　　I <u>asked</u> the clerk <u>where they had home appliances</u>.

1198. 그는 나에게 어떻게 그가 매번의 포커게임에서 이길 수 있는지 보여주었다.
　　　He <u>showed</u> me <u>how he could succeed in each poker game</u>.

1199. 내 직원 중 하나가 나에게 당신의 수업이 얼마나 중요한지 가르쳐 주었다.
　　　One of my staff <u>has taught</u> me <u>how important your lesson is</u>.

5) be + wh─ (S) + P

☆ be 동사의 주격보어로 사용됩니다.

1200. 이것이 그가 독감을 이겨낸 방법이다.
This <u>is</u> <u>how he got over the flu</u>.

1201. 외모에 신경을 쓰는 여성들은 패션을 포기하기 어렵다. 그것이 높은 굽의 부츠들이 매년 겨울 핫케익처럼 잘 팔리는 이유이다.
Women who care about how they look will hardly give up on fashion. That <u>is</u> <u>why killer-heeled boots sell like hotcakes every winter</u>.

1202. 그 집이 그가 길러진 곳이다.
The house <u>is</u> <u>where he was brought up</u>.

1203. 어제가 그녀가 처음 나에게 사랑한다고 말했던 때였다.
Yesterday <u>was</u> <u>when she first said that she loved me</u>.

1204. 2001년이 새로운 천 년이 시작된 때였다.
The year 2001 <u>was</u> <u>when another millennium started</u>.

1205. 당신이 그들이 원하는 바이다.
You <u>are</u> <u>what they want</u>.

6) 전치사 + wh─ (S) + P

☆ 전치사의 목적어로 사용됩니다.

1206. 그 결과는 당신이 시험에 대비하면서 얼마나 많은 시간을 보냈느냐에 달려있다.
The result depends <u>on</u> <u>how long you have spent preparing for the test</u>.

1207. 그는 내가 어디 출신인지를 궁금해 한다.
He is curious <u>about</u> <u>where I am from</u>.

1208. 그것은 당신을 현재 당신이 있는 곳에서 당신이 가고 싶어 하는 곳으로 데려다 줄 것이다.
It will take you <u>from</u> <u>where you are to where you want to be</u>.

1209. 여성들은 높은 굽 구두를 신고 넘어지는 것이 얼마나 위험한지 잘 알고 있다.
Women are well aware <u>of</u> <u>how dangerous it is to fall down in high-heeled shoes</u>.

1210. 행복은 당신이 얼마나 많이 가지고 있느냐가 아니라 당신이 가진 것을 얼마나 잘 다루느냐에 놓여 있다.
Happiness lies not <u>in</u> <u>how much you have</u> but <u>in</u> <u>how well you handle what you have</u>.

09 기출문제

01. 다음 문장의 내용상 _____ 부분에 가장 적절한 말은?

> _____ the adult smoking rate is gradually dropping is not good news for big tobacco companies.

① If　　　② Which　　　③ What　　　④ Where　　　⑤ That

해석 성인 흡연율이 점진적으로 감소한다는 것은 큰 담배 회사에게는 좋은 소식이 아니다.

해설 사실이 주어이며 완전한 사실이므로 접속사 that을 사용해서 주어절을 만들었다.

답 ⑤

---

02. 다음 문장의 내용상 _____ 부분에 가장 적절한 말은?

> They speak openly about their life at home, hopes for the future, how they got through the past year, and _____ they plan to honour the memory of their Wildlife Warrior.

① that　　　② how　　　③ as if　　　④ as

해석 그들은 그들의 가정생활과, 미래에 대한 희망들, 어떻게 그들이 지난 세월을 지나왔는지, 어떻게 Wildlife Warrior의 기억을 존중할 계획인지에 관해 솔직하게 말한다.

해설 전치사 about의 목적어로 명사절을 받았으며 전치사의 목적어인 명사절은 wh-로 시작해야 한다. 의미상 how가 적합하다. 나머지 접속사들은 명사절을 받을 수 없고 that은 전치사의 목적어 절이 될 수 없다.

답 ②

03. 다음 문장의 내용상 _____ 부분에 가장 적절한 말은?

> A : Please give me your frank opinion.
> B : Do you really want to know _____ about it?

① what I think
② how I think
③ what do I think
④ how do I think
⑤ what you think

해석 A : 솔직한 의견을 주세요.
B : 정말 내가 그것에 대해 어떻게 생각하는지 알고 싶은가요?

해설 know 라는 타동사의 목적어인 명사절 what + (주어) + 동사

답 ①

04. 다음 문장의 내용상 _____ 부분에 가장 적절한 말은?

> Man is different from other animals in _____ he is responsible for their fate.

① what　　　② that　　　③ which　　　④ when

해석 인간은 동물들의 운명을 책임지고 있다는 점에 있어서 그들과 다르다.

해설 전치사 in은 뒤에서 that 절을 받을 수 있다.

답 ②

05. 다음 문장의 내용상 _____ 부분에 가장 적절한 말은?

> The most controversial thing is _____ he did it on purpose or not.

① that　　　② if　　　③ whether　　　④ how

해석 가장 논란이 되는 것은 그가 그것을 고의로 했는지 아닌지 이다.

해설 or not 구조를 붙이면 whether를 사용한다.

답 ③

06. 다음 문장의 내용상 _____ 부분에 가장 적절한 말은?

> The major issue we face is _____ within the next month our spending will exceed the budget.

① the fact that   ② coming from
③ what   ④ the point at which

해석 우리가 직면한 주요한 문제는 다음 달 내로 우리의 소비가 우리의 예산을 넘을 것이라는 것이다.

해설 the fact 와 that 절을 동격으로 만들었고 that 절의 주어는 our spending 이다.

답 ①

07. 다음 문장의 내용상 _____ 부분에 가장 적절한 말은?

> There are as many explanations as to what causes hiccups as there are _____.

① which they tell how to be rid of
② which they tell how to be rid of them
③ which tell how to be rid of
④ which tell how to be rid of them
⑤ which tell how to rid of them

해석 무엇이 딸꾹질을 초래하는가에 대한 설명만큼이나 그것들을 어떻게 제거하느냐를 말해주는 설명들이 많이 있다.

해설 뒤의 there are 다음에는 many explanations 가 생략되어 있으므로 주격관계사 which 를 쓰고 동사 tell을 받은 다음 how to 이하를 목적어로 받되 rid A of B 가 수동이 걸려서 get rid of 나 be rid of 가 되어야 한다. them 은 hiccups

답 ④

08. 다음 문장의 내용상 _____ 부분에 가장 적절한 말은?

> She was warned _____ if she did it again she would lose her job.

① as   ② that   ③ what   ④ which

해석 그녀는 또다시 그런 짓을 하면 직장을 잃게 될 것이라는 경고를 받았다.

해설 warn 의 직접목적어인 명사절을 that 으로 받고 그 속에 다시 조건절과 주절을 받았다.

답 ②

09. 다음 밑줄 친 부분 중 어색한 부분은?

When the Dalai Lama fled across ① the Himalayas into exile in the face of ② advancing Chinese troops, ③ little did the youthful spiritual leader know ④ what he might never see his Tibetan homeland again.

해석 달라이 라마가 진군하는 중국군대에 직면하여 히말라야 산맥을 넘어 망명길에 올랐을 때 그 젊은 영적 지도자는 자신이 티벳이라는 고향을 다시 볼 수 없을지도 모른다는 사실을 거의 알지 못했다.

해설 know의 목적어가 명사절인데 완성구조로 나왔으므로 what 이라는 대명사적 접속사를 사용하지 않는다. '-가 -하다' 는 사실의 의미면 접속사는 that / 산맥 앞에는 정관사 / little이 문두부정부사면 절은 의문문 구조로 도치

답 ④ → that

10. 다음 밑줄 친 부분 중 어색한 부분은?

If women are dissatisfied ① with always being in the listening position, the dissatisfaction may be mutual. ② What a woman feels she has been assigned the role of silently listening audience ③ does not mean that a man feels he has consigned her ④ to that role.

해석 만약 여성들이 항상 듣는 입장에 있는 것이 불만스럽다면, 그 불만족은 아마도 상호적일 것이다. 여성이 자신에게 조용하게 듣는 청자의 역할이 주어졌다고 느낀다는 사실은 남성이 여성을 그런 역할에 처하게 했다라고 느낀다는 것을 의미하지는 않는다.

해설 a woman 이 주어이고 동사는 feels, 그것의 목적어절이 다시 완성구조로 나왔으므로 접속사는 That 이 되어야 한다.

답 ② → that

11. 다음 밑줄 친 부분 중 어색한 부분은?

One of the preeminent ① benefits I used to ② derive from ③ being chancellor of ④ a university was ⑤ what I had the pleasure of entering thoughtful men all over the world.

해석 내가 한 대학의 총장이 되는 것에서부터 도출해내곤 했던 뛰어난 이익들 중 하나는 전 세계의 생각이 깊은 사람들을 입학시키는 즐거움을 가졌다는 사실이었다.

해설 was 절의 보어인 명사절이며 완성구조이므로 접속사는 that

답 ⑤ → that

12. 다음 밑줄 친 부분 중 어색한 부분은?

The central problem is ① what the voters in low-performing groups ② were trying to build social cohesion rather than ③ to produce the ④ highest returns.

해석 중심적인 문제는 낮은 성취를 이룬 집단들 속에서의 투표자들은 가장 높은 수익을 만들기보다는 사교적인 화합을 구축하기 위해 노력했다는 것이다.

해설 be 동사의 주격보어절인데 절의 구조가 완성되어 있으므로 순수 접속사 that

답 ① → that

13. 다음 밑줄 친 부분 중 어색한 부분은?

People may disturb or anger us, but the fact ① which not everyone ② objects to their behavior ③ indicates ④ that the problem is probably ours.

해석 사람들은 우리를 방해하기도, 화나게 하기도 한다. 하지만 모든 이들이 다 그들의 행동에 이의를 제기하지 않는다면 사실은 문제가 어쩌면 우리에게 있다는 사실을 암시한다.

해설 the fact와 동격의 명사절 접속사는 that

답 ① → that

14. 다음 우리말을 영어로 옮겼을 때 밑줄 친 부분 중 적절하지 않은 것은?

Mr. Kim에 속한 그 식당은 손님들이 그들의 애완동물을 안으로 데리고 들어오지 않을 것을 요청한다.
= The restaurant ① belonging to Mr. Kim requests ② which customers ③ not bring their pets ④ inside.

해설 requests가 목적어로 that 절을 받으므로 완성구조상 접속사는 that

답 ② → that

296 PART 09 - 명사절 (noun clauses)

15. 다음 중 어법상 올바르지 <u>않은</u> 문장은?

① I can not ensure that he will keep his word.
② It is hard to estimate how many children suffer from diabetes.
③ it is obvious that the information which she has been spying on us is wrong.
④ The idea that I gave to you is my sister's.

해석
① 그가 약속을 지킬 것인지 그 여부는 장담할 수 없다.
② 얼마나 많은 아동들이 당뇨병에 시달리는지는 추정하기가 어렵다.
③ 그녀가 우리를 염탐하고 있다는 정보가 거짓이라는 것이 명백하다.
④ 내가 너에게 준 아이디어는 그녀의 것이야.

해설 정보와 동격의 명사절이 와야지 관계사절이 오면 비문. 관계사절은 미완성구조이고 명사의 내용이 나오지 않는 반면 동격 명사절은 내용이 나오고 완성구조

답 ③ information which → information that

16. 다음 우리말을 영어로 옮긴 것 중 올바르지 <u>않은</u> 것은?

① 나는 그 점원에게 그들이 가전제품을 어디에 가지고 있는지를 물어봤다.
→ I asked the clerk where they had home appliances.
② 나는 그가 어떻게 그 전쟁에서 살아남았는지 알고 싶다.
→ I want to know that he survived the war.
③ 왜 그가 화가 났는지는 명백하다.
→ Why he got angry is clear.
④ 그가 어디서 태어났는지는 미스터리이다.
→ It is a mystery where he was born.

해설 '어떻게'를 유도하므로 접속사는 that이 아니라 how

답 ② that → how

17. 다음 우리말을 영어로 옮긴 것 중 어법상 올바르지 않은 것은?

① 그가 아직 살아있다는 것은 명백하다.
→ That he is still alive is clear.
② 사실은 그들이 서로를 미워하지 않는다는 것입니다.
→ The fact is that they don't hate each other.
③ 그 결과는 당신이 시험에 대비하면서 얼마나 많은 시간을 보냈느냐에 달려있다.
→ The result depends on which long you have spent preparing for the test.
④ 당신이 그들이 원하는 바이다.
→ You are what they want.

해설 형용사, 부사를 바로 받아서 명사절을 유도하는 접속사는 how

답 ③ on which → on how

18. 다음 우리말을 영어로 옮긴 것 중 어법상 올바르지 않은 것은?

① 나는 그가 어떻게 그 시험을 통과했는지 알고 싶다.
→ I want to know how he passed the test.
② 나는 그가 언제 내가 거짓말을 하고 있었다는 것을 알았는지 궁금하다.
→ I wonder that he realized when I was telling a lie.
③ 그것은 당신을 현재 당신이 있는 곳에서 당신이 가고 싶어 하는 곳으로 데려다 줄 것이다.
→ It will take you from where you are to where you want to be.
④ 그것이 그가 학교를 떠난 이유이다.
→ This is why he left the school.

해설 wonder의 목적어는 시간의 완성절이고 realized의 목적어는 사실의 완성절이다.

답 ② … wonder when he realized that I was telling a lie

19. 다음 우리말을 영어로 옮긴 것 중 어법상 올바르지 <u>않은</u> 것은?

① 그들은 그가 어떻게 그들을 가르치는지 알고 있고 무엇이 옳은지도 알고 있다.
→ They are aware how he teaches them and what is right.
② 누가 그렇게 말했는지는 알려져 있지 않다.
→ Who said so is not known.
③ 사람이 얼마나 많이 버느냐는 물론 중요하다.
→ Of course, how much one can earn is important.
④ 내 생각에 그는 나의 열쇠가 어디에 있는지 알고 있는 것 같다.
→ I think he knows where is my key.

해설 knows where my key is가 되어야 함, 명사절의 어순은 늘 주어 + 동사

답 ④

PART 10

adverb clauses

부사절

10 부사절
(adverb clauses)

☆ '부사절'이란 '주절의 의미를 보조하는 절'로서 주절과는 형식적으로 분리되어 있는데, 주로 콤마에 의해서 분리됩니다. 접속사는 'when, because, if, though, as' 등을 포함하여 수십 종이 있습니다. 어떤 접속사를 사용했느냐가, 그 의미에 있어 부사절과 주절의 관계를 결정하기 때문에, 접속사의 의미를 많이 알수록 빠른 문맥 전개가 가능합니다.

1. 부사절의 종류

☆ 부사절은 접속사의 내용으로 분류하여 대략 10 여 종이 있습니다.

1) 시간의 부사절

☆ '시간의 부사절'에서는 '부사절의 시점'이 미래일 때 현재시제로 적는다는 사실에 유념해야 합니다. 접속사에 의해 시간의 전후 관계가 밝혀지며, 이미 주절에서 미래형 시제가 나왔기 때문에 중복을 피하기 위한 노력으로 생성된 문법입니다.

(1) when + S + P

☆ '~할 때' 라고 해석합니다. 시간의 부사절인 'when 절'은 명사절과도 구조적으로 같아 혼동할 수도 있습니다. 하지만 주절과 형식적으로 분리되어 있다는 사실을 유념하면, 쉽게 구분할 수 있습니다. 'when 절'이 주절 뒤에 올 때는 '그 때' 라는 해석이 더 자연스럽습니다.

1211. 그가 열 세 살이었을 때 그는 아빠와 함께 뉴질랜드에 갔다.
When he was thirteen, he accompanied his father to New Zealand.

1212. 나는 피아노를 치고 있었다, 그 때 전화가 울렸다.
I was playing the piano, when the phone rang.

1213. 그가 내일 돌아올 때, 나는 그와 그것에 대해 의논하겠다.
When he comes back tomorrow, I will talk about it with him.

(2) as + S + P

☆ '~할 때, ~하면서'라고 해석합니다. '~ 하면서'의 의미일 때는 두 개의 일이 같이 진행된다는 것을 말합니다.

> 1214. 내가 문을 열었을 때 나는 파티가 이미 끝난 것을 보았다.
> As I opened the door, I saw that the party was over.

> 1215. 나는 포도주를 조금씩 마시며 TV를 보았다.
> I watched TV, as I sipped wine.

(3) while + S + P

☆ '~하는 동안, ~하는 반면'이라고 해석합니다.

> 1216. 내가 그 배를 바라보고 있는 동안 누군가가 거기서 뛰어내렸다.
> While I was watching the boat, someone jumped out of it.

> 1217. 쇠는 그것이 뜨거울 동안 두드려라 ─ 즉, 기회가 왔을 때 잡아라.
> Strike the iron, while it is hot.

☆ 접속사 while 은 시간적 의미의 '~하는 동안' 도 가능하지만, 역접의 의미인 '~하는 반면' 도 가능합니다. 문맥을 잘 보고 내용상 상반된 것이 있을 경우는 역접으로 이해하시기 바랍니다.

(4) after + S + P

☆ '~한 후' 라고 해석합니다. '시간의 길이 + after' 구조는 '~한지 얼마 후' 입니다.

> 1218. 나는 양친이 돌아가시고 난 후 고향을 떠났다.
> I left my hometown after both my parents had died.

> 1219. 비가 오고 난 일주일 후 당신은 많은 종류의 생명체들을 그 사막에서 보게 될 것이다.
> A week after it rains, you will see many kinds of lives in the desert.

(5) before + S + P

☆ '~하기 전에' 라고 해석합니다. '시간의 길이 + before'는 '~하기 얼마 전' 입니다.

> 1220. 내 생각에는 어두워지기 삼십분 전에 돌아올 것 같다.
> I think I will get back 30 minutes before it gets dark.

(6) before를 사용하는 주요 관용구문

① it be not long before + S + P : '~하기 전 시간은 오래 걸리지 않는다'
= Soon + S + P : '곧 ~하다'
= before long + S + P : '머지않아 ~한다'

<small>1221. 당신이 후회하기 전에 <u>시간은 오래 걸리지 않을 것이다</u>.</small>

<u>It will not be long</u> before you regret.
= Soon you will regret.
= Before long you will regret.

<small>1222. 그가 돌아오기 전에 시간은 오래 걸리지 않았다.</small>

It was not long before he came back.

<small>1223. 사장은 말했다. "자, 이제 잊지 마세요. 고객이 항상 옳습니다. 나는 고객들이 당신들에게 어떻게 느끼는지를 곧 알게 될 것 입니다. 만약 그들이 우리가게에 들어왔다가 아무것도 사지 않고 바로 나간다면, 나는 당신들을 해고할 것입니다."</small>

"Now don't forget," said the boss, "the customer is always right. It will not be long before I notice how customers feel about you. And if they enter our store and leave immediately without buying anything, I will fire you."

<small>1224. 곧, 나의 다리는 피곤해졌고, 나의 위는 텅 비었다고 느끼기 시작했다. 나의 등산복과 내가 가지고 간 담요는 안개 속에서 축축해졌고, 평소보다 무거워졌다.</small>

It was not long before my legs grew weary and my stomach began to feel empty. My climbing clothes and blankets I carried had become sodden in the mist and were much heavier than usual.

② had not p.p 수량표현 + before + S + P : '채 ~도 못해서 ~하다'

<small>1225. 그녀가 피곤해지기 전에 그녀는 1마일을 가지 못했었다. 즉, 1마일도 못 가서 피곤해졌다.</small>

She had not gone a mile before she got tired.

<small>1226. 졸음이 오기 전에 나는 최초의 두 페이지도 읽지 못했었다. 즉, 첫 두 쪽도 읽지 못해서 졸렸다.</small>

I had not read the first two pages before I grew drowsy.

<small>1227. 그 소년이 채 두 구획도 행진하지 못해서 나팔에서 나온 이상한 소음이 할머니 한 분을 기절시켰고 두 마리 말을 달아나게 했다.</small>

The boy had not marched two blocks before the strange noise from the horn caused an old lady to faint and two horses to run away.

<small>1228. 멀리 가지 못해서 나는 소나기를 만났다.</small>

I had not gone very far before I was caught in a shower.

③ it is 시간의 길이 before + S + P : '~지난 후에야 ~하다'

1229. 내가 그녀를 다시 보기 전에 시간은 5년이었다. 즉, 5년이 지나고서야 그녀를 보았다.
It was five years before I saw her again.

1230. 안개가 걷히고 이상한 광경이 그 모습을 드러내기 전에 시간은 30분이었다. 즉, 30분이 지나고 나서야 안개가 걷히고 이상한 장면이 그 모습을 드러냈다.
It was half an hour before the fog began to clear up and a strange scene presented itself.

(7) since + S + P

☆ '~이후로, ~ 때문에'로 해석합니다. since 라는 접속사는 두 가지 의미로 해석되는데 주절의 동사가 완료시제나 완료진행시제가 나오면 '이후로', 다른 시제가 나오면 '때문에' 입니다.

☆ S_1 + have, has, had + p.p(been + -ing) + since S_2 + P_2

1231. 그와 헤어진 이후로 그를 보지 못했다.
I have not seen him since I parted with him.

1232. 꼬마 시절 이후로 우리는 좋은 친구이다.
We have been good friends since we were kids.

1233. 그 식당이 문을 연 이후로 그는 그녀를 계속해서 기다리던 중이었다.
He had been waiting for her since the restaurant opened.

☆ '때문에'라는 의미로 since 는 이미 알려진 사실을 원인으로 제시할 때 사용 합니다.

1234. 대화할 사람이 없었기 때문에 나는 매우 외로웠다.
Since I had no one to talk to, I was very lonely.

1235. 정신질환을 앓고 있기 때문에 그는 그 수업에 참석하지 않을 것이다.
He will not attend the class, since he is suffering from a mental illness.

(8) until + S + P

☆ '~할 때까지'로 해석합니다. until 은 주절의 동사가 지속성을 나타내야 하며, '완료의 의미'를 표현하고자 할 경우에는 by the time이라는 접속사를 사용해야 합니다.

1236. 나는 죽을 때까지 너에게 충실할 것이다. (지속)
I will be faithful to you until I die.

☆ 'not A until B' 구조는 직역하면 'B할 때까지는 A하지 않는다'이지만, 'B하고 난 후에서야 비로소 A 하다'라고 이해하면 좀 더 쉽게 기억할 수 있습니다.

not + A + until + B

= A + only after(only when) + B

= It be not until + B + that + A

= It be only after(only when) + B + that + A

= Not until + B, 의문구조도치 A

= Only after(only when) + B, 의문구조도치 A

1237. 집에 돌아올 <u>때까지는</u> 나는 아내가 한동안 아팠었다라는 사실을 알지 못했다.

① I <u>did not learn</u> that my wife had been sick for a while <u>until</u> I got back home.

② = I <u>learned</u> that my wife had been sick for a while <u>only after</u> I got back home. (하고 난 다음에서야 알았다)

③ = It wasn't until I got back home that I learned my wife had been sick for a while.

④ = It was only after I got back home that I learned my wife had been sick for a while.

⑤ = Not until I got back home, did I learn that my wife had been sick for a while. (의문문 어순 도치)

⑥ = Only after I got back home, did I learn that my wife had been sick for a while. (의문문 어순 도치)

☆ ①번과 ②번 구조는 순서대로 해석해도 무리 없이 이해되는 구조이지만 ③, ④, ⑤, ⑥번은 순서대로 해석하면 깔끔하게 느낌이 오지 않습니다. 따라서 해석시 '~하고 난 다음에야 비로소 ~하다' 를 적용하면 자연스럽습니다.

☆ ③번 구조의 생성배경은 다음과 같습니다. 원래 'it be + 강조어구 + that + 나머지어구'라는 '강조표현의 틀 속(강조어구)'에 접속사 until 이나 only after 를 포함하는 절이 들어가고, 주절이 '나머지어구'에 해당되어야 하는데, 이를 적용하면 it was until I got back home that I did not learn that my wife had been sick for a while 이라는 구조의 문장이 탄생하게 됩니다. 그런데 이 문장에서는 not 의 위치가 뒤로 가게 되어, 순서대로 읽다 보면 이 문장이 처음에는 긍정문이라는 느낌을 받게 됩니다. 그러다가 not 이 나오는 부분이 되어서야 문장이 부정문임을 알게 되고, 따라서 예측했던 정보를 180도 수정해야 하는 현상이 벌어집니다. 이런 문제 때문에, 영어에서는 부정어를 가급적 문두에 두어 빨리 부정문임을 알려야 하며, 그 결과 주절에 있었던 not 의 위치를 until 앞으로 옮겨주어야 했던 것 입니다. ④번은 only after 부사절을 그대로 강조위치에 옮겨와서 무리가 없고, ⑤번과 ⑥번은 도치의 규칙에서 자세히 배우

는데, '부정부사절' 내지는 'only 가 유도하는 부사절 다음에 오는 주절'은 의문문의 순서로 도치한다는 법칙에 의거하여 뒤의 절이 도치되는 것입니다.

☆ 다음의 예문들을 좀 더 살펴보고 확실히 공부해 두도록 합시다.

1238. 버스에서 내린 다음에야 나의 지갑이 도난당했다는 것을 깨달았다.

　I did not realize my purse had been stolen until I got off the bus.

1239. 화폐는 인류의 필요성에 부응하기 위해 등장했다. 하지만, 이 필요성은 문명이 그 초기 단계를 벗어나서 성장하고 난 후에야 비로소 생겨났다.

　Money came into existence to answer a need of mankind, but this need did not arise until civilization had grown beyond its earliest stages.

1240. 인간은 금속에서 물건들을 만드는 법을 배우고 난 다음에서야 비로소 문명으로 들어가는 첫 발걸음을 내딛기 시작했다.

　Man did not begin to take his first steps into civilization until he learned to make things out of metal.

(9) as soon as + S + P

☆ '~하자마자'라는 의미입니다. 이 접속사는 원급비교구문에서 차출한 접속사로서 다음과 같은 생성배경을 가집니다. 'He is tall'과 'I am tall'을 '원급 비교구문'으로 만들때, 우선 두 개의 절 사이에 '접속사 as'를 넣고 난 후 동일한 형용사인 '첫 번째 tall' 앞에 대등하다는 의미를 가지는 '부사 as'를 첨가하고 동시에 '뒤의 tall'을 지우게 됩니다. 그러면 순서상, 'He is tall as I am tall → He is as tall as I am'이 되면서 '그 사람은 나만큼 키가 크다'라는 의미가 됩니다. 같은 방식을 'He came back soon'과 'I came back soon'에 적용하면, 우선 두 개의 절 사이에 '접속사 as'를 넣어 'He came back soon as I came back soon'을 만들고, 다음으로 대등의미의 '부사 as'를 앞 절의 '첫 번째 soon' 앞에 첨가하고 '뒤의 soon'을 지우면 'He came back as soon as I came back'이 됩니다. '그 사람은 내가 돌아온 것만큼 곧, 또는 빨리 돌아왔다'는 의미이며, 이것을 의역하면 '그 사람은 나만큼 빨리 돌아왔다'가 됩니다.

☆ 한편, [도표 170]의 구조들에 나온 것 처럼 '비교급의 부정'을 통해서도 '~하자마자'라는 의미를 만들 수 있는데, 'no sooner + S_2 + P_2(의문구조), than S_1 + P_1'의 생성배경을 예로 들어 보겠습니다. 우선 'He is taller than I'라고 하면 '그가 나보다 키가 더 크다'가 되고, 여기서 비교급 앞에 no 를 첨가하여 'He is no taller than I'라고 하면 '그가 나보다 키가 더 클 것도 없다'라는 의미가 되어 '그의 키와 나의 키가 서로 비슷하다'라는 뉘앙스를 가지게 됩니다. 마찬가지로 'He came back no sooner than I came back'을 만들면 '그가 돌아온 것이 내가 돌아온 것보다 더 먼저랄 것도 없었다'가 되어, 결국 '둘의 귀환시점이 거의 같다'라는 의미를 주게 되므로 '그가 돌아오자마자 내가 돌아왔다'라는 뜻이 탄생하게 되는 것입니다. 그런데 영어

에서는 부정부사를 문두로 옮기는 경우가 많고, 이것이 적용 되어 'No sooner did he come back than I came back'이라는 문장이 만들어 진 것 입니다.

★ 이처럼 비교급을 부정하여도 원급과 비슷한 뜻을 만들 때에는, 시제를 과거와 과거완료로 구분하는 것이 좋습니다. 그렇게 되면, 'No sooner had he come back than I came back' 으로 표현할 수 있습니다. 물론 시제가 현재일 때에는 'No sooner do I get up in the morning than I take a cold shower', 즉, '나는 아침에 일어나자마자 냉수샤워를 한다' 에서처럼 현재 시제로 의문문 구조를 만듭니다.

★ 추가로, '~하는 그 순간 ~하다'에서처럼 접속사를 대용어인 the moment 계열로 바꾸어 줄 수 있고, '~하는 즉시 ~하다' 에서처럼 immediately 계열로 바꾸어 사용하기도 합니다. Scarcely 나 hardly 를 사용할 때에는 '뒤의 사실보다 앞의 사실이 더 먼저 일어난 것도 아니다'라는 의미이므로 접속사는 주로 before 를 많이 사용합니다.

도표 170 : '~하자마자 ~하다' 접속사 총정리

	접속사		
①	as soon as	+ S_2 + P_2	, S_1 + P_1
②	the moment	+ S_2 + P_2	, S_1 + P_1
③	the instant	+ S_2 + P_2	, S_1 + P_1
④	the minute	+ S_2 + P_2	, S_1 + P_1
⑤	immediately (after)	+ S_2 + P_2	, S_1 + P_1
⑥	instantly (after)	+ S_2 + P_2	, S_1 + P_1
⑦	directly (after)	+ S_2 + P_2	, S_1 + P_1
⑧	S_2 + no sooner	+ P_2	, than S_1 + P_1
⑨	S_2 + scarcely	+ P_2	, before (when) S_1 + P_1
⑩	S_2 + hardly	+ P_2	, before (when) S_1 + P_1
⑪	no sooner	+ S_2 + P_2 (의문구조)	, than S_1 + P_1
⑫	hardly	+ S_2 + P_2 (의문구조)	, before (when) S_1 + P_1
⑬	scarcely	+ S_2 + P_2 (의문구조)	, before (when) S_1 + P_1
⑭	on (upon)	+ -ing	, S_1 + P_1 ※ S_1 = S_2
⑮	on (upon)	+ S_2 + -ing	, S_1 + P_1

1241. 그는 나를 보자마자 얼굴이 붉어졌다.

He had no sooner seen me than he blushed.

1242. 그는 나를 보자마자 얼굴이 붉어졌다.

No sooner had he seen me than he blushed.

1243. 아기 방울뱀들은 태어나자마자, 그들 스스로를 보살필 수 있다.
   As soon as the baby rattlesnakes are born, they can take care of themselves.

1244. 그 이야기를 듣자마자, 그는 일어서서 짐을 꾸리기 시작했다.
   On being told the story, he got up and started to pack up.

1245. 총성이 들리기 전 그는 방밖으로 거의 걸어 나가지도 못했다. 즉, 걸어 나가자마자 총성이 들렸다.
   Hardly had he stepped out of the room before a gunshot was heard.

1246. 로케트가 발사된 직후, 폭발했다.
   Immediately after the rocket was launched, it exploded.

1247. 그녀가 떠나가자마자, 그는 자신이 그녀를 얼마나 사랑했는지를 깨달았다.
   No sooner had she gone away, than he realized how much he had loved her.

(10) as long as S + P

☆ '~하는 한'이라고 해석합니다. 조건적 의미와 시간적 의미가 있습니다.

1248. 당신이 원하는 동안 그 책을 가지고 있어도 좋다.
   You may keep the book for as long as you want. (until의 의미)

1249. 당신이 원한다면 그 책을 가지고 있어도 좋다.
   You may keep the book as long as you want. (조건적 의미)

(11) once + S + P

☆ '일단 ~하고 나면(~했을 때)'이라고 해석합니다.

1250. 일단 당신이 물리면 당신은 또 하나의 흡혈귀가 될 것이다.
   Once you are bitten, you'll be another vampire.

1251. 말이라는 것은 일단 내뱉어지면 되돌려질 수 없다.
   Words can not be taken back once they are spoken.

☆ once는 '한 번' 또는 '옛날에(once upon a time)' 라는 의미의 부사로도 사용되는 바, 이때는 절과 절을 연결하지 않는다는 사실에 유념해야 합니다.

1252. 옛날에 한 왕과 '설백(백설)' 이라고 불리는 그의 딸이 살았다.
   <u>Once</u> there lived a king and his beautiful daughter called 'Snow White'.

1253. 나는 그녀를 <u>한 번</u> 보았다.
   I saw her <u>once</u>.

(12) by the time + S + P

☆ '~할 무렵' 이라고 해석합니다. 원래 이 구조는 전치사의 목적어인 the time 뒤에서 '관계부사가 생략된 관계사절'이 붙어서 만들어졌습니다.

1254. 당신이 돌아올 무렵, 우리는 잠자리에 들었을 것이다. (완료)
By the time you get back, we'll have gone to bed.

1255. 그가 서른 살이 되었을 무렵, 그는 5개 언어를 익혔다. (완료)
By the time he turned 30, he had learned 5 languages.

2) 양태, 방식의 부사절

☆ '~하듯이', '~이듯이', '~하는 방식으로' 라고 해석합니다.

☆ '(just, exactly) + as + S_2 + P_2 , (so) + S_1 + P_1' 구조가 가장 널리 사용되고, 주절 앞에 so 가 올 경우 주절이 의문문 구조로 도치(倒置)되기도 합니다. 종속절이 뒤로 가면 구어체에서는 as 대신 like 를 쓰기도 하고 '(in) the way + 관계사절' 구조로 쓰기도 합니다.

1256. 로마에서는 로마사람들이 하는 방식대로 해라.
Do as(like) the Romans do when you are in Rome.

1257. 늙은 사람들이 청춘의 에너지를 필요로 하듯이 젊은 사람들도 늙은 세대의 지혜를 필요로 한다.
Just as(like) the old need the energy of youth, the young need the wisdom of old age.

1258. 그들은 그들의 선조들이 항상 돌아다니면서 살아왔던 것처럼 살고 싶어 한다.
They want to live as(like) their ancestors have lived always moving around.

1259. 상황을 있는 그대로 받아들여라.
Take things as they are.

1260. 그들은 어렸을 때 그랬던 것처럼 지금은 싸우지 않는다. (어렸을 때는 싸웠다는 뜻.)
They don't quarrel now as they did when they were young.

1261. 우리는 다른 간이식당들에서 그러는 것처럼 독한 술을 팔지는 않는다.(다른 데서는 판다는 뜻.)
We don't sell hard liquor here as they do at other snack bars.

1262. 뿌린 대로 거두리라.
As you sow, so shall you reap. (도치)

1263. 우리는 당신이 거기서 일을 하는 방식으로 여기서 일하지는 않는다.
We don't do things here the way you do there.

3) 비례의 부사절

☆ '~할수록(~함에 따라) ~하다' 라고 해석합니다. 접속사 as를 사용하되, 증감을 표현하는 동사 내지 비교급이 와야 비례의 부사절이 성립되며, 양쪽에 비교급이 올 경우 'the + 비교급, the +비교급' 구조로 전환이 가능합니다. 이 경우 주어가 명사이면 'be 동사'는 생략 가능합니다.

(1) as + S_2 + P_2 (비교급), S_1 + P_1 (비교급)

1264. 한 사람이 나이를 먹어갈수록 그 사람은 비만해 질 가능성이 커진다.
<u>As</u> one grows <u>older</u>, he or she is <u>more likely</u> to get <u>fat</u>.

1265. 당신이 그 작가에 대해 더 많이 읽을수록 당신은 인생에 흥미를 잃어갈지도 모른다. 왜냐하면 작가가 염세주의자이기 때문이다.
<u>As</u> you read <u>more</u> about the author, you may be <u>less interested</u> in life, because he is a pessimist.

1266. 우리가 더 높이 올라갈수록 숨을 쉰다는 것이 더 어려워진다.
<u>As</u> we climb up <u>higher</u>, it is <u>harder</u> to breathe.

1267. 내가 그에 대해 더 많이 알아갈수록 나는 그에게 더 많이 끌렸다.
<u>As</u> I knew <u>more</u> about him, I became <u>more attracted</u> to him.

(2) the + 비교급, the + 비교급

= The + 비교급 + S_2 + P_2 (~할 수록), the + 비교급 + S_1 + P_1 (~하다)

= The + 비교급 + S_2 + P_2 (~할 수록), S_1 + P_1 (~하다 - 정상어순)

= S_1 + P_1 (~하다 - 정상어순), the + 비교급 + S_2 + P_2 (~할 수록)

☆ 위의 네 개의 예문이 모두 양쪽 절에 비교급을 가지고 있으므로 아래와 같이 문장전환이 가능합니다.

1268. 나이 들수록 살찌기 쉽다.
<u>The older</u> one grows, <u>the more likely</u> he or she is likely to get fat.

1269. 당신이 그 저자에 대해 더 많이 읽을수록 삶에 흥미를 잃을 것이다 왜냐하면 그는 염세주의자이기 때문이다.
<u>The more</u> you read about the author, <u>the less interested</u> you may be in life, because he is a pessimist.

1270. 높이 올라갈수록 숨쉬기 어려워진다.
<u>The higher</u> we climb up, <u>the harder</u> it is to breathe.

1271. 내가 그에 대해 더 많이 알수록 그에게 더 끌렸다.

The more I knew about him, the more attracted I became to him.

1272. 크기가 클수록 더 좋을 것이다.

The bigger the size(is), the better it will be.
(주어가 명사이면 be 동사 생략 가능)

1273. 많을수록 좋다.

The more, the better.

☆ 비례절은 두 가지 모양으로 '상호 치환'을 할 수 있어야 하는데, '정관사를 가지고 있는 대칭 모양'에서 'as 를 이용한 절'로 치환하기가 상대적으로 더 어려운 이유는 '정관사 the 다음에 오는 비교급'이 원래 어떤 자리에 위치해 있었는가를 밝혀내야만 'as 를 이용한 절'로 치환이 가능하기 때문입니다. 예를 들어 'The more people visit the resort, the less pleasant we find it to spend our holiday there'라는 문장을 'as 를 이용한 절'로 고칠 때에는, 각각의 비교급이 원래 어디에 위치해 있었는가를 알아야 하는데, 'As more people visit the resort, we find it less pleasant to spend our holiday there'로 정확하게 전환하기 위해서는 결국 절 구조에 대한 매우 정확한 지식이 요구됩니다.

☆ 비례절은 as 절에 해당하는 부분만 'the +비교급'으로 만들고 뒤는 정상어순으로 쓰기도 합니다. 즉, 'The more people visit the resort, we find it less pleasant to spend our holiday there'라고 쓸 수도 있습니다. 증감동사를 사용해서 'As the price rises, the demand shrinks' 처럼 표현할 수 있습니다.

4) 목적의 부사절

☆ '~하기 위해', '~할 수 있도록'이라고 해석합니다.

(1) $S_1 + P_1 + $ (so) $ + $ that $ + S_2 + $ may, can $ + P_2$

$ = S_1 + P_1 + $ in order that $ + S_2 + $ may, can $ + P_2$

1274. 나는 그 뚱뚱한 노인이 지나갈 수 있도록 옆걸음질 쳤다.

I stepped aside so that the fat old man could pass by.

1275. 나는 정각 6시에 일어날 수 있도록 알람시계를 맞추었다.

I set the alarm that I may get up at six sharp.

1276. 우리는 오존층이 우리를 해로운 자외선으로부터 보호해줄 수 있도록 그것을 지켜야 한다.

We must save the ozone layer in order that it can protect us from harmful ultraviolet rays.

(2) (so) + that + S_2 + may, can + not
  = in order that + S_2 + may, can + not
  = lest + S_2 + (should) + V_2
  = for fear + S_2 + (should) + V_2

☆ 목적의 부사절이 '~하지 않도록'의 구조일 때는 lest 나 for fear 를 사용할 수 있는데, 이 접속사는 이미 부정의 의미가 포함되어 있으므로 부사절에는 다른 부정어인 not 등을 쓰면 안 됩니다. 부사절은 'lest + 주어 + (should) + 원형'인데 조동사는 생략할 수 있으므로 조심해야 합니다.

1277. 우리는 그 잠자는 개를 깨우지 않도록 발끝으로 살금살금 걸었다.
   We tiptoed so that we might not disturb the sleeping dog.

1278. 나는 그녀가 나를 쉽게 알아볼 수 없도록 가짜 콧수염과 턱수염을 달았다.
   I wore a fake beard and mustache lest she easily recognize me.

5) 결과의 부사절

  $S_1 + P_1$ + so that + $S_2 + P_2$
= $S_1 + P_1$ + so + $S_2 + P_2$
= $S_1 + P_1$ + and so + $S_2 + P_2$
= $S_1 + P_1$ + and thus + $S_2 + P_2$
= $S_1 + P_1$ + and therefore + $S_2 + P_2$
= $S_1 + P_1$ + and as a result + $S_2 + P_2$
= $S_1 + P_1$ + and accordingly + $S_2 + P_2$
= $S_1 + P_1$ + and consequently + $S_2 + P_2$

☆ '그래서, 그 결과 ~하다'라고 해석합니다. 주절의 결과로 종속절이 발생하며 '시간상 전·후 관계' 혹은 '원인과 결과'로 이루어지는 문맥입니다. 앞의 문장이 끝나고 마침표 다음에 결과절이 연결되면 등위 접속사는 쓰지 않고 부사들만 사용해도 됩니다. thus, therefore, as a result, accordingly, consequently 는 모두 결과절을 이끄는 부사입니다.

1279. 그는 아프다. 그래서 그는 학교에 갈 수 없다.
   He is sick, so he can't go to school.

1280. 자동차 숫자에 있어서 엄청난 증가가 있었고 그 결과 도시공기의 질이 매우 나쁘다.
   There has been a great increase in the number of cars, so that the quality of the air in the city is very poor.

1281. 그는 아버지의 의지에 반하여 황제가 되려는 야심을 가졌다. 그 결과 그는 자기의 꿈을 실현시키기 위해 그의 늙은 아버지를 살해했다.

He had the ambition to be an emperor against his father's will. Consequently, he murdered his old father to make his dream come true.

1282. 나는 모든 것을 다 시도해 보았으나 허사였고 그 결과 그만두고 싶다.

I have tried everything in vain and therefore I want to quit.

6) 장소의 부사절 : where S_2 + P_2 , S_1 + P_1

☆ '~가 ~하는 곳에서, ~가 ~하다' 라고 해석 합니다.

1283. 의지가 있는 곳에, 길이 있다.

Where there is a will, there is a way.

1284. 커다란 화재가 있었던 곳에서 나는 깨진 돌 조각과 재들을 제외하고는 아무것도 못 보았다.

Where there was a big fire, I saw nothing but rubbles and ashes.

7) 원인, 이유의 부사절

☆ '~의 이유로', '~때문에'라고 해석합니다.

(1) because, as, since, now that

☆ 네 개의 접속사가 '이유의 부사절'을 유도하는데, why 로 물어보았을 때의 대답은 주로 because 로 하고, now that 은 '이제 ~하니까'라는 시기적 원인에 주로 사용하며, 부사절의 위치는 주절 기준으로 앞 또는 뒤에 모두 올 수 있습니다. 'because 절'은 위치에 따라 약간 해석법을 달리 해야 합니다. 즉, 'S_1 + P_1 ... because S_2 + P_2 ...' 구조는 'S_1 은 P_1 하다, 왜냐하면 S_2 가 P_2 하니까' 로 해석하고, 'Because S_2 + P_2 ..., S_1 + P_1 ...' 구조는 'S_2 가 P_2 라는 이유 때문에, S_1 은 P_1 하다'로 해석합니다. because of 는 전치사이므로 뒤에서 절을 받을 수 없고, '명사, 대명사, 동명사' 등을 받아야 합니다. since 는 '이미 알려진 사실을 다시 원인으로 언급'할 때 사용하며 as는 포괄적 상황에 사용 합니다.

1285. 나는 더 오래 머물 작정이다. 왜냐하면 나는 이곳의 날씨가 좋으니까.

I am going to stay longer, because I like the weather here.

1286. 이곳의 날씨가 좋다는 이유 때문에 나는 더 오래 머물 작정이다.

Because I like the weather here, I am going to stay longer.

1287. 나는 학교에 갈 수 없다. 왜냐하면 독감에 걸렸기 때문이다.

I can't go to school, because I have a flu.

1288. 내가 너무 어렸고 부주의해서 나는 쉬운 결론에 당도했다.
As I was too young and careless, I came to an easy conclusion.

1289. 이제 당신의 부친이 돌아가셨으니 당신이 가업을 이어야 한다.
Now that your father's gone, you must succeed to the family business.

1290. 아시다시피 내가 시칠리 섬에서 키워졌기 때문에 나는 이태리 말을 잘 할 수 있다.
Since I've been raised in Sicily, I can speak Italian, fluently.

(2) $S_1 + not + P_1$, because $+ S_2 + P_2$

☆ '~아니다, 왜냐하면 ~이니까'처럼 순차적으로 해석합니다.

1291. 나는 그를 좋아하지 않는다. 왜냐하면 그는 매우 욕심이 많으니까.
I don't like him, because he is very greedy.

1292. 나는 그곳에 가지 않았다. 왜냐하면 쉬고 싶었으니까.
I didn't go there, because I wanted to take a rest.

(3) $S_1 + not + P_1 + because + S_2 + P_2$

☆ because 앞에 콤마가 없을 경우 순차해석 외에, 뒤에서부터 먼저 해석하는 방법도 있습니다. 이렇게 뇌면 '~라는 이유로 ~하는 것은 아니다'라고 해석해야 하고 의미가 완전히 달라집니다. '주절의 not'은 '주절 동사를 부정'하는 것이 아니라 'because 이하를 부정'하는 것이므로, not 의 위치가 because 앞에 있어도, 주절은 긍정동사로 이해해야 합니다.

1293. 나는 그곳에 가지 않았다. 왜냐하면 쉬고 싶었으니까. 또는, 쉬고 싶었다는 이유로 그곳에 간 것은 아니었다. 즉, 다른 이유 때문에 그곳에 간 것이다. (문맥으로 결정)
I didn't go there because I wanted to take a rest.

1294. 그 사람이 가난하다는 이유로 한 사람을 경멸해서는 안 된다.
Do not despise a man because he is poor.

1295. 그녀를 사랑하지 않는다. 왜냐하면 그녀가 부자이기 때문이다.
혹은 그녀가 부자라는 이유로 그녀를 사랑하는 것은 아니다. 다른 이유가 있다. (문맥으로 결정)
I do not love her because she is rich.

☆ not because A but because B : 'A가 아니라 B의 이유로'
(진정한 이유를 밝힐 때 = not that A but that B)

1296. 나는 Caesar가 미워서가 아니라 Rome을 더 사랑했기 때문에 Caesar를 죽였다.
I killed Caesar not because I loved him less but because I loved Rome more.
= I didn't kill Caesar because I loved him less but because I loved Rome more.

8) 정도의 부사절

☆ '매우 ~해서 ~할 정도이다' 라고 해석합니다.

(1) so + 형용사, 부사 + that 절 = 형용사, 부사 + enough + that 절

☆ 정도절은 보통 결과절과 혼동되는 경우가 많은데, 결과절은 확실한 인과관계이고 접속사가 so that 으로 붙어서 나오는 반면, 정도절은 형용사나 부사의 앞에 '매우'에 해당하는 부사 so 를 붙이고 별도로 that 절을 쓴다는 점에서 완전히 다른 것 입니다. 또 '매우'에 해당하는 많은 부사들 즉 'very, pretty, quite, rather, fairly, awfully, terribly, badly, extremely, too, so' 중에서 오로지 so 만이 뒤에서 that 절을 가질 수 있다는 점도 유념하시기 바랍니다. so 를 강조하기 위해 앞에 ever 를 붙일 수 있습니다.

1297. 그는 매우 관대해서 다른 사람들이 그의 소유물을 자유롭게 이용하도록 내버려 둘 정도이다.
He is <u>so generous</u> <u>that</u> he lets other people use his belongings freely.

1298. 그 칼은 매우 잘 갈아져 있어서 쉽게 벨 수 있을 정도였다.
The knife was ever <u>so well sharpened</u> that it could easily cut.

1299. 매우 많은 사람들이 모여서 우리는 빈자리를 찾을 수 없을 정도였다.
<u>So</u> <u>many</u> people gathered <u>that</u> we could hardly find an empty place.

1300. 먼지가 너무 많이 일어서 나는 무슨 일이 벌어지고 있는지를 볼 수 없을 정도였다.
There was <u>so</u> <u>much</u> dust rising <u>that</u> I couldn't see what was going on.

☆ that 절 이하가 '~할 수 없다' 라는 구조가 나오면 'too 형, 부 + to 부정사' 로 전환가능

1301. 우리가 빈자리를 찾기에는 너무도 많은 사람들이 모였다.
<u>Too</u> <u>many</u> people gathered for us <u>to find</u> an empty place.

1302. 내가 무슨 일이 일어나고 있었는지 보기에는 너무도 많은 먼지가 일고 있었다.
There was <u>too</u> <u>much</u> dust rising for me <u>to see</u> what was going on.

1303. 나는 공부에 열중하기에는 너무도 피곤했다.
I was <u>too</u> <u>tired</u> <u>to concentrate</u> on my studies.

1304. 이 책은 아이들이 이해하기에는 너무 어렵다.
This book is <u>too</u> <u>hard</u> for children <u>to understand</u>.

1305. 그는 그 분대를 이끌기에는 너무도 그 전투를 두려워했다.
He was <u>too</u> <u>afraid</u> of the combat <u>to lead</u> the platoon.

1306. 우리가 무엇을 하기에는 너무 때가 늦었다.
It was <u>too</u> <u>late</u> for us <u>to do</u> anything.

1307. 그는 내가 거절하기에는 너무도 좋은 제안을 했다.
   He gave me <u>too good</u> an offer for me <u>to turn down</u>.

☆ 'too - to' 구조 전환 시 주의 사항 : $S_2 \neq S_1$ 일 때 to 앞에 for + S_2 첨가

1308. 조건이 너무 나빠서 죄수들은 생존할 수 없었다.
   <u>The conditions</u> were so bad that <u>the prisoners</u> could not survive.
   = <u>The conditions</u> were too bad <u>for the prisoners</u> to survive.

1309. 그녀는 너무 어려서 부모님이 데려갈 수 없다.
   She is so young that her parents can not take her with them.
   = She is too young for her parents to take her with them.

☆ to 부정사 구조 속에서는 부정어 삭제

1310. 너무 어두워서 누구도 수색을 계속할 수 없다.
   It is so dart <u>that nobody</u> can keep searching.
   = It is too dark <u>for anybody</u> to keep searching.

1311. 그는 너무도 아기적이어서 누구도 그의 친구가 될 수 없다.
   He is so selfish that no one can be his friend.
   = He is too selfish for any one to be his friend.

☆ 주절의 주어나 목적어가 to 부정사 구조에서 또 목적어로 나오면 생략

1312. 그 요리는 너무 매워서 내가 먹을 수 없을 정도였다.
   The dish was so spicy that I couldn't eat it.
   = The dish was too spicy for me to eat.

1313. 그는 아이들이 너무 많아서 잘 돌볼 수 없을 지경이다.
   He has so many children that he can not take good care of them.
   = He has too many children to take good care of.

1314. 그는 나에게 너무 좋은 제안을 해서 나는 그것을 거절할 수 없었다.
   He gave me so good <u>an offer</u> that I couldn't <u>turn it down</u>.
   = He gave me too good an offer for me to turn down.

1315. 그것은 내가 삼키기에는 너무나 큰 조각 이었다.
   It was such a big piece that I couldn't swallow it.
   = It was too big a piece for me to swallow.

☆ 편리한 관계의 'too - to'는 'so + 형, 부 + that 절'로 전환 불가능

1316. 이 책은 내가 이해하기에 너무도 쉽다.
   This book is too easy for me to follow.

1317. 나는 그녀를 다시 보는 것이 너무도 반가웠다.
   I was too glad to see her again.

(2) such + a(an) + 형용사 + 명사 = so + 형용사 + a(an) + 명사

☆ so 대신 such를 사용하는 경우 반드시 명사와 호응합니다. 따라서 [such + a(an) + (형용사) + 명사]의 구조가 나오게 되며, 이것을 다시 [so + 형용사 + a(an) + 명사]로 전환해도 됩니다. such 구조에 관사와 형용사는 나오지 않아야 할 때가 있지만 명사는 반드시 존재해야 합니다. 참고로 'so, too + 형용사 + a(an) + 명사' 어순에 주의하세요. so 와 too 는 형용사나 부사를 꾸밀 때 항상 붙여서 사용합니다.

1318. 그는 매우 정직한 사람이어서 거짓말을 해 본 적이 없을 정도이다.
He is <u>such</u> an <u>honest</u> <u>man</u> <u>that</u> he has never told a lie before.

1319. 나는 매우 멋진 여성을 보아서 어질어질 할 정도였다.
I saw <u>such</u> a <u>gorgeous</u> <u>woman</u> <u>that</u> I felt dizzy.

1320. 그는 매우 사나운 개를 가지고 있어서 아무도 그 근처에 갈 수 없을 정도였다.
He has <u>such</u> a <u>fierce</u> <u>dog</u> <u>that</u> no one can go near it.

1321. 날씨가 매우 좋은 날이어서 나는 무엇에도 집중하기가 어려웠을 정도였다.
It was <u>such</u> a <u>fine</u> <u>day</u> <u>that</u> I could hardly concentrate on anything.

1322. 매우 좋은 사람들이 나를 위로해서 나는 내 비참함에 대해 거의 잊을 정도였다. (복수명사 people)
<u>Such</u> <u>nice</u> <u>people</u> comforted me <u>that</u> I almost forgot about my misery.

(3) 문장 전환

☆ 한국어에서 '그는 매우 정직해서 거짓말을 한 적이 없을 정도이다.' 와 '그의 정직성은 그가 거짓말을 한 적이 없을 정도이다.' 는 같은 의미가 될 수 있습니다. 영어에서도 이와 같은 전환이 이루어집니다. 첫 문장은 사람이 주어이고, 두 번째 문장에서는 그가 가지고 있는 특성이 주어 입니다.

☆ S_1 + be + so + 형용사 + that + S_2 + P_2

= so + 형용사, 부사 + be + S_1 + that + S_2 + P_2

= S_1 소유격 + 명사 + be + such that + S_2 + P_2

= Such + be + S_1 소유격 + 명사 + that + S_2 + P_2

1323. 그는 매우 정직해서 전에 거짓말을 해본 적이 없을 정도다.
그의 정직성은 그 전에 거짓말을 해본 적이 없을 정도다.
<u>He</u> is <u>so</u> <u>honest</u> <u>that</u> he has never told a lie before.
= <u>His honesty</u> is <u>such</u> <u>that</u> he has never told a lie before.
= <u>Such</u> <u>is</u> <u>his honesty</u> <u>that</u> he has never told a lie before.

1324. 그는 매우 관대해서 바람피우는 아내를 용서해 줄 정도였다.
그의 관대함은 바람피우는 아내를 용서해 줄 정도였다.

He was so generous that he pardoned his wife cheating on him.
= His generosity was such that he pardoned his wife cheating on him.
= Such was his generosity that he pardoned his wife cheating on him.

1325. 그녀는 매우 호기심이 많아서 모든 것을 열어보려고 애쓸 정도이다.
그녀의 호기심은 모든 것을 열어보려고 애쓸 정도이다.

She is so curious that she tries to open everything.
= Her curiosity is such that she tries to open everything.
= Such is her curiosity that she tries to open everything.

9) 조건의 부사절

☆ '만약 ~ 한다면'이라고 해석합니다. 조건의 부사절은 접속사 if 에 의해 대표적으로 유도되는데, 자세한 내용은 가정법에서 다루기로 하고 여기서는 if 이외의 다른 접속사들에 대하여 자세히 소개하기로 합니다.

도표 171 : 조건의 부사절을 유도하는 접속사의 종류

① If + S_2 + P_2 만약 ~하다면,
② provided + (that) + S_2 + P_2 만약 ~하다면,
③ providing + (that) + S_2 + P_2 만약 ~하다면,
④ suppose + (that) + S_2 + P_2 만약 ~하다면,
⑤ supposing + (that) + S_2 + P_2 만약 ~하다면,
⑥ in case + S_2 + P_2 ~하다면, ~하는 경우에 대비하여
⑦ on the condition that + S_2 + P_2 ~하다는 조건하에
⑧ unless + S_2 + P_2 ~하지 않는다면
⑨ but(unless) + S_2 + P_2 ~하지 않는다면

1326. 비가 올 경우에 대비해서 우산을 지니고 가세요.

In case it rains, please take the umbrella with you.

1327. 강둑으로부터 너무 멀리 나가지 않는다는 조건에서 너는 수영을 가도 좋다.

On the condition that you don't go too far from the riverbank, you may go swimming.

1328. 그를 그리워하지 않고는 단 하루도 가지 않았다. 즉, 그리워하지 않는 날이 없었다.

Not a day passed by but I missed him.

10) 양보(무상관)의 부사절

☆ '비록 ~라 해도(~에도 불구하고)' 라고 해석합니다. 문법용어로서의 양보라는 것은 사회에서 사용하는 말처럼 남의 권리를 위해 나의 권리나 욕구를 자제한다는 의미가 아니라, '두 가지 사실'이 서로 상관이 없을 정도로 영향을 받지 않는다는 것을 의미합니다.

도표 172 : 양보절을 유도하는 기본 접속사

①	though	$+ S_2 + P_2$	비록 ~라 해도
②	although	$+ S_2 + P_2$	비록 ~라 해도
③	even though	$+ S_2 + P_2$	비록 ~라 해도
④	if	$+ S_2 + P_2$	설령 ~라 해도
⑤	even if	$+ S_2 + P_2$	설령 ~라 해도
⑥	whether	$+ S_2 + P_2$ (+ or not / + or $S_3 + P_3$)	~하든 아니든 상관없이

1329. 비록 그가 부자라 해도 나는 그와 결혼하지 않겠다.
   즉, 그가 부자인 것은 사실이지만 결혼하지 않겠다.
   Though he is rich, I will not marry him.

1330. 비록 많은 돈이 있었지만 나는 행복하지 않았다.
   즉, 돈이 많은 것은 사실이었지만 행복과 상관이 없었다.
   Although I had much money, I was not happy.

☆ even if 를 사용하는 경우는 미확인된 사실을 놓고 '가정한다손 치더라도 상관하지 않겠다'는 것입니다.

1331. 가령 그가 부자라 해도 나는 그와 결혼하지 않겠다.
   즉, 그 사람이 부자인 것이 확인되지는 않았지만 어쨌든 결혼하지 않겠다.
   Even if he is rich, I won't marry him.

1332. 그것은 해결하기가 그렇게 쉽지는 않다, 가령 그가 매우 현명한 사람이라 해도.
   It is not that easy to solve, if he is a very wise man.

1333. 그것이 나에게 이익을 주든 해를 주든 나는 그것을 내 방식으로 하겠다.
   I will do it my way, whether it may do me good or harm.

1334. 그가 여기서 태어났든 아니든 그는 참정권이 있다.
   Whether he was born here or not, he has the right to vote.

1335. 그것이 좋든 나쁘든 당신은 당신 자신의 문화를 정상적인 것으로 보는 경향이 있다.
   Whether it is good or bad, you tend to see your own culture as normal.
   = Be it good or bad, you tend to see your own culture as normal.

(1) 양보절의 도치

☆ 양보절이 2형식일 경우 주격보어인 '명사, 형용사'가 문두로 도치되면, 접속사는 as 로 바뀔 수 있습니다. 만약 'a, an + 명사보어'일 경우 문두 도치되면 'a, an'은 쓰지 않습니다. 문두 도치시 형용사는 그 앞에 다시 부사 as 를 쓸 수 있습니다. 양보절에 부사가 있을 경우 형식과 관계없이 문두로 도치하고 접속사를 as 로 바꾸어 쓸 수 있습니다.

① though + S_2 + P_2 + C_2 = C_2 + as + S_2 + P_2

1336. 비록 그는 부자지만, 행복하지 않다.
Though he is rich, he is unhappy. = (As) Rich as he is, he is unhappy.

1337. 비록 그는 젊은이이지만, 그 분야에서 경험이 많다.
Though he is a young man, he has much experience in the field.
= Young man as he is, he has much experience in the field.

1338. 그가 비록 강인한 사람이었지만 그의 눈은 눈물로 흐려졌고 그의 입술은 쓰라린 흐느낌으로 뒤틀렸다. 그가 그의 외아들의 사망소식을 들었을 때.
Strong man as he was, his eyes grew dim with tears and his lips twisted with a bitter sob when he heard of his only son's death.

1339. 나폴레옹이 비록 막강했지만 그는 M이라는 문자에 관한 이상한 미신에 집착했다.
(As) Powerful as Napoleon was, he held on to a strange superstition regarding the letter M.

☆ as 앞에 보어가 도치되는 경우 대부분 양보절이지만 원인절에서도 간혹 주격보어를 문두에 도치시킵니다.

1340. 우리 하나 하나가 불완전한 존재이므로 우리는 남들을 용서해야 한다.
Imperfect as each one of us is, we must forgive others.

② though + S_2 + P_2 + 부사 = 부사 +as + S_2 + P_2

1341. 비록 내가 그 이야기를 정직하게 말했지만, 누구도 내 말을 듣지 않으려 했다..
Though I honestly told the story, nobody would listen to me.
= Honestly as I told the story, nobody would listen to me.

1342. 비록 그들이 서로 많이 닮았지만 그들의 어머니는 그들을 구별할 수 있다.
Though they resemble each other much, their mother can tell them apart.
= Much as they resemble each other, their mother can tell them apart.

1343. 비록 그는 조심스럽게 그 차를 몰았지만, 빙판 위에서 그것을 통제하느라 애를 먹고 있었다.
Carefully as he drove the car, he was having a hard time controlling it on an icy road.

(2) 'wh 대명사 + ever' 에 의한 양보절

☆ 이 구조에서 'wh- 절'의 주어가 명사이고 술어가 'be 동사'이면, 'be 동사'는 생략할 수 있습니다.

도표 173 : 'wh 대명사 + ever'에 의한 양보절

① whatever + (S_2) + P_2 : 무엇이(무엇을) ~하더라도
② whoever + (S_2) + P_2 : 누가 ~하더라도
③ whomever + S_2 + P_2 : 누구를 ~하더라도
④ whichever + (S_2) + P_2 : 무엇이(무엇을) ~하더라도
⑤ whosever + (S_2) + P_2 : 누구의 것이(누구의 것을) ~하더라도

1344. 그들이 무엇을 말하더라도, 나는 당신을 따르겠어요.
Whatever they may say, I will follow you.

1345. 나에게 어떤 일이 일어나도 나는 두렵지 않다.
Whatever may happen to me, I am not afraid.

1346. 누가 그렇게 말하더라도, 나는 초자연적인 것들을 믿지 않는다.
Whoever says so, I don't believe in supernatural things.

1347. 당신이 누구를 사랑하더라도 당신은 그 남작과 결혼을 해야 한다.
Whomever you may love, you must marry that baron.

1348. 당신이 어떤 것을 골라도, 당신은 만족할 것이다.
Whichever you pick, you will be satisfied.

1349. 그것이 누구의 것이든 간에 나는 그것을 살 것이다.
Whosever that may be, I will buy it.

1350. 어떤 책이 당신의 관심을 끌든, 처음에 작가가 의도하는 것을 완벽히 이해하는 것은 불가능하다.
Whatever book interests you, it is impossible for you to fully understand at first reading what the author intends.

1351. 그가 누구의 아들이건 우리는 그에게 벌칙을 주어야 한다. (주어가 대명사이므로 be 생략 불가)
Whosever son he is, we should give him a penalty.

1352. 그의 사이즈가 무엇이건 간에 우리는 그를 제대로 입힐 수 있다. (주어가 명사 이므로 be 생략 가능)
Whatever his size (is), we can dress him properly.

1353. 그들이 뭐라 해도 나는 너를 따르겠다.
No matter what they may say, I will follow you.

1354. 나에게 어떤 일이 생겨도 두렵지 않다.
No matter what may happen to me, I am not afraid.

1355. 누가 그렇게 말해도 나는 초자연적인 것을 믿지 않는다.
No matter who says so, I do not believe in supernatural things.

1356. 당신이 누구를 사랑해도 당신은 그 남작과 결혼해야 한다.
No matter whom you may love, you must marry that baron.

1357. 어떤 것을 골라도 만족할 것이다.
No matter which you pick, you will be satisfied.

1358. 그것이 누구의 것이라 하더라도, 나는 그것을 사겠다.
No matter whose that may be, I will buy it.

☆ 이 양보절의 특징은 주절과 형식적으로 분리되어 있고 comma 를 사용한다는 것입니다. 이 경우 wh- 와 ever 를 분리하여 'no matter wh-' 로 사용할 수 있습니다. 또, 양보절 내의 동사는 'may + 동사원형' 을 사용할 때가 많고 조동사를 사용하지 않을 수도 있습니다. 참고로 위의 구조를 전통문법서에서는 복합관계대명사라고 부르며 이에 유도된 절은 선행사를 포함하는 관계사절로도 활용이 가능한데, 관계사절 부분에서 보충하여 배우겠습니다.

☆ 다음의 구조도 위의 규칙에 적용됩니다.

도표 174 : 'wh- + ever + 명사'에 의한 양보절
① whatever   + 명사 : 어떤 명사가(어떤 명사를) ~하더라도
② whichever + 명사 : 어떤 명사가(어떤 명사를) ~하더라도
③ whosever   + 명사 : 누구의 명사가(누구의 명사를) ~하더라도

1359. 어떤 책이 흥미를 주어도 처음 읽어서는 저자의 의도를 완전히 이해하기 불가능하다.
No matter what book interests you, it is impossible for you to fully understand at first reading what the author intends.

1360. 그가 누구의 아들이건 그에게 처벌을 해야 한다.
No matter whose son he is, we should give him a penalty.

(3) 명령문 구조로의 전환 : V.R (동사원형) + wh- + (S_2) + may, will

☆ 이것은 소망을 의미하는 명령문이라기보다 방임을 의미하는 표현으로 '그러라고 그래' 의 뜻에 가깝습니다.

1361. 그들이 무엇을 말하던 간에 나는 설득되지 않을 것이다.
Say what they may, I will not be persuaded.

1362. 무슨 일이 생겨도 나는 그것에 잘 대비되어 있다.
Come what may, I am well prepared for it.

1363. 아무리 누추하더라도 집과 같은 곳은 없다.
   Be it ever so humble, there is no place like home.

1364. 일이 어떻게 되더라도 나는 신경 쓰지 않는다.
   Be the matter what it may, I don't care.

(4) 'wh 부사 + ever' 에 의한 양보절

도표 175 : 복합 관계 부사에 의한 양보절

① wherever   + S_2 + P_2 : 어디서 ~하더라도
② whenever   + S_2 + P_2 : 언제 ~하더라도
③ however   + S_2 + P_2 : 어떻게 ~하더라도
④ however   + 형용사, 부사 + S_2 + P_2 : 아무리 ~하더라도

1365. 내가 어디에 있어도 나는 그녀가 함께 있다고 느꼈다.
   Wherever I was, I felt she was with me

1366. 그가 언제 서울을 오더라도 그는 안부전화를 한다.
   Whenever he comes to Seoul, he gives me a call to say hello.

1367. 당신이 어떻게 그것을 하더라도 며칠 내에는 끝낼 수 없을 것이다.
   However you do it, you can't finish it within a few days.

1368. 당신이 아무리 애를 써도 당신은 그 시험을 통과할 수는 없을 것이다.
   However hard you may try, you will never pass the test.

1369. 사람이 아무리 나이를 먹어도 배울 수 있다.
   However old one may be, he or she can learn.

1370. 아무리 많은 돈을 벌어도 더 원한다고 느끼기 마련이다.
   However much you may earn, you feel you want more.

1371. 아무리 많은 사람들이 나를 사랑할지라도 그에게 견줄 수 있는 이는 없다.
   However many people may love me, nobody compares to him.

1372. 어디에 있든 나는 그녀가 내 곁에 있다고 느꼈다.
   No matter where I was, I felt she was with me.

1373. 아무리 많은 사람이 나를 사랑해도 그에게 견줄 수 있는 사람은 없다.
   No matter how many people may love me, nobody compares to him.

2. 부사절 접속사 다음의 'S + be' 생략

☆ 주절과의 관계에서 불필요한 내용 중복을 막기 위해 '부사절의 주어와 be 동사'는 생략될 수 있습니다. 원칙적으로 주어끼리 같을 때에 가능하지만 일부 관용표현에서는 다른 주어의 경우에도 생략될 수 있습니다.

도표 176 : 'S_2 + be'를 생략하는 데 사용되는 주요 접속사

① when + (S_2 + be), S_1 + P_1
② while + (S_2 + be), S_1 + P_1
③ until + (S_2 + be), S_1 + P_1
④ if + (S_2 + be), S_1 + P_1
⑤ unless + (S_2 + be), S_1 + P_1
⑥ though + (S_2 + be), S_1 + P_1
⑦ once + (S_2 + be), S_1 + P_1
⑧ as + (S_2 + be), S_1 + P_1 ('~하듯이'의 의미이고 주절에 나온 명사일 때)

1374. 젊었을 때, 그는 총명했다.
When he was young, he was smart.
= When young, he was smart.

1375. 강을 따라 운전하는 동안, 그는 길 위에서 가방 하나를 발견했다.
While (he was) driving along the river, he found a bag on the road.

1376. 말 붙여질 때까지, 말 걸지 말라.
Do not speak to anybody until (you are) spoken to.

1377. 이 기름은, 경제적으로 사용된다면, 또 다른 이틀간 지속될 것이다.
This oil, if (it is) economically used, will last another two days.

1378. 이 부서를 책임지고 있음에도, 그는 우리에 관하여 아는 바가 없다.
Though (he is) in charge of this department, he knows nothing about us.

1379. 초대받지 않으면, 입장할 수 없습니다.
You cannot come in unless (you are) invited.

1380. 일단 물리면, 당신은 그 바이러스에 감염될 것이다.
Once (you are) bitten, you will be infected with the virus.

1381. 그들은 원작 그대로 그 극을 공연했다.
They performed <u>the play</u> as (it was) originally written.

✯ 모든 부사절 접속사가 뒤에서 'S₂ + be' 의 구조를 생략할 수 있는 것은 아니며, 주로 위에 소개된 접속사들과 그 유사어들이 가질 수 있는 용법입니다. 글의 경제성과 간결함을 얻기 위해 자주 이용됩니다. 다만 'if it were not for A = 만일 A 가 없다면' 과 같은 가정법 또는 'if it is necessary, if it is possible, if it is needed' 와 같은 구조에서는 종속절의 주어인 it 과 주절의 주어가 달라도 축약하여 'if not for A, if necessary, if possible, if needed'와 같은 표현들을 사용합니다.

1382. 이 아름다운 자연이 없다면, 우리나라는 관광객을 끌지 못할 것이다.

If (it were) not for this beautiful nature, our country would not attract tourists.

1383. 필요하다면 그곳에 가겠다.

I will go there, if (it is) necessary.

1384. 가능하다면 조금 일찍 오세요.

Please come a little early if (it is) possible.

✯ 부사절 접속사 다음에 주어와 be 동사가 생략되면 주로 접속사와 형용사, 분사, 명사, 전치사구 등이 남게 됩니다. 이것은 결과적으로 분사구문에서 접속사를 지우지 않은 것과 같기 때문에 분사구문에서 접속사를 남긴다는 설명보다는 부사절에서 주어와 be 동사를 생략한 것이 그 근원이라 보는 것이 옳습니다. 분사구문의 취지는 복문을 단문으로 만드는 것이므로 접속사가 사용되어서는 진정한 단문이라고 볼 수 없기 때문입니다.

10 기출문제

01. 다음 문장의 내용상 _____ 부분에 가장 적절한 말은?

| I surely tell everyone without any hesitation that I owe my parents _____ I am today. |

① that　　　　② which　　　　③ what　　　　④ who

해석　나는 주저없이 모든 이들에게 오늘날의 나는 내 부모님 덕이라는 사실을 말한다.

해설　owe + 간목 + 직목의 4형식으로 what I am 구조에서 what의 앞 절반은 owe의 직목, 뒤 절반은 am의 보어 역할

답　③

02. 다음 문장의 내용상 _____ 부분에 가장 적절한 말은?

| _____ there was an accident on the highway, the driver decided to take a detour. |

① Whether　　　② Since　　　③ Although　　　④ Even if

해석　도로에서 사고가 있어서 운전자는 우회하기로 결정했다.

해설　두 절의 관계는 인과 관계이므로 접속사 as, since, because가 적합함

답　②

03. 다음 문장의 내용상 _____ 부분에 가장 적절한 말은?

> The amount of computer crime is increasing rapidly. _____ losses by computer crime amount to billions of dollars yearly, major industries are hiring new experts.

① Though   ② Because   ③ Due to   ④ Probably   ⑤ Whereas

해석 컴퓨터 범죄의 양이 급속하게 증가하고 있다. 컴퓨터 범죄에 의한 손실액이 매년 수십억달러에 달하기 때문에 주요 산업체들이 새로운 전문가들을 고용하고 있다.

해설 종속절의 동사가 amount to 이고 문맥상 인과 관계이므로 접속사 because, as, since가 적합함

답 ②

04. 다음 문장의 내용상 _____ 부분에 가장 적절한 말은?

> Pure naphtha is highly explosive if _____ to an open flame.

① it exposed   ② is it exposed   ③ expose it   ④ exposed

해석 순수한 나프타는 불꽃에 노출되면 매우 폭발성이 강하다.

해설 if it is exposed to … 구조를 쓰거나 if 절 뒤에서 주어와 be 동사의 생략을 쓴다.

답 ④

05. 다음 문장의 내용상 _____ 부분에 가장 적절한 말은?

> He worked hard; _____ he should have failed in the examination.

① but for   ② unless
③ otherwise   ④ if
⑤ providing

해석 그는 열심히 공부했다. 그렇지 않았다면 그는 시험에서 실패했을 것이다.

해설 앞의 시제가 과거이고 otherwise의 의미는 앞의 것을 반대로 가정하므로 뒤의 주절 시제는 조동사 과거형 + have p.p 로 확인되었다.

답 ③

06. 다음 문장의 내용상 _____ 부분에 가장 적절한 말은?

> Our body needs food and oxygen, and these must be supplied constantly. Food can be stored in the body, _____ a person need not eat all the time in order to satisfy this need.

① so that
② but that
③ as if
④ even if
⑤ for fear

해석 우리의 몸은 영양과 산소를 필요로 하며 이것들은 계속적으로 공급되어야 한다. 영양은 몸에 저장될 수 있고 그래서 사람은 이 욕구를 충족시키려고 늘 먹어야할 필요는 없다.

해설 두 절의 문맥은 결과로 연결되는 것이 가장 타당하므로 so that 절

답 ①

07. 다음 문장의 내용상 _____ 부분에 가장 적절한 말은?

> _____ on water depends on the density of both the object and the water.

① An object floats
② Whether an object floats
③ Does an object float
④ So an object floats
⑤ As an object floats

해석 물체가 물에 뜨는가의 여부는 그 물체와 물의 밀도에 달려있다.

해설 depends on 이라는 술어동사의 주어가 필요하며 명사절 중 '인지 아닌지'의 여부를 유도하는 접속사는 whether

답 ②

08. 다음 문장의 내용상 _____ 부분에 가장 적절한 말은?

> Important _____ sugar is, we can't live upon it.

① even if   ② while   ③ as   ④ although

해석 비록 설탕이 중요하지만 우리가 그것을 주식으로 할 수는 없다.

해설 양보절이 2형식일 경우 주격보어를 문두로 도치하면 접속사는 as로 변한다.

답 ③

PART 10 - 부사절 (adverb clauses)

09. 다음 문장의 내용상 _____ 부분에 가장 적절한 말은?

> A baby might show fear to an unfamiliar adult _____ he is likely to smile at another infant.

① if ② so that ③ whenever ④ of which ⑤ whereas

해석 아기는 낯선 어른에게 공포심을 보여줄지 모르지만 반면 다른 아기에게는 미소를 지을 가능성이 크다.

해설 두 개의 사실이 서로 상반된 내용이므로 역접형 접속사 but, whereas, while을 사용한다.

답 ⑤

10. 다음 문장의 내용상 _____ 부분에 가장 적절한 말은?

> As words go, 'astronomy' and 'physics' have been in use for millennia, ____ 'geology' in its present sense dates back only a few hundred years.

① if ② when ③ because ④ whereas

해석 흔히들 천문학과 물리학은 수천년 동안 이용되어 왔다지만 반면 현재의 의미로 사용되는 지리학은 단지 몇 백 년 전으로 기원한다.

해설 내용상 장기간과 단기간이라는 역접이므로 접속사 but, whereas, while을 사용한다.

답 ④

11. 다음 문장의 내용상 _____ 부분에 가장 적절한 말은?

> The dancing bear at the circus was very entertaining. It was able to balance a ball on its nose _____ it was standing on one foot.

① where ② whereas ③ while ④ now that

해석 그 서커스의 춤추는 곰은 매우 재미났다. 그 놈은 한 발로 서 있는 동안 코 위에다가 공 하나를 균형잡을 수 있었다.

해설 두 개의 절이 동시에 진행되고 있으므로 접속사 while이 적합하다.

답 ③

12. 다음 문장의 내용상 _____ 부분에 가장 적절한 말은?

> _____ large in volume, a comet is small in mass.

① It is generally
② Although generally
③ Generally it is
④ When is it generally

해석 비록 부피는 큰 편이지만 혜성의 질량은 작다.

해설 although it is large ⋯ 이 접속사는 뒤에서 주어와 be 동사를 생략할 수 있다. 문맥은 양보관계

답 ②

13. 다음 문장의 내용상 _____ 부분에 가장 적절한 말은?

> Staff members are being asked to postpone any vacations ____ the entire project has been completed.

① during
② until
③ because
④ since

해석 직원들은 전체 사업계획이 완성될 때까지 휴가를 유보하도록 권고받고 있는 중이다.

해설 문맥상 '-할 때까지'가 합당하므로 until 접속사

답 ②

14. 다음 밑줄 친 부분 중 어색한 부분은?

> Advertising shapes our perception of the world ① <u>as surely as</u> architecture shapes our impression of a city. Good, responsible advertising can serve as a positive influence for change, ② <u>while generated profits</u>. Of course, the problem is that ③ <u>the obverse</u> is also true: advertising, like any form of mass communications, can be a force ④ <u>for both 'good' and 'bad'</u>.

해석 광고는 건축이 우리의 도시에 대한 인상을 결정짓는 것만큼 확실하게 세상에 대한 인식을 결정한다. 훌륭하고 책임있는 광고는 이익을 낳으면서 동시에 변화를 위해 긍정적인 영향력으로서의 역할을 할 수 있다. 물론 문제는 반대상황또한 사실이라는 것이다. 광고는 대중매체들처럼 동시에 선과 악을 위한 수단이 될 수 있다는 것이다.

해설 접속사 while 뒤에서 it is generating profits 구조가 있었고 주어와 be 동사가 생략되면 능동분사로 남아있어야 한다.

답 ② → while <u>generating</u> profits

15. 다음 밑줄 친 부분 중 어색한 부분은?

① <u>Because of</u> the controversial governmental budget bill was passed by Congress, the opposition party ② <u>raised</u> an opposing point ③ <u>of view</u> enough ④ <u>to lead</u> a severe disruption of ministry administration.

해석 쟁점이 되고 있는 정부예산안이 의회에서 통과되었기 때문에 야당은 행정부의 심한 분열을 가져올 정도의 반대견해를 제기했다.

해설 두 개의 절이 연결되고 있으므로 전치사를 쓸 수 없고 접속사를 써야 한다.

답 ① → Because

16. 다음 밑줄 친 부분 중 어색한 부분은?

① <u>The worms</u> reproduce well ② <u>in captivity</u> if ③ <u>handling</u> properly, ④ <u>doubling</u> or tripling in number in a few months.

해석 그 벌레들은 제대로 다루어지면 몇 달 안에 그 개체수가 두, 세 배가 될 정도로 포획상황에서도 번식을 잘한다.

해설 if 접속사 뒤에서 they are handled properly가 있었고 주어와 be 동사가 생략되었으므로 수동분사가 되어야 한다.

답 ③ → handled

17. 다음 밑줄 친 부분 중 어색한 부분은?

The first successful British colony, at Jamestown of Chesapeake Bay in Virginia, ① <u>was not founded</u> until 1607. The first settlers ② <u>relied on suppliers</u> from England and depended on the Indians ③ <u>to teach them how</u> to survive. Not until ④ <u>they began cultivating</u> tobacco for sale abroad ⑤ <u>they could finance</u> their activities and develop their country.

해석 버지니아 주의 체사피크만에 있는 제임스타운에서의 최초의 성공적 영국식민지는 1607년이 되어서야 세워졌다. 최초의 정착민들은 영국으로부터의 공급품에 의존했고 그들에게 살아남는 방식을 가르쳐 준 인디언들에게 의존했다. 수출용 담배재배를 시작하고 난 다음에서야 비로소 그들은 자신들의 활동에 돈을 댈 수가 있었고 그들의 나라를 발전시킬 수 있었다.

해설 not until 절이나 not until 구 다음에 오는 절은 의문문의 순서로 도치된다.

답 ⑤ → could they finance

18. 다음 문장 중 어법상 옳지 않은 것은?

① Everything changed afterwards we left home.
② At the moment, she's working as an assistant in a bookstore.
③ I'm going to train hard until the marathon and then I'll relax.
④ This beautiful photo album is the perfect gift for a newly-married couple.

해석 우리가 집을 떠난 후 모든 것이 변했다. / 그 때 그녀는 서점에서 조수로 일하고 있었다. / 나는 마라톤까지는 열심히 훈련을 할 것이고 그 다음 쉴 것이다./ 이 아름다운 사진첩은 신혼부부에게 완벽한 선물이다.

해설 afterwards는 접속사로 쓰일 수 없다.

답 ① afterwards → since

19. Which of the following is not grammatically correct?

① Had the Korean team made it to the quarter final, the whole nation would have gone wild.
② If I had a time machine, I would choose to travel Joseon in the early 18th century.
③ If a war were to break out in the Korea Peninsula, the U.S. and China would immediately join.
④ The two political leaders had a meeting yesterday as if they were enemies for a long time.
⑤ Imagine you lived in North Korea, not in South Korea. Please, don't complain about your meal.

해석 한국팀이 4강까지 갔었다면 온 나라가 떠들썩했을 텐데. / 내가 타임머신이 있으면 나는 18세기 조선으로 여행을 갈 것이다. / 한반도에서 전쟁이 일어나면 미국과 중국이 즉각 개입할 것이다. / 그 두 정당 지도자들은 오랜 정적들이었음에도 불구하고 어제 모임을 가졌다. / 남한이 아니라 당신이 북한에 산다고 상상 좀 해보라, 제발 밥투정을 그만해라.

해설 as if는 문맥상 어색하다, 양보절이 더 어울림

답 ④ as if → though, although

20. Which of the following is not grammatically correct?

① Who do you think is the smartest student in this class?
② How come you are so late?
③ Hardly had the game begun, when it started raining.
④ The next time I will go to New York, I am going to see a ballet.
⑤ Temporary jobs decreased by 108,000, pulling down overall employment.

해석 당신은 이 반에서 누가 가장 총명한 학생이라고 생각하는가? / 당신이 어떻게 그리 늦을 수 있는가? / 게임이 시작되자마자 비가 내리기 시작했다. / 다음 번에 내가 뉴욕을 갈 때 나는 발레를 볼 작정이다. / 임시직이 총체적 고용지표를 끌어내리면서 108,000개가 줄어 들었다.

해설 the next time 주어 동사 구조는 시간의 부사절로 취급되므로 미래시점일 때 현재시제를 쓴다.

답 ④ The next time I <u>will go</u> → The next time I <u>go</u>

21. 다음 문장 중 어법상 <u>어색한</u> 것은?

① A : Where are your kids?
② B : I took them to the baby-sitter so that I have some free time.
③ A : That's good. What do you want to do with your free time then?
④ B : well, I just want to relax.

해석 당신의 아이들은 어디에 있는가? / 내가 여가시간을 좀 가질 수 있도록 보모에게 데려다 주었다./ 잘 되었다. 여가 시간에 무엇을 하고 싶은가? / 글쎄, 그냥 쉬고 싶다.

해설 '-하기 위해서' 라는 의미의 목적절로 본다면 'so that 주어 +may, can + 동사' 구조를 써야 하는데, so that 절을 단순결과절로 본다면 이상이 없는 문장이다. 따라서 이 상태로도 구어체에서 사용가능하다.

답 ② (좋지 않은 문제) so that I <u>have</u> → so that I <u>could/might have</u>

English Grammar Dictionary

22. 다음 문장 중 어법상 어색한 것은?

① 우리는 결혼한 지 10년 되었다.
→ It is 10 years since we got married.
② 그녀는 분수에 넘치는 생활을 하고 있다.
→ She is living beyond her means.
③ 자신의 가정을 사랑하지 않는 사람이 누가 있겠는가?
→ Who is there but loves his own home?
④ 이것은 깨지기 쉬우니 깨뜨리지 않도록 조심해라.
→ Since this is fragile, be careful lest you should not break it.

> **해설** lest 접속사 자체에 부정의 의미가 포함되어 있으므로 뒤에는 부정어를 쓰지 않는다.
>
> **답** ④ should <u>not</u> break → should break / should 생략가능

23. 다음 문장 중 어법상 어색한 것은?

① 아무리 추워도 환기를 자주 시켜주어야 한다.
→ No matter what cold it may be, you should let in some fresh air from time to time.
② 추운 날씨와 의사의 충고에도 굴하지 않고 할머니는 산에 올랐다.
→ The cold weather and the doctor's advice couldn't deter the grandmother from climbing up the mountain.
③ 팬케이크 믹스가 떨어져 그녀는 팬케이크 반죽을 처음부터 만들어야했다.
→ She was out of pancake mix, so she had to make the batter from scratch.
④ 교육당국은 외국인들의 불법 사설 강습을 단속할 수 있는 방안을 가지고 있지 않다.
→ **The ed**ucational authorities have no measures to crack down on illegal private tutoring by fore**igners.**

> **해설** cold는 형용사이므로 what으로 수식할 수 없다. 늘 how + 형용사, 부사로 기억
>
> **답** ① No matter what cold → No matter how cold

24. 다음 문장 중 어법상 어색한 것은?

① 비가 그치면 나는 외출할 것이다.
→ I will go out if the rain stops.
② 네가 집에 오면 나는 그것을 이미 끝냈을 것이다.
→ I will be finished it if you come home.
③ 내가 기다린 지 한 시간 만에 그가 나타났다.
→ I had waited for an hour before he appeared.
④ 그는 3년 후에 대학을 졸업할 것이다.
→ He will graduate from college in three years.

[해설] 문맥상 미래기준시점에 완료된다는 것이므로 미래 완료시제가 적합하고 목적어를 받았으면 능동태로 써야 한다. I will have finished it if you …

[답] ② I will have finished it …

25. 다음 문장의 내용상 _____ 부분에 가장 적절한 말은?

_____ such a terrible earthquake hit the area, no one can tell how devastating the aftermath will be.

① That   ② Could   ③ When   ④ Should   ⑤ Beacause

[해석] 만에하나 그러한 끔찍한 지진이 그 지역을 강타했더라면, 그 여파가 얼마나 끔찍할지 그 누구도 말할 수 없다.

[해설] sould 가정법의 도치구문

[답] ④

26. 우리말을 영어로 잘못 옮긴 것은?
① 우리는 통금시간을 청소년을 괴롭히는 또 다른 방식으로 보지 않는다.
→ We don't look at the curfew as another way to hassle juveniles.
② 불법 이민자 수가 이백만 명에서 천만 명에 이를 것이라고 추산되고 있다.
→ Estimates of illegal immigrants range from two million to ten million.
③ 우리는 더 많은 지식을 얻음으로써 의심을 없앨 수 있다.
→ We can rid ourselves of our suspiciousness only by procuring more knowledge.
④ 여기에 서명하세요. 그렇지 않으면 법적 효과가 없대요.
→ Please sign here, in case it is not valid.

[해설] 명령문 + or 구조 : '-해라 그렇지 않으면 -할 것이다.'

[답] ④ in case it is not … → or it won't be valid

PART 11

relative clauses

관계사절

11 관계사절 (relative clauses)

1. 관계대명사(relative pronouns)

1) 개념

☆ 절이 명사를 수식하는 구조입니다.

아름다운 꽃	강인한 남자	커다란 입
a beautiful flower	a strong man	a big mouth

☆ 위의 세 가지 예는 한국어에서 수식어가 앞에 있고 피수식어가 뒤에 있습니다.

☆ 다음의 예를 보겠습니다.

나를 돕고 있는 천사	내가 찾고 있던 직업	아버지께서 나에게 사 주신 인형

☆ 위의 세 가지 예는 한국어에서 여전히 수식어가 앞에 있고 피수식어가 뒤에 있습니다. 이것을 영어로 옮기면, 아래와 같습니다.

an angel who helps me	the job (which) I have been searching for	the doll (which) dad bought for me

☆ 그런데 이는 모두 '수식부'가 '명사의 뒤'에 있으며, 그 속에 '주어, 동사'가 사용되고 있습니다. 이렇게 '절 구조'가 명사의 뒤에서 '명사를 수식'하게 될 때, 우리는 그것을 관계사절에 의한 수식이라고 부릅니다.

2) 관계대명사의 생성과정

☆ 명사와 동사가 포함된 절 구조에서 '주어'를 피수식어로 만들 경우, 주어와 술어 사이에 관계사 'who, which, that' 중 하나를 넣어 관계사절을 만듭니다.

1385. 그 천사는 나를 돕는다. → 나를 돕는 그 천사

The angel helps me. → The angel who helps me

1386. 한 남자가 길을 걸어내려가고 있었다. → 거리를 걷고 있던 한 남자

A man was walking down the street.
→ A man who was walking down the street

1387. 그 차는 차고에 있다. → 차고에 있는 그 차

The car is in the garage. → The car which is in the garage

☆ 명사와 동사가 포함된 절에서 '주어 이외에 다른 명사'를 피수식어로 만들 경우, 해당명사를 맨 앞으로 옮기면 됩니다. 이 때 제한적 용법 즉 직접 수식에 의한 절로 사용할 경우, 관계사는 쓰지 않아도 되고, 쓴다고 한다면 'who(m), which, that' 중 선택하여 사용하면 됩니다. 계속적 용법 즉, 추가정보를 제공하려할 때는 콤마를 찍고 반드시 관계사를 써야합니다.

1388. 나는 그 직업을 구하고 있는 중이다.
→ 내가 찾고 있는 중인 그 직업
→ 그 지업은 내가 찾고 있는 중인데

I have been searching for the job
→ The job (which) I have been searching for
→ The job, which I have been searching for

1389. 나는 생물학에 대해 많이 알지 못한다.
→ 내가 많이 알지 못하는 생물학
→ 생물학은 내가 많이 알지 못하는 것인데

I do not know much about biology.
→ Biology (which) I do not know much about
→ Biology, which I do not know much about

1390. 나의 아버지는 그 남에게 차를 정비시켰다.
→ 나의 아버지가 그 차를 정비시키는 그 남자
→ 그 남자는 나의 아버지가 그 차를 정비시키고 있는데

My father has had the man maintain the car
→ The man (whom) my father has had maintain the car
→ The man, whom my father has had maintain the car

3) 관계대명사의 종류

☆ 관계대명사는 크게 'which, that, who, whom, whose, what' 등이 있으며 그 외에도 '유사관계사대명사'들이 있습니다. 피수식어인 선행명사가 사람인 경우 관계사는 'who, whom, that'을 사용하고 사람이 아닌 경우는 'which, that'을 사용합니다. whose는 관계형용사, what은 '선행사가 포함된 관계대명사'로서, what 절 자체는 명사절입니다.

(1) which

☆ 관계대명사 which 는 선행사가 사람이 아닌 경우 사용하며, 콤마가 없는 수식용법이나 콤마가 있는 계속적용법에서 둘 다 사용할 수 있는데, 다음의 경우 반드시 which 를 쓰도록 되어 있습니다.

① 선행사로 '형용사, 부정사, 동명사, 절'이 오는 경우 반드시 comma 를 사용하고 which 를 씁니다.

1391. 그는 매우 대담한데 나는 그렇지가 않다.
He is very audacious, which I am not.

1392. 나는 일찍 일어나려고 애썼는데 그것은 당시 나에게 꼭 필요했다.
I tried to get up early, which was very necessary for me at that time.

1393. 그는 우리 옆집에 살았는데 그것이 나에게 그와 대화할 기회를 주었다.
He lived next door to my house, which gave me a chance to talk to him.

1394. 시계가 13번을 쳤는데 그것이 모두를 웃게 했다.
The clock struck thirteen, which made everyone laugh.

1395. 나는 내 꿈을 실현시키고자 애썼는데, 그것은 10년 이상이 걸렸다.
I tried to make my dream come true, which took me more than 10 years.

1396. 그는 첼로를 켜는 것을 연습하는데, 그는 또한 그것을 즐기는 것처럼 보인다.
He practices playing the cello, which he seems to enjoy as well.

1397. 그는 다른 아이들에게보다 막내에게 훨씬 더 다정했는데 그것이 다른 아이들을 샘나게 했다.
He was much kinder to his youngest child than he was to the others, which made the others jealous.

② 선행명사가 고유한 한 인물로서의 사람이 아니고 '직업이 의미하는 특성'이나 '신분, 성격'일 경우 who 나 whom 을 쓰지 않고 which 를 씁니다.

1398. 그는 채식주의자인데 나는 그렇지가 않다.
He is a vegetarian, which I am not.

1399. 나는 더 이상 일 년 전의 소심한 소년이 아니다.
I am not the timid boy any more which I was a year ago.

③ 선행명사가 사물이고 관계사절 내에서 전치사의 목적어이고, 전치사가 선행사의 뒤로 오는 경우, '전치사+ which'를 사용합니다. '전치사 + that'은 사용하지 않습니다.

1400. 당신이 흥미 있는 무엇인가가 있습니까?
Is there anything in which you are interested?

1401. 아래서 고양이가 자고 있는 그 테이블은 옮기지 마세요.
Don't move the table under which is lying the cat.

(2) that

☆ 관계대명사 that 은 '콤마가 없는 수식용법'에서만 사용하며 전치사가 바로 앞에 오는 경우를 제외하고 'who, which, whom' 자리를 대신할 수 있지만, 다음의 경우에는 다른 관계대명사에 앞서, that 을 사용하도록 권고하고 있습니다.

① 선행사를 'the only, the very, the same, the last, every, all, any, no, little, much' 등으로 수식하거나, 그 자체가 선행사이면, 관계사는 주로 that 을 사용합니다.

1402. 그가 이 수수께끼를 풀어낼 유일한 소년이다.
He is the only boy that can solve this enigma.

1403. 그는 내가 오랫동안 원했던 바로 그 목걸이를 사주었다.
He bought for me the very necklace that I had long been wanting.

1404. 이것이 당신이 열차에 놓고 내린 것과 동일한 가방입니까? –동일물
Is this the same bag that you left behind on the train?

1405. 당신이 원하는 어떤 것이 있나요?
Is there anything that you want?

1406. 그는 너를 기만할 마지막 사람이다. - 즉 결코 너를 속일 사람이 아니다.
He is the last man that will cheat on you.

1407. 내가 할 필요가 있는 모든 것은 그의 곁에 머무는 것이다.
All that I need to do is to stay with him.

1408. 내가 말하는 모든 것이 경청되어야 한다. - 즉 한마디도 빼놓지 말고 들어주세요.
Everything that I say must be listened to.

1409. 나는 이 게임을 좋아하지 않는 사람을 못 보았다.
I see nobody that doesn't like this game.

② 선행사가 최상급이거나, 서수의 수식을 받을 때 주로 관계사 that 을 씁니다.

1410. 당신은 내가 만났던 사람들 중 가장 관대한 사람입니다.
You are the most generous man that I have ever met.

1411. 그는 보트로 대서양을 건넌 최초의 사람이다.
He is the first man that crossed the Atlantic by boat.

③ 선행사가 '사람 + 사람'이 아닌 명사일 때 관계사는 거의 반드시 that 을 씁니다. 중립적인 관계사를 요구하기 때문입니다.

1412. 속도를 내던 자전거에 치인 한 시각장애 노인과 그의 안내견이 응급실에 있었다.
An old blind man and his seeing-eye dog that were hit by a speeding bike were in the emergency room.

1413. 그들은, 한 동안 실종 중이던 그 소년과 그의 자전거를 마침내 찾았다.
They finally found the boy and his bicycle that had been missing for a while.

④ 의문대명사 'who, what' 이 선행사일 때, 관계사는 거의 반드시 that 을 씁니다. who 다음에 관계사가 who 나 whom 으로 오거나 what 다음에 which 가 올 경우 좋지 않은 모양을 만들기 때문입니다.

1414. 그와 일한 적 있는 누가 그의 근면성을 부인할 수 있는가?
Who that has ever worked with him can deny his diligence?

1415. 그는 그들이 그렇게 화가 났던 무엇을 이야기 했는가?
What did he say that they got so angry at?

(3) who, whom

☆ 선행사가 '사람'이거나 '의인화될 수 있는 명사'가 오면 주격이나 주격보어관계사는 who, 목적격이나 목적격보어는 whom 이나 who 를 쓰는 것이 원칙입니다. 조심할 것은 '주격관계사 뒤에 삽입절이 들어오는 경우'인데 순수 삽입절인지 아니면 관계사절 자체인지를 구별해야 합니다. 술어 동사가 몇 개 인지를 확인하는 것이 주효한 방법입니다.

1416. 어제 우리를 방문했던 그 사람들은 이 집을 사고 싶어 하는 것처럼 보인다.
The people who visited yesterday seem to want to buy this house.

1417. 우리가 아프리카에서 만났던 사람들이 우리에게 카드를 보냈다.
Those who(m) we met in Africa have sent us a card.

1418. 워싱턴씨는 저학년에서 상담경험이 많으신 분인데 11월에 우리와 합류하게 될 것이다.
Mrs. Washington, who has much counseling experience at junior level, will be joining us in November.

1419. 브루투스가 내 생각에 그 폭탄공격에 책임이 있는 테러분자였다. (삽입구조이므로 주격)
Brutus was the terrorist <u>who</u> (I thought) <u>was</u> responsible for the bomb attack.

1420. 브루투스가 그 폭탄공격에 책임이 있다고 내가 생각하는 테러분자였다. (I thought는 5형식)
Brutus was the terrorist who(m) I thought to be responsible for the bomb attack.

(4) whose + 명사

☆ 선행명사의 소유격으로 관계사를 사용할 때는 '제한적, 비제한적'에 관계없이 whose 를 사용하며, 선행명사가 사람이든 사물이든 또는 동물이든 공히 사용할 수 있습니다. 'of which'는 사물의 경우에만 사용하며 매우 격식적 표현인데, 콤마를 찍는 비제한적 용법에서 주로 사용합니다. 'whose + 명사'는 관계사절에서 '주어, 목적어, 보어'의 역할을 합니다.

도표 177 : 소유격 관계사 표현

① whose + 명사	제한, 비제한 공히 가능
② the 명사 of which	콤마와 함께 주로 비제한적
③ of which the 명사	콤마와 함께 주로 비제한적

1421. 그녀의 아이가 아픈 그 어머니는 매우 우울해 보인다.
The mother <u>whose child is</u> sick looks very gloomy. (주격)

1422. 우리가 사고자 하는 집을 가진 그 남자를 당신은 아는가?
Do you know the man <u>whose house</u> we want to buy? (목적격)

1423. 나는 그 식탁을 반환하고 싶은데, 그 다리가 너무 짧기 때문이다.
I want to return the dining table, the legs of which are too short.
= I want to return the dining table, of which the legs are too short.
= I want to return the dining table, whose legs are too short.

1424. 그 차는 손제동기가 믿을만하지 않아서 뒤로 미끄러지기 시작했다.
The car, whose handbrake was not very reliable, began to slide backwards.

4) 관계대명사의 해석법

(1) 계속적 해석법

☆ 선행사와 관계사 사이에 comma 를 사용하며, 뒤에서 앞의 명사를 꾸미는 것이 아니라 '정보를 부가하거나 덧붙이는 용도'로 사용합니다. 이 때 comma 는 문맥에 따라 '그리고, 그런데, 그

러나' 등으로 해석합니다. 이 용법의 관계사를 문맥에 맞는 접속사와 대명사로 다시 나누어서 문장을 재구성할 수 있습니다. 이 용법에서 관계사 that 은 사용하지 않습니다. 원래 이 용법은 비제한적용법 (non-defining) 과 계속적용법(connective) 두 가지로 세분화 될 수 있지만 어차피 콤마를 사용하는 구조가 같으므로 통칭해서 계속적 해석법이라고 부릅니다.

1425. 피터는 하루 종일 운전을 해서 다음 마을에서 쉬어갈 것을 제안했다.
Peter, who had been driving all day, suggested stopping at the next town.

1426. 나는 그 사람을 사랑했는데 그의 아버지는 우리의 결혼계획을 강하게 반대했다.
I loved the guy, whose father strongly opposed our plan to marry.
= I loved the guy but his father strongly opposed our plan to marry.

1427. 대기는 해로운 광선과 운석들로부터 이 행성을 보호하고 있는데, 4개의 층으로 나누어져 있다.
The atmosphere, which protects this planet from harmful rays and asteroids, is divided into four layers.
= The atmosphere is divided into four layers and it protects this planet from harmful rays and asteroids.

1428. 나는 인형을 다섯 개 가지고 있는 데 그것들 모두와 함께 노는 것을 좋아한다.
I have <u>five dolls</u>, all of <u>which</u> I like to play with.

1429. 나의 부모님은 두 분 다 건강하지 않으신데 80대이시다.
<u>My parents</u>, neither of <u>whom</u> is healthy enough, are in their 80s.

☆ 명사 of which(whom) 처럼 '명사 + 전치사 + 관계사'의 수식구조는 분리되지 않습니다.

도표 178 : 명사 of which, 명사 of whom 구조의 관계사

① all of which(whom)	선행사 모두
② none of which(whom)	선행사 전부가 -아닌
③ some of which(whom)	선행사의 일부
④ half of which(whom)	선행사의 절반
⑤ rest of which(whom)	선행사의 나머지
⑥ plenty of which(whom)	선행사의 상당수, 상당량
⑦ a lot of which(whom)	선행사의 상당수, 상당량
⑧ many of which(whom)	선행사의 상당수
⑨ much of which(whom)	선행사의 상당량
⑩ several of which(whom)	선행사의 여러 개
⑪ 분수 of which(whom)	선행사의 분수

(2) 수식적 해석법 (defining clauses)

☆ 선행사와 관계사 사이에 comma 를 사용하지 않고, 뒤에서 앞의 명사를 꾸며 그 의미를 처음부터 제한시키는 용도로 사용됩니다.

1430. 지하실로 내려가는 계단들이 꽤 미끄럽다.
The stairs that(which) lead to the cellar are rather slippery.

1431. 나는 우리의 결혼계획에 강하게 반대하는 아버지가 있는 그 사람을 사랑했다.
I loved the guy whose father strongly opposed our plan to marry.

1432. 이 행성을 해로운 광선과 운석들로부터 보호하고 있는 대기는 4개의 층으로 나누어져 있다.
The atmosphere that(which) protects this planet from harmful rays and asteroids is divided into four layers.

(3) 계속적 해석법과 수식적 해석법에서 그 의미가 달라지는 경우

☆ 계속적 해석법과 수식적(제한적) 해석법이 내용상 정보가 크게 달라지지 않는 경우가 많지만, 선행사에 '서수사, 기수사, 최상급' 등이 다시 의미를 한정할 경우에는, 콤마의 유무에 의해 정보가 매우 달라질 수 있습니다.

1433. 나는 아들이 하나 있는데 그는 자금 관리인이다. (아들은 하나이다.)
I have one son, who is a fund manager.

1434. 나는 자금 관리인인 한 아들이 있다. (아들의 수는 알 수 없다.)
I have one son who is a fund manager.

1435. 그는 우리 학교의 첫 번째 교장 선생님이셨는데 그 분이 100권의 책읽기운동을 시작하셨다.
He was the first principal of our school, who started the campaign of reading 100 books. (최초의 교장이셨다.)

1436. 그는 100권의 책읽기 운동을 시작하신 우리 학교 최초의 교장선생님이셨다.
He was the first principal of our school that started the campaign of reading 100 books. (그 운동을 시작하신 최초의 분이다.)

1437. 그는 우리 반에서 가장 키가 큰 소년이었는데 미식축구를 할 줄 안다. (전체에서 가장 크다)
He is the tallest boy in my class, who can play football.

1438. 그는 미식축구를 할 수 있는 우리 반에서 가장 키가 큰 소년이다. (축구를 하는 소년 중)
He is the tallest boy in my class who can play football.

1439. 그 홍수에 대해 알고 있던 여행객들은 다른 길을 택했다. (홍수를 모르던 일부 여행객들이 있을 수 있다)
The travellers who knew about the floods took another road.

1440. 그 여행객들은 홍수에 대해 알고 있어서 다른 길을 택했다. (여행객들 전부 다른 길을 택했다.)
   The travellers, who knew about the floods, took another road.

5) 관계대명사 심화

(1) 관계사절 속에서 전치사의 위치

☆ 관계사절 내에서의 원래 위치에 두거나 또는 관계대명사의 앞으로 나갈 수 있습니다. '전치사가 선행사와 너무 멀리 떨어져 있는 경우'와 '다양한 부가정보를 제공하는 부사구 용법'의 전치사는 관계대명사 앞으로 데려오는 것이 좋습니다.

1441. 그는 내가 대화하고 싶은 사람이다.
   He is the man whom I want to talk to.
   = He is the man to whom I want to talk.

1442. 당신이 찾고 있는 것이 있습니까?
   Is there anything you are looking for?
   = Is there anything for which you are looking?

1443. 조류학은 내가 좋아하는 과목이다.
   Ornithology is the subject which I am very fond of.

1444. 당신이 보고 있는 그 프레스코화는 매우 오래되었다.
   The fresco painting which you are looking at is very old.

☆ '장소, 시간, 방법, 수단' 등의 부가정보 부사구로 사용되는 전치사는 관계사 앞에 두어서, 의미 전달을 더욱 용이하게 하는 것이 좋습니다.

1445. 나는 한국에서 긴 휴가를 보냈는데 그 동안 현재의 내 남편을 만났다.
   I had a long vacation in Korea, during which I met my present husband.

1446. 그는 바깥쪽에서 차가운 겨울바람이 불고 있는 그 창문을 세게 닫았다.
   He slammed the window outside which the cold winter wind was blowing.

1447. 나는 각 연주자가 자신의 악기를 다루는 것을 볼 오페라 안경이 필요하다.
   I need a pair of opera glasses through which I can see each musician perform his or her instrument.

(2) 선행사와 관계대명사의 분리

☆ 원칙적으로 선행사와 관계대명사는 붙어 있어야 하나, 떨어져도 의미를 파악하는데 지장이 없을 경우 분리시켜 사용합니다. 수식어가 중복되어서 길어질 경우, 혹은 술어동사부에 비해 주

어가 지나치게 비대할 경우 분리시킵니다.

1448. 당신은 그 공장 근처에 사는 우리학교의 누구라도 아십니까?

Do you know <u>anyone</u> in my school <u>who</u> lives near the factory?

cf. 이 경우 who 는 선행사가 사람에 해당하므로 바로 앞의 school 을 수식하지 않는다.

1449. 자신들이 가지고 있는 것에 만족할 수 있는 그러한 사람들은 행복하다.

<u>Those</u> are happy <u>who</u> can be satisfied with what they have.

cf. 이 경우 who 는 앞에 선행사로 받을 수 있는 말이 those 밖에 없다. 분리시키는 이유는 Those who can be satisfied with what they have are happy 로 만들 경우, 주어부가 동사 앞에서 너무 길게 나오게 되므로 구조적으로 좋지 않기 때문이다.

1450. 그 집의 우리가 디자인한 정문은 청동과 아연으로 만들어져 있다.

<u>The main gate</u> which we designed <u>of the house</u> is made of bronze and zinc.

cf. 이 경우 The main gate of the house which we designed 의 어순으로 가면 우리가 디자인한 것이 그 집이라고 볼 수 있기 때문에, 정확한 선행사를 지적하기 위해 다른 수식부인 전치사구와 관계사절의 순서를 교차시킨 것이다.

6) 관계대명사의 생략

☆ 관계사는 수식적 용법에서만 생략이 가능합니다.

(1) 주격관계대명사의 생략

> **도표 179 : 주격 관계사의 생략 가능 구조**
> ① 선행사 + (which, that) + there be
> ② it be 선행사 + (who, which, that) + 동사
> ③ there + be + 선행사 + (who, which, that) + 동사
> ④ 주격관계사 뒤에 의견삽입구조로 '주어 + 동사' 가 들어가는 구조

1451. 당신은 당신의 계좌에 있는 돈을 인출해야 한다.

You have to withdraw the money (which) there is in your account.

cf. 이 경우 원래 두 개의 문장으로 나누면 'You have to withdraw the money' 와 'There is the money in your account' 가 되어 두 번째 문장 속의 the money 는 주어의 역할을 하고 있으므로, 주격관계사 which 로 바뀌어 선행사 뒤로 갔다가 생략될 수 있다.

1452. 어젯밤 늦게 당신을 방문했던 것은 작은 소년이었다.

It was a little boy (who, that) visited you late last night.

cf. 이것은 원래 'it be 강조주어 + that + 술어동사' 에서 주어가 강조된 것인데 이 때 that 은 주격관계대명사의 역할을 하고 있으며 생략이 가능하다. 생략하지 않은 모습은 It was a little boy who (that) visited you late last night.

1453. 당신을 보고 싶어 했던 많은 소년, 소녀들이 있었다.

> There were many boys and girls (who) wanted to see you.
> cf. 주절 본동사가 두 개 나오는 것 같은 이 구조가 매우 낯설어서 비문으로 착각하기 쉽다. girls 뒤에 관계사 who 가 생략되어 있다.

1454. 당신 생각에 타자에 능할 소년이 필요하다.

> I need a boy (who) you think will be good at typing.
> cf. 이 경우 you think 는 삽입절 이며, 앞에 주격 who 가 생략되어 있다.

1455. 나의 사장은, 그가 확신하건대 나태한 몇 직원을 해고하고 싶어 한다.

> My boss wants to lay off some employees (who) he is sure are lackadaisical.
> cf. 이 경우 he is sure 는 삽입절 이며, 앞에 who 가 생략되어 있다.

(2) '관계사 주격 + be' 의 생략

☆ 관계사 주격 뒤에 오는 'be 동사'의 시제가 문맥상 명확하고 특별한 조동사적 의미가 없을 때, '주격관계사'와 '관계사절의 be 동사'는 함께 생략될 수 있습니다. 생략된 후 남겨지는 모양은 분사구나 형용사구 혹은 전치사와 그 목적어입니다. 다만 'be 동사'가 '명사'나 '동명사, 부정사, 절' 등을 보어로 받는 상황에서는 이 용법은 적용되지 않습니다.

1456. 여기 당신을 기다리는 한 소년이 있다.

> Here is a boy (who is) waiting for you.
> = Here is a boy waiting for you.

1457. 그에 의해 저술된 어떤 책도 잘 팔리는 물건이다.

> Any book (that is) written by him is a best seller.
> = Any book written by him is a best seller.

1458. 달러로 가득한 가방 하나가 뒤뜰에서 발견되었다.

> A bag (which was) full of dollars was found in the backyard.
> = A bag full of dollars was found in the back yard.

1459. 우리는 비싼 수입품을 금지하는 법을 만들어야 한다. (관계사절의 동사를 분사로 변환)

> We must make a law <u>forbidding</u> expensive imports.
> = We must make a law which <u>forbids</u> expensive imports.

(3) 보어격 관계대명사의 생략

☆ 'be 동사의 주격보어'나 '5형식 동사의 목적격 보어'가 관계사로 사용되었을 경우 생략될 수 있습니다. 생략되면 '명사 + 주어 + 술어' 구조가 됩니다.

1460. 그는 과거의 그였던 그 사람이 아니다.

He is not the man (that) he was.

= He is not the man he was.

1461. 그는 나를 자신이 될 수 없었던 의사로 만들려고 애썼다.

He tried to make me a doctor (which) he himself couldn't be.

= He tried to make me a doctor he himself couldn't be.

1462. 그는 그들이 그를 부르고 있는 그러한 천재는 아니다.

He is not the genius (which) they call him.

= He is not the genius they call him.

1463. 나는 나의 부모님들이 나를 만들려고 애쓰는 외과의사가 되고 싶지 않다.

I don't want to be a surgeon (which) my parents are trying to make me.

= I don't want to be a surgeon my parents are trying to make me.

(4) 목적격 관계사의 생략

☆ 타동사의 목적격이나 전치사의 목적격 관계대명사는 생략될 수 있습니다. 다만 전치사가 관계대명사 앞으로 올 경우는 생략이 불가능 합니다. 목적격 관계대명사가 생략되었을 경우, 선행사인 명사 뒤에 바로 '주어 +술어'의 절 구조가 잇따라 옵니다.

1464. 그것이 내가 알고 싶은 전부이다.

That is all (that) I want to know. = That is all I want to know.

1465. 그는 내가 좋아하는 개를 가지고 있다.

He has the dog (which) I am fond of. = He has the dog I am fond of.

1466. 내가 알고 싶은 무엇인가가 있다.

There is something I want to know.

1467. 그녀가 알지 못했던 무엇인가가 나에겐 문제가 되는 것이었다.

Something she didn't know mattered to me.

1468. 내가 당신에게 한 모든 것을 용서해 주세요.

Please forgive me for all I have done to you.

1469. 그가 모는 것에 능한 차량은 트랙터이다.

The vehicle he is good at driving is a tractor.

1470. 내 아버지가 찾고 있는 안경은 돋보기임에 틀림없다.

The glasses my father is looking for must be some magnifying type.

7) 유사 관계 대명사

☆ 원래 관계대명사는 아니지만 특정구조 내에서 관계대명사의 역할을 하는 'as, but, than'을 말합니다. 유사관계대명사는 생략되지 않습니다.

(1) as

① 'as + 형용사'가 선행사를 꾸미면 관계대명사 'who, which'는 as 로 바뀌며, 원급비교적 해석으로 선행사를 수식합니다.

1471. 그는 고용된 적 있는 누구 못지않게 열심히 일하는 근로자이다.
He is <u>as hard a worker as</u> has ever been employed. (주격)

1472. 그가 과수원에서 수확한 것과 같은 수의 오렌지가 한 시간 만에 다 팔렸다.
<u>As many oranges as</u> he harvested from his grove were sold out in an hour. (목적격)

② 절 전체가 선행사가 될 때 이것을 양태적으로 해석하는 관계대명사로 as를 사용하는데 as is usual 이나 as is often the case 가 자주 사용되며. 이 경우 관계사절이 주어보다 앞에 나올 수 있습니다.

1473. 그는 평소에 그랬듯이 나에게 분풀이를 했다.
He took it out on me, <u>as was</u> usual. (주격)

1474. 종종 그렇듯이 그가 수업에 늦었고 이제 우리는 그를 돕기 위해 무엇인가를 해야 한다.
<u>As is</u> often the case, he is late for class and now we have to do something to help him. (주격)

1475. 그는 한국계 미국인이었는데 그것은 내가 그의 어투로부터 안 일이었다.
He was a Korean-American, <u>as I knew</u> from his accent. (목적격)

③ such가 선행사를 수식하는 경우 관계대명사를 as로 사용합니다.

1476. 그는 자신의 이익을 위해 기꺼이 남을 아프게 하는 그러한 사람이 아니다.
He is not <u>such a man as</u> is willing to hurt others for his good. (주격)

1477. 당신은 흥미가 있는 그러한 책들을 우선 읽어야 한다.
You should read <u>such books first as</u> you are interested <u>in</u>. (목적격)

④ the same 이 선행사를 수식하는 경우, 동일물이면 관계사 that 을 사용하고 동종일 경우에는 관계사로 as 를 사용합니다.

1478. 이것은 내가 어제 잃어버린 것과 동종의 시계이다.
This is <u>the same watch as I lost</u> yesterday. (목적격)

1479. 마네킹이 입고 있는 것과 같은 것을 살 수 있나요?
Can I get <u>the same one as is put</u> on the dummy? (주격)

(2) but

★ 선행사가 포함된 절이 부정문이면서 관계사에 but을 사용하면, 관계사절은 부정의 의미를 가지면서(but = who + not / which + not), 선행사절의 부정적 의미와 함께 이중 부정의 해석이 되어 '~하지 않는 ~는 없다, 아니다' 라는 강한 긍정을 표시하게 됩니다.

1480. 그녀에게 매력적으로 보이지 않는 남자는 없었다.
There was no man but seemed attractive to her. (주격)

1481. 나는 나의 전공과 관련되지 않은 어떤 것도 알고 싶지 않았다.
I didn't like to know anything but was connected with my major. (주격)

1482. 어머니를 통해서 태어나지 않는 자가 있는가?
Who is there but is born through his or her own mother? (수사의문문 + 주격)

1483. 내가 이 그룹에서 사랑하지 않는 사람은 없다.
There is no one in this group but I love. (목적격)

(3) than

★ 선행사가 '비교급 대명사' 또는 '비교급이 수식하는 명사' 일 때 관계대명사는 than 이며, 비교급의 의미로 선행사를 꾸밉니다.

1484. 이 문장에는 읽히는 것 이상이 있었다. - 즉, 자구 이상의 의미가 내포되어졌다.
There was more in this sentence than read. (주격)

1485. 나는 그 사업계획에 필요로 되어지는 것 이상의 돈을 모을 수 있다.
I can raise more money than we may need for the project. (목적격)

1486. 눈에 보이는 것 이상이 있었다.
There was more than met the eyes. (주격)

1487. 우리가 있을 것이라고 예상하는 것보다 더 많은 참가자가 있을 것이다.
There will be more comers than we expect there to be. (to be의 주격)

8) 관계대명사 what

★ 이미 선행명사가 포함되어 있으므로 궁극적으로는 명사절의 역할을 합니다. what은 '선행사'와 '관계대명사' 두 개의 역할을 동시에 수행하며(what = the thing(s) that), 선행사는 '주어, 타목, 전목, 주보, 목보, 동격'의 여섯 가지 역할, 그리고 관계대명사는 '주어, 타목, 전목, 주보, 목보'의 다섯 가지 역할을 하는 짝으로 구분될 수 있습니다. 해석 방법은 '것' 또는 '무엇' 이라고 하여 특정한 것의 전체를 의미합니다.

1488. 요람 속에서 배워진 것이 무덤으로 옮겨진다. - 세 살 버릇 여든 간다.
What is learned in the cradle is carried to the grave. (주어 | 주어)

1489. 치료될 수 없는 것은 견뎌져야 한다. - 못 고치면 참아야 한다.
What can't be cured must be endured. (주어 | 주어)

1490. 내가 무엇으로 유명한지 기억나는가?
Do you remember what I am famous for? (remember 의 목적어 | for 의 목적어)

1491. 나는 그가 나에게 했던 것에 대해 그를 용서할 것이다.
I will forgive him for what he has done to me. (for 의 목적어 | done 의 목적어)

1492. 그가 말했던 것이 전적으로 사실은 아니다.
What he said is not altogether true. (is의 주어 | said 의 목적어)

1493. 그가 나에게 주었던 것은 위약이었다.
What he gave to me was a placebo. (was 의 주어 | gave 의 목적어)

1494. 내가 먹었던 것이 그 아픔을 유발시켰을 지도 모른다.
What I ate might have caused the sickness.
(might have caused 의 주어 | ate의 목적어)

1495. 나인 것은 나인 것이다. - 나는 나다.
What I am is what I am. (주어 | 주격보어 | 주격보어 | 주격보어)

1496. 그를 화나게 만드는 것이 또한 나를 화나게 만든다.
What makes him mad also makes me crazy. (make 의 주어 | make 의 주어)

1497. 아름다운 것이 항상 좋은 것만은 아니다.
What is beautiful is not always good.(주어 | 주어)

1498. 나는 과거의 나이다. - 나는 바뀌지 않았다.
I am what I was. (주격보어 | 주격보어)

1499. 그러나 당신은 당신이었던 것이 아니다. - 당신은 변했다.
But you are not what you used to be. (주격보어 | 주격보어)

1500. 당신은 당신이 요람에서 배우는 것을 무덤으로 가져간다.
You carry to the grave what you learn in the cradle.
(carry 의 목적어 | learn 의 목적어)

1501. 이것이 내가 찾고 있었던 것이다.
This is what I have been looking for. (주격보어 | for 의 목적어)

1502. 그는 당신이 기대하고 있는 것을 당신에게 주지 않을 것이다.
He is not going to give you what you are expecting.
(give 의 목적어 | expect 의 목적어)

1503. 타인들이 당신에게 기대하고 있는 것에 상관없이 그것을 추구하라.
Pursue it regardless of what others expect of you.
(of 의 목적어 | expect 의 목적어)

1504. 사람이 자기 손으로 성취할 수 있는 것에는 진정한 기쁨이 있다.
There is genuine delight in what one is able to accomplish with one's own hand. (in 의 목적어 | accomplish 의 목적어)

1505. 당신이 나를 부르고 싶은 것으로 불러도 된다.
You can call me what you want to call me. (call 의 목적보어 | call 의 목적보어)

1506. 나는 내가 했던 일을 용감하게 했다.
What I did I bravely did. (did 의 목적어 | did 의 목적어)

1507. 그는 내가 의존하고 있는 것에서 독립했다.
He is independent of what I am dependent on. (of 의 목적어 | on 의 목적어)

도표 180 : what 을 사용하는 관용어구의 해석법

①	what is called, what we call, what you call	소위, 이름하여
②	what with A and B	A와 B 때문에 (원인)
③	what by A and B	A와 B를 사용하여(수단)
④	what is better, what is worse	금상첨화로, 설상가상으로
⑤	A is to B what C is to D	A와 B의 관계는 C와 D의 관계와 같다
⑥	A does for B what C does for D	A가 B에게 하는 것을 C는 D에게 한다
⑦	what one is	A의 존재
⑧	what one has	A가 가진 것
⑨	what one does	A가 하는 것
⑩	what one can	A가 할 수 있는 것

1508. 그는 잘생겼고 더욱 좋은 것은, 마음이 따뜻하다는 것이다.
He is handsome, and what is much better, warm-hearted.

1509. 그는 소위 사장이다.
He is, what we call, a self-employed man.

1510. 피로함과 심한 감기 때문에 그는 전혀 움직일 수 없었다.
What with fatigue and what with a bad cold, he didn't move at all.

1511. 협박과 간청을 사용하여 그는 원하던 것을 얻었다.
What by threats and what by begging, he got what he wanted.

1512. 공기와 인간의 관계는 물과 물고기의 관계와 같다.
Air is to man what water is to fish.

1513. 수면과 두뇌의 관계는 음식과 몸의 관계와 같다.
Sleep does to the brain what food does to the body.

1514. 내가 할 수 있는 것을 하겠다.
I'll do what I can.

☆ whatever와 what의 비교 : 명사절을 유도하는 whatever는 특정한 것의 범주를 벗어나서 '어떤 것이라도'라는 의미가 포함되어 있습니다. 명사절에서 자세히 배우도록 하겠습니다.

1515. 나는 나에게 하라고 말해진 것을 할 것이다.
I will do what I am told to do.

1516. 나는 나에게 하라고 말해진 어떤 것도 할 것이다.
I will do whatever I am told to do.

1517. 그는 내가 그에게 요리해준 것을 먹었다.
He ate what I cooked for him.

1518. 그는 내가 그에게 요리해준 어떤 것도 먹었다.
He ate whatever I cooked for him.

1519. 그가 말한 것은 사실이다.
What he said is true.

1520. 그가 말한 어떤 것도 사실이다.
Whatever he said was true.

1521. 나는 당신이 이것에 도와준다면 원하는 것을 구해주겠다.
I can get you what you want if you give me a hand with this.

1522. 나는 당신이 내 것이라면 당신이 원하는 어떤 것이라도 구해줄 수 있을 것이다.
I could get you whatever you want if you were mine.

2. 관계형용사

1) what + 명사

☆ 특정 명사 전체를 의미하며, 'all the + 명사'와 유사하게 해석합니다.

1523. 나는 그에게 내가 가진 모든 돈을 주었다.
I gave him what money I had.

1524. 그는 벌고 있는 얼마 안 되는 수입을 새로 출간된 책에 다 써버린다.
He spends what little income he earns on any newly-published book.

2) which + 명사

☆ 선행사에 대한 구체적인 정보를 제시하기 위해, which 뒤에 명사를 써 줍니다.

1525. 라틴어는 내가 이해하지 못하는 언어인데 한 때 유럽에서 널리 사용되었다.
Latin, which language I do not understand, was once used broadly in Europe.

1526. 그는 나에게 집으로 가서 쉬라고 말했는데 나는 그 충고를 따랐다.
He told me to go home and get some rest, which advice I followed.

3) whose + 명사

☆ 소유격에서 자세히 공부하였습니다.

3. 관계부사

1) 관계부사의 생성과정

☆ 선행명사가 관계사절에서 '전치사의 목적어'로 사용되어 '장소, 시간, 원인, 방법'을 의미하면서 해석되는 경우 이를 '전치사 + 관계대명사' 구조로 사용해도 되지만, 특정한 의미를 가진 전치사가 아닌 경우 대용어인 관계부사 'where, when, why'를 써도 됩니다. 선행사가 way 인 경우 how 는 쓰지 않고 in which 를 사용하거나 that 을 써야합니다. 비격식적인 문장에서 모든 관계부사는 제한적 용법에서 that 을 사용할 수 있습니다.

1527. 당신은 우리가 여름휴가를 보낸 섬을 기억하는가?
Do you remember the island? We spent our summer holiday on the island.
→ Do you remember the island on which we spent our summer holiday?
→ Do you remember the island where we spent our summer holiday?

1528. 그는 사람들이 쉽게 치매라는 병에 걸리는 80대이다.
He is in his 80s. People easily get the disease of dementia <u>in 80s</u>.
→ He is in his 80s <u>in which</u> people easily get the disease of dementia.
→ He is in his 80s <u>when</u> people easily get the disease of dementia.

1529. 나는 그가 그 모임에 결석을 한 이유를 알고 싶다.
I'd like to know the reason. He was absent from the meeting <u>for a reason</u>.
→ I'd like to know the reason <u>for which</u> he was absent from the meeting.
→ I'd like to know the reason <u>why(that)</u> he was absent from the meeting.

1530. 그것은 우리가 여기서 일을 하는 방식이 아니다.
That is not the way. We do things <u>in this way</u> here.
→ That is not the way <u>in which</u> we do things here.
→ That is not the way <u>that</u> we do things here.

2) 계속적 용법과 수식적 용법

☆ 'where, when'은 comma 와 함께 계속적 용법으로도 사용할 수 있지만, why 와 that 은 수식적 용법의 경우에만 사용합니다.

1531. 그는 마침내 파리에 당도했고 거기서 새로운 삶을 시작했다.
He finally got to <u>Paris</u>, <u>where</u> he started a new life.

1532. 나는 2001년에 직업을 얻었는데 그 때 새로운 천 년대가 시작되었다.
I got a job in the year of <u>2001</u>, <u>when</u> another Millennium began.

3) 관계부사의 생략

☆ 선행사와의 관계가 명백한 수식적 용법에서 생략 가능합니다.

1533. 이것이 그가 나고 길러진 집이다. (where의 경우 생략되지 않고 사용되는 경우가 더 많다.)
This is the house (where) he was born and bred.

1534. 나는 그가 이 먼 마을에 나타났던 날을 기억한다.
I remember the day (when) he appeared in this remote village.

1535. 이것이 내가 공부를 포기한 이유이다.
This is the reason (why) I gave up studying.

1536. 나는 그가 나를 다루는 방식이 좋다.
I like the way (that) he treats me.

☆ 관계부사 where는 생략되지 않는다는 이론도 있으나, 실제로 선행사와의 관계가 매우 명백한 경우 특히 구어체에서 생략하고 사용하는 원어민들이 많습니다.

1537. 그녀는 자신이 서 있던 곳에서 잘 볼 수 없었다.
She couldn't see well from the place (where) she stood.

1538. 샘은 우리가 만나는 장소를 안다.
Sam knows the place (where) we are meeting.

> 참조 Google 영한 사전 : 관계부사
> 1. [제한적 용법] ..하는, …한 (장소·경우 등) ★「장소·경우」를 나타내는 명사를 선행사로 하는 형용사절을 만듦.
> ① This is the house where I was born. 이 집이 내가 태어난 집이다.
> ② ★《구어》에서는 where 를 생략하는 수도 있습니다.

4) in, at, on 이외의 전치사와 관계대명사 조합

☆ 특정한 전치사의 의미를 살리기 위해서는 관계부사로 고치지 않고 전치사와 관계대명사를 그대로 사용합니다. 아래의 예문에서 from which 나 beneath which 는 관계부사 where 로 바꾸지 않습니다. 전치사의 특정한 의미가 사라지면 의미가 불명확해지기 때문입니다.

1539. 그가 떨어진 지붕은 매우 경사가 심했다.
The roof <u>from which</u> he fell was very slanted.

1540. 그 상자가 아래에서 발견된 그 바닥은 대나무로 만들어져 있었다.
The floor <u>beneath which</u> the box was found was made of bamboo trees.

5) 선행사를 생략하고 관계부사절을 명사절로 전용할 경우

☆ 선행 명사를 생략한 관계사절은 형용사절에서 명사절로 역할이 바뀌게 됩니다. 단, 시간이나 장소에 관한 구체적인 정보를 나타내는 선행사는 생략하지 않습니다.

1541. 이것은 그가 태어나고 길러진 곳이다.
This is <u>where he was born and bred</u>.

1542. 나는 그가 이 먼 마을에 나타났던 때를 기억한다.
I remember when he appeared in this remote village.

1543. 이것은 내가 공부를 포기했던 이유이다.
This is why I gave up studying.

1544. 나는 그가 나를 다루는 방식이 좋다.
I like how he treats me.

1545. 그 공원은 내가 사는 곳에서 가깝다.
The park is near where I live.

1546. 그 점이 당신이 옳고 그가 잘못된 곳이다.
That is where you are right and he is mistaken.

☆ 'it be 강조어구 that (관계사) 나머지 구조'는 강조 챕터에서 자세히 다룹니다.

4. 복합관계사

☆ 관계대명사 뒤에 ever 를 붙여서 만든 형태를 복합관계사라고 부르며, 명사절과 양보의 부사절을 유도합니다. 영문법 원서에서 따로 명명되어 있지는 않지만 이 관계사는 선행사와 관계사의 역할을 수행하거나 아니면 양보의 부사절을 유도하기 때문에 복합적 기능을 가지고 있다고 할 수 있습니다.

1) 복합관계대명사 : whoever, whomever, whichever, whosever, whatever

(1) 명사절을 유도할 때

☆ 선행사와 관계대명사로 구성되어 있습니다.

① whoever + P = anyone who + P

_{1547.} 그것을 원하는 누구라도 그것을 얻게 될 것이다.
   Whoever wants it will have it.
   = Anyone who wants it will have it.

_{1548.} 그것을 원하는 어떤 사람에게라도 그것을 주어라.
   Give it to whoever wants it.
   = Give it to anyone who wants it.

② whatever + (S) + P = anything that + (S) + P

_{1549.} 할 가치가 있는 어떤 것이라도 잘 할 가치가 있는 것이다.
   Whatever is worth doing is worth doing well.
   = Anything that is worth doing is worth doing well.

_{1550.} 나는 당신이 나에게 준비해주는 어떤 것도 먹을 것이다.
   I will eat whatever you fix for me.
   = I will eat anything that you fix for me.

③ whomever + S + P = anyone whom + S + P

_{1551.} 당신이 좋아하는 누구하고라도 결혼하라.
   Marry whomever you like.
   = Marry anyone whom you like.

_{1552.} 당신이 고르는 누구라도 고용될 것이다.
   Whomever you pick will be hired.
   = Anyone whom you pick will be hired.

④ whichever + (S) + P = anything that + (S) + P

<small>1553. 당신이 원하는 어떤 것이든 선택하라. (보통 선택의 범주가 제한되어 있다.)</small>

Choose whichever you want.
= Choose anything that you want.

⑤ whosever + (S) + P

<small>1554. 누구의 것이라도 수업 중에 진동하면 압류될 수 있습니다.</small>

Whosever is buzzing during the class may be confiscated.
= Anybody's that is buzzing during the class may be confiscated.

<small>1555. 나는 누구의 것이라도 기준에 부합하면 구매하겠다.</small>

I will buy whosever comes to standard.
= I will buy anybody's that comes to standard.

(2) 양보의 부사절을 유도할 때 : wh- + ever + (S) + P = no matter wh- (S) + P

☆ 주절과 양보관계로 분리되어 있으며 접속사 though를 이용하여 재구성할 수 있습니다.

<small>1556. 누가 그렇게 말하더라도 나는 그것을 믿지 않을 것이다.</small>

Whoever says so, I will not believe it.
= No matter who says so, I will not believe it.
= Though anybody says so, I will not believe it.

<small>1557. 유식한 사람들이 어떤 책에 관해 뭐라고 말하더라도 그것이 당신을 끌지 못한다면 소용이 없다.</small>

Whatever the learned may say about a book, it is of no use to you unless it attracts you.
= No matter what the learned may say about a book, it is of no use to you unless it attracts you.
= Though the learned may say anything about a book, it is of no use to you unless it attracts you.

<small>1558. 그들이 무엇인지는 모르지만 토문이라는 곳에 살고 있다.</small>

(이 경우 선행사에 대한 화자의 무지를 표현한다.)

They live in Tomun, whatever it is.

2) 복합관계부사 : wherever, whenever, however

★ 일종의 접속사로 명사절과 양보의 부사절을 유도할 때 사용하며 'however + S + P' 는 '어떻게 하더라도' 이고, 'however + 형, 부 + S + P'는 '아무리 ~하게 하더라도' 입니다.

(1) 명사절을 유도할 때 : wh- + ever + S + P = any + 명사 + wh - + S + P

1559. 나는 당신을 원하는 어떤 곳으로든 데려다 줄 것이다.
I will take you to wherever you want to be. (전치사의 목적어 자리)
= I will take you to any place where you want to be.

1560. 그가 말하는 어떤 방식도 반박당할 것이다.
However he says shall be challenged. (주어 자리)
= Anyway that he says shall be challenged.

(2) 양보의 부사절을 유도할 때 : wh- + ever + S + P = no matter wh- + S + P

1561. 당신이 어디를 가도 나는 당신을 쫓아갈 것이다.
Wherever you may go, I will follow you.
= No matter where you go, I will follow you.

1562. 그가 언제 우리 집에 와도 그는 환영이다.
Whenever he comes to my house, he shall be welcome.
= No matter when he comes to my house, he shall be welcome.

1563. 그가 어떻게 내 마음을 얻으려 했어도 나는 감흥이 없었다. (어떻게 하더라도)
However he tried to take my heart, I was not impressed.
= No matter how he tried to take my heart, I was not impressed.

1564. 그 사업이 아무리 이윤을 내는 것처럼 보였어도 그것은 내 직업윤리를 벗어난 것이었다.
(아무리 하더라도)
However lucrative the business might seem, it was out of my work ethic.
= No matter how lucrative the business might seem, it was out of my work ethic.

★ 복합관계사가 양보의 부사절로 사용되는 경우는, 부사절에서 더욱 많은 예문으로 자세히 학습하실 수 있습니다

3) 복합관계형용사 : whatever + 명사, whichever + 명사, whosever + 명사

☆ 복합관계사에 다시 명사를 붙이는 형태로 되어 있고 역시 명사절과 양보의 부사절을 유도 합니다.

(1) 명사절을 유도할 때 : wh- ever + 명사 + (S) + P = any + 명사 + (S) + P

1565. 그가 내리는 어떠한 명령도 준수되어야 한다.

<u>Whatever orders he gives</u> should be observed. (주어 자리)

= Any orders that he gives should be observed.

1566. 어떤 편이 이기든지 나에게 문제가 되지 않는다.

<u>Whichever side wins</u> does not matter to me. (주어 자리)

= Any side that wins is fine with me.

1567. 그 지역에 위치해 있는 어떤 사람의 집이라도 살 것입니다.

I will buy <u>whosever house is located in the area</u>. (목적어 자리)

= I will buy any man's house that is located in the area.

(2) 양보의 부사절을 유도할 때 : wh- ever + 명사 + (S) + P = no matter wh - + 명사 + (S) + P

1568. 누구의 아들이 나를 사랑하건 간에 나는 결혼하지 않을 것이다.

Whosever son may love me, I will not be married.

= No matter whose son may love me, I will not be married.

1569. 그것이 어떤 생각이건, 그것은 우선 실행 가능해야 한다.

Whatever idea that may be, it should be practicable first.

= No matter what idea that may be, it should be practicable first.

11 기출문제

01. 다음 문장의 내용상 _____ 부분에 가장 적절한 말은?

> When it comes to success, a high IQ is not the only fact that _____ into account.

① taken
② has taken
③ should take
④ should be taken

해석 성공에 관해서라면, 높은 지능 지수가 고려되어야 할 유일한 요소는 아니다.

해설 take + 목적어 + into account 구조인데 관계사 주격 that이 take의 목적어이므로 수동태가 되어야 한다.

답 ④

02. 다음 문장의 내용상 _____ 부분에 가장 적절한 말은?

> He is one of the few boys who _____ passed the entrance examination.

① has   ② is   ③ was   ④ have

해석 그는 입학시험에 합격한 몇몇 소년들 중 하나이다.

해설 의미상 입학시험에 합격한 사람들이 여럿이므로 who는 복수취급이다.

답 ④

03. 다음 문장의 내용상 _____ 부분에 가장 적절한 말은?

> Each contestant will sing with a different partner each week, and judges, who have not yet _____, will offer guidance and critiques while deciding who will advance to the next round.

① named　　② naming　　③ been named　　④ been naming

해석 각 참가자는 매주 다른 파트너와 함께 노래하게 될 것이고, 아직 지명되지는 않았지만 심사위원들은 누가 다음 라운드에 진출할지 결정하면서 지도와 평가를 제공하게 될 것이다.

해설 관계사 주격에 걸린 술어동사는 수동태가 되어야 의미상 '지명되지 않다'가 성립한다.

답 ③

04. 다음 문장의 내용상 _____ 부분에 가장 적절한 말은?

> He is one of the men who _____ always do their best.

① is believed　　② believes　　③ believing　　④ I believe

해석 그는 내가 믿기로는 항상 자신의 최선을 다하는 사람들 중 하나이다.

해설 관계사 주격 다음에 의견 삽입구조를 넣었다. 이 구조는 주어 + 동사

답 ④

05. 밑줄 친 부분을 바꿔 쓴 것으로 문법적으로 옳은 것을 고르시오.

> A section of the exhibition will be devoted to the 17th century study of the Romanesque, <u>including</u> works by Theodore.

① which is included　　② which are including
③ which to include　　④ which includes

해석 전시회의 일부분은 17세기 로마네스크 양식에 대한 연구에 할당될 것이며, 이는 Theodore의 작품들도 포함하게 될 것이다.

해설 분사구문이 능동구조이고 시제는 현재이며 선행사는 전시회이므로 단수취급하는 조건을 다 만족시키는 구조를 선택해야 한다.

답 ④

06. 다음 문장의 내용상 _____ 부분에 가장 적절한 말은?

> It was raining in the mountains, _____ made the fresh green of the leaves all the more graceful.

① that   ② those   ③ which   ④ what

해석 산에는 비가 내리고 있었는데 그 사실이 잎사귀들의 신선한 초록색을 그만큼 더 멋지게 만들었다.

해설 앞 사실 전체를 선행사로 받는 관계사는 계속적 용법의 which

답 ③

07. 다음 문장의 내용상 _____ 부분에 가장 적절한 말은?

> Silences make the real conversations between friends. Not the saying but the never needing to say is _____ counts.

① that   ② which   ③ much   ④ what   ⑤ some

해석 침묵은 친구 사이에 진정한 대화를 가능케 한다. 말을 하는 것이 아니라 결코 말할 필요가 없다는 것이 중요한 것이다.

해설 동사 is의 보어와 동사 counts의 주어가 동시에 필요하므로 선행사를 포함하는 관계사 what

답 ④

08. 다음 문장의 내용상 _____ 부분에 가장 적절한 말은?

> Of course I am quite unable to judge the attitude of her mind, but I think, _____ I knew of her, that there had been a misunderstanding between you.

① from which   ② what   ③ from what   ④ from that   ⑤ of that

해석 물론 나는 그녀의 정신 상태를 판단할 수 없다. 하지만 내가 그녀에 대해 아는 바로부터 보면, 너희 둘 사이에 오해가 있었던 것으로 나는 생각한다.

해설 from의 목적어와 knew의 목적어가 동시에 있어야 하므로 from what

답 ③

09. 다음 문장의 내용상 _____ 부분에 가장 적절한 말은?

> Much of _____ about the theory of evolution by natural selection has come from observations made by Charles Darwin at the Galapagos Island.

① said what is
② what is it said
③ what is said
④ it says what
⑤ saying what

해석 자연 도태에 의한 진화론에 대해 이야기되고 있는 많은 것들은 찰스 다윈이 칼라파고스 제도에서 했던 관찰들로부터 나온 것이다.

해설 전치사 of의 목적어와 is said의 주어가 동시에 필요하므로 what이 정답

답 ③

10. 다음 문장의 내용상 _____ 부분에 가장 적절한 말은?

> Reading is to the mind _____ food is to the body.

① that   ② which   ③ what   ④ whatever

해석 독서와 마음의 관계는 음식과 몸과의 관계와 같다.

해설 A is to B what C is to D

답 ③

11. 다음 문장의 내용상 _____ 부분에 가장 적절한 말은?

> Founded in 1960 to gain greater control over the price of oil, _____ the main Arabic oil-producing countries.

① OPEC consists of
② OPEC which consists of
③ what OPEC consists of
④ which OPEC consisting of

해석 유가에 대한 보다 큰 통제력을 얻기 위해서 1960년에 설립된 OPEC는 주요 아랍 산유국들로 구성되어 있다.

해설 분사구문의 주어는 OPEC 이며 consist of는 뒤에서 목적어를 받아서 사용하며 수동태로 만들지 않는다.

답 ①

12. 다음 문장의 내용상 _____ 부분에 가장 적절한 말은?

> The subject _____ I am interested is Korean history.

① in that
② in which
③ for which
④ in what
⑤ at which

해석 내가 관심을 가지고 있는 과목은 한국사이다.

해설 be interested in에서 전치사가 앞으로 나가면 전치사 + which가 된다.

답 ②

13. 다음 문장의 내용상 _____ 부분에 가장 적절한 말은?

> The conditions _____ these fine works were created were usually of most difficult kind.

① that
② which
③ of which
④ under which

해석 이 멋진 작품들이 만들어진 상황들은 대개는 가장 어려운 상황들이었다.

해설 상황 하에서 작품들이 만들어지므로 적절한 전치사는 under 이다.

답 ④

14. 다음 문장의 내용상 _____ 부분에 가장 적절한 말은?

> Let's compare two slogans, _____ try to get us to think of chocolate products as healthy foods than as indulgences.

① both of which
② of which both
③ either of which
④ of which either

해석 두 슬로건들을 비교해 보면, 이 둘은 모두 우리가 초콜릿 제품을 중독의 대상이라기보다는 오히려 건강식품으로 생각하게 하려하고 있다.

해설 try의 주어는 복수대명사 both 이어야 한다, either of which는 단수취급

답 ①

15. 다음 문장의 내용상 _____ 부분에 가장 적절한 말은?

| More people came _____. |

① that had been expected ② that had expected
③ as has expected ④ who had been expecting
⑤ than had been expected

[해석] 기대했었던 것보다 많은 사람들이 왔다.
[해설] 선행사가 more people이므로 관계사는 than 이고 주격으로 사용되어서 뒤에 술어동사를 받았다.
[답] ⑤

16. 다음 문장의 내용상 _____ 부분에 가장 적절한 말은?

| _____ is often the case with her, Mary was absent that day. |

① As ② Which ③ When ④ That ⑤ What

[해석] Mary에게는 흔히 있는 일이듯이, Mary는 그 날 결석을 했다.
[해설] 절 전체를 선행사로 받되 관계사를 선행사절에 선행시킬 수 있는 것은 as
[답] ①

17. 다음 문장의 내용상 _____ 부분에 가장 적절한 말은?

| Who's there now _____ knows the earth is not the center of the universe? |

① that ② which ③ but ④ who ⑤ what

[해석] 지구가 우주의 중심이 아니라는 것을 알지 못하는 사람은 현재 아무도 없다.
[해설] 문맥상 '알지 못하는' 이 되어야 하는데 동사가 knows이므로 관계사 자체에서 부정의 의미를 갖는 것은 but
[답] ③

18. 다음 문장의 내용상 _____ 부분에 가장 적절한 말은?

| _____ 1980 that the satellite transmitted photographs of Saturn to the earth. |

① In　　　② During　　　③ It was in　　　④ What was in　　　⑤ When it was

해석 위성이 토성의 사진을 지구로 전송했던 것은 1980년이었다.

해설 it be 강조 that 나머지 구조이며 이때 that은 관계부사 when의 대용이다.

답 ③

19. 다음 문장의 내용상 _____ 부분에 가장 적절한 말은?

| It is because of Edison, rather than of any other man, _____ the age in which we live is known as "the age of electricity". |

① that　　　② which　　　③ when　　　④ those　　　⑤ this

해석 우리가 살고 있는 시대가 "전기의 시대"로 알려진 것은 다른 누구도 아닌 에디슨 때문이다.

해설 it be 강조어구 that 나머지 구조이다.

답 ①

20. 다음 문장의 내용상 _____ 부분에 가장 적절한 말은?

| Decisions about family matters were made by her husband.
= It was her husband _____. |

① making family matters decide

② that was made decisions about family matters

③ decided about family matters

④ who made decisions about family matters

해석 가족 문제들에 대한 결정들이 그녀 남편에 의해 내려졌다.
　　= 가족 문제들에 대한 결정을 내렸던 사람은 바로 그녀의 남편이었다.

해설 it be 강조어구 that 나머지 구조에서 주어가 강조되면 that은 who 나 which로 쓸 수 있다.

답 ④

21. 다음 문장의 내용상 _____ 부분에 가장 적절한 말은?

| Later he went to New York, _____ he did all sorts of jobs. |

① how　　② why　　③ that　　④ what　　⑤ where

해석 나중에 그는 뉴욕으로 갔고, 그곳에서 모든 종류의 일을 다 했다.
해설 관계부사의 계속적 용법, 선행사는 장소
답 ⑤

22. 다음 문장의 내용상 _____ 부분에 가장 적절한 말은?

| The time will come _____ you'll have to think of your future more seriously. |

① what　　② when　　③ how　　④ where

해석 당신이 미래를 좀 더 진지하게 생각해야 할 그럴 때가 올 것이다.
해설 선행사는 the time, 관계부사 when이 적합함
답 ②

23. 다음 문장의 내용상 _____ 부분에 가장 적절한 말은?

| He promised the prize to _____ made the best grades. |

① whomever　② whichever　③ whatever　④ whoever

해석 그는 누구이건 가장 높은 점수를 받는 사람에게 그 상을 주겠다고 약속했다.
해설 선행사와 관계사가 any one who인 것이 적절함
답 ④

24. 다음 문장의 내용상 _____ 부분에 가장 적절한 말은?

He tells the same story to _____ will listen.

① whoever   ② whom   ③ whichever   ④ who   ⑤ whomever

해석 그는 누구이건 듣고자 하는 사람에게 똑같은 이야기를 들려준다.

해설 선행사와 관계사가 any one who 인 것이 적합함

답 ①

25. 다음 문장의 내용상 _____ 부분에 가장 적절한 말은?

A : What shall I do?
B : I don't care. You may do _____.

① which you like   ② that you like
③ Whom you like   ④ whatever you like

해석 A: 제가 무엇을 해야 할까요. B: 상관없어요. 무엇이건 당신이 하고 싶은 것을 하세요.

해설 선행사와 관계사가 any thing that 인 것이 적합함

답 ④

26. 다음 문장의 내용상 _____ 부분에 가장 적절한 말은?

_____ comes back first is supposed to win the prize.

① Those who   ② Anyone   ③ Whoever   ④ Whomever

해석 누구이건 가장 먼저 돌아오는 사람이 상을 받게 될 것이다.

해설 한 단어로 선행사와 관계사주격의 역할을 동시에 하되 any의 의미를 포함하는 것은 whoever

답 ③

27. 다음 문장의 내용상 _____ 부분에 가장 적절한 말은?

> Don't open your door to a stranger, _____ he says he is from the police.

① despite　　　② even if　　　③ no matter what　　④ whatever

해석 자신이 경찰에서 나왔다고 말할지라도 낯선 사람에게는 문을 열어주지 말아라.

해설 양보절이 완성구조로 나왔으므로 whatever 나 no matter what 구조를 쓸 수 없다.

답 ②

PART 12
tenses

시제

12 시제 (tenses)

☆ 시제는 동사의 시점별 해석방법에 대한 의미의 세분화를 위해 만들어진 구조입니다. 일반적 기준으로 동사는 3시점, 즉 '현재, 과거, 미래'가 있고 이를 기준으로 '단순시제, 진행시제, 완료시제, 완료진행시제'로 세분화시켜서 총 12개의 모양으로 존재합니다. 타동사의 경우 '수동태 시제 모양' 존재하므로 최종적으로는 약 20여개의 시제 형태가 있습니다. 주의할 것은, '상태동사'나 '순수지각, 감정, 인지' 등의 동사는 그 자체의 의미로 진행형을 만들어 쓰지 않는것 입니다.

1. 시제의 형태

1) 동작동사 'do'를 통한 시제의 모양변화

도표 181 : do 를 이용한 12 시제 표현

① 단순현재	: I do it.	수동단순현재	: It is done.
② 현재진행	: I am doing it.	수동현재진행	: It is being done.
③ 현재완료	: I have done it.	수동현재완료	: It has been done.
④ 현재완료진행	: I have been doing it.		
⑤ 단순과거	: I did it	수동단순과거	: It was done.
⑥ 과거진행	: I was doing it.	수동과거진행	: It was being done.
⑦ 과거완료	: I had done it.	수동과거완료	: It had been done.
⑧ 과거완료진행	: I had been doing it.		
⑨ 단순미래	: I will do it.	수동단순미래	: It will be done.
⑩ 미래진행	: I will be doing it.	수동미래진행	: It will be being done.
⑪ 미래완료	: I will have done it.	수동미래완료	: It will have been done.
⑫ 미래완료진행	: I will have been doing it.		

☆ 완료진행형은 보통 수동태로 만들어 쓰지 않는데 그 이유는 조동사가 너무 많아져서 의미전달이 복잡해지기 때문입니다.

2) 상태동사 'know'를 통한 시제의 모양변화

☆ 동작을 의미하는 동사는 위의 12개의 모양이 있지만 상태를 의미하는 동사는 진행시제와 완료진행시제를 사용하지 않으므로 총 6개의 모양이 존재합니다. 수동태는 위의 'do' 동사에서 보여준 예를 적용합니다.

도표 182 : 상태동사 know 를 이용한 6 시제 표현

① 단순현재	I know it.
② 현재완료	I have known it.
③ 단순과거	I knew it.
④ 과거완료	I had known it.
⑤ 단순미래	I will know it.
⑥ 미래완료	I will have known it.

2. 각 시제별 해석법과 응용법

1) 단순현재시제(the simple present tense)

(1) 형태

☆ 어미가 'ss, sh, ch, x, 자음 + o' 이면서, 3인칭 단수 주어인 경우 'es'를 첨가합니다. '자음 + y'로 끝나는 경우 'ies' 어미가 됩니다. '7단원 수의 일치'를 참조 하세요.

도표 183 : 3인칭 단수 주어의 현재형 동사 어미

① I kiss ~	He kisses ~
② I box ~	He boxes ~
③ I rush ~	He rushes ~
④ I do ~	He does ~
⑤ I watch ~	He watches ~
⑥ I carry ~	He carries ~

(2) 의미

① 습관, 경향, 진리 : 동작동사의 현재시제는 일회성에 걸친 행위를 의미하는 것이 아니라, 주로 과거부터 말하는 시점까지 습관적으로(반복적으로) 일어나는 행위를 말하므로, (비록 미래시제형태를 쓰지 않았지만) 미래에도 계속 반복될 일을 예상해서 사용합니다. 잘 어울리는 부사는 'today-오늘, 오늘 날', 'in these days-오늘날', 'lately-최근에', 'now-지금, 이제' 등이 있습니다. (상태동사의 현재시제는 '현재의 상태'를 말합니다).

1570. 개들은 짖기 마련이다.
Dogs bark.

1571. 나는 담배를 핀다.
I smoke.

1572. 그는 최근에 우유를 마시지 않는다.
He doesn't drink milk lately.

1573. 태양은 수소와 헬륨을 이용하여 탄다.
The Sun burns using hydrogen and helium.

☆ 이 경우 'always, never, occasionally, often, sometimes, usually, every week, on Mondays, once a month, every other day…' 등의 빈도부사를 첨가시켜 구체적 빈도를 나타낼 수 있습니다.

1574. <u>얼마나 자주</u> 당신은 세차를 하십니까?
<u>How often</u> do you wash your car?

1575. 나는 <u>매주 토요일에</u> 교회를 간다.
I go to church <u>on Saturdays</u>.

1576. 이 지역에는 <u>칠월에</u> 비가 온다.
It rains <u>in July</u> in this region.

② 긴박감의 현재시제 : '신문의 헤드라인, 방송매체에서의 해설, 사건묘사' 등에서, 이미 벌어진 일이지만, 긴박감을 주거나 또는 생생한 묘사를 하기 위해 현재시제를 사용합니다.

1577. '시드니서 한국인 무차별폭행당해' (헤드라인)
Koreans in Sydney suffer unprovoked assault.

1578. 어젯밤 돌아왔다던데 맞니?
I hear you came back last night, right?

1579. 커튼이 올라가면 햄릿이 그의 아버지 죽음을 애도하며 울고 있다.
When the curtain rises, Hamlet is crying over his father's death.

1580. 그는 공을 잡아서 삼루수에게 던진다.
He catches the ball and throws it to the third baseman.

③ 예정된 일들에 대한 묘사 (매우 격식적) : 이미 정해진 사실은 말하는 시점에서는 미래라 해도 현재시제를 사용합니다.

1581. 우리는 다음 월요일 열한시에 서울을 떠나 방콕에 16시에 도착한다.
We leave Seoul at 11:00 next Monday and arrive in Bangkok at 16:00.

1582. 그 프로그램은 6번 채널에서 오전 9시에 한다.
   The program is on channel 6 at 9 in the morning.

④ 상태동사에 대한 진행의 의미 : 상태동사의 현재형은 진행의 의미를 갖습니다.

1583. 나는 너를 사랑한다.
   I love you.

1584. 나는 그를 믿는다.
   I believe him.

⑤ 가정법에서 단순미래시제를 대용 : if를 사용하는 가정법에서는, 단순미래의 경우 현재시제를 사용합니다.

1585. 만약 내가 그를 보면 그에게 그것에 대해 물어보겠다.
   If I see him, I'll ask him about it.

1586. 만약 당신 둘이 싸움을 멈추지 않으면 나는 소풍을 취소하겠다.
   Unless you two stop fighting I will cancel the picnic.

1587. 만약 어떤 일이 일어나도 당신이 남겠다는 <u>의지</u>라면 머물러도 좋다. (의지표명)
   <u>If you will</u> stay no matter what happens, you can stay.

⑥ 시간의 부사절 : 주절에 의해서 미래 시점이 밝혀져 있거나 습관성이 암시될 경우 부사절은 현재시제를 사용합니다. 'when, after, before, until, as soon as, once' 등의 접속사절에 적용됩니다.

1588. 그는 돈이 생기면 술 마시는 것에 쓴다. (습관)
   As soon as he earns any money he spends it on drinking.

1589. 그녀는 그 소년을 조깅가기 전에 학교에 데려다 준다. (습관)
   She takes the boy to school before she goes jogging.

1590. 비가 멈출 때 우리는 외출할 것이다. (미래)
   When it stops raining we'll go out.

2) 단순과거시제(the simple past tense)

(1) 형태

☆ 규칙동사는 인칭이나 수와 관계없이 동사의 끝에 ed를 첨가하되, '자음 + e'로 끝난 단어는 'd'만 첨가합니다. '단모음과 단자음'으로 끝난 경우 '끝자음'을 한번 더 쓰고 'ed'를 붙여주고, '자음 + y'로 끝난 경우는 'ied' 형태가 됩니다. 불규칙 동사는 동사의 과거와 과거분사를 따로 기억해야 합니다.

도표 184 : 규칙동사의 과거형 표기법

I worked.   He worked.
I loved.   He loved.
I admitted him.   I carried a gun.

도표 185 : 불규칙 동사표 (반드시 암기할 것)

present (and infinitive)	simple past	past participle	present (and infinitive)	simple past	past participle
abide	abode/abided	abode/abided	arise	arose	arisen
awake	awoke/awaked	awoken/awaked	be	was	been
bear	bore	borne/born*	beat	beat	beaten
become	became	become	befall	befell	befallen
beget	begot	begotten	begin	began	begun
behold	beheld	beheld	bend	bent	bent
bereave	bereaved/bereft	bereaved/bereft*	beseech	besought/beseeched	besought/beseeched
bet	betted/bet	betted/bet	bid(=command)	bade	bidden
bid(=offer)	bid	bid	bind	bound	bound
bite	bit	bitten	bleed	bled	bled
blow	blew	blown	break	broke	broken
breed	bred	bred	bring	brought	brought
broadcast	broadcast/broadcasted	broadcast/broadcasted	build	built	built
burn	burned/burnt	burned/burnt	burst	burst/bursted	burst/bursted
buy	bought	bought	can	could	been able
cast	cast	cast	catch	caught	caught
chide	chided/chid	chid/chidden	choose	chose	chosen
cleave	cleaved/clove/cleft	cleaved/cloven/cleft*	cling	clung	clung
clothe	clothed/clad	clothed/clad	come	came	come
cost	cost/costed	cost/costed	creep	crept	crept
crow	crowed/crew	crowed	cut	cut	cut
dare	dared/durst	dared/durst	deal	dealt	dealt
dig	dug	dug	do	did	done
draw	drew	drawn	dream	dreamed/dreamt	dreamed/dreamt
drink	drank	drunk	drive	drove	driven
dwell	dwelled/dwelt	dwelled/dwelt	eat	ate	eaten
fall	fell	fallen	feed	fed	fed
feel	felt	felt	fight	fought	fought
find	found	found	flee	fled	fled
fling	flung	flung	fly	flew	flown
forbear	forbore	forborne	forbid	forbade	forbidden

forget	forgot	forgotten	forgive	forgave	forgiven
forsake	forsook	forsaken	freeze	froze	frozen
get	got	got/gotten	gild	gilded/gilt	gilded/gilt
gird	girded/girt	girded/girt	give	gave	given
go	went	gone	grind	ground	ground
grow	grew	grown	hang	hanged/hung	hanged/hung*
have	had	had	hear	heard	heard
hew	hewed	hewed/hewn	hide	hid	hidden
hit	hit	hit	hold	held	held
hurt	hurt	hurt	keep	kept	kept
kneel	kneeled/knelt	kneeled/knelt	knit**	knitted/knit	knitted/knit
know	knew	known	lay	laid	laid
lead	led	led	lean	leaned/leant	leaned/leant
leap	leaped/leapt	leaped/leapt	learn	learned/learnt	learned/learnt
leave	left	left/leaved	lend	lent	lent
let	let	let	lie	lay	lain
light	lighted/lit	lighted/lit	lose	lost	lost
make	made	made	may	might	-
mean	meant	meant	meet	met	met
mow	mowed	mowed/mown	must	had to	-
ought	-	-	pay	paid	paid
put	put	put	read	read	read
rend	rent	rent	rid	rid/ridded	rid/ridded
ride	rode	ridden	ring	rang	rung
rise	rose	risen	run	ran	run
saw	sawed	sawed/sawn	say	said	said
see	saw	seen	seek	sought	sought
sell	sold	sold	send	sent	sent
set	set	set	sew	sewed	sewed/sewn
shake	shook	shaken	shall	should	-
shear	sheared/shore	sheared/shorn	shed	shed	shed
shine	shined/shone	shined/shone	shoe	shoed/shod	shoed/shod
shoot	shot	shot	show	showed	showed/shown
shrink	shrank	shrunk/shrunken	shut	shut	shut
sing	sang	sung	sink	sank	sunk
sit	sat	sat	slay	slew/slayed	slain/slayed
sleep	slept	slept	slide	slid	slid/slidden
sling	slung	slung	slink	slunk	slunk
slit	slit	slit	smell	smelled/smelt	smelled/smelt

smite	smote/smit	smitten/smit	sow	sowed	sowed/sown
speak	spoke	spoken	speed	speeded/sped	speeded/sped
spell	spelled/spelt	spelled/spelt	spend	spent	spent
spill	spilled/spilt	spilled/spilt	spin	spun	spun
spit	spit/spat	spit/spat	split	split	split
spread	spread	spread	spring	sprang	sprung
stand	stood	stood	steal	stole	stolen
stick	stuck/sticked	stuck/sticked	sting	stung	stung
stink	stank/stunk	stunk	strew	strewed	strewed/strewn
stride	strode	stridden	strike	struck	struck
string	strung	strung	strive	strove	striven
swear	swore	sworn	sweep	swept	swept
swell	swelled	swelled/swollen	swim	swam	swum
swing	swung	swung	take	took	taken
teach	taught	taught	tear	tore	torn
tell	told	told	think	thought	thought
thrive	thrived/throve	thrived/thriven	throw	threw	thrown
thrust	thrust	thrust	tread	trod	trodden/trod
understand	understood	understood	undertake	undertook	undertaken
wake	waked/woke	waked/woken	wear	wore	worn
weave	wove	woven	weep	wept	wept
wet	wetted/wet	wetted/wet	will	would	-
win	won/winned	won/winned	wind	wound/winded	wound/winded
wring	wrung	wrung	write	wrote	written

(2) 의미

① 과거특정시간대에 완성된 행위나 역사적 사실

☆ 동작동사의 과거 시제는 일회성으로 봅니다. 빈도부사를 첨가시키면 과거의 습관성 행위가 됩니다. 과거시제는 과거의 정보에 국한시키고 특별한 경우가 아닌 한 현재와 연계시키지 않습니다. 과거시점을 명기해 주는 부사나 부사구와 잘 어울리며 'ago 형', 'last 형', 'the other night (요전날 밤), at that time = then (그 당시), in those days (그 시절), in + 과거년도, 세기' 등이 있습니다.

1591. 나는 그저께 그를 만났다.

I met her the day before yesterday.

1592. 2차 세계대전은 1939년에 발발했다.

The second World War broke out in 1939.

1593. 그는 늘 우산을 가지고 다녔다.
　　　He <u>always</u> carried an umbrella.

1594. 그는 작년에는 절대로 담배를 피우지 않았다.
　　　He <u>never smoked last year</u>(= a year ago).

1595. 당신은 언제 그를 마지막으로 보았는가?
　　　When did you see him last?

② 과거시간이 언급되지 않아도 과거라는 사실이 전제될 때
☆ 과거시점대가 특별히 언급되지 않아도 '정황상 이미 지나간 일'이라는 것을 알 경우 사용됩니다.

1596. 당신은 어떻게 직업을 구했는가? (당신이 현재 직업이 있다는 것을 알고 난 후)
　　　How did you get your job?

1597. 나는 이 차를 한국에서 구입했다. (내가 이 차를 소유하고 있다는 것이 알려진 후)
　　　I bought this car in Korea.

1598. 어디에 갔었는가? 나는 오페라에 갔었다. - 재미있었는가? (다녀왔다는 것이 인정된 후)
　　　Where have you been? - I have been to the opera. - Did you enjoy it?

③ 현재에는 확실히 끝나있는 과거 특정기간에 대한 묘사
☆ 흔히 'for 를 사용한 기간부사구'가 주어지면 완료시제를 사용하는 것으로 알고 있으나, 현재에 이미 그 기간이 끝나 있을 경우는 단순과거를 사용합니다.

1599. 그는 2년 동안 그 회사에서 일했다. (그는 더 이상 거기서 일하지 않고 있는 것이 확실하다)
　　　He <u>worked</u> in that company <u>for 2 years</u>.

1600. 나는 오랫동안 한국에서 살았다. (그 사람은 한국에서 더 이상 살고 있지 않다)
　　　I <u>lived</u> in Korea <u>for a long time</u>.

④ before 나 after 등에 의해 시점이 분명해진 절에서 대과거인 과거완료 대용
☆ 이 경우는 이미 접속사가 시점차이를 알려주고 있으므로 원칙상은 두 개의 과거사실 중 하나는 과거완료를 써야 하지만 편의상 과거시제를 사용할 수 있습니다.

1601. 우리는 주인이 자리에 앉고 난 후 그것을 먹기 시작했다.
　　　We began eating it <u>after</u> our host took (or had taken) his seat.

1602. 그는 그 논쟁이 끝나기 전에 그 방을 나왔다.
　　　He stepped (or had stepped) out of the room <u>before</u> the debate was over.

3) 단순미래시제(the simple future tense)

(1) 형태

도표 186 : 미래시점을 나타내는 표현
① will, shall + V.R
② be going to V.R
③ be + ~ing
④ be to + V.R
⑤ be on the point (edge, verge, brink) of + 동명사
⑥ be about to + V.R

(2) 의미

① will

☆ '주어가 어떤 행위에 대해 의도나 의지를 표현'할 때 혹은 '시간의 흐름에 의해서 자연적으로 일어날 일'에 대해 사용합니다. 부사 soon, before long, next, in the future, in + 미래년도 혹은 세기, tomorrow, 3 days later, 3 days from now 등과 잘 어울립니다. ('② shall'의 용도와 비교하여 학습하세요)

1603. 전화가 울리고 있다. - 내가 받을 것이다. (의지표명)
   The phone is ringing - I'll answer it.

1604. 무엇을 드시겠습니까? - 저는 닭고기를 먹겠습니다. (의지표명)
   What would you like to have, sir? - I'll have chicken, please.

1605. 곧 어두워 지겠네요 - 걱정마세요. 내가 집으로 운전해서 모실게요. (단순미래, 의지표명)
   It will soon get dark - Don't bother, I'll drive you home.

1606. 나는 비만해지고 있으며 무엇을 해야 하는지 안다. 나는 차를 팔고 자전거를 살 것이다. (의지표명)
   I am getting fat, and I know what to do. I'll sell my car and buy a bike.

② shall

☆ shall은 '청유문'이나, '화자가 포함된 행위에 대한 제안, 지시나 명령이 포함된 행위'에 사용합니다. 즉, 주어의 의지가 아니라 '청자나 화자의 의지를 개입시킬 때' 혹은 '권유나 청유하여 일을 도모하고자 할 때' 조동사 shall을 사용합니다. 현대영어에서 인칭에 따른 의도를 표현하는 shall 은 will 에 의해 많이 대체되었습니다.

1607. 그것을 하자, 응? (권유)
   Let's do it, shall we?

1608. 택시를 탈까 우리? (권유)
　　　Shall we take a taxi?

1609. 당신의 가방을 제가 어떻게 할까요? (청자의 의지를 개입)
　　　What shall I do with your bag?

1610. 그가 당신의 가방을 옮기도록 조치하겠다. (화자의 의지를 개입)
　　　He shall help you move the bag.

③ be going to V.R
☆ '이미 계획된 일이나 작정하고 있는 일'에 사용합니다. 무생물 주어에서는 단순미래 입니다.

1611. 나는 차를 팔 작정이다.
　　　I am going to sell my car.

1612. 나는 택시를 부를 필요가 없다. 왜냐하면 그가 나를 집에 차로 데려다 줄 작정이라고 말하기 때문이다.
　　　I don't have to call a taxi, because he says he is going to drive me home.

④ be + ing
☆ 형태는 진행시제이지만 미래시제를 대용할 수 있으며, 주로 '개인적 결심에 의해 미래에 예상되는 행동'에 사용하거나 '이미 어느 정도 진행과정이 있는 일'에 사용합니다. 주로 '가다, 오다, 출발하다, 도착하다, 떠나다'라는 이동의 의미가 있거나, 이에 준하는 동사에 적용되며 'arrive, come, drive, fly, go, leave, start, travel, depart' 에서 많이 사용합니다.

1613. 나는 오늘밤 떠난다. (I leave tonight 은 이에 비해 이미 계획된 일이나 공식적 스케쥴을 의미한다.)
　　　I am leaving tonight.

1614. 나는 9월에 시험을 치른다.
　　　I'm taking an exam in Sep.

☆ 일반적으로 '특정시기에 한 번 계획된 일을 물을 때'에도 진행형으로 미래를 대용 할 수 있습니다.

1615. 다음 일요일에 무엇을 하는가?
　　　What are you doing next Sunday?

☆ 이에 비해 '늘 행해지는 일을 물을 때'에는 단순현재로 습관성 행위를 말합니다.

1616. 일요일에는 늘 무엇을 하는가?
　　　What do you do on Sundays?

⑤ be to V.R
☆ 매우 격식적인 표현이며 '예정된 미래'에 사용하거나, 과거형으로 쓸 경우 '운명적 예정의 느낌'을 표현합니다.

1617. 그들은 여기서 여섯시에 떠날 예정이다.
　　　They are to leave here at six.

1618. 그는 가족전체를 비참함으로부터 이끌어 낼 운명이었다.
　　　He was to lead the whole family out of misery.

⑥ be on the point of + -ing
☆ 주로 매우 임박한 일에 사용하여 움직일 수 없는 미래를 의미합니다. 'be about to + V.R' 과 거의 같은 의미입니다.

1619. 나는 당신을 곧 도와 줄 테니 조금만 참아라.
　　　I am about to help you, so be patient.

1620. 그는 막 돌아서려는 참이었는데 그 때 난파선의 잔해를 보았다.
　　　He was on the point of turning back, when he saw the debris of the wrecked ship.

4) 현재진행시제(the present continuous tense)

(1) 형태 : is, am, are + -ing

(2) 의미

① 말하고 있는 현 시점에서 벌어지고 있는 행위
☆ 부사 'now, at the moment' 등과 잘 어울려서 진행되고 있는 일을 말하며, 상태동사는 쓸 수 없습니다.

1621. 비가 오는 중이다.
　　　It is raining now.

1622. 나는 추워서 외투를 입은 채이다.
　　　I am wearing a coat as it is very cold.

1623. 그 아기는 무엇을 하는 중인가? - 그는 일 달러 지폐를 찢고 있는 중이다.
　　　What is the baby doing? - He is tearing up a one-dollar note.

② 포괄적, 간헐적 진행
☆ 말하는 시점은 아니더라도 '포괄적 현재에 하고 있는 행위'로 간헐적 진행을 의미합니다.

1624. 그는 대학에서 영어를 가르치는 중이며 한국어를 배우는 중이다.
　　　(지금 당장은 그가 식사를 하고 있는 중일 수도 있다.)
　　　He is teaching English and learning Korean at a university.

③ 즉각적 의도가 포함된 가까운 미래에 대한 확실한 계획
☆ 즉각적 의도라는 면에서는 will 과 유사하지만, '계획으로 잡고 있다'는 뉘앙스입니다.

> 1625. 나는 오늘밤 타미를 만난다. 그는 나를 고향으로 데려갈 것이다.
> I am meeting Tommy tonight. He is taking me to my hometown.

> 1626. 내일 아침에 무엇을 하기로 되어있나? - 그렇다. 나는 타미와 테니스를 치기로 되어 있다.
> Are you doing anything tomorrow morning? - Yes, I'm playing tennis with Tommy.

☆ 이 경우 '미래시간표시'를 반드시 써주는 것이 관례이며, '왕래발착동사' 등 이동과 관련된 동사는 미래표시어 없이도 '미래의 일'과 '현재 진행되는 동작'에 공히 사용할 수 있습니다.

④ 자주 반복되는 행위
☆ 'always, constantly' 등과 함께 사용되며 '화자의 입장에서 자주 반복되는 사실'이라고 판단할 경우 사용합니다.

> 1627. 나는 늘 그 실수를 한다.
> I am always making that mistake.

> 1628. 타미는 늘 주말에 집을 떠나 있다.
> Tommy is always going away for weekends.

(3) 진행형 불가 동사

☆ 상태동사로서, 영어에서는 static(혹은 stative) verb 라고 하는데, 이 동사들은 특정한 한정시한을 갖지 않으므로 진행적 의미로 사용하지 않는 동사들입니다. 이에 대한 상대개념은 동작동사(dynamic verb)이고 이는 진행형을 사용할 수 있습니다. 대표적 상태동사는 아래와 같습니다.

① 비자발적 3형식 감각동사
☆ 이는 '본인의 의지와 관계없이 오감(五感)이 반사적으로 작동하여 어떤 정보를 얻게 될 때' 사용하는 동사이며, 그 예로 'feel, hear, see, smell, notice, observe(= notice)' 등이 있습니다.

> 1629. 나는 공포를 느끼고 있는 중이다.
> I feel the terror. (am feeling 불가)

> 1630. 나는 그가 말하는 것을 듣고 있다.
> I hear him say something. (am hearing 불가)

☆ 다만, see 가 '만나다' 혹은 이와 연관된 동사구 'see through, see off, see out' 등이거나, observe 가 '관찰하다', feel 이 '촉각으로 느끼다', smell 이 '자발적으로 냄새를 찾아서 맡다',

hear가 '공개적으로 청문하다' 나 '소식, 소문 듣다' 의 의미로 사용된 경우, 자발적 행동의지와 관련된 동작으로 취급하여 진행형이 가능합니다. 'gaze, stare, look at, observe, watch' 도 이에 해당합니다.

1631. 기다려라. 나는 그의 흔적을 냄새 맡고 있다.
Wait, I am smelling his trace. (자발적 행동)

1632. 그 의사는 환자의 맥을 짚고 있는 중이다.
The doctor is feeling the pulse of the patient. (자발적 행동)

1633. 나는 당신의 사건에 대한 모든 소식을 듣고 있는 중이다.
I've been hearing all about your accident. (소식, 소문 듣다)

1634. 그는 너의 찌개를 맛보고 있는 중이다.
He is tasting your stew. (자발적 행동)

1635. 나는 지켜보는 중인데 특별한 것은 보이지 않는다.
I am watching but I don't see anything unusual.

1636. 과학자들은 온도변화들을 관찰하고 있는 중이다.
Scientists are observing the changes in temperature.

② 보어를 받는 오감동사(link verb)
☆ 'look, sound, smell, taste, feel(feel 동사는 5형식 지각동사의 경우에도)' 동사가 '비자발적 상태동사'로서 보어를 받는 경우에는 진행형을 쓰지 않습니다.

1637. 그것은 고약한 냄새가 난다.
It smells bad. (is smelling 불가)

1638. 그 물질은 부드럽게 느껴진다.
The material feels very soft. (is feeling 불가)

1639. 나는 땅이 흔들리는 것을 느낄 수 있다.
I can feel the ground shake. (am feeling 불가)

☆ 이 경우 feel 동사가 '화자의 감정을 표현하는 형용사'를 받으면 진행형으로 쓸 수 있습니다.
How are you feeling? - I am feeling great. (기분이 어떠세요? - 좋습니다.)

③ 감정표현 동사
☆ 'like, love, hate, loathe, dislike, fear, desire, detest, wish, value, prefer, want' 등의 동사가 '본래 의미의 감정을 표현'할 때 진행형을 쓰지 않습니다. 하지만 '행위의 의미'로 사용될 경우에는 진행형을 쓸 수 있습니다.

1640. 나는 그녀를 사랑하지만 또 다른 여성과 육체적 사랑을 나누고 있는 중이다.
　　　I love her but I <u>am loving</u> another woman. (making love to의 의미)

1641. 그는 추위를 신경쓰지 않는다.
　　　He doesn't mind the cold. (감정)

1642. 그는 그 자신의 일은 돌보고 있다.
　　　He is minding his own business. (행위)

④ 논리작용동사
☆ 'think, agree, understand, believe, know, recall' 등은 진행형을 쓰지 않지만 '정신적 노동'을 의미할 경우 진행형을 쓸 수 있습니다.

1643. 무엇에 대해 생각하는 중인가? - 나는 우리가 함께 했던 나날들에 대해 생각하고 있다.
　　　What are you thinking about? - I am thinking about the days we spent together. (정신적 노동)

1644. 당신은 그것을 어떻게 생각하는가? 나는 그것을 대수롭지 않다고 여긴다.
　　　What do you think of it? - I don't think much of it. (논리 행위)

1645. 타미는 제주도로 이사갈 것을 고려중이다. 너는 그의 생각을 어떻게 보는가? -나는 그것이 좋은 생각이라고 본다.
　　　Tommy is thinking of moving to Jeju island. - What do you think of his idea? I think it is a very great idea.

⑤ 순수 소유동사 동사
☆ 'have, possess, belong, own, owe, lack, include'는 '소유의 뜻'일 때는 진행형을 쓸 수 없습니다.

1646. 나는 많은 친구를 가지고 있다.
　　　I have many friends. (am having 불가)

1647. 나는 타미와 저녁식사를 하는 중이다. (동작의 의미이므로 진행가능)
　　　I am having dinner with Tommy tonight.

⑥ 그 밖의 상태동사
☆ 'seem, appear(2형식), concern, consist, contain, matter, prefer, consist, exist, lie(놓여서 존재하다)' 등의 상당수 동사는 진행형을 쓰지 않습니다.

English Grammar Dictionary　391

5) 과거진행시제(the past continuous tense)

(1) 형태 : was, were + -ing

(2) 의미

① 과거 특정기간

☆ 과거진행시제는 '시작과 끝이 정확히 언제인지는 중요하지 않은 과거의 특정기간 동안 행해지던 동작'을 말합니다.

1648. 어두워지고 있었다.
It was getting darker.

1649. 바람이 세게 불고 있었다.
The wind was blowing hard.

1650. 8시에 그는 저녁을 먹고 있었다.
At eight he was having dinner.

1651. 8시에 그는 저녁을 먹었다.
At eight he had dinner.

② 과거에서 본 미래

☆ 과거 특정 시점에서 다음에 예정된 행위를 표현합니다.

1652. 그는 그날 밤 떠나게 되어서 짐을 꾸리느라 바빴다. (짐을 꾸리던 시점에서 바라 본 그날 밤)
He was busy packing because he was leaving that night.

1653. 그는 그 다음날 돌아온다고 말했다.
He said he was coming back the next day.

③ 과거의 반복적 행위

☆ '과거에 자주 반복되어졌다고 화자가 판단한 행위'에 always 등과 함께 사용합니다.

1654. 그는 늘 그의 손톱을 물어뜯었다.
He was always biting off his fingernails.

1655. 그녀는 끊임없이 불만을 제기하곤 했다.
She was constantly making complaints.

6) 미래진행시제(the future continuous tense)

(1) 형태 : will, shall + be + -ing

(2) 의미

☆ 미래에 진행될 행위를 예측할 때 사용합니다. 보통 시간표현과 함께 씁니다.

_{1656.} 나는 저녁 7시 무렵이면 알렉과 식사를 하는 중일 것이다.
I will be having dinner with Alec by 7 in the evening.

_{1657.} 그는 내일 정오면 대서양 위를 날고 있을 것이다.
He will be flying over the Atlantic Ocean by tomorrow noon.

7) 현재완료시제(the present perfect tense)

(1) 형태 : have, has + p.p / have, has + been p.p

(2) 의미

☆ 다소 생소한 용어인지도 모르는 현재완료시제의 형태는 'have, has + p.p' 입니다. 수동형에서는 'have, has + been + p.p' 입니다. 이 시제를 지칭하는 용어가 한국인들에게 낯설게 들리는 것은 한국어의 시제개념에 이것이 존재하지 않기 때문입니다. 이 형태는 have, has 를 줄여서 쓰기도 합니다. 즉, 'S + have p.p = S've + p.p / S + has p.p = S's + p.p' 가 됩니다.

☆ 한국어는 여러 차례 언급했듯이 정황에 많이 의존하는 언어입니다. 따라서 한국어에서는 정황과 함께 다른 단서들을 사용하여 그 정확한 의미를 파악해 내는데 최적화되려는 진화과정을 거쳤습니다. 예컨대, '나는 그 사람을 보지 못했다' 라는 문장과 '나는 그 사람을 어제 이후 보지 못했다' 라는 문장에서 술어동사의 '보지 못했다' 는 같은 형태입니다.

☆ 그런데 영어에서 '나는 그 사람을 보지 못했다' 는 두 가지 방법으로 표현할 수 있습니다. 그 하나는 'I didn't see him' 이고 다른 하나는 'I haven't seen him' 입니다. 이 두 가지 영어가 모두 한국어에서는 '나는 그 사람을 보지 못했다' 입니다. 그러면, 영어에서는 이 두 가지 표현이 의미차이가 있는 것일까요? 물론 그러합니다. 단순과거시제와 'have p.p' 로 표현된 현재완료시제는 둘 다 과거에 기반을 두고 있는 행위이지만 단순과거는 현재와 상관 없는 사실인 반면, 현재완료는 현재에 연관된 정보를 준다는 점이 차이입니다.

☆ 그럼 '현재와 연관된 정보' 란 무슨 의미일까요? 기본적으로 현재완료는, 말하는 시점인 현재를 기준으로 어떤 행위가 끝났고, 그 행위의 결과가 현재나 미래에 어떤 영향을 끼친다는 것을 암시합니다. 예를 들어 'I didn't see him' 에서는 내가 그 사람을 못 본 것이 현재와는 상관없는

어떤 과거시점에 일어난 행위입니다. 그 과거는 조금 전일 수도 있지만 십년 전일 수도 있습니다. 그러므로 단순과거는 항상 현재에서 볼 때 단절되어 있는 어떤 과거시점을 기준으로 전개되는 사건의 묘사에 사용합니다. 하지만 'I haven't seen him' 은 그를 최종적으로 못 본 기준시점은 현재입니다. 즉 '나는 지금까지 그를 못 보았다' 라는 의미입니다.

☆ 만약 'Somebody stole my car' 라고 하면 단순과거이므로 이것은 과거 어떤 특정시점을 기준으로 일어난 사건이고 현재와는 상관없습니다. 그 후 자동차는 다시 찾았을 수도 있고, 영원히 잃어버렸을 수도 있습니다. 그것은 다음에 이어지는 정보를 보아야 알 수 있습니다. 그러나, 'Somebody has stolen my car' 라고 하면 현재를 기준으로 벌어진 과거의 사건이므로 '현재 나의 자동차는 없다'라는 정보와 '훔쳐간 사람을 알지 못한다'라는 정보 등을 암시합니다.

☆ '어제 이후로 그 사람을 못 보았다' 역시 '이후로' 라는 표현이 말하는 시점인 현재를 기준으로 삼을 때 사용하므로, 이런 경우 시제는 현재완료를 써서 'I haven't seen him since yesterday' 라고 해야 합니다.

☆ 현재완료시제는 과거에 시작된 행위가 상당한 지속기간을 거쳐, 말하는 현재시점에도 이어지고 있을 경우 'have, has, + been + V.R-ing'라는 현재완료진행시제를 쓸 수 있습니다.

① 완료

☆ 'just, already, yet' 과 함께 잘 어울리며, 말하는 시점에 이미 끝난 행위를 표현합니다.

1658. 그는 막 나갔다.
He has just gone out.
= He went out a few minutes ago.

1659. 그는 벌써 돌아왔는가? 그는 아직 안 돌아왔는가? 그는 이미 돌아왔다.
(의문문이나 부정문에서는 yet을 사용하고 이에 대한 답으로 already를 사용하기도 한다.)
Has he come back yet? Hasn't he come back yet? He has already come back.

1660. 나는 그 소설을 읽어보았지만 무엇을 말하려는지 이해할 수 없다.
I have read the novel but I don't understand what it is trying to say.

1661. 최근에 더 많은 성폭력 사례들이 보고되었다.
More cases of sexual violence have been reported lately.

② 결과

☆ 최근 과거의 행동으로 초래된 결과를 예측하면서 말할 때 사용합니다.

1662. 알렉스는 심한 모터사이클 사고를 당했다. (그는 현재 병원에 있을 것이다.)
Alex has had a bad motorcycle accident. (He's probably in hospital.)

1663. 나는 문을 칠했다. (어쩌면 문이 아직 마르지 않았다.)
I have painted my door. (It is probably still wet.)

1664. 나는 숲속에서 많은 들고양이들을 보았다.
(지금 혹은 미래에 가면 또 볼 수 있을 것 같다.)
I have seen a number of wild cats in the woods.
(It is still possible to see them again.)

③ 현재 기준 시간대에 포함된 과거

☆ '과거'와 '현재완료'는 'time bracket' 즉, 시간대의 설정에서 다음과 같은 시간부사들을 사용할 때 선택적으로 사용됩니다. 만약 '오늘'이라는 표현을 쓸 때 아직 '오늘'이라는 시간이 끝나지 않은 'time bracket' 안에 있다면 현재완료를 쓸 수 있지만, 활동시간으로서의 '오늘'이 이미 충분히 지났다고 여길 때는 단순과거를 사용합니다. 예컨대 '그는 오늘 열심히 일했다'라고 할 때, 일을 마친 시간이 아직은 오후나 저녁시간이라면 'He has worked hard today'를 사용하지만 취침시간대에 이런 말을 한다면 'He worked hard today'가 더 어울리는 표현입니다.

☆ 이 규칙에 해당되는 시간대를 설정하는 방법은 'today, this morning, this afternoon, this evening, this week, this month, this year, this century' 등 입니다. 모두 시간대의 설정에 따라 현재완료를 선택적으로 사용할 수 있습니다.

1665. 그는 오늘 아침 너에게 전화를 3번 했다.
(이 경우 말하는 시간대가 아직 오전 11시 59분 전임을 암시한다.)
He has given you 3 calls this morning.

1666. 그는 오늘 아침 너에게 전화를 3번 했나. (이 경우 말하는 시간대는 오후 1시를 넘겼다.)
He gave you 3 calls this morning.

④ 경험

☆ 현재를 기준으로 경험을 누적시켜서 나온 표현들은 현재완료시제와 어울립니다. 한국에서 '지금까지, 여지껏, 한 번이라도' 등에 해당하는 표현들입니다. 과거부터 말하는 시점까지의 경험을 표현하며 빈도부사 'never, ever, once, twice, how many times, the first time, so far, until now, up to now' 등과 어울립니다.

1667. 말에서 떨어져 본 적 있나요? (이 경우 당신은 아직 말을 가끔 탄다는 것을 암시한다.)
Have you ever fallen off a horse?

1668. 말에서 떨어져 본 적 있나요? (이 경우 당신의 승마시절은 끝난 것으로 간주한다.)
Did you ever fall off a horse?

1669. 이것이 내가 지금껏 맛 본 가장 좋은 와인이다.
This is the best wine I have ever tasted.

1670. 이것은 내가 카누를 타 본 최초이다.
This is the first time I have been in a canoe.

⑤ 지속, 계속

☆ 현재완료는 과거부터 현재까지의 기간을 두고 어떤 동작이나 상태의 지속과 관련된 표현을 담당합니다. 따라서 한국어로 '지금까지, ~이후로, 얼마 동안'에 해당하는 영어의 'since + 시점명사, since + 주어 + 동사, for + 기간명사, so far, until now, up to now' 등의 표현이 사용됩니다.

1671. 나는 9월 이후 그를 못 보았다.
I have not seen him since September.

1672. 그가 집을 떠난 후 그로부터 소식을 들었습니까?
Have you heard from him since he left home?

1673. 그 이후 나는 마음을 바꾸었다.
I've since changed my mind = I've changed my mind since then.

1674. 사고 이후 나는 왼손으로 글을 써 왔다.
Since my accident, I have written with my left hand.

1675. 고교 시절 이후 나는 늘 안경을 쓴다.
I've worn glasses since my high school days.

1676. 나는 지금까지 한 달 동안 왼손을 쓰고 있다.
I've used my left hand for a month now.

☆ 시간의 길이를 직접적으로 이야기할 때는 'it is(has been) + 기간명사 + since + 과거나 현재완료시제' 구조를 사용합니다.

1677. 내가 데이트를 한지 4개월이 되었다.
It is(has been) 4 months since I had a date.

1678. 내가 그를 본지 3 년이 되었다.
It is(has been) 3 years since I have seen him.

☆ always 나 never 등의 빈도부사를 넣어서 '미래에도 지속될 습관적 행위'를 의미할 수 있습니다.

1679. 그는 늘 내 편지에 답을 했다. (앞으로도 그럴 것이다.)
He has always answered my letters.

1680. 나는 수업에 늦은 적이 없다. (앞으로도 그럴 것이다.)
I've never been late for class.

8) 현재완료진행시제(the present perfect continuous tense)

(1) 형태 : have, has + been + ing

(2) 의미

☆ 과거에 시작된 행위가 현재 완료되었다는 것을 말할 때는 현재완료시제를 사용하지만, 말하고 있는 시점까지 지속되거나 그 시점을 넘어서도 지속될 것으로 예측될 때에는 현재완료진행시제를 사용하며, 동작동사만 가능합니다.

1681. 아침 식사 이후 나는 5통의 편지를 썼다. (완료)
I've written 5 letters since breakfast.

1682. 아침 식사 이후 나는 줄곧 편지를 쓰는 중이다.(완료)
I've been writing letters since breakfast.

☆ 여기서도 since 나 기간을 의미하는 전치사 'for, so far, until now, up to now' 등을 주로 사용합니다. 다음 대화를 보면서 과거, 현재완료, 현재완료진행시제의 적절한 사용을 살펴보도록 하겠습니다.

설정 ①

A : I haven't seen your sister lately. Has she gone away?

(당신의 여자형제가 최근 안보입니다. 어디로 갔나요?)

B : Yes, she's been sent to Africa.

(네. 그녀는 아프리카로 보내졌어요. 그래서 여기에 없어요.)

A : When did she go?

(언제 갔는데요?)

B : She went last month.

(지난달에 갔어요.)

A : Have you had any letters from her?

(그녀로부터 편지를 받았나요?)

B : I haven't, but her husband has been hearing from her regularly.

(나는 받지 못했지만 그녀의 남편은 규칙적으로 그녀에게서 소식을 듣고 있는 중이어요.)

A : Does he intend to go out and join her?

(그는 출국해서 그녀와 함께 할 계획인가요?)

B : They have been thinking about it but haven't decided yet. Unfortunately they've had a lot of expense lately and perhaps haven't got the money for his fare to Africa.

(그들은 이것에 대해 계속 궁리하고 있지만 아직 결정하지 못했죠. 불행히도 최근에 그들이 많은비용을 썼고 아마도 그의 아프리카행 여행경비를 갖고 있지 못한 것 같아요.)

설정 ② --

A : What have you done with my knife?

(내 칼을 어떻게 했지?)

B : I put it back in your drawer.

(너의 서랍에 다시 넣어 두었어.)

A : (taking it out) But what have you been doing with it? The blade is all twisted. Have you been using it to open?

(꺼내면서 - 하지만 이것 가지고 무엇을 하고 있었던 거야? 칼날이 모두 휘어져 있잖아. 깡통을 따기 위해 쓰고 있었던 거니?)

설정 ③ --

A : Do you see those people on that little sandy island? They've been waving handkerchiefs for the last half hour. I wonder why.

(저기 작은 모래섬에 있는 사람들 보이세요? 그들은 반시간 째 손수건을 흔들고 있는 중이에요. 왜 그러는지 궁금하네요.)

B : They need help. The tide's coming in and very soon that little island will be under water. Have you been sitting here calmly and doing nothing to help them?

(그들은 도움을 원하는 겁니다. 조수가 밀려오고 있고 곧 저 작은 섬은 물 밑으로 가라앉을 것입니다. 당신은 여기에 침착하게 앉아서 그들을 도울 일을 하지 않고 있었던 것인가요?)

A : I've never been here before. I didn't know about the tides.

(저는 전에 이곳에 온 적이 없어요. 조수에 대해 몰랐어요.)

9) 과거완료시제(the past perfect tense)

(1) 형태 : had + p.p / had been + p.p

(2) 의미

☆ 현재완료의 용법과 동일하며 '기준시점'은 현재가 아니라 과거 입니다. 이 시제와 잘 어울리는 부사구는 'until then (그 때 까지), 3 days before (그 3일 전) 혹은 long before (그 오래 전), the previous day (그 전 날)' 등 입니다.

1683. 그는 당신 옷가방을 잃어버려서 내 잠옷을 빌려야 했다.
He had lost his suitcase and had to borrow my pajamas.

1684. 오바마씨는 내가 그를 만났을 때 제복차림이었다. 그는 그때까지 십년간 군인이었고 40세 까지 군에 머물 계획이었다.
Mr. Obama was in uniform when I met him. He <u>had been a soldier for ten years</u>, and planned to stay in the army till he was forty.

1685. 피터는 열시 이후 계속 기다리고 있었는데 마침내 그녀의 여자형제가 나타났을 때 매우 화났다.
Peter, <u>who had waited since ten o'clock</u>, was very angry with his sister when she finally turned up.

1686. 우리 이야기가 시작될 때 탐은 25세 였다. 그의 아버지는 그 5년 전에 돌아가셨고 그 이후 그는 혼자 살았다.
Tom was 25 when our story began. His father <u>had died five years before</u> and <u>since then he had lived alone</u>.

☆ 과거완료는 단순히 시점차이가 나는 것을 전제로 하지 않고 '동작의 완료'를 강조할 수 있으며, 이 경우 주로 사용되는 접속사는 before 와 until 입니다.

1687. 그는 그 모든 그림들을 다 볼 때까지 갈 것을 거절했다. (완료적 의미)
He refused to go <u>until he had seen</u> all the pictures.

1688. 우리가 식사를 다 마치기도 전에 그는 우리에게 다시 작업으로 복귀하라고 명령했다. (완료적 의미)
<u>Before we had finished</u> our meal he ordered us back to work.

1689. 우리가 식사를 시작하기 전에 그는 또 다른 요리를 해 놓았었다. (대과거 용법)
Before we started our meal, he <u>had cooked</u> another dish.

10) 과거완료진행시제(the past perfect continuous tense)

(1) 형태 : had been + ing

(2) 의미

☆ 현재완료진행의 용법과 동일하며 기준시점은 과거 입니다. 두 개의 과거시점간 지속된 행위를 표현합니다.

> 1690. 그는 그녀와 다섯 번 통화를 시도했었다. (그 당시 까지)
> He had tried five times to get her on the phone.

> 1691. 그는 그녀와 통화를 시도하고 있었던 중이었다. (그 당시에도)
> He had been trying to get her on the phone.

11) 미래완료시제(the future perfect tense)

(1) 형태 : will, shall + have + p.p / will, shall + have been + p.p

(2) 의미

☆ 이는 주로 'by then, by that time, by the 21st, by 2050' 등 미래를 기준시점으로 삼고 사용하는 완료시제로서, 현재완료나 과거완료와 동일한 용법을 가지되 기준시점만 미래입니다. '~했을 것이다'로 기억하세요.

> 1692. 다음 달 말 무렵이면 그는 여기서 6년 동안 머물렀을 것이다.
> By the end of next month, he will have been here for 6 years.

> 1693. 우리는 여기서 12월 14일까지 기다리는 것이 좋겠다. 빌은 그 무렵 시험을 보았을 것이고 그러면 그는 우리와 함께 할 수 있을 것이다.
> We'd better wait till 14 December. Bill will have had his exam by then, so he'll be able to join us.

12) 미래완료진행시제(the future perfect continuous tense)

(1) 형태 : will, shall + have been + ing

(2) 의미

☆ 기준시점이 미래가 된 완료진행시제로서 미래 시점까지 어떤 행위가 지속되고 있을 것이라는 예상에 사용합니다.

> 1694. 올 해 말이면 그는 삼십년 째 연기생활을 하고 있을 것이다.
> By the end of this year, he'll have been acting for thirty years.

3. 주절과 종속절의 시제 관계

1) 주절이 현재시제와 과거시제일 때

☆ 주절의 시제가 과거이면 종속절은 진리 등 초월시점을 제외하고 과거 이하 시제로 일치시킵니다.

1695. 나는 그가 여기 있었다고 생각한다.
I think that he was here.

1696. 나는 그가 여기 있다고 생각한다.
I think that he is here.

1697. 나는 그가 여기 올 거라고 생각한다.
I think that he will be here.

1698. 나는 그가 거기 있었다고 생각했다.
I thought that he was there.

1699. 나는 그가 거기 있었었다고 생각했다.
I thought that he had been there.

1700. 나는 그가 모든 것을 잘하고 있는 중이라고 생각했다.
I thought that he was doing everything well.

1701. 나는 그가 그 다음날 돌아올 것이라고 생각했다.
I thought that he would come back the next day.

☆ 주절의 시제가 과거라 하더라도 종속절의 시점이 여전히 미래이면 would 가 아닌 will 을 씁니다.

1702. 나는 그가 내일 돌아올 것이라고 말했다. (말한 시점은 과거지만 아직 오늘일 경우)
I said he will return tomorrow.

☆ 주절의 시제와 상관없이 종속절이 시점을 초월하는 '진리, 경향, 습관' 등이면 종속절은 현재시제로 사용합니다.

1703. 선생님은 토성이 30개 이상의 위성을 가지고 있다고 말했다. (진리)
Teacher said that Saturn has more than 30 moons.

☆ 종속절의 내용이 현재는 진리 등 초월시점이라 해도 '과거에 국한되어 진 것'으로 보면 시제를 과거로 써야 합니다.

1704. 그들은 지구가 둥글다고 믿었다.
(물론 지금은 진리이지만 당시의 관점에서는 진리라는 것이 확인되지 않았다고 볼 때)
They believed that the earth was round.

2) 가정법의 시제

☆ '반대의 사실이 가정된 부분'은 직설법의 시제규칙을 따르지 않습니다.

> 1705. 내가 새라면 좋으련만
> I wish I were a bird.
> = I am sorry I am not a bird.

> 1706. 내가 새였다면 좋으련만
> I wish I had been a bird.
> = I am sorry I was not a bird.

> 1707. 내가 새라면 좋았으련만
> I wished I were a bird.
> = I was sorry I was not a bird.

> 1708. 내가 새였었더라면 좋았으련만
> I wished I had been a bird.
> = I was sorry I had not been a bird.

3) 당위성절에서의 시제

☆ 당위적으로 '해야 한다'를 표현하는 부분은 주절의 시제와 상관 없이 'should + V.R' 이나 'V.R'을 사용 합니다.

> 1709. 유가족들은 그가 교수형당해야 한다고 요구한다.
> The bereaved ask that he should be hanged
> = I ask that he be hanged.

> 1710. 법원은 그녀가 범칙금 100 달러를 내야 한다고 판결했다.
> The court decided that she should pay 100 dollars for the penalty.
> = The court decided that she pay 100 dollars for the penalty.

☆ 이런 류의 동사는 명사절에 자세히 설명하고 있습니다.

12 기출문제

01. 다음 문장의 내용상 _____ 부분에 가장 적절한 말은?

> The university _____ eagerly searching for a competent replacement for Professor Davis for two years before finally giving up last year.

① was　　　② have been　　　③ were　　　④ had been

해석 대학은 작년에 포기하기 전까지 2년 동안 Davis 교수에 대한 능력 있는 후임자를 열심히 찾았었다.

해설 before 이하가 작년이므로 그보다 앞선 시제인 과거완료가 정답

답 ④

02. 다음 문장의 내용상 _____ 부분에 가장 적절한 말은?

> The system could not meet the needs of a population which _____, between 1831 and 1871, from fourteen million to nearly twenty three.

① had risen　　　② had rised
③ has rose　　　④ has risen
⑤ has been rising

해석 그 제도는 1831년에서 1871년 사이 1천4백만에서 2천 3백만으로 불어난 인구의 수요를 충족하지 못했다.

해설 between 사이의 시점이 과거와 과거 사이이므로 과거완료시제이며 rise의 분사는 risen

답 ①

404　PART 12 - 시제 (tenses)

03. 다음 문장의 내용상 _____ 부분에 가장 적절한 말은?

| A competing firm _____ Tom a job before we made our offer. |

① may already offer
② already may offer
③ may already offered
④ already may have offered
⑤ may have already offered

[해석] 우리가 제안을 하기 전에 어떤 쟁쟁한 회사가 Tom에게 일자리를 이미 제공했는지도 모른다.

[해설] before 이하가 과거이므로 과거사실에 대한 추측은 may have p.p

[답] ⑤

04. 다음 문장의 내용상 _____ 부분에 가장 적절한 말은?

| I will go home on vacation as soon as I _____ my exams. |

① will finish
② am finishing
③ finish
④ will have finished

[해석] 나는 시험이 끝나자마자 집으로 휴가를 갈 것이다.

[해설] as soon as 시간의 부사절에서는 시점이 미래여도 시제는 현재시제

[답] ③

05. 다음 문장의 내용상 _____ 부분에 가장 적절한 말은?

| I had not walked a mile before I _____ tired. |

① get   ② got   ③ have got   ④ had got   ⑤ will have got

[해석] 채 일 마일도 못 걸어서 피곤해졌다.

[해설] 주절 시제가 과거완료이므로 before 절은 과거에 준하는 시제

[답] ②

06. 다음 문장의 내용상 _____ 부분에 가장 적절한 말은?

> _____ when it started raining.

① No sooner had the game begun
② No sooner the game had begun
③ Scarcely the game had begun
④ Hardly had the game begun
⑤ As soon as the game had begun

해석 그 게임이 시작하자마자 비가 내리기 시작했다.

해설 두 개의 과거사실을 '-하자마자-했다'로 연결하는 구문 hardly had 주어 p.p +when(before) 과거시제 / no sooner 문두이면 의문문의 구조로 도치되어야 하며 접속사는 비교급을 연동하여 than이 되어야 하고 as soon as 자체가 접속사이므로 when을 다시 쓸 수 없다.

답 ④

07. 다음 문장의 내용상 _____ 부분에 가장 적절한 말은?

> A : Did you visit your sister last weekend?
> B : Well, I intended to, but she called up saying she _____ out of town, so I went to Chicago instead.

① were　　　② would be　　　③ shall be　　　④ will be

해석 지난 주말 당신의 여자형제를 방문했는가? / 그럴 의도였는데 그녀가 전화해서 출타할 것이라고 말했고 나는 대신 시카고를 갔다.

해설 전화를 건 시점에서 출타를 할 것을 알렸으므로 과거에서 바라본 미래 조동사 would가 정답

답 ②

08. 다음 밑줄 친 부분 중 어색한 부분은?

> By ① the time Fred ② will get ③ home, his father ④ will have left ⑤ for Paris.

해석 Fred가 집에 올 무렵이면 그의 아버지는 파리로 떠났을 것이다.

해설 by the time 주어 + 동사 구조가 미래사실이면 시간의 부사절 취급으로 현재시제를 쓴다.

답 ② → gets

09. 다음 밑줄 친 부분 중 어색한 부분은?

I ① know you will ② never be ③ at peace until you ④ will have discovered where your brother ⑤ is.

[해석] 나는 당신이 당신의 남자형제가 있는 곳을 발견할 때까지는 결코 편하지 않을 것을 알고 있다.

[해설] until 시간의 부사절이 미래 완료시점이면 현재완료시제를 쓴다.

[답] ④ → have discovered

10. 다음 밑줄 친 부분 중 어색한 부분은?

When my sister ① will retire ② in twenty years, she ③ will have saved enough money ④ to allow her ⑤ to live comfortably.

[해석] 나의 여자 형제가 20년 후 은퇴할 때 그녀는 편하게 사는 것을 허용할 만큼의 충분한 돈을 모았을 것이다.

[해설] 시간의 부사절이 미래시점이면 시제는 현재를 쓴다.

[답] ① → retires

11. 다음 밑줄 친 부분 중 어색한 부분은?

Sue ① hasn't been at home last night when we ② went to ③ visit her. She ④ might have ⑤ been studying at the library.

[해석] Sue는 우리가 그녀를 방문했던 어젯밤에 집에 없었다. 그녀는 도서관에서 공부하고 있던 중이었을 것이다.

[해설] last night처럼 과거시점을 명기하는 부사가 오면 현재완료를 쓰지 않고 과거를 사용.

[답] ① → wasn't

12. 다음 밑줄 친 부분 중 어색한 부분은?

① Just before his death, Mr. Sanders at last ② began to receive the literary recognition that ③ until then ④ was not given.

해석 사망 직전에 Mr. Sanders는 마침내 그때까지 제공되지 않았던 문필가로서의 인정을 받기 시작했다.

해설 until then이 들어가서 과거에서 다른 과거기간을 명기하고 있으므로 과거완료시제가 와야 한다.

답 ④ → hadn't been given

13. 다음 대화에서 어법상 틀리거나 어색한 부분은?

① A : When have you come back from your trip?
② B : Two days ago.
③ A : How was the trip? Did you enjoy every moment of it?
④ B : Of course, I did.

해석 여행에서 언제 돌아왔나요? / 2일 전에요. / 여행은 어땠나요? 매 순간이 즐거웠나요? / 물론이지요.

해설 when이 의문사로 사용될 경우 시점을 물어보기 때문에 완료시제를 쓸 수 없다.

답 ① have you come → did you come

14. 밑줄 친 부분 중에 틀린 문장은?

① Although the main point is agreed upon, the final **result remains to be seen**.
② The newly installed machine will **make it possible to increase** the daily output.
③ The coffee price **has rose sharply** in the last few years.
④ Neither of the two applicants **are eligible for** the job.

해석 비록 쟁점은 합의되었지만 최종결과는 지켜보아야 한다. / 새로 설치된 기계는 일일 생산량을 증가시키는 것을 가능하게 할 것이다. / 커피가격이 지난 몇 년 동안 급격히 증가했다. / 그 두 지원자 누구도 일에 적합하지 않다.

해설 rise의 과거분사는 risen

답 ③ has rose → has risen

15. 다음 문장 중 어법상 옳지 않은 것은?

① He is leaving for China next Friday.
② The weather has been nasty for half a month.
③ I have not walked a mile before it began to rain.
④ I will have read this book four times if I read it once again.

해석 그는 다음 금요일 중국으로 떠난다. (진행시제로도 미래가능) / 보름동안 날씨가 안 좋았다. (기간을 주었으므로 현재완료시제가 가능하고 half는 부정관사의 앞, 뒤에 다 가능하다) / 채 일마일도 못 가서 비가 내리기 시작했다. (내가 걷기 시작한 것이 먼저여야 하므로 과거완료인 had not walked) / 다시 한 번 읽는다면 이 책을 4번 읽는 셈일 것이다.(지금까지 3번 읽었고 한 번 더 읽는 것은 미래의 일이므로 미래완료시제로 써야 한다)

해설 before 절 이하가 과거이므로 주절은 그보다 앞서야 한다.

답 ③ I have not walked → I had not walked

16. 다음 문장 중 어법상 옳지 않은 것은?

① Columbus proved that the earth was round.
② My parents kept on encouraging me to study.
③ Please remember to put out the cat before you go to bed.
④ The hotel has been closed for many years.

해석 콜롬부스는 지구가 둥글다는 것을 입증했다. / 내 부모님들은 내가 공부하도록 계속 격려했다. (keep on + Ing)/사러 가기 전에 고양이를 내 놓는 것을 기억해 주세요. (말하는 시점에서 미래의 사실이면 remember + to 부정사)/ 그 호텔은 여러 해 동안 닫혀 있다. (기간을 주었으므로 완료시제 가능)

해설 현재의 입장에서 진리로 확인된 것은 현재시제

답 ① the earth was round → the earth is round

17. 어법상 옳지 않은 표현이 있는 문장을 고르시오.

① He counted it, all things considered, the happiest part of his life.
② The sun having set, we gave up looking for them.
③ Please arrive back here a day early, in case there will be some details to talk over.
④ Two bags which should have gone to Rome are being loaded aboard a flight to Paris.

해석 그는 그것을 모든 것을 고려했을 때 자기 인생 최고의 순간으로 여겼다. (when all things were considered 의 분사구문화 하면 주어가 다르므로 all things를 없애지 못하고 being만 생략되어 탄생한 구조) / 해가 지고 나서 우리는 그들을 찾는 것을 포기했다. (해가 진 것이 먼저라는 것을 보여주기 위해 완료분사구문인 having p.p 채택)/ 논의해야 할 세부사항들이 있을 경우에 대비하여 하루 일찍 돌아와 주세요. / 로마로 가야했을 두 개의 가방이 파리행 비행기에 실리고 있는 중이다. (should have p.p와 수동진행형)

해설 in case는 조건의 부사절이고 미래시점이면 현재시제

답 ③ there will be some → there are some

18. 다음 중 문법상 바른 것을 고르시오.

① Brad had known the story long before he received the book.
② John is talking to the man at the door when his mother phoned.
③ Soon after she has arrived, her aunt took her downtown in the city.
④ The children has just begun school when their father lost the job.

해석 Brad은 그가 그 책을 받기 오래 전에 그 이야기를 알고 있었다. / John은 그의 엄마가 전화했을 때 문에서 그 남자와 이야기 중이었다. (when 절이 과거이므로 is talking이 was talking 으로) / 그녀가 도착하고 나서 곧 그녀의 아주머니는 그녀를 시내 중심으로 데려갔다. (주절이 과거이므로 after 절은 과거완료가 되어야 한다. had arrived로)/ 그들의 아버지가 실직했을 때 그 아이들은 막 학교에 들어가 있었다. (when 절이 과거이므로 주절은 과거완료가 되어야 한다)

해설 before 이하절이 과거이므로 주절은 과거완료가 와서 이상 없음
② is talking → was talking
③ has arrived → had arrived
④ has just begun → had just begun

답 ①

19. 문법적으로 올바른 문장은?

① I have finished my work an hour ago.
② When have you returned from the journey abroad.
③ If it is fine tomorrow, I will go fishing.
④ I told my teacher that I left my books at home.

해석 나는 한 시간 전에 일을 마쳤다. (과거시점 부사 ago가 나오면 현재완료를 쓸 수 없다)/ 당신은 언제 외국여행에서 돌아왔는가? (의문사 when은 시점을 물어보므로 완료시제와 쓸 수 없다) / 날씨가 좋으면 내일 나는 낚시를 가겠다. / 나는 선생님에게 내가 집에 책을 두고 왔다고 말했다. (집에 두고 온 것이 더 먼저이므로 과거완료)

해설 조건절이 미래시점이면 시제는 현재
① have finished → finished
② have you returned → did you return
④ left → had left

답 ③

20. 어법 상 어색한 문장은?

① I will have done this by the end of the month.
② Hardly had he fallen asleep when the alarm went off.
③ They hope to finish the report before the library will close.
④ Roughly half of the employees commute to work by subway.
⑤ The store was so busy that it had to hire additional workers.

해석 이달 말 무렵 이것을 마쳤을 것이다. (미래 기준 시점을 세우고 완료를 하고 있으므로 미래완료) / 그가 잠들자마자 알람이 울렸다. (-하자마자 -했다 =hardly had 주어 p.p when(before) 주어 과거시제동사) / 그들은 도서관이 문을 닫기 전에 그 보고서를 마치기를 희망한다. / 대략 직원의 절반이 지하철로 통근한다. (roughly 부사 + 수량 표시와 교통수단은 by + 무관사 + 명사) / 그 가게는 매우 바빠서 추가직원들을 고용해야만 했다. (so 형용사, 부사 + that 절)

해설 before 시간의 부사절이 미래시점이면 시제는 현재

답 ③ will close → closes

---

21. 밑줄 친 부분에 순서대로 가장 알맞은 것은?

> He hoped to see the show, but he couldn't.
> = He hoped _____ the show.
> = He _____ to see the show.

① to have seen - had hoped
② having seen - hoped
③ to see - has hoped
④ to see - had hoped
⑤ to have seen - hoped

해석 그는 그 쇼를 보기를 원했었다(보지 못했다)

해설 과거에 이루지 못한 사실에 대한 소망, 예정, 의도 공식 : 소망동사의 과거형 + to have p.p = 소망동사의 과거완료형 + to 부정사

답 ①

22. 어법상 잘못된 것은?

① 이 가방은 가짜다. 비쌀 리가 없어.

→ This handbag is fake. It can't be expensive.

② 한국에서는 대통령 선거가 5년에 한 번씩 치러진다.

→ In Korea, a presidential election held every five years.

③ 이 표면은 쉽게 닦인다.

→ This surface cleans easily.

④ 내일까지 논문을 제출하는 것은 불가능하다고 생각한다.

→ I think it impossible to hand in the paper by tomorrow.

해설 술어동사가 와야 하고 hold는 '개최하다' 이므로 수동태를 써야 하며 every five years 가 빈도부사구로 습관적이므로 시제는 현재를 쓴다.

답 ② election held every → election is held every

PART 13

modal & auxiliaries

조동사

13 조동사 (modals and auxiliaries)

☆ 동사 앞에서 동사의 의미를 보조해주는 역할을 하며 인칭과 수에 의해 변화하지 않고, 부정어 not, never 는 뒤에 받습니다. 의미의 변화와 관계없는 be, have, do 등은 auxiliary 라고 하며 의미의 변화를 주는 can, may, will, must 등을 따로 modal 이라고 부릅니다. 조동사 뒤에서는 원형동사나 have p.p 가 옵니다.

1. 조동사의 특징

1) 형태 : 조동사 + V.R, be + ing, be + p.p, have p.p, have been -ing, have been p.p

He can swim. He'll be sleeping. He can't have been satisfied.
He'll be invited. He may have said so.

2) 조동사의 중복

☆ 'can, may, must, will, shall'은 서로 중복할 수 없습니다. 다만, 두 번째 부분을 'have to' 나 'be able to, be going to' 등으로 바꾸어 쓰는 경우에는 가능합니다.
He will can swim. (×) → He will be able to swim. (○)

3) 조동사의 부정

☆ 조동사 뒤에 'not' 이나 'never, hardly' 등을 붙입니다.
He will not come. I can hardly hear you. He will never do it again.

4) 조동사 의문문

☆ 주어와 조동사의 자리를 바꿉니다.
You can do it. → Can you do it? / You can't do it. -> Can't you do it?

2. 조동사의 종류

① modal : 의미적 역할 담당 – 'will, would, may, should, ought to' 등
② auxiliary : 기능적 역할 담당 – 'do, have, be'
③ 구(句) 형태의 조동사 : 'would rather, may as well, had better, may well'

3. 의미담당 조동사(modal verbs)

1) can

(1) 능력 : '~할 수 있다'

☆ 일반적 능력을 말합니다. be able to V.R 는 특정한 상황에 발휘된 능력을 말합니다.

1711. Tarzan은 많은 동물들을 불러 모을 수 있지만 나는 못한다.
　　　Tarzan can summon many animals, but I can't.

(2) 허락 : '~해도 좋다'

☆ 격의(隔意) 없는 사이에서 사용합니다. 공손함이 요구되는 상황에서는 may 를 씁니다.

1712. 들어가노 되나요?
　　　Can I come in? = May I come in?

(3) 가능성 : '~할지도 모른다'

☆ 있을 수 있는 일에 사용합니다.

1713. 전문적인 운전기사들도 실수를 할 수 있다.
　　　Even expert drivers can make mistakes.

☆ 주의해야 할 can의 해석법 : '아무리 ~해도 지나치지 않다(충분치 않다)'

　　can + 부정어 + too + 형용사, 부사
= can + 부정어 + over + 동사
= can + 부정어 + enough

1714. 나는 당신에게 아무리 감사해도 지나치지 않다. 즉, 매우 고맙다.
　　　I cannot thank you too much.
　　　= I cannot thank you enough.
　　　= I cannot over thank you.

1715. 건강의 중요성은 아무리 평가되어도 지나치지 않는다. 즉, 매우 중요하다
　　　The importance of health can hardly be overestimated.

2) may

(1) 허락 : '~해도 좋다'

☆ 딱딱한 격식을 갖추어 사용됩니다. be allowed to V.R 로 대용할 수 있습니다.

> 1716. 당신의 만년필을 써도 되나요?
> May I use your fountain pen? = Am I allowed to use your fountain pen?

(2) 추측 : '~일지도 모른다 (확률 50%)'

☆ 확실한 증거가 없는 추측에 사용됩니다.

> 1717. 그 보고서는 사실이 아닐 지도 모른다.
> The report may not be true.

(3) 기원문 : May + S + 동사원형

☆ 의문문과 구별하려면, 뒤에 '마침표'가 오는지 아니면 '감탄부호'가 오는지 보아야 합니다. may가 생략되기도 합니다.

> 1718. 폐하, 만수무강하소서!
> May your highness live long!

> 1719. 그에게 축복을 내려 주시고, 이 거칠고 야만적인 정글에서 그를 안전하게 해 주소서!
> (May) God bless him and keep him in safety in his wild and savage jungle!

(4) 목적의 부사절 : (so, in order) + that + S + may, will, can

☆ 허락의 의미를 확대적용해서 사용합니다.

> 1720. 집에 무사히 갈 수 있도록 이 제안에 동의합시다.
> Let's agree on this proposal so that we may go home safely.

> 1721. 주름이 지지 않게 옷을 포장해 주세요.
> Pack the dresses so that they may not crease.

(5) 양보의 부사절 : wh -로 유도되는 양보부사절에서

☆ 추측의 의미를 확대 적용합니다.

> 1722. 아무리 열심히 노력을 해도, 너는 그 일을 끝낼 수 없다.
> However hard you may try, you cannot finish the work.

3) must

(1) 의무 : '~해야 한다'

☆ have to 와 동의어 입니다. 이 경우 과거형에 had to 를 씁니다. must not 은 '~하면 안된다' 이고 don't have to 는 '~할 필요 없다' 입니다.

  1723. 너는 그것을 봐야만 한다.
  You must(have to) see it.

(2) 강한 추측 : '~함에 틀림없다'

☆ 이 경우에는 have to 를 쓰지 않습니다.

  1724. 그는 도둑임에 틀림없다.
  He must be a thief.

  1725. 지금 몹시 급하신 모양이네요.
  You must be in a hurry now.

4) will

(1) 주어가 의지를 가지고 있는 미래의 일

☆ I will get it done 은 '나'의 의지에 의해 행위가 좌우되고, He will be back 은 '그'의 의지를 말하거나 화자(話者)의 예상이나 추측을 표현합니다.

(2) 시간의 경과에 의한 미래의 일

☆ I will be 22 next May 은 주어의 의지와 상관없이 진행되는 일이며, Soon the night will fall 또한 시간적 경과에 의해 일어나는 일 입니다.

(3) 경향, 고집

☆ 주어의 의지나 시간적 경과가 아니라, '경험에 의한 강력한 예측'을 표현합니다.

  1726. 이 문은 우기에는 잘 열리지 않는 경향이 있다.
  This door will not easily open during the rainy season.

  1727. 사건이란 종종 터지기 마련이다.
  Accidents will happen now and then.

5) shall

(1) 주어의 의지가 아닌 화자(話者)나 청자(聽者)의 의지로 관철되는 미래

☆ 화자나 청자가 함께 의지를 개입시켜서 일을 도모하는 경우에 사용합니다.

1728. 그에게 내 가방을 운반하게 하라.(화자의 의지 개입)
He shall carry my suitcase.

1729. 지금 갑시다, 네? (청자의 의지 개입)
Let's go now, shall we?

(2) 1인칭 주어에서 will 보다 강한 의지

1730. 무슨 일이 있어도, 가겠다.
I shall go, come what may.

6) would

(1) will 의 과거형으로

☆ 과거에서 표현한 의지나, 미래에 사용합니다.

1731. 그녀가 내게 도와주겠느냐고 물었다.
She asked if I would help.

1732. 그들이 내게 자신들은 아마 오지 못할 거라고 말했다.
They told me that they probably wouldn't come.

(2) 요청이나, 기호(嗜好)의 표시에서 공손함의 표명

☆ 원래 가정법의 결과절에서 유래된 표현 입니다.

1733. 잠시 우리끼리만 있게 자리를 좀 피해 주시겠어요.
Would you excuse us for a few minutes? (if possible)

1734. 저는 닭고기를 먹고 싶습니다.
I would like to eat chicken. (if possible)

(3) 과거의 불규칙적 습관

☆ '~하곤 했다'의 의미로 불규칙적 빈도를 표시합니다.

1735. 우리 부모님이 집을 비우실 때면 할머니께서 나를 돌봐 주시곤 했다.
When my parents were away, my grandmother would take care of me.

1736. 그가 항상 먼저 도움을 제의하곤 했다.
He'd always be the first to offer to help.

7) should

(1) 추측 : may 와 must 의 중간정도 (60 ~ 70%)

☆ '당연히 그럴 것이다' 라는 느낌으로 추측이나 예상을 할 때 사용합니다.

1737. 우리가 어두워지기 전에 도착할 수 있을 것이다.
We should arrive before dark.

(2) 당위성을 가지는 절에서

☆ '보편적 당위성'을 표현할 때 사용 합니다. '당연히 ~ 해야 한다'라는 느낌 입니다.

1738. 음주 운전은 하지 말아야 한다. (당연함)
You shouldn't drink and drive.

(3) 명령, 주장, 제안, 요구, 판결의 대상이 되는 절에서

☆ 'insist, demand, order, command, suggest, propose, urge, require, advise' 등과 어울려서 '~ 해야 한다'는 당위성을 표현합니다. should 를 생략하고 동사원형만 쓸 수도 있습니다.

1739. 그는 그가 파티에 가야한다고 주장했다.
He insisted that he (should) go to the party.

1740. 나는 그가 그것을 스스로 해야한다고 명령했다.
I ordered that he (should) do it himself.

☆ insist 의 목적어로 사용된 절에, should 를 쓰면 당위성의 표현이고, 쓰지 않으면 신빙성을 나타내는 것 입니다.

1741. 그는 자신이 그 음모에 대해서 몰랐다고 주장했다.
He <u>insisted</u> that <u>he knew</u> nothing about the plot. (신빙성 주장)

☆ 'suggest' 가 '제안하다'라는 의미이면 당위성의 표현에 해당하지만, '암시하다'의 의미인 경우에는 당위성에 해당되지 않습니다.

1742. 모든 증거는 그가 그 돈을 훔쳤다는 것을 시사한다.
All the evidence suggests that he had stolen the money. (암시하다)

(4) 접속사 lest 나 for fear 가 유도하는 절에서

☆ '~할까봐 두려워서'를 표현할 때, 가정적 의미로 사용 합니다.

1743. 그가 실패하지 않을까 걱정이다.
I am anxious lest he (should) fail.

1744. 그녀는 지각하지 않나 하고 애가 탔다.
She was anxious lest she (should) be late for school.

(5) 가정법의 가정절에서 미래에 대한 확률이 낮은 가정

☆ '만에 하나'를 가정할 때 사용합니다.

1745. 만에 하나 비가 온다면 그는 오지 않을 것이다.
If it should rain, he would (will) not come.

1746. 만에 하나 내가 실패해도 나는 다시 시도할 것이다.
Even if I should fail, I would try again.

1747. 만약 당신이 마음이 바뀌면 꼭 제게 알려 주세요.
If you should change your mind, do let me know.

(6) 공손한 추측

☆ 'I should say, I should think, I should imagine' 등에 사용 합니다.

1748. 그는 서른이 넘은 것으로 사료됩니다.
He is over thirty, I should think.

(7) '이성적 판단'의 결과를 나타내는 형용사를 보어로 한 진주어절에서 :
It is necessary(important, natural, proper) + that + S + (should) + V.R

☆ '모름지기, 의당'의 느낌을 주는 판단을 표현합니다.

1749. 당신은 오늘 모임에 꼭 참석해야 합니다.
It is necessary that you (should) attend the meeting today.

1750. 그가 그것을 이해하지 못하는 것은 당연하다.
It is natural that he (should) not understand it.

(8) '감정적 판단'의 형용사를 보어로 한 진주어절에서 :

It is strange(odd, surprising, a pity, glad, regrettable) + that + S + (should) + V.R

☆ '~해야 하다니'라는 느낌을 전달합니다.

> 1751. 그가 그토록 일찍 떠났다니 이상하다.
> It is so strange that he should have come so early.

> 1752. 그녀가 아프다니 가엾은 일이다.
> It is a pity that she (should) be sick.

> 1753. 그녀가 그와 결혼했다니 이상하다.
> It is strange that she should have married him.

8) need, dare

☆ 부정문과 의문문에서 동사원형을 바로 받을 수 있습니다.

(1) need

> 1754. 나는 그곳에 갈 필요가 없다.
> I don't need to go there = I need not go there

> 1755. 그가 그것을 할 필요가 있는가?
> Does he need to do it ? = Need he do it ?

(2) dare

> 1756. 그는 감히 싸우지 못한다.
> He does not dare to fight. = He dare not fight.

> 1757. 그가 감히 내 얼굴을 볼 수 있을까 ?
> Does he dare to look at my face ? = Dare he look at my face ?

☆ 일반동사와 조동사로 공히 사용되므로 조심해야 합니다. 조동사일 경우 수의 변화가 없고 not 이 바로 붙어서 부정하며 과거형이 없습니다.

☆ didn't need to : '~할 필요가 없었다('그래서 안 했다' 라는 취지)'

4. 시제나 문장 표현 담당 조동사(auxiliary verbs)

1) be 조동사

☆ 'ing 분사'와 함께 진행시제를 만들거나 'p.p 분사'와 함께 수동태를 만듭니다.

1758. 이 그림은 1889년에 그려졌다.
    This picture was painted in 1889.

1759. 나는 점심을 지금 먹는 중이다.
    I am having lunch now.

2) have, has, had 조동사

☆ p.p 와 함께 완료시제를 만듭니다.

1760. 나의 아버지는 2 시간동안 테니스를 치고 계신다.
    My father has played tennis for two hours.

3) do 조동사

☆ 일반동사의 '의문문, 부정문, 강조문, 대동사'를 만들 때 사용합니다.

1761. 나는 당신을 정말 사랑한다.
    I do love you. (강조할 때)

1762. 나는 당신처럼 생각한다.
    I think as you do(= think). (대동사)

1763. 나는 그것을 자주 하지 않는다.
    I don't do it often. (부정문)

1764. 당신은 그것을 자주 하는가?
    Do you do it often? (의문문)

5. 조동사구

☆ 두 단어 이상으로 형성된 조동사이지만 한 덩어리로 취급되며, not 을 붙일 때는 반드시 마지막 단어 뒤에 써야 합니다.

1) may well

☆ '~하는 것이 당연하다(~할지도 모른다)'

1765. 그녀가 아들을 자랑하는 것도 당연하다.
She may well be proud of her son.

1766. 당신이 그렇게 말하는 것은 당연하다.
You may well say so. or You are quite right in saying so.

2) may as well = had better

☆ '~하는 것이 더 낫다' (= had better = had best = would rather = would sooner)

1767. 돈을 지갑에 간수하는 게 좋을 거야.
You may as well keep the money in your wallet.

1768. 너는 그런 남자는 만나지 <u>않는 편이 좋다</u>
You <u>had better not</u> see such a man.

1769. 이런 생활을 할 바엔 차라리 죽는 게 낫다.
I would rather(sooner) die than lead such a life.

1770. 당신은 그의 약점을 이용하지 <u>않는 것이 더 낫다</u>.
You <u>had better not</u> take advantage of his weak point.

3) may(might) as well A as B = would rather A than B

☆ 'B 하느니 A하는 편이 낫다'

1771. 너는 머무르느니 떠나는 게 낫다.
You may as well go as stay.

1772. 나는 오늘이 아니라 내일 스키 타러 가는 게 좋아.
I would rather go skiing tomorrow than today.

1773. 나는 그에게 돈을 빌려주지 않는 편이 낫다.
I might as well not lend him money.
cf. not 의 위치는 항상 구 조동사의 전체 뒤에서 걸립니다. 매우 조심해야 합니다.

6. 부정사에 의한 조동사 대용

1) be going to V.R : '~할 작정이다'

☆ 미리 마음 먹거나, 예정된 일에 사용합니다.

1774. 오늘은 뉴올리언즈의 인기 요리인, 매콤한 맛의 케이준 닭고기 요리를 배워보겠습니다.
Today, we're going to cook a popular New Orleans' recipe, spicy Cajun chicken.

2) be able to V.R : '~할 수 있다'

☆ 실행이 전제된 구체적 능력을 표현합니다.

1775. 그는 영어를 가르칠 수 있다 (현재 가르치고 있다)
He is able to teach English.

3) have to V.R : '~해야 한다'

☆ 부정문인 don't have to 는 '~할 필요 없다'로 의무를 면제 합니다.

1776. 네 능력을 향상시키고 싶다면 네 스스로 해봐야 한다.
You have to help yourself if you want to improve your ability.

4) used to V.R : '~하곤 했다'

☆ 과거의 지속적 습관이나 상태를 표시하며 부정문은 didn't use to V.R 입니다.

1777. 학교 근처에 있는 식당에서 1년 정도 일하곤 했었습니다.
I used to work at a restaurant nearby the college for 1 year.

5) ought to V.R : '~하는게 당연하다'

☆ 부정문은 ought not to V.R 이며 should 보다 빈도나 의미가 약합니다.

1778. 운전 중 핸드폰 사용을 규제하는 법률이 있어야겠어요.
There ought to be a law against using mobiles while driving.

7. 조동사 + have p.p

☆ 조동사의 다양한 의미 중에서 주로 한가지로 해석 되며, 말하는 시점보다 과거의 사실을 언급합니다.

1) may(might) have p.p : '~했을지도 모른다'

☆ 말하는 시점보다 과거의 사실을 '추측'합니다.

1779. 그는 그녀를 과거에 만났을지도 모른다.
He may have met her. (= It is possible that he met her.)

1780. 그 물은 그렇게 더럽지 않았는지도 모른다.
The water may not have been so dirty.

2) must have p.p : '~했음에 틀림 없다'

☆ 말하는 시점보다 과거의 사실을 '단정'합니다.

1781. Arnold는 어디에 있지? 조금 전에 바로 여기에 있었는데.
그는 밖에 나간 게 틀림없어. 내가 가서 찾아볼게.
A : Where's Arnold? He was just here a minute ago.
B : He must have stepped outside. I'll go and find him.

3) cannot have p.p : '~했을 리가 없다'

☆ 말하는 시점보다 과거의 사실을 '부정적으로 단정'합니다.

1782. 그는 경주를 진 것에 대해 기뻤을 리가 없다.
He cannot have been happy about losing the race.

4) should have p.p : '~했어야만 했다, 그런데 안해서 유감이다'

☆ 말하는 시점보다 과거의 사실을 '유감스럽게 표현'합니다.

1783. 당신은 저당 대출을 요구했어야만 했다. (안했다)
You should have asked for a mortgage loan.

1784. 당신은 그렇게 말하지 말았어야 했다. (했다)
You should not have said so.

5) ought to have p.p : '~했어야만 했다'

☆ 말하는 시점보다 과거의 사실에 대해 '약한 유감을 표현'합니다.

1785. 당신은 그녀의 스무 번째 생일을 위해 화장품을 사주었어야 했다.
You ought to have bought her some cosmetics for her 20th birthday.

1786. 인간복제는 연구되지 말았어야 했다.
Human reproduction ought not to have been studied.

6) need not have p.p : '~할 필요가 없었는데 했다'

☆ 말하는 시점보다 과거의 사실에 대해 '불필요성을 표현'합니다.

1787. 그것을 안 해도 좋았었다. (했다)
You need not have done it.

1788. 당신이 또 한 켤레의 신발을 사야할 필요가 있었는가? (샀다)
Need you have bought another pair of shoes?

☆ 조동사의 과거형 'would, could, might + have p.p'는 가정법의 결과절에도 사용되므로, 혼동을 피하기 위해 문맥을 잘 보아야 합니다. 이 부분은 가정법에서 자세히 서술 합니다.

☆ should have p.p 는 should 용법의 '이성판단, 감정표출'에서 과거형에도 사용합니다.

13 기출문제

01. 밑줄 친 말을 바르게 고친 것은?

> With no son to inherit, my parents eagerly wanted a boy. They <u>disappoint</u> very much when the baby turned out to be a girl. They, however, did not say a single word of disappointment.

① must be disappointing
② must have been disappointing
③ must be disappointed
④ must have been disappointed

해석 상속받을 아들이 없었기 때문에 내 부모님들은 사내아이를 간절히도 원하셨다. 부모님은 태어난 아이가 딸이라는 것을 알았을 때 틀림없이 매우 실망하셨을 것이다. 그러나 부모님은 단 한마디의 실망의 말도 꺼내지 않으셨다.

해설 they가 부모님들이고 문맥상 실망시킨 것이 아니라 실망당한 것이므로 수동태를 써야하며 '-했음에 틀림없다' 라는 것은 과거사실에 대한 강한 단정이므로 must have been p.p를 써야 한다.

답 ④

02. 다음 문장의 내용상 _____ 부분에 가장 적절한 말은?

> A : I wonder why the radio is on in the den. No one's in there.
> B : Grandma _____ to turn it off. She was in the den earlier and was probably listening to it.

① must forget
② must have forgotten
③ must be forgetting
④ must have been forgetting

해석 A : 왜 서재에 라디오가 켜져 있는 거지. 아무도 없는데. / B : 틀림없이 할머니가 깜빡 잊고 끄지 않으셨을 거야. 좀 전에 서재에 계셨기 때문에 아마 라디오를 듣고 계셨을 거야.

해설 문맥상 '-했음에 틀림없다' 이므로 must have p.p

답 ②

03. 다음 문장의 내용상 _____ 부분에 가장 적절한 말은?

> Our holidays were ruined by the weather: we _____ at home!

① may as well stay
② might as well have stayed
③ should not have stayed
④ would rather stay

해석 우리의 휴일이 이 날씨에 의해 망가졌다. 우리는 집에 머무르는 것이 더 나았을 것이다.

해설 may as well + 동사원형 : '-하는게 더 낫다' / may as well + have p.p : '-했더라면 더 나았을 것이다.' may는 might로 대체될 수 있다.

답 ②

04. 다음 문장의 내용상 _____ 부분에 가장 적절한 말은?

> This rule has become quite out of date; it _____ a long time ago.

① had been abolished
② should have been abolished
③ shall be abolished
④ should be abolished

해석 이 규칙은 너무도 시대에 뒤떨어져 버렸다. 그것은 오래 전에 폐지되었어야 했다.

해설 문맥상 '-했어야만 했다' = should have p.p = ought to have p.p

답 ②

05. 다음 문장의 내용상 _____ 부분에 가장 적절한 말은?

> A : Mr. Kim smokes too much.
> B : Well, he used to smoke more than he _____ now.

① could
② has
③ does
④ did
⑤ smoked

해석 "Mr. Kim 은 담배를 너무 지나치게 피워.", "글쎄, 그는 지금보다 더 많이 피우곤 했어."

해설 대동사를 받았고 now의 시제 상 현재이다.

답 ③

English Grammar Dictionary 429

06. 다음 문장의 내용상 _____ 부분에 가장 적절한 말은?

> A : Would you mind telling me how much it cost?
> B : _____; it cost 20 dollars.

① Yes, I would
② Yes, I do
③ No, thank you
④ No, not at all

해석 A : 그것이 얼마였는지 알려주실래요?
B : 그러죠, 20달러 들었어요.

해설 mind + ing는 '-하는 것을 꺼려하다.' 라는 의미로 상대방에게 공손한 부탁을 하는 방식이다. 직역하면 '-하는 것을 꺼려하십니까?' 가 되어 의역이 '-해 주세요' 가 된 것이다. 상대방이 꺼려하지 않는다면 부탁을 들어주겠다는 입장이고 꺼려하지 않는다 라는 의미의 부정어가 들어가야 한다.

답 ④

07. 다음 밑줄 친 부분 중 어색한 부분은?

> ① <u>Everything</u> was ② <u>very</u> wet this morning. It ③ <u>should have rained</u> ④ <u>last night</u>.

해석 오늘 아침엔 모든 것이 흠뻑 젖어 있었다. 간밤에 비가 내린 것이 틀림없다.

해설 앞의 문맥이 증거구문이므로 뒤는 '-했었음에 틀림없다' 가 옳다.

답 ③ → must have rained

08. 다음 문장의 내용상 _____ 부분에 가장 적절한 말은?

> Since we have to be there in a hurry, we _____ take a taxi.

① may
② had better
③ have been used to
④ are able to

해석 우리가 그곳으로 서둘러 가야 했기 때문에, 우리는 택시를 타는 것이 더 좋다.

해설 '-하는 것이 더 좋다' = had better + 동사원형

답 ②

09. 다음 밑줄 친 부분 중 어색한 부분은?

① <u>In spite of</u> the wonderful acting, sensitive photographs ② <u>and well-developed</u> plot ③ <u>the three-hour</u> movie could not ④ <u>held</u> our attention.

해석 화려한 연기, 민감한 촬영 그리고 잘 전개된 줄거리에도 불구하고, 3 시간짜리 영화는 우리의 주목을 끌 수 없었다.

해설 조동사 다음에는 동사의 원형

답 ④ → hold

10. 다음 중 어법상 올바른 것을 고르시오.

① You had not better do so.
② She has to be ill, for she looks pale.
③ We cannot be too careful of our health.
④ He is used to go to a concert on holidays.

해석
① 당신은 그렇게 하지 않는 편이 더 나을 것이다.
② 그녀는 창백한 모습인 것으로 보아 아픈 것이 틀림없다.
③ 우리는 우리의 건강에 아무리 주의해도 지나치지 않다.
④ 그는 휴일이면 콘서트에 가는 데 익숙해 있다.

해설 [had not better → had better not : 조동사구 다음에 부정어를 둔다, has to → must : '-임에 틀림없다' 는 must, He is used to go → He used to go : '-하곤 했다' 라는 문맥이 옳다, cannot + too 형용사, 부사 : '아무리 -해도 지나치지 않다'

답 ③

11. 다음 중 어법상 올바른 것을 고르시오.

① Mr.Johnson is used to sit up late at night.
② He need not to get up so early tomorrow.
③ He gave up to smoke for sake of his health.
④ The road is wet; it must rain last night.
⑤ He cannot have done the work for himself.

해석
① Mr.Johnson은 밤에 늦게까지 깨어있는 것에 익숙하다.
② 그는 내일 아침에 그렇게 일찍 일어날 필요가 없다.
③ 그는 자신의 건강을 위해 금연을 했다.
④ 도로가 젖어있는 것으로 보아 어젯밤에 비가 내린 것이 틀림없다.
⑤ 그가 혼자 힘으로 그 일을 했을 리가 없다.

해설 is used to sit up → is used to sitting up : '-하는데 익숙하다', to get → get : need not + 원형 구조에서 need는 조동사, to smoke → smoking: give up + 동명사, rain → have rained : 어젯밤의 일을 단정하고 있으므로 must have p.p, cannot have p.p : '-했을 리가 없다'

답 ⑤

12. 문법적으로 옳은 것을 고르시오.

① You may better stay home because you are sick.
② I may have read the novel, but I hardly remember I did.
③ You had better to get your visa extended before it expires.
④ He will must meet her tomorrow.

해석
① 당신은 아프니까 집에 있는 편이 더 낫겠다.
② 나는 그 소설을 읽었을 지도 모른다. 하지만 나는 그랬는지 거의 기억나지 않는다.
③ 당신은 비자 만기가 되기 전에 연장을 하는 편이 나을 것이다.
④ 그는 내일 그녀를 만나야 할 것이다.

해설 may better →may as well : '-하는 편이 더 좋다', may have p.p : '-했을지도 모른다', I did가 hint, had better + 동사원형, will must → will have to : 순수 조동사 modal 두 개는 중복될 수 없다.

답 ②

13. 다음 중 의미가 <u>다른</u> 하나를 고르시오.

① You shouldn't have said that to your teacher.
② You had to say that to your teacher, but you didn't.
③ You ought not to have said that to your teacher.
④ It wasn't appropriate for you to say that to your teacher.
⑤ I am sorry that you said that to your teacher.

해석
① 당신이 그것을 선생님께 말씀드리지 말았어야 했다. (근데 했다.)
② 당신은 그것을 선생님께 말씀 드려야 했다. 하지만 당신은 그러지 않았다.
③ 당신이 그것을 선생님께 말씀드리지 말았어야 했다. (근데 했다.)
④ 당신이 그것을 선생님께 말씀드린 것은 부적절했다.
⑤ 당신이 그것을 선생님께 말한 것이 유감이다.

해설 1, 3, 4, 5는 '전부 말했다' 이고 2는 '말하지 않았다'

답 ②

14. 다음 우리말을 영어로 잘못 옮긴 것은?

① 난 그 파티에 가지 말았어야 했다.
→ I should not have gone to the party.
② 그는 그 사실을 미리 알고 있었음에 틀림없다.
→ He must have known the truth in advance.
③ 그가 그렇게 어리석은 짓을 했을 리가 없다.
→ He could have done such a stupid thing.
④ 아프면 운전을 하지 말아야 한다.
→ You ought not to drive if you're sick.

해설 '-했을 리가 없다' = cannot have p.p

답 ③ could have → cannot have

15. 우리말을 영어로 잘못 옮긴 것을 고르시오.

① 그렇게 하느니 차라리 하지 않는 것이 좋다.
→ You would be better not to do it at all than to do it that way.
② 그는 새로운 정책이 모든 노동자들을 위해 이행되어야 한다고 제안했다.
→ He suggested that the new policy be implemented for all workers.
③ 너의 꿈을 추구하기 위해 학위를 가져야 할 필요는 없다.
→ You don't have to have a degree to pursue your dream.
④ 전 세계에서 Bolt보다 빠른 사람은 없다.
→ No other man is faster than Bolt in the whole world.

해설 had better not do it at all than do it that way / 만약 would be better를 쓰려면 it would be better for you not to do it at all … 구조가 정답

답 ①

16. 우리말을 영어로 잘못 옮긴 것을 고르시오.

① 예의상 나는 그녀의 제안을 거절할 수 없었다.
→ For courtesy's sake I couldn't but refuse her offer.
② 몸무게 증가가 이 치료법의 또 다른 부작용이다.
→ Weight gain is another side effect of this treatment.
③ 그 책이 있었다면, 너에게 빌려줄 수 있었을 텐데.
→ Had I had the book, I could have lent it to you.
④ 사람들은 공공장소에서의 흡연자들을 덜 용인하고 있다.
→ People are less tolerant of smokers in public places.

해설 I couldn't refuse 혹은 I couldn't help accepting 혹은 I couldn't but accept …

답 ①

PART 14
passive form

수동태

14 수동태 (passive form)

☆ 주어가 '행위의 주체'가 아니고 '행위를 당하는 주체'가 될 때, 우리는 이것을 수동태(국어에서는 피동형)라고 부릅니다. 영어는 한국어와는 달리 수동태를 상대적으로 더 많이 사용하고 있습니다. 수동태를 원활하게 이해하고 사용하기 위해서는, 우선 한국어적 해석이 어색하더라도 반드시 '수동해석하는 것이 중요'합니다. 즉, 추후 읽거나 듣는 즉시 이해가 될 때까지는 '당하다, 되다, 받다'와 같은 '수동형 해석법'을 가급적 많이 사용하는 것이 도움이 됩니다.

☆ 수동태는 원래 '능동태상의 목적어'가 '수동태의 주어'가 되는 것이 기본이므로, 타동사가 있는 '3, 4, 5형식'에서 문장전환이 이루어집니다. 예문을 통해서 그 생성과정을 살펴보겠습니다. 'I love her' 이 문장에서 사랑이라는 행위의 주체는 '나' 입니다. 사랑이라는 행위의 대상은 '그녀' 입니다. 그런데 '목적어'의 입장에서 '동사'를 바라본다면, '그녀'는 '사랑을 받거나 당하는 것'입니다. 이럴 때 '그녀'를 주어로 삼고 '그녀는 나에게 사랑을 받는다' 라고 문장을 전환하면 'She is loved by me'가 됩니다. 두 개의 문장이 내용상으로는 같지만, '나'의 관점을 중시하느냐 아니면 '그녀'의 관점을 중시하느냐에 따라 표현법이 달라지는 것입니다. 내용이 같다면 능동태(能動態)와 수동태(受動態)는 언제나 서로 호환하여 사용할 수 있지만, 능동태로 표현하기가 오히려 어색한 경우에는 '수동태의 표현법'을 선호하게 됩니다.

1. 수동태를 선호하는 경우

1) 능동태의 주어를 찾는다는 것이 어려울 때

☆ 'The prisoner shall be hanged tonight (그 죄수는 오늘 밤 교수형 당할 것이다)'의 경우 능동태로 표현하자면 교수형을 시키는 주체를 찾아야 하는데, 굳이 그 집행관을 찾는다는 것이 어색하고 힘든 일이며, 또한 전달하고자 하는 내용에서 능동의 주체는 중요하지 않은 정보이므로 '수동태'가 적절한 표현법입니다. 'He was killed in the war'의 경우 '살해당했다'라는 부분을 능동으로 사용하려면 살해의 주체가 나와야 하는데, 전쟁터에서 죽는 경우 죽음의 원

인이 되는 것은 '총탄, 포탄, 질병, 기아' 등 무수히 많습니다. 따라서, 그가 자연사나 자살로 절명했을 가능성보다는 타의적으로 죽었을 가능성이 월등히 높은것이 분명하므로 'kill 동사'를 쓰는 것이 합당한데, 'kill 의 주체'를 밝히는 것이 불가능하므로 수동태의 표현 즉, 행위를 당한 당사자의 입장에서 동사를 서술하는 것이 바람직합니다.

2) 능동태의 주어에 대한 정보가 중요하지 않을 때

☆ 'He has been promoted to manager (그는 과장으로 승진되었다)'의 경우, 능동태로 표현하자면 '승진시키는 주체'는 물론 최종 인사결정권자인 '고용주'가 되겠지만 이것은 상식선에서 감안하고 이해되는 정보이므로 능동주어를 밝히는 것이 별 의의가 없다고 보아야 합니다. 'The film was shot in New Zealand (그 영화는 뉴질랜드에서 촬영되었다)'의 경우 능동태의 주어는 물론 촬영감독이나 영화사가 되겠지만, 이 역시 영화라는 정보 속에서 감안하고 이해되는 정보이므로 능동태로 사용하는 것이 의미가 없습니다. 이러한 예는 무수히 많습니다.

1789. 내 다이아 반지들 중 하나가 도난당했다. (훔친 사람을 밝힐 수 없지만 도난당한 사실이 분명할 때)
One of my diamond rings was stolen.

1790. 이 침대는 잠 잔 흔적이 없다. (침대에 누군가가 잠 잔 흔적이 없을 때)
This bed has never been slept in.

1791. 그 방은 아무도 들어가지 않았다. (방안에 누군가가 들어간 흔적이 없을 때)
The room has not been entered.

1792. 그는 총 맞았다. (누가 그에게 총을 쏘았는데 알기 어려울 때)
He got shot.

1793. 그 고대의 그림은 동굴 안에서 발견되었다. (발견의 주체가 누군지 불분명할 때)
The ancient drawing was found in the cave.

1794. 운전면허증은 나에게 제시되지 않았다. (면허증의 제시자가 운전자임이 상식일 때)
The driver's license was not shown to me.

1795. 스페인어를 할 수 있는 사람들이 고용될 것이다. (고용의 주체가 어디인지 알려졌을 때)
Those who can speak Spanish will be hired.

1796. 그 용의자의 거처를 제공하는 누구라도 보상받을 것이다. (보상의 주체가 어디인지 알려졌을 때)
Whoever presents the whereabouts of the suspect shall be rewarded.

1797. 그는 18세에 결혼했다. (그가 남자이므로 여자가 그와 결혼했다는 것이 중요하지 않을 때)
He got married at the age of 18.

2. 수동태의 기본 형태

1) 수동태의 동사모양

☆ 한국어에서 피동형 어미는 동사마다 다를 수 있습니다. 예를 들어 '먹<u>히</u>다, 해고<u>되</u>다, 비난<u>받</u>다, 들<u>리</u>다, 그려<u>지</u>다, 해고 <u>당하</u>다' 등 처럼 피동형 어미는 모두 다릅니다. 하지만, 영어에서는 아래의 대표 3가지 형태로 수동태를 표현 합니다.

① be p.p : 수동의 상태를 중시하는 표현(동작적 의미로도 사용함)
② get p.p : 수동의 동작을 중시하는 표현
③ become p.p : 수동의 진행과정을 중시하는 표현

☆ 이 외에는 'go p.p, grow p.p, come p.p' 등의 표현이 있지만 드물게 나타나고, 이런 것들은 수동태라기보다 보어적으로 취급되는 경우가 많습니다.

2) be p.p와 get p.p의 해석상 차이점

☆ be p.p는 주로 '수동의 상태나 결과'를 표현 합니다. 반면에 get p.p는 '수동의 동작'을 강조합니다. 예를들어, I am married 는 '나는 현재 기혼의 상태이다' 이고 I got married 는 '나는 결혼이라는 행위를 했다' 입니다.

도표 187 : be p.p 의 다양한 형태

① is, am, are, was, were + p.p	단순시제의 수동
② is, am, are, was, were + being + p.p	진행시제의 수동
③ has, have, had + been + p.p	완료시제의 수동
④ 조동사 + be p.p, 조동사 + have been p.p	조동사가 첨가된 수동

3. 형식별 수동태

1) 3형식의 수동태

(1) 3형식 기본 형태 : 'S + 타동사 + O' → 'O + be p.p'

☆ 이 경우 능동태의 주어가 be p.p 뒤에서 '전치사 by + 목적어'로 표시되는 것이 일반적이지만, 중요하지 않은 정보일 경우 'by 이하'를 생략하고 쓰는 것이 보통입니다.

They have respected him for a long time.
→ He has been respected for a long time (by them).

1798. 과장된 말은 그것들을 이해하지 못하는 사람들에 의해 분하게 여겨지며, 물론 그 말은 매우 자주 명료하게 하기보다는 혼란스럽게 하며 관심을 끄는데 사용된다.
Big words are resented by persons who don't understand them and, of course, very often they are used to confuse and impress rather than clarify.

1799. 더 흔하게는, 서식지 전체가 완전히 사라지는 것은 아니지만, 그 대신에 점진적으로 줄어들어서 결국에는 오직 작은 면적만이 남게 된다.
More often, an entire habitat does not completely disappear but instead is reduced gradually until only small patches remain.

1800. 신체에 대한 사회적인 정의는 사회적인 관계에 토대를 두고 있으며, 신체에 관한 한 무엇이 자연적이라고 여겨져야 하는 지에 대해 동의를 이끌어낼 수 있는 힘을 가진 사람들에 의해 영향을 받는다.
Social definitions of the body are grounded in social relations and influenced by those with the power to promote agreement about what should be considered natural when it comes to the body.

1801. 그들의 글은 대개 다른 사람들의 생각과 의견의 맥락 속에 끼워 넣어진다.
Their writing is usually embedded in the context of others' ideas and opinions.

☆ 모든 3형식 동사가 전부 수동태로 전환되는 것은 아닙니다. 예를 들어 '닮다'라는 동사는 3형식으로 목적어를 가지지만 수동으로 사용하면 '닮아지다, 닮음을 당하다' 등이 되어 사용하지 않는 표현이 됩니다. He resembles his grandmother 를 His grandmother is resembled by him 이라고 표현하지는 않습니다.

(2) 3형식 복문수동태

☆ 타동사의 목적어가 명사절인 경우, 명사절을 수동태의 주어로 했다가 '가주어 + 진주어' 구조를 채택해서 완성시킵니다. 따라서 아래와 같은 구조 변화를 겪게 되는데 자주 사용되는 다음

구조들을 암기해두어야 합니다.

I know that he is an archeologist.
→ that he is an archaeologist is known.
→ It is known that he is an archaeologist.

도표 188 : It be p.p that 절의 주요 표현

① It be thought that + S_2 + P_2 : ~라고 여겨지다
② It be supposed that + S_2 + P_2 : ~라고 여겨지다
③ It be known that + S_2 + P_2 : ~라고 알려지다
④ It be said that + S_2 + P_2 : ~라고 말해지다
⑤ It be expected that + S_2 + P_2 : ~라고 기대되다
⑥ It be believed that + S_2 + P_2 : ~라고 믿어지다
⑦ It be hoped that + S_2 + P_2 : ~가 희망되다
⑧ It be considered that + S_2 + P_2 : ~라고 여겨지다
⑨ It be agreed that + S_2 + P_2 : ~가 합의되다
⑩ It be found that + S_2 + P_2 : ~가 밝혀지다

☆ 이 외에도 3형식에서 목적어로 'that'절을 받는 동사들은 원칙적으로 모두 위의 구조에 해당됩니다. 위의 복문구조에서 'that 절' 속의 주어를 be p.p 와 짝을 지어 앞으로 보내고 'that 절' 속의 동사를 'to 부정사'로 처리하여 단문을 만들 수도 있습니다.

1802. 한때 브라질이 가장 우수한 축구팀을 가졌다고 여겨졌다.
It was once thought that Brazil had the best soccer team.
= Brazil was once thought to have the best soccer team.

1803. 한때 지구가 우주의 중심이라고 믿어졌었다.
It was once believed that the earth was the center of the universe.
= The earth was once believed to be the center of the universe.

1804. 그는 사랑을 위해 조국을 버린 것으로 말해진다.
It is said that he deserted his country for love.
= He is said to have deserted his country for love.

1805. 올리브 기름이 심장병에 매우 좋은 것으로 알려져 있다.
It is known that olive oil is very good for heart disease.
= Olive oil is known to be very good for heart disease.

☆ 여기서 'S_2 + be p.p + to V.R' 라는 단문 공식이 나오는 데, 조심할 것은 'that 절'의 동사인 P_2의 시제가 be p.p 보다 과거였을 경우 to have p.p 라는 '완료부정사'를 사용한다는 점 입니다.

2) 4형식의 수동태

☆ 원칙적으로 목적어가 두 개 있으므로 수동태도 두 개가 있지만 'cost, take, owe' 동사는 (4형식에서) 수동태를 쓰지 않으며, 특정동사들은 '간접목적어나, 직접목적어' 등 하나만을 수동태의 주어로 갖습니다.

(1) I.O(간접목적어)가 수동태의 주어 : 'I.O + be p.p + D.O'

1806. 나에게 희망이 주어졌다.
I was given hope by him.

1807. 나에게 그 이야기가 말해졌다.
I was told the story by him.

1808. 마음의 일부에게 다른 일이 주어지거나, 음악을 듣거나 가로수를 따라 걷는 일이 제공될 때 사고력이 개선된다.
Thinking improves when parts of the mind are given other tasks, are charged with listening to music or following a line of trees.

(2) D.O(직접목적어)가 수동태의 주어 : 'D.O + be p.p + 전치사 + I.O'

☆ 4형식 동사의 수동태전환에서 'D.O(직접목적어)'를 주어로 할 때, '대부분의 수어동사'들은 'to' 를 간접목적어의 앞에 붙입니다. 그러나 'buy, make, find, call 동사'는 'for' 를, 'ask 동사'는 'of' 를 간접목적어의 앞에 붙입니다. 또한, 'play 동사'가 D.O 를 'joke, trick, game' 등으로 할 때는 'on' 을 간접목적어의 앞에 붙입니다.

1809. 나를 위해 사과파이가 만들어졌다.
An apple pie was made for me.

1810. 나를 위해 예쁜 모자 하나가 찾아졌다.
A nice hat was found for me.

1811. 나를 위해 반지 하나가 구매되었다.
A ring was bought for me.

1812. 나를 위해 택시 한대가 호출되었다.
A taxi was called for me.

1813. 복잡한 질문이 나에게 물어졌다.
A complicated question was asked of me.

1814. 농담이 나에게 걸려 졌다.
A joke was played on me.

☆ 4형식 동사가 'D.O 자리'에 '명사절'을 받았을 때, D.O를 수동태의 주어로 하지 않고 '가주어 it'을 사용합니다.

1815. 그가 답을 모른다는 사실이 나에게 말해졌다.
I was told that he didn't know the answer. (I.O 를 주어로 하여)

1816. 그가 답을 모른다는 사실이 나에게 말해졌다.
<u>It</u> was told to me <u>that he didn't know the answer</u>. (D.O 가 가주어 + 진주어 구조)

3) 5형식의 수동태 : 'S + P + O + O.C' → 'O + be p.p + O.C'

☆ 목적어가 수동태의 주어가 되고 목적보어는 be p.p 다음에 옵니다. 목적보어에 '명사, 형용사 to V.R, V.R'이 사용되는데, 능동태의 '사역동사 make' 나 '지각동사'가 목적보어로 원형부정사를 받았을 경우 수동태 전환시에는 'to V.R' 로 환원 됩니다.

1817. 나는 보스로 불린다.
He calls me boss.
→ I am called boss.

1818. 나는 슬픈 상태로 만들어졌다.
He made me sad.
→ I was made sad.

1819. 나는 머물 것으로 기대되었다.
He expected me to stay.
→ I was expected to stay.

1820. 사전통보 없이 사람을 방문하는 것은 부적절하다고 여겨진다.
(가목적어 진목적어 구조의 5형식은 가주어 + 진주어 구조가 된다.)
I find <u>it</u> inappropriate <u>to visit a person without prior notice</u>.
→ <u>It</u> is found inappropriate <u>to visit a person without prior notice</u>.

1821. 그는 울려졌다. (능동태 원형 부정사 → 수동태 to 부정사)
I made him <u>cry</u>.
→ He was made <u>to cry</u>.

1822. 아이들은 스티커, 별, 그리고 캔디바를 받기 위해서가 아니라 그들 스스로를 위해 좋은 행동을 하도록 배워야 한다.
Children must <u>be taught to perform</u> good deeds for their own sake, not in order to receive stickers, stars, and candy bars.

1823. 작가들의 생각은 종종 토론에서 시작되며, 그들의 글은 토론에 대한 응답이고, 그들의 논문은 더 깊은 토론을 자극하기 위해 고안된다.

Writers' ideas often originate in discussion, their writing is a response to discussion, and their papers <u>are designed to stimulate</u> further discussion.

1824. 소개가 한 번 돌아간 후에 학생들은 그들이 기억할 수 있는 한 많은 다른 학생들의 이름을 적도록 요청받았다.

At the end of the round of introductions, the students <u>were asked to write down</u> the names of as many other students as they could remember.

4) 타동사구의 수동태

☆ 동사가 전치사 등과 함께 타동사구를 이루었을 때 수동화하면 타동사구 전체를 p.p 구조 속에 넣어야 합니다. 이 때 전치사 등이 빠지지 않도록 조심해야 합니다.

(1) 동사 + 전치사

☆ 'look at (쳐다보다), look for (찾아보다), listen to (귀담아 듣다), ask for(요구하다)' 등이 수동태가 되면 뒤의 전치사가 빠지지 않아야 합니다.

1825. 내 얼굴이 쳐다보아졌다.

He looked at my face.

→ My face <u>was looked at</u> (by him).

1826. 그의 강연은 경청 당했다.

We listened to his lecture.

→ His lecture <u>was listened to</u> (by us).

1827. 또 다른 방법이 생각되었다.

We thought of another method.

→ Another method <u>was thought of</u> (by us).

(2) 동사 + 부사 + 전치사

☆ look up at (위로 쳐다보다), look up to (우러러보다), think highly of (높게 평가하다), speak well of (칭찬하다), look forward to (고대하다), break through to (~까지 뚫고 가다), eat away at (조금씩 갉아먹다) 등이 수동화 되면 뒤의 전치사가 빠지지 않아야 합니다.

1828. 그는 우러러 보아졌다.

He <u>was looked up to</u>.

1829. 성탄절이 학수고대 되었다.
   Our Christmas holiday has been looked forward to.

1830. 그 연금술사는 동시대인들에 의해 존경받았다.
   The alchemist was highly thought of by his contemporaries.

☆ 'ill, well 부사' 및 '-ly 형 부사'는 수동태에서 보통 p.p 분사의 앞에 둡니다.

(3) 동사 + 명사 + 전치사

☆ 이것은 원래 타동사가 목적어로 명사를 취하고 난 후 뒤에 다시 전치사를 매개하여 새로운 목적어를 받는 구조에서 고착화된 것입니다. '가운데 명사'는 앞 타동사의 목적어인데, 이 명사에 '수식어'가 붙으면 이 명사를 '수동태의 주어'로 쓸 수도 있어서, 이 경우에는 두 개의 수동태가 나오게 됩니다.

☆ 'pay attention to (주목하다), catch sight of (보다), keep track of (추적하다), take care of (보살피다), take notice of (눈여겨 보다), lose track of (경로를 놓치다), lose sight of (시야에서 놓치다), take hold of (붙잡다)' 등이 자주 사용 됩니다.

1831. 그의 표정이 주목되어야 한다.
   His look must be paid attention to.

1832. 그의 아들은 보모에 의해 돌보아 졌다.
   His son has been taken care of by the baby-sitter.

1833. 그 보모에 의해 그의 아들에게 많은 보살핌이 취해졌다.
   Much care has been taken of his son by the baby-sitter.
   =His son has been taken much care of by the baby-sitter.

1834. 나의 말에는 아무런 주목도 주어지지 않았다.
   No attention was paid to my words.
   = My words were paid no attention to.

(4) 동사 + 부사

☆ 타동사가 이미 목적어를 받은 상태에서 의미 확대를 위해 'up, down, in, out, off, away, on' 등의 부사를 첨가하는 경우입니다.

1835. 화성으로 유인 우주선을 보낸다는 계획은 포기되었다.
   The plan to send a manned spacecraft to Mars has been given up.

1836. 매년 해안선이 조금씩 침식당하고 있는 중이다.
   The coastlines are being eaten away year by year.

1837. 더 많은 화장이 올라가야 한다.
   More makeup should be put on.

5) 'nobody, nothing, none, neither'가 주어인 능동태

☆ 이런 주어는 동사에 부정어를 넣지 않고 완전한 부정문을 만드는데, 이것이 수동태가 되어 문장의 뒤로 빠질 경우에는 'not' 과 '긍정형 대명사'로 분리하여 구성합니다. 그 이유는 not 을 동사부에 집어넣어 줌으로써, 글을 읽는 사람이 전체 문장이 부정문임을 빨리 알게 하기 위함입니다. 즉, 'Nobody has ever noticed it. → It has not ever been noticed by anybody.' 입니다. 그런데 만일 'It has never been noticed by anybody.'를 'It has ever been noticed by nobody.'로 고치면 문미의 nobody 가 나오기 전까지 이것을 긍정문으로 파악하기 때문에 오해를 불러일으킬 소지가 많습니다.

6) 수동태의 뒤의 전치사

☆ 수동태 뒤에는 행위자를 의미하는 전치사 by 만이 오는 것이 아니라 다양한 의미의 전치사가 올 수 있으며 본래 전치사가 갖는 고유한 뜻과 함께 수동태를 구성 합니다.

1838. 그는 모든 이들에게 알려져 있다. 즉, 모든 이들이 그를 안다.
   He is known to everybody. → Everybody knows him.

1839. 그는 시인으로서 묘사되었다.
   He has been described as a poet.

1840. 너의 행위 때문에 그가 비난 받고 있다.
   He is blamed for what you did.

1841. 그는 그의 쌍둥이 형제로 부터 구별되기 어렵다.
   He can hardly be distinguished from his twin brother.

1842. 그는 심장에 맞았다.
   He got shot at the heart.

1843. 무술에서는, 어떤 것을 새로이 바라보는 이런 의식 상태는 '초보자의 마음' 이라고 알려져 있다.
   In martial arts, this sense of looking freshly at something is known as 'beginner's mind.

1844. 그는 이웃에 의해 그의 무술 때문에 그 지역사회에 잘 알려져 있다.
   He is well known to the community for his martial arts by his neighbors.

7) '타동사 + 목적어 + 전치사 + 목적어' 구조의 수동화

☆ 이 구조는 수동태의 p.p 뒤에서 특정한 전치사가 어울려 의미가 완성 됩니다.

1845. 그는 나에게 내 아버지를 상기시켰다 -나는 그에 의해 내 아버지를 상기 당했다.
He reminded me of my father.
→ I <u>was reminded of</u> my father (by him).

1846. 어떤 사람들은 돈을 모든 것으로 본다. - 돈이 어떤 사람들에게는 모든 것으로 보여진다.
Some people see money as everything.
→ Money <u>is seen as</u> everything (by some people).

1847. 꿈들은 예언적 의사소통으로 여겨져 왔다.
Dreams have been regarded as prophetic communications.

도표 189 : '동사 + A + 전치사 + B 구조'의 수동태

능동태	의미	수동태
① see A as B	A를 B로 보다	A be seen as B
② view A as B	A를 B로 보다	A be viewed as B
③ think of A as B	A를 B로 보다	A be thought of as B
④ look upon A as B	A를 B로 보다	A be looked upon as B
⑤ consider A as B	A를 B로 보다	A be considered as B
⑥ regard A as B	A를 B로 보다	A be regarded as B
⑦ take A as B	A를 B로 보다	A be taken as B
⑧ take A for B	A를 B로 보다	A be taken for B
⑨ supply A with B	A에게 B를 제공하다	A be supplied with B
⑩ furnish A with B	A에게 B를 제공하다	A be furnished with B
⑪ provide A with B	A에게 B를 제공하다	A be provided with B
⑫ present A with B	A에게 B를 제공하다	A be presented with B
⑬ attribute A to B	A를 B의 탓으로 돌리다	A be attributed to B
⑭ ascribe A to B	A를 B의 탓으로 돌리다	A be ascribed to B
⑮ ask A for B	A에게 B를 요구하다	A be asked for B
⑯ compose A of B	A를 B로 구성하다	A be composed of B
⑰ make (up) A of B	A를 B로 구성하다	A be made (up) of B
⑱ fill A with B	A를 B로 채우다	A be filled with B
⑲ stuff A with B	A를 B로 채우다	A be stuffed with B
⑳ remind A of B	A에게 B를 상기시키다	A be reminded of B
㉑ warn A of B	A에게 B를 경고하다	A be warned of B
㉒ inform A of B	A에게 B를 알리다	A be informed of B

㉓ assure A of B	A에게 B를 확신시키다	A be assured of B
㉔ convince A of B	A에게 B를 확신시키다	A be convinced of B
㉕ deprive A of B	A에게서 B를 빼앗다	A be deprived of B
㉖ rob A of B	A에게서 B를 빼앗다	A be robbed of B
㉗ clear A of B	A에게서 B를 없애다	A be cleared of B
㉘ prepare A for B	A를 B에 대비(B를 위해 A를 마련)	A be prepared for B
㉙ derive A from B	A를 B에서 얻다	A be derived from B
㉚ spend A on B	A를 B에 소모하다	A be spent on B
㉛ help A with B	A를 B의 일로 돕다	A be helped with B
㉜ distinguish A from B	A를 B로부터 구별하다	A be distinguished from B
㉝ tell A from B	A를B로부터 구별하다	A be told from B
㉞ know A from B	A를B로부터 구별하다	A be known from B
㉟ make A from B	A를 B로부터 만들어내다	A be made from B
㊱ accustom A to B	A를 B에 익숙하게 만들다	A be accustomed to B
㊲ divide A into B	A를 나누어 B로 만들다	A be divided into B
㊳ change A into B	A를 바꾸어 B로 만들다	A be changed into B
㊴ turn A into B	A를 바꾸어 B로 만들다	A be turned into B
㊵ accuse A of B	A를 B혐의로 비난, 고발하다	A be accused of B
㊶ blame A for B	A를 B현의로 비난, 고발히디	A be blamed tor B
㊷ expect A to B	A를 B로부터 기대하다	A be expected to B
㊸ prefer A to B	A를 B보다 선호하다	A be preferred to B
㊹ rid A of B	A에게서 B를 제거하다	A be ridded of B
㊺ relieve A of B	A를 B로부터 덜어주다	A be relieved of B
㊻ strip A of B	A에게서 B를 벗겨내다	A be stripped of B
㊼ cure A of B	A에게서 B를 치료하다	A be cured of B
㊽ heal A of B	A에게서 B를 치료하다	A be healed of B
㊾ free A of (from) B	A를 B로부터 해방시키다	A be freed of (from) B
㊿ equip A with B	A에게 B를 설비하다	A be equipped with B
(51) endow A with B	A에게 B를 맡기다, 부여하다	A be endowed with B
(52) entrust A with B	A에게 B를 맡기다	A be entrusted with B
(53) share A with B	A를 B와 공유하다	A be shared with B
(54) compare A with B	A를 B와 비교하다	A be compared with B
(55) combine A with B	A를 B와 결합시키다	A be combined with B
(56) relate A with B	A를 B와 연관시키다	A be related with B
(57) attach A to B	A를 B에 붙이다	A be attached to B
(58) impose A on B	A를 B에 부과하다	A be imposed on B

(59) release A from B	A를 B로부터 해방시키다	A be released from B
(60) adjust A to B	A를 B에 적응시키다	A be adjusted to B
(61) substitute A for B	A를 B대신 사용하다	A be substituted for B
(62) replace A with B	A를 B로 대체하다	A be replaced with B
(63) exchange A for B	A를 B로 교환하다	A be exchanged for B
(64) expose A to B	A를 B에 노출시키다	A be exposed to B
(65) associate A with B	A를 B에 관련시키다	A be associated with B
(66) mix A with B	A를 B와 섞다	A be mixed with B
(67) mingle A with B	A를 B와 섞다	A be mingled with B
(68) introduce A to B	A를 B에 소개시키다	A be introduced to B
(69) convert A into B	A를 B로 전환하다	A be converted into B
(70) mistake A for B	A를 B로 잘못보다	A be mistaken for B

8) 주의해야 할 수동태의 해석법

☆ '말해주다'의 'tell' 과 '듣다' 의 'hear' 는 수동태에서 의미의 혼동을 유발하기 쉬우므로 조심해야 합니다. 즉, 'be told' 는 '말해짐을 당하다' (사람이 주어이면 '듣다', 사물이 주어이면 '말해지다') 이며, 'be heard' 는 '들어짐을 당하다' (주어가 특정한 소리를 내었다는 개념) 입니다.

1848. 나는 그 이야기를 말로 들었다. / 그 이야기는 많은 사람들에게 이야기 되어졌다.

I was told the story. / The story was told to everyone.

1849. 그녀가 아름다운 노래를 부르는 것이 들려졌다.

She was heard to sing a beautiful song.

9) 준동사의 수동태(부정사와 동명사의 수동태)

(1) 부정사의 수동태 : to be p.p, to have been p.p

1850. 나는 살해당하길 원치 않는다.

I don't want to get killed.

1851. 사랑 받는 것은 대단한 느낌이다.

To be loved is a great feeling.

1852. 나에게 그 이야기가 말 되어지길 원한다. 즉, 듣고 싶다.

I want to be told the story.

(2) 동명사의 수동태 : being p.p, having been p.p

1853. 나는 칭찬받는 것을 좋아한다.
I like being praised.

1854. 새들은 가르침 받지 않고 날 수 있다.
Birds can fly without being taught.

1855. Mr.로 불리는 것은 이 사회에서는 드문 일이다.
Being called mister is a rare thing in this society.

10) 수동해석 해야 할 동명사

☆ 일부 타동사인 'need, want, be worth' 등은 '주어'를 '동명사의 의미상의 목적어'로 하여 해석될 수 있습니다.

1856. 이 방은 청소될 필요가 있다.
This room needs cleaning.

1857. 이 책은 두 번 읽혀질 가치가 있다.
This book is worth reading twice.

11) 목적어를 받음에도 불구하고 수동태가 걸리는 않는 동사

☆ '3, 4, 5 형식 동사' 중에서 행위를 의미하지 않고 순수한 '상태'나 '소유, 사역'의 의미를 갖는 동사는 수동태를 만들지 않습니다. 이런 동사로는 3형식의 'have (소유), possess (소유), belong to (소속), lack (소유), resemble (유사상태), become (어울리다)' 동사, 4형식의 'cost, take, owe' 동사, 5형식의 '사역동사 have, let' 이 있습니다. 또한 재귀대명사를 목적어로 하는 3형식도 수동태로 만들지 않습니다.

12) 후치수식으로의 전용

☆ 수동태의 술어동사 구조인 be p.p 에서 be 를 제거하고 p.p 이하만을 명사 뒤에 붙이면 후치수식 구조가 됩니다.

1858. 한국제의 그 기계는 딱딱한 흙을 파는데 이용된다.
The machine <u>made in Korea</u> is used to excavate the hard soil.

14 기출문제

01. 다음 문장의 내용상 _____ 부분에 가장 적절한 말은?

> This washing machine _____ by my brother right now.

① repaired　　② been repaired　　③ being repaired　　④ is being repaired

해석 이 세탁기는 지금 나의 남자형제에 의해 수리되고 있는 중이다.

해설 술어동사를 다 갖춘 수동태는 be being p.p 구조이다.

답 ④

02. 다음 문장의 내용상 _____ 부분에 가장 적절한 말은?

> A telephone _____ in your office next week.

① installed　　　　　　　　② will install
③ will be installed　　　　　④ installs
⑤ is being installed

해석 전화기가 다음 주에 당신의 사무실에 설치될 것이다.

해설 다음 주는 미래이고 설치되는 것은 수동이므로 will be p.p 구조

답 ③

03. 다음 문장의 내용상 _____ 부분에 가장 적절한 말은?

| More than one million people in the United States _____ to be infected with the AIDS virus. |

① believe   ② are believed   ③ being believed   ④ believing

해석 미국 내 1백만 명 이상의 사람들이 에이즈 바이러스에 감염된 것으로 믿어진다.
해설 주어가 복수이고 '-하는 것으로 믿어지다' 이므로 are believed to 구조
답 ②

04. 다음 문장의 내용상 _____ 부분에 가장 적절한 말은?

| Guidelines for the safe disposal of industrial waste _____ being more carefully enforced. |

① is   ② are   ③ was   ④ have

해석 안전한 산업 폐기물 처리를 위한 지침이 보다 신중하게 시행되고 있는 중이다.
해설 '시행되고 있는 중이다.' 이며 주어는 복수이므로 are being p.p
답 ②

05. 다음 문장의 내용상 _____ 부분에 가장 적절한 말은?

| The girl was _____ her watch in the bus. |

① deprived   ② robbed of   ③ stolen   ④ robbed

해석 그 소녀는 버스에서 자신의 시계를 빼앗겼다.
해설 rob A of B 구조에서 수동이 걸렸으므로 be robbed of
답 ②

06. 다음 문장의 내용상 _____ 부분에 가장 적절한 말은?

> When we arrived at the restaurant, we _____ there would be a 40-minute wait, and so we headed for another place.

① were told　　② told　　③ tell　　④ are told

해석 우리가 식당에 도착했을 때, 40분을 기다려야 한다는 말을 들었고, 그래서 다른 식당을 찾아 나섰다.

해설 말을 듣는 것이므로 be told 이며 시제는 과거

답 ①

07. 다음 밑줄 친 부분 중 어색한 부분은?

> I ① was delighting ② to hear the news of your promotion and congratulate you ③ most heartily on securing ④ such an excellent appointment.

해석 나는 당신의 승진 소식을 듣고서 기뻤고 그렇게 훌륭한 임명직을 확보하게 된 것을 진심으로 축하한다.

해설 delight는 '기쁘게 하다' 이므로 수동이 되어야 주어의 감정을 표현함. be delighted to 부정사

답 ① → was delighted

08. 다음 밑줄 친 부분 중 어색한 부분은?

> ① Adequate measures for preventing ② water pollution ③ have not taken ④ until now by ⑤ anybody in the department.

해석 수질 오염 예방을 위한 적절한 조치가 소속부서의 누구에 의해서도 현재까지 취해지지 않았다.

해설 현재까지인 until now로 보아 완료수동형을 써야 하므로 have not been taken

답 ③ → have not been taken

09. 다음 밑줄 친 부분 중 어색한 부분은?

> Though a dolphin lives in the sea, it is not a fish. It is a mammal ① whose way of life is like ours on some points. Scientists ② have been discovered that dolphins have a kind of language. They are able to talk to ③ one another. Therefore, it may be possible for man to learn ④ how to talk to dolphins.

해석 돌고래는 바다에 살지만 물고기가 아니다. 돌고래는 몇몇 측면들에 있어서 그 생활 방식이 우리의 것과 같은 포유동물이다. 과학자들은 돌고래에게 일종의 언어가 있다는 것을 발견했다. 돌고래들은 서로 간의 대화를 할 수 있다. 따라서 인간이 돌고래와 대화하는 법을 배우는 것이 가능할 지도 모른다.

해설 discover 동사가 that 절을 목적어로 받았으므로 능동형을 써야 함. have discovered

답 ② → have discovered

10. 다음 밑줄 친 부분 중 어색한 부분은?

> When I ① got to the airport, I discovered that the plane from Chicago ② had been delayed in Denver because of engine trouble and ③ was expecting to be ④ about an hour late.

해석 내가 공항에 도착했을 때, 시카고 발 항공편이 Denver에서 엔진 고장으로 인해 지연되어서 한 시간 가량 늦을 것으로 예상된다는 것을 알게 되었다.

해설 비행기가 늦을 것으로 예상되는 것이므로 수동구조인 be expected to 부정사

답 ③ → was expected

11. 다음 밑줄 친 부분 중 어색한 부분은?

> The advantages of ① computerized typing and ② editing are now being ③ extending to all the ④ written languages of the world.

해석 전산화된 타이핑과 편집의 장점들이 현재 전 세계의 모든 문어들로 확산되고 있는 중이다.

해설 '확산되고 있는 중이다.' = be being extended

답 ③ → extended

12. 다음 밑줄 친 부분 중 어색한 부분은?

① My cat ② went out and ③ run over ④ by a car on the street.

해석 우리 집 고양이가 밖에 나가 도로에서 차에 치었다.

해설 run over가 '타고 넘다' 이므로 '고양이가 차에 의해서 타고 넘어짐을 당했다' 가 되기 위해서 be run over 구조가 되어야 함/ run - ran - run

답 ③ → was run over

13. 다음 밑줄 친 부분 중 어색한 부분은?

The test ① was conducted in the school library. The children ② were taken out of their normal lessons and tested in groups of four. The test ③ was consisted of two parts. First, the children ④ were shown a design and asked to describe what they saw.

해석 그 테스트는 학교 도서관에서 시행되었다. 아이들은 정규수업에서 열외시켜져 4명씩 집단을 이루어 검사를 받았다. 그 테스트는 두 부분으로 구성되어 있었다. 첫 번째는 아이들에게 어떤 디자인을 보여준 다음 아이들은 자신들이 본 것을 설명하라는 요청을 받았다.

해설 consist of는 뒤에서 목적어를 받아서 사용하고 수동태가 걸리지 않는 동사이다, be composed of는 가능.

답 ③ → consisted of

14. 다음 밑줄 친 부분 중 어색한 부분은?

① Thanks to the ② newly developing medical science, cancer will ③ be disappeared in the ④ near future.

해석 새롭게 발전하고 있는 의학 덕택에 암은 가까운 미래에 사라질 것이다.

해설 disappear는 '사라지다' 라는 1형식 동사이므로 수동태가 걸리지 않는다.

답 ③ → disappear

15. 다음 중 어법 상 올바른 것을 고르시오.

① He is resembled by his father.
② He was made to learn bookbinding.
③ He was seen enter the room.
④ I prefer taking a cab to go on foot.

해석
① 그는 자신의 아버지를 닮았다.
② 그는 제본하는 법을 배우도록 시켜졌다.
③ 그가 방으로 들어가는 것이 눈에 띄었다.
④ 나는 걸어가는 것 보다 택시를 잡아타는 편을 더 좋아한다.

해설 '닮다' 동사는 수동불가 / see 지각동사는 수동태에서 목적보어에 to 부정사 내지 분사 / prefer A to B에서 병렬구조: is resembled by → resembles / enter → to enter / to go → to going

답 ②

16. 문법적으로 옳은 것을 고르시오.

① He was allowed go home early.
② The train expects to leave right now.
③ Confidence is lacked by his brother.
④ I was seen playing the piano.

해석
① 그는 일찍 귀가하도록 허락을 받았다.
② 기차는 바로 출발할 것으로 기대된다.
③ 그의 동생은 자신감이 결여되어 있다.
④ 내가 피아노 연주하는 것이 눈에 띄었다.

해설 be allow to 부정사 go → to go / 기차는 예상되는 주체 expects → is expected / lack 동사류는 수동불가 His brother lacks confidence / see 동사는 수동태의 목적보어로 to 부정사 내지 분사

답 ④

17. 다음 중 어법 상 올바른 것을 고르시오.

① I will keep you informing of the state of affairs.
② I'm sure I can make myself understand in English.
③ However hard he tried, he couldn't make his voice hear.
④ The war resulted from the economic rivalry of the two nations.

해석
① 내가 너에게 일의 진척 상황에 대하여 계속 알려줄게.
② 나는 영어로 의사소통이 가능하다고 확신한다.
③ 그가 제 아무리 애를 썼지만 그는 자신의 목소리가 들려지게 할 수 없었다.
④ 그 전쟁은 그 두 나라 간의 경제적 경쟁관계로부터 비롯된 것이었다.

해설 keep + 목적어 + informed - 목적어는 정보를 주는 입장이 아니라 받는 입장이므로 수동분사 / 내가 영어를 이해하는 것이 아니라 영어로 이해당하는 입장이므로 말을 하는 것임 understand → understood / 그의 목소리가 듣는 입장이 아니라 들리는 입장이므로 수동 hear → heard

답 ④

18. 우리말을 영어로 옮긴 것 중 옳지 <u>않은</u> 것을 고르시오.

① 그 일을 한다면, 어떤 아이라도 비웃음을 받을 것이다.
→ Any child, who should do that, would be laughed.
② 그는 곧 집에 돌아올 것이다.
→ It will not be long before he comes back home.
③ 어떤 사람들은 별들이 하늘에 붙어 있는 불빛이라고 생각했다.
→ Some thought that the stars were lights attached to the sky.
④ 그가 유죄임에는 의심의 여지가 없다.
→ There is no doubt that he is guilty.

해설 laugh at이 타동사구이므로 수동태에서는 전치사 탈락하면 비문

답 ① would be laughed → would be laughed at

19. 다음 중 우리말을 영어로 잘못 옮긴 것은?

① 이 가방은 가짜다. 비쌀 리가 없어.
→ This handbag is fake. It can't be expensive.
② 한국에서는 대통령 선거가 5년에 한 번씩 치러진다.
→ In Korea, a presidential election held every five years.
③ 이 표면은 쉽게 닦인다.
→ This surface cleans easily.
④ 내일까지 논문을 제출하는 것은 불가능하다고 생각한다.
→ I think it impossible to hand in the paper by tomorrow.

해설 hold가 '개최하다.' 이고 선거는 '개최되는 것' 이므로 수동화 / clean 동사는 자동사로서 수동의 의미를 가지는 write, sell, clean, peel, read 동사류

답 ② election held → election is held

20. 우리말을 영어로 잘못 옮긴 것을 고르시오.

① 어제 눈이 많이 와서 많은 사람들이 길에서 미끄러졌다.
→ We had much snow yesterday, which caused lots of people slip on the road.
② 그 협정들은 작년 회의에서 합의된 것이다.
→ The arrangements were agreed on at the meeting last year.
③ 나는 트럭이 가까이 다가오는 것을 보고 겁에 질렸다.
→ I got scared when I saw the truck closing up on me.
④ 나는 뒤돌아보지 않고 앞문으로 걸어 나갔다.
→ I walked out of the front door without looking back.

해설 cause + 목적어 + to 부정사 구조 / agree on은 타동사구이므로 수동태에서 전치사 탈락은 비문

답 ① people slip → people to slip

English Grammar Dictionary 457

PART 15

subjunctive mood

가정법

15 가정법
(subjunctive mood)

☆ 가정법이란 '동사의 직설법 시제규칙'에서 벗어나, 주로 '실제와는 반대되는 상황을 가정'하거나 '비현실적 상황', 혹은 '당위성을 상상한 상황'에 적용하는 시제규칙을 말합니다. 크게 보아서 명사절이 당위성을 전제로 한 사실일 때, 즉 주절의 동사가 '명령, 주장, 제안, 요구, 판결, 금지' 등의 의미일 때 '명사종속절에 동사의 원형을 사용하는 것'과, '실제와 반대되는 상황을 가정'할 때 'if 부사절' 내지는 'wish 다음의 명사절'에 사용하는 '동사의 특정한 시제표현'을 기준으로 가정법을 표현합니다. 'if 절'의 내용이 실제로 실현될 가능성이 있을 경우에는, conditional 이라고 하여 '직설법 현재'에 해당하는 동사의 시제를 적용한다는 점에서 차이가 있는데, 명료하게 구분하기 위해서는 '시제와 시점을 통일할 것인가' 아니면 '시제와 시점을 달리 쓸 것인가'를 기준으로 잡는 것이 가장 효과적입니다.

1. 'if 절'에 의한 단순조건과 반대사실가정의 구별 ('conditional' Vs 'subjunctive mood')

도표 190 : 조건절과 가정법 시제 규칙

상황		If 절 시제	주절 (결과절)
단순조건 (가능성이 있는 사실)	현재사실 (미래사실)	· 현재시제 · 현재진행 · 현재완료 · 조동사현재형	· 동사시제 제한 없음
	과거사실	· 과거시제 · 과거진행 · 조동사과거형	
가정법 (반대사실 가정)	현재사실 (현재사실반대가정)	· 과거시제 · be 동사는 were · 조동사의 과거형	· 조동사의 과거형 + V.R (현재사실 반대결과) · 조동사의 과거형 + have + p.p (과거사실 반대결과)
	과거사실 (과거사실반대가정)	· 과거완료 (had + p.p) · 과거완료진행 (had + ing)	· 조동사의 과거형 + have + p.p (과거사실반대결과) · 조동사과거형 + 원형 (현재사실반대결과)

2. 'if 절'에 의한 직설법(conditional)

1) 현재를 기준으로 가능성이 있는 사실

✮ 이 형태는 현재시점 내지는 미래시점에 있을 수 있는 일에 대해, 단순히 미리 그렇다고 조건을 제시하고 난 후 그것이 가져올 결과를 예측하는데 사용되므로 영미 문법학자들이 가정법으로 분류하지 않고 '직설법으로 분류'합니다. 가능성이 있는 사실, 즉 모르는 사실을 가정하는 것입니다.

1859. 당신이 더 오래 머문다면 집으로 돌아가는 것을 더 어렵다고 알게 될 것이다.
   If you stay longer, you will find it harder to go back home.

1860. 당신이 그곳에 가 본적이 있다면 당신은 내가 말하려는 것을 알지도 모른다.
   If you have ever been to the place, you may know what I am trying to say.

1861. 그가 충분히 정직하다면 당신은 그를 고용해야 한다.
   If he is honest enough, you must hire him.

1862. 만약 지금 부모님에게 거짓말을 하고 있다면 다시는 그러지 마라.
   If you are lying to your parents, never do so ever again.

2) 과거에 있었을 지도 모르는 사실

✮ 이 형태는 과거에 있었을지도 모르는 일에 대해 가정하고 있습니다. if 절의 시제는 '과거'나 '과거진행'이며 드물게 '과거완료'를 쓸 수도 있습니다.

1863. 만일 그들이 그 산 근처에서 <u>살았다면</u> 우리는 그곳의 동굴에서 벽화들을 찾게 될지도 모른다.
   If they <u>lived</u> near the mountain, we can find some cave paintings there.

1864. 내가 만일 너무 어리석<u>었다면</u> 나는 다시는 그러지 않을 수 있다.
   If I <u>was</u> too stupid, I am sure I will never do the same thing again.

1865. 만일 그녀가 그 남자와 결혼<u>했다면</u> 그녀는 행복한 삶을 살았음에 틀림없다.
   If she <u>married</u> the man, she must have led a happy life.

1866. 만일 당신이 그 제안을 수용<u>했으면</u> 빨리 나에게 알려 달라.
   If you <u>accepted</u> the offer, let me know as soon as possible.

3. 'if 절'에 의한 반대사실 가정법

1) '말하는 시점과 동일한 시점'의 반대사실 가정과, 반대사실 결과

☆ 이 형태는 반드시 '현재시점의 사실을 거론'하고 있어야 하며, 실제 사실과 반대되거나 현저히 가능성이 낮아서 '말을 하는 사람의 입장에서 이런 일이 없을 것이라고 예측'할 때 사용하는 표현법입니다. 간단히 정리하자면, '현재사실 반대가정 + 현재사실 반대결과 예측' 이라고 보면 됩니다. 'if 절의 동사시제'는 '과거'이며 'be 동사'는 원칙상 'were' 로 씁니다. '주절의 시제'는 '조동사의 과거형 + 동사원형' 입니다.

1867. 우산이 <u>있으면</u> 택시정류장까지는 배웅할 수 있을 텐데 그러지 못해 미안하다. (우산이 없다)
If I <u>had</u> an umbrella now, I <u>could see</u> you off to the taxi stand. I'm sorry.

1868. 만일 그가 마법의 힘을 가지고 <u>있다면</u> 그 주문을 쉽게 풀 수 있을 텐데. (그러지 못하다)
If he <u>had</u> magical powers, he <u>could break</u> the spell easily.

1869. 내가 만일 <u>새라면</u> 당장에 너를 구하러 날아갈 텐데. (그러지 못하다)
If I <u>were a bird</u>, I <u>could fly</u> right to your rescue.

1870. 그들이 그 산 근처에서 산다면 그들은 작물 경작하느라 애를 먹을 것이다. (그렇지 않다)
If they <u>lived</u> near the mountain, they <u>would have</u> a hard time farming crops.

1871. 만일 그가 영어를 유창하게 <u>할 수 있다면</u> 그는 그 일을 쉽게 얻을 텐데. (그러지 못하다)
If he <u>could speak</u> English fluently, he could get the job right away.

2) '말하는 시점보다 과거의 사실'을 반대로 가정하고, 반대결과 예측

☆ 이 형태는 '과거에 이미 있었던 사실에 대한 반대의 가정'을 하고 '그 결과를 반대로 예측'해 볼 때 사용합니다. 'if 절의 시제'는 원칙상 '과거완료'에 준하며, '주절의 시제'는 '조동사의 과거형 + have p.p' 를 사용 합니다.

1872. 그가 규칙적으로 이메일을 체크했다면 그는 그 시사회에 참석할 수 있었을 텐데.
(그러지 못해서 참석하지 못했다)
If he <u>had checked</u> the e-mail regularly, he <u>could have attended</u> the preview.

1873. 그가 만일 나에게 데이트신청을 두 번 했더라면 나는 수용했을 것이다.
(그러지 않았고 수용하지 못했다)
If he <u>had asked</u> me out twice, I <u>would have accepted</u> it.

1874. 그가 큰돈을 기꺼이 벌려했었다면 그는 억만장자가 되었을지도 모른다.
(실제로 그러지 않았고 되지 않았다)
If he <u>had been</u> willing to make a fortune, he <u>might have become</u> a billionaire.

1875. 그가 회사를 세울 수 있었더라면 그는 자신이 의도했던 바를 했을 것이다.
(세울 능력이 없었고 못했다)

If he <u>could have been</u> able to set up a company, he <u>would have done</u> what he intended to do.

3) 과거사실 반대 가정 + 현재사실 반대 결과

☆ 이 형태는 '과거사실 반대가정 + 현재사실 반대결과'를 예측하는 '혼합시제'를 사용하는 가정법입니다. 'if 절'은 '과거완료시제'를 쓰고 '주절'은 보통 'would, could + V.R'을 사용 합니다.

1876. 내가 그 당시 식물학을 전공했더라면 지금 이 모든 식물들과 풀들을 구별할 수 있을 텐데.
(당시에 식물학을 전공하지 않았고 지금 이 풀들을 구별할 수 없다)

If I <u>had majored</u> in botany then, I <u>could distinguish</u> all these plants and grasses now.

1877. 만일 그가 그 당시 건강에 조금 더 신경을 썼더라면 그는 지금 살아 있을 텐데.
(당시 그가 건강에 신경을 쓰지 못했고 그 결과 그는 지금 죽은 상태이다)

If he <u>had paid</u> more attention to his health, he would be alive now.

☆ 가정법 혼합 시제는 드물게 '현재사실 반대 가정 + 과거사실 반대 결과' 패턴도 씁니다.

4) 일어나지 않길 바라는 미래사실 가정

☆ 이 형태는 '미래에 일어날 가능성이 현저하게 낮거나 일어나지 않기를 바라는 일'을 가정할 때 사용합니다. 'if + should(were to) + V.R' 구조를 사용 합니다.

1878. 만에 하나 나를 떠나려거든 뒤 돌아 보지 마라. (나를 떠나는 것을 상정하고 싶지 않지만)

If you <u>should ever leave</u> me, don't look back.

1879. 만에 하나 비상사태가 일어나면 경찰에게 신고해라. (비상사태가 일어나면 안 되지만)

Report to the police if any emergency <u>should happen</u>.

1880. 만일 뇌졸중에서처럼 우뇌가 손상을 입으면 우리 몸의 좌측이 마비의 위험에 놓이게 된다.
(그런 일이 있어서는 안 되지만)

If the right hemisphere <u>were to suffer</u> damage, as in a stroke, the left side of the body would be at risk for paralysis.

1881. 만에 하나 방화벽이 무너지면 우리는 다음 계획으로 옮겨갈 것이다. (가능성은 낮지만)

If the firewall <u>should be broken</u>, we will shift to plan B.

5) if 절의 도치

☆ 'if 절'에서 주어 다음에 'should, were, had p.p' 구조의 동사가 오면 '접속사 if'를 생략하고 의문문의 구조로 도치시킬 수 있습니다. 이 경우 접속사가 보이지 않고 낯선 구조가 나와서 당황할 수 있으므로, 이 구조와 함께 '가정법의 주절 구조'가 어울려 나오면 늘 알아볼 수 있도록 충분히 연습해 두시기 바랍니다.

① if + 주어 + should +원형 = should + 주어 + 원형
② if + 주어 + were = were + 주어 -
③ if + 주어 + had p.p = had + 주어 + p.p

1882. 내가 너라면 그만둘 것이다.

　　I would quit <u>were I you</u>.

1883. 그가 거기 있었다는 것을 내가 알았더라면 나는 입을 닫았을 것이다.

　　<u>Had I but known</u> that he was there, I would have shut the mouth.

1884. 만에 하나 고객들로부터 불만이 또 있다면 너희들은 확실히 해고된다.

　　<u>Should there be</u> one more complaint from customers, I would definitely fire all of you.

4. 기타 가정법 사례

1) wish 동사에 의한 가정법 목적어절

☆ 'wish 동사'는 뒤에서 절을 받을 때 '직설법 절' 즉 가능성이 있는 사실을 받지 않고, '가정법 절' 즉 반대사실을 받아서 '유감을 표명'합니다. 'S + wish' 대신 'would that'이나 'if only'를 사용할 수도 있고, 'S + would rather'를 쓸 수도 있습니다.

1885. 내가 어른이라면 얼마나 좋을까. (어른이 아니어서 유감이다.)
I wish I were an adult. = I'm sorry I'm not an adult.
(I wish = Would that = If only = I would rather)

(1) wish(wished) + 주어 + 과거시제동사(조동사과거형, be 동사는 항상 were)

☆ wish와 동일시점의 반대사실을 가정하여 소망하며, 한국어의 '~라면 얼마나 좋을까'에 해당합니다.

(2) wish(wished) + 주어 + 과거완료시제동사(조동사과거형 + have p.p)

☆ wish 시점보다 한 시점 앞선 사실의 반대를 가정하여 소망하며 한국어의 '~였다면 얼마나 좋을까'에 해당합니다.

1886. 내가 랩탑 한 대를 가지고 있었다면 얼마나 좋았을까. (없어서 유감이었다.)
I wished I had a laptop. = I was sorry I didn't have a laptop.

1887. 내가 그에게 거짓말을 하지 않았다면 좋으련만. (거짓말을 해서 유감이다.)
I wish I hadn't told him a lie. = I'm sorry I told him a lie.

1888. 내가 그 여행에서 더 많은 사진을 찍었었더라면 좋았을 텐데. (더 많이 못 찍어서 유감이었다.)
I wished I had taken more pictures on the trip.
= I was sorry I had not taken more pictures on the trip.

1889. 당신이 담배를 피우지 않으면 좋겠다. (실제로 당신이 피우거나 피우려 한다.)
<u>I would rather</u> you didn't smoke.

1890. 내 고양이가 단지 몇 마디만 말할 수 있다면 얼마나 좋을까. (실제로는 말할 수 없다.)
<u>If only</u> my cat could speak just a few words!

1891. 어제 내가 당신을 방해하지 않았기를 바란다. (실제로 방해하지 않았을 수도 있다.)
I hope that I didn't interrupt you yesterday.

☆ hope 동사는 반대의 사실을 바라는 용도로 쓰지 않습니다.

2) as if(as though) 가정법(직설법 시제도 가능함)

☆ '마치 ~하듯이(혹은 했듯이)'에 해당하는 as if 는 보통 아래의 5가지 의미와 형태로 사용합니다.

(1) as if + 주어 + 동사현재

☆ '마치 ~하듯이(~이듯이)'에 해당하며 반대의 사실이 아닙니다.

(2) as if + 주어 + 동사과거

☆ '마치 ~했듯이(~이었듯이)'에 해당하며 과거사실의 단순가정 입니다.

(3) as if 주어 + 가정법과거시제 (be 동사는 were)

☆ '마치 ~하듯이[~이듯이(실제로는 아님)]'에 해당하며 현재사실의 반대를 가정합니다.

(4) as if 주어 + 가정법과거완료

☆ '마치 ~했듯이[~이었듯이(실제로는 아니었음)]'에 해당하며 과거사실의 반대를 가정합니다.

(5) as if + to V.R

☆ '마치 -하려는 듯이'에 해당하며 실제 to V.R 의 동작은 일어나지 않은 상황입니다.

1892. 그녀는 마치 우리 엄마처럼 나에게 이래라 저래라 말한다. (실은 엄마가 아니다.)
She tells me to do this and that <u>as if she were</u> my mother.
(In fact, she isn't my mother.)

1893. 그 여자는 그를 알고 있었던 것처럼 마이크를 반겼다. (① 모르고 있었다 ② 알고 있었는지도 모른다)
The woman greeted Mike <u>as if she knew</u> him.
(① In fact, she didn't know him. ② she may have known Mike.)

1894. 모든 이가 아무 일도 없었던 것처럼 행동한다. (실제로는 어떤 일이 있었다.)
Everybody behaves <u>as if nothing had happened</u>.
(In fact, something happened.)

1895. 그는 마치 모든 것을 다 이해했던 것처럼 고개를 끄덕였다. (실제로 다 이해하지 못했는데.)
He nodded his head <u>as if he had understood</u> everything.
(In fact, he hadn't understood everything.)

1896. 그는 피곤한 듯이 보인다. (실제로 피곤할 수 있다.)
He looks <u>as if he is</u> very tired.
(He may be tired.)

1897. 그는 피곤한 듯이 행동한다. (실제로는 그렇지 않다.)
   He acts <u>as if he were</u> very tired.
   (In fact, he isn't very tired.)

1898. 그는 마치 'no' 라고 말하려는 듯이 고개를 가로저었다. (말을 하지는 않았다)
   He shook his head <u>as if to say</u> 'no'.
   (Actually, he didn't say 'no'.)

3) It's time + 가정법 과거시제

☆ 동사의 과거시제를 쓰지만 그 시점은 과거가 아니라 '진작 했어야 하는데 하지 않고 있다' 라는 현재사실 반대이며 'should + V.R'을 쓸 수도 있습니다.

1899. 우리가 이 일을 끝마쳐야 할 시간이다.
   <u>It's time we finished</u> up this work.
   = <u>It's time we should finish</u> up this work.

1900. 네가 잠자리에 들어야 할 시간이다.
   It's high (about) time you went to bed.

☆ time 을 수식하는 어구로 'high, about'을 쓸 수 있습니다.

4) if it were not for A
= were it not for A = but for A = without A = if not for A

☆ '만일 A가 없다면', '만일 A 때문(덕분)이 아니라면'에 해당하며 실제로 A는 존재합니다.

1901. 만일 너의 사랑이 없으면, 나는 하루도 살 수 없을 텐데.
   If it were not for your love, I couldn't live just one day.
   = Without(But for) your love, I couldn't live just one day.

5) if it had not been for A
= had it not been for A = but for A = without A = if not for A

☆ '만일 A가 없었다면', '만일 A 때문(덕분)이 아니었다면'에 해당하며 실제로 A는 있었습니다.

1902. 만일 너의 충고가 없었다면, 나는 그 어려움을 극복하지 못했을 텐데.
   If it had not been for your advice, I wouldn't have overcome the difficulty.
   = Without [But for] your advice, I wouldn't have overcome the difficulty.

6) what if + 주어 + 동사 + ?

☆ what 다음에는 의문문 구조가 생략되어 있으므로 'what + will happen, would happen, would have happened' 등의 축약구조 입니다.

(1) what if + 주어 + 가정법과거시제동사 +?

☆ '만약 ~하다면 어떻게 되는가?'에 해당되며 주로 반대의 사실을 상정 합니다.

(2) what if + 주어 + 가정법과거완료시제동사 +?

☆ '만약 ~했다면 어떻게 되는가?'에 해당되며 주로 과거의 사실을 반대로 상정 합니다.

(3) what if + 주어 + should + 원형 + ?

☆ '만에 하나 ~하다면 어떻게 되는가?'에 해당되며 주로 '가능성이 희박하거나 바라지 않는 미래의 사실'을 상정 합니다.

(4) what if + 주어 + 직설법시제동사(현재, 과거)

☆ '만일 ~하다면(했다면) 어떻게 되는가?'에 해당되며 모르는 사실을 상정 합니다.

1903. 그가 만에 하나 'no'라고 말하면 어떻게 되는가?
What if he should say 'no'?

1904. 만약 그 바이러스가 우리 부서의 전산시스템을 감염시켰더라면 어떻게 될 것이었는가?
What if the virus had infected the computer system of our department?

7) 당위성의 가정법

☆ 이는 직설법 시제 규칙을 따르지 않고 늘 'should + 원형(영국영어)' 혹은 'should를 생략한 동사원형(미국영어)' 형태를 사용하므로 가정법으로 취급합니다. 반대사실 가정과는 다른 개념으로 '당위성'을 제시하기 때문에 실제로 그 일이 일어나지 않아도 '주어의 판단'에 의해 '그런 일이 있다고 전제'된다는 의미입니다.

1905. 그는 그 점포가 밤 11시 까지는 열고 있어야 한다고 제안했다.
He suggested that the shop be open as late as 11 p.m.

1906. 그의 제안은 그 점포가 11시 까지는 열어야 한다는 것이었다.
His suggestion was that the shop be open as late as 11 p.m.

1907. 나는 그 점포가 11시 까지는 열어야 한다는 그의 제안에 전적으로 동의한다.
I entirely agree to his suggestion that the shop be open as late as 11 p.m.

☆ 여기서 주로 사용되는 동사는 'order, command, insist, urge, require, ask, demand, request, suggest, propose, advise, recommend, rule, decide' 등 입니다.

☆ 'insist' 와 'suggest', 'decide' 등은 당위의 의미가 아닌 경우도 있습니다. (명사절 참조)

8) if의 축약표현

① if not A : '설령 A는 아니라 해도'
② if any + (명사) : '만일 있다면', '설령 있다 해도 (명사와 연동해서)'
③ if ever + 동사 : '설령 한다 해도 (동사의 부정형과 연동해서)'
④ if at all : '가능하다면', '적어도 일단 한다면', '한다 하더라도'
⑤ if anything : '어떤 편인가 하면 (오히려 반대의 상황을 제시하는 경우)'

1908. 가능하다면 그 부빙을 피해가시오.
　　　Steer clear of the iceberg if at all possible.

1909. 만약 한다 해도 이번 한 번만 너를 눈감아 줄 것이다.
　　　I am going to let you go just this once if at all.

1910. 한다면 시작부터 해라.
　　　Start from scratch, if at all.

1911. 그녀는 설사 한다 해도 요즘은 피아노를 거의 치지 않는다.
　　　She rarely if ever plays the piano now.

1912. 법원은 그런 것이 있다면 취해야 할 다음 단계의 조치를 결정하게 될 것이다.
　　　The court is deciding what further action, if any, it should take.

1913. 문제는 정직한 사람들이 있다 해도 드물다는 것이다.
　　　The problem is this : Few, if any, are honest.

1914. 그녀는 마르지 않았다, 오히려 그녀는 통통한 편이다.
　　　She is not thin, if anything she is rather plump.

1915. 그것들은 짓는데 수만 파운드는 아니라 해도 수천 파운드가 들었다.
　　　They cost thousands if not tens of thousands of pounds to build.

5. 'if 절'이 없는 단문형태의 가정법

☆ 이 구조는 반대사실 가정의 결과에 국한시켜서 사용하므로 동사구조는 'would + V.R' 혹은 'would + have p.p' 가 됩니다.

1) a, an, any, another + S + would + V.R, have p.p

☆ '만일 ~한 주어라면 ~할 텐데', '만일 ~했던 주어였다면 ~했을 텐데'에 해당되며, 조동사의 과거형은 'would, could, might' 를 사용합니다. '다른 주어'가 가정의 내용입니다. 이 패턴에서 'I'가 주어이면 '나라면' 혹은 '나였다면' 입니다.

1916. 현자라면 그렇게 말할 수 없을텐데.
A wise man would not say so.

cf. 언급하고 있는 어떤 사람이 현자가 아니라는 것을 전제로 축약시킨 구조이며 굳이 복문화하면 'if he were a wise man, he would not say so'의 개념이다.

1917. 무적의 사나이였으면 패배당하지 않았을 것이다. (그 사람은 천하무적은 아니었다.)
An invincible man could not have been defeated.

2) 전치사 + 목적어, S + would + V.R, have p.p

☆ 전치사와 그 목적어에 가정절의 내용이 집약되어 있습니다.

1918. 도로 사정이 더 좋으면 더 빨리 갈 수 있을 텐데.
We could go faster on a better-conditioned road.

1919. 시계 소리가 아니었으면 그는 시간 가는 줄을 몰랐을 뻔 했다.
He might have lost track of time without the sound of the stroke.

3) 직설법 + otherwise(or) + S + would + V.R, have p.p

☆ otherwise 는 앞에 나온 직설법의 내용을 반대로 가정하고 그 결과를 보여줍니다.

1920. 그는 키가 크다, 그렇지 않으면 평범해 보일 것이다.
He is tall, otherwise, he would look plain.

1921. 그는 죽어라 도망쳤다, 그렇지 않았다면 그는 잡혔을 거다.
He ran for his life, otherwise, he might have been caught.

4) 부정사나 동명사에 의한 'if 절'의 대용

☆ 부정사를 '가정의 전제'로 하거나 동명사를 '가정의 전제'로 하여 사용합니다.

1922. 그의 얼굴을 본다면 당신은 그를 늙은이로 여길 것이다.
To see his face, you would take him for an old man.

1923. 그가 좀 더 오래 살았다면 더 나았을 텐데.
It would have been better for him to have lived longer.

1924. 고대 이집트인이 현대시대에 우리가 가지고 있는 것을 상상해 본다는 것은 불가능했을 것이다.
It would have been impossible for an ancient Egyptian to anticipate what we have in modern times.

1925. 우리가 할 수 있는 수 보다 더 많이 고용을 한다면 그것은 우리를 파산시킬 것이다.
Hiring more than we can afford would make us go bankrupt.

5) 분사구문 + S + would + V.R, have p.p

☆ 분사구문에 가정의 내용이 담겨 있습니다.

1926. 이 제안을 거절하면 우리와 일할 기회는 다시는 없을 것이다.
Turning down this offer, you'd never have another chance to work for us.

1927. 소나기를 만났더라면 흠뻑 젖었을 것이다.
Caught in a shower, you would have been wet to the skin.

1928. 더 나은 시대에 태어났더라면 그는 위대한 예술가가 될 수 있었을 텐데.
Born in better times, he could have been a great artist.

6) 문맥 + S + would + V.R, have p.p

☆ 대화나 문맥 속에서 상대방이 가정된 내용을 알고 있다고 전제하고 그 결과를 표현합니다.

1929. 그는 당신의 집에서 당신을 기다리고 있는 게 틀림없다. / 확실한가? / 나라면 그럴 테니까.

A : He must be waiting for you at your house.

B : Are you sure?

A : I would. (내가 만일 그라면 나는 당신의 집에서 기다릴 것이다)

15 기출문제

01. 다음 문장의 내용상 _____ 부분에 가장 적절한 말은?

> A : How was the exam?
> B : I wouldn't have taken it if _____.

① I knew that it would be so difficult
② I knew that it were so difficult
③ I had known that it was being so difficult
④ I had known that it was so difficult

해석 시험은 어땠는가? / 만약 그토록 어려웠다는 것을 내가 알았더라면 안 보았을 것이다.

해설 주절에 would have p.p이므로 if 절은 had p.p

답 ④

02. 다음 문장의 내용상 _____ 부분에 가장 적절한 말은?

> If you had not helped me, I _____ alive now.

① shall not be
② should not be
③ will not be being
④ should not have been

해석 만약 당신이 나를 돕지 않았다면 나는 지금 살아있지 못한다.

해설 과거사실 반대가정 현재사실 반대결과이므로 주절의 시제는 조동사 과거형 + 원형동사

답 ②

03. 다음 문장의 내용상 _____ 부분에 가장 적절한 말은?

> If you had studied the problem carefully yesterday, _____.

① you won't find any difficulty now
② you would not find any difficulty now
③ you would not have found any difficulty now
④ you have not find any difficulty now

해석 만약 당신이 그 문제를 어제 조심스럽게 연구했다면 지금 아무런 어려움도 없을 텐데.

해설 과거사실 반대가정 현재사실 반대결과 now가 힌트이다.

답 ②

04. 다음 문장의 내용상 _____ 부분에 가장 적절한 말은?

> _____ earlier, you would have seen her.

① If you came
② You had came
③ Had you come
④ Should you come

해석 더 일찍 왔었다면 당신은 그녀를 보았을 것이다.

해설 if 절의 시제가 과거완료면 if 생략 후 의문문의 어순으로 도치

답 ③

05. 다음 문장의 내용상 _____ 부분에 가장 적절한 말은?

> Mary Tudor was the only child born to Henry Ⅷ and Catherine. _____ a boy, the whole of English history would have been very different.

① Were she born
② If she was born
③ Had she been born
④ Though she was not born

해석 메리 튜더는 헨리 8세와 케서린 사이의 유일한 아이였다. 사내아이로 태어났더라면 영국 역사 전체가 매우 달라졌을 것이다.

해설 if 절의 시제가 과거완료면 if 생략 후 의문문 어순 도치

답 ③

06. 다음 문장의 내용상 _____ 부분에 가장 적절한 말은?

> I wish I _____ idle when young.

① was not
② would not be
③ had not been
④ will not have been

해석 내가 젊었을 때 게으르지 않았다면 얼마나 좋을까.

해설 wish 동사는 동일시점의 반대사실이면 가정법 과거동사, 앞 선 시점의 반대사실이면 가정법 과거완료시제를 써야 하는데 when young으로 보아 앞 선 시점이고 따라서 시제는 had p.p

답 ③

07. 다음 문장의 내용상 _____ 부분에 가장 적절한 말은?

> It would have been wiser to leave it unsaid.
> = It would have been wiser _____ it unsaid.

① if you had left
② because you left
③ for leaving
④ than you left

해석 말하지 않고 내버려 두었더라면 더 현명했을 것이다.

해설 주절의 시제가 would have p.p이므로 if 절은 had p.p

답 ①

08. 다음 문장의 내용상 _____ 부분에 가장 적절한 말은?

> That American speaks Korean as fluently as if he _____ a Korean.

① was
② is
③ has been
④ were

해석 그 미국인은 마치 자신이 한국인인 것처럼 유창하게 한국어를 말한다.

해설 처음부터 미국인을 한국인으로 규정했으므로 반대사실이고 as if 절의 시제는 가정법 과거시제, be 동사는 인칭에 관계없이 항상 were

답 ④

09. 다음 문장의 내용상 _____ 부분에 가장 적절한 말은?

> A large group of schoolchildren came into the museum, led by two teachers. The poor teachers were trying to keep them quiet and get them to behave, but they did not pay the slightest attention. The children ran here and there as if they _____ wild animals.

① would be ② were ③ have been ④ had been

해석 많은 수의 학생들이 두 명의 선생에 이끌려 박물관에 왔다. 그 불쌍한 선생들은 학생들을 조용히 시키고 얌전히 행동하게 만들려고 애쓰고 있었지만 그들은 작은 부분까지 신경쓸 수 없었다. 아이들은 마치 야생동물들 마냥 여기 저기 뛰어다녔다.

해설 아이들이 동물이 아닌 것이 명백하므로 가정법 과거시제. 동일시점의 반대사실이므로 were

답 ②

10. 다음 문장의 내용상 _____ 부분에 가장 적절한 말은?

> He did not help me when I needed him. A true friend _____ differently.

① acted ② would have acted
③ would act ④ had acted

해석 그는 내가 그를 필요로 할 때 나를 도와주지 않았다. 진정한 친구라면 다르게 행동했을 것이다.

해설 그 당시 그가 진정한 친구가 아니었다는 것을 전제로 한 것이므로 가정법 과거완료시제의 결과절이고 조동사의 과거형 + have p.p

답 ②

11. 다음 문장의 내용상 _____ 부분에 가장 적절한 말은?

> _____ you were coming, I would've invited my mother and father to come and meet you.

① Knowing ② If I know
③ Had I known ④ If I am Knowing

해석 당신이 온다는 것을 내가 알았더라면 나는 부모님을 초청해서 당신을 만나게 했을 텐데.

해설 if 절이 과거완료이면 if 생략 후 의문문의 어순으로 도치

답 ③

12. 다음 문장의 내용상 _____ 부분에 가장 적절한 말은?

> Margaret wouldn't believe Fred again if the sun _____ to rise in the west, because he told her too many lies.

① is　　　　② were　　　　③ had been　　　　④ has been

해석 마가렛은 설령 해가 서쪽에서 뜬다 해도 프렛을 다시 믿지 않을 것이다. 왜냐하면 그가 그녀에게 너무 많은 거짓말을 했기 때문이다.

해설 if 절에서 were to는 보통 반대사실에 대한 예정이거나 비현실적인 일을 상정할 때 사용한다.

답 ②

13. 다음 문장의 내용상 _____ 부분에 가장 적절한 말은?

> If we had not developed our own recreation program then, we _____ nothing to do for fun now.

① have　　　② had　　　③ would have　　　④ would have had

해석 만약 우리가 그 당시 여가계획을 개발하지 못했더라면 지금 재미로 할 것이 아무것도 없을 것이다.

해설 주절에 now가 힌트이다. 과거사실 반대가정 현재사실 반대결과

답 ③

14. 다음 문장의 내용상 _____ 부분에 가장 적절한 말은?

> Our failure to provide full security to the American people has shaken the nation devastated by this terrible carnage and has stunned the whole world. It is high time that we _____ our foreign policy in the Middle East.

① have reviewed　　② review　　③ reviewed　　④ are reviewed

해석 미국인들을 위한 완벽한 안전을 제공하지 못한 사실이 이 끔찍한 대학살에 의해 이 나라를 황폐한 상태로 흔들어 놓았고 세상을 놀라게 했다. 중동에서의 우리의 외교정책을 재고해야 할 시점이다.

해설 it is time that 주어 + 가정법 과거시제 동사 = '-가 -할 시점이다.' / 보통 그렇지 못하고 있기 때문에 반대의 사실을 가정하여 이룬 관용구조이다.

답 ③

15. 다음 문장의 내용상 _____ 부분에 가장 적절한 말은?

> Jack would have helped us make a CD, _____ .

① and he did help us
② and he will help us
③ but he didn't have time
④ but he will not help us
⑤ but he had helped us

해석 잭은 우리가 cd를 만드는 것을 도와주려 했지만 그는 시간이 없었다.

해설 가정법 과거완료의 주절과 if 절 대신 but을 쓰고 직설법 과거동사를 써도 같은 의미가 된다.

답 ③

16. 다음 밑줄 친 부분 중 어색한 부분은?

> ① <u>I wish</u> I ② <u>have studied</u> harder ③ <u>while</u> I was young. In other words, I regret not ④ <u>having studied</u> harder.

해석 젊었을 때 더 열심히 공부했더라면 얼마나 좋을까. 나는 더 열심히 하지 않았던 것을 후회한다.

해설 while I was young이 힌트. 과거사실을 반대로 유감 표명하므로 시제는 가정법 과거완료시제

답 ② → had studied

17. 다음 밑줄 친 부분 중 어색한 부분은?

> If I ① <u>have learned</u> the phonic system of ② <u>reading</u>, I ③ <u>would be</u> a better ④ <u>reader</u> today.

해석 만일 내가 독서의 발음체계를 배웠더라면 나는 오늘날 좀 더 글을 잘 읽을 텐데.

해설 뒤에 today가 힌트. 과거사실 반대가정 현재사실 반대결과이므로 if 절은 had p.p

답 ① → had learned

18. 다음 밑줄 친 부분 중 어색한 부분은?

> Many studies ① <u>have shown</u> the life-saving value of safety belts. When accidents ② <u>occur</u>, most serious injuries and deaths are ③ <u>caused</u> by people being thrown from their seats. About 40 percent of those killed in bygone accidents ④ <u>would be saved</u> if wearing safety belts.

해석 많은 연구들이 안전벨트의 생명보호가치를 보여준다. 사고들이 일어날 때 대부분의 심각한 부상들과 사망들이 좌석에서 사람들이 튕겨나가는 현상에 의해 초래된다. 과거의 사고에서 사망한 자들의 40퍼센트가 안전벨트를 매고 있었더라면 목숨을 건질 수 있었을 것이다.

해설 사고 당시에 벨트를 매고 있었다면 그 당시 죽지 않았을 것이므로 과거사실 반대가정 과거사실 반대결과이고 주절은 would have p.p 구조. 물론 수동태를 첨가해야 한다.

답 ④ → would have been saved

19. 다음 중 어법상 틀린 것을 고르시오.

① If he had taken his patron's advice then, he would have been alive now.
② A man's worth lies not in what he has, but in what he is.
③ You will have lost many things by September next year, if you fail to follow my advice.
④ He suggested to her that they go to the park.

해석 그가 만약 그 후원자의 충고를 수용했더라면 그는 지금 살아있을 텐데. / 한 사람의 가치는 그가 가진 것이 아니라 그가 어떤 존재냐에 놓여있다. / 당신은 내 충고를 따르지 않으면 내년 9월 무렵 많은 것을 잃었을 것이다. / 그는 그들이 공원으로 가야한다고 그녀에게 제안했다.

해설 now로 보아서 과거사실 반대가정 현재사실 반대결과이므로 주절의 동사는 would + 원형 / 4번의 경우 suggest가 제안하다이므로 that 절은 should가 생략된 동사원형

답 ① would <u>have been</u> → would <u>be</u>

20. 다음 우리말을 영어로 올바르게 옮긴 것은?

> 우리가 작년에 그 아파트를 구입했었더라면 얼마나 좋을까.

① I wish we purchased the apartment last year.
② I wished we purchased the apartment last year.
③ I wish we had purchased the apartment last year.
④ I wished we had purchased the apartment last year.

해설 작년의 사실은 과거사실 반대이므로 wish 동사 다음에는 had p.p가 와야 한다.

답 ③

21. 우리말을 영어로 잘못 옮긴 것을 고르시오.

① 그는 여행하는 동안 어디에서 머물지 결정하지 않았다.
→ He hasn't decided where to stay during his trip.
② 그녀는 살을 빼기 위해 점점 더 적게 먹기 시작했다.
→ She started to eat less and less to lose weight.
③ 민지네 가족이 이제 파리로 이사 갔니?
→ Has Minji's family moved to Paris yet?
④ 우리가 지금 방학 중이라면 좋을 텐데.
→ I wish that we are on vacation now.

해설 현재사실 반대를 바라므로 가정법 과거시제인 were

답 ④ we <u>are</u> on → we <u>were</u> on

22. 우리말을 영어로 잘못 옮긴 것은?

① 그는 마치 자신이 미국 사람인 것처럼 유창하게 영어로 말한다.
→ He speaks English fluently as if he were an American.
② 우리 실패하면 어떻게 하지?
→ What if we should fail?
③ 만일 내일 비가 온다면, 나는 그냥 집에 있겠다.
→ If it rains tomorrow, I'll just stay at home.
④ 뉴턴이 없었다면 중력법칙은 발견되지 않았을 것이다.
→ If it was not for Newton, the law of gravitation would not be discovered.

해설 '과거사실이 없었더라면'에 해당하는 규칙은 if it had not been for A 이고 발견된 것도 과거이므로 주절도 would have p.p 구조가 되어야 한다.

답 ④ → If it hadn't been for Newton, the law of gravitation would not have been discovered.

23. 밑줄 친 문장과 가장 가까운 의미는?

Tom : That exam was just awful.
Kate : Oh, it could have been worse.

① The exam was just awful.
② It was the worst exam she had ever taken.
③ It couldn't have been more difficult.
④ It wasn't that hard.

해석 그 시험 정말 끔찍했다. / 더 끔찍할 수도 있었어. 즉, 그다지 나쁘지는 않았다.

해설 최고로 끔찍한 것은 아니었고 만약 어떤 상황이 있었더라면 더 할 수도 있었을 것이라는 뉘앙스

답 ④

PART 16

to infinitive

to 부정사

16 to 부정사 (to infinitive)

☆ '나는 노는 것을 좋아한다. 그런데 같이 놀 사람이 없다. 놀기 위해서 친구를 더 많이 갖겠다.'

☆ 위 문장에서 '놀다' 라는 동사는 '노는 것', '놀', '놀기 위해서' 등으로 품사의 전환이 일어났습니다. 마찬가지로, 영어에서도 동사원형 앞에 to 를 붙여 그 '동사'를 '명사', '형용사', '부사'로 바꿔 씁니다. 그 형태가 주어의 인칭과 수에 따라 정(定)해지는 것이 아니라 항상 'to + 동사원형'을 사용하며, 하나의 품사가 아니라 여러 가지 품사로 쓴다고 해서 'to 부정사(不定詞)'라고 부릅니다. 원어로는 'to infinitive' 입니다.

1. 부정사의 형태와 개념

1) 형태

도표 191 : 부정사의 형태

① to + V.R : 단순 부정사로, 가장 많이 보이는 형태입니다
② to + be p.p : 수동부정사로, 타동사가 목적어를 받지 않고 수동화된 부정사입니다
③ to + have p.p : 완료부정사로, 주절의 시제보다 하나 앞서거나 마침을 뜻합니다
④ to + be -ing : 진행부정사로 부정사의 동작이 진행중임을 알립니다
⑤ to + have been p.p : 완료수동부정사로 수동된 시제가 앞서있거나 마침을 알립니다
⑥ 동사원형 : 원형부정사로 일부구조에서 사용합니다

1930. 그는 그녀와 대화하고 싶어 한다.
He likes <u>to talk</u> with her.

1931. 그녀는 오랫동안 한국에서 지낸 것처럼 보인다.
She seemed <u>to have spent</u> a long time in Korea.

1932. 그는 끝마쳐야 하는 숙제가 많이 있었다.
　　　He had a lot of homework to be done.

1933. 나는 선택 받아서 매우 기뻤다.
　　　I was thrilled to have been chosen.

1934. 그는 특정한 책을 읽고 있는 중인 것처럼 보인다.
　　　He seems to be reading a certain book.

2) 개념

☆ 부정사는 '동사의 원형'에 'to'를 붙여서 '명사, 형용사, 부사'의 품사역할을 하도록 만든 준동사입니다. 부정사가 '주어, 목적어, 보어' 등의 자리에 오면 '명사의 역할'을 하는 것이고, 명사의 뒤에 와서 앞의 명사를 꾸미면 '형용사의 역할'을 하게 되며, 동사나 절 전체의 의미를 다양한 해석법으로 보조하면 '부사의 역할'을 하게 되는데, 이러한 전통적인 '품사 분류문법'은 학자들의 몫이고, 여기서는 '부정사의 위치별 해석법'으로 접근합니다.

2. 부정사의 위치별 해석법

1) 주어로 사용될 때 : 문장의 앞부분에 위치

1935. 의심하는 것이 확신하는 것보다 더 안전하다.
　　　To doubt is safer than to be secure.

1936. 선을 행하는 것은 우리를 행복하게 만드는 것으로 보인다.
　　　To do good seems to make us happy.

1937. 사랑받는 것은 누군가를 사랑하는 것을 의미한다.
　　　To be loved means to love someone.

2) 가주어·진주어 구조로 사용될 때(주어가 길기 때문에) : 문장의 뒷부분에 위치

1938. 외국어를 정복하는 것은 다양한 노력들을 요구한다.
　　　To master a foreign language requires many efforts.
　　　→ It requires many efforts to master a foreign language.

1939. 고전음악을 듣는 것은 지루하지 않다.
　　　To listen to classical music is not boring.
　　　→ It is not boring to listen to classical music.

3) 주격보어로 사용될 때 : 일부 동사의 뒤에 위치

☆ 일부 동사 뒤에서 '주어의 상태나 성질을 묘사'하기 위해 to V.R 을 사용합니다.

도표 192 : 주격보어로 to V.R 를 받는 주요 동사

① seem, appear   + to V.R : ~하는 것처럼 보이다
② prove, turn out   + to V.R : ~하는 것으로 판명되다
③ come, get   + to V.R : ~하게 되다
④ be   + to V.R : ~하는 것이다 (조동사적 해석은 추후 설명)

1940. 나의 희망은 다양한 골동품을 모으는 것이다.
My wish is to collect various antiques.

1941. 가장 좋은 것은 가난한 사람들을 돕는 것이다.
The greatest thing is to help the poor.

1942. 그는 아무도 사랑하지 않는 것처럼 보인다.
He seems to love nobody.

1943. 그 소문은 근거를 갖지 않은 것으로 판명되었다.
The rumor turned out to have no ground.

1944. 그는 가난하다는 것이 어떤 것인지 이해하게 되었다.
He has come to understand what it is like to be poor.

4) 타동사의 목적보어로 사용될 때 : 타동사의 목적어(명사) 뒤에 위치

☆ 목적어의 행위와 연결시켜서 해석해야 하며, 이 때 사용되는 주요 동사들은 가능한 한 많이 기억해 두어야 합니다. 일부 타동사(사역동사, 지각동사)는 목적보어에 to V.R 대신 V.R(즉각성 강조)을 받습니다.

도표 193 : 목적보어에 to V.R 및 V.R 을 받는 주요 동사

① want   + 목적어 + to V.R   : S는 O가 ~하길 원하다
② like   + 목적어 + to V.R   : S는 O가 ~하길 원하다
③ love   + 목적어 + to V.R   : S는 O가 ~하길 원하다
④ would like   + 목적어 + to V.R   : S는 O가 ~하길 원하다
⑤ would love + 목적어 + to V.R   : S는 O가 ~하길 원하다
⑥ expect   + 목적어 + to V.R   : S는 O가 ~하길 기대하다
⑦ allow   + 목적어 + to V.R   : S는 O가 ~하도록 허용하다
⑧ permit   + 목적어 + to V.R   : S는 O가 ~하도록 허용하다

⑨ let	+ 목적어 + V.R	: S는 O가 ~하도록 허용하다
⑩ encourage	+ 목적어 + to V.R	: S는 O가 ~하도록 격려하다
⑪ enable	+ 목적어 + to V.R	: S는 O가 ~하도록 능력을 주다
⑫ persuade	+ 목적어 + to V.R	: S는 O가 ~하도록 설득하다
⑬ forbid	+ 목적어 + to V.R	: S는 O가 ~하는 것을 금지하다
⑭ invite	+ 목적어 + to V.R	: S는 O가 ~하도록 권고하다
⑮ force	+ 목적어 + to V.R	: S는 O가 ~하도록 강요하다
⑯ oblige	+ 목적어 + to V.R	: S는 O가 ~하도록 강요하다
⑰ obligate	+ 목적어 + to V.R	: S는 O가 ~하도록 강요하다
⑱ compel	+ 목적어 + to V.R	: S는 O가 ~하도록 강요하다
⑲ tell	+ 목적어 + to V.R	: S는 O가 ~하도록 지시하다
⑳ ask	+ 목적어 + to V.R	: S는 O가 ~할 것을 요구하다
㉑ beg	+ 목적어 + to V.R	: S는 O가 ~할 것을 애원하다
㉒ make	+ 목적어 + V.R	: S는 O가 ~하도록 만들다
㉓ get	+ 목적어 + to V.R	: S는 O가 ~하도록 시키다
㉔ have	+ 목적어 + V.R	: S는 O가 ~하도록 시키다
㉕ cause	+ 목적어 + to V.R	: S는 O가 ~하도록 초래하다
㉖ lead	+ 목적어 + to V.R	: S는 O가 ~하도록 초래하다
㉗ order	+ 목적어 + to V.R	: S는 O가 ~하도록 명령하다
㉘ tempt	+ 목적어 + to V.R	: S는 O가 ~하도록 유혹하다
㉙ bid	+ 목적어 + (to) V.R	: S는 O가 ~하도록 명령하다
㉚ help	+ 목적어 + (to) V.R	: S는 O가 ~하도록 돕다
㉛ advise	+ 목적어 + to V.R	: S는 O가 ~하도록 충고하다
㉜ inspire	+ 목적어 + to V.R	: S는 O가 ~하도록 격려하다
㉝ urge	+ 목적어 + to V.R	: S는 O가 ~하도록 촉구하다
㉞ spur	+ 목적어 + to V.R	: S는 O가 ~하도록 박차를 가하다
㉟ induce	+ 목적어 + to V.R	: S는 O가 ~하도록 유도하다
㊱ need	+ 목적어 + to V.R	: S는 O가 ~할 필요를 느끼다
㊲ drive	+ 목적어 + to V.R	: S는 O가 ~하도록 몰고가다
㊳ set	+ 목적어 + to V.R	: S는 O가 ~하도록 시키다
㊴ long for	+ 목적어 + to V.R	: S는 O가 ~하기를 갈망하다
㊵ wait for	+ 목적어 + to V.R	: S는 O가 ~하기를 기다리다
㊶ plead with	+ 목적어 + to V.R	: S는 O가 ~하도록 애원하다
㊷ see	+ 목적어 + V.R	: S는 O가 ~하는 것을 보다
㊸ watch	+ 목적어 + V.R	: S는 O가 ~하는 것을 지켜보다
㊹ notice	+ 목적어 + V.R	: S는 O가 ~하는 것을 눈여겨보다
㊺ observe	+ 목적어 + V.R	: S는 O가 ~하는 것을 관찰하다

㊻ look at   + 목적어 + V.R   : S는 O가 ~하는 것을 쳐다보다
㊼ hear   + 목적어 + V.R   : S는 O가 ~하는 것을 듣다
㊽ listen to   + 목적어 + V.R   : S는 O가 ~하는 것을 경청하다
㊾ feel   + 목적어 + V.R   : S는 O가 ~하는 것을 느끼다
㊿ perceive   + 목적어 + V.R   : S는 O가 ~하는 것을 인식하다

1945. 나는 네가 나를 위해 피아노를 쳐주길 원한다.
I want you to play the piano for me.

1946. Dave는 내게 자기 여자 친구가 되어 달라고 청했다.
Dave asked me to be his girlfriend.

1947. 나는 너에게 남아달라고 애원하지 않을 것이다.
I will not beg you to stay.

1948. 그는 나에게 영어를 공부하라고 권유했다.
He invited me to study English.

1949. 누군가가 그녀를 돕도록 시켜라.
Get someone to help her.

1950. 너를 도울 수 있도록 나에게 협조해라.
Help me (to) help you.

1951. 나의 형제가 내가 너에게 말하는 것을 금지한다.
My brother forbids me to speak to you.

1952. 그는 나에게 그의 음식 값을 내달라고 재촉했다.
He urged me to pay for his meal.

1953. 나는 그 문이 다시 열리기를 기다렸다.
I waited for the door to open again.

(1) 사역동사와 원형부정사 목적보어

☆ to 는 원래 전치사에서 유래 했고 '물리적 방향성'이나 '시간적 미래성'을 가지고 있는데, '사역동사'는 '강제성'이나 '즉시성'의 특징이 있으므로 목적어를 강제로 '~하도록 시킨다' 라는 의미에서는 목적보어에 'to 부정사'를 쓰는 것이 어색하므로 'to' 를 빼고 '동사원형'만을 사용합니다. let은 목적보어의 동사원형을 같이 붙여서 let go, let fall 처럼 쓰기도 합니다. let go 의 경우 take hold of 에서 유추하여 그 반대의 병렬구조를 만들기 위해서 of 를 붙여 let go of 라고 사용하기도 합니다. have 나 make 는 목적보어에 수동원형부정사가 올 경우 be를 뺀 p.p 만을 주로 사용합니다.

1954. 내 친구 조슈아는 항상 나를 웃게 만든다.
My friend, Joshua, always makes me laugh.

1955. 나는 친구 중 하나를 뽑히게 했다.
I made one of my friends (be) chosen.

1956. 그를 건너오게 해주세요.
Please have him come over.

1957. 그는 어제 자신의 차를 도난당했다.
He had his car stolen yesterday.

1958. 내가 너를 돕도록 협조해 달라.
Please help me (to) help you.

1959. 나를 오해되도록 하지 말아주세요.
Don't let me be misunderstood.

1960. 그는 쥐고 있는 것을 놓아주었다.
He let go (of) his hold.

(2) 지각동사와 원형부정사 목적보어

☆ 목적어의 행위를 '보다, 듣다, 느끼다'로 표현할 때 '지각행위의 즉시성' 때문에 to 를 쓰는 것이 어색하므로, 동사원형이나 현재분사(-ing)를 사용합니다. 목적어와 행위의 관계가 수동일 때는 p.p 만 사용할 수 있습니다.

도표 194 : 지각동사와 원형부정사 목적보어

① see + 목적어 + V.R(ing): ~가 ~하는 것을 보다
② watch + 목적어 + V.R(ing): ~가 ~하는 것을 지켜보다
③ look at + 목적어 + V.R(ing): ~가 ~하는 것을 쳐다보다
④ observe + 목적어 + V.R(ing): ~가 ~하는 것을 관찰하다

⑤ notice   + 목적어 + V.R(ing): ~가 ~하는 것을 눈여겨보다
⑥ hear   + 목적어 + V.R(ing): ~가 ~하는 것을 듣다
⑦ listen to + 목적어 + V.R(ing): ~가 ~하는 것을 귀 기울여 듣다
⑧ feel   + 목적어 + V.R(ing): ~가 ~하는 것을 느끼다
⑨ perceive + 목적어 + V.R(ing): ~가 ~하는 것을 인식하다

1961. 그는 아이들이 축구를 하는 걸 보는 것을 좋아한다.
He likes watching the children play(playing) football.

1962. Alice는 그녀 자신이 위로 들리는 것을 느꼈다.
Alice felt herself lifted from her feet.

☆ 'make 동사'와 나머지 '지각동사'가 수동태가 될 때에는 '목적보어원형부정사'가 'to 부정사'로 바뀝니다.

1963. 나는 그 집이 흔들리는 것을 느꼈다.
I felt the house shake.

1964. 그 집이 흔들리는 것이 느껴졌다.
The house was felt to shake.

1965. 그들은 그가 그곳에 가도록 만들었다.
They made him go there.

1966. 그는 그곳에 가도록 만들어졌다.
He was made to go there.

5) 타동사의 목적어로 사용될 때 : 타동사 바로 뒤에 위치

☆ 타동사의 '행위목적어'로 'to 부정사'를 받는 동사들은 정해져 있으므로 동명사만을 받는 동사와 구별해야 합니다. 도표에서 *표시는 동명사와 부정사를 공히 받을 수 있는 동사이고, **표시는 동명사와 부정사를 받을 때 각각 의미가 달라지는 경우이며, 나머지는 부정사만을 목적어로 받는 동사입니다. to 의 특성상 주로 '미래 방향성'을 가진 동사들과 어울립니다. help 는 '원형부정사'도 받을 수 있습니다.

도표 195 : to V.R 를 목적어로 받는 주요 동사

① agree	+ to V.R : ~하기로 동의하다	② manage	+ to V.R : ~힘겹게 해내다
③ choose	+ to V.R : ~하기로 선택하다	④ decide	+ to V.R : ~하기로 결정하다
⑤ determine	+ to V.R : ~하기로 결정하다	⑥ intend	+ to V.R : ~할 의도이다*
⑦ tend	+ to V.R : ~하는 경향이 있다	⑧ learn	+ to V.R : ~하는 법을 배우다

⑨	pretend	+ to V.R	: ~하는 체 하다	⑩	hope	+ to V.R	: ~하는 것을 희망하다
⑪	wish	+ to V.R	: ~하는 것을 희망하다	⑫	desire	+ to V.R	: ~하는 것을 갈망하다
⑬	aspire	+ to V.R	: ~하는 것을 갈망하다	⑭	long	+ to V.R	: ~하는 것을 갈망하다
⑮	care	+ to V.R	: ~하고 싶어하다	⑯	like	+ to V.R	: ~하고 싶어하다*
⑰	want	+ to V.R	: ~하고 싶어하다	⑱	love	+ to V.R	: ~하고 싶어하다
⑲	would like	+ to V.R	: ~하고 싶어하다	⑳	would love	+ to V.R	: ~하고 싶어하다
㉑	hesitate	+ to V.R	: ~하기를 주저하다	㉒	try	+ to V.R	: ~하려고 애쓰다**
㉓	strive	+ to V.R	: ~하려고 애쓰다	㉔	struggle	+ to V.R	: ~하려고 애쓰다
㉕	seek	+ to V.R	: ~하려고 애쓰다	㉖	attempt	+ to V.R	: ~하려고 애쓰다**
㉗	endeavor	+ to V.R	: ~하려고 애쓰다	㉘	hasten	+ to V.R	: ~하려고 서둘다
㉙	prepare	+ to V.R	: ~하는 준비를 하다	㉚	plan	+ to V.R	: ~할 계획을 하다*
㉛	refuse	+ to V.R	: ~하는 것을 거부하다	㉜	claim	+ to V.R	: ~해야 한다고 주장하다
㉝	offer	+ to V.R	: ~할 것을 제안하다	㉞	proceed	+ to V.R	: ~을 진행하다
㉟	arrange	+ to V.R	: ~하도록 주선하다	㊱	afford	+ to V.R	: ~할 여유가 있다
㊲	dare	+ to V.R	: 감히 ~하다	㊳	fail	+ to V.R	: ~하는데 실패하다
㊴	help	+(to) V.R	: ~하는 것을 돕다**	㊵	begin	+ to V.R	: ~하기 시작하다*
㊶	continue	+ to V.R	: ~하는 것을 계속하다*	㊷	fear	+ to V.R	: ~하는 것을 두려워하다
㊸	omit	+ to V.R	: ~하는 것을 빠뜨리다*	㊹	prefer	+ to V.R	: ~하는 것을 선호하다*
㊺	propose	+ to V.R	: ~하는 것을 제안하다*	㊻	remember	+ to V.R	: ~ 할 것을 기억하다**
㊼	forget	+ to V.R	: ~할 것을 잊다**	㊽	cease	+ to V.R	: ~하는 것을 멈추다*
㊾	bear	+ to V.R	: ~하는 것을 견디다*	㊿	endure	+ to V.R	: ~하는 것을 견디다*
(51)	start	+ to V.R	: ~하기 시작하다*	(52)	recollect	+ to V.R	: ~하는 것을 기억하다**
(53)	mean	+ to V.R	: ~할 것을 의도, 의미하다*	(54)	decline	+ to V.R	: ~할 것을 거절하다*
(55)	hate	+ to V.R	: ~하기 싫다*	(56)	swear	+ to V.R	: ~하기로 맹세하다
(57)	promise	+ to V.R	: ~하기로 약속하다	(58)	threaten	+ to V.R	: ~한다고 위협하다
(59)	deserve	+ to V.R	: ~할 자격이 있다	(60)	beg	+ to V.R	: ~할 것을 애원하다
(61)	ask	+ to V.R	: ~할 것을 요구하다	(62)	demand	+ to V.R	: ~할 것을 요구하다
(63)	profess	+ to V.R	: ~하다고 공언하다	(64)	dread	+ to V.R	: ~하기를 두려워하다*
(65)	neglect	+ to V.R	: ~하는 것을 태만히 하다*	(66)	rush	+ to V.R	: ~하려고 서둘다

1967. 나는 많은 친구를 갖기를 원한다.

I want to have a lot of friends.

1968. 그는 영화보러 가기로 결정했다.

He decided to go to the movies.

1969. 나는 빚지지 않고 살아가는데 애를 먹었다.
  I had a hard time managing to make both ends meet.

1970. 너를 잃을 여유가 없다. 너를 잃으면 이 상황을 헤쳐 나갈 수 없다.
  I can't afford to lose you.

1971. 남성은 자신을 여성보다 강한 것으로 생각하는 경향이 있다.
  Man tends to think himself stronger than woman.

☆ 타동사의 목적어에 바로 to V.R 를 쓰지 않고, 전치사 but 을 함께 사용한 관용어구에 to V.R 를 쓰기도 하는데, V.R 를 쓰는 경우와 to V.R 를 쓰는 경우로 나누어져 있습니다.

도표 196 : 전치사 but 과 to V.R 를 활용한 관용어
① do nothing but + 원형   : ~하기만 하다
② cannot + (choose) + but +원형   : ~할 수 밖에 없다
③ have no choice(alternative) but to 부정사   : ~하는 선택 외엔 없다

1972. 우리는 여권으로 그의 신원을 확인하기만 했다.
  (주어에 바로 걸린다고 보아서 동사를 쓰되 늘 원형으로 쓴다.)
  We did nothing but identify him through the passport.

1973. 나는 그를 따라가는 것을 제외하고는 아무것도 할 수 없다.
  (조동사 다음에 걸린다고 보아서 동사원형을 쓴다.)
  I cannot (choose) but follow him.

1974. 나는 그 게임을 취소하는 것을 제외한 다른 선택의 여지가 없다.
  (앞의 choice라는 명사를 수식하는 용법으로 보아서 부정사를 쓴다.)
  I have no (other) choice but to call off the game.

6) wh- + to 부정사 : 명사의 자리에 사용됨

☆ 이 구조는 명사적으로만 사용되므로 '주어, 타동사의 목적어, 보어, 전치사의 목적어' 자리에 위치 합니다. 'wh- 부사'는 to V.R 이하가 완성되어야 하며 'wh- 대명사'는 불완전해야 합니다. where 는 대명사적으로 사용될 수 있습니다.

(1) wh 대명사 + to V.R

도표 197 : wh-(대명사) + to V.R
① what   + to V.R : 무엇을 ~해야 할지
② who(m) + to V.R : 누구를 ~해야 할지

③ which   + to V.R : 어떤 것을 ~해야 할지
④ whose   + to V.R : 누구의 것을 ~해야 할지

1975. 나는 다음에 무엇을 해야 할지 모르겠어.
I don't know <u>what to do</u> next.

1976. 그는 어느 것을 사야 좋을지 내게 조언해 주었다.
He advised me <u>which to buy</u>.

1977. 익명의 선물을 받고 누구에게 감사해야 할 지 몰랐어요.
I did not know <u>whom to thank</u> for the anonymous gift.

1978. 그것은 무엇을 하느냐 라기 보다 그것을 어떻게 하느냐에 달려있다.
It depends on how to do it rather than on <u>what to do</u>.

(2) wh- + 명사 + to V.R

도표 198 : wh- + 명사 + to V.R

① what   + 명사 + to V.R : 무슨 '명사'를 ~해야 할지
③ which   + 명사 + to V.R : 어떤 '명사'를 ~해야 할지
④ whose   + 명사 + to V.R : 누구의 '명사'를 ~해야 할지

1979. 나는 어떤 책을 읽어야 할지 모르겠다.
I don't know <u>what book to read</u>.

1980. 나는 어떤 영화를 골라야 할지 결정할 수 없어.
I can't decide <u>which film to choose</u>.

1981. 누구의 아들과 결혼해야 하는지가 골칫거리이다.
<u>Whose son to marry</u> is a bothering matter.

(3) wh 부사 + to V.R

도표 199 : wh-(부사) + to V.R

① where   + to V.R : 어디서 ~해야 할지
② when   + to V.R : 언제 ~해야 할지.
③ how   + to V.R : 어떻게 ~해야 할지
④ how 형용사, 부사   + to V.R : 얼마나 ~한(~하게) ~해야 할지
⑤ whether   + to V.R : ~해야 할지 말아야 할지

1982. 나는 어디로 가야 할지 모르겠어. 나는 방향 감각이 좋지 않아.
I don't know <u>where to go</u>. I'm not good at directions.

1983. 우리는 언제 시작할지에 관해 이야기를 할 것이다.
We will talk about <u>when to start</u>.

1984. 저에게 가장 좋은 책을 고르는 방법을 말씀해 주세요.
Please tell me <u>how to choose</u> the best book.

1985. 그는 너에게 방아쇠를 얼마나 세게 당겨야 할지에 대해 말하고 있다.
He is telling you <u>how hard to pull</u> the trigger.

1986. 나는 이 부업을 해야 할지 말아야 할지 모르겠어.
I don't know <u>whether to take</u> this part-time job(or not)

7) To V.R, S + P : '~하기 위하여'(목적적 용법)

☆ 부정사가 문두(文頭)에 오고 콤마를 찍은 후 절을 연결할 때, 가정법과 일부 독립부정사적 해석을 제외하고는 거의 대부분 '~ 하기 위하여'라고 목적적으로 해석합니다. 의미를 강화하기 위해 so as to 나 in order to 를 쓸 수 있습니다.

1987. <u>등록금을 내기 위해</u> 나는 차를 팔아넘겨야 했다.
<u>To pay the tuition</u>, I had to barter away my car.

1988. <u>오해받지 않기 위해서</u> 당신은 입장을 분명히 해야 한다.
<u>Not to be misunderstood</u>, you've got to take a clear stance.

1989. <u>해동하기 위해서는</u> 이것을 밤새 냉장실에 보관하시오.
<u>In order to thaw</u>, place it in the refrigerator overnight.

8) S + P .... to V.R : '~하기 위하여'(목적적 용법)

☆ 부정사를 문미로 옮겨도 '~하기 위해서' 라고 해석할 수 있습니다. 다만, 다른 해석법과 혼동되거나 명사를 수식하는 용법으로 착각할 수 있는 구조에서는 문두에 두는 것이 좋습니다.

1990. 나는 <u>새 휴대전화를 사기 위하여</u> 돈을 모으고 있다.
I am saving money <u>to buy a new cell phone</u>.

1991. 그녀는 <u>단어를 찾아보기 위해</u> 사전을 꺼냈다.
She took out a dictionary <u>in order / so as to look up a word</u>.
= She took out a dictionary so that she could look up a word.

9) S + P .... to V.R : '그 결과 ~하다'(결과적 용법)

☆ 부정사가 문미에 오며 '그 결과 ~하다' 라는 해석법입니다. 목적적 용법과 혼동할 수 있습니다.

(1) 단순결과 : 자발성 동사 뒤에서 시간상 전·후로 발생한 결과

☆ 의지가 개입되지 않고 자연스레 일어난 일의 결과를 표현합니다.

1992. 그는 다 자라서 회교원리주의자가 되었다.
He <u>grew up</u> to become a Muslim fundamentalist.
= He <u>grew up and became</u> a Muslim fundamentalist.

1993. 산소와 수소는 결합하여 그 결과, 물을 형성한다.
Oxygen and hydrogen <u>combine to form</u> water.

(2) 반대결과 : 의도와 반대의 결과

☆ 이 표현은 의도한 일에 대한 '반대의 결과'를 나타내며 콤마와 함께 사용됩니다. 두 가지 주된 표현이 있으며 각각 '콤마 + only to V.R' 와 '콤마 + never to V.R' 입니다.

1994. 나는 기다렸으나 내가 막 놓쳤던 그것이 마지막 열차였다는 것을 알았다. (기다린 의도와 반대)
I waited, <u>only to find</u> that I had just missed the last train.
= I waited but I found that I had just missed the last train.

1995. 나는 더 열심히 공부했으나 좋은 점수를 얻지 못했다. (공부한 것과 반대 결과)
I studied harder, <u>never to get</u> a good grade.

10) 감정변화동사 + to V.R : 감정변화의 원인

☆ 감정변화동사 다음에 나오는 부정사는 감정의 원인, 즉 '~ 하게 되어 어떠한 감정변화를 겪다'로 해석합니다. because 의 대용어 입니다.

(1) 주어 + 감정자동사 + to V.R

도표 200 : 감정 자동사 + to V.R

① rejoice   + to V.R : ~해서 기쁘다
② smile   + to V.R : ~해서 미소짓다
③ regret   + to V.R : ~해서 유감이다
④ blush   + to V.R : ~해서 얼굴이 붉어지다
⑤ weep   + to V.R : ~해서 울다

⑥ sob   + to V.R : ~해서 흐느껴 울다
⑦ cry   + to V.R : ~해서 울다
⑧ laugh + to V.R : ~해서 웃다

1996. 그들은 아들이 다시 건강한 것을 보게 되어 대단히 기뻤다.
They rejoiced to see their son well again.

1997. 그 소녀는 그녀의 짝이 안 맞는 구두를 발견하고 얼굴이 붉어졌다.
The girl blushed to find her shoes mismatched.

(2) 주어 + be + 감정형용사 + to V.R

도표 201 : be + 감정형용사 + to V.R

① be happy + to V.R : ~해서 기쁘다
② be glad   + to V.R : ~해서 반갑다
③ be sorry + to V.R : ~해서 유감이다
④ be proud + to V.R : ~해서 자랑스럽다

1998. 네가 행복해 하는 걸 보니까 나도 정말 기쁘구나.
I am so happy to see you happy.

1999. 나는 이 팀의 일원이 된 것이 자랑스럽다.
I'm proud to be part of this team.

(3) 주어 + be + 감정타동사의 p.p + to 동사원형

☆ 감정타동사는 수동태가 되어야 주어의 감정을 표현합니다.

도표 202 : 감정 타동사 + to V.R

① be surprised   + to V.R : ~해서 놀라다
② be amazed   + to V.R : ~해서 놀라다
③ be astonished + to V.R : ~해서 놀라다
④ be astounded   + to V.R : ~해서 놀라다
⑤ be alarmed   + to V.R : ~해서 놀라다
⑥ be frightened + to V.R : ~해서 놀라다
⑦ be stunned   + to V.R : ~해서 놀라다
⑧ be amused   + to V.R : ~해서 즐겁다
⑨ be delighted   + to V.R : ~해서 즐겁다

⑩ be pleased	+ to V.R : ~해서 즐겁다
⑪ be entertained	+ to V.R : ~해서 즐겁다
⑫ be exhilarated	+ to V.R : ~해서 즐겁다
⑬ be flattered	+ to V.R : ~해서 즐겁다
⑭ be disappointed	+ to V.R : ~해서 실망하다
⑮ be discouraged	+ to V.R : ~해서 실망하다
⑯ be frustrated	+ to V.R : ~해서 실망하다
⑰ be let down	+ to V.R : ~해서 실망하다
⑱ be terrified	+ to V.R : ~해서 겁먹다
⑲ be horrified	+ to V.R : ~해서 겁먹다
⑳ be scared	+ to V.R : ~해서 겁먹다
㉑ be embarrassed	+ to V.R : ~해서 당황하다
㉒ be perplexed	+ to V.R : ~해서 당황하다
㉓ be bewildered	+ to V.R : ~해서 당황하다
㉔ be startled	+ to V.R : ~해서 당황하다
㉕ be shocked	+ to V.R : ~해서 충격받다
㉖ be agitated	+ to V.R : ~해서 동요되다
㉗ be swayed	+ to V.R : ~해서 동요되다
㉘ be relieved	+ to V.R : ~해서 안심이다
㉙ be eased	+ to V.R : ~해서 안심이다
㉚ be reassured	+ to V.R : ~해서 안심이다
㉛ be moved	+ to V.R : ~해서 감동받다
㉜ be touched	+ to V.R : ~해서 감동받다
㉝ be excited	+ to V.R : ~해서 흥분하다
㉞ be aroused	+ to V.R : ~해서 흥분하다
㉟ be stirred	+ to V.R : ~해서 흥분하다
㊱ be stimulated	+ to V.R : ~해서 흥분하다
㊲ be turned on	+ to V.R : ~해서 흥분하다
㊳ be worried	+ to V.R : ~해서 걱정되다
㊴ be distressed	+ to V.R : ~해서 괴롭다
㊵ be irritated	+ to V.R : ~해서 성가시다
㊶ be bothered	+ to V.R : ~해서 성가시다
㊷ be annoyed	+ to V.R : ~해서 성가시다
㊸ be vexed	+ to V.R : ~해서 성가시다
㊹ be offended	+ to V.R : ~해서 불쾌하다

㊺ be upset   + to V.R : ~해서 화나다
㊻ be enraged   + to V.R : ~해서 화나다
㊼ be infuriated   + to V.R : ~해서 화나다
㊽ be exasperated   + to V.R : ~해서 화나다

2000. 그 기사를 읽고 놀랐습니다.
I was surprised to read the report.

2001. 나는 나의 선생님이 살해당한 것을 보고 충격 먹었다.
I was shocked to see my teacher murdered.

2002. 그녀는 그를 되찾아서 매우 행복하다.
She is so exhilarated to have him back.

2003. 나는 그 소식을 알게 되어 안심이다.
I am very relieved to be informed of the news.

11) 명사 + to V.R : '~ 할 명사'(후치수식 용법)

(1) 명사가 행위의 주어 : 명사가 to V.R 의 의미상 주어

2004. 나를 지금 도와줄 사람을 소개시켜 주겠는가?
Will you introduce someone to help me now?

2005. 내가 너와 함께 끝까지 남을 바로 그 하나이다.
I am the one to stay with you until the end.

(2) 명사가 타동사의 대상인 목적어 : 명사가 to V.R 의 목적어

2006. 나는 마실 무엇인가를 필요로 한다. (drink의 대상이 something)
I need something to drink.

2007. 그녀는 해야 할 많은 일을 가지고 있다. (do의 대상이 things)
She has a lot of things to do.

(3) 명사가 전치사의 목적어로 : 명사가 to V.R 구조에 있는 전치사의 목적어

☆ 이 용법에서는 전치사를 앞으로 옮겨서 '명사 + 전치사 + which, whom + to V.R' 로 만들 수 있습니다.

2008. 나는 앉을 의자가 필요하다. (의자 위에 앉는다.)
I need a chair to sit on.
= I need a chair on which to sit.

2009. 당신은 그것을 자를 무엇인가를 가지고 있는가? (가지고서 자른다.)
Do you have anything to cut it with?
= Do you have anything with which to cut it?

(4) 명사가 용도나 내용 관계 : 명사가 to V.R 를 위한 용도나 대상 설명

☆ 'time to V.R, chance to V.R, way to V.R, need to V.R' 등으로 사용 됩니다.

2010. 작별을 고할 시간이다. (작별하는데 사용되는 시간)
It is time to say goodbye.

2011. 나는 당신에게 진실을 말 할 기회가 필요하다. (말하는데 사용되는 기회)
I need a chance to tell you the truth.

12) vt + it + OC + to V.R : 5형식 진목적어

☆ '목적보어를 받는 구조'에서 '부정사'가 '목적어 자리'에 오면 부정사는 반드시 가목·진목 구조를 써서 뒤로 옮깁니다(동명사는 그 자리에 그냥 둘 수 있습니다). 이 구조에서 자주 사용되는 5형식 동사는 'make, feel, find, think, believe, consider' 등 입니다.

2012. 나는 이 책을 읽는 것이 쉽다는 것을 발견했다.
I found it easy to read this book.

2013. 그들은 저녁 8시에 식사를 하는 것을 규칙으로 삼았다.
They made it a rule to have dinner at 8 in the evening.

13) 이유나 판단의 근거로 사용되는 부정사

(1) 주어 + must(강한 판단) + V.R ... + to V.R : '~로 보아서 ~임에 틀림없다'

2014. 그녀가 그 문제를 풀다니 천재임이 틀림없어.
She must be a genius to solve the problem.

(2) 감탄문 + to V.R ! : '~로 보건대 얼마나 ~한가!'

2015. 그렇게 말하는 것으로 보건대 그는 얼마나 바보스러운가!
What a fool he is to say so!

3. 그 밖의 부정사 용법

1) 술어적 부정사

☆ 주로 앞에 있는 '형용사'나 '부사'와 연동되어 사용하며 '서술어적 기능'을 담당합니다.

도표 203 : be + 형용사 + to V.R

① be ready   + to V.R : ~할 준비가 되어 있다.
② be enough   + to V.R : ~하기에 충분하다.
③ be sure   + to V.R : ~할 것이 확실하다.
④ be anxious   + to V.R : ~할 것을 갈망하다.
⑤ be likely   + to V.R : ~할 가능성이 크다.
⑥ be apt   + to V.R : ~할 가능성이 크다.
⑦ be liable   + to V.R : ~ 할 가능성이 크다.
⑧ be able   + to V.R : ~ 할 수 있다.
⑨ be unable   + to V.R : ~ 할 수 없다.
⑩ be willing   + to V.R : ~기꺼이 ~하다.
⑪ be reluctant + to V.R : 마지못해 ~하다.
⑫ be unwilling + to V.R : 마지못해 ~하다.
⑬ be going   + to V.R : ~할 작정이다.
⑭ have   + to V.R : ~해야 한다.
⑮ ought   + to V.R : ~ 해야 한다.
⑯ used   + to V.R : ~하곤 했다.
⑰ too 형용사, 부사 + to V.R : ~하기에는 너무 ~하다

2016. 안전벨트를 맸는지 꼭 확인하세요.
Be sure to fasten your seat belt.

2017. 곧 비가 그칠 것 같다.
The rain is likely to stop soon.

2018. 그는 대중 매체에 노출되는 것을 꺼린다.
He is reluctant to be exposed to mass media.

2) 부정사의 부정(否定) : not to V.R

☆ 'not to, never to'의 어순으로 드물게 'to not + V.R'을 쓰기도 합니다. '부정사의 내용'을 부정 합니다.

2019. 그는 신용할 수 없다.
He is <u>not to be</u> relied upon.

2020. 시간은 쏜살처럼 흘러가 다시는 돌아오지 않는다.
Time is flying <u>never to return</u>.

3) 분리부정사(split infinitive) : to + 부사 + V.R

☆ to 와 V.R 사이에 삽입된 부사는 부정사를 수식합니다.

2021. 그는 가족을 <u>몰래 떠나기로</u> 결심했다.
He decided <u>to</u> <u>secretly</u> <u>leave</u> his family.

2022. 그는 가족을 떠나기로 몰래 결심했다.
He <u>secretly decided</u> to leave his family.

4) 독립부정사(absolute infinitive)

☆ 독립된 의미로 전체 절을 수식하는 to V.R 로 위치는 자유로우며 없어도 문장구성에는 영향을 주지 않습니다. 화자의 태도나 견해를 집약합니다.

도표 204 : 주요 독립부정사구

① to begin with   : 무엇보다도
② to start with   : 무엇보다도
③ to say nothing of A   : A는 물론이고
④ not to speak of A   : A는 물론이고
⑤ not to mention A   : A는 물론이고
⑥ to be frank with you   : 솔직히 말해서
⑦ to be honest with you   : 솔직히 말해서
⑧ to tell the truth   : 솔직히 말해서
⑨ to be plain with you   : 솔직히 말해서
⑩ sorry to say   : 말하기 유감이지만
⑪ strange to say   : 말하기 이상하지만
⑫ lucky to say   : 말하기 다행스럽게도
⑬ hard to say   : 말하기 힘들지만

⑭ sad to say	: 말하기 슬프지만
⑮ to make matters worse	: 설상가상으로
⑯ to make matters better	: 금상첨화로
⑰ so to speak	: 소위, 말하자면
⑱ to name a few	: 몇 개만 예를 들면
⑲ to make(cut) a long story short	: 줄여서 말하면
⑳ to be exact	: 정확히 말하면
㉑ to sum up	: 요약하면
㉒ to be brief	: 요약하면
㉓ to do something(somebody) justice	: 정당히 평가하자면
㉔ to be sure	: 확실히 하자면
㉕ to top it off	: 한 술 더 떠서

2023. <u>우선</u>, 내가 당신에게 그 이야기를 간략하게 해줄게요.
<u>To begin with</u>, I am going to tell you the story in brief.

2024. <u>솔직히 말해서</u>, 나는 숙제를 하지 않았어요.
<u>To tell the truth</u>, I didn't do my homework.

2025. 그는 길거리에서 넘어졌고, <u>설상가상으로</u> 팔도 부러졌다.
He fell down on the street. <u>To make matters worse</u>, he broke his arm.

5) 부정사의 가정법 역할

☆ 부정사는 'if 절'의 내용을 대신할 수 있으며, 이 때 술어동사는 would V.R 내지는 would have p.p 를 사용 합니다.

2026. 그가 춤추는 것을 보면, 당신은 즉각 그에게 끌릴 것이다.
<u>To see him dance</u>, you <u>would be</u> attracted to him at once.

2027. 그들이 화해했더라면 더 좋았을 뻔 했다.
It <u>would have been</u> better <u>for them to have made up</u>.

6) 가주어·진주어 구조에서의 문장 전환

☆ 'it(가주어) + be + easy(hard, difficult, pleasant, exciting, convenient) + to V.R + 목적어' 구조에서 목적어가 가주어 it 을 대체할 수 있습니다.

2028. 개를 쓰다듬는다는 것은 즐겁다. (개는 쓰다듬기에 즐겁다)
It is pleasant to pat the dog. = The dog is pleasant to pat.

2029. 그와 대화하는 것은 짜릿하다. (그는 함께 대화하기에 짜릿하다)
It is exciting to talk with him. = He is exciting to talk with.

7) 대부정사(pro-infinitive)

☆ 이미 앞에 나온 내용을 부정사 이하에 다시 받을 때 'to' 까지만 표시합니다.

2030. 당신은 변화할 필요가 없을 때 변화해야 한다.
You must change when you don't have to (change).

2031. 너는 네가 원한다면 지금 집에 가도 좋다.
You may go home now if you want to (go home now).

8) 실현되지 않은 소망이나 예상의 표현

☆ '소망이나 예정동사의 과거형 + 완료부정사 패턴'은 '과거에 실현되지 않은 소망'을 의미할 수 있습니다.

도표 205 : 과거의 실현되지 않은 소망

① hoped	+ to have p.p	: ~했기를 바랐다
② wanted	+ to have p.p	: ~했기를 바랐다
③ wished	+ to have p.p	: ~했기를 바랐다
④ expected	+ to have p.p	: ~했기를 기대했다
⑤ intended	+ to have p.p	: ~했기를 의도했다
⑥ meant	+ to have p.p	: ~했기를 의도했다
⑦ was	+ to have p.p	: ~했기를 예정했다

2032. 그는 너를 도와주려 했던 것이다. (못 도왔다.)
He <u>meant to have helped</u> you = He had meant to help you.

2033. 그는 너의 편지에 더 일찍 답장하려 했었다. (못 했다.)
He <u>was to have answered</u> your letter sooner.

9) be to V.R 의 다양한 의미

☆ 'be to V.R' 구조에서 'be to' 는 '조동사적 역할'을 할 수 있는데, 이 때는 '예정, 의도, 가능, 의무, 명령' 등의 의미가 됩니다. 특히 '사람이 주어가 되는 be to V.R'에서 'be to'는 반드시 조동사적으로 해석해야 합니다.

2034. 저 가게는 다음 주 수요일에 문을 열 예정이다.
That store is to open next Wednesday.

2035. 너는 8시까지 숙제를 끝내야 한다.
You are to finish your homework by eight.

2036. 그 뮤지컬은 그녀의 인생을 전부 바꿀 운명이었다.
The musical comedy was to change the entire course of her life.

2037. 아무도 볼 수 없었다.
Nobody was to be seen.

2038. 시험에 통과하고 싶으면, 게임부터 중단해야 한다.
If you are to pass the exam, you must stop playing games

10) 부정사의 의미상 주어

☆ to V.R 구조에서 '부정사의 주어'는 문맥에 드러나 있지만 새로운 주어를 첨가할 수도 있습니다.

(1) 의미상의 주어와 '문장의 주어'가 일치하는 경우 혹은 '일반인'인 경우

2039. 그는 유학가기로 결심했다.
He decided to study abroad.
(he 가 to study 의 의미상의 주어)

2040. 동물을 놀리거나 학대하는 것은 잔인하다.
It is cruel (for anyone) to tease or abuse animals.
(일반인이 to tease의 의미상의 주어)

(2) to부정사의 의미상 주어가 '바로 앞의 명사'인 경우

2041. 나는 그녀가 Steve를 픽업하도록 부탁하고 싶다.
I want to ask her to pick up Steve.
(her 이 to pick up 의 의미상의 주어)

2042. 나는 당신이 그녀에게 Steve를 픽업하도록 부탁해주길 바란다.
I want you to ask her to pick up Steve.
(to ask 의 주어는 you, to pick up 의 주어는 her)

(3) 의미상 주어로 'for + 목적어'를 to V.R 앞에 첨가하는 경우

☆ 'it is + easy(hard, difficult, essential, strange, proper, important, possible, impossible, convenient, 판단의 결과 명사) + to V.R' 에서 주로 사용 합니다.

2043. 우리가 한 달 안에 그 프로젝트를 끝내는 것은 불가능하다.
<u>It is impossible</u> <u>for us</u> <u>to finish</u> the project within a month.

2044. 당신이 줄리에게 부탁한 것은 커다란 실수였다.
<u>It was a big mistake</u> <u>for you</u> <u>to ask</u> Julie.

(4) 의미상 주어로 'of + 목적어' 를 쓰는 경우

☆ 'it is + 성품형용사 + of + 사람 + to V.R' 패턴으로 사용 합니다.

2045. 당신이 그런 중요한 것을 잊다니 부주의하다.
<u>It is careless</u> <u>of you</u> <u>to forget</u> such an important thing.

2046. 그 이교도들이 그런 무기들을 만들어 내다니 호전적이었다.
<u>It was pugnacious</u> <u>of the Pagans</u> <u>to invent</u> such weapons.

도표 206 : 성품판단 형용사

형용사	의미	형용사	의미
① good	좋은	② nice	좋은
③ clever	영리한	④ wise	현명한
⑤ nice	친절한	⑥ polite	공손한
⑦ sweet	상냥한, 친절한	⑧ careful	주의 깊은
⑨ careless	부주의한	⑩ rude	무례한
⑪ silly	어리석은	⑫ stupid	어리석은, 우둔한
⑬ foolish	바보스러운	⑭ generous	관대한
⑮ thoughtful	사려깊은	⑯ kind	친절한
⑰ arrogant	오만한, 건방진	⑱ considerate	사려깊은
⑲ naive	순진한	⑳ shrewd	약삭빠른
㉑ stingy	인색한	㉒ perverse	비뚤어진
㉓ wicked	사악한	㉔ mean	비열한
㉕ wenchy	심술궂은	㉖ wuzzy	심술궂은
㉗ cantankerous	성미가 고약한	㉘ pugnacious	호전적인
㉙ gregarious	사교적인	㉚ timid	소심한

11) 부정사의 시제

☆ 대개 부정사는 자체에 미래의 의미가 많이 내포되어 있어서 '예정동사'나 '소망동사'들과 잘 어울리지만, '현재에 대한 판단과 관련된 동사'들에서는 주절 동사의 시제에 준하며 '주절보다 과거에 일어난 행위'는 to have p.p 로 표현합니다. 단 '완료적 느낌을 줄 때'도 to have p.p 를 사용할 수 있습니다. 이는 시점상의 과거가 아니라 '동작의 마침을 강조'하는 것 입니다.

☆ 진행부정사는 to be -ing 형태인데 특별히 부정사부분의 행위가 진행된다는 것을 암시합니다.

(1) 주절 시점과 같은 경우 (판단, 묘사 동사와 함께)

2047. 그는 피곤해 보인다.
He seems to be tired.

2048. 그는 항공술에 관해서는 모든 것을 아는 것으로 여겨진다.
He is thought to know everything about aviation.

(2) 주절 시점보다 미래인 경우 (소망, 예정 동사와 함께)

2049. 나는 당신을 다시 보기를 희망한다.
I hope to see you again.

2050. 그는 고향으로 돌아갈 것을 기대한다.
He expects to go back home.

(3) 주절 시점보다 과거인 경우, 부정사가 완료됨을 알리는 경우 : to have p.p, to have been p.p

2051. 나는 두시 까지 숙제를 제출하고 싶다.
I want to have submitted homework by 2.

2052. 그는 그 임무도중 살해당했던 것으로 알려진다.
He is known to have been killed during the mission.

(4) 동작이 진행되고 있음을 나타내는 경우 : to be -ing

2053. 그는 신문을 읽고 있는 중인 것처럼 보인다.
He seems to be reading a newspaper.

2054. 그는 계속해서 여행 중인 것으로 말해진다.
He is said to be endlessly traveling.

16 기출문제

01. 다음 문장의 내용상 _____ 부분에 가장 적절한 말은?

Racial segregation made it difficult for black Americans _____ into the larger middle-class culture and its value.

① assimilate
② becoming assimilated
③ assimilating
④ to become assimilated

해석 인종 차별은 흑인 미국인들이 보다 큰 중산층 문화 및 가치에 동화되는 것을 어렵게 만들었다.
해설 make it + oc + to 부정사 구조의 5형식 / 부정사 앞에 for + 목적어로 의미상 주어 첨가
답 ④

02. 다음 문장의 내용상 _____ 부분에 가장 적절한 말은?

A : Did your sister participate in the English competition?
B : No. She finally _____.

① decided not
② decided not to
③ decided to go
④ did not decide to go

해석 A: 당신의 여동생은 영어 경연대회에 참가했었나요?
B: 아니오. 결국 안 하기로 결정했어요.
해설 '-하지 않기로 결정하다.' decide not to / '-하기로 결정하지 않다' not decide to
답 ②

03. 다음 문장의 내용상 _____ 부분에 가장 적절한 말은?

> In order to complete the job on time, we need _____ a professional to help solve our difficulties.

① invite　　　② inviting　　　③ invited　　　④ to invite

해석 정시에 일을 끝마치려면 우리는 우리의 어려움을 해결하는 데 도움을 줄 전문가를 초대해야 한다.

해설 need to : '-할 필요가 있다'

답 ④

04. 다음 문장의 내용상 _____ 부분에 가장 적절한 말은?

> The battery needs changing.
> = The battery needs _____.

① changed　　　② to change　　　③ being change　　　④ to be changed

해석 그 배터리는 교환을 해야 한다.

해설 need to be p.p = need + ing : '- 될 필요가 있다'

답 ④

05. 다음 문장의 내용상 _____ 부분에 가장 적절한 말은?

> I couldn't find any vegetables in the refrigerator, which means my wife must have forgotten _____ some on her way home.

① buy　　　　　　　　② buying
③ to buy　　　　　　　④ to have bought
⑤ to be bought

해석 나는 냉장고에서 어떠한 채소도 찾을 수 없었다. 그것은 나의 아내가 집으로 올 때 사는 것을 잊었음에 틀림없음을 의미한다.

해설 forget to 부정사 : '-할 것을 잊다'

답 ③

06. 다음 문장의 내용상 _____ 부분에 가장 적절한 말은?

> There still remain issues _____ even after her lifelong devotion to the poor and helpless in this obscure village.

① having resolved ② resolve
③ to be resolved ④ resolving

해석 가난하고 무력한 사람들에 대한 그녀의 평생에 걸친 헌신 이후에도 이 잘 알려져 있지 않은 마을에서 해결되어야 할 쟁점들이 여전히 남아있다.

해설 명사 + to 부정사의 후치수식 : '-될 쟁점들'이므로 수동부정사

답 ③

07. 밑줄 친 부분 중 가장 어색한 표현을 고르시오.

> The manager requested ① <u>all employees</u> that the reports ② <u>be submitted</u> ③ <u>by</u> the end of the day ④ <u>complete</u> all projects without any delay.

해석 그 관리자는 모든 프로젝트를 어떠한 지체도 없이 끝내기 위해서는 모든 직원들에게 보고서가 그날이 끝날 무렵까지 제출되어야 한다고 요구했다.

해설 '-하기 위해서'를 표현하는 방법은 to 부정사 문두, 문미

답 ④ → to complete

08. 밑줄 친 부분 중 가장 어색한 표현을 고르시오.

> ① <u>For government</u> positions ② <u>in the field</u> of city administration, ③ <u>it is</u> necessary ④ <u>passing</u> a ⑤ <u>civil</u> service examination.

해석 도시 행정 분야의 공직에서 일하기 위해서는 공무원 시험에 합격을 해야 한다.

해설 it 가주어 to 부정사 진주어 구조 / 앞으로 벌어질 일은 동명사가 아닌 부정사로 진주어

답 ④ → to pass

09. 밑줄 친 부분을 바르게 고친 것은?

> That hijacking should continue is lamentable; that hostage should be taken and even killed is to <u>condemn</u> by all.

① condemned
② being condemned
③ be condemned
④ condemn

해석 비행기 납치가 지속된다는 사실은 유감스러운 일이며, 또한 인질이 잡혀 심지어 살해까지 당한다는 것은 모두의 비난을 받을 일이다.

해설 condemn이 '비난하다' 이므로 be p.p by의 '비난받다' 구조가 되어야 문맥이 통함

답 ③

10. 다음 중 밑줄 친 부분이 <u>잘못된</u> 것은?

① We have nothing <u>to be afraid of</u>.
② She needs a wooden bowl <u>to drink with</u>.
③ There are many interesting books <u>to read with</u>.
④ He had no friend <u>to talk about the matter with</u>.
⑤ Then he looked for the knife <u>to open the tin with</u>.

해석
① 우리는 두려운 것이 없다.
② 그녀는 가지고 마실 나무사발이 필요하다.
③ 읽기에 흥미로운 책들이 많다.
④ 그는 그 문제를 이야기할 친구가 없었다.
⑤ 그는 가지고서 그 깡통을 개봉할 칼을 찾아 보았다.

해설 명사 + 부정사 후치수식 구조에서 관계가 read 라는 타동사의 목적어이다. 전치사 불필요 / drink with 보다는 drink from이 좋다

답 ③ to read with → to read

11. 다음 중 어법 상 틀린 것을 고르시오.
① We enjoyed collecting stamps.
② He denied seeing her yesterday.
③ I stopped smoking then.
④ He objected to holding a meeting.
⑤ I remember posting the letter tomorrow.

해석 ① 우리는 우표를 수집하는 것을 즐겼었다. ② 그는 그녀를 어제 만났던 것을 부인했다.
③ 나는 당시 담배 피우던 것을 중단했다. ④ 그는 회의를 개최하는 것에 반대했다.
⑤ 나는 내일 그 편지를 부쳐야 하는 것을 기억하고 있다.

해설 tomorrow로 보아 내일 할 일을 기억한다는 의미이므로 to 부정사

답 ⑤ posting → to post

12. 다음 문장 중 어법상 옳지 않은 것은?
① It is foolish for you to do such a thing.
② He ordered that it be done at once.
③ I was really amazed when I was offered the job.
④ The heavy rain kept them from going on a picnic.

해석 ① 당신이 그런 일을 하다니 정말 어리석군요.
② 그는 그것이 즉시 이루어져야 한다고 명령했다.
③ 나에게 그 일자리가 제공되었을 때 나는 정말 놀랐다.
④ 폭우는 그들이 소풍을 가는 것을 막았다.

해설 사람의 성품을 표현하는 방법 it is 성품형용사 + of 사람 + to 부정사

답 ① for you → of you

13. 다음 문장 중 어법상 옳지 않은 것은?
① She is busy preparing for her departure.
② He managed to finishing the book before the library closed.
③ I went there hoping to learn something about Korean culture.
④ It would be wiser to leave it unsaid.

해석 ① 그녀는 출발 준비에 바쁘다.
② 그는 도서관이 문을 닫기 전에 그 책을 끝낼 수 있었다.
③ 나는 한국 문화에 대해 무엇인가를 배우기 위해 그곳에 갔었다.
④ 그것을 말해지지 않은 상태로 내버려 두는 것이 보다 현명할 것이다.

해설 manage to + 동사원형 : '-을 해내다'

답 ② managed to finishing → managed to finish

14. 다음 중 어법상 <u>어색한</u> 것을 고르시오.
① It is a good product made of glass.
② What annoys me most is that my sons don't study hard.
③ I thought it uselessly to fight with them.
④ I want to have this letter sent by express mail.

해석 ① 그것은 유리로 만들어진 좋은 제품이다.
② 나를 가장 짜증나게 하는 것은 내 아들이 공부를 열심히 하지 않는다는 것이다.
③ 나는 그들과 싸우는 것이 쓸모없다고 생각했다.
④ 나는 이 우편이 특급으로 보내지길 원합니다.

해설 think + it + oc + to 부정사 구조에서 목적보어는 형용사이므로 부사를 형용사로 고친다.

답 ③ it <u>uselessly</u> to → it <u>useless</u> to

15. 우리말을 영어로 <u>잘못</u> 옮긴 것을 고르시오.
① 그들은 그의 정직하지 못함을 비난했다.
→ They charged him with dishonesty.
② 그 사건은 심각한 양상을 띠기 시작했다.
→ The incident began to assume a serious aspect.
③ 언제 당신이 그녀의 어머니를 방문하는 것이 편하시겠습니까?
→ When will you be convenient to visit her mother?
④ 당신의 도움 덕분에 우리는 그 문제를 쉽게 해결할 수 있었습니다.
→ Thanks to your help, we were able to fix the problem with ease.

해설 be convenient의 주체는 사람이 아닌 행위이므로 가주 진주 구조를 채택한다.

답 ③ will <u>you</u> be convenient to visit → will <u>it</u> be convenient <u>for you</u> to visit

16. 우리말을 영어로 옮긴 것 중 가장 <u>어색한</u> 것을 고르시오.
① 그가 조만간 승진할 것이라는 소문이 있다.
→ The rumor says he will be promoted sooner or later.
② 음주 운전하는 것은 어리석은 짓이라는 것을 알았다.
→ I found it stupid to drive under the influence of alcohol.
③ 우리는 폭풍우 때문에 야구를 하지 못했다.
→ The heavy rain prevented us from playing baseball.
④ 내 기억에는 그가 나에게 그런 뻔뻔스러운 거짓말을 한 적이 없다.
→ I don't remember for him to tell me such a direct lie.

해설 과거의 기억을 떠 올리는 것이므로 동명사가 되어야 한다. remember his telling me …

답 ④

17. 우리말을 영어로 잘못 옮긴 것을 고르시오.
① 어제 눈이 많이 와서 많은 사람들이 길에서 미끄러졌다.
→ We had much snow yesterday, which caused lots of people slip on the road.
② 그 협정들은 작년 회의에서 합의된 것이다.
→ The arrangements were agreed on at the meeting last year.
③ 나는 트럭이 가까이 다가오는 것을 보고 겁에 질렸다.
→ I got scared when I saw the truck closing up on me.
④ 나는 뒤돌아보지 않고 앞문으로 걸어 나갔다.
→ I walked out of the front door without looking back.

해설 cause + 목적어 + to 부정사 : '목적어가 -하도록 초래하다.'

답 ① people slip on → people to slip on

18. 다음 중 우리말을 영어로 잘못 옮긴 것은?
① 시간이 부족해서 시험을 끝낼 수 없었다.
→ I couldn't finish the exam because I ran out of time.
② 습관을 깨기란 예상보다 훨씬 어렵다.
→ It is much more difficult than you'd expect to break a habit.
③ 대부분의 사람들은 TV에서 지나친 폭력을 싫어한다.
→ Most people have a strong dislike to excessive violence of TV.
④ 낮에는 너무 바빠 걱정할 틈도 없고, 밤에는 너무 피곤해서 깨어있을 수 없는 사람은 복 받은 사람이다.
→ Blessed is the man who is too busy to worry in the day and too tired of lying awake night.

해설 and에 의해 too 형·부 to 부정사가 연결되어 있으므로 too tired to lie가 되어야 문맥이 통한다.

답 ④ too tired of lying awake → too tired to lie awake

PART 17

participles

분사

17 분사 (participles)

1. 분사의 개념

☆ '분사'는 '형용사의 기능을 가지는 동사의 부정형(non-finite)'을 말합니다. 명사의 기능을 가지는 동명사(gerund) 및 부정사(infinitive)와 함께 준동사(準動詞 verbid) 로 총칭됩니다. 분사는 동사의 형용사적 성질을 추출한 것 입니다. 현재분사와 과거분사로 나누기도 하고 능동분사와 수동분사로 나누기도 합니다. 형태는 '동사원형'에 '-ing'나 '-ed(혹은 불규칙 동사의 과거분사형 토씨)'를 붙여 만들며, '본래 동사의 의미를 가지면서' 형용사처럼 '명사를 수식'하거나 '주격보어', '목적보어'의 역할을 할 수 있습니다.

2. 분사의 해석법

도표 207 : 현재분사와 과거분사 해석법
① 자동사 + ing : ~하고 있는 (동작의 진행)
② 자동사 + p.p : ~한 (동작의 완료)
③ 타동사 + ing : (남들을) ~하게 하는 (능동 진행)
④ 타동사 + p.p : ~된 (수동의 완료)

1) 자동사 + ing : '~하고 있는'(동작의 진행)

2055. 나는 떨어지는 나뭇잎들 아래에 있다.
I am under the <u>falling leaves</u>.

2056. 늘어나는 수의 한국 학생들이 본국으로 돌아가고 있다.
An <u>increasing number</u> of Korean students are going back to their own country.

2057. 살아있는 것들을 그렇지 않은 것들과 구별할 수 있습니까?
Can you tell <u>living things</u> from non-living ones?

2) 자동사 + p.p : '~한'(동작의 완료)

2058. 나는 떨어진 나뭇잎 위를 걷고 있다.
I am walking on the <u>fallen leaves</u>.

2059. 당신은 은퇴한 사람들을 위한 사회안전계획을 가지고 있는가?
Do you have any social security plan for the <u>retired people</u>?

2060. 한국은 더 이상 개발도상국이 아닌데 그것은 우리가 한국을 개발을 완료한 나라 즉 선진국이라고 부를 수 있다는 의미이다.
Korea is not a developing country anymore, which means we can refer to it as a <u>developed one</u>.

☆ 모든 자동사가 완료적 의미의 그 과거분사를, '한 단어의 형용사'로 쓰는 것은 아닙니다. 'fallen (떨어진), gone (가버린), risen (상승한), aged (나이 든), retired (은퇴한), developed (개발한), passed (지나간), returned (돌아온, 돌아간), married (결혼한, 혹은 결혼된), resigned (사직한), grown (다 자란)' 등은 흔히 한 단어 형용사로 명사를 수식하거나 보어로 쓰이지만 'slept, come, run, lived' 등이 과거분사로 사용되었을 때는 한 단어 형용사로 사용되기 보다는 '복합어'로서 새로운 형용사로 만들어 씁니다. 즉, 'I found a long-lived germ on the mummy. (나는 그 미이라에서 오래 살아온 세균을 발견했다)'와 같은 예문에서 처럼, '복합어'로 사용하여 형용사화 합니다. 한 단어로 완료적 의미의 형용사를 만들지 않는 분사는 보통 관계사절의 구조를 채택해서 조동사 'have, has, had'와 함께 '완료적 의미의 수식어'를 만들 것이 권고됩니다. 즉, Look at the sleeping girl의 경우 문제가 없으나, Look at the slept girl 은 어색하여 Look at the girl who has slept 가 좋은 표현입니다.

3) 타동사 + ing : '(남들을) ~하게 하는'(능동 진행)

2061. 나는 <u>사람들을 놀라게 하는</u> 영화를 보고 싶지 않다.
I don't want to see a <u>frightening film</u>.

2062. 그는 <u>사람들을 피곤하게 하는</u> 사람이다.
He is quite a <u>tiring person</u>.

2063. 그 결과는 <u>사람들을 매우 실망시키게</u> 들린다.
The results sound rather <u>disappointing</u>.

☆ 자동사와 타동사로 동시에 사용되는 동사들은 현재분사로 만들어서 형용사화 했을 때 그것이 '자동사적 형용사'인지 '타동사적 형용사'인지를 문맥을 보고 판단해야 합니다. 예컨대 changing 이라는 분사는 '바뀌고 있는' 과 '바꾸고 있는' 으로 공히 사용이 가능하므로 문맥을 충분히 고려해야 합니다. 'this changing world (이 변화하는 세상), this changing movement (이 변화하는 운동 / 이 변화시키는 운동)' 의 예를 참조 하시기 바랍니다.

☆ '-ing 형태'가 명사의 앞에 올 때 '용도의 동명사'와 혼동하지 말아야 합니다. 예를들어, changing room 은 보통 '탈의실'이라는 의미일 때 room for changing 을 분사처럼 유추해서 만든 구조입니다. 어떤 문맥에서 그것이 '바뀌고 있는 방' 혹은 '사람들이나 사물들을 바꾸어 주는 방' 혹은 '갈아입기 용도의 방' 이렇게 세 가지로 모두 사용될 수도 있으나, 평상시 changing room 의 가장 빈번한 용도는 '동명사 + 명사'로 사용된 '탈의실'입니다. '동명사 + 명사' 구조로 흔히 사용되는 말들은 'walking stick (지팡이), sleeping room (수면실), cleaning towel (세척용 수건), melting pot (녹이는 용도의 냄비 혹은 용광로), cooking utensil (조리용 주방기구), swimming cap (수영모자), scoring opportunity (점수 얻을 기회), painting brush (칠하기용 솔), turning point (반환점) opening ceremony (개업식), ending credit (종료자막)' 등 입니다.

4) 타동사 + p.p : '~된(받은, 당한)'(수동 완료)

2064. 격려 받은 그 소년은 꼭대기까지 계속 기어 올라갔다.
    The <u>encouraged boy</u> kept climbing until he got to the top.

2065. 그는 그녀의 연설에 의해 많이 감동받은 것으로 보였다.
    He looked much <u>moved</u> by her speech.

2066. 그 사자들은 길들여져 있으므로 그것에 대해 걱정할 필요 없다.
    The lions are all <u>tamed</u>, so you don't have to worry about it.

☆ 수동해석 되는 타동사의 과거분사는 '이미 행위가 완료되었다는 것'을 의미하지만, 만약 수동의 행위를 당하고 있는 중이라는 '진행의 의미'를 삽입하면 being p.p 형태로 써야 하고, 명사를 꾸밀 경우에는 반드시 뒤에 와야 합니다.

2067. 적혀진 이름들은 알파벳순으로 분류되어야 한다.
    The <u>written names</u> should be sorted alphabetically.

2068. 적혀지고 있는 이름들은 나에게 친숙하다.
    The <u>names being written</u> are all familiar to me.

☆ 동사와 전치사가 합쳐져서 하나의 '타동사구'를 만들 경우 분사도 전치사를 포함합니다.

2069. 오래 기다려진 결과가 지금 발표될 것이다.
    The long <u>waited-for</u> <u>result</u> will now be announced.

2070. 우리는 당신이 바람직한 생각을 얻게 되기를 기대한다.
    We expect that you come up with a <u>sought-after</u> idea.

3. 분사의 역할

1) 동사의 활용에 쓰이는 분사

(1) be + ing : 진행시제

2071. 그는 나에게 정직하게 굴고 있다.
He is being honest to me.

2072. 나는 추천편지 한 통을 쓰고 있다.
I'm writing a recommendation letter.

(2) have, has, had + p.p : 완료시제

2073. 그 눈사태는 3 분간 지속되었다.
The avalanche has lasted 3 minutes.

2074. 나는 전방에서 막 돌아왔다.
I have just come back from the front line.

(3) be p.p : 수동태

2075. 그는 그들에게서 놀림 받고 있는 중이다.
He is being teased by them.

2076. 미술품 한 점이 비평가에 의해 평가받았다.
A piece of fine art was appraised by the critic.

2) 명사의 수식에 사용되는 분사

(1) 분사 + 명사

2077. 신원확인이 되지 않은 사람은 구류될 것입니다.
Any unidentified person shall be detained.

2078. 구르는 돌에는 이끼가 끼지 않는다.
A rolling stone gathers no moss.

2079. 그녀는 떨리는 손으로 그 편지를 뜯었다.
She opened the letter with her trembling hands.

2080. 짖고 있는 개는 나의 개다.
The barking dog is mine.

(2) 명사 + 분사(구)

2081. 당신들에게 구류되어 있는 그 소년은 내 양아들이다.
   The boy held into your custody is my stepson.

2082. 소수의 지역에서만 자라고 있는 저 바오밥나무들을 보아라.
   Look at the baobab trees growing exclusively in a few regions.

2083. 탁자 위에 놓여 있는 그 경전은 석가모니의 삶에 관한 것이다.
   The scripture lying on the table is about Buddha's life.

2084. 윗 층의 창밖으로 기대어 있던 한 숙녀가 있었다.
   There was a lady leaning out of the window upstairs.

3) 보어 역할을 하는 분사

(1) 동사 + 주격보어 분사

2085. 관객들은 지루해졌다.
   The audience became bored.

2086. 그 영화는 지루해 보인다.
   The movie looks boring.

2087. 그 지도는 꽤 헷갈렸다.
   The map was pretty confusing.

☆ '주격보어 분사가 타동사의 과거분사'인 경우 'be 동사 뒤'에서는 '동작적 의미'와 '상태적 의미'로 나누어 집니다. 예를 들어, He is very learned 라고 하는 경우 '그는 매우 박식하다' 로 상태의 의미이고 The principle shall be learned at physics department 라고 할 경우 '그 이론은 물리학과에서 배워질 것이다' 가 되어서 동작적 의미가 됩니다.

☆ '상태적 의미로 형용사화 된 과거분사'는 'informed (박식한), drunk (술 취한), stoned (술 취한), accustomed (익숙해진), done or finished (완료된, 일을 마친, 끝난), tired (피곤한), exhausted (기진맥진한), determined(확고한, 단호한), complicated (심경이 복잡한), experienced (경험 많은, 노련한), opposed (다른 의견을 가진), hurried (서두르는), devoted (열심인), committed (열심인)' 등이 있습니다.

2088. 그들이 다루고 있는 문제는 꽤 혼란스럽다.
　　　The matter they are addressing is rather confusing.

2089. 그래서 두 당사자들은 매우 심경이 복잡하다.
　　　So, the two parties are very complicated.

2090. 나는 다 했다. 너는?
　　　I'm done. What about you?

(2) 동사 + 목적어 + 목적격보어 분사

2091. 나는 그가 당신의 휴대전화를 훔치는 것을 보았다.
　　　I saw him stealing your cell phone.

2092. Jane은 Ronald를 오래 기다리게 했다.
　　　Jane kept Ronald waiting for a long time.

2093. 그는 '지금 이 건물에서 벗어나라' 라고 스스로가 외치는 소리를 들었다.
　　　He heard himself shouting 'Get out of the building right now'.

2094. 나는 내 이름이 불리는 것을 들었다.
　　　I heard my name called.

4. 현재분사 VS 동명사

☆ 현재분사와 동명사는 둘 다 형태가 V-ing 이므로 혼동하기 쉬우나, 뜻과 용법에 차이가 있습니다. 기본적으로 현재분사는 형용사이고, 동명사는 뒤에 나오는 부분을 포괄하여 행위를 명사화 한 것입니다.

1) ing + 명사

☆ -ing 형태 뒤에 한정사 즉 '관사, 소유격, 수사, 지시형용사, 부정형용사' 등이 오면 -ing 는 분사형용사가 될 수 없습니다. 예를 들어, 'Running a restaurant is not an easy matter.'라는 문장에서 -ing 형태 뒤에 a 라는 관사가 왔으므로 running 은 수식분사가 될 수 없고 '식당을 운영하는 것(동명사)' 이라고 해석해야 합니다. 다만 복수명사나 불가산 명사는 특별한 한정사를 갖지 않아도 되므로 이 때는 문장내에서의 역할을 기준으로 판단해야 합니다. 즉, 'Recruiting officers is hard.'의 경우 '장교들을 모집하는 것은 힘들다.'라는 동명사적 해석이지만 'Recruiting officers have various methods to find who they think will be a fit for the organization.'의 경우 '채용담당 공무원들은 조직에 잘 들어맞을 것 같은 사람들을 찾아내는 다양한 방법들을 가지고 있다.' 가 되면서 분사적 해석을 할 수 있습니다.

2) be + ing

(1) be + 현재분사 : '~하는 중이다', '~하는 상태이다'

2095. 그는 거실에서 TV를 보고 있다.
The way he talks is interesting.
He is watching TV in the living room.

2096. 그가 말하는 방식은 흥미롭다.
The way he talks is interesting.

(2) be + 동명사 : '~하는 것이다'

2097. 그가 일년 동안 해온 일은 인쇄물에서 오탈자를 찾아내는 것 이었다.
The job he has done for a year has been finding misprints.

2098. 내 취미는 모형 비행기를 만드는 것이다.
My hobby is making model planes.

5. 감정을 유발하는 ing, 감정을 유발당한 p.p

☆ 사람의 감정을 바꾸는 타동사는 분사형태로 자주 쓰입니다. '~한 감정을 느끼게 만드는'이라는 능동의 뜻일 때에는 현재분사를, '~한 감정을 느끼는'이라는 수동의 뜻일 때에는 과거분사를 씁니다. 무생물은 의인화되지 않는 한 감정과거분사를 갖지 못합니다.

1) 감정을 유발하는 ing

2099. 언어를 배우는 것은 흥미롭다.
Learning languages is interesting.

2100. 그 가수의 목소리는 놀랍다.
The singer's voice is amazing.

2) 감정을 유발당한 p.p

2101. 나는 멕시코 음식을 만드는 것에 흥미가 있다.
I'm interested in cooking Mexican food.

2102. 우리는 그림 같은 풍경에 놀랐다.
We were amazed at the picturesque scenery.

6. 유사분사, 의사분사(quasi-participles)

☆ 명사는 원칙적으로 분사로 만들 수 없지만, '수식어-명사ed'의 형태로 사용될 수 있습니다. '어떤 성격의 명사를 가진' 이라는 뜻 입니다.

도표 208 : 유사분사의 예

① brown-eyed	갈색 눈을 가진	② one-eyed	애꾸눈을 가진
③ long-legged	긴 다리를 가진	④ big-nosed	큰 코를 가진
⑤ dark-faced	검은 얼굴을 가진	⑥ warm-hearted	따듯한 마음을 가진
⑦ cold-blooded	냉혈의	⑧ iron-willed	강철의 의지를 가진
⑨ broken-hearted	상심한	⑩ open-minded	열린 마음을 가진
⑪ short-haired	짧은 머리칼의	⑫ hot-tempered	급한 성질을 가진
⑬ fair-skinned	밝은 피부를 가진	⑭ watery-mouthed	군침을 흘리는
⑮ high-topped	윗부분이 높은	⑯ skilled	숙련된
⑰ knowledged	지식이 있는	⑱ renowned	명성 있는

2103. 우리는 명성이 있기 보다는 숙련된 연구원들이 필요하다.
We need skilled researchers rather than renowned ones.

2104. 우리는 친칠라에 대한 지식이 있는 수의사를 파견할 것이다.
We will dispatch some chinchilla-knowledged vet.

2105. 당신은 오바마가 가장 실패한 대통령이라고 생각하는가?
Do you think Obama is the most failured president?

2106. 나는 지혜 있는 사람이고 싶다.
I want to be a wisdomed person.

2107. 그는 성질이 급한 보스이다.
He is a short-tempered boss.

7. 복합분사

☆ '형용사, 부사, 명사'가 분사의 앞에 와서 이루어진 분사구입니다.

1) 부사-ing : '~하게 ~하는'

☆ 수식어인 부사를 활용한 복합분사의 구조입니다.

2108. 그는 빠르게 읽는 소년이었다.
He was a fast-reading boy.

2109. 우리는 열심히 일하는 남자가 필요하다.
We need a hard-working man.

2110. 딱 맞게 도착하는 열차는 이곳에서는 드물다.
The timely - arriving trains are very rare here.

2) 형용사-ing : '~하게 ~하는'(형용사이므로 원래 보어)

☆ 주격보어 형용사를 사용한 복합분사 구조입니다.

2111. 슬프게 보이는 소년이 당신을 찾아 왔었다.
A sad-looking boy came for you.

2112. 그것은 대단하게 들리는 계획이다.
That is a great-sounding plan.

2113. 그 신 맛이 나는 음료는 무엇인가?
what is that sour-tasting beverage?

3) 명사-ing : '~를 ~하는'

☆ 타동사의 목적어를 복합분사에 활용하였습니다.

2114. 고통을 누그러뜨리는 약이 필요하다.
Some pain-relieving medicine is needed.

2115. 사람을 먹는 동물 근처에 가선 안 된다.
You should not go near man-eating animals.

2116. 시간이 걸리는 절차가 있습니다.
There is a time - consuming procedure.

4) 부사-p.p : '~하게 ~된'

☆ 수식어인 부사를 완료분사에 활용한 구조입니다.

2117. 그것은 완벽하게 지어진 집이었다.
That was a completely-built house.

2118. 새롭게 결혼된 쌍들이 신혼여행으로 이곳에 온다.
The newly-married couples come here for their honeymoon.

2119. 오래 기다려진 결과가 발표될 것이다.
A long-awaited result will soon be announced.

5) 형용사-p.p : '~하게 ~된'(형용사이므로 원래 보어)

☆ 목적보어 형용사를 활용한 복합 분사 구조입니다.

2120. 하얗게 칠해진 울타리를 가진 집이 그의 것이다.
The house with a white-painted fence is his.

2121. 나는 딱딱하게 삶아진 달걀이 좋다.
I prefer hard-boiled eggs.

2122. 그 기성복은 당신에게 딱 맞는다.
The ready-made suit fits you well.

6) 명사-p.p : '~에 의해 ~된'

☆ 수동태 뒤에서 사용된 명사를 활용한 복합분사 구조입니다.

2123. 이것들은 모두 태양에 의해 말려진 열매입니다.
These are all sun-dried fruits.

2124. 손에 의해 만들어진 자동차는 비쌀 것입니다.
A hand-made car should be costly.

2125. 자기만족적인 사람은 행복하다.
A self-satisfied man is happy.

7) p.p-전치사 : '~된'

☆ 전치사를 포함하는 타동사구의 복합분사 구조입니다.

2126. 그는 경청된 연설을 했다.
He delivered a listened-to speech.

2127. 신뢰받은 체제는 지속될 필요가 있다.
A relied-on system should be continued.

2128. 개가 짖어댄 낯선 사람은 배달원이었다.
The barked-at stranger was a delivery man.

8. the + 분사

☆ 사람을 의미하는 '복수보통명사'와 특정한 사람을 의미하는 '단수보통명사'로 둘 다 사용될 수 있으며, '개념'을 뜻하는 경우도 있습니다.

1) 복수보통명사 : 사람들

2129. 들판은 죽은 자들과 죽어가는 자들 그리고 심한 부상자들로 가득했다.
The field was full of the dead, the dying, and the badly wounded.

2130. 서서히 나이 먹어 가는 사람들과 급격하게 노화된 사람들의 차이는 무엇인가?
What is the difference between the slowly aging and the quickly aged?

2) 단수보통명사 : 특정인, 개념

2131. 만약 피고인이 출두하지 않은 상태면 범죄수사관은 그의 체포에 대한 명령장을 발부할 수 있고 그런 취지의 메모가 기록에 첨부될 것이다.
If the accused is not present, the criminal investigation officer shall issue an order for his arrest and a note to that effect shall be entered into the record.

2132. 그는 손대지 않은 것에 손대기를 좋아하고 불확실성의 삶을 살기 원한다.
He likes to touch the untouched and he wants to live the life of the unexpected.

9. 분사가 형용사를 수식할 때

☆ '매우' 의 뜻으로 해석하는 부사. 원래 해당 형용사가 그 성질이 심할 때 느껴지는 특성을 중복적으로 앞에 붙인 분사지만 결국 의미를 강조하는 부사로서의 역할을 합니다.

2133. 오늘은 매우 춥다.
It is <u>biting cold</u> today.

2134. 오늘은 매우 덥다.
It is <u>burning hot</u> today.

2135. 나는 매우 목이 마르다.
I am <u>killing thirsty</u>.

10. '명사 + 술어동사' VS '명사 + 과거분사'

★ 과거분사가 명사를 후치수식할 때 명심해야 할 가장 중요한 부분입니다. '술어동사'와 '과거분사'는 불규칙 동사에서 형태가 같은 것들이 상당히 많고, 규칙동사의 경우 과거형과 과거분사형의 형태는 늘 같습니다. 그러므로 섣부른 '순차해석'을 고수하면 상당한 학문적 손실이 생깁니다. 영어 원어민들은 본능적으로 명사 뒤에서 '술어동사'와 '분사' 이렇게 두 가지를 모두 상정하며 '문맥상, 정황상' 우리보다 빠르게 수식어인지 술어인지를 압니다. 이것은 모국어 학습체계 속에서 체득된 것이지만, 외국어 학습체계에서도 여전히 명백한 법칙을 통해 숙지할 수 있습니다.

2136. 군중 속의 한 남자가 내 이름을 불렀다. (술어 동사)
A man among the crowd called my name.

2137. 말콤 엑스로 불리는 한 남자가 군중들이 흩어질 것을 요청했다. (과거 분사 수식)
A man called Malcom X called for the mob to disperse.

2138. 그 모든 파티 주최자들이 나를 초대했다. (술어 동사)
All the party givers invited me.

2139. 초대받은 그 모든 사람들은 행복해 보였다. (과거 분사 수식)
All the people invited looked happy.

2140. 우주는 우리를 창조했다. (술어 동사)
The universe created what we are.

2141. 이런 방식으로 창조된 우주는 우리의 존재와 우리의 방식을 설명할 수 있다. (과거 분사 수식)
The universe created in this manner can explain what we are and how we are here.

★ 예문에서처럼 술어동사는 그 짝이 되는 주어와 호응하고 그 술어동사의 뒷 구조를 책임지고 있지만, 준동사인 과거분사 수식어는 타동사의 수동형이므로 목적어를 결하고 있습니다. 도치관계가 다시 한 번 혼돈을 가져올 수도 있지만, 이는 도치 파트에서 자세히 배우겠습니다.

17 기출문제

01. 다음 문장의 내용상 _____ 부분에 가장 적절한 말은?

> A campaign to save India's _____ Bengal tiger is driving villagers from ancestral lands.

① endangering ② endangered ③ extinct ④ extinguished

해석 멸종 위기에 처한 인도의 벵골산 호랑이를 구하고자 하는 캠페인이 주민들을 고향 땅으로부터 몰아내고 있다.

해설 endanger가 타동사로 '-를 위험에 빠뜨리다' 이므로 '위험에 처해진' 의 의미라면 수동분사

답 ②

02. 다음 문장의 내용상 _____ 부분에 가장 적절한 말은?

> Flight 1029 _____ for Seoul will begin boarding immediately at Gate 2.

① departed ② departures ③ arriving ④ departing ⑤ arrived

해석 서울행 1029 항공편이 2번 탑승구에서 바로 탑승을 시작할 것입니다.

해설 depart for가 '-를 향해 떠나다' 이므로 ing 분사가 수식해야 의미가 통한다.

답 ④

03. 다음 문장의 내용상 _____ 부분에 가장 적절한 말은?

> From an intellectual perspective, documentaries can have a lasting importance, _____ entertainment films, as records of human culture in particular periods.

① far exceeds
② far exceeded
③ far exceeding
④ far exceedingly

해석 지적인 관점에서 보자면, 기록물은 지속적인 중요성을 가지며 특정 기간의 인류 문화에 대한 기록으로서 오락영화를 훨씬 능가한다.

해설 접속사가 없으므로 분사구문화 해야 하고 목적어가 entertainment films으로 왔으므로 능동분사가 와야 한다.

답 ③

04. 다음 문장의 내용상 _____ 부분에 가장 적절한 말은?

> An expensive book _____ to this club is lost.

① belong   ② belongs   ③ belonging   ④ belonged

해석 이 동아리가 소장하고 있는 고가의 책 한 권이 없어졌다.

해설 belong to '-에 속하나.' 이고 뒤에 this club이 있으므로 ing 분사가 꾸민다.

답 ③

05. 다음 문장의 내용상 _____ 부분에 가장 적절한 말은?

> Almost all the gas _____ in the United States is natural gas.

① is burned
② has burned
③ that burning
④ burned
⑤ burns

해석 미국에서 연소되는 거의 모든 가스는 천연가스이다.

해설 burn을 '태우다' 의 의미로 사용했고 미국에서 '태워지는' 이라는 수동의 의미이므로 수동분사. 참고로 burn이 자동사 '타다' 의 의미도 있는데 여기서는 '자발적으로 타다' 가 아니라 '사람이 연소시킨다' 의 의미로 보고 있다.

답 ④

06. 다음 문장의 내용상 _____ 부분에 가장 적절한 말은?

Scientists _____ caves and the living thing in them are called speleologist.

① studying
② studied
③ do a study about
④ are studying

> 해석 동굴들과 그것들 안에 사는 생물을 연구하는 과학자들은 동굴학자라고 불린다.
> 해설 caves 이하가 목적어로 왔기 때문에 능동분사가 와야 한다.
> 답 ①

07. 다음 문장의 내용상 _____ 부분에 가장 적절한 말은?

About 50% of all milk _____ from dairy cows is used to make cheese.

① is obtained
② will be obtaining
③ obtained
④ that it is obtaining

> 해석 젖소들로부터 얻어지는 우유의 약 50%가 치즈를 만드는 데 이용된다.
> 해설 obtain이 '얻다' 라는 의미이므로 '얻어진' 이라는 수동분사가 와야 한다.
> 답 ③

08. 다음 문장의 내용상 _____ 부분에 가장 적절한 말은?

Automobiles _____ unleaded fuel emit fewer dangerous pollutants.

① using
② use
③ that are used
④ can use

> 해석 무연휘발유를 사용하는 자동차는 오염물질을 거의 내뿜지 않는다.
> 해설 목적어로 unleaded fuel이 왔으므로 능동분사가 꾸며야 한다.
> 답 ①

09. 다음 밑줄 친 부분 중 어색한 부분은?

There are certain ① <u>establishing</u> procedures ② <u>that</u> must ③ <u>be followed</u> in ④ <u>conducting</u>.

해석 행동을 하는 데 있어 따라야 할 어떤 수립된 절차들이 존재한다.

해설 establish가 '수립하다' 의 의미이고 절차는 수립의 대상이므로 수동분사가 꾸민다.

답 ① → established

10. 다음 밑줄 친 부분 중 어색한 부분은?

The ① <u>instruction</u> was very ② <u>confused</u>; it ③ <u>contained</u> ④ <u>many</u> ⑤ <u>complicated</u> terms.

해석 그 사용 설명서는 많은 복잡한 용어들이 포함되어 있었기 때문에 아주 혼란스러웠다.

해설 confuse가 '혼동시키다' 라는 의미이고 설명서는 무생물이므로 능동분사

답 ② → confusing

11. 다음 밑줄 친 부분 중 어색한 부분은?

Observe ① <u>closely</u> your surroundings, the ② <u>positions</u> of the cars ③ <u>involving</u>, license numbers and ④ <u>any other</u> pertinent details.

해석 주변 상황, 관련 차량들의 위치, 자동차 번호, 그리고 그 밖의 모든 관련된 세부 사항들을 면밀히 살펴보십시오.

해설 involve는 타동사이고 뒤에 목적어가 없으므로 앞의 cars를 꾸미는 수동분사후치수식

답 ③ → involved

English Grammar Dictionary

12. 다음 밑줄 친 부분 중 어색한 부분은?

College students ① <u>today</u> are often pushed so much in the direction of specialization that ② <u>little</u> time is left ③ <u>for</u> the ④ <u>further</u> development of the basic reading skills ⑤ <u>initiating</u> in earlier years.

해석 오늘날의 대학생들은 종종 전공의 방향으로 너무도 많은 압박을 받기 때문에, 대학 초년에 시작되는 기초 독해 기술의 심화 발달을 위한 시간이 거의 남아있지 않다.

해설 initiate는 '시작하다'라는 타동사이고 초기에 시작하는 기술이 아니라 시작되는 기술이라는 의미

답 ⑤ → initiated

13. 다음 밑줄 친 부분 중 어색한 부분은?

A man who ① <u>shoplifted</u> from the Woolworth's store in Shanton in 1952 recently sent the shop an anonymous letter of apology. In it, he said, "I ② <u>have been guilt-ridden</u> all these days." The item he ③ <u>stole</u> was a two dollar toy. He enclosed a money order ④ <u>paid back</u> the two dollars with interest.

해석 1952년에 Shanton에 소재한 Woolworth 가게에서 좀도둑질을 했던 한 남자가 최근 익명의 사과 편지를 그 가게로 보냈다. 편지를 통해 그는 "저는 요즘 들어 죄책감에 시달려왔습니다."라고 말했다. 그가 훔쳤던 물건은 2달러짜리 장난감이었다. 그는 이자와 함께 2달러를 되갚은 우편환을 동봉했다.

해설 a money order를 수식하는 분사가 필요하고 pay back이 뒤에 목적어를 받았으므로 능동분사

답 ④ → paying back

14. 다음 밑줄 친 부분 중 어색한 부분은?

The Aztecs believed that chocolate ① <u>made</u> people intelligent. Today, we do not believe this. But chocolate has a special chemical ② <u>calling pheny-lethylamine</u>, This is the same chemical ③ <u>the body makes</u> when a person is in love. Which do you prefer - ④ <u>eating chocolate</u> or being in love?

해석 아즈텍인들은 초콜릿이 사람을 똑똑하게 만든다고 믿었다. 오늘날 우리는 이를 믿지 않는다. 하지만 초콜릿은 페닐에틸아민이라고 불리는 특별한 화학물질을 가지고 있다. 이것은 사람이 사랑에 빠져 있을 때 몸이 만들어내는 것과 같은 화학물질이다. 초콜릿을 먹는 것 아니면 사랑에 빠지는 것 중 어느 것을 선호하겠는가?

해설 '-라고 불리는' 이라는 수동분사가 와야 한다.

답 ② → called phenylethylamine

15. 다음 밑줄 친 부분 중 어색한 부분은?

Companies ① lose billions of dollars each year ② due to employees suffering ③ from illnesses ④ bringing on by stress.

해석 기업들은 스트레스에 의해 야기된 질병들로 고통을 받는 근로자들 때문에 매년 수십 억 달러 손해를 보고 있다.

해설 bring on이 '초래하다'이므로 '스트레스에 의해 초래된' 이라는 수동분사

답 ④ → brought on

16. 다음 밑줄 친 부분 중 어색한 부분은?

All new ① recruits in the military ② are expected to have their hair cut to ③ regulation standards ④ issue by the command.

해석 군에 입대하는 모든 신병들은 사령부에 의해 내려진 규제 기준에 맞춰 이발을 하게 될 것이다.

해설 issue가 '발부하다, 발행하다.' 이고 뒤에 by를 받아서 목적어가 없으므로 수동화

답 ④ → issued

17. 다음 밑줄 친 부분 중 어색한 부분은?

① The strength of ② an earthquake may be measured ③ either by the amount of damage ④ do or by instrument readings.

해석 지진의 강도는 끼쳐진 피해의 정도나 또는 계측기 기록에 의해서 측정될 수 있다.

해설 do damage에서 수동이 되어야 '입혀진 피해' 가 된다. damage done

답 ④ → done

18. 다음 중 우리말을 영어로 잘못 옮긴 것을 고르시오

① 나는 딸이 여섯 살일 때 나눗셈을 가르쳤다.
→ I taught my daughter how to do division at the age of six.
② 복면을 쓴 강도들이 쳐들어와서 8천 달러를 가지고 도망쳤다.
→ Mask robbers broke off and ran away with $8,000.
③ 회사를 지배하려고 한 그의 노력은 실패했다.
→ He failed in his attempt to take control of the company.
④ 그 식당은 매우 인기가 있으니 미리 예약을 하렴.
→ Do book ahead as the restaurant is very popular.

해설 mask가 동사로 '복면을 씌우다' 이므로 '강도들에게 복면이 씌워졌다' 라고 보아야 한다.

답 ② Mask → Masked

19. 다음 괄호 안에 맞는 것을 고르시오.

- Scientists were (astonished / astonishing) when they discovered his bow.
- Otze was obviously an (experienced / experiencing) mountain climber.
- His clothes and belongings showed that he was (well-prepared / well-preparing) for the party.

① astonished - experienced - well-prepared
② astonished - experienced - well preparing
③ astonished - experiencing - well-prepared
④ astonishing - experiencing - well-preparing

해석
- 과학자들은 그들이 그의 활을 발견했을 때 놀랐다.
- Otze는 명백히 노련한 산악인이었다.
- 그의 옷과 그의 소지품들은 그가 파티를 위해 잘 준비했다는 것을 보여줬다.

해설 astonish는 '놀라게 하다.' 라는 타동사이므로 감정이 변화한 입장에서는 수동태 / experiencing은 '경험하고 있는' 이라는 진행이고, experienced는 '경험을 한' 이라는 완료의 의미이므로 '노련한' 이라는 의미로 보아 완료분사 / prepare는 '준비시키다' 이므로 '준비된' 의 의미로는 수동

답 ①

PART 18

participial construction

분사구문

18 분사구문
(participial construction)

☆ '절'과 '절'은 접속사에 의해 연결됩니다. 하지만 문맥상 두 절의 상관관계가 분명할 경우 굳이 접속사를 사용하지 않고 두 개의 절을 하나로 줄일 수 있습니다. 이 때, 접속사를 제거하게 되면 문법상 두 개의 절이 올 수 없으므로 접속사가 포함되었던 절의 주어를 제거하고 동사는 원형에 '-ing'를 붙여서 절의 구조는 제거하되 내용은 있는 그대로 전달하는 구조를 분사구문이라고 합니다. 분사구문은 글의 구조를 간략하게 줄이려는 경제성에 입각한 결과물이며, 문맥이 분명할 경우 사용합니다.

1. 분사구문의 생성과정

☆ 분사구문을 만드는 순서와 기본규칙은 아래의 '5단계'로 정리할 수 있습니다.

① 접속사를 제거하라.
② S_2 와 S_1 이 같을 경우 S_2 를 제거하라(같지 않을 때는 S_2 는 그대로 둔다).
③ P_2 의 원형에 -ing 를 붙인다. (P_2 가 P_1 보다 먼저 일어난 일이면 having p.p)
④ 분사구문의 부정어 not 이나 never는 분사의 앞에 붙인다.
⑤ 'being p.p'나 'being + 보어' 구조의 분사구문에서는 being 이 생략될 수 있다.

2142. 나는 커피를 너무 많이 마셔서 밤새 잠을 잘 수가 없었다.
   As I drank too much coffee, I couldn't sleep all night.
   → Drinking too much coffee, I couldn't sleep all night.

2143. 공부를 충분히 하지 않았기 때문에 나는 좋은 성적을 거둘 수 없었다.
   As I didn't study enough, I couldn't get good marks.
   → Not studying enough, I couldn't get good marks.

2144. 당시 부정직했기 때문에 나는 회사기금과 관련된 다른 의심스런 행동의 조사를 받아야 했다.
As I was dishonest at that time, I should be subject to the investigation of other suspicious activities involving company funds.
→ (Being) Dishonest at that time, I should be subject to the investigation of other suspicious activities involving company funds.

2. being 이나 having been 을 생략한 과거분사 구문

☆ 분사구문이 'being + 과거분사, 명사, 형용사' 나 'having been + 과거분사, 명사, 형용사' 의 구조가 되면 being 이나 having been 은 생략하는 것이 보통입니다. 따라서 이 경우에는 생략된 'being, having been' 을 보충해 보면 의미 파악이 쉬워집니다.

2145. 그가 좀 더 좋은 시절에 태어났다면 유명해졌을 텐데.
Born in better times, he would have become famous.
= If he had been born in better times, he would have become famous.

2146. 급하게 인쇄됐기 때문에 이 책에는 오탈자가 많다.
Printed in haste, this book has many misprints.
= As it was printed in haste, this book has many misprints.

3. 분사구문과 접속사

☆ 분사구문에서는 접속사가 생략되는 것이 원칙인데, 이 경우 주절과의 상관성이 약화될 수 있으므로 일부 접속사에 한하여 '주어 + be 동사'를 생략하고 접속사와 분사는 그대로 두어서 의미를 명백히 하기도 합니다. 이것을 분사구문으로 볼 것인가, 아니면 접속사 뒤에서 주어와 be 동사의 생략에서 유래된 것으로 볼 것인가는 기원에 관한 논란일 뿐 결국 같은 의미를 전달합니다.

2147. 그녀는 요리할 때 언제나 휘파람을 분다.
When cooking, she always whistles.

2148. 그는 중국에서 전투하다가 포로로 잡혔다.
While fighting in China, he was taken prisoner.

2149. 현장에서 잡히면 당신은 체포당할 것이다.
If caught on the spot, you will be apprehended.

2150. 비록 우리를 책임지고 있었지만 그 판매관리자는 매우 무책임했다.
Though in charge of us, the marketing director was very irresponsible.

4. 분사구문의 해석범위

☆ 접속사는 많은 종류가 있지만, 모든 접속사절을 분사구문화 하면 해석의 미묘함을 잃어버리므로 분사구문은 주로 '이유, 양보, 시간, 조건, 부대상황' 등 5가지 접속사를 적용해서 해석합니다. (한국어적 구분이며 영어에서는 완전한 구분을 거의 하지 않습니다.)

1) 이유 : as, since, because

2151. 차가 없어서 그녀는 집까지 걷는 도리밖에 없었다.
Having no car, she had no choice but to walk home.
= As she had no car, she had no choice but to walk home.

2152. 아팠기 때문에 그는 회의에 참석할 수 없었다.
Being very sick, he couldn't attend the meeting.
= Because he was very sick, he couldn't attend the meeting.

☆ 이유의 부사절을 분사구문으로 만드는 경우 이를 강조하기 위해 뒤에 'as + 주어 + do' 구조나 'as + 주어 + be' 구조를 첨가할 수 있습니다.

2153. 정글 한 가운데 위치되어 있어서 앙코르 왓은 찾기 어려웠다.
Located in the middle of the jungle, Angkor Wat was hard to find.
= Located <u>as it is</u> in the middle of the jungle, Angkor Wat was hard to find.

2154. 해변에 놓여있어서 그 집은 매우 훌륭한 바다 전망을 확보하고 있다.
Lying <u>as it does</u> on the beach, the house commands a very fine ocean view.

2) 양보 : though, although, even if

2155. 해변에 살고 있지만 그는 농사를 짓고 있다.
Living on the seashore, he is farming.
= Though he lives on the seashore, he is farming.

2156. 파티에 초대를 받았지만 그녀는 제대로 된 입을 것이 없었다.
(Being) Invited to the party, she had nothing proper to wear.
= Though she was invited to the party, she had nothing proper to wear.

3) 시간 : while, when, after

2157. 거리를 걷다가 나의 세입자 중 한 사람을 만났다.
Walking along the street, I met one of my tenants.
= While I was walking along the street, I met one of my tenants.

2158. 일을 끝내고 나서 우리는 TV로 그 축구경기를 보았다.
Finishing the work, we watched the soccer on TV.
= After we finished the work, we watched the soccer on TV.

4) 조건 : if

2159. 내 나이를 고려해 보면 당신은 왜 고용위원회가 다른 사람을 선택했는지 알 것이다.
Considering my age, you will see why the hiring committee selected someone else.
= If you consider my age, you will see why the hiring committee selected someone else.

2160. 그 상인을 다시 만나면 내가 그 패키지를 더 많이 살 수 있는지 물어볼 것이다.
Seeing the vendor again, I will ask if I can buy more of the package.
= If I see the vendor again, I will ask if I can buy more of the package.

5) 부대상황 : and, as, while

☆ '~하면서(~한 채)'라는 동시 동작을 나타냅니다. 부대상황 해석이 전체 분사구문해석 중 가장 많으며, 시간 관계의 전후로 연속된 동작도 부대상황으로 봅니다.

2161. 그는 절벽에 서서 해가 뜨는 것을 바라보았다.
Standing on the cliff, he watched the sun rising.

2162. 기차는 서울역을 떠나 인천국제공항에 정시에 도착했다.
The train left Seoul Station, arriving at Incheon international airport on time.

2163. 함께 노래를 부르면서 그들은 빙글빙글 돌며 춤을 추었다.
Singing together, they danced round and round.

5. 분사구문의 위치

☆ 분사구문은 '문두, 문중, 문미'에 올 수 있으며 문중에 올 때는 반드시 콤마로 구분 합니다.

2164. 환하게 미소 지으며 그는 나에게 의자를 권했다. (문두)
Smiling brightly, he offered me a chair.

2165. 그 여인은 환하게 미소 지으며 나에게 사진 한 장을 건네주었다. (문중)
The lady, smiling brightly, handed me a photo.

2166. 그 남자는 환하게 미소 지으며 나에게 손을 내밀었다. (문미)
The man extended his hand, smiling brightly.

6. 'being + 보어' 분사구문

☆ 형용사나 명사가 보어일 경우 'being + 보어' 구조가 되는데 여기서 being을 생략할 수 있습니다.

2167. 가능한 결과를 알고 있기 때문에 그는 매우 조심스럽게 굴고 있다.
As he is aware of the possible consequences, he is being very careful.
= (Being) Aware of the possible consequences, he is being very careful.

2168. 과학자이기에 그는 초자연적인 것의 존재를 믿을 수 없다.
As he is a scientist, he can't believe in supernatural things.
= (Being) A scientist, he can't believe in supernatural things.

7. 유도부사 there 가 있는 분사구문

☆ 'there + be + 주어' 구조를 분사구문으로 만들면 유도부사 there 는 생략하지 않습니다. 이것을 생략하면 be 뒤에 나오는 명사를 주어가 아니라 보어로 보기 때문입니다. 따라서 늘 'there being + 주어' 라고 기억해 두어야 합니다.

2169. 별과 달이 있으니까 우리는 집으로 가는 길을 찾을 수 있다.
As there are stars and the moon, we can find our way home.
= There being stars and the moon, we can find our way home.

8. 일반인 주어(S₂)의 생략

☆ 분사구문의 의미상 주어가 'we, you, they' 등 일반인 주어인 경우에는 '의미상 주어'를 생략하고 쓰는 것이 보통입니다. 이것을 전통 문법서에서는 '무인칭 독립분사 구문'으로 부르기도 했습니다.

> 2170. 그의 말투로 판단컨대 그는 외국인임에 틀림없다.
> As we judge from his accent, he must be an alien.
> = Judging from his accent, he must be an alien.

도표 209 : 일반인을 주어로 하는 분사구문에서 자주 사용되는 표현

① strictly speaking	: 엄밀히 말해서	② generally speaking	: 일반적으로 말해서
③ frankly speaking	: 솔직히 말해서	④ honestly speaking	: 솔직히 말해서
⑤ briefly speaking	: 간단히 말해서	⑥ supposing that 절	: ~라고 가정한다면
⑦ providing that 절	: ~라고 가정한다면	⑧ granting that 절	: ~라고 하더라도
⑨ talking of	: ~대해 말할 때	⑩ given that 절	: -을 고려하면
⑪ taking all things into consideration	: 모든 점을 고려하면		

9. 분사구문을 이용한 관용숙어

☆ 몇몇 현재분사구문은 문미에서 습관적으로 붙어 사용 됩니다. 일부 잘못된 문법서에서 이 현재분사를 동명사로 다루고 있으나, 이 표현들은 모두 '현재분사를 이용한 분사구문의 관용적 표현' 입니다.

도표 210 : 문미 분사구문을 이용한 관용숙어

① go ~ing	: ~ 하러 가다.
② be busy ~ ing	: ~하느라 바쁘다
③ have a good time ~ing	: ~하면서 즐겁게 지내다
④ have trouble ~ing	: ~하느라 애를 먹다
⑤ have difficulty ~ing	: ~하느라 애를 먹다
⑥ spend +시간 + ~ing	: ~하면서 시간을 보내다
⑦ waste + 시간 +~ing	: ~하면서 시간을 낭비하다

18 기출문제

01. 다음 문장의 내용상 _____ 부분에 가장 적절한 말은?

> _____, seemingly irrational tendencies can lead even the brightest minds to make costly mistakes.

① Leaving unchecked
② Leaving unchecking
③ Left unchecked
④ Left unchecking

해석 점검되지 않은 채 내버려두면, 겉보기에 불합리한 경향들은 가장 똑똑한 사람들조차도 값비싼 대가를 치르게 할 수 있다.

해설 if they are left … 이하에서 분사구문이 만들어졌으므로 수동형이 남아야 한다.

답 ③

02. 다음 문장의 내용상 _____ 부분에 가장 적절한 말은?

> A : Why are they taking all the equipment away?
> B : The job _____, they are packing up to leave.

① did   ② done   ③ was did   ④ to done

해석 A : 그들은 왜 장비를 모두 치우고 있니?
B : 일이 끝났기 때문에 그들은 떠나려고 짐을 꾸리고 있는 중이야.

해설 As the job is done, 에서 만들어진 분사구문으로 주절의 주어와 종속절 주어끼리 다르다.

답 ②

03. 다음 문장의 내용상 _____ 부분에 가장 적절한 말은?

| The sun_____ we stayed there for the night. |

① being set   ② has set
③ had set   ④ having set
⑤ having been set

해석 해가 저물고 나서 우리는 그 곳에서 밤을 지냈다.
해설 set은 자동사이므로 setting이 되던가 아니면 완료분사인 having set이 되어야 한다.
답 ④

04. 다음 문장의 내용상 _____ 부분에 가장 적절한 말은?

| _____ , leisure promotes health, efficiency, and happiness. |

① Using it wisely   ② Having used it wisely
③ If used wisely   ④ As using it wisely
⑤ Because it will use wisely

해석 현명하게만 이용된다면 여가는 건강, 효율성, 행복을 증진시켜 준다.
해설 if it is used … 에서 주어와 be 동사가 생략되었다.
답 ③

05. 다음 문장의 내용상 _____ 부분에 가장 적절한 말은?

| He was sitting alone, and he was folding his arms.
= He was sitting alone, _____. |

① with his arms folded   ② with his arms folding
③ his arms were folded   ④ his arms folding

해석 그는 팔짱 낀 채 홀로 앉아 있었다.
해설 주어끼리 같은 분사구문을 만들면, folding his arms 인데 이것을 수동분사구문으로 만들면 his arms folded가 되며 부대상황의 분사구문에서 다른 주어 앞에 전치사 with를 붙일 수 있다.
답 ①

06. 다음 문장의 내용상 _____ 부분에 가장 적절한 말은?

> Walking along the riverside path, _____.

① we met by several groups of hikers
② it was by several groups of hikers
③ he met several groups of hikers
④ the river met several groups of hikers

해석 강변 길을 따라 걷다가 그는 산책하는 여러 집단을 만났다.

해설 met 동사의 목적어를 바로 취하고 주어가 사람인 조건을 충족시켜야 한다.

답 ③

07. 다음 문장의 내용상 _____ 부분에 가장 적절한 말은?

> Having been selected to represent the Association of Korean Dancers at the Annual Convention, _____.

① the members applauded her
② he gave a short acceptance speech
③ a speech had to be given by her
④ the members congratulated her
⑤ given a short acceptance speech

해석 연례 회의에서 한국무용협회를 대표하기로 선발된 후 그는 짧은 수락연설을 했다.

해설 선발된 주체는 사람이어야 하고 주어동사의 절이 있어야 한다.

답 ②

08. 다음 문장의 내용상 _____ 부분에 가장 적절한 말은?

> _____, I don't know him.

① Meeting not him before
② Not having met him before
③ As not meeting him before
④ Having not met him before
⑤ As I having not met him before

해석 그를 만난 적이 없었기 때문에 나는 그를 알지 못한다.

해설 분사구문을 부정하는 not, never는 분사의 앞에 온다.

답 ②

09. 다음 문장의 내용상 _____ 부분에 가장 적절한 말은?

Opening the door, _____ .

① the clock struck twelve
② they struck against twelve o'clock
③ the clock was heard to strike twelve
④ they heard the clock strike twelve

해석 문을 열자 그들은 12시를 울리는 시계 소리를 들었다.
해설 문을 연 주체는 사람이어야 한다.
답 ④

10. 다음 문장의 내용상 _____ 부분에 가장 적절한 말은?

_____ strong young men, the old woman couldn't manage to get through the crowd well.

① Surrounded by
② She surrounding
③ As she was surrounded
④ Her surrounding
⑤ As she surrounded

해석 건장한 젊은이들에 의해 에워싸여서 그 할머니는 군중들 사이를 제대로 빠져나오지 못했다.
해설 As she was surrounded by …에서 분사구문화 되었다.
답 ①

11. 다음 문장의 내용상 _____ 부분에 가장 적절한 말은?

_____ a dancer herself, she has excellent posture.

① Having being
② Being
③ Having be
④ To be

해석 그녀 자신이 무용수이기 때문에 그녀는 탁월한 자세를 가지고 있다.
해설 As she is a dancer … 에서 분사구문화 되었다. Being 도 생략가능하다.
답 ②

12. 다음 문장의 내용상 _____ 부분에 가장 적절한 말은?

> _____ by the decision, the lawyer quickly left the courtroom.

① Having angered ② Being angry ③ Angered ④ Angering

해석 그 변호사는 화가 나서 그 법정을 빠르게 떠났다.

해설 As he was angered by the decision ⋯ 에서 분사구문화 되었다. anger는 타동사로 사용되었다.

답 ③

13. 다음 밑줄 친 부분 중 어색한 부분은?

> ① <u>Founded</u> in 1961 and ② <u>employed</u> estimated 35,000 people, the organization ③ <u>has gained</u> a reputation ④ <u>for</u> brutality.

해석 1961에 설립되어 약 3만 5천명의 직원을 고용하고 있는 그 조직은 혹독하기로 악평을 받아왔다.

해설 조직이 세워지고 고용한 것이므로 '고용하다.' 동사는 능동형이어야 한다.

답 ② → employing

14. 다음 밑줄 친 부분 중 어색한 부분은?

> I ① <u>looked forward to</u> this visit more than one ② <u>would think</u>, ③ <u>considered</u> I was flying seven hundred miles to sit alongside a ④ <u>dying</u> man. But I seemed to slip into a time warp when I visited Morrie, and I liked myself better when I was there.

해석 죽어가고 있는 한 사람 곁에 앉아있기 위해서 내가 700마일을 비행한다는 점을 고려해볼 때, 나는 사람들의 생각 이상으로 이 방문을 기대했었다. 하지만 내가 Morrie를 방문했었을 때 나는 시간왜곡 속에 빠진 듯 했으며 그곳에 있었을 때 내 자신이 더 좋았다.

해설 consider가 목적어로 절을 받았기 때문에 능동분사인 considering이 되어야 한다. 콤마로 두 개의 술어 동사가 연결되지 않으므로 considered를 술어동사의 과거형으로 볼 수 없다.

답 ③ → considering

15. 다음 중 어법상 틀린 것을 고르시오.

① The kids spent the whole day running after butterflies.
② He tried his best only to fail.
③ She had her license suspended for reckless driving.
④ Taking by surprise, she tried not to lose her presence of mind.

해석 ① 그 아이들은 나비를 쫓아다니면서 하루 종일을 보냈다.
② 그는 최선을 다했지만 실패하고 말았다.
③ 그녀는 난폭 운전으로 면허를 일시 정지당했다.
④ 깜짝 놀랐지만 그녀는 평정심을 잃지 않으려고 애를 썼다.

해설 take가 목적어를 취하지 않았으므로 수동분사가 되어야 한다.
be taken by surprise = '기습당하다, 깜짝 놀라다.'

답 ④ Taking by → Taken by

16. 다음 중 어법상 틀린 것을 고르시오.

① Writing in haste, the letter was not easy to understand.
② Compared to American students, Korean students spend more time at school.
③ Generally speaking, women are more likely to be concerned about their appearances than men.
④ Granting that it is true, we cannot agree with you.
⑤ The excited mobs began to throw cans and bottles into the stadium.

해석 ① 서둘러 적혀진 그 편지는 이해하기에 쉽지 않았다.
② 미국 학생들과 비교할 때 한국 학생들은 공부에 더 많은 시간을 보낸다.
③ 일반적으로 말해, 여자들이 남자들보다 외모에 관심을 가질 가능성이 더 크다.
④ 그것이 비록 사실이라고 해도 우리는 너에게 동의할 수 없다.
⑤ 흥분한 군중들은 깡통과 병을 경기장 안으로 집어던지기 시작했다.

해설 편지가 주절의 주어이고 분사구문은 As it was written in haste이므로 수동화

답 ① Writing in haste → Written in haste

17. 다음 문장 중 어법 상 어색한 것을 고르시오.

① He is not at all interested in chemistry.
② Admitted what you say, I still don't believe it.
③ Dinner being over, we went out for a stroll.
④ Compared with her sister, she is not so pretty.
⑤ He has never heard an unkind word spoken at home.

해석
① 그는 화학에 전혀 관심이 없다.
② 당신의 말을 인정하지만 나는 여전히 그것을 믿지 않는다.
③ 저녁 식사가 끝나자 우리는 산책을 하러 나갔다.
④ 자신의 동생과 비교할 때 그녀는 동생만큼 예쁘지는 않다.
⑤ 그는 집에서 험한 말이 오가는 것을 들어본 적이 한 번도 없었다.

해설 admit 타동사가 뒤에서 목적어로 what you say를 받았으므로 능동분사가 되어야 한다.

답 ② Admitted → Admitting

18. 다음 중 어법 상 적합하지 않은 문장을 고르시오.

① With night coming on, they left the shop empty.
② Overcome with surprise, he was unable to speak to the audience.
③ Written in Russian, he has little difficulty in reading the book.
④ Taking all things into consideration, this is the best judgment.

해석
① 밤이 다가오자 그들은 가게를 비웠다.
② 놀라움으로 압도당한 그는 청중들에게 연설을 할 수 없었다.
③ 러시아어로 적혀있어서(적혀져 있었지만), 그는 그 책을 읽는데 어려움이 거의 없었다.
④ 모든 상황을 고려해 볼 때 이것이 최선의 판단이다.

해설 주절의 주어는 사람이므로 분사구문의 주어와 일치되지 않는다. 굳이 분사구문화 하려면 The book written in Russian, he has little difficulty in reading it.의 구조

답 ③ Written in Russian → 해설 참조

PART 19

gerund

동명사

19 동명사 (gerund)

☆ 동사의 원형에 'ing 형태의 어미'를 붙여, 동사를 명사처럼 사용하게 한 것이 동명사입니다. 한국어적 해석은 '~하는 것, ~되는 것, ~했던 것, ~되었던 것, ~인 것, ~이었던 것' 정도입니다. 동명사는 주로 '주어, 일부 타동사의 목적어, 일부 5형식 타동사의 목적어, be 동사의 주격보어, 일부 5형식 타동사의 목적보어, 전치사의 목적어' 자리에 사용됩니다.

1. 동명사의 형태

☆ 동명사의 기본 형태는 '동사의 원형 + ing' 이며, 부정형은 'not +동사의 원형 + ing' 입니다. 동명사의 확장된 모양을 수동태와 완료시제에 적용시키면 다음과 같습니다.

도표 211 : 동명사의 형태

① V.R ing   : ~하는 것, ~인 것
② being p.p   : ~당하는 것
③ having p.p   : ~했던 것
④ having been p.p : ~당했던 것

2171. 나는 <u>사람들 주위에 있는 것</u>을 좋아한다.
   I like <u>being around people</u>.

2172. <u>자신 있어 보인다는 것</u>은 <u>사람들의 신뢰를 얻는 것</u>을 의미한다.
   <u>Looking confident</u> means <u>getting people's trust</u>.

2173. <u>그의 파티에 초대 받는다는 것</u>은 더 이상 혼자가 아니라는 신호이다.
   <u>Being invited to his party</u> is a sign of <u>not being alone any more</u>.

2174. 그녀는 <u>정시에 나타나지 않은 것</u>에 대해 미안해했다.
   She felt sorry for <u>not showing up on time</u>.

2. 동명사의 역할

1) 주어역할

☆ 동명사는 문장에서 주어 역할을 하며, 동명사 주어는 '3인칭 단수'로 취급합니다.

2175. 빵 굽기는 그다지 어렵지 않다.
Baking is not that difficult.

2176. 술을 너무 많이 마시는 것은 이상 건강 상태를 초래한다.
Drinking too much alcohol causes bad health conditions.

2) be 동사 뒤에서 주격보어 역할

☆ 'be 동사' 뒤에 오므로, '진행시제'나 '현재분사'와 혼동하지 않아야 합니다. '주어'와 '보어'를 바꾸어 써서 같은 의미로 성립되는지를 확인하면 됩니다.

2177. 네 실수는 그를 너무 많이 신뢰한 것이었다.
Your mistake was trusting him too much.

2178. 그의 직업은 영업부를 관리하는 것이다.
His job is managing the sales department.

3) 3형식 타동사의 목적어

☆ 동명사를 목적어로 받는 타동사가 정해져 있으므로 주의해야 합니다.

2179. 나는 회사 회의에 청바지를 입고 가는 것을 꺼리지 않는다.
I don't mind wearing blue jeans to the company meetings.

2180. 그는 경비원에게 발각되는 것을 가까스로 피했다.
He barely avoided being noticed by the security guards.

2181. 당신이 그곳을 여행하고 싶다면 표를 한참 미리 살 것을 충고하고 싶다.
I'd advise buying your tickets well in advance if you want to travel there.

2182. 아이 취급 당하는 것을 환영하지 않습니다.
I don't appreciate being treated like a child.

2183. 그는 자기 차로 갈 것을 제안했다.
He suggested going in his car.

2184. 나는 흡연자 옆에 앉아야 하는 일은 질색이다.
I absolutely detest having to sit next to smokers.

2185. 그녀는 줄 서서 기다려야 하는 것을 참을 수 없어한다.
She can't stand being kept waiting in line.

☆ 3형식 타동사는 목적어로 '행위를 의미하는 동명사'를 취할 때 'to 부정사'와 역할을 분담합니다. 다시 말해 일부 타동사는 동명사만을 목적어로 취하며, 동명사가 부정사와 공동으로 목적어의 역할을 맡게 될 때 일부는 그 의미가 달라지는 경우도 있습니다. 아래의 도표와 예문들을 참조하시기 바랍니다.

도표 212 : 동명사만을 행위 목적어로 취하는 3형식 동사

① practice	+ -ing : -하는 것을 연습하다	② enjoy	+ -ing : -하는 것을 즐기다
③ mind	+ -ing : -하는 것을 꺼려하다	④ avoid	+ -ing : -하는 것을 피하다
⑤ escape	+ -ing : -하는 것을 피하다	⑥ acknowledge	+ -ing : -하는 것을 인정하다
⑦ admit	+ -ing : -하는 것을 인정하다	⑧ appreciate	+ -ing : -하는 것을 고맙게여기다
⑨ consider	+ -ing : -하는 것을 고려하다	⑩ suggest	+ -ing : -하는 것을 제안하다
⑪ imagine	+ -ing : -하는 것을 상상하다	⑫ delay	+ -ing : -하는 것을 미루다
⑬ postpone	+ -ing : -하는 것을 미루다	⑭ put off	+ -ing : -하는 것을 미루다
⑮ detest	+ -ing : -하는 것을 싫어하다	⑯ resist	+ -ing : -하는 것을 저항하다
⑰ deny	+ -ing : -하는 것을 부인하다	⑱ tolerate	+ -ing : -하는 것을 견뎌내다
⑲ risk	+ -ing : -하는 위험을 무릅쓰다	⑳ forgive	+ -ing : -하는 것을 용서하다
㉑ advise	+ -ing : -하는 것을 충고하다	㉒ excuse	+ -ing : -하는 것을 용서하다
㉓ stand	+ -ing : -하는 것을 견뎌내다	㉔ stop	+ -ing : -하는 것을 그만두다
㉕ quit	+ -ing : -하는 것을 그만두다	㉖ finish	+ -ing : -하는 것을 끝내다
㉗ report	+ -ing : -하는 것을 보고하다	㉘ give up	+ -ing : -하는 것을 포기하다
㉙ resent	+ -ing : -에 대해 화나다	㉚ miss	+ -ing : -하는 것을 놓치다
㉛ involve	+ -ing : -하는 것과 연관시키다	㉜ repent	+ -ing : -하는 것을 후회하다
㉝ include	+ -ing : -하는 것을 포함하다	㉞ favor	+ -ing : -하는 일에 찬성하다
㉟ anticipate	+ -ing : -하는 것을 기대하다	㊱ recommend	+ -ing : -하는 것을 권고하다

도표 213 : 동명사와 to V.R 를 모두 행위 목적어로 취하는 3형식 동사

① begin   : -하는 것을 시작하다
② start   : -하는 것을 시작하다
③ continue : -하는 것을 지속하다
④ plan   : -하는 것을 계획하다
⑤ cease   : -하는 것을 멈추다
⑥ prefer   : -하는 것을 선호하다
⑦ hate   : -하는 것을 싫어하다 (원래 부정사는 일회성)
⑧ like   : -하는 것을 좋아하다 (원래 부정사는 일회성)
⑨ love   : -하는 것을 좋아하다 (원래 부정사는 일회성)
⑩ propose   : -할 것을 제안하다
⑪ intend   : -할 것을 의도하다
⑫ bear   : -하는 것을 견디다
⑬ endure   : -하는 것을 견디다

도표 214 : 동명사와 to V.R 를 행위의 목적어로 취할 때 의미가 달라지는 3형식 동사

①	remember	+ to V.R	: 앞으로 할 일을 기억하다 (미래표시어와 어울림)
	remember	+ -ing	: -했던 일을 기억하다 (과거표시어와 어울림)
②	forget	+ to V.R	: 해야 할 일을 잊어버리다
	forget	+ ing	: -했던 일을 잊어버리다
③	stop	+ to V.R	: -하기 위해 하던 일을 멈추다 (부정사는 목적어 아님)
	stop	+ -ing	: 하던 일을 그만두다, 끝내다
④	try(attempt)	+ to V.R	: - 하려고 애쓰다
	try(attempt)	+ -ing	: 시험 삼아 한번 해보다
⑤	help	+ (to) V.R	: -하는 것을 돕다
	help	+ -ing	: - 하는 것을 피하다 (부정문, 가정법, 의문문에서)
⑥	regret	+ to V.R	: - 하게 되어 유감이다 (부정사는 목적어 아님)
	regret	+ -ing	: -하는 걸 후회하다
⑦	mean	+ to V.R	: - 하는 것을 의도하다, 의미하다
	mean	+ -ing	: -하는 것을 의미하다
⑧	go on	+ to V.R	: (다른 행위로) ~을 이어가다 (on은 전치사가 아니라 부사)
	go on	+ -ing	: (같은 행위로) ~을 계속하다

2186. 예전에 그녀와 춤을 추었던 것을 기억한다.

   I <u>remember</u> <u>dancing</u> with her before.

2187. 축제 때 그녀와 춤을 추어야 하는 것을 기억한다.

   I <u>remember</u> <u>to dance</u> with her for the festival.

2188. 그는 문을 잠근 것을 잊었다.
He <u>forgot</u> <u>locking</u> the door.

2189. 그는 문을 잠글 것을 잊었다.
He <u>forgot</u> <u>to lock</u> the door.

2190. 코가 근질거려서 나는 재채기하는 것을 멈출 수가 없다.
My nose is itchy. I can't <u>stop</u> <u>sneezing</u>.

2191. 재채기를 하려고 하던 일을 멈추었으나 할 수가 없었다.
I <u>stopped</u> <u>to sneeze</u>, but I couldn't make it.

2192. 나는 예전의 비밀번호를 입력해 보았다.
I <u>tried</u> <u>putting</u> in my ex-PIN number.

2193. 나는 비밀번호를 기억하려고 애썼다.
I <u>tried</u> <u>to remember</u> my PIN number.

2194. 나는 그 방을 청소하는 것을 도울 것이다.
I will <u>help</u> <u>clean up</u> the room.

2195. 나는 그 그룹에서 노인 취급당하는 것을 피할 수 없다.
I <u>can't help</u> <u>being treated</u> like an old man in the group.

2196. 당신이 해고되었음을 알리게 되어 유감입니다.
I <u>regret</u> <u>to inform</u> you that your position has been eliminated.

2197. 나는 그를 다시 만나는 것을 후회한다.
I <u>regret</u> <u>seeing</u> him again.

2198. 나는 당신을 아프게 할 의도는 없었다.
I <u>didn't mean</u> <u>to hurt</u> you.

2199. 엄지와 검지로 원을 만드는 것은 때로 한국에서 돈을 요구하는 것을 의미할 수 있다.
In Korea, making a circle with a thumb and index finger sometimes <u>means asking for</u> money.

2200. 그는 이어서 나에게 사진을 한 장 보여 주었다.
He <u>went on</u> <u>to show</u> me a photo.

2201. 그는 그 문을 계속해서 두드렸다.
He <u>went on</u> <u>knocking</u> at the door.

4) 전치사의 목적어

☆ 전치사는 행위를 목적어로 받을 때 to 부정사를 받지 않고 동명사를 목적어로 받습니다. 명사와 동사로 같이 사용되는 단어가 전치사 뒤에 올 때 동사로 사용되었는지의 여부를 확인하고 만약 동사로 사용되었으면 동명사화 해야 합니다.

2202. 그 수업은 웹 페이지 만들기에 관한 것이었다.
The class was about making web pages.

2203. Jacob은 해양 동물을 연구하는 데 관심이 있다.
Jacob is interested in studying sea animals.

2204. 당신은 그 시설물에 손상을 가하는 것에 대하여 책임이 있다.
You are responsible for damaging the facilities.

2205. 나는 기자들의 추적을 받는 것이 지겹다.
I am sick of being chased after by reporters.

2206. 그녀는 그에 의해 속았던 것에 화가 나 있다.
She is angry at having been deceived by him.

3. 동명사 VS 현재분사

☆ '동사의 원형 + ing' 구조는 그 형태는 하나지만 문맥에 따라 '동명사' 또는 '현재분사'의 역할을 합니다. 동명사란 명사처럼 쓰이는 것을 말하고, 현재분사란 형용사처럼 쓰이는 것을 말합니다. 아래의 표를 참조하기 바랍니다.

도표 215 : 현재분사와 동명사의 구별

쓰임	현재분사	동명사
~ing + 명사	· waiting people : 기다리는 사람들 · a sleeping lion : 잠자는 사자	· a sleeping bag : 침낭 · a waiting room : 대기실 · a swimming pool : 수영장 ※ ~ing가 명사의 용도를 설명할 때는 동명사
be + ~ing	· He is teaching math in school. 그는 학교에서 수학을 가르치고 있다.	· His job <u>is teaching math</u>. 그의 직업은 수학을 가르치는 것이다. * 주어와 보어를 바꾸어 쓸 수 있다.
주어	-	· <u>Smiling</u> can improve your quality of life. 미소는 당신의 삶의 질을 향상시킬 수 있다.
목적어	-	· I <u>love</u> <u>keeping a diary in English</u>. 나는 영어로 일기 쓰는 것을 좋아한다.
목적격 보어	· I saw a boy eating ice cream. 나는 아이스크림을 먹고 있는 소년을 보았다. (진행적 해석)	· We <u>call</u> that <u>cheating on an exam</u>. 우리는 그것을 시험부정행위로 부른다. (명사적 해석)
전치사의 목적어	-	· Flying is one of the safest ways <u>of traveling</u>. 비행은 가장 안전한 여행 방법 중에 하나이다.

4. 자주 사용되는 전치사와 동명사구조

도표 216 : 부사적으로 자주 사용되는 '전치사 + 동명사'

① in   + ing : ~ 하는데 있어서
② on(upon)   + ing : ~ 하자마자, 할 때
③ by   + ing : ~ 함으로써
④ without   + ing : ~ 하지 않고서

2207. 그는 충분히 설명하지 않고 나에게 '네' 라고 말할 것을 강요했다.
He forced me to say 'yes' without explaining enough.

2208. 그는 벽에 적힌 것을 옮기는 데서 실수를 했다.
He made a mistake in copying what was written on the wall.

2209. 방에 들어서자마자 그는 바닥에 넘어졌다.
On entering the room, he fell on the floor.

2210. 그녀는 하루에 3마일 이상을 걸음으로써 운동을 한다.
She works out by walking more than 3 miles a day.

5. 타동사 뒤에서 능동의 형태로 수동해석 되는 동명사

☆ 동사 'need, want, require, be worth' 등은 뒤에서 '주어를 의미상의 목적어로 하는 타동사'를 동명사로 받을 수 있습니다.

2211. 그 집은 다시 칠할 필요가 있다. (집이 칠해지는 대상)
(비교 : They require painting the house again. 그들은 그 집을 다시 칠하는 것을 요구한다.)
The house requires painting again.

2212. 그 문은 고칠 필요가 있다. (문이 수리의 대상)
The door needs repairing.

2213. 그 장소는 두 번 방문할 가치가 있다. (장소가 방문의 대상)
The place is worth visiting twice.

6. 동명사의 의미상 주어

☆ 동명사는 동사에서 유래된 말이므로 '행위의 의미상 주어'를 갖습니다. 해석상에서 의미상 주어가 대부분 밝혀지지만, 문장 내에서 의미상이 주어를 따로 밝히고자 할 때에는 동명사 앞에 '대명사의 소유격, 목적격' 혹은 '명사'를 붙입니다.

1) 의미상 주어를 따로 쓰지 않을 때

2214. 창문을 좀 닫아 주시겠습니까? (닫는 주체가 you 라는 것이 밝혀진다)
Do you mind closing the window?

2215. 너무 많은 폐를 끼쳐 미안합니다. (giving 의 주체가 I 라는 것이 밝혀진다)
I am sorry for giving you so much trouble.

2216. 이 호수에서 낚시하는 것은 금지되어 있다. (일반인을 대상으로 하는 말)
Fishing in this lake is forbidden.

2217. 빨리 걷는 것은 좋은 운동이다. (일반인을 대상으로 하는 말)
Walking fast is good exercise.

2218. 전화 주셔서 감사합니다. (calling 의 주체는 you 라는 것이 밝혀진다)
Thanks for calling.

2) 의미상의 주어를 동명사 앞에 쓸 때

(1) 소유격 + 동명사

☆ 동명사의 의미상의 주어가 사람이나 생물일 경우 소유격을 사용합니다. 간혹 목적격을 쓰기도 합니다.

2219. 비가 와서 그들은 출발하지 못했다.
The rain prevented their starting.

2220. 나는 그가 시험에 합격하리라 확신한다.
I'm sure of his passing the exam.

2221. 제가 방해해서 미안합니다.
Please excuse my interrupting you.

(2) 명사 + 동명사

★ 의미상 주어가 무생물 또는 some, any, all, every 형태일 때 혹은 등위접속사로 여러 개가 연결될 때는 소유격을 쓰지 않고 명사 형태를 씁니다.

2222. 나와 아내가 헤어질 가능성은 거의 없다.
There is little chance of me and my wife being torn apart.

2223. 그들은 지구가 태양을 도는 것을 몰랐다.
They didn't know of the earth going around the sun.

2224. 그의 거짓말은 우리 모두가 의심받도록 만들었다.
His lie resulted in all of us being suspected.

2225. 누군가가 같은 이야기를 말했음에도 불구하고 나는 그것을 믿을 수 없었다.
In spite of someone telling the same story, I could not believe it.

7. 동명사의 시제

★ 동명사는 그 의미 속에 '이미 해왔거나 하고 있는 일 혹은 겪어본 일' 이라는 경험적 의미를 포함하고 있어, 미래지향적 해석은 어렵지만 주절 동사가 미래지향적 동사이거나 전치사를 포함하고 있을 경우 미래지향적으로 해석될 수 있습니다. 주절 동사 보다 확연하게 먼저 일어난 일임을 표방할 때는 완료동명사인 having p.p 형태를 사용합니다.

도표 217 : 동명사의 시제

주절동사와 같은 시점	-ing, being p.p
주절동사보다 과거 시점	having p.p, having been p.p

2226. 나는 그가 내일 올 것을 확신한다. (of + 동명사지만 tomorrow 에 의해 미래의미)
I am sure of his coming back tomorrow.

2227. 그는 영어 말하기 연습을 많이 한다. (이미 하고 있는 일)
He practices speaking English a lot.

2228. 그의 아버지는 술을 끊었다. (이미 마셔온 술)
His father has given up drinking.

2229. 우리는 강에서 낚시를 즐겼다. (이미 겪어본 일)
We enjoyed fishing in the river.

2230. 물가는 계속해서 높게 오를 것이다. (이미 오르고 있는 일)
Prices will continue rising higher.

2231. 그는 자신이 젊었을 때 게을렀던 것을 후회한다. (과거의 사실을 지금 유감)

　　He is sorry for <u>having been idle</u> in his youth.

2232. 나는 그런 일에 돈을 모두 써 버린 것이 창피했다. (과거의 일보다 더 과거의 일)

　　I was ashamed of <u>having spent</u> all the money on it.

☆ 시간의 전후 관계가 명확한 경우 기본형 동명사로 완료형을 대신하기도 합니다. 이때 기본 형 동명사는 문장의 술어동사보다 먼저 일어난 일을 나타냅니다. 'remember, forget, regret + -ing' 에 의해 대표 됩니다.

2233. 그는 내 여동생을 한 번 만났던 것을 기억한다.

　　He remembers meeting my sister once.

　　= He remembers having met my sister once.

　　= He remembers that he met(has met) my sister once.

8. 수동형동명사

☆ 해석상 '-되는 것, 당하는 것, 받는 것' 이 되면 being p.p 형태를 씁니다.

2234. 나는 영화 볼 때 방해받는 것을 싫어한다.

　　I don't like <u>being disturbed</u> when I watch movies.

2235. 그는 욕설을 듣는 것을 참지 못한다.

　　He can't stand <u>being called names</u>.

2236. 그녀는 올스타 팀에 뽑힌 것에 대해 감사했다.

　　She appreciated <u>having been selected</u> for the All-star Team.

9. 동명사를 사용하는 주요 관용표현

도표 218 : 동명사를 이용하는 주요 관용표현

① It is no use (good, sense, point) ~ing : ~ 해도 소용없다
② There is no ~ing : ~ 하는 건 불가능하다
③ cannot help ~ing : ~ 하는 걸 피할 수 없다
④ be on the point (edge, verge, brink) of ~ing : 막 ~ 하려하다
⑤ It goes without saying that : 말할 필요 없이 당연하다
⑥ come near ~ing : ~ 하는 것 근처에까지 오다
⑦ feel like ~ing : ~ 하고 싶다, -하는 느낌이 들다
⑧ make a point of ~ing : ~ 하는 습관이 있다
⑨ not + without ~ing : 하지 않고는 ~ 하지 않는다
⑩ of one's own ~ing : ~가 손수 ~한
⑪ be busy in ~ing : ~ 하느라 바쁘다
⑫ have trouble(difficulty, a hard time) in ~ing : ~하는 데 애를 먹다
⑬ be worth ~ing : ~할 가치가 있다
⑭ on(upon) ~ing : ~ 하자마자
⑮ in so doing = in doing as : 그렇게 하는데 있어서

2237. 집에 오자마자 나는 TV를 켰다.
　　　On coming home, I turned the TV on.
　　　= As soon as I came home, I turned the TV on.

2238. 나는 이름을 기억하는데 곤란을 겪는다.
　　　I have difficulty in remembering names.

2239. 당신은 어렵지 않게 그 건물을 찾을 겁니다.
　　　You will have no difficulty in finding the building.

2240. 이 책은 읽을 가치가 있다.
　　　This book is worth reading.

2241. 그것은 구입할 만한 가치가 있다.
　　　It's worth buying.

2242. 그녀는 전화 받느라 바빴다.
　　　She was busy in answering the phone calls.

2243. 어머니께서는 요리하느라 바쁘시다.
　　　Mother is busy in cooking.

2244. 이것은 그가 손수 그린 그림이다.
This is the picture of his own painting.

2245. 그는 말을 할 때는 언제나 미소를 짓는다.
He never speaks without smiling.

2246. 할머니께서는 외출만 하시면 우산을 잃어버리신다.
Grandma never goes out without losing her umbrella.

2247. 그는 대개는 매일 아침 1시간 동안 조깅을 한다.
He makes a point of jogging for an hour every morning.

2248. 나는 아침 식사를 가볍게 하는 것을 규칙으로 하고 있다.
I make a point of having a light breakfast.

2249. 나는 지금 저녁을 먹고 싶지 않다.
I don't feel like having dinner now.

2250. 그는 그녀와 영화 보러 가고 싶지 않았다.
He didn't feel like going to the movies with her.

2251. 그렇게 하는 데 있어서 그는 살해당하는 것 근처에까지 왔다. - 살해당할 뻔했다
He came near being killed, in so doing.

2252. 건강이 재산보다 귀중하다는 것은 말할 것도 없다.
It goes without saying that health is more precious than wealth.

2253. 말할 것도 없이 사람은 자신의 약속을 지켜야 한다.
It goes without saying that one should keep his promise.

2254. 그는 마지막 숨을 거두려 하고 있었다.
He was on the point of breathing his last.

2255. 그들은 뉴욕으로 떠나려는 참이다.
They are on the point of leaving for New York.

2256. 그들은 그 집에서 뛰쳐나오지 않을 수 없었다.
They could not help running out of the house.

2257. 나는 그를 비웃지 않을 수 없었다.
I could not help laughing at him.

2258. 이렇게 좋은 날씨에 집에 있을 수는 없다.
There is no staying at home in this fine weather.

2259. 어떤 일이 일어날지 전혀 알 수가 없다.
   There is no saying what may happen.

2260. 네가 변명하려 해봤자 소용없는 짓이다.
   It is no use trying to excuse yourself.

2261. 우유를 엎지르고 울어봐야 소용이 없다.
   It is no use crying over spilt milk.

2262. 그는 소나무를 잘랐는데 그렇게 하면서 전선을 손상시켰다.
   He cut down the pine tree and in so doing damage the wire.

10. 전치사 to + ing

☆ 전치사 중 'to'는 부정사를 유도할 때도 사용하므로 술어동사부와 함께 연동해서 기억해야 합니다. '수여관계'나 '방향', '결과' 등을 의미하는 순수 전치사의 경우 뒤에 명사나 동명사를 받는다고 기억해 두어야 합니다.

도표 219 : 'to V.R'와 혼동하지 말아야 할 주요 'to + ing' 구조

①	object to	+ -ing : -하는 것에 반대하다
②	be opposed to	+ -ing : -하는 것에 반대하다
③	contribute to	+ -ing : -하는 데 기여하다
④	be equal to	+ -ing : -하는 것을 감당하다
⑤	come close to	+ -ing : -하는 일 가까이에 까지 오다
⑥	look forward to	+ -ing : -하는 것을 고대하다
⑦	devote oneself to	+ -ing : -하는 데 헌신하다
⑧	what do you say to	+ -ing : -하는 게 어때?
⑨	be used to (be accustomed to)	+ -ing : -하는 데 익숙하다
⑩	be addicted to	+ -ing : -하는 일에 중독되다
⑪	succeed to	+ -ing : -하는 것을 계승하다
⑫	when it comes to	+ -ing : -하는 데 있어서
⑬	be committed to	+ -ing : -하는 데 전념하다
⑭	confess to	+ -ing : -하는 것을 시인하다
⑮	lead to	+ -ing : -하는 원인이 되다
⑯	key to	+ -ing : -하는 일의 관건
⑰	solution to	+ -ing : -하는 일의 해결책
⑱	road (way) to	+ -ing : -하는 일로의 길
⑲	devotion to	+ -ing : -하는 일에 대한 헌신
⑳	approach to	+ -ing : -하는 일로의 접근
㉑	according to	+ -ing : -하는 데 따라서
㉒	in addition to	+ -ing : -하는 데 덧 붙여서
㉓	with a view to	+ -ing : -하려는 전망을 가지고
㉔	due to	+ -ing : -하는 것 때문에

2263. 나는 채식주의 단골고객을 잃는 길로 가게 될지도 모르는 식단의 확장에 반대한다.

I am opposed to expanding our menu that may be on a road to losing vegetarian patrons.

2264. 배달원에게 근무시간을 넘겨서 그 소포를 배달해준 것에 대해 감사를 표한 것에 더하여 그는 봉사료를 주었다.

> In addition to expressing appreciation to the courier for delivering the package after the usual business hour, he tipped him.

2265. 그 지점의 폐쇄에 대한 책임 거부는 그가 관리 총 책임자로서의 위치를 잃게 했다.

> The refusal to accept the liability for the closure of the branch led to his losing his position as a general manager.

2266. 그 기술들을 가르치는 것에 관해 아무것도 알지 못한다는 것을 나는 시인해야 한다.

> I must confess to knowing nothing about teaching the skills.

2267. 그는 당신의 요구를 제때에 처리할 능력이 있다.

> He is equal to accommodating your request in a timely manner.

2268. 그는 그 문제를 해결할 열쇠를 찾을 수 있다.

> He can find a key to solving the problem.

19 기출문제

01. 다음 문장의 내용상 _____ 부분에 가장 적절한 말은?

> I am ashamed that I made the same mistake twice.
> = I am ashamed _____ the same mistake twice.

① making ② of making
③ to make ④ having made
⑤ of having made

해석 나는 똑같은 실수를 두 번 저지른 것이 부끄럽다.

해설 be ashamed of + ing = be ashamed that 절 / 종속절의 시제가 더 과거이므로 완료동명사 having p.p를 써야 한다.

답 ⑤

02. 다음 문장의 내용상 _____ 부분에 가장 적절한 말은?

> A : What happened to your shoes?
> B : They want _____.

① mend ② mended ③ mending ④ to mend

해석 A : 너의 신발에 무슨 일이 일어났니?
B : 그것들은 수리될 필요가 있어.

해설 주어 자체가 신발이므로 mend의 목적어는 쓰지 않으며 need, want, require + ing 구조에서는 주어를 타동사인 동명사의 의미상 목적어로 하여 쓸 수 있다.

답 ③

03. 다음 문장의 내용상 _____ 부분에 가장 적절한 말은?

| Consumers complained that the company's_____was generally wasteful. |

① packaging   ② will packaging   ③ packaged   ④ to package

해석 소비자들은 회사의 포장이 일반적으로 낭비스럽다고 불평했다.

해설 종속절의 주어가 있어야 하므로 명사화된 동명사 packaging, 이런 류는 building, painting 등이 있다.

답 ①

04. 다음 문장의 내용상 _____ 부분에 가장 적절한 말은?

| The position you applied for has been filled but we appreciate your interest _____ by our company. |

① of employment   ② of being employed
③ in being employed   ④ in having been employed
⑤ in position

해석 당신이 지원한 자리는 이미 다 찼습니다만 우리는 회사에 의한 고용에 대한 귀하의 관심을 감사히 여깁니다.

해설 '-에 대한 관심'에서는 전치사 in을 사용하며 고용당하는 입장이므로 수동형 동명사를 쓰고 이미 고용된 것은 아니므로 완료형은 사용불가.

답 ③

05. 다음 밑줄 친 부분 중 어색한 부분은?

| Mr. Cohen has ① a good chance of ② electing as a chairman, ③ although he is only 40 ④ years old. |

해석 Mr. Cohen은 비록 40밖에 되지 않았지만 의장으로 선출될 가능성이 높다.

해설 a chance of - ing 구조에서 선출될 가능성이므로 수동형인 being elected가 정답.

답 ② → being elected

06. 다음 밑줄 친 부분 중 어색한 부분은?

> It is worth ① pointing out that despite ② guiding by an ideal of physicalism, most philosophers ③ have come to recognize the distinctive aspects of the mind as, in some way, ④ irreducible.

해석 물리주의라는 이상에 의해 인도 당했음에도 불구하고 대부분의 철학자들이 인간 정신의 독특한 측면들을 어떤 방식으로도 단순화할 수 없는 것으로 인식하게 되었다는 사실을 지적할 가치가 있다. (it은 가주어 that 절 이하가 진주어절)

해설 guide는 '인도하다.' 이고 목적어가 없이 by를 받았으므로 수동 동명사

답 ② → being guided

07. 다음 밑줄 친 부분 중 어색한 부분은?

> Whether you have a question that ① needs answering, a suggestion ② to make, or a story ③ to share with us, we always look forward ④ to hear from you! For your convenience, you can ⑤ contact us at 1-800-745-5830.

해석 여러분들이 답변을 요하는 질문이 있거나, 제안을 하고 싶거나, 공유할 이야기가 있거나, 우리는 항상 그 내용을 듣기를 고대하고 있습니다. 언제든지 1-800-745-5830번으로 저희에게 연락을 주십시오.

해설 look forward to에서 to는 전치사이므로 명사나 동명사를 취한다.

답 ④ → to hearing

08. 다음 문장의 내용상 _____ 부분에 가장 적절한 말은?

> I would appreciate _____ it a secret.

① you to keep ② your keeping
③ of you to keep ④ that you're kept

해석 네가 그것을 비밀로 해준다면 고맙겠다.

해설 appreciate + ing : '-하는 것을 감사히 여기다.' 여기서 동명사의 의미상 주어는 소유격

답 ②

570 PART 19 - 동명사 (gerund)

09. 다음 문장의 내용상 _____ 부분에 가장 적절한 말은?

> Most Koreans object _____ them by their first name.

① me calling
② to my calling
③ for me to call
④ that I am called
⑤ for calling

해석 대부분의 한국 사람들은 내가 그들을 이름으로 부르는 것에 반대한다.

해설 object to에서 to는 전치사이므로 동명사를 받아야 한다. 의미상의 주어는 소유격

답 ②

10. 다음 문장 중 어법상 옳지 <u>않은</u> 것은?

① I never see her without being reminded of my mother.
② I just hate the thought of doing just one thing through the day.
③ It's needless to say that diligence wins in the end.
④ They were on the verge to leave the summer resort.

해석
① 나는 내 어머니를 상기당하지 않고 그녀를 보는 법이 없다.
② 나는 하루 종일 딱 한 가지 일만 한다는 생각이 정말 싫다.
③ 결국은 근면함이 이긴다라는 것은 두말할 필요도 없다.
④ 그들은 막 하게 리조트를 떠나려는 참이었다.

해설 be on the verge, edge, brink of + ing = be about to 부정사

답 ④

11. 다음 중 어법상 <u>틀린</u> 문장은?

① He was seen to talk with her.
② One more effort, and you will succeed.
③ Unless you call him, he will not come.
④ I don't remember to mail the letter last Saturday.
⑤ Ms. Brown is so good a teacher that everybody respects her.

해석
① 그가 그녀와 이야기 하는 것이 목격되었다.
② 조금 더 노력을 한다면 당신은 성공할 것이다.
③ 당신이 그를 부르지 않는다면, 그는 오지 않을 것이다.
④ 나는 지난 토요일에 그 편지를 보냈던 것을 기억하지 못한다.
⑤ Ms. Brown은 매우 좋은 선생님이어서 모두가 그녀를 존경할 정도이다.

해설 last Saturday가 있어서 과거의 사실이므로 remember + ing : '-했던 일을 기억하다'

답 ④ to mail → mailing

12. 다음 두 문장의 의미가 서로 같지 <u>않은</u> 것은?

① She seems to have been rich.
  = It seems that she was rich.
② She insists that I should go there.
  = She insists on going there.
③ When you speak English, don't be afraid of making mistakes.
  = In speaking English, don't be afraid of making mistakes.
④ Not wanting to meet him, I didn't go to the party.
  = As I did not want to meet him, I didn't go to the party.

해석 ① 그녀는 부유했던 것으로 보인다.
② 그녀는 내가 거기에 가야 한다고 주장한다.
③ 영어로 말할 때는 실수를 저지르는 것을 두려워하지 말라.
④ 그를 만나고 싶지 않았기 때문에 나는 파티에 가지 않았다.

해설 동명사의 의미상 주어가 주절의 주어와 다르면 동명사 앞에 소유격

답 ② on going → on my going

13. 우리말을 영어로 옮긴 것 중 <u>어색한</u> 것을 고르시오.

① 그가 조만간 승진할 것이란 소문이 있다.
→ The rumor says he will be promoted sooner or later.
② 음주 운전하는 것은 어리석은 짓이라는 것을 알았다.
→ I found it stupid to drive under the influence.
③ 우리는 폭풍우 때문에 야구를 하지 못했다.
→ The heavy rain prevented us from playing baseball.
④ 내 기억에는 그가 나에게 그런 뻔뻔스러운 거짓말을 한 적이 없다.
→ I don't remember for him to tell me such a direct lie.

해설 과거의 사실이므로 remember + ing 이고 의미상 주어는 동명사 앞에 소유격

답 ④ for him to tell → his telling

14. 다음 중 어법상 <u>틀린</u> 것을 고르시오.

① I look forward to meeting Mr. Kim at the party.
② He went to America with a view to studying English.
③ It is of no use trying to persuade him.
④ He is used to eating food late at night.
⑤ I remember seeing her last night.

해석 ① 나는 파티에서 Mr. Kim을 만나기를 고대한다.
② 그는 영어를 공부할 목적으로 미국에 갔다.
③ 그를 설득하려고 해봐야 아무 소용이 없다.
④ 그는 늦은 밤에 음식을 먹는 것에 익숙하다.
⑤ 나는 어젯밤에 그녀를 만났던 것을 기억한다.

해설 it is no use + ing = it is of no use to 부정사 - 관용적으로 쓴다.

답 ③ is of no use to V.R = is no use + -ing

15. 어법상 가장 <u>어색한</u> 것을 고르시오.

① Who that is rich could do such a stingy thing?
② Every person at the meeting is fond of the idea.
③ Tom was seen to come out of the room by them.
④ My husband has been busy to work out his project.

해석 ① 부자인 어느 누가 그런 인색한 일을 할 수 있겠는가?
② 그 회의에 참석한 모든 사람이 그 아이디어를 좋아한다.
③ 탐이 방 밖으로 나오는 것이 그들에게 목격당했다.
④ 나의 남편은 그의 프로젝트를 해결하느라고 바빴다.

해설 be busy + (in) + ing : '-하느라고 바쁘다.'

답 ④ to work → in working

16. 우리말을 영어로 잘못 옮긴 것을 고르시오.

① 그는 거짓말했다는 것을 인정했다.
 → He admitted being told a lie.
② 사람들은 특정 문화, 사고체계, 그리고 언어에 의해 물들어 간다.
→ People are instilled by a specific culture, thought system, and language.
③ 그녀는 아기의 울음을 멈추지 못했고, 따라서 한계에 이르렀다.
→ She couldn't stop the baby's crying, so she was at the end of her tether.
④ 수 주간 비가 내리고 있어 나는 이 날씨에 진저리가 난다.
→ Since it has been raining for weeks, I'm getting fed up with this weather.

해설 a lie를 목적어로 받았으므로 능동 동명사인 telling

답 ① being told → telling

17. 다음 중 어법상 틀린 것을 고르시오.

① He got me to translate the letter into English.
② She considers to go abroad for graduate work.
③ I appreciated receiving letters from my friend.
④ He came near (to) being run over by a taxi.

해석 ① 그는 나에게 그 편지를 영작하게 시켰다.
② 그녀는 대학원 공부를 위해 유학가는 것을 고려중이다.
③ 나는 친구에게서 편지를 받는 것을 감사히 여겼다.
④ 그는 택시에 치이는 것에 가까이 왔었다. 즉, 하마터면 택시에 치일 뻔했다.

해설 consider는 3형식으로 사용될 때 부정사를 목적어로 받지 않고 동명사를 받는다.

답 ② to go → going

18. 다음 중 어법상 <u>틀린</u> 것을 고르시오.

① I am looking forward to see you soon.
② He used to take a walk every morning.
③ They enjoyed themselves at the party.
④ She is not accustomed to getting up early.

해석 ① 나는 너를 곧 보게 되기를 고대하고 있다.
② 그는 예전에 매일 아침 산책을 하곤 했었다.
③ 그들은 파티에서 즐거운 시간을 보냈다.
④ 그녀는 아침 일찍 일어나는 것에 익숙하지 않다.

해설 look forward to에서 to는 전치사이므로 동명사

답 ① forward to see → forward to seeing

19. 다음 중 어법상 올바른 것을 고르시오.

① You must stop to think before you act.
② I don't feel like to go for a walk now.
③ The heavy rain prevented him to attend the meeting.
④ What do you say to go for a walk?

해석 ① 너는 행동하기 전에 멈춰서 생각을 해야 한다.
② 나는 지금 산책 가고 싶은 기분이 아니다.
③ 그 폭우로 인해 그는 회의에 참석하지 못했다.
④ 산책하러 가는 것이 어떤가?

해설 what do you say to + ing ? '-하는게 어때?' 구조에서 to는 전치사이다. / feel like에서 like는 전치사이므로 동명사를 받아야 한다 / prevent + 명사 + from + ing
② feel like to go → feel like going
③ prevented him to attend → prevented him from attending
④ to go → to going

답 ①

20. 밑줄 친 부분 중 어법상 옳지 <u>않은</u> 것은?

> A mutual aid group is a place ① <u>where</u> an individual brings a problem and asks for assistance. As the group members offer help to the individual with the problem, they are also helping ② <u>themselves</u>. Each group member can make associations to a similar ③ <u>concern</u>. This is one of the important ways in which ④ <u>give</u> help in a mutual aid group is a form of self-help.

① where　　　② themselves　　　③ concern　　　④ give

해석 상호부조집단은 한 개인이 문제를 가져와 도움을 청하는 한 장소이다. 그 집단이 문제를 가지고 있는 개인에게 도움을 제공할 때, 그들은 또한 그들 스스로를 돕고 있는 셈이다. 각 집단 구성원은 유사한 관심사의 연관성을 이끌어 낼 수 있다. 이것은 그 상호부조집단에서 도움을 주는 것이 스스로를 돕는 형태가 되는 중요한 방법들 중의 하나이다.

해설 in which 관계사절에서 is의 주어가 필요하므로 동명사가 주어가 된다.

답 ④ → giving

PART 20

comparative phrases and clauses

비교구문

20 비교구문
(comparative phrases and clauses)

☆ 비교구문이란 두 개의 문장 속에 있는 형용사나 부사의 정도(程度)를 비교하는 문장구조를 말합니다. 종류에는 서로 같은 정도를 의미하는 '원급 비교', 차이가 난다는 것을 의미하는 '비교급 비교', 최고나 최저에 있다는 '최상급 비교' 세 가지가 있습니다. 이하에서는 각각의 생성원리에서부터 관용적 용법들까지 자세히 배워보기로 합니다.

1. 원급 비교

1) 원급 비교의 생성원리

☆ 다음과 같은 단계를 거쳐 원급 비교를 만듭니다.

① 두 개의 절을 접속사 as 를 사용하여 통합한다.
② 비교할 공통의 형용사나 부사를 찾고, 앞 절의 형용사나 부사 앞에 '동등하게'라는 의미를 갖는 부사 as 를 첨가함과 동시에, 뒷 절 내의 형용사나 부사가 앞 절과 같을 경우 제거한다.
③ 뒷 절에서 앞 절과 같은 내용을 지우며 축약한다.
④ 남겨진 뒷 절의 나머지와 병렬되는 앞 절 내의 구조를 확인한다.

    2269. 그는 나만큼 젊다. (병렬되는 구조는 각각 He 와 I)
        ① He is young. I am young.
        ② He is young <u>as</u> I am young.
        ③ <u>He is</u> <u>as</u> young <u>as</u> <u>I am</u>.
        ④ <u>He</u> is as young as <u>I</u>.

    2270. 나는 그만큼 많은 친구들을 가지고 있다. (병렬되는 구조는 각각 I 와 He)
        ① I have many friends. He has many friends.
        ② I have many friends <u>as</u> he has many friends.
        ③ I have <u>as many friends</u> as he has.
        ④ <u>I</u> have as many friends as <u>he(him)</u>.

☆ 전치사는 같아도 생략하지 않는 것이 병렬구조를 쉽게 알아 볼 수 있기 때문입니다.

    2271. 그는 Susie와 함께일 때 만큼 나와 함께일 때도 편안하게 보인다. (병렬은 with me 와 with Susie)
        ① He looks comfortable with me. He looks comfortable with Susie.
        ② He looks comfortable with me as he looks comfortable with Susie.
        ③ He looks as comfortable with me as he looks with Susie.
        ④ He looks as comfortable with me as with Susie.

☆ 술부가 비교의 대상이 되는 경우 주어가 같아도 생략하지 않습니다.

    2272. 그는 과거에 그랬던 것만큼 현재도 총명하다. (병렬은 he is 와 he was)
        ① He is smart. He was smart.
        ② He is smart as he was smart.
        ③ He is as smart as he was.

☆ 다른 형용사나 부사도 비교될 수 있습니다.

    2273. 그는 재미있는 것만큼이나 진지하기도 하다. (병렬되는 구조는 serious와 humorous)
        ① He is serious. He is humorous.
        ② He is serious as he is humorous.
        ③ He is as serious as he is humorous.
        ④ He is as serious as humorous.

☆ 부사와 부사구, 부사절 등은 형태가 달라져서 비교되는 경우가 많습니다.

    2274. 여기서 사는 것은 내 고향에서 사는 것만큼 힘들다. (병렬은 here 와 in my hometown)
        ① It is hard to live here. It is hard to live in my hometown.
        ② It is hard to live here as it is hard to live in my hometown.
        ③ It is as hard to live here as it is in my hometown.
        ④ It is as hard to live here as in my hometown.

    2275. 그 자몽은 이틀 전 만큼이나 지금도 신선하다. (병렬되는 구조는 now 와 two days ago)
        ① The grapefruit is fresh now. It was fresh two days ago.
        ② The grapefruit is fresh now as it was fresh two days ago.
        ③ The grapefruit is as fresh now as it was two days ago.
        ④ The grapefruit is as fresh now as two days ago.

☆ 비교구문에서의 병렬은 등위접속사에 의한 병렬보다 조금 더 어렵게 느껴질 수 있습니다. 많은 한국인들이 영작이나 고급지문을 이해하는 데 있어서 취약한 부분이니 반드시 신경 써서 공부해 두어야 합니다. 비교하는 명사끼리의 수와 격에 주의해야 하며 특히 '부사'나 '부사구', '부사절' 그리고 '준동사의 역할' 등에 있어서 동등한 구조나 의미를 전달하도록 해야 합니다.

2276. 나이지리아의 인구는 일본의 그것 (인구) 보다 크다.
The population of Nigeria is larger than that of Japan.

2277. 토끼의 귀들은 기린의 그것들 (귀들) 만큼 길다.
The ears of a rabbit are as long as those of a giraffe.

2278. 너의 차는 나의 그것 (차) 만큼 예쁘다.
Your car is as lovely as mine.

2) 부정 원급 비교의 구성

☆ 부정어 not 을 주절동사에 사용하면 '뒤의 비교대상이 더 ~하다'라는 비교급 비교의 의미가 되며 이 경우 앞의 부사 as 는 so 로 바꿀 수 있습니다.

2279. 그는 지금은 과거만큼 행복하지 않다. (He was probably happier in the past.)
He is not as(so) happy now as he was.

2280. 나는 그 사람이 그랬던 것만큼은 너를 좋아하지 않았다. (He probably loved you more.)
I did not like you as(so) much as he did.

3) 원급비교를 이용한 관용표현

(1) no A so (as) B as C : 'C만큼 B한 A는 없다. 즉, C가 가장 ~하다'

2281. 내 여자 친구만큼 말수가 적은 사람은 없다.
No one is so reticent as my girlfriend.

2282. 그 사람만큼 내 인생에 혁명적 영향을 끼친 사람은 없었다.
No other man has had so revolutionary an effect on my life as he has.

2283. 나는 우리의 신뢰만큼 더 중요한 다른 어떤 것도 생각할 수 없다.
I cannot think of any other thing so important as our trust.

(2) as 형, 부 as any + 명사: '누구(무엇) 못지않게 ~하다'

2284. 그는 우리 회사의 누구 못지않게 탐욕스럽다.
He is as covetous as any man in my company.

2285. 그는 어떤 원어민 못지않게 유창하게 말할 수 있다.
He can speak as fluently as any native speaker.

(3) as 형, 부 as ever + (S) + P : '~하는 누구, 무엇 못지 않게 ~하다'

☆ 이 구조는 뒤의 as 가 유사관계대명사 주격으로 사용되는 경우 'as 형용사 + 관사 + 명사 + as ever + 동사' 로 오지만, 단독적으로 뒤에 절을 받을 수도 있고 '예전만큼' 이라는 의미로 뒷 부분을 생략한 채 사용될 수도 있습니다.

2286. 그는 내 반에서 공부했던 누구 못지않게 총명한 젊은이였다.
He was as smart a young man as ever studied in my class.

2287. 나는 당신을 여느 남성이 여성을 사랑했던 것 못지않게 진심으로 사랑한다.
I love you as truly as ever a man loved a woman.

2288. 그녀는 여전히 젊고 아름답다.
She is as young and pretty as ever.

2289. 물 밖으로 나왔던 어떤 고기 못지않게 월척은 바다에 있다. (기회는 많다)
There are as good fish in the sea as ever came out.

2290. 그는 세상을 살았던 누구 못지않게 좋은 사람이다.
He is as good a man as ever trod shoe leather.

(4) as 형, 부 as possible = as 형, 부 as one can = as 형, 부 as can be : '가능한 한'

2291 가능한 한 빨리 답징을 주세요.
Please write me back as soon as possible.

2292. 가능한 한 온도를 높이 설정하세요.
Set the temperature as high as can be.

(5) as 형용사 as 비유어

☆ 비유를 통한 정도를 나타내는 표현으로, 불가산명사에 비유할 때는 부정관사를 쓰지 않습니다.

도표 220 : 원급 비교를 이용한 관용적 비유어

① as white as snow : 눈처럼 하얀
② as black as coal, ink, a crow(raven) : 석탄, 잉크, 까마귀처럼 까만
③ as soft as silk : 비단처럼 부드러운
④ as brave as a lion : 사자처럼 용감한
⑤ as hungry as a wolf : 늑대처럼 굶주린
⑥ as poor as a church-mouse : 교회 쥐처럼 가난한
⑦ as pure as water : 물처럼 순수한
⑧ as stubborn as a mule : 노새처럼 고집 센

⑨ as blind as a bat　　　　　　　: 박쥐처럼 눈이 먼
⑩ as dumb as a fish　　　　　　: 물고기처럼 멍청한
⑪ as cool as a cucumber　　　　: 오이처럼 차가운
⑫ as free as the wind, a bird　　: 바람, 새처럼 자유로운
⑬ as light as a feather　　　　　: 깃털처럼 가벼운
⑭ as busy as a bee　　　　　　 : 꿀벌만큼 바쁜
⑮ as dumb as an oyster　　　　 : 굴만큼 입을 닫고 있는, 입이 무거운
⑯ as proud as a peacock　　　　: 공작새만큼 뽐내는
⑰ as slow as a snail　　　　　　: 달팽이만큼 느린

(6) as good as : '~와 다름없는', '~와 다름없이', '-만큼 훌륭한'

2293. 그는 죽은 거나 다름없다.
He is as good as dead.

2294. 그는 나를 겁쟁이라고 부른 것이나 다름없었다.
He as good as called me a coward.

2295. 그 문제는 해결된 것이나 진배없다.
The matter is as good as settled.

2296. 그것은 이것만큼 좋다.
That one is as good as this.

2297. 그녀는 자기 말에 충실하다.
She is as good as her word.

(7) not so much A as B
 = not A so much as B = B rather than A = more B than A = less A than B

★ 'B 만큼 A의 성격이 많지는 않다' 에서 유래한 표현으로 'A' 와 'B' 두 개의 성격을 다 가지고 있는 상황에 사용합니다. as B 대신 but B 를 쓸 수도 있습니다.

2298. 그는 의사라기보다는 치료술사이다.
He is not so much a doctor as a healer.

2299. 그는 나를 사랑한다기보다는 좋아한다.
He does not love me so much as he likes me.

2300. Jenny는 검소하기 보다는 인색하다.
Jenny is more stingy than thrifty.

2301. 그는 열렬한 지지자들로부터 보다는 자기의 적수로부터 배우는 편이다.
He learns from his opponents rather than from his fervent supporters.

2302. 그 열쇠공은 그의 조수를 열쇠제작에 대한 조수의 관심부족 때문에 라기 보다는 조수가 모든 잠긴 문을 두려움과 걱정으로 대했다는 것 때문에 싫어했다.
The locksmith disliked his apprentice not so much for his lack of interest in key cutting, but because he regarded every locked door with fear and anxiety.

☆ not so much as 를 붙여서 '~조차 못하다(않다)' 라고 해석할 수 있습니다.

2303. 그는 자기 자신의 이름조차 쓰지 못한다.
He cannot so much as write his own name.

(8) without so much as + 명사, -ing : '~조차 없이', '~조차 하지 않고서'

2304. 그는 작별인사조차 하지 않고서 집으로 돌아갔다.
He went back home without so much as saying goodbye.

2305. 그녀는 긁힌 곳 하나 없이 교통사고에서 살아나왔다.
She came through the traffic accident without so much as a scratch.

(9) so 형, 부 as to V.R : '~할 정도로 충분히 ~하다'

2306. 그는 나를 들어오게 하고 그날 밤 자기의 침대를 내주었을 정도로 친절했다.
He was so kind as to let me in and give his bed for the night.
= He was kind enough to let me in and give his bed for the night.

2307. 그것은 오해받을 만큼 매우 분명했다.
It was so manifest as to be misunderstood.

2308. 그녀는 아무도 듣지 못할 정도로 조용하게 노래를 불렀다.
She sang so quietly as to be heard by no one.

(10) as soon as : '~하자마자'

☆ 원급 비교를 이용한 접속사 입니다.

2309. 인간의 아이들은 태어나자마자 기도를 뚫어야 한다.
As soon as human babies are born, they have to clear their respiratory passage.

2310. 시에서 건축허가를 내주자마자 우리는 바로 시작할 것이다.
　　　Just as soon as the city issues the building permit, we will start.

(11) as long as = so long as : '~하는 한(조건), ~만큼 긴(길게)'
　　　as far as = so far as : '~하는 한(정도), ~만큼 멀리'

☆ 원급 비교를 이용한 접속사 입니다.

2311. 당신이 연루되는 한 나는 그것을 외면할 수 없다.
　　　As long as you are involved, I can't look it away.

2312. 나로서는 그 계획에 반대하지 않는다.
　　　As far as I am concerned, I don't object to the plan.

(12) 원급 비교에서 두 번째 as 이하의 생략

☆ 비교의 병렬대상이 이미 언급된 경우 'as + B'를 생략할 수 있습니다.

2313. 그는 행복하다, 그러나 나는 행복하지 않다. (행복의 절대적 기준)
　　　He is happy but I am not happy.

2314. 그는 행복하다, 그러나 나는 그 만큼은 행복하지 않다. (뒤에 as he의 생략)
　　　He is happy but I am not as happy.

2315. 나는 고전음악을 좋아한다. 하지만 팝을 그 만큼 좋아하지는 않는다. (뒤에 as classical music)
　　　I like classical music but I don't like pop music as much.

(13) 배수사와 원급 비교

☆ '배수, 분수, 퍼센트 + as ... as' 구조로 사용하여 구체적 차이를 표현 합니다.

2316. 그는 나의 두 배만큼 무겁다.
　　　He is twice as heavy as I am.

2317. 그는 나의 3배만큼 많은 책을 가지고 있다.
　　　He has 3 times as many books as I have.

2318. 그 휴대폰의 가격은 이것의 절반이다.
　　　The cell phone is half as costly as this.

(14) as + 형용사 + a, an + 명사 어순

☆ 부정관사는 원래 형용사 앞에서 명사를 수식하지만, as 가 형용사를 꾸밀 경우 부정관사는 형용사 뒤에 옵니다.

2319. 나는 당신이 나에게 기대하는 것만큼 좋은 남편이 되고 싶다.
I want to be <u>as nice a husband as</u> you expect me to.

2320. 그는 나를 성자만큼 정직한 사람으로 파악하고 있다.
He finds me <u>as honest a man as</u> a saint.

2. 비교급 비교

1) 비교급비교의 생성원리

☆ 다음과 같은 단계를 거쳐 비교급 비교를 만듭니다.

① 두 개의 절을 접속사 than 으로 통합한다.
② 비교할 대상의 앞 절 형용사나 부사를 비교급으로 만든다.
③ 뒷 절의 '형용사, 부사'를 제거한다.
④ 뒷 절 내에서 앞 절과 공통되는 것을 제거하고 병렬구조를 확인한다.

    2321. 그는 나보다 더 크다. (병렬되는 것은 He 와 I)
        ① He is big. I am big.
        ② He is <u>bigger than</u> I am big.
        ③ He is bigger than <u>I am</u>.
        ④ <u>He</u> is bigger than <u>I(me)</u>.

    2322. 그는 나보다 많은 친구들을 가지고 있다. (병렬되는 것은 He 와 I)
        ① He has many friends. I have many friends.
        ② He has <u>more friends than</u> I have many friends.
        ③ He has more friends than <u>I have</u>.
        ④ <u>He</u> has more friends than <u>I(me)</u>.

    2323. 어떻게 돈을 쓰느냐가 그것을 어떻게 버느냐 보다 더 중요하다.
      (병렬되는 것은 How to spend money와 how to earn it)
        ① How to spend money is important. How to earn money is important.
        ② How to spend money is <u>more important than</u> how to earn it is important.
        ③ How to spend money is more important than <u>how to earn it is</u>.
        ④ <u>How to spend money</u> is more important than <u>how to earn it</u>.

    2324. 그는 나에게 보다 너에게 더 의지한다. (병렬되는 것은 on you 와 on me)
        ① He is dependent on you. He is dependent on me.
        ② He is <u>more dependent</u> on you <u>than</u> he is dependent on me.
        ③ He is more dependent on you than <u>he is on me</u>.
        ④ He is more dependent <u>on you</u> than <u>on me</u>.

    2325. 밤에 보다는 지금 여행하는 것이 더 안전하다. (병렬되는 것은 now 와 in the night)
        ① It is safe to travel now. It is safe to travel in the night.
        ② It is <u>safer</u> to travel now <u>than</u> it is safe to travel in the night.
        ③ It is safer to travel now than <u>it is to travel in the night</u>.
        ④ It is safer to travel <u>now</u> than <u>in the night</u>.

2) 비교급 모양 만들기

(1) 원급 + er : 2음절 이하의 형용사

도표 221 : '원급 + er' 로 만드는 비교급

① safe	safer	② big	bigger	③ hot	hotter
④ cool	cooler	⑤ warm	warmer	⑥ happy	happier
⑦ noble	nobler	⑧ simple	simpler	⑨ fine	finer
⑩ early	earlier	⑪ happy	happier	⑫ strange	stranger

(2) more + 원급 : 형용사형 어미, 분사, 3음절이상, 보어로만 사용되는 형용사 및 기타

도표 222 : 'more + 원급'으로 만드는 비교급

① honest - more honest	② convenient - more convenient
③ afraid - more afraid	④ conscious - more conscious
⑤ famous - more famous	⑥ useful - more useful
⑦ active - more active	⑧ valuable - more valuable
⑨ exciting - more exciting	⑩ confused - more confused
⑪ worth - more worth	⑫ wrong - more wrong

(3) 특정한 형태의 비교급과 최상급

도표 223 : 불규칙 비교급, 최상급

① good-better-best	② well-better-best
③ bad-worse-worst	④ ill-worse-worst
⑤ little-less-least	⑥ much-more-most
⑦ many-more-most	⑧ little-lesser (than 없이 사용,최상급 없음)

(4) 두 개의 비교급과 최상급을 가지는 단어

도표 224 : 두 개의 비교급과 최상급

① far-farther-farthest	거리	far-further-furthest	정도, 깊이
② late-later-latest	시간	late-latter-last	순서
③ old-older-oldest	보어	old-elder-eldest	수식어

(5) -or 과 -ior 어미의 비교급 형용사

☆ 이러한 형용사는 원급과 최상급이 없고 항상 비교의 의미로만 존재하며 비교 대상은 '전치사 to' 다음에 써줍니다. 이미 비교급이므로 very 로 수식하면 비문입니다.

도표 225 : '-or' 어미의 절대 비교급

① superior	: 우수한	② inferior	: 열등한	③ posterior	: 시기적으로 더 늦은
④ major	: 다수의	⑤ minor	: 소수의	⑥ anterior	: 시기적으로 더 이른
⑦ senior	: 연상의	⑧ junior	: 연하의	⑨ prior	: 순서나 권리가 더 앞서는
⑩ exterior	: 외부의	⑪ interior	: 내부의		

2326. 그는 나보다 훨씬 연상이다.
    He is much senior to me. = He is far older than I.

2327. 노아의 홍수이전 시대에 대한 기록은 거의 없다.
    There is little documentation of the ages anterior to the Flood.

3) 비교급비교를 이용한 관용표현

(1) 비교급 + than any other + (단수명사)
  = 비교급 + than all the other 복수명사 = 비교급 + than + anything, anyone + else

☆ '다른 무엇보다도 더 ~하다' 이며 최상의 의미를 가지고 있습니다.

2328. 그는 다른 어떤 극작가보다도 유명하다.
    He is more famous than any other dramatist.
    = He is more famous than all the other dramatists.
    = The dramatist is more famous than anyone else.

(2) A is no more B than C is D = A is not B any more than C is D

☆ 원래 해석법은 A 와 B 쪽에 쟁점이 될 수 있는 주제를 놓고, C 와 D 쪽에 너무나 당연한 사실을 반대로 놓은 후 '앞의 내용이라고 하면 뒤의 내용이라고 하는 것보다 더 나을 것도 없다' 라는 반어적 해석으로, 결국 '앞의 것이 아닌 것은 뒤의 것이 너무도 당연히 아닌 것과 같다' 라는 의미가 됩니다. 'be 동사' 외에 다양한 동사로 활용 됩니다.

2329. 고래가 물고기가 아닌 것은 말이 아닌 것과 마찬가지이다.
    A whale is no more a fish than a horse is (a fish).

2330. 박쥐가 새가 아닌 것은 말이 아닌 것과 마찬가지이다.
A bat is no more a bird than a horse is (a bird).

2331. 당신에게 조국을 배반할 권리가 주어지지 않는 것은 당신이 부모를 버릴 수 없는 것과 같다.
You are given no more a right to betray your fatherland than you can abandon your own father and mother.

(3) A is no less B than C is D = A is not B any less than C is D

☆ 'A가 B인 것은 C가 D인 것과 마찬가지이다' 로 'no more'를 쓴 것과 반대되는 개념 입니다.

2332. 그가 죄가 없는 것은 당신이 죄가 없는 것과 같다.
He is no less innocent than you are (innocent).

2333. 사전이 외국어 공부에 필수적인 것은 해도가 선박의 항해에 필요한 것과 마찬가지이다.
A dictionary is no less necessary to the study of a foreign language than a chart is to the navigation of a ship.

(4) all the 비교급 + because 혹은 for : '~때문에 더욱 더 ~하다'

☆ 이것은 비교의 대상을 선정하는 비교가 아니라 '어떤 이유 때문에 더(혹은 덜) ~하다' 라는 의미로 만들어진 구조로 비교급 앞에 정관사 the 나 all the 를 붙여서 사용합니다.

2334. 나는 그가 완벽하지 않아서 더 좋다.
I like him all the more because he is not perfect.

2335. 좋은 기상상태 때문에 결과는 한층 더 좋을 것이다.
Results will be all the better for the fine weather condition.

(5) none the less for : '~에도 불구하고 덜하지 않다'
none the better for: '~에도 불구하고 더 좋지 않다'

☆ 비교급을 부정함으로써 뒤의 이유가 작용하지 않음을 보여줍니다.

2336. 나는 그녀의 결점 때문에 그녀를 덜 사랑하지 않는다. 즉, 결점에도 불구하고 여전히 사랑한다.
I love her none the less for her faults.

2337. 그녀는 그 약을 먹은 것 때문에 더 나아진 것도 아니었다. 먹었음에도 불구하고 여전히 안 좋다.
She is none the better for taking the medicine.

(6) much more = still more : '더욱이 ~ (긍정문에서 사용)'
much less = still less : '더욱이 ~ (부정문에서 사용)'

★ 각각의 표현이 접속사 and 와 nor 의 역할을 합니다.

> 2338. 나는 공포소설을 읽는 것을 좋아하지 않는다. 더욱이 공포영화를 보는 것은 더 싫어한다.
> I don't like to read horror novels, <u>still less</u> (nor) to watch horror films.

> 2339. 그는 피아노는 물론이고 바이올린도 연주한다.
> He can play the violin, <u>much more</u> (and) the piano.

(7) the + 비교급, the + 비교급 : '~할수록 ~하다'

> 2340. 사람은 나이를 먹을수록, 신중해진다.
> The older one gets, the more prudent he or she becomes.

> 2341. 많이 가질수록 더 많이 원하게 된다.
> The more you have, the more you want.

(8) the + 비교급 + of the two(of A and B) : '둘 중에서 더 ~하다'

★ 비교급 다음에 than 이 아니라 of the two 구조가 오면 the 를 비교급 앞에 붙입니다.

> 2342. 그 두 쌍둥이 중 그가 더 크다.
> He is <u>the taller of the two</u> twins.

> 2343. 나는 그와 그의 형제 둘 중에서 더 건강한 이를 원한다.
> I want <u>the healthier of him and his brother</u>.

(9) 비교급에서 than 이하의 생략

★ 비교의 대상을 문맥에서 알 수 있을 때 than 이하를 생략할 수 있습니다.

> 2344. 그는 부자이지만 그의 아버지는 더 부자이다.
> He is rich but his father is richer (than he).

> 2345. 그 연극은 내가 줄거리를 읽었을 때 인상적이었는데 무대 위에서는 더욱 감명 깊었다.
> The play was very impressive when I read the synopsis but it was much more impressive on stage (than when I read the synopsis).

(10) 비교급을 수식하는 부사 : '훨씬' (a lot, far, even, still, much, by far)

☆ 비교급을 수식하는 부사는 '매우'에 해당하는 'very'를 사용하지 않습니다. 또한 'all the, any the, so much the' 등도 비교급을 수식할 수 있습니다.

 2346. 그는 수학에서 나보다 훨씬 우수하다.
  He is far superior to me in mathematics.

 2347. 당신은 스스로를 훨씬 더 나아졌다고 여길 것이다.
  You would consider yourself so much the better off.

 2348. 그는 그 두 학생 중 훨씬 더 총명하다.
  He is so much the smarter of the two students.

(11) 배수사와 비교급비교

☆ 비교급 앞에 '배수사'나 '대분수' 또는 '1배가 넘는 퍼센트 표시' 등을 하면 어느 정도 차이가 나는지를 표현할 수 있으며, 비교급 뒤에 전치사 by 를 써서도 수량차이를 나타낼 수 있습니다.

 2349. 그는 나보다 두 배나 무겁다.
  He is twice heavier than I.

 2350. '터미네이터 1탄' 은 그 4번째 시리즈보다 매표소 수입을 3배나 더 벌었다.
  'Terminator 1' earned 3 times more dollars at box office than its series 4.

 2351. 나는 그보다 5살 더 나이가 많다.
  I am older than he by 5 years.

 2352. 이것은 저것의 1.5배만큼 더 크다.
  This is one and a half times larger than that.

(12) A rather than B = rather A than B

☆ B의 성격보다 A의 성격이 많음을 나타내는 표현입니다.

 2353. 그는 영화배우라기보다는 연극배우이다.
  He is an actor rather than a movie star.

 2354. 나는 나의 열렬한 지지자들로부터 보다는 나의 적수들로부터 배운다.
  I learn from my opponents rather than from my fervent supporters.

(13) A other than B = other A than B : 'B를 제외한 다른 A'
  * **no other than** : '다름 아닌'
  * **no better than** : '~보다 나을 것도 없는', '~나 진배 없는'

    2355. 당신은 이것을 제외한 다른 계획들을 가지고 있는가?
        Do you have other plans than this?

    2356. 그는 다름 아닌 너의 아버지이다.
        He is no other than your father.

    2357. 그는 패배자나 다름없다.
        He is no better than a loser.

(14) more than + 수량 : over (초과)
  * **less than + 수량** : under (미만)
  * **no more than + 수량** : only (단지)
  * **no less than + 수량** : as many as (씩이나, 무려)
  * **not more than + 수량** : at most (기껏해야, 넘지 않는)
  * **not less than + 수량** : at least (적어도)
  * **no later than + 시기** : 마감시한

    2358. 대원의 절반 이상이 부상당했다.
        More than half of the crew were wounded.

    2359. 10인 미만의 학생들이 그 시험에 통과했다.
        Less than 10 students have passed the test.

    2360. 나는 단지 10불밖에 없다.
        I have no more than 10 dollars.

    2361. 대통령 취임식을 보기 위해 무려 2만 명이 참석했다.
        No less than 20,000 spectators were present to see the inauguration ceremony.

    2362. 적어도 5천 단어에서 1만 단어가 넘지 않는 짧은 글을 쓰시오.
        Write a short story of not less than 5,000 and not more than 10,000 words.

    2363. 신청서는 이 달 25일 이전 마감입니다.
        Applications are due no later than the 25th of the month.

(15) 원급과 비교급의 혼용

☆ 원급을 먼저 쓰고 비교급은 나중에 쓰되, 비교급 이하의 than 은 이미 원급정보에서 반영되었으므로 생략할 수 있습니다.

2364. 그는 우리 아버지만큼 혹은 그 이상 나이 먹었다.
He is as old as my father or older.

2365. 50불 혹은 그 이상이 가이드 팁으로 필요합니다.
As much(many) as fifty dollars or more is needed to cover the tip for the guide.

(16) 점강법

☆ 비교급을 and 로 두 번 이상 사용하면 점강법 표현으로 상태가 심화된다는 의미입니다.

2366. 7월 이후 낮이 점점 짧아지고 있다.
The day is getting shorter and shorter after July.

2367. 그는 더욱 더 열심히 공부해서 마침내 시험을 통과했다.
He studied harder and harder until he finally passed the test.

(17) know better than to V.R

☆ '~하는 행위를 하기보다는 더 현명하다' 혹은 '-할 만큼 어리석지 않다' 입니다.

2368. 당신은 그를 무시할 만큼 어리석지 않아야 했다.
You should have known better than to ignore him.

2369. 너는 그 정도로 어리석지 않다.
You know better than that.

3. 최상급 비교

1) 최상급형용사가 명사적으로 사용되는 구조

(1) the(혹은 소유격) + 형용사의 최상급 + of all, of 복수, in 집단(시기), among 집단

☆ '모든 ~중에서 가장 ~하다' 이며 원칙적으로 정관사 the 등의 한정사를 사용 합니다.

   2370. 그는 모든 선수들 중에서 가장 키가 크다.
      He is the tallest of all the players.

   2371. 그는 우리 팀에서 가장 키가 큰 선수이다.
      He is the tallest player in my team.

   2372. 그 직원은 그 집단 가운데서 내가 가장 신뢰한다.
      The employee is my most reliable among the group.

   2373. 그는 15세기에 가장 유명한 건축가 중 하나였다.
      He was one of the most famous architects in the 15th century.

   2374. 그가 여기서 최고의 영업사원이다.
      He is the best salesman here.

(2) -most 로 끝나는 최상급

☆ 'the northernmost, the southernmost, the easternmost, the westernmost, the innermost, the outermost, the foremost(맨 앞에 위치한, 그래서 가장 중요한), farmost(가장 먼), utmost(최고의)' 등의 표현은 most 를 끝에 붙입니다.

   2375. 독도는 한국의 동단 섬이다.
      Dokdo is Korea's easternmost islet.

   2376. 대기의 최외층은 외기권이라고 불린다.
      The outermost layer of atmosphere is called exosphere.

(3) 비교급과 최상급이 없는 형용사

☆ 'dead, perfect, alive, empty, absolute, always, never, final, extreme, prime, supreme' 등과 같이 100% 개념의 형용사는 비교의 대상이 아니므로 원칙적으로 비교급과 최상급을 갖지 않습니다.

2) 부사의 최상급

☆ 부사가 동사를 꾸밀 때 원칙적으로 the 를 사용하지는 않지만 구어체에서 사용하는 경우는 있습니다. 다만 '부사 + 형용사 + 명사' 구조에서는 명사와 연동하므로 the 를 사용 합니다.

2377. 그가 가장 빨리 달린다.
He runs (the) fastest.

2378. 이것은 세상에서 <u>가장 아름답게 조각된 조각상들</u> 중 하나이다.
This is one of <u>the most beautifully carved statues</u> in the world.

3) 동일물 내에서의 최상급

☆ 다른 대상과 비교해서 최상이 될 경우 그 명사가 다른 것과 구별되는 특정한 정보를 주므로 정관사를 쓰지만, 동일물 내에서의 '시간, 장소, 조건적 변동'에 의한 최상이 될 경우 다른 것과 구별하는 정보를 주지 않으므로 정관사를 붙이지 않습니다.

2379. 그는 가장 슬퍼 보인다. (타인과의 비교)
He <u>looks the saddest</u>.

2380. 그는 부모님을 상기할 때 가장 슬퍼 보인다. (자신의 슬픈 시기를 비교)
He <u>looks saddest</u> when he is reminded of his parents.

2381. 그 호수가 가장 깊다. (다른 호수와의 비교)
<u>The lake</u> is <u>the deepest</u>.

2382. 그 호수는 이 지점이 가장 깊다. (같은 호수 내에서의 비교)
The lake is <u>deepest at this point</u>.

2383. 그는 <u>무대 위에서 가장 생기 있게</u> 들린다. (다른 상황에서의 동일인에 대한 비교)
He sounds <u>most lively on stage</u>.

2384. <u>그가</u> 무대에서 가장 생기 있게 들린다. (다른 배우와의 비교)
<u>He</u> sounds <u>the most lively</u> on stage.

4) 최상급의 양보적 해석

☆ 최상의 조건이 문맥상 유효하지 않을 때는 '비록 가장 ~하다 해도'라고 '양보'로 해석 합니다.

2385. <u>가장 힘센 사람이라도 냇물의 흐름을 멈출 수는 없다</u>.
The strongest man cannot stop the stream.

2386. <u>가장 부자라 해도 사랑을 살 수는 없다</u>.
The richest man cannot buy love.

5) 최상급을 수식하는 부사

☆ 보통 very 는 정관사 다음에, by far 와 far and away 는 정관사 앞에 사용합니다.

2387. 그는 우리 학교에서 정말 최고의 선생님이다.
He is the very best teacher in my school

2388. 최고의 증거는 단연코 경험이다.
By far the best proof is experience.

6) 최상급의 순위배정

☆ 최상(最上) 다음의 차하(次下)부터는 서수사를 최상급 앞에 써서 표현합니다.

2389. 그들은 두바이에서 두 번째로 높은 건물을 세울 계획이었다.
They planned to build the second tallest building in Dubai.

2390. 그는 협상의 최고전문가다.
He is second to(next to) none in negotiation.

☆ second to none 은 원래 의미가 '아무것에게도 2인자가 될 수 없다' 라는 것에서 '일인자' 를 완곡하게 표현하는 방법입니다.

20 기출문제

01. 다음 문장의 내용상 _____ 부분에 가장 적절한 말은?

> The sword that has been tempered by the master may be _____.

① as hard as ordinary swords five times
② five times as hard as ordinary swords
③ five times hard as ordinary swords
④ ordinary swords as hard as five times

해석 장인에 의해 담금질된 칼은 보통 칼에 비해 다섯 배만큼 강도가 강하다.

해설 배수사 + as ... as

답 ②

02. 다음 문장의 내용상 _____ 부분에 가장 적절한 말은?

> The third-person approach is _____ in academic writing.

① the most point common view of by far
② the most by far common point of view
③ by far the most common view of point
④ by far the most point of common view
⑤ by far the most common point of view

해석 3인칭 접근법은 학술 관련 글쓰기에 있어 단연 가장 일반적인 시점이다.

해설 최상급을 강조하는 부사는 최상급 앞에서 by far : 관점은 point of view

답 ⑤

03. 다음 문장의 내용상 _____ 부분에 가장 적절한 말은?

> David Letterman, the comedian, _____.

① is the funniest and is more savage than any comedian on TV
② is more funny and more savage than any other comedian on TV
③ is funnier and more savage among other comedians on TV
④ is funnier and more savage than any other comedian on TV
⑤ is the most funniest and the most savage comedian on TV

해석 코미디언 David Letterman은 TV에 나오는 그 어떤 코미디언보다도 재미있고 신랄하다.

해설 비교급 + than + any other + 단수명사 = 최상급의 의미 : funny 는 funnier 로 비교급

답 ④

04. 다음 문장의 내용상 _____ 부분에 가장 적절한 말은?

> Nothing is so valuable as health.
> = Health is _____ valuable _____.

① as-as any
② the most—than all
③ more—than any other thing
④ the most—than any other thing

해석 그 무엇도 건강만큼 소중하지는 않다. = 건강은 그 어떤 것보다도 소중하다.

해설 비교급 + than + any other + 단수명사 = 최상의 의미

답 ③

05. 다음 문장의 내용상 _____ 부분에 가장 적절한 말은?

> Of the two sisters, I think Mary is _____.

① more beautiful
② most beautiful
③ less beautiful
④ the more beautiful
⑤ the most beautiful

해석 두 자매 중에서 나는 Mary가 더 아름답다고 생각한다.

해설 of the two 와 같은 둘 중 비교는 비교급 앞에 정관사 the

답 ④

06. 다음 문장의 내용상 _____ 부분에 가장 적절한 말은?

| I think his mother is _____ than wise. |

① kind   ② kinder   ③ kindest   ④ more kind

해석 나는 그의 어머니가 현명하기보다는 오히려 친절하다고 생각한다.
해설 B라기 보다는 A 구조에서는 종류에 관계없이 more A than B
답 ④

07. 다음 문장의 내용상 _____ 부분에 가장 적절한 말은?

| She can speak English, _____ French. |

① still less   ② much less   ③ much more   ④ none the less

해석 그녀는 불어는 말할 것도 없고, 영어도 할 수 있다.
해설 긍정구문에서 '-에 덧붙여'는 much more = still more / 부정구문에서는 much less = still less
답 ③

08. 다음 문장의 내용상 _____ 부분에 가장 적절한 말은?

| No one would borrow such a book, _____ buy it. |

① above all
② and yet
③ still less
④ much more
⑤ gladly

해석 아무도 그런 책을 사는 것은 말할 것도 없거니와 빌리려 하지도 않을 것이다.
해설 위의 문제 해설 참조
답 ③

09. 다음 문장의 내용상 _____ 부분에 가장 적절한 말은?

> Is the climate of Italy _____?

① so much like Florida
② similar like Florida
③ somewhat similar to Florida
④ somewhat like that of Florida
⑤ very similar with that of Florida

해석 이탈리아의 기후는 플로리다의 기후와 다소 비슷한가?

해설 비교의 대상을 병렬시키기 위해 대명사를 쓸 때는 단수형은 that 복수는 those, 기후는 단수이므로 that을 쓴다.

답 ④

10. 다음 문장의 내용상 _____ 부분에 가장 적절한 말은?

> The flora of the arid American Southwest is less varied than _____.

① the Southeast is semi-tropical
② it is the semi-tropical Southeast
③ it is semi-tropical in the Southeast
④ the semi-tropical Southeast
⑤ that of the semi-tropical Southeast

해석 건조한 미국 남서부의 식물 분포는 아열대 남동부의 식물 분포보다 덜 다양하다.

해설 위 문제 해설 참조 the flora 는 단수이므로 that 으로 비교 병렬시킨다.

답 ⑤

11. 다음 문장의 내용상 _____ 부분에 가장 적절한 말은?

> In his poems, he deals with his own personality as it is, rather than _____.

① others defining it
② as others define it
③ it is defined by others
④ its definition by others

해석 자신의 시들 속에서 그는 다른 이들이 자신의 성격을 규정하는 방식이라기보다 자신의 성격을 있는 그대로 다루고 있다.

해설 rather than 병렬시키고 있는 구조는 as it is 와 as others define it.

답 ②

12. 다음 밑줄 친 부분 중 어색한 부분은?

> Younger students ① who participated in the survey ② sponsored by a weekly magazine turned out ③ to be less concerned about the serious problems of homeless people ④ as the older students were.

해석 한 주간지에 의해 후원을 받은 설문조사에 참여했던 상대적으로 어린 학생들은 나이 든 학생들보다 집 없는 사람들의 심각한 문제에 대해 덜 걱정하는 것으로 드러났다.

해설 less concerned 와 어울리는 접속사는 than

답 ④

13. 다음 밑줄 친 부분 중 어색한 부분은?

> ① Nothing in recent years ② has so ③ changed the economy of the United States ④ than the development of the supermarket.

해석 최근 들어 그 무엇도 슈퍼마켓의 발달만큼 미국 경제에 변화를 일으켰던 것은 없었다.

해설 no A so B as C 구조이므로 접속사 than을 as 로

답 ④

14. 다음 밑줄 친 부분 중 어색한 부분은?

> ① Generally, we speak in ② much short sentences than ③ those we use when we write. Often you can ④ get away with using only phrases instead of complete sentences.

해석 일반적으로 우리는 글을 쓸 때 사용하는 문장보다 훨씬 더 짧은 문장을 통해 말을 한다. 종종 우리는 복잡한 문장 대신 어구만을 쓸 수도 있다.

해설 뒤에 than 이 나와 있으므로 비교급을 써서 shorter 로 고쳐야 함

답 ②

15. 다음 밑줄 친 부분 중 어색한 부분은?

> He ① <u>took down</u> ② <u>the largest</u> of the two dictionaries and ③ <u>began</u> to search for the word he ④ <u>had misspelled</u>.

해석 그는 두 사전 중에서 더 큰 사전을 내려서 자신이 잘못 썼던 단어를 뒤져보기 시작했다.

해설 '둘 중에서 더 -한' 에는 the + 비교급을 쓴다 : the larger 로 고칠 것

답 ②

16. 다음 밑줄 친 부분 중 어색한 부분은?

> In tests, their ① <u>produce</u> was ② <u>far more</u> superior ③ <u>to</u> the vegetables ④ <u>available</u> at the market.

해석 검사했을 때, 그들의 농산물이 시장에서 살 수 있는 야채들에 비해 훨씬 우수했다.

해설 superior 자체가 비교급 형용사이므로 more를 삭제한다.

답 ②

17. 다음 밑줄 친 부분 중 어색한 부분은?

> ① <u>Admirers</u> of American ballet have made the claim that its ② <u>stars</u> can dance ③ <u>as well</u> or ④ <u>better than</u> the best of the Russian artists. ⑤ <u>No Error</u>.

해석 미국의 발레를 예찬하는 이들은 미국 발레계의 이름난 무용수들이 러시아의 최고 무용수들만큼 잘 혹은 그들보다 더 잘 출 수 있다라는 주장을 해왔다.

해설 as well 은 원급이므로 뒤에 as를 첨가해야 한다.

답 ③

18. 다음 밑줄 친 부분 중 어색한 부분은?

> The soldier said ① firmly that he would ② rather kill himself ③ than ④ surrendering to the enemy.

해석 그 병사는 적에게 항복하느니 차라리 자살을 하겠노라고 단호히 말했다.

해설 would rather 원형 than 원형 : surrender 가 되어야 한다.

답 ④

19. 다음 밑줄 친 부분 중 어색한 부분은?

> Scientists ① have recently argued that Einstein's contribution ② to physics and mathematics is as ③ important as ④ Newton.

해석 과학자들은 물리학과 수학에 대한 아인슈타인의 기여가 뉴턴의 기여만큼 중요하다고 최근 주장했다.

해설 '뉴턴의 기여' 에 비교해야 하므로 병렬구조가 필요: Newton's = that of Newton

답 ④

20. 다음 밑줄 친 부분 중 어색한 부분은?

> ① He who reads a book twice with speed is ② not necessarily a better reader ③ than him who reads ④ but once with care.

해석 책을 빠르게 두 번 읽는 사람이 책을 주의 깊게 한 번만 읽는 사람에 비해 반드시 더 나은 독자는 아니다.

해설 주격끼리 병렬되었으므로 he 로 고쳐야 함

답 ③

21. 다음 중 어법 상 올바른 것을 고르시오.

① The climate of Korea is milder than China.
② It is better to lose one's life than losing one's spirit.
③ My brother is cleverer than wise.
④ The history of war is as old as that of man.

> **해석** ① 한국의 기후는 중국의 기후보다 더 온순하다.
> ② 정신을 잃는 것보다 목숨을 잃는 편이 더 낫다.
> ③ 내 동생은 현명하다기보다는 영리한 쪽에 더 가깝다.
> ④ 전쟁의 역사는 인간의 역사만큼 오래되었다.
>
> **해설** 비교의 대상끼리 병렬되었는지 점검할 것 : than that of China / than to lose / more clever than wise : 현명하다기보다 영리하다.
>
> **답** ④

22. 다음 중 어법 상 틀린 문장은?

① The river is deepest here.
② He is taller than any other boy in his class.
③ Nothing is so precious than time.
④ Of gold and silver, the former is the more precious than the latter.

> **해석** ① 그 강은 이곳이 가장 수심이 깊다.   ② 그는 반에서 어떤 다른 소년보다도 키가 크다.
> ③ 그 무엇도 시간만큼 소중한 것은 없다.   ④ 금과 은 중에서 전자가 후자에 비해 값이 더 나간다.
>
> **해설** no A so B as C = no A 비교급 B than C
>
> **답** ③

23. 다음 중 문법적으로 맞는 것은?

① You are two years senior to him.
② Taegu is the third large city in Korea.
③ I always put little sugar into tea than into coffee.
④ She had better marks than any student in her class.

> **해석** ① 너는 그보다 두 살 더 위이다.   ② 대구는 한국에서 세 번째로 큰 도시이다.
> ③ 나는 항상 커피보다 차에 설탕을 덜 넣는다.   ④ 그녀는 반에서 어떤 다른 학생보다 더 좋은 점수를 받았다.
>
> **해설** the 서수 + 최상급 / than 이 왔으므로 비교급 less 가 필요함 / 비교급 + than + any other + 단수명사
>
> **답** ①

24. 다음 중 어법상 옳은 것은?

① She felt that she was good swimmer as he was, if not better.
② This phenomenon has described so often as to need no further clichés on the subject.
③ What surprised us most was the fact that he said that he had hardly never arrived at work late.
④ Even before Mr. Kay announced his movement to another company, the manager insisted that we begin advertising for a new accountant.

해석
① 그녀는 더 낫지는 않더라도 자신이 그 사람만큼 훌륭한 수영선수라고 생각했다.
② 이 현상은 그 주제에 대해 어떤 부연 설명을 하지 않아도 될 정도로 충분히 자주 설명되어 왔다.
③ 우리를 가장 놀라게 한 것은 그가 자신은 한 번도 출근에 지각을 했던 적이 없었다고 말했다는 사실이다.
④ Mr. Kay가 타 회사로의 이직을 발표하기도 전에 매니저는 우리가 새로운 회계사 채용 광고를 시작해야 한다고 주장했다.

해설 as good a swimmer as he was / has been described / hardly ever 혹은 그냥 never

답 ④

---

25. 다음 문장 중 문법적으로 틀린 것은?

① A dam stops the flow of water, creating a reservoir and raising the level of water.
② Hardly had I got into the building when it began to rain.
③ Business has never been as better as it is now.
④ After the accident, the policeman took the names of the people involved.

해석 ① 댐은 물의 흐름을 막아 저수지를 이루고 수위를 높인다. ② 내가 건물로 들어서자마자 비가 내리기 시작했다. ③ 경기가 지금처럼 좋았던 적은 한 번도 없었다. ④ 사고 후, 경찰관은 연루된 사람들의 이름들을 받아갔다.

해설 as good as 혹은 better than

답 ③

PART 21

inversion, emphasis, omission

도치 · 강조 · 생략

21 도치·강조·생략
(inversion·emphasis·omission)

1. 도치

☆ 평서문을 '의문문의 순서'대로 적거나 형식요소의 일부인 '주어, 술어동사, 목적어, 보어'의 위치를 옮겨서 문장을 구성하는 것을 도치라고 합니다.

1) 문도치

☆ 평서문을 의문문의 어순으로 배열하는 것을 의미합니다. 의문문의 어순은 일반동사의 경우 조동사 'do, does, did'를 이용하고, 'be 동사'나 '조동사(can, may, will, have p.p, had p.p에서 have 나 had)'의 경우 이를 주어 앞으로 옮기면 됩니다. 즉, 'be + 주어', '조동사 + 주어', 'do, does, did + 주어 + 동사원형'이 의문문 어순입니다.

(1) 부정어에 의한 도치

☆ '부정부사'나 '부정부사구, 부정부사절'을 문두로 옮기면, 그 뒤의 절은 의문문의 어순으로 도치됩니다. 부정어를 문두로 옮기는 이유는 해당 문장이 부정문임을 빨리 전달하여 문미에 가서 긍정문과 부정문을 파악하는 오해가 없도록 하기 위함입니다. 부정부사구는 두 단어 이상으로 된 부정어구를 말합니다.

☆ 'He has been loved by nobody.'라고 할 때, 끝의 nobody가 나올 때까지 이 문장은 긍정문의 요소로 진행되어 갑니다. 즉, 정보가 문장의 끝에서 반전되는 것은 좋지 않은 문장이 되므로 ,이 문장을 'He has not been loved by anybody.'라고 하면, 처음부터 이 문장이 부정문임을 알려서 읽는 사람을 배려하는 문장이 되는 것입니다. 그런데, 여기서 부정부사구인 'by nobody'를 문두로 뽑아내면 그 뒤는 'By nobody has he been loved.'로 의문문 구조가 됩니다.

도표 226 : 부정부사, 부정부사구, 부정부사절의 종류

① never : 전혀 아닌, 절대 아닌
② scarcely : 드물게 하는, 거의 아닌
③ hardly : 좀처럼 아닌
④ rarely : 드물게 하는, 거의 아닌
⑤ seldom : 드물게 하는, 거의 아닌
⑥ little : 거의 아닌
⑦ neither : ~도 역시 아닌
⑧ nor (접속사) : ~도 역시 아닌
⑨ not only, not just : 단지 ~뿐만이 아닌
⑩ not merely, not simply : 단지 ~뿐만이 아닌
⑪ no longer, no more : 더이상 ~ 아닌
⑫ no sooner : 더 빠르지 않게, 거의 동시에
⑬ not until : ~할 때 까지는 아닌, ~한 후에서야 비로소
⑭ 전치사 + no + 명사 : ~아닌, ~아니게

2391. 나는 선생님이 될 것을 거의 꿈꾸지 않았다.
<u>Seldom did I dream</u> of being a teacher.
= I seldom dreamed of being a teacher.

2392. 나는 당신의 말이 거의 들리지 않는다.
<u>Hardly can I hear</u> you. = I can hardly hear you.

2393. 그는 나를 보자마자 도망쳤다.
<u>No sooner had he seen</u> me than he ran away.
= He had no sooner seen me than he ran away.

2394. 나 역시 그러하지 않다.
<u>Neither do I.</u> = I do not, either.

2395. 그녀는 그를 사랑하게 되어 더 이상 혼자이고 싶지가 않다.
<u>No longer does she want</u> to be alone as she loves him.
= She no longer wants to be alone as she loves him.

2396. 그녀는 자기가 떠나던 그날 함께 내 마음도 가져갔다는 사실을 거의 알지 못한다.
<u>Little does she know</u> that when she left that day, along with her she took my heart.
= She knows little that when she left that day, along with her she took my heart.

☆ 부정부사구(전치사 + no, little, few + 명사)의 경우 주절동사가 부정해석 되어야 합니다.

2397. 어떤 상황하에서도 방문객들은 동물들에게 먹이를 줄 수 없다.
Under no circumstances are visitors allowed to feed the animals.

2398. 어떤 방식으로도 당신은 나를 설득할 수 없다.
In no way can you persuade me.

☆ nor 는 양자 부정 접속사로 'and + neither'의 의미를 가지며 반드시 '절의 앞'에 두고 뒷 절은 의문문 어순으로 도치시킵니다.

2399. 그녀는 예쁘지 않으며 그렇게 되길 원하지도 않는다.
she is not pretty, nor does she want to be.

☆ 부정부사절은 부정부사와 부사절이 함께 합쳐진 모양이며, 부사절이 도치되는 것이 아니라 '주절'이 도치됩니다.

2400. 버스에서 내릴 때 까지 소매치기 당한 것을 깨닫지 못했다.
Not until I got off the bus, did I realize I had been pickpocketed.

☆ 주절의 술어 부분이 부정해석 되지 않는 경우는 도치가 일어나지 않습니다. 예를들어 'with no money, I left home.' 은 '돈 없이 집을 떠났다' 이므로 도치가 적용되지 않습니다.

(2) 제한어 only 에 의한 도치

☆ 'only + 부사, 부사구, 부사절' 구조가 문두에 오면, 뒤에 오는 절은 반드시 의문문 어순으로 도치합니다.

2401. 오로지 주의깊게만 운전해야 한다. 왜냐하면 비가 거세게 내리고 있으니까
Only carefully should you drive because it is raining hard.

2402. 단지 마다가스카르섬에서만 우리는 aye aye라고 불리우는 그 고양이 같은 원숭이들을 발견할 수 있다.
Only in Madagascar can we find those cat—like monkeys called aye—aye.

2403. 단지 소수의 나라들에서만 인구 전체가 합당한 생활 수준을 향유한다.
Only in a few countries does the whole population enjoy a reasonable standard of living.

2404. 오직 이웃 국가와의 전쟁을 통해서만 그 정권은 유지될 수 있었다.
Only through battle against its bordering nation could the regime continue.

2405. 오존층이 적지 않게 손상을 당하고 난 후에서야 비로소 우리는 이 지구상에서 인간과 생명체들에게 미친 그 악영향을 고려하기 시작했다.

<u>Only after the ozone layer had been much damaged, did we begin</u> to take into consideration its bad effects on human beings and living things on this planet.

(3) 가정법에서 접속사 if를 생략한 의문문 어순

☆ 모든 가정법이 다 해당되는 것이 아니라 아래의 경우에 해당됩니다.

도표 227 : 가정법도치 규칙

정상어순	도치어순
① if + S + should + V.R	= should + S + V.R
② if + S + were	= were + S
③ if + S + had p.p	= had + S + p.p

2406. 내가 만일 너라면 나는 그렇게 하지 않을 것이다.

If I were you, I would not do so.
= <u>Were I you</u>, I would not do so.

2407. 그가 기꺼이 나를 도우려 했다면 나는 그토록 많은 애를 먹지 않았을 것이다.

If he had been willing to help me, I would not have had much difficulty.
= <u>Had he been willing to help me</u>, I would not have had much difficulty.

2408. 침입이 발생하면 경찰에 신고해라.

Report to the police <u>should any break-in happen</u>.

(4) so + 의문문 어순

☆ 긍정문에서 '다른 주어도 같은 내용'임을 말하기 위한 도치로, 이 구조에서는 주어끼리 달라야 합니다.

2409. <u>그는</u> 정직하고 <u>그의 아내 역시</u> <u>그러하다</u>.

<u>He</u> is honest and <u>so is</u> <u>his wife</u>.

2410. <u>그는</u> 영국을 가 보았고 <u>나도 그러하다</u>.

<u>He</u> has been to England and <u>so have I</u>

☆ 이 경우 'so + 주어 + 동사' 구조와 혼동하지 말아야 하는데 $S_1 = S_2$ 이면 앞의 내용을 다시 한 번 강조하기 위하여 대화상대자가 맞장구를 칠 때 쓰는 표현입니다.

A : <u>He</u> abhors getting up early.
B : So <u>he</u> does. (정말로 그러하다)

(5) 'so + 형용사, 부사 + 의문문 어순' 도치

2411. 그 타격은 매우 강해서 나는 공을 받아낼 수 없었다.
So powerful was the smash that I could not return the ball.

2412. 너무도 아름답게 그녀가 춤을 추어서 모두가 매료되었다.
So beautifully did she dance that everybody was charmed.

2413. 그는 그 사회에 잘 적응해 있다.
Well does he belong to the society.

☆ 'so + 형용사, 부사'를 문두로 보낸 후, 해당 절을 의문문 어순으로 도치시킵니다. well 부사가 문두에 올 때도 도치 시킬 수 있습니다.

(6) 비교구문에서의 도치

☆ 비교구문의 접속사 as 나 than 뒤에서 '주어'가 길어지면 '대동사적 성격'으로 도치 시킵니다. 이것은 앞의 부사 as 가 사라진 양태절에서도 적용됩니다.

2414. 그는 이 마을 다른 청년들이 그러는 것보다 나를 더 사랑해준다.
He loves me more than do the other young men in this village.

2415. 나는 그것을 만든 사람만큼 그 기계를 조작하는데 익숙하다.
I am as accustomed to operating the machine as is the one who invented it.

2416. 그는 다른 사람들처럼 그 사업에 관심이 있다.
He is interested in the business as are the others.

2) 형식요소의 도치

☆ 이것은 의문문의 어순으로 도치시키는 것이 아니라 평서문의 기본 형식요소 배열에서 '주어, 술어동사, 목적어, 보어' 등의 위치를 옮기는 것을 말합니다.

(1) '주격보어 형용사나 명사'가 문두로 나간 양보절

☆ 도치되면 양보의 접속사 though 는 주로 as 로 바뀌며, 명사보어는 '부정관사 a, an 을 생략' 한 채 도치 시킵니다.

2417. 비록 나이를 먹었지만 그는 매우 활력적이다.
Though he is old, he is very energetic
= Old as he is, he is very energetic.

2418. 과학자이지만 그는 이상한 미신에 집착한다.
Though he is a scientist, he holds on to a strange superstition.
= Scientist as he is, he holds on to a strange superstition.

(2) '부사'가 문두로 나간 양보절

☆ 양보절 내에선 '부사'가 문두로 나갈 수 있습니다. 접속사는 주로 'as' 를 씁니다.

2419. 내가 숙제를 잘 해갔음에도 불구하고 선생님 Baker는 내가 한 것에 대해 혹평했다.
Well as I did my homework, my teacher, Mr. Baker, spoke poorly of what I had done.

2420. 내가 그에게 많이 감사했음에도 불구하고 나는 여전히 빚지고 있다고 생각했다.
Much as I thanked him, I thought I was still debted.

(3) '유도부사 there'가 문두에 있는 1형식절

☆ 유도부사 there 는 문두에서 절을 유도할 때 1형식 동사를 먼저 쓰고 주어를 나중에 씁니다.

2421. 막차가 간다, 그리고 우리는 걷는 것 외에 선택의 여지가 없다.
There goes our last bus, and we have no choice but to walk.

2422. 여기는 단풍나무가 많이 있고 가을에는 정말로 아름답다.
There are many maple trees here and they are really beautiful in the autumn.

(4) 동사와 부사가 동사구를 이룰 때 '부사'의 문두도치

☆ '동사 + off, up, down, in, out, away 등' 등이 올 경우, 부사의 의미를 먼저 보여주기 위해서 '부사'를 문두에 쓸 수 있습니다.

2423. 그 남자는 쓰러졌다.
The man fell down
= Down fell the man.

2424. 그 연은 날아갔다.
The kite flew off
= Off flew the kite.

2425. 그 남자는 사다리에서 내려왔다.
The man came down from the ladder.
= Down came the man from the ladder.

(5) 양보절에서 '동사원형'의 문두 도치

☆ 'wh- + ever'에 의한 양보절에서, 명령문처럼 '동사원형'을 문두에 두고 ever 를 제거합니다.

2426. 무슨 일이 나에게 일어나도 나는 두렵지 않다.
Whatever may happen to me, I am not afraid.
= Happen what may to me, I am not afraid.

2427. 그들이 무엇을 말해도 나는 당신을 믿는다.
Whatever they may(will) say, I believe you.
= Say what they may(will), I believe you.

☆ 'however + 형, 부' 의 경우 how 대신 as 를 쓸 수 있습니다.

2428. 당신이 아무리 애를 써도 나를 말릴 수 없다.
However hard you may try, I won't be dissuaded.
= Try as (how) you may, I won't be dissuaded.

2429. 그가 언제 오더라도 그는 환영이다.
Whenever he comes, he is more than welcome.
= Come when he may, he is more than welcome.

(6) 전치사 + 장소명사 + P + S

☆ 1형식에서 '장소정보'의 '전치사 + 목적어'가 문두에 오면 동사를 먼저 쓰고 주어를 나중에 씁니다. 주어가 길어졌을 때 긴 것을 뒤로 보내려는 법칙의 결과입니다.

2430. 그 사막에는 많은 괴상한 생물들이 산다.
In the desert live many weird living things.

2431. 산길 옆의 한 바위 위에 창백해 보이는 나이 든 등산객이 앉아 있었다.
On a rock beside the trail sat an old hiker who looked pale.

2432. 해안선 바깥에 닳아빠진 화물선 한 척이 떠 있었다.
Off the coast was floating a weather-worn cargo ship.

2433. 그 문장의 한 가운데에 'L' 자로 시작하는 두 단어가 있다.
In the middle of the sentence are two letters starting with 'L'.

(7) 2형식 '주격보어'의 문두 도치

☆ 주로 주어가 길어서 긴 주어를 뒤로 보내기 위한 도치입니다.

2434. 긍정적으로 생각하는 사람들은 행복하다.
Happy are those who think positively.

2435. 모든 전쟁 포로들을 칼로 베었던 그 왕은 잔인했다.
Cruel was the king who slashed all the war prisoners.

(8) '분사구'의 문두 도치

☆ 주어가 길 때 주로 사용하며 -ing 에 의한 현재분사구, p.p에 의한 과거분사구가 문두에 오고 'be 동사' 뒤에 주어가 옵니다.

2436. 배우가 아니었던 초라해 보이는 한 노인이 무대 위에 서 있었다.
Standing on the stage was a shabby-looking old man who was not an actor.

2437. 오래 전 집을 나갔던 아버지가 그 사건과 연루되어 있었다.
Related to the case was my father who had long left home.

(9) '3형식 목적어'의 문두 도치

☆ 목적어를 강조하기 위해서, 주어를 뒤로 뽑기 위해서, 혹은 직접화법등을 목적어로 할 때 '목적어'를 문두에 둘 수 있습니다.

2438. 나는 내가 해야만 했던 일을 용감하게 했다.
What I had to do I just did bravely.

2439. 이 차를 일주일 전 여기서 내가 샀다.
This car I purchased here a week ago.

2440. '이름이 뭐였드라?' 라고 루크가 말했다.
"What was the name again?" said Luke.

(10) 4형식에서 '전치사 + 간접목적어'를 동사 다음에 둘 때

☆ 전치사를 생략하고 쓰면 바로 4형식으로 복구되지만, 일단 전치사를 써서 3형식화 했다가 다시 전치사를 긴 목적어의 앞으로 데려온 방식입니다.

2441. 나는 그들에게 말했다. 나는 정말로 그 돈이 어디 있는지 모른다고.
I told to them that I really didn't know where the money was.

2442. 나는 그에게 물어보았다. 그가 그 돈을 어디에다 두었는지.
I asked of him where he had put the money.

(11) 5형식 목적보어가 '형용사'일 때 '목적보어 + 목적어' 어순 도치

☆ 긴 목적어 다음에 목적보어가 오면 목적어와 목적보어가 구분되기 어려우므로 일단 목적보어부터 먼저 쓰고 긴 목적어를 마지막에 사용합니다. 이 경우 목적보어는 주로 '형용사, 분사'이어야 합니다. 그래야 타동사 뒤에서 형용사가 오는 것을 보고 목적어가 도치되었음을 예측하기 때문입니다. 명사목적보어를 도치시키면 목적보어와 목적어가 구분이 어렵습니다. 여기서 파생되어 굳어진 숙어는 make sure 가 있습니다. 드물게, 동사원형이 목적보어였다가 목적어를 생략하거나 뒤로 보내서 만들어진 숙어구조가 let go (let go of) 혹은 make believe 등입니다. let go 의 경우 원래 'let + 목적어 + go' 구조였는데 'let + go + 목적어' 순서로 도치해서 사용하다가, go 가 자동사이므로 뒤에 목적어를 바로 받는다는 어감에 익숙치않아 전치사 of 를 매개로한 것입니다.

2443. 그것은 승자들과 패자들 사이의 격차를 더 크게 만들었다.
It made bigger the gap between the winners and losers.

2444. 플라즈마 엔진의 발명은 다른 행성으로의 여행이라는 생각을 가능하게 만들었다.
The invention of Plasma Engines rendered possible the idea of traveling to other planets.

(12) 타동사 + 전치사 + 전치사의 목적어 + 타동사의 목적어

☆ '전치사 + 전치사의 목적어'를 '타동사의 목적어'나 '보어' 앞에 두는 도치입니다. 평상시 동사의 뒷 구조와 문맥에 능한 사람들은 '전치사와 전치사의 목적어'가 미리 나와도 구조를 예측하지만, 동사에 대한 지식이 부족한 사람들에게는 매우 혼동스러운 용법입니다.

2445. 우리는 그 구호소에서 받은 비닐봉투를 모래로 채웠다.
We filled with sand the plastic bags supplied by the relief center.

2446. 푸른 줄이 그어져 있는 그릇은 뜨거운 난로 위에 놓지 마세요.
Do not put on the hot stove the pot with blue lines on it.

2447. 그는 나에게는 매우 지적으로 보인다.
He seems to me to be very intellectual.

2. 강조

☆ 말이나 글에서 특정한 부위나 내용을 '강조'하기 위한 수사법입니다. '강조하는 어구를 사용하는 방법'과 '위치에 변화를 주는 방법'이 있습니다.

1) 일반동사의 강조

☆ 일반동사 앞에 'do, does, did'를 사용하고, 뒤는 동사원형으로 만들어서 '정말로'라는 의미를 만듭니다.

2448. 그녀는 정말로 그것을 좋아한다.
She <u>does like</u> it.

2449. 그는 어젯밤 정말로 돌아왔다.
He <u>did come back</u> last night.

☆ 명령문에서는 'do + be' 구조를 써서 일반동사가 아닌 'be 동사'도 강조할 수 있습니다.

2450. 절대로 조용하세요.
<u>Do be</u> quiet.

2) 명사의 강조

(1) the very, that very, this very, those very, these very, my very

☆ 명사 앞에 '한정사 + very' 를 두어서 '바로 그' 라는 의미로 명사를 강조 합니다.

2451. 이것이 바로 내가 오랫동안 꿈꾸어 오던 <u>바로 그 자동차</u>이다.
This is <u>the very car</u> I have long been dreaming of.

2452. 나는 날 생선을 먹는다는 <u>바로 그 생각</u>에 역겨워졌다.
I was disgusted at <u>the very idea</u> of eating the raw fish.

☆ 'I like the idea = I like such an idea' 처럼 such 를 사용해도 비슷한 효과를 볼 수 있습니다.

(2) all + 명사

☆ 명사 앞에 all 을 써서 형용사적 의미를 가지며 강조합니다.

2453. 그녀는 아주 행복해한다.
She is <u>all smiles</u>.

2454. 나는 매우 집중하고 있다.
　　　I am <u>all attention</u>.

2455. 그는 눈과 귀를 완전히 집중하고 있다.
　　　He is <u>all eyes and ears</u>.

(3) 명사 + 재귀대명사

☆ 명사 다음에 재귀대명사를 동격적으로 붙여서 강조합니다.

2456. 그 이야기 자체를 믿는 사람들은 드물었다.
　　　Few have believed <u>the story itself</u>.

2457. 로이의 아버지 자신이 그를 신원범죄로 고발했다.
　　　<u>His father himself</u> accused Roy of the identity crime.

3) 형용사나 부사의 강조

☆ '매우'에 해당하는 부사들 'very, pretty, quite, rather, fairly, badly, terribly, awfully, extremely, too, so, way, down' 등을 수식어로 써서 강조 합니다.

2458. 그녀는 매우 행복해 보인다.
　　　She looks <u>very happy</u>.

2459. 나는 매우 미안하다.
　　　I am <u>awfully sorry</u>.

2460. 조만간 당신은 당신 자신에 관한 사실을 드러내는 많은 것들을 수집할 것이다.
　　　<u>Pretty soon</u>, you will have collected a lot of revealing facts about yourself.

☆ too 는 '지나치게'라는 부정의 의미가 강하며, 'all too, way too' 형태로 만들어 사용하기도 합니다. way 는 또한 '비교급 앞'에서 강조의 의미를 갖습니다.

4) 의문문의 강조

☆ 의문사 뒤에 'on earth, in the world, the hell, the devil, ever, whatever' 등을 첨가해서 증폭된 궁금증을 나타냅니다.

2461. 당신은 <u>도대체</u> 어디에 갔었습니까?
　　　<u>Where on earth</u> have you been?

2462. 당신은 <u>도대체</u> 누구십니까?
　　　<u>Who the hell</u> are you?

5) 부정문의 강조

☆ '전혀' 라는 의미의 'at all, in the least, by any means, a bit, in any way, whatever' 등과 부정어 not 이나 never 를 혼용합니다. whatever 나 whatsoever 는 그 앞에 명사를 받아야 사용할 수 있습니다.

2463. 그는 그 결과에 전혀 기분 좋아하지 않는다.
He is not happy in the least with the result.

2464. 나는 그녀에 대해 조금도 모른다.
I know nothing whatever about her.

2465. 나는 돈이라고는 전혀 없다.
I do not have any money whatsoever.

6) it be + 강조어구 + that + 나머지 어구

☆ 강조어구 자리에 원래 문장 내의 '주어, 타동사의 목적어, 부사, 부사구, 부사절'이 들어가고 나머지는 원래 어순대로 that 의 뒤에 위치합니다. '주어, 목적어, 시간부사구, 장소부사구' 등이 강조되면 that 을 해당 관계사로 고칠 수도 있습니다.

2466. 어제 공원에서 그를 만난 것은 나였다.
It was I that(who) met him at the park yesterday.

2467. 어제 내가 공원에서 만난 것은 그였다.
It was him that(whom) I met at the park yesterday.

2468. 어제 내가 그를 만난 것은 공원에서였다.
It was at the park that(where) I met him yesterday.

2469. 내가 그를 공원에서 만난 것은 어제였다.
It was yesterday that(when) I met him at the park.

2470. 내가 그와 함께 지낸 것은 그를 사랑했기 때문이었다.
It was because I loved him that I stayed with him.

2471. 인간들이 세상의 끝으로부터 떨어질 것이라는 두려움 없이 안전한 항해를 가질 것을 확신했던 것은 16세기가 지난 후였다.
It was not until the 16th century that human beings were sure to have safe sailing without the fear of falling from the edge of the world.

2472. 당신을 화나게 한 것은 무엇이었나?
What was it that made you upset?

2473. 당신이 직업을 바꾸기로 마음먹은 이유는 무엇인가?
<u>Why</u> <u>is it</u> that you have made up your mind to change the job?

3. 생략

☆ 불필요한 반복(redundancy)을 줄이고 말을 경제적으로 하기 위해, 없애도 되는 부분을 제거하는 원리입니다.

1) 부사절 접속사 다음의 'S + be'의 생략

2474. 필요한 곳에 commas를 삽입하라.
Insert commas wherever (they are) needed.

2475. 당신이 없었더라면 나는 죽었을 겁니다.
If (it had) not (been) for you, I would have died.

2476. 정식으로 초대받지 않으시면 연회에 참석할 수 없습니다.
Unless (you are) invited formally, you can't join the party.

2) 등위접속사에 의한 생략

☆ and 등이 연결하는 절에서 동일 어구가 반복될 경우 부분적 생략이 가능합니다.

2477. 그는 산으로 가는 것을 좋아하고 그의 여자 친구는 바다로 가는 것을 좋아한다.
He likes to go to the mountains and his girlfriend (likes to go) to the beach.

2478. 그는 경찰이 되었고 그의 형제는 범죄자가 되었다.
He became a cop and his brother (became) a criminal.

3) 'the + 비교급, the + 비교급' 에 의한 생략

☆ 이 구조에서 명사 주어 다음의 'be 동사'는 생략이 가능합니다. 대명사 주어의 경우 'be 동사'는 생략하지 않습니다. 또한 '주어 + 술어' 전체를 생략할 수도 있습니다.

2479. 한 사람이 행복할수록 그는 착해진다.
The happier <u>a man (is)</u>, the nicer <u>he is</u>.

2480. 많을수록 더 낫다.
The more (you have), the better (it is).

4) wh- + ever 양보절의 생략

☆ 이 구조에서 명사 주어 다음의 'be 동사'는 생략이 가능합니다. 대명사 주어의 경우 'be 동사'는 생략하지 않습니다.

2481. 그 생각이 무엇이든 간에 그것은 실현되어야 한다.
Whatever the <u>idea (is)</u>, it must be realized.

2482. 그 나무가 아무리 늙었어도, 매년 봄 꽃이 핀다.
However old the tree (is), it blossoms every spring.

5) 게시용어의 생략

☆ 게시물에서 의미전달의 핵심 부분을 제외한 나머지는 생략이 가능합니다.

2483. 다시 만날 것을 기원합니다.
(We) Hope to see you again.

2484. 한계를 넘었습니다. 즉, 출입금지.
(This area is) off limits.

2485. 이것에 손대지 마시오.
(Keep your) Hands off (this).

2486. 흡연이 허락되지 않습니다.
No smoking (is allowed).

6) 대부정사나 대동사에 의한 생략

☆ to V.R 이하나 조동사 이하에 '기존동사의 내용'이 나올 경우 생략이 가능합니다. '조동사 + have p.p' 구조에서는 p.p 이하만 생략이 가능합니다.

2487. 그 파티에 참석은 하고 싶지만 그럴 수가 없군요.
I would like to attend the party, but I can't (attend the party).

2488. 꼭 해야 한다면 그 파티에 참석할 것입니다.
I will attend the party, if I really have to (attend the party).

2489. 나는 초대받았을 때 수락했다, 그러나 나는 그러지 말았어야 했다.
I said 'yes' when invited but I should not have (said 'yes').

7) 삽입절이 들어간 관계사 주격의 생략

★ 관계사 주격은 일반적으로 생략할 수 없지만, 주격 다음에 의견 삽입절이 들어가면 생략 가능합니다.

2490. 그가 당신이 생각하는 우리를 도울 수 있는 사람인가?
Is he the man (who) you think can help us?

2491. 대학 입학 사정관들은 그들 생각에 그들의 교육기관에 잘 어울릴 학생들을 찾아내는 정교한 방식들을 가지고 있습니다.
College admissions officers have sophisticated ways of finding students (who) they think would be a good fit for their institution.

★ 그 외 관계사절이 수식적 용법일 때 '목적격, 보어격' 관계사는 생략될 수 있습니다.

8) 그 외의 관용적 생략

2492. 눈에서 멀어지면 마음도 멀어진다.
(If someone is) Out of sight, (he will be) out of mind.

2493. 나는 당신께 감사합니다.
(I) Thank you.

2494. 나는 유감입니다.
(I am) Sorry.

2495. 나는 당신께 즐거운 성탄절을 기원합니다. 행운을 기원합니다.
(I wish you a) Merry Christmas. (I wish you) Good luck.

★ 신문이나 잡지의 헤드라인, 혹은 시에서 rhyme 을 맞추기 위한 도치나 생략은 전공영어를 하면서 배우기 바랍니다. copy making 은 고도의 편집기술이 필요합니다.

21 기출문제

01. 다음 문장의 내용상 _____ 부분에 가장 적절한 말은?

> Not until the Enlightenment _____ the state's power to kill.

① did societies seriously question
② questioned seriously by societies
③ the societies seriously questioned
④ questioned by the societies seriously

해석 계몽운동이 일어나기 전까지는 사회 일각들에서 국가의 사형 권한에 대해 심각하게 의문을 제기하지 않았다.

해설 not until 부사구 다음에 오는 주절은 반드시 의문문 구조로 도치

답 ①

02. 다음 문장의 내용상 _____ 부분에 가장 적절한 말은?

> _____ late for the meeting but he also arrived rather drunk.

① He was
② Neither was he
③ Not only he was
④ Not only was he

해석 그는 모임에 늦었을 뿐만 아니라 다소 술에 취한 채 도착했다.

해설 not only 구조가 절과 절을 연결하면 not only 다음 절은 의문문 구조로 도치

답 ④

03. 다음 문장의 내용상 _____ 부분에 가장 적절한 말은?

> Only after meat had been dried or canned _____.

① that it should be stored for later consumption
② should be stored for later consumption
③ should it be stored for later consumption
④ it should be stored for later consumption

해석 육류는 건조되거나 통조림으로 만들어진 후에야 비로소 나중 소비를 위해 저장되어질 수 있다.

해설 only after 다음에 절이 오고 난 후 주절은 반드시 의문문 구조로 도치

답 ③

04. 다음 문장의 내용상 _____ 부분에 가장 적절한 말은?

> Not until the 17th century did it become scientifically accepted that the earth rotated around the sun; _____ why we have seasons.

① only then it was finally understand
② only then did it finally understood
③ only then it did finally understand
④ only then was it finally understood

해석 17세기에 이르러서야 지구가 공전을 한다는 사실이 과학적으로 받아들여지게 되었다. 또한 그 때가 돼서야 비로소 왜 우리에게 계절이 있는지가 마침내 이해되게 되었던 것이다.

해설 only + 부사 + 절은 반드시 의문문 구조로 도치, 가주, 진주 구조이며 '이해하다' 가 아니라 '이해되다'

답 ④

05. 다음 문장의 내용상 _____ 부분에 가장 적절한 말은?

> She watched TV last night and _____.

① so did he   ② neither did he
③ so does he   ④ neither does he

해석 그녀는 어젯밤에 TV를 시청했고, 그 역시도 그랬다.

해설 다른 주어도 그러하다 구조가 긍정문이며 so + 의문문구조 도치

답 ①

06. 다음 문장의 내용상 _____ 부분에 가장 적절한 말은?

> A : Are you going to the movies?
> B : If You go, _____.

① I am so　　　② I do so　　　③ so am I　　　④ so will I

해석 A : 너 영화 보러 갈 거니? B: 만일 당신이 간다면 나도 갈 거야.
해설 다른 주어도 그러하다 구조가 긍정문이며 so + 의문문 구조 도치, if 절의 동사가 go 이므로 미래형 조동사 will 로 조건절의 미래시제 구현
답 ④

07. 다음 문장의 내용상 _____ 부분에 가장 적절한 말은?

> A : It's been nice talking to you. I hope we can get together again soon.
> B : _____. So long.

① So I am　　　② So am I　　　③ So do I　　　④ So can I

해석 A : 너와 대화 나눠서 즐거웠어. 우리가 곧 다시 볼 수 있기를 바래.
　　　B : 나도 그래. 잘 가.
해설 I hope를 대신 받아서 so do I
답 ③

08. 다음 문장의 내용상 _____ 부분에 가장 적절한 말은?

> Bill wasn't happy about the delay, and _____.

① I was neither　　　　　② neither I was
③ I wasn't neither　　　　④ either was I
⑤ neither was I

해석 Bill은 그 지연에 대해 불만스러워 했으며, 나 역시 마찬가지였다.
해설 부정문이므로 and neither + 의문문 어순 도치
답 ⑤

09. 다음 문장의 내용상 _____ 부분에 가장 적절한 말은?

> Canada does not require that U.S. citizens obtain passports to enter the country, and _____.

① Mexico does neither
② neither Mexico does
③ Mexico doesn't either
④ either does Mexico

해석 캐나다는 미국 시민들이 캐나다에 입국하기 위해서 여권을 발급 받을 것을 의무로 하고 있지 않으며, 이는 멕시코 역시 마찬가지이다.

해설 not + either를 사용하거나 neither 문두 + 도치구조

답 ③

10. 다음 문장의 내용상 _____ 부분에 가장 적절한 말은?

> Though Mr. and Mrs. Kim were in a traffic accident on their way home, they were not seriously injured, _____ suffer any costly damage.

① nor their car did
② neither their car did
③ nor did their car
④ and their car neither did
⑤ and their car also did

해석 비록 김씨 부부는 귀가 길에 교통사고를 당했지만, 심하게 부상을 입지는 않았으며 그들의 차 또한 전혀 큰 피해를 입지는 않았다.

해설 접속사가 따로 없는 부정문이므로 nor + 의문문 구조 도치

답 ③

11. 다음 문장의 내용상 _____ 부분에 가장 적절한 말은?

> Susie and I can go to the lecture, _____.

① but neither can Jeremy
② and so Jeremy can
③ but Jeremy can't
④ and so can Jeremy

해석 Susie와 나는 강의에 참석할 수 있지만, Jeremy는 그럴 수가 없다.

해설 등위절로 끊은 것으로 보아 같은 접속사 and를 쓰기에는 어색하고 but 다음에는 반대의 내용이 나와야 함

답 ③

12. 다음 문장의 내용상 _____ 부분에 가장 적절한 말은?

| _____ that all the windows were broken. |

① The force was so great of the explosion
② So great was the force of the explosion
③ The explosion was so great of the force
④ Great was so the force of the explosion
⑤ The force of the explosion so great was

해석 폭발력이 너무도 강해 모든 창문이 깨졌다.

해설 so 형용사, 부사를 문두 도치하면 해당절은 의문문 어순 도치

답 ②

13. 다음 문장의 내용상 _____ 부분에 가장 적절한 말은?

| On the southern shore of Lake Erie _____, the greatest metropolitan area in Ohio. |

① Cleveland lies there
② does Cleveland lie
③ where Cleveland lies
④ lies Cleveland

해석 Ohio 주에서 가장 큰 대도시 지역인 Cleveland는 Erie호의 남쪽 해안에 위치하고 있다.

해설 장소의 부사구가 문두에 나가고 1형식 문장이면 동사 + 주어 어순

답 ④

14. 다음 문장의 내용상 _____ 부분에 가장 적절한 말은?

| By the time the dinosaurs roamed the earth some 180 millions years ago, seed-bearing trees had evolved that shed their leaves in winter; _____ the angiosperms and our present deciduous forests. |

① from these have sprung   ② have sprung these
③ to have sprung   ④ these have been sprung

해석 약 1억 8천만 년 전 공룡이 지구를 어슬렁거리던 때에 겨울이면 잎을 떨어뜨리는 포자 수목들이 등장했었다. 그리고 이것으로부터 속씨식물과 현재의 낙엽수림이 생겨나게 된 것이다.

해설 장소의 부사구가 문두로 나가고 1형식 문장이면 동사 + 주어 어순 / spring : 솟아나다

답 ①

15. 다음 밑줄 친 부분 중 어색한 부분은?

> Little ① <u>did</u> they ② <u>thought</u> that their pleasure ③ <u>would</u> not last ④ <u>forever</u>.

해석 그들은 자신들의 기쁨이 영원히 지속되지 않을 것이라고는 전혀 생각하지 못했다.

해설 little 은 부정부사 / 부정부사가 문두에 오면 의문문 구조 도치 / 의문문 구조의 공식은 do, does, did + 주어 + 동사원형

답 ② → think

16. 다음 중 어법상 틀린 것을 고르시오.

① He looks thinner than when I saw him last summer.
② She made me so annoying that I felt like to shout at her.
③ He was leaning against the wall with his hands in his pockets.
④ Only when it started to rain did he notice that he had left his umbrella somewhere.

해석 ① 그는 지난 여름에 내가 봤을 때보다 더 말라 보인다.
② 그녀가 나를 너무도 화나게 만들어 나는 그녀에게 소리를 지르고 싶었다.
③ 그는 두 손을 주머니에 넣은 채로 벽에 기대어있었다.
④ 비가 내리기 시작하고 나서야 비로소 그는 우산을 어딘가에 두고 왔다는 것을 알았다.

해설 make + 목적어 + 보어 : 구소에서 보어로 수동분사가 오는 경우 목적어와 보이기 수동관계 임을 암시 즉 목적어인 me 와 annoyed를 따로 떼어서 I was annoyed 로 만들어 보면 성립되는 것을 알 수 있음

답 ② annoying → annoyed / to shout → shouting

17. 다음 중 어법상 틀린 것을 고르시오.

① Never did I dream that I could see her again.
② Only if you can solve this problem will you be admitted.
③ They have prepared for the exam so hard, and so I did.
④ Should you need any information, do not hesitate to contact me.
⑤ I was never aware of what was going on in that meeting.

해석 ① 나는 내가 그녀를 다시 볼 수 있을 것이라고는 꿈도 꾸지 못했다.
② 네가 이 문제를 풀 수 있을 때만이 너는 들어갈 수 있을 것이다.
③ 그들은 시험 준비를 너무도 열심히 했으며, 나 역시 그랬다.
④ 혹시라도 어떤 정보가 필요하면 주저하지 말고 내게 연락해라.
⑤ 나는 그 회의에서 어떤 일이 진행되고 있는지 전혀 알지 못했다.

해설 다른 주어도 같은 내용이다라는 문맥이고 긍정문이므로 so + 의문문 어순 도치

답 ③ so I did → so have I

18. 어법상 올바른 것을 고르시오.

① You look beautifully, Mary. That dress really suits you.

② Not only did they ignore the protest, but they also lied to the press.

③ I like very much classical music, but my sister does so.

④ Could you explain me about how to start the motor?

⑤ My professor is busy to prepare his lecture.

> 해석 ① 너 예뻐 보인다. 그 옷이 네게 진짜 잘 어울려.
> ② 그들은 항의를 무시했을 뿐만 아니라 기자들에게 거짓말도 했다.
> ③ 나는 고전 음악을 매우 좋아한다. 하지만 내 여동생은 그렇지 않다.
> ④ 나에게 모터 시동 거는 법을 설명해주실 수 있습니까?
> ⑤ 내 교수님은 강의 준비에 바쁘시다.

> 해설 look 동사가 2형식 보어로 형용사를 받아야 함 beautifully → beautiful/ very much 는 타동사와 목적어 사이에 들어갈 수 없고 music 뒤에 와야 하며 but 이하는 my sister doesn't 에서 끝나야 함 / explain 은 4형식 동사가 아니므로 '-에게' 에 해당하는 목적어 앞에 전치사 to 첨가 explain me → explain to me / be busy + (in) ing 구조의 관용어 채택 busy to prepare → busy in preparing

> 답 ②

19. 어법상 옳은 문장을 고르시오.

① This book is worth to read carefully.

② They wouldn't let me to attend the anniversary.

③ The higher the tree is, the stronger is the wind.

④ The population of Seoul is very larger than that of London.

> 해석 ① 이 책은 주의 깊게 읽을 가치가 있다.
> ② 그들은 내가 연례 기념식에 참석하는 것을 허락하지 않을 것이다.
> ③ 나무가 높으면 높을수록 그만큼 더 바람이 강한 법이다.
> ④ 서울의 인구는 런던의 인구보다 훨씬 더 규모가 크다.

> 해설 be worth + ing 구조를 채택 : to read → reading / let + 목적어 + 동사원형 : to attend → attend / 비교급을 수식하는 부사는 much : very → much / * the 비교급, the 비교급에서 주어와 be 동사는 도치될 수 있다.

> 답 ③

20. 빈 곳에 어법상 옳은 문장은?

_____ in the program's notable events was a charity fundraising.

① One ② With ③ Matched ④ Included

> 해석 한 자선 모금이 그 프로그램의 주목할 만한 행사들 속에 포함되어 있었다.

> 해설 be p.p + 전치사 + 목적어 = p.p + 전.목 + be 동사 + 주어

> 답 ④

PART 22
articles

관사

22 관사 (articles)

1. 부정관사(indefinite article) : a, an

☆ 원칙적으로 '셀 수 있는 명사의 단수형' 혹은 '불가산 명사를 가산화 한 의미의 단수형' 앞에만 사용합니다. 복수명사에는 사용할 수 없습니다. 가산명사도 불가산 의미로 만들 수 있고 불가산 명사도 가산의 의미로 만들 수 있습니다.

☆ 철자와 관계없이 모음발음 앞에는 an, 자음발음 앞에 a 를 사용하며 한국어의 '유, 요, 여, 야, 워, 와' 는 영어에서 자음취급을 하므로 조심해야 합니다. 'an honest man, a young man, a university, an unhappy girl, a woman, a European country, a yard' 등의 발음을 참고하기 바랍니다.

1) 용법

(1) 해당명사에 대한 실체를 중시하고 수(數)는 무시하는 용법

☆ a, an 은 한명의 사람 혹은 하나의 물건을 의미하지만 이 경우에서는 '하나'라는 수는 중요하지 않고 명사의 실체를 밝히는 것만을 중시합니다.

2496. 그녀는 재미있는 사람이다. (수가 의미 없음, 정체가 중요함)
She's an interesting person.

2497. 그는 큰 목소리를 가지고 있다. (수가 의미 없음, 정체가 중요함)
He's got a loud voice. (묘사)

2498. 이것은 귀환티켓이다. (정체)
This is a return ticket.

2499. 나는 기술자이다. (정체)
I'm an engineer.

2500. 의사이자 피아니스트가 오늘의 특별손님입니다. (관사 한 번이면 동일인)
A doctor and pianist is our special guest today.

(2) 한 개를 중시하는 one의 대용어

☆ 수사(數詞) one 이 '한 개' 를 의미할 때 a, an 으로 대체될 수 있습니다.

2501. 로마는 하루 아침에 세워지지 않았다.
Rome was not built in a day.

2502. 그는 정확히 일 백 년 전에 죽었다.
He died exactly a hundred years ago.

2503. 그는 한 마디로 수퍼 영웅이다.
He is a super hero in a word.

2504. 나는 하루 이틀 후면 돌아온다.
I'll be back in a day or two.

(3) 최초로 제시하는 명사

☆ 처음 등장하는 명사에 대해, 듣는 사람이 해당 명사에 대해 모르고 있다는 전제하에 사용합니다.

2505. 요 전날 한 소녀를 만났었다.
I met a girl the other day.

2506. 그는 대출을 얻기 위해 한 은행으로 들어갔다.
He went into a bank for a loan.

(4) 대표적 성질의 단수 표현

☆ 전체를 대표하는 공통의 성질이 있는 경우 사용합니다. 정관사를 붙이거나 무관사 복수명사를 쓸 수도 있습니다.

2507. 나무들이란 광합성으로 성장한다.
A tree grows by photosynthesizing.

2508. 쥐들이란 고양이를 무서워하는 법이다.
A rat is afraid of a cat.

(5) 전치사 per 의 대용어

☆ '마다, 당, 매'를 의미하는 '전치사 per'의 대용으로 사용할 수 있습니다.

2509. 하루 당 시럽 한 숟가락 분량을 복용하세요.
Take one spoonful of the syrup a day.

2510. 나는 시속 80 마일로 가고 있었다.
I was doing 80 miles an hour.

(6) 소량, 불특정 명사

☆ '약간, 어떤'의 의미를 대용합니다.

2511. 잠시만 저희들 자리 좀 피해 주세요.
Will you excuse us for a minute?

2512. 그는 잠시 후 돌아왔다.
He came back after a while.

2513. 어떤 의미에서 나는 당신의 사람이다.
I am yours in a sense.

2514. 문에서 로버트씨라는 분이 기다리고 있습니다. (화자는 모르는 사람)
There is a Mr. Robert waiting at the door.

(7) 동일성질, 동종 명사

☆ the same 의 의미를 대용합니다.

2515. 우리는 동갑이다.
We are of an age.

2516. 동종 두 업체는 화합이 어렵다.
Two of a kind seldom agree.

2517. 유유상종
Birds of a feather flock together.

(8) 불가산의 가산화

☆ '불가산 명사를 가산화'하는데 사용합니다. '작품, 직업, 개체, 개별적 사건' 등으로 해석합니다.

2518. 우리 벽에 피카소작품 하나가 있으면 좋겠다.
I want to have a Picasso on my wall.

2519. 나는 돌멩이 하나를 집어 들어서 그것을 들여다 보았다.
I picked up a stone and looked into it.

2) 관용어구에 사용하는 부정관사

☆ 앞에서 소개한 '부정관사의 각 용법들의 의미 중 하나'를 동사나 전치사와 함께 사용하여 관용어구를 만듭니다.

도표 228 : 부정관사를 사용하는 주요 관용어구

①	take a look at	: ~를 한 번 보다	②	give a party	: 파티를 열다
③	go for a ride	: 드라이브 가다	④	go on a picnic	: 소풍가다
⑤	take a trip to	: ~로 여행가다	⑥	make a decision	: 결정을 하다
⑦	give a talk	: 대화를 하다	⑧	give it a try	: 시도를 해보다
⑨	make a wish	: 소망을 빌다	⑩	give I.O a hand	: ~를 돕다
⑪	take a shower	: 샤워하다	⑫	take a breath	: 숨을 쉬다
⑬	give it a push	: 밀어보다	⑭	give it a pull	: 당겨보다
⑮	take a walk	: 산책하다	⑯	make a speech	: 연설하다
⑰	have an eye for	: ~를 보는 눈이 있다	⑱	have a taste for	: ~에 대한 취향이 있다
⑲	keep an eye on	: ~를 지켜보다	⑳	have a liking for	: ~를 좋아하다
㉑	have a word with	: ~와 담소하다	㉒	have a mind to V.R	: ~하고 싶다
㉓	have an itch to V.R	: ~하고 싶다	㉔	come to an end	: 끝나다
㉕	come to a stop	: 끝나다	㉖	make a noise	: 시끄럽게 하다
㉗	at a distance	: 멀리서	㉘	from a distance	: 멀리서
㉙	in a hurry	: 서둘러서	㉚	of a sudden	: 갑자기
㉛	as a rule	: 대체로	㉜	as a result of	: ~의 결과로
㉝	as a whole	: 대체로, 전체적으로	㉞	make a run	: 달리다

2. 정관사(definite article) : the

☆ 원칙적으로 '가산 명사의 단수·복수' 및 '불가산 명사' 앞에 올 수 있습니다. 정관사는 정보가 공유되어지거나 노출된 명사에 사용하며, 다른 것들과 구별하는 '한정성'을 표현합니다.

1) 용법

(1) 정보가 공유된 명사

☆ 내가 말하는 것을 상대방도 알고 있다는 전제하에 사용합니다.

2520. 그 전화 좀 써도 되나요? (상대방이 내가 말하는 전화기를 알고 있다는 전제)
Can I use the phone?

2521. 문 좀 닫아 주세요. (어떤 문인지 상대가 알고 있다는 전제)
Please close the door.

(2) '최상급 형용사, 서수, only, same, very, last' 등의 수식어 앞

☆ 'the best dresser, the first day of the year, the only man, the very man I want, the same book that I lost, Mary the second, the most valuable person' 등에서처럼 특정 수식어가 붙은 명사는 다른 것들과 구별되어 한정성이 부여됩니다.

(3) 공유정보 지형지물

☆ '지구의 태양, 지구의 달, 절대방위, 사막이나 강, 대양, 바다, Republic 이나 Kingdom 이 들어가는 나라, 복수형으로 사용된 나라, 세계의 넓은 영역 등 정보가 널리 퍼진 명사'같은 특정명사는 이미 여러사람에게 정보가 노출되었다고 판단해서 정관사를 사용합니다.

도표 229 : the + 공유정보 지형지물

① the Sahara Desert	② the Mississippi	③ the Mediterranean
④ the Atlantic	⑤ the Netherlands	⑥ the United States of America
⑦ the USA	⑧ the Alps	⑨ the Czech Republic
⑩ the Republic of Korea	⑪ the United Kingdom	⑫ the West
⑬ the Middle East	⑭ the Far East	⑮ the equator
⑯ the universe		

(4) 정관사 the를 흔히 사용하는 관용어구

도표 230 : the + 명사 관용어구

① the same	같은 것	② the country	시골	③ the sea	바다
④ the mountains	산맥(山脈)	⑤ on the right	오른쪽	⑥ on the left	왼쪽
⑦ at the top	꼭대기에서	⑧ at the bottom	바닥에서	⑨ at the side	옆에서
⑩ at the front	앞에서	⑪ at the back	뒤에서	⑫ in the middle	가운데에서
⑬ at the cinema	극장에서	⑭ at the theater	극장에서	⑮ on the radio	뤠이디어에서
⑯ in the army	육군에서	⑰ in the navy	해군에서	⑱ the ocean	대양

(5) 영어권에서 널리 알려졌다고 생각되는 공공장소

☆ '공공장소'는 이미 여러사람들에게 알려진 곳이므로 자연스레 정관사를 붙입니다. 물론 the 를 사용한 명사를 알지 못하는 경우도 있지만, 그럴 경우에도 해당 명사에 대한 정보를 비교적 쉽고 다양한 방식으로 얻을 수 있습니다.

도표 231 : 널리 알려진 공공장소

① the Hilton Hotel	② the Old Mill Restaurant	③ the Globe Theater
④ the British Museum	⑤ the Eiffel Tower	⑥ the Taj Mahal
⑦ the Great Pyramid	⑧ the White House	⑨ the Statue of Liberty
⑩ the Pentagon	⑪ the Blue House	⑫ the Great Wall

(6) play 와 함께 말하는 일반적 악기명 앞에서

☆ 'play the violin, play the piano' 등으로 표현될 때, 해당악기는 대표 단수이고 특정성을 부여하지 않습니다.

(7) 대표명사 앞에서

☆ 특정한 명사가 아니라 '해당 명사의 대표적 성질'을 표현할 때 사용합니다.

2522. 고양이는 호기심이 많은 동물이다.
The cat is a very curious animal.

2523. 바나나 나무는 덥고 습한 곳에서 자란다.
The banana tree grows in a hot and humid region.

(8) '타동사의 목적어로 사람' + '전치사의 목적어로 신체'를 유관시켜서 받을 때

① '치다' 동사는 전치사 on the 신체 : kiss, box, strike, hit, beat, smash, pound
② '잡다' 동사는 전치사 by the 신체 : catch, grab, hold, clutch
③ '포옹하다' 동사는 전치사 around the 신체 : hug, caress, embrace
④ '보다' 동사는 전치사 at, in, into the 신체 : look, stare, gaze, see
☆ 신체 부분은 이미 타동사의 목적어로 사용된 사람에 속해 있는 것으로 '한정성'을 갖게 됩니다.

> 2524. 나는 그의 머리를 때렸다.
> I pounded him on the head.

> 2525. 나는 그의 멱살을 쥐었다.
> I grabbed him by the collar.

> 2526. 나는 그의 눈을 들여다 보았다.
> I looked him into the eye.

> 2527. 나는 그의 어깨를 끌어안았다.
> I hugged him around the shoulders.

(9) 단위를 표현할 때 : by the + 단위 명사

☆ 'by the pound, by the hour, by the yard, by the liter, by the barrel, by the pint, by the ounce' 등을 써서 표현하며 주로 상거래에서 많이 사용됩니다. 'be sold by the 단위명사' 패턴이 되면 특정 단위로 매매 된다는 의미입니다.

(10) 앞에서 언급된 명사로서 그 정보가 알려졌을 때

☆ 명사가 두 번째 언급될 때부터, 해당명사는 정보가 공유된 것으로 보아 the 를 붙일 수 있습니다.

> 2528. 한 여성과 결혼하는 것은 그 여성의 모든 조건을 다 수용한다는 것을 의미한다.
> Marrying a woman is like accepting the woman's whole conditions.

> 2529. 나는 한 소년을 만났고 그 소년에게 부업을 제안했다.
> I met a boy and offered the boy a part time job.

> 2530. 한 남성이 한 경찰관에게 걸어갔다. 그 남성은 지도 한 장을 꺼냈고 그 경찰관에게 어떤 성당으로 가는 방법을 물어보았다.
> A man walked up to a policeman. The man took out a map and asked the policeman how to get to a cathedral.

(11) 언급된 명사에 속한 명사로서 정보가 알려질 때

☆ 처음 언급된다 하더라도, 문맥상 해당명사가 특정한 것이 될 경우 the 를 사용합니다.

2531. 비행기 한 대가 한 섬에 추락했는데 그 블랙박스(그 비행기의)는 그 해안(그 섬의) 근처에서 발견되었다.
A plane crashed on an island and the black box was found near the coast.

2532. 그는 뱀 한 마리에게 물렸는데 그 독은(그 뱀의) 매우 치명적이었다.
He was bitten by a snake and the venom was very fatal.

(12) do 동사와 함께 사용되는 관용구에서

☆ 보통 '~하다' 로 표현할 수 있는 일상적 행위명사 앞에 the 를 사용합니다.

도표 232 : do + the + 일상행위

① do the cleaning	: 청소하다	② do the washing	: 세탁하다
③ do the painting	: 칠하다	④ do the repairing	: 수선하다
⑤ do the watering	: 물 주기 하다	⑥ do the cooking	: 요리하다
⑦ do the shopping	: 장 보기 하다	⑧ do the dishes	: 설거지하다
⑨ do the flowers	: 꽃꽂이하다	⑩ do the nail	: 손톱 손질하다
⑪ do the peeling	: 껍질 까기 하다	⑫ do the hair	: 머리 손질하다

(13) 특정한 수식에 의해 다른 명사와 구별될 수 있을 때

2533. 이것은 서울로 가는 길이다. (a road 일 경우 많은 길 중에 임의의 것)
This is the road to Seoul.

2534. 이 병의 우유는 상했다.
The milk in this bottle has gone bad.

2535. 나는 그 금을 묻었던 장소를 잊었다.
I forgot the place where I had buried the gold.

(14) 해당하는 시기를 '현재'로 표현할 때

☆ 이 경우 the 는 '그' 로 해석하지 않고 '이' 로 해석하여 현 시점이 포함된 단위로 이해합니다.

도표 233 : the + 현재시기 관용표현

① the best shot of the day	: 오늘 최고의 타격
② the album of the year	: 올해의 앨범
③ at the moment	: 당장, 지금.

(15) the + 사람의 성 + s : 부부, 가족들

☆ 가족 전체나 부부를 의미하는 용법이며 'the Clintons', 'the Kims' 는 각각 '클린턴씨 부부 혹은 가족', '김씨 부부 혹은 가족'이 됩니다.

(16) the + 고유형용사 + s : 민족 구성원들, 국민들

☆ 고유형용사의 어미가 '-an, -i' 로 끝나는 경우는 s를 첨가하고, 나머지는 그대로 사용하여 국민들 혹은 민족들을 표현합니다.

도표 234 : the + 고유형용사 + s : 민족 구성원들, 국민들			
① the English	영국인들	② the French	프랑스인들
③ the Vietnamese	베트남인들	④ the Koreans	한국인들
⑤ the Europeans	유럽인들	⑥ the Asians	아시아인들
⑦ the Peruvians	페루인들	⑧ the Iraqis	이라크인들

(17) the + 형용사 : '~한 사람들'

☆ 특정한 성격을 가진 복수의 사람들이나 개념을 의미합니다.

(18) 'the + 단수보통명사'의 추상명사화

☆ 특정한 사람, 사물을 지칭하는 것이 아니라 그 사물이 가지고 있는 '정신'을 표현합니다.

2536. 우리 모두는 마음속에 <u>동심</u>을 가지고 있다.
We all have <u>the child</u> in our minds.

2537. 그녀는 남태평양 아래로 지는 해를 보고 <u>시심</u>을 느꼈다.
She felt <u>the poet</u> at the scene of the setting sun over the Southern Pacific.

2538. <u>문필</u>의 힘이 <u>칼</u>의 힘보다 강하다.
<u>The pen</u> is mightier than <u>the sword</u>.

2539. 사흘을 굶으면 <u>거지근성</u>이 나온다.
If you go hungry for 3 days, <u>the beggar</u> will come out.

2540. 너의 <u>군인정신</u>은 어디로 갔는가?
Where is <u>the soldier</u> in your blood?

2541. <u>어린 시절</u> 배운 것이 <u>죽을 때</u>까지 간다.
What you learn in <u>the cradle</u> is carried to <u>the grave</u>.

도표 235 : the + 단수보통명사

① the mother	모성본능	② the father	부성애, 부양의 의무
③ the patriot	애국심	④ the animal	야수성
⑤ the cradle	어린 시절	⑥ the grave	죽음
⑦ the soldier	군인정신	⑧ the senior	어른스러움
⑨ the businessman	상인정신	⑩ the friend	우정
⑪ the child	동심	⑫ the poet	시심

2) 관사의 생략

☆ 정관사나 부정관사를 붙이지 않는 명사는 개별화하지 않습니다. 그 명사 자체의 개념만을 중시하거나 처음부터 특성화가 부여되었기 때문입니다.

(1) 이름 등의 고유명사

☆ 'Mary is writing about Dr.Andrews, General Powell, Prince Charles, and Aunt Elizabeth.' 의 경우 각 인물은 이미 알려진 특정인이기 때문에 관사를 붙이지 않지만 이름만을 알 경우는 'a, an' 을 붙일 수 있고, 특정인 임을 다시 확인할 때는 the(주로 '디'로 발음함)를 붙일 수 있습니다.

(2) 고유 형용사를 언어로 사용할 때

☆ 'Italian. Russian, Spanish, Korean' 등을 주로 speak 동사의 목적어에 언어의 의미로 쓸 때 무관사입니다.

(3) '대륙, 나라, 주, 호수, 산, 도시, 거리' 등을 의미하는 대부분의 고유명사

☆ 'Texas (NOT the Texas), Africa, Cuba, Queensland, Dublin, Lake Ontario, Mount Everest, Wall Street, Piccadilly Circus, Hyde Park, Times Square, Mt. Halla, Korea, China, Germany, Iraq' 등은 사람의 이름처럼 고유명사이므로 무관사 입니다.

(4) 일반적 의미의 식사

☆ 'I have breakfast(lunch, dinner).', 'I take two pills before(at, after, for) breakfast.' 에서처럼 일반적인 세끼 식사명은 무관사입니다. 다만 특정한 수식어를 붙이면 관사를 쓸 수 있습니다.

(5) 요일, 월명, 공휴일

☆ 'Monday, September, Easter, Christmas' 등은 이름처럼 고유명사이므로 무관사입니다.

(6) next, last + 시점명사

☆ 'next month, last year, last time, last week' 등이 말하는 시점을 기준으로 '다음번' 이나 '지난번' 일 경우 무관사입니다.

(7) 전치사 + 장소명사

☆ 이 경우 특정장소가 아니라 일반적으로 그 장소에서 일어난 행위를 표현합니다.

도표 236 : 전치사 + 장소명사

① to school	② at school	③ from school	④ to university
⑤ at university	⑥ from university	⑦ on top	⑤ at college
⑨ from college	⑩ to church	⑪ in church	⑫ out of church
⑬ to prison	⑭ in prison	⑮ out of prison	⑯ to hospital
⑰ in hospital	⑱ out of hospital	⑲ to bed	⑳ in bed
㉑ out of bed	㉒ at home	㉓ to work	㉔ at work
㉕ from work	㉖ on holiday	㉗ at table	㉘ in class
㉙ to sea	㉚ to court	㉛ to market	㉜ in office

(8) 전치사 by와 함께 사용된 교통, 통신수단 표시에는 관사를 쓰지 않습니다.

도표 237 : 관사를 쓰지 않는 교통, 통신 수단 표시

① by car	② by bus	③ by bicycle	④ by plane
⑤ by train	⑥ by underground	⑦ by subway	⑧ by boat
⑨ by air	⑩ by land	⑪ by sea	⑫ by mail
⑬ by letter	⑭ in person	⑮ on foot	⑯ by ship

(9) 증세에 의해 규명된 일반적 중질환의 이름

도표 238 : 증세에 의해 규명된 일반적 중질환의 이름

① polio	소아마비	② appendicitis	맹장염	③ bronchitis	기관지염
④ arthritis	관절염	⑤ cancer	암	⑥ leukemia	백혈병
⑦ pneumonia	폐렴	⑧ hepatitis	간염	⑨ anorexia	거식증
⑩ mysophobia	결벽증	⑪ acrophobia	고소공포증	⑫ claustrophobia	폐소공포증
⑬ osteoporosis	골다공증	⑭ leprosy	나병	⑮ dementia	치매
⑯ diabetes	당뇨병	⑰ hemorrhoid	치질	⑱ scoliosis	척추측만증
⑲ constipation	변비	⑳ dysmenorrhea	생리통	㉑ autism	자폐

| ㉒ measles | 홍역 | ㉓ migraine | 편두통 | ㉔ rhinitis | 비염 |
| ㉕ hemophilia | 혈우병 | ㉖ amnesia | 기억상실증 | ㉗ herpes zoster | 대상포진 |

☆ '감기, 통증, 발열' 등은 병으로 보지 않고 현상이나 증세로 보아 가산명사 취급합니다.

(1) 지명이나 인명과 함께 만들어진 '공항, 역, 성당, 대학, 궁전, 성, 학교' 등에는 일반적으로 관사를 붙이지 않습니다.

도표 239 : 인명, 지명을 활용한 고유명사

① Oxford Airport	② JFK Airport	③ Washington Memorial
④ Glasgow Central Station	⑤ Seoul Station	⑥ Cambridge University
⑦ Seoul National University	⑧ Buckingham Palace	⑨ Edinburgh Castle

(2) '스포츠, 게임, 취미활동, 교과목' 등의 일반적 표현에는 관사를 사용하지 않습니다.

도표 240 : 스포츠, 게임, 취미활동 교과목 등

① football	② chess	③ go(바둑)	④ swimming
⑤ tennis	⑥ soccer	⑦ surfing	⑧ billiards
⑨ cards	⑩ darts	⑪ monopoly	⑫ music
⑬ opera	⑭ photography	⑮ travel	⑯ horse riding
⑰ history	⑱ mathematics	⑲ gymnastics	⑳ dancing
㉑ art	㉒ poetry	㉓ economics	㉔ atomics
㉕ physics	㉖ chemistry	㉗ sociology	㉘ science

(3) 'people, music, sugar, dogs...' 등 일반적 의미의 복수명사나 불가산 명사에는 정관사를 붙이지 않지만, 특정한 의미가 되면 a, an, the 를 붙여야 합니다.

2542. 나는 사람들이 좋다.
   I like people.

2543. 나는 그 집안에 있는 사람들이 좋다.
   I like the people in that house.

2544. 나는 음악을 좋아한다.
   I like music.

2545. 그 음악은 너무 시끄럽군요. 좀 소리를 낮추어 주세요.
   The music's too loud. Can you turn it down?

2546. 설탕은 살찌게 한다.
Sugar is fattening.

2547. 그 설탕 좀 건네주세요.
Could you pass the sugar?

2548. 그녀는 개들과 고양이들에게 관심이 있다.
She's interested in dogs and cats.

2549. 저 개들이 왜 짖지?
Why are the dogs barking?

2550. 나는 아침식사를 7시에 한다.
I have breakfast at 7.

2551. 나는 그 가족과 이상한 아침을 먹었다.
I had a strange breakfast with the family.

2552. 나는 꽃들을 좋아해요. 그 꽃들은 아름답군요. 고마워요.
I like flowers and the flowers are beautiful. Thank you.

2553. 인생은 때로 힘들다.
Life is sometimes hard.

2554. 그 마을에서의 삶은 힘들었다.
The life in the village was hard.

2555. 물은 영도에서 얼음이 된다.
Water turns into ice at zero degree.

4) 관사의 위치

(1) 일반적 위치

☆ '관사, 소유격, 수사, 지시형용사, 부정형용사 + (부사) + (형용사) + 명사' 가 일반적 어순이며, 'a house, the house, my house, one house, this house, some house, a small house, a very small house, the extremely hot desert' 등이 명사 앞의 수식 순서에 대한 기본적 예시입니다. 관사는 소유격이나 지시형용사와 중복해서 명사 앞에 올 수 없습니다.

(2) such + a, an + 형용사 + 명사

☆ such 는 정관사적 의미를 갖지만, 다시 부정관사를 중복해서 받을 수 있습니다.

2556. 나는 탐과 같은 좋은 친구가 있다.
I have such a good friend like Tom.

(3) 감탄문을 유도할 때 : what + a, an + 형용사 + 명사

☆ 단수 가산명사를 감탄할 때 '유도부사 what' 이 부정관사 앞에 옵니다.

2557. 그는 얼마나 좋은 사람인가!
What a nice guy he is!

(4) many + 복수명사 = many a, an + 단수명사

☆ 발음상의 rhyme 을 의식한 표현으로 복수형용사가 단순부정관사의 앞에 올 수 있습니다.

2558. 많은 남자가 이 연설로 감명받았다.
Many a man has been moved by this speech.

(5) 감탄문을 유도할 때 : how + 형용사 + a, an + 단수명사

☆ 유도부사 how가 단수명사를 감탄할 때, 어순이 '형용사 + a, an'이 됨에 주의해야 합니다.

2559. 그녀는 얼마나 귀여운 아기인가!
How cute a baby she is!

(6) too + 형용사 + a, an + 단수명사

☆ too 가 형용사를 수식할 때 어순이 '형용사 + a, an' 이 됨에 주의해야 합니다.

2560. 나는 당신이 거절하기에는 너무도 좋은 제안이 있다.
I have too good an offer for you to refuse.

(7) so + 형용사 + a, an + 단수명사

☆ so 가 형용사를 수식할 때 어순이 '형용사 + a, an' 이 됨에 주의해야 합니다.

2561. 이것은 매우 작은 배여서 우리 다섯 명도 수용할 수 없다.
This is so small a boat that it cannot accommodate even 5 of us.

(8) however + 형용사 + a, an + 단수명사

☆ however 가 형용사를 수식하는 양보절이 될 때 어순이 '형용사 + a, an'이 됨에 주의해야 합니다.

2562. 당신이 아무리 새 차를 사도 당신은 도로사정이 개선되지 않으면 직장에 일찍 갈 수 없다.
However new a car you may buy, you can't get to your work fast unless the road conditions improve.

(9) 배수사 + a, an + 명사

☆ half 나 twice 등의 배수사는 '정관사, 부정관사, 소유격, 지시형용사'의 앞에 오지만 부정관사에 한하여 순수형용사처럼 뒤에 갈 수도 있습니다.

☆ 'half an hour(a half hour), half my salary, half the size, half this price'의 예를 참조하세요.

(10) quite, rather + a, an + 형용사 + 명사

☆ very 의 의미를 가진 quite 와 rather 가 형용사를 수식할 경우 발음상의 이유로 부정관사의 앞에 올 수 있습니다.

2563. 그는 매우 잘 생긴 남자이다.
He is quite a handsome guy.
= He is a quite handsome guy.

22 기출문제

01. 다음 문장의 내용상 _____ 부분에 가장 적절한 말은?

All the employees are supposed to get their pays _____.

① by a week   ② by weeks   ③ by the week   ④ by week

해석 모든 직원들은 자신의 급여를 주 단위로 지불 받기로 되어 있다.

해설 by the 단위 : by the pound, by the hour, by the day, by the week 등

답 ③

02. 다음 중 빈칸에 관사가 필요 없는 것은?

① She plays _____ piano.
② The moon rises in _____ west.
③ He seized me by _____ sleeve.
④ She informed me of the news by _____ telephone.

해석 ① 그녀가 피아노를 친다.   ② 달은 서쪽에서 뜬다.
③ 그는 나의 소매를 잡았다.   ④ 그녀는 전화로 나에게 그 소식을 알렸다.

해설 수단을 의미하는 by + 무관사 + 수단명사 : by boat, by car, by mail, by phone ../ play the 악기 / in the 방위 / 목적어 + by the 신체일부

답 ④

03. 다음 문장의 내용상 _____ 부분에 가장 적절한 말은?

It was _____ long conference that the staff had no time for lunch.

① so　　　　② too　　　　③ very　　　　④ such a

해석 회의가 너무도 길어 직원들은 점심 먹을 시간이 전혀 없었다.

해설 conference 가 가산명사 단수형이므로 so long a conference 혹은 such a long conference 가 되어야 that 절을 받을 수 있다.

답 ④

04. 다음 문장의 내용상 _____ 부분에 가장 적절한 말은?

It was too _____ for me.

① good a plan　　② a good plan　　③ good plan　　④ plan a good

해석 그것은 내게 너무도 좋은 계획이었다.

해설 so, as, too, how, however + 형용사 + 부정관사 + 명사

답 ①

05. 다음 문장의 내용상 _____ 부분에 가장 적절한 말은?

I wish Liz would drive us to the airport but she has _____ to take us all.

① too small a car　　　　② very small a car
③ such small a car　　　　④ a too small car

해석 나는 Liz가 우리를 공항까지 차로 데려다 주기를 바라지만, 그녀는 우리를 모두 태우기에는 너무 작은 차를 가지고 있다.

해설 위의 문제 해설 참조

답 ①

06. 다음 밑줄 친 부분 중 어색한 부분은?

> Cohen points to studies ① <u>showing</u> that, ② <u>unlike</u> their younger family members, the elderly who ③ <u>suffer from</u> stress ④ <u>is</u> more likely ⑤ <u>to become</u> ill.

해석 Cohen은 노인들이 자신들에 비해 젊은 가족 구성원들과는 달리 스트레스에 시달려서 병들 가능성이 더 크다는 것을 보여주는 연구들을 지적하고 있다.

해설 the elderly 는 the + 형용사로 복수보통명사취급 따라서 복수동사 are

답 ④ → are

07. 다음 밑줄 친 부분 중 어색한 부분은?

> Charlie Lindbergh ① <u>alone</u> flew the Atlantic ② <u>by</u> a very small plane ③ <u>at</u> ④ <u>obviously</u> great risk.

해석 Charlie Lindbergh는 큰 위험을 무릅쓰고 아주 작은 경비행기를 이용해 대서양을 단독 횡단했다.

해설 교통수단 by + 무관사 + 수단명사 = in + 관사 + 수단명사

답 ② by → in, on

08. 다음 밑줄 친 부분 중 어색한 부분은?

> I ① <u>had</u> never read ② <u>this</u> kind of ③ <u>a</u> book before, and I found ④ <u>myself</u> highly ⑤ <u>entertained</u>.

해석 나는 이전에는 한 번도 이러한 종류의 책을 읽어본 적이 없었기 때문에, 내 자신이 매우 즐겁다고 생각했다.

해설 kind of 무관사 단수명사 / kinds of 무관사 복수명사

답 ③ → a를 삭제

09. 다음에서 잘못된 문장은?

① I met a potter at the party.
② He was looking for a Mr. Lee.
③ The rich are not always happy.
④ It costs seven thousand won the yard.

해석 ① 나는 파티에서 한 도예가를 만났다.
② 그는 Mr. Lee라는 이름의 사람을 찾고 있었다.
③ 부자들은 항상 행복한 것은 아니다.
④ 야드 당 7천 원의 비용이 든다.

해설 '매 -마다' / '-당' 에 해당하는 부정관사 a, an / a day, a week, a yard

답 ④ the yard → a yard

10. 어법상 올바른 것은?

① He kissed her on her lips.
② Being a liar, he cannot be relied.
③ His this book is very interesting.
④ Thank you for that you have done for me.
⑤ The first two lines of the poem are wonderful.

해석 ① 그는 그녀의 입술 위에 키스를 했다.
② 거짓말쟁이기 때문에 그는 의지될 수가 없다.
③ 그의 이 책은 매우 재미있다.
④ 당신이 나를 위해 해줬던 것에 대해 당신에게 감사한다.
⑤ 그 시의 맨 처음 두 줄은 매우 훌륭하다.

해설 사람을 먼저 목적격으로 받았으므로 전치사 + the + 신체일부 :on her lips → on the lips / rely on 타동사구의 수동태에서 전치사는 탈락할 수 없다 be relied → be relied upon / 소유격과 지시형용사는 중복될 수 없으므로 전치사 of + 소유대명사 구조 His this book → This book of his / 전치사 for 의 목적어와 do 동사의 목적어 역할을 동시에 하려면 선행사를 포함하는 관계대명사 that → what

답 ⑤

11. 다음 중 어법상 올바른 것을 고르시오.

① This is a kind of a plant.
② He seldom goes to church, doesn't he?
③ They knew the both brothers.
④ He seized me by the sleeve.

해석 ① 이것은 일종의 식물이다.
② 그는 교회를 거의 가지 않는다, 그렇지 않은가?
③ 그들은 그 두 형제를 모두 알았다.
④ 그는 나를 소매에서 꽉 잡았다.

해설 kind of + 무관사 명사 : kind of a plant → kind of plant / seldom 이 부정어이므로 does he 라는 긍정부가의문문 / both 는 다른 한정사 앞에 옴 : the both brothers → both the brothers

답 ④

12. 다음 중 어법상 틀린 문장을 고르시오.

① The music is very good to listen to.

② My favorite pastime is playing chess.

③ We have just received some new information.

④ The children were busy making a lot of boxes.

⑤ He insisted to drive me all the way to the airport.

해석
① 그 음악은 듣기에 매우 좋다.
② 내가 제일 좋아하는 소일거리는 체스를 두는 것이다.
③ 우리는 어떤 새로운 정보를 방금 입수했다.
④ 그 아이들은 많은 상자들을 만드느라 바빴다.
⑤ 그는 공항까지 나를 차로 태워주겠다고 주장했다.

해설 insist 동사는 on -ing 나 that 절을 목적어로 받음 : insisted on driving me ./ insisted that he should drive me ...

답 ⑤ to drive → that he should drive

13. 다음 중 어법상 올바른 것을 고르시오.

① The jury are composed of four men and 10 women.

② Some good is sold by the liter and some by the pound.

③ Some of the audience were moved to tears by his eloquence.

④ Why don't we play the golf this weekend?

⑤ He had boldness to swim across the Strait.

해석
① 그 배심원단은 네 명의 남자와 열 명의 여자로 구성되어 있다.
② 어떤 물건들은 리터 단위로, 어떤 물건들은 파운드로 판매한다.
③ 어떤 청중들은 그의 웅변에 감동 받아 눈물을 흘렸다.
④ 이번 주말에 골프 치는 것 어때?
⑤ 그는 그 해협을 헤엄쳐 건너갈 만큼의 대담함을 가지고 있었다.

해설 배심단 자체를 이야기 하므로 단수 : are → is / 물건들은 goods 이고 복수취급 good is → goods are / 운동 경기하다는 play 다음에 무관사 : the golf → golf / have + the + 추상명사 + to 부정사 : '-할 정도의 -을 가지다' : boldness → the boldness

답 ③

14. 어법상 올바른 것은?

① The French is a polite people.

② Five hundred miles are a good distance.

③ Politics is the science of government.

④ The novelist and poet were present at the party.

⑤ He said that Columbus had discovered America in 1492.

해석
① 프랑스 사람들은 예의바른 민족이다.
② 오백 마일은 꽤 먼 거리이다.
③ 정치학은 통치에 대한 학문이다.
④ 그 소설가이자 시인이 파티에 참석했다.
⑤ 그는 콜럼버스가 1492년에 미 대륙을 발견했다고 말했다.

해설 the + 민족형용사 = 국민전체복수 : is → are/ 시간, 거리, 가격, 무게 등은 한 단위로 묶이면 단수취급 : are → is / 관사가 하나고 직업이 두 개이면 동일인이므로 단수 : were → was / 역사적 사실로 공인된 것이므로 과거시제 : had discovered → discovered

답 ③

15. 다음 중 주어진 영작이 올바른 것을 고르시오.

① 나는 한 달에 두세 번 그를 방문하기로 하고 있다.

→ I make it a rule to call on him two or three times the month.

② 그는 나의 팔을 잡고 도와달라고 애걸했다.

→ He caught me by my arm and asked me to help him.

③ 그는 나와 동갑이지만, 나보다 훨씬 키가 크다.

→ We are of age but he is much taller than I.

④ 그는 워낙 부지런한 학생이라 입학시험에 반드시 합격할 것이다.

→ He is so diligent a student that he is sure to pass the entrance examination.

⑤ 그는 비록 나이가 어리지만 유능한 변호사이다.

→ A young man as he is, he is an able lawyer.

해설 ① 한 달 당, 한 달 마다 개념에서는 부정관사 : the month → a month
② 목적어로 사람을 먼저 받았으므로 전치사 + the + 신체 : by my arm → by the arm
③ 부정관사의 용법 중 '하나의, 같은' 이라는 구조 : of age → of an age
⑤ 양보절 2형식의 주격보어 명사는 도치시에 부정관사 생략 : A young man → Young man

답 ④

16. 다음 빈칸에 들어갈 가장 적절한 어순은?

| No matter how _____ it is not necessarily worthless. |

① dry a desert may be
② may a desert be dry
③ a desert may be dry
④ a desert dry may be
⑤ may be a desert dry

해석 사막이 아무리 건조하다 할지라도 반드시 무가치한 것은 아니다.

해설 how + 형용사 + a,an + 명사 : 어순주의

답 ①

PART 23
sentence composition

문장의 종류

23 문장의 종류 (sentence composition)

1. 평서문(declarative or assertive sentence)

☆ 보통 '주어 + 술어'의 어순이며 문장 마침 부호는 마침표(. period) 입니다. 술어동사의 모양은 크게 6 종류, 자세하게 13 종류로 나눌 수 있습니다. 술어 동사의 형태는 다음과 같습니다.

1) 단순형

☆ 'I want it, I wanted it'의 예처럼 '동사의 현재시제, 과거시제'를 사용합니다. (술어동사는 한 개의 단어로 구성)

2) 완료형

☆ 'I have wanted it, I had wanted it'의 예처럼 '동사의 완료시제'를 쓰며 'have, has, had + p.p'로 구성(술어동사는 두 단어)됩니다.

3) 진행형

☆ 'I am working, He was working'의 예처럼 '동사의 진행시제'를 쓰며 'be + 동작동사의 ing'로 구성(술어동사는 두 단어)됩니다.

4) 수동형

☆ 'He was listened to, He is employed'의 예처럼 '타동사의 수동태'를 말하며 'be + p.p' 로 구성(술어동사는 두 단어)됩니다.

5) 조동사 첨가형

☆ 'He can do it, She will be home'의 예처럼 modal verb 를 첨가한 상태(술어동사는 두 단어)입니다.

6) 혼합형

☆ '완료, 진행, 수동, 조동사 첨가'라는 4가지 중에서 2개 혹은 3개의 혼합(술어동사는 세 단어 혹은 네 단어)으로 이루어지며, 자세하게는 8 종류로 나누어집니다.

① He has been waiting (완료 + 진행)
② He has been disqualified (완료 + 수동)
③ He must have been here (조동사 + 완료)
④ He will be assisting me (조동사 + 진행)
⑤ He can be hanged (조동사 + 수동)
⑥ He is being watched (진행 + 수동)
⑦ He would have been hurt (조동사 + 완료 +수동)
⑧ He must have been watching her (조동사 + 완료 + 진행)

2. 의문문(interrogative sentence)

☆ 술어동사 내지는 조동사를 주어 앞으로 보내서 물어보는 내용의 문장을 만듭니다. 문장부호는 물음표(? question mark)입니다.

1) 'yes, no 응답'형 의문문

☆ 이 의문문은 대답이 '예, 아니오' 가 될 수 있습니다.

(1) be동사 + 주어 의문문

☆ be 동사가 있는 경우 be 동사만 주어 앞으로 내보냅니다.

① Are you happy?
② Is she adored?
③ Was he crying?

(2) 조동사 +주어 의문문

☆ 조동사가 있을 경우 조동사만 주어 앞으로 내보냅니다. 완료시제의 'have, has, had'는 조동사입니다.

① Can he be your lover?
② Must I do this right now?
③ Have you ever heard it before?

(3) do, does, did + S +V.R 의문문

☆ be 동사와 조동사가 없이 일반 동사만 있을 경우, 주어의 앞에 시제와 인칭에 맞게 'do, does(주어가 3인칭 단수이고 현재형 동사인 경우), did' 중 하나를 두고 그 뒤는 '주어 + 동사원형'의 어순이 됩니다.

① Does he like me?
② Did they all go to the beach?
③ Do they know that I am here?

(4) not 을 사용한 부정형 의문문

☆ 부정문으로 의문문을 만들 경우 주어의 앞에서는 'be 동사'나 '조동사' 또는 'do 동사류'와 축약형으로 not 을 쓰며, 분리될 경우는 not 은 주어의 뒤에 둡니다.

① Aren't you happy = Are you not happy?
② Aren't I okay = Am I not okay? (일인칭 'I'에도 축약형은 aren't 를 사용합니다)
③ Wasn't that nice = Was that not nice?
④ Weren't you satisfied = Were you not satisfied?
⑤ Can't you see that it is wrong = Can you not see………?
⑥ Shouldn't he go now = Should he not go now?

도표 241 : not 의 축약형

① is + not	→ isn't	② was + not	→ wasn't
③ are + not	→ aren't	④ were + not	→ weren't
⑤ am + not	→ aren't	⑥ can + not	→ can't
⑦ will + not	→ won't	⑧ shall + not	→ shan't
⑨ must + not	→ mustn't	⑩ may + not	→ mayn't
⑪ could + not	→ couldn't	⑫ would + not	→ wouldn't
⑬ might + not	→ mightn't	⑭ have + not	→ haven't
⑮ has + not	→ hasn't	⑯ had + not	→ hadn't
⑰ do + not	→ don't	⑱ does + not	→ doesn't
⑲ did + not	→ didn't	⑳ ought + not	→ oughtn't

2) 의문사 의문문

☆ 의문사를 사용하여 내용을 묻는 구조인데 응답은 구체적 정보를 제시해야 하며 yes 나 no로는 응답이 이루어지지 않습니다.

(1) 의문대명사 의문문(Interrogative Pronoun)

☆ 의문대명사 'what, which, who, whom, whose'가 사용되어서 문장 내에서 명사에 해당하는 역할을 물어보므로 의문대명사를 제외한 구조는 불완전 구조이어야 하며, 해당 의문사는 '주어, 3형식 타동사의 목적어, 4형식 타동사의 간접과 직접목적어, 5형식 타동사의 목적어, 전치사의 목적어, 주격보어, 목적보어'를 묻는 말입니다. 주어를 묻는 경우 평서문의 어순과 같고 주어 외의 것을 물을 때는 '의문사 + 응답형 의문문' 어순이 됩니다.

2564. 누가 그렇게 말했나요?

그가 그렇게 말했어요.

<u>Who</u> said so? (주어를 물어보는 경우)

<u>He</u> said so. (의문사는 주어 he에 해당)

2565. 어떤 일이 일어났나요?

무엇인가 안 좋은 일이 일어났어요.

<u>What</u> happened? (주어를 물어보는 경우)

<u>Something bad</u> happened. (의문사는 주어 Something에 해당)

2566. 무엇이 당신을 울렸나요?

그의 죽음이 나를 울렸어요.

<u>What</u> made you cry? (주어를 물어보는 경우)

<u>His death</u> made me cry. (의문사는 his death에 해당)

2567. 당신은 누구인가요?

나는 당신의 아버지입니다.

<u>Who</u> are you? (주격보어를 물어보는 경우)

I am <u>your father</u>. (의문사는 보어 your father에 해당)

2568. 당신은 누구와 이야기 하고 싶은가요?

나는 탐과 이야기 하고 싶습니다.

<u>Who(m)</u> do you want to talk to? (전치사 to의 목적어를 물어보는 경우)

I want to talk to <u>Tom</u>. (의문사는 전치사의 목적어 Tom에 해당)

2569. 당신은 그 선물을 누구에게 주었나요?

나는 그 선물을 탐에게 주었습니다.

<u>Who(m)</u> did you give the present? (give 동사의 간접목적어를 물어보는 경우)

I gave <u>Tom</u> the present. (의문사는 간접목적어 Tom에 해당)

2570. 당신은 그 선물을 누구에게 주었나요?

나는 그 선물을 탐에게 주었습니다.

<u>Who(m)</u> did you gave the present to? (전치사 to의 목적어를 물어보는 경우)

I gave the present to <u>Tom</u>. (의문사는 전치사 to의 목적어에 해당)

2571. 당신은 누구를 주인이라고 부르나요?

나는 지저스를 주인으로 부릅니다.

<u>Who(m)</u> do you call lord? (call의 목적어를 묻는 경우, 5형식에 해당한다)

I call <u>Jesus</u> lord. (의문사는 목적어 Jesus에 해당)

2572. 당신은 지저스를 무엇으로 부르나요?
　　　나는 지저스를 주인으로 부릅니다.
　　　What do you call Jesus? (call의 목적보어를 묻는 경우, 5형식에 해당한다)
　　　 I call Jesus lord. (의문사는 목적보어 lord에 해당)

2573. 어떤 것을 선호하십니까?
　　　나는 커피를 선호합니다.
　　　Which do you prefer? (선택범주가 있을 때 사용, 타동사 prefer의 목적어를 물어본다)
　　　 I prefer coffee. (의문사는 prefer의 목적어인 coffee에 해당)

2574. 이 전화기는 누구 것입니까?
　　　이 전화기는 나의 것입니다.
　　　Whose is this phone? (의문사는 be 동사의 보어를 물어보며 소유대명사로 답한다)
　　　This phone is mine. (의문사는 mine에 해당)

2575. 무엇에 대해 이야기하십니까?
　　　나는 당신의 결혼에 대해 이야기 합니다.
　　　What are you talking about? (의문사는 전치사 about의 목적어를 물어본다)
　　　 I am talking about your wedding. (의문사는 your wedding에 해당)

2576. 당신은 내가 누구와 결혼하기를 원합니까?
　　　나는 당신이 나의 아들과 결혼하기 원합니다.
　　　Who(m) do you want me to marry? (의문사는 타동사 marry의 목적어를 물어본다)
　　　 I want you to marry my son. (의문사는 my son에 해당)

2577. 당신은 무엇을 두려워하십니까?
　　　나는 그 바이러스를 두려워합니다.
　　　What are you afraid of? (의문사는 전치사 of의 목적어를 물어본다)
　　　 I am afraid of the virus. (의문사는 the virus에 해당)

2578. 그는 그 남자를 무엇을 가지고 죽였나요?
　　　그는 그 남자를 골프채로 죽였습니다.
　　　What did he kill the man with? (의문사는 전치사 with의 목적어를 물어본다)
　　　He killed the man with a golf club. (의문사는 a golf club에 해당)

2579. 당신은 인도네시아 음식을 무엇으로 먹습니까?
　　　나는 나의 오른손으로 인도네시아 음식을 먹을 수 있습니다.
　　　What can you eat the Indonesian food with? (의문사는 전치사 with의 목적어)
　　　 I can eat the Indonesian food with my own right hand.
　　　(의문사는 my own right hand에 해당)

2580. 당신은 그녀가 나에게 무엇을 하기 원한다고 생각합니까?
　　　나는 그녀가 당신이 당신 자신의 일을 하기 원한다고 생각합니다.

　　What do you think she wants me to do? (의문사는 to do 의 목적어)
　　I think she wants you to do your own business.

　　(의문사는 your own business에 해당)

2581. 당신은 무엇을 하는 것이 즐거웠다고 말했나요?
　　　나는 내가 정원가꾸기를 하는 것이 즐거웠다고 말했습니다.

　　What did you say you enjoyed doing? (의문사는 doing 의 목적어)
　　I said I enjoyed doing the gardening. (의문사는 the gardening 에 해당)

2582. 당신은 누구에게 세차를 시켰나요?
　　　나는 나의 아들이 내 차를 닦도록 시켰습니다.

　　Who have you had wash your car? (의문사는 had 의 목적어)
　　I have had my son wash my car. (의문사는 my son 에 해당)

2583. 그는 무엇을 위해 셔츠를 입었나요?
　　　그는 햇빛으로부터 자신의 피부를 보호하려고 셔츠를 입었습니다.

　　What did he put the shirt on for? (의문사는 for 의 목적어)
　　He put on the shirt on for the protection of his skin from the sunlight.
　　(의문사는 the protection 이하)

(2) '의문형용사 + 명사' 의문문(Interrogative Adjective)

☆ 'what, which, whose'가 뒤에 명사를 수식하고, 다시 '의문대명사 의문문'의 구조로 이루어집니다. 규칙은 의문대명사 의문문과 동일합니다.

2584. 어떤 차가 베스트셀러인가요?
　　　2005년 현대 소나타가 우리의 베스트셀러 중 하나입니다.

　　What car is the best-seller?
　　2005 Hyundai Sonata is one of our best-sellers.

2585. 어떤 소년이 이곳에 오나요?
　　　여기에 오는 소년은 탐입니다.

　　What boy comes here?
　　It is Tom who comes here.

2586. 어떤 책이 당신이 좋아하는 것인가요?
　　　내가 좋아하는 것은 아가사 크리스티입니다. / 아가사 크리스티가 내가 좋아하는 것입니다.

　　What book is your favorite?
　　My favorite is Agatha Cristie 혹은 Agatha Cristie is my favorite.

2587. 누구의 집에서 당신은 머물렀나요?
나는 탐의 집에서 머물렀습니다.
<u>Whose house</u> did you stay at?
I stayed at <u>Tom's house</u>.

2588. 당신은 누구의 말을 탔나요?
나는 탐의 말을 탔습니다.
<u>Whose horse</u> did you ride?
I rode <u>Tom's horse</u>.

(3) 의문부사 의문문(Interrogative Adverb)

☆ 'when, why, how, how + 형용사, 부사' 구조를 사용하며, 의문부사는 대명사의 역할을 할 수 없으므로 의문부사 뒤에는 반드시 '응답형 의문문'이 와야 합니다. 단, 'when, where' 는 명사적으로 활용될 수 있고, 'how + 형용사' 구조가 명사를 수식할 경우 의문대명사 의문문 규칙을 적용합니다. why 로 물어본 경우 because 로 답합니다.

2589. 당신은 어디있나요?
나는 사다리 아래 있습니다.
<u>Where</u> are you?
I am <u>under the ladder</u>.

2590. 당신은 어디에 사나요?
나는 이 집에서 삽니다.
<u>Where</u> do you live?
I live <u>in this house</u>.

2591. 당신은 어디로 가길 원하나요?
나는 집에 가길 원합니다.
<u>Where</u> do you want to go?
I want to go <u>home</u>.

2592. 당신은 어디서 오셨나요?
나는 제주도에서 왔습니다.
<u>Where</u> did you come from? (장소를 대표하는 대명사 역할)
I came from <u>Jeju Island</u>.

2593. 그는 언제 돌아갔나요?
그는 오후 열한 시에 돌아갔습니다.
<u>When</u> did he go back?
He went back <u>at 11 pm</u>.

2594. 언제가 편하시나요?
　　　오늘 밤 열한시가 제일 좋겠어요.
　　　When is convenient? (시간을 대표하는 대명사 역할)
　　　11 tonight will be perfect.

2595. 어떻게 지내시나요?
　　　나는 잘 지내고 있습니다.
　　　How are you doing?
　　　I am doing okay.

2596. 그는 나이가 얼마인가요?
　　　그는 서른이 넘었습니다.
　　　How old is he?
　　　He is over 30.

2597. 그는 얼마나 많은 책을 읽었나요?
　　　그는 약 500권의 책을 읽었습니다. (명사적 역할)
　　　How many books has he read?
　　　He has read some 500 books yet.

2598. 당신은 왜 그리 슬픈가요?
　　　왜냐하면 나는 한 오랜 친구를 잃었기 때문입니다.
　　　Why are you so sad?
　　　Because I have lost an old friend of mine.

3) 복문구조의 의문문

☆ 동사 know 혹은 think 류를 사용하여 의문사 의문문과 혼합합니다. 따라서 복문구조가 되는데 know 의 목적어 자리에 올 경우 간접의문문이라고 부르기도 합니다.

(1) 명사절 구조일 때

☆ 응답형 의문문이 되므로 대답은 '예, 아니오'가 됩니다.

2599. 당신은 당신이 누구인지 아나요?
　　　Do you know who you are?

2600. 당신은 그녀가 무엇을 하고 있는지 아나요?
　　　Do you know what she is doing?

2601. 당신은 우리가 어디로 가고 있는지 아나요?
Do you know where we are going?

(2) 의문문 구조일 때

☆ do you think 와 결합될 경우에는 의문사가 문두에 위치합니다. 의문사가 의문문이므로 대답은 구체적이어야 합니다.

2602. 당신은 당신이 누구라고 생각하나요?
Who do you think you are?

2603. 당신은 그녀가 무엇을 하고 있다고 생각하나요?
What do you think she is doing?

2604. 당신은 우리가 어디로 가고 있다고 생각하나요?
Where do you think we are going?

(3) 'How come + 주어 + 동사?' 구조의 의문문

☆ 원래 'How does(did) it + come + that 절' 구조에서 '가주어·진주어 절'의 접속사 that 을 생략하고 굳어진 표현 입니다.

2605. 당신이 어떻게 그것을 아나요?
How (does it) come (that) you know that?

2606. 그는 왜 나타나지 않았나요?
How (did it) come (that) he didn't show up?

2607. 어떻게 당신이 그렇게 행동했나요?
How (did it) come (that) you acted like that?

4) 선택 의문문(alternative question)

☆ 'which' 나 'which + 명사'를 사용합니다. 선택의 범주가 정해질 때 사용합니다.

2608. 이것과 저것 중에서 어떤 것을 더 좋아하나요?
Which do you like better, this or that?

2609. 탐과 빌 중에서 어떤 사람을 고용할 것인가요?
Which person will you hire, Tom or Bill?

5) 수사 의문문(rhetorical question)

☆ 수사법적 의문문으로, 몰라서 묻는 것이 아니라 평서문의 느낌을 강조하기 위하여 사용합니다.

2610. 그걸 누가 알리요. (아무도 모른다)
Who knows it?

2611. 너가 어디서 그런 좋은 여자를 다시 찾겠는가? (아무 데서도 다시는 못 찾는다)
Where can you find such a nice girl again?

2612. 엄마 뱃속에서 안 태어난 사람이 누구인가? (모두 다 엄마에게서 나왔다)
Who is there but is born through his or her mother?

6) 부가 의문문(tag question)

☆ 상대방의 동의를 구하기 위해 말의 꼬리에 붙이는 의문문으로, 주어까지만 다시 사용합니다. 앞이 긍정이면 부정으로, 앞이 부정이면 긍정으로 표현하며, 주어는 일반명사의 경우 대명사로 바꾸어 줍니다. 주어까지만 쓰고 나머지 내용은 축약합니다.

2613. 그는 행복해요, 그렇죠?
He is happy, isn't he?

2614. 그녀는 당신을 사랑해요, 그렇죠?
She loves you, doesn't she?

2615. 나는 틀렸어요, 그렇죠?
I am wrong, aren't I?

2616. 그는 총명하지 않아요, 그렇죠?
He is not bright, is he?

2617. Mike는 돌아오지 않을 것입니다, 그렇죠?
Mike will not come back, will he?

(1) 복문구조에서 주의할 부가의문문

☆ 주어가 두 번 이상 나오므로, 문맥을 고려해서 동의를 구하는 부분의 주어를 선정해야 합니다.

2618. 나는 그가 옳다고 생각해요, 그렇죠?
I think he is right, isn't he?

2619. 그는 내가 옳다고 생각해요, 그렇죠?
He thinks I am right, doesn't he?

(2) 축약된 복문구조에서 주의할 부가의문문

☆ it is 의 생략형일 경우, 가주어인 it 을 부가의문문의 주어로 삼아야 합니다.

2620. 그가 당신을 좋아하는 것은 놀랄 일이 아니에요, 그렇죠?
(It is) No wonder (that) he likes you, is it?

2621. 그가 돌아올 것은 의심의 여지가 없어요, 그렇죠?
(It is) No doubt (that) he will come back, is it?

(3) 주어가 달라지는 부가의문문

☆ 동일한 주어를 쓰지 않고, 주어가 'this, that' 일 경우 it 으로, 주어가 'these, those' 일 경우 they, 주어가 일반인 one 일 경우 he 나 she 를 부가의문문의 주어로 삼습니다.

2622. 그것은 당신에게 여유를 줄 것입니다, 그렇죠?
That will give you a break, won't it?

2623. 그것들은 좋았던 옛시절이었어요, 그렇죠?
네 사람들은 자신들의 집을 가질 수 있었어요, 그렇죠?
Those were the good old days, weren't they?
Yeah, one could have his own house, couldn't he?

(4) 'used to, had better, would rather' 등의 부가의문문

☆ 조동사구는 앞부분의 조동사만을 사용하며, used to V.R 는 일반동사로 취급합니다.

2624. 그들은 술을 많이 마시곤 했어요, 그렇죠?
They used to drink a lot, didn't they?

2625. 그녀는 집에 머무는 것이 더 좋아요, 그렇죠?
She had better stay home, hadn't she?

2626. 당신은 이것을 다시 언급하지 않는게 좋아요, 그렇죠?
You would rather not mention this again, would you?

(5) and 등 등위절로 연결되면 마지막 주어를 부가의문문으로

2627. 그는 불어를 하고 그의 아내는 하지 못해요, 그렇죠?
He speaks French and his wife doesn't speak it, does she?

2628. 나는 영어를 하고 나는 영어로 내 자신을 이해시킬 수 있어요, 그렇죠?
I speak English and I can make myself understood in English, can't I.

English Grammar Dictionary 667

(6) 관계사절은 주절을 부가의문문으로

2629. 나는 아이들을 돌보지 않는 아빠이다, 그렇지?
I am a father who doesn't attend to children, aren't I?

2630. 그녀는 심각할 수 없는 여성이다, 그렇지?
She is a woman who can't be serious, isn't she?

(7) 'there be 유도부사'의 부가의문문 주어는 there

2631. 바닥에 앉아 있는 많은 사람들이 있어요, 그렇죠?
There are too many people sitting on the floor, aren't there?

2632. 그 과정에는 재미있는 시간은 있을 필요가 없어요, 그렇죠?
There doesn't have to be a fun time in the course, must there?

(8) 명령문, 권유문, 청유문의 부가의문문

☆ 이 경우 보통 '긍정, 부정'의 규칙에 얽매이지 않고 부가의문문을 구성합니다.

2633. 문을 열어주세요, 네?
Please open the door, will(won't) you / would(wouldn't) you? (부탁이나 명령)

2634. 내 사무실에서 흡연을 하지 마세요, 네?
Don't smoke in my office, will(won't) you? (부탁이나 명령)

2635. 와서 나랑 차를 마십시다, 네?
Come have tea with me, won't(will) you? (권유)

2636. 나가지 맙시다, 네?
Let's not go out, shall we? (청유)

(9) 통일된 부가의문문 표현

☆ 모든 부가의문문은 'okay?' 나 'right?' 등으로 대체될 수도 있습니다. 이 경우는 "내 말이 맞지" 정도로 해석합니다. 또한 'huh?' 와 같은 감탄사로 부가의문문을 구성하는 경우도 있습니다. 원칙상 부정관사로 이루어진 주어는 특정 주어가 아니므로, 부가의문문을 위의 일반 의문문 형식으로 받지 않고 포괄적 의미의 'right?' 로 받는 것이 합당합니다.

2637. 한 사람이 길을 건너고 있다, 맞지?
A man is walking across the street, right?

2638. 모두가 이 음악을 사랑한다, 맞지?
Everybody loves this music, right?

2639. 그는 늘 늦게 온다, 맞지?
He always comes late, huh?

2640. 당신은 이것을 좋아하지 않는다, 맞지?
You don't like it, right?

2641. 당신은 두렵지 않아, 맞지?
You are not afraid, okay?

7) Yes 와 No 의 결정

☆ 의문문에 대한 대답은 yes 일 경우 긍정동사를 쓰고, no 일 경우 부정동사를 쓰겠다는 것이 전제입니다. 따라서 상대방이 긍정으로 묻건, 부정으로 묻건 자신의 입장이 긍정이면 yes, 부정이면 no 입니다. 한국인들의 응답방식과 차이가 나므로 주의해야 합니다.

2642. 당신은 배고프지 않나요?
배고파요. / 고프지 않아요.
Aren't you hungry?
Yes (I am) / No (I am not)

2643. 당신은 배고프나요?
배고파요. / 고프지 않아요.
Are you hungry?
Yes (I am) / No (I am not)

3. 감탄문(exclamatory sentence)

☆ 평서문에서 형용사나 부사에 '매우' 라는 의미를 붙여서 표현할 수 있는 문장을 감탄의 형식으로 만든 구조입니다. 감탄문임을 알리는 유도부사는 How 와 what 이 있습니다.

1) How + 형용사 + (S + P) !

☆ 주격보어나 목적격 보어에 사용되는 형용사를 감탄할 때 사용됩니다.

2644. 그녀는 얼마나 아름다운가!
How beautiful she is! = She is very beautiful.

2645. 그는 얼마나 슬퍼보이는가!
How sad he looks! = He looks very sad.

2646. 당신이 돌아온다면 내가 얼마나 기쁘겠는가!
How happy I would be if I had you back! (= I would be very happy)

2) How + 형용사 + 관사 + 명사 + (S + P) !

☆ 이 경우 형용사는 보어가 아니라 명사를 수식하며 어순에 주의해야 합니다.

2647. 그는 얼마나 인색한 사람인가!
How stingy a man he was! = He was a very stingy man.

2648. 그 개는 얼마나 큰 동물로 성장하겠는가!
How big an animal the dog will grow into! = The dog will grow into a very big animal.

3) How + 부사 + (S + P) !

2649. 그는 얼마나 신속하게 움직이는가!
How swiftly he moves!

2650. 그는 그의 불평을 얼마나 조심스럽게 표현하려고 애썼는가!
How carefully he tried to express his complaint!

4) How + 부사 + 형용사 + (S) + P

☆ 이 경우 형용사의 역할을 보어와 명사 수식어로 구별해야 합니다.

2651. 그는 얼마나 매우 많은 사람들을 살해했는가!
그렇다, 그는 얼마나 매우 잔인했는가? (보어)
How very many people he killed! (명사 수식)
Yes. How very cruel he was!

2652. 그것은 얼마나 완전하게 어두운 방이었던가!
How completely dark a room it was! (명사 수식)

5) What + (a, an) + (형용사) + 명사 + (S + P) !

☆ 감탄문 유도부사 what 은 최종적으로 명사와 연동 합니다.

2653. 우리는 얼마나 멋진 세상을 가지고 있는가!
What a wonderful world we have!

2654. 당신은 얼마나 멋진 선물을 나에게 사주었는가!
What a nice present you bought for me!

2655. 오늘은 얼마나 좋은 날씨인가!
What fine weather it is today!

2656. 그들은 얼마나 대단한 병사들인가!
What great soldiers they are!

2657. 그는 얼마나 대단한 소년인가!
What a boy he is!

2658. 얼마나 대단한 차들인가!
What cars!

4. 기원문(optative sentence)

☆ 소망하는 일을 평서문의 '주어 + 소망동사 (hope 등)' 어순으로 적지 않고, 기원문의 형태로 만든 구조 입니다. '(May) + S + V.R !' 을 사용하며 의문부호가 아닌 '마침표'나 '감탄부호'를 찍습니다. May 가 생략되고 동사원형이 올 수 있다는 점에 주의해야 합니다.

2659. 왕이 장수하기를!

(May) The king live long!

2660. 신이 당신을 축복하기를!

(May) God bless you!

2661. 당신의 날들이 즐겁고 밝기를!

(May) Your days be merry and bright!

2662. 당신들의 모든 성탄절에 흰 눈이 내리기를!

(May) All your Christmases be white!

5. 명령문(imperative sentence)

☆ 문장 앞에 주어를 쓰지 않고 동사의 원형을 써서 명령을 전달하는 구조입니다. 명령을 듣는 사람은 어차피 2인칭 이므로 굳이 you 를 쓰지 않지만, '강조를 위해' 이름을 지명하거나 you 를 쓸 수도 있습니다.

1) 청자에게 행동을 직접 요구하는 명령문

(1) 긍정명령문 : V.R ~

2663. 나를 아빠라고 불러라.
Call me daddy.

2664. 거기에 가라.
Go there.

2665. 존중받아라.
Be respected.

2666. 내 친구가 되어라.
Be my friend.

2667. 너의 이름으로 불리거라.
Be called by your first name.

2668. 그것을 먹어라.
Eat it.

2669. 용기를 얻어라.
Be encouraged.

2670. 나에게 돈을 달라.
Give me money.

2671. 제발 행복해 보여라.
Look happy, please.

(2) 부정명령문 : Don't V.R, Never V.R

2672. 떠나지 마라.
Don't (you) go away.

2673. 슬프지 마라.
Don't (you) be sad.

2674. 실망하지 마라.
Don't (you) be disappointed.

2675. 조금도 양보하지 마라.
Never give an inch.

2676. 결코 그를 슬프게 만들지 마라.
Never make him sad.

2) 청자를 시켜 제 3자가 행위를 하도록 요구하는 명령문

☆ 'let + 목적어 + V.R' 은 긍정형, 'Don't let + 목적어 + V.R' 은 부정형 입니다. '동사원형에 해당하는 행위'는 'let 의 목적어'가 하게되며, 그것을 허락하거나 조장하는 사람은 2인칭이 됩니다.

2677. 나를 그곳에 가게 허락해라.
Let me go there.

2678. 그것이 다시 일어나도록 하지 마라.
Don't let it happen again.

2679. 그녀가 그것을 하게 해라.
Let her do it.

2680. 나를 가게 하지 마라.
Never let me go.

2681. 그들이 즐거워지게 해라.
Let them be pleased.

2682. 그가 나의 옷가방을 운반하게 하지 마라.
Don't let him carry my suitcase.

2683. 내가 거기 있게 해라.
Let me be there.

2684. 당신이 존재하게 해 달라.
Let there be you.

2685. 당신 자신을 편케하라. 놔주라.
Let yourself go.

☆ 특정 주어를 지칭하여 명령문을 만들 수도 있습니다. 이때는 동사원형 앞에 '특정주어'를 써줍니다. 이 경우 주어를 '3인칭 단수 평서문'으로 오해하여 술어 동사의 끝에 'S'를 첨가하면 명령문이 아니라 평서문이 되므로 주의해야 합니다.

2686. 당신, 이리와
You come here.

2687. 모두 잘 들어
Everybody listen to this.

2688. Jane, 움직이지 마
Jane don't move.

23 기출문제

01. 다음 중 어법상 올바른 것을 고르시오.
① Let's go home, don't we?
② He's writing her another letter, isn't he?
③ We have to sing this, haven't we?
④ We'd decided to open a joint account, wouldn't we?

해석
① 집에 가자. 응?
② 그는 그녀에게 편지를 또 한 통 쓰고 있는 거지, 그치?
③ 우리는 이 노래를 불러야 하는 거지. 그치?
④ 우리는 공동 계좌를 하나 개설하기로 결정했었어. 그치?

해설 청유문의 부가의문문은 → shall we / have to에서 have는 일반동사 → don't we / 'd 는 had 나 would 의 준형인데 뒤에 decided 가 p.p로 나와있으므로 had p.p 의 준형이고 따라서 부가의문문은 조동사 had를 사용해야 한다. wouldn't we → hadn't we

답 ②

02. 다음 문장의 내용상 _____ 부분에 가장 적절한 말은?

| A : He hardly has anything nowadays, _____? |
| B : No, I don't think so! |

① has he   ② doesn't he   ③ does he   ④ hasn't he

해석 A : 그는 요즘 가진 것이라곤 전혀 없어, 그렇지? / B : 아니, 나는 그렇게 생각하지 않아.

해설 앞이 부정문이므로 긍정부가 의문문

답 ③

03. 다음 문장의 내용상 _____ 부분에 가장 적절한 말은?

| He is going to come back, _____? |

① won't he   ② isn't he   ③ doesn't he   ④ didn't he

해석 그는 돌아올 것이다. 그렇지 않니?

해설 앞이 긍정문이므로 뒤는 부정부가 의문문

답 ②

04. 다음 문장의 내용상 _____ 부분에 가장 적절한 말은?

| I don't think Maria will sing the song, _____? |

① doesn't she   ② will she   ③ did I   ④ do I

해석 나는 Maria가 그 노래는 부르지 않을 것이라고 생각해, 그렇지?

해설 앞이 부정문이므로 뒤는 긍정부가의문 / 복문 구조일 때 부가적 내용이 어디에 귀결되는지를 해석하고 부가의문문의 주어를 선정해야 한다.

답 ②

05. 다음 중 어법상 틀린 것을 고르시오.

① You will have a drink, won't you?
② There is nothing wrong, is it?
③ Close the door, will you?
④ Let's play the piano, shall we?

해석 ① 당신 한잔 할 거지, 그렇지?
② 잘못된 것 없지, 그렇지?
③ 문 좀 닫아줄래, 응?
④ 함께 피아노를 치자, 응?

해설 there be 구조의 형식주어는 there 이므로 부가의문문을 만들 때 주의해야 함 또한 nothing 이 부정어이므로 긍정부가 의문문이 나와야 함 is there ?

답 ② is it? → is there?